普通高等教育"十一五"国家级规划教材

# 国际贸易法

（第二版）

主　编　王传丽

撰稿人
（以撰写章节先后为序）

王传丽　史晓丽　李　魏

中国政法大学出版社

2015·北京

**图书在版编目（ＣＩＰ）数据**

国际贸易法/王传丽主编. —2版. —北京：中国政法大学出版社，2015.5
ISBN 978-7-5620-5383-5

Ⅰ.①国…　　Ⅱ.①王…　　Ⅲ.①贸易法　　Ⅳ.①D996.1

中国版本图书馆CIP数据核字(2014)第223326号

------------------------------------------------------------------------------------------------------------

| | |
|---|---|
| 出 版 者 | 中国政法大学出版社 |
| 地　　址 | 北京市海淀区西土城路 25 号 |
| 邮　　箱 | fadapress@163.com |
| 网　　址 | http://www.cuplpress.com（网络实名：中国政法大学出版社） |
| 电　　话 | 010-58908435（编辑部）　58908334（邮购部） |
| 承　　印 | 保定市中画美凯印刷有限公司 |
| 开　　本 | 720mm×960mm　1/16 |
| 印　　张 | 36.25 |
| 字　　数 | 690 千字 |
| 版　　次 | 2015 年 5 月第 2 版 |
| 印　　次 | 2019 年 1 月第 3 次印刷 |
| 印　　数 | 6001～9000 |
| 定　　价 | 58.00 元 |

# 作者简介

**王传丽**  法学博士，教授，博士生导师，中国政法大学国际经济法研究中心主任，前中国政法大学国际法学院院长，美国纽约哥伦比亚大学法学院访问学者。兼任中国国际经济法学会副会长，中国法学会 WTO 研究会副会长，中国国际法学会常务理事，ICSID 调解员，国务院反垄断委员会专家咨询组成员，中国国际经济贸易仲裁委员会仲裁员等。主要研究方向为国际经济法、国际贸易法。著作主要包括：《涉外经济合同的法律效力》、《补贴与反补贴措施协定条文释义》、《反倾销调查中的公共利益》、《国际技术贸易法》、《国际贸易法——货物贸易法》、《国际贸易法——政府管理贸易的法律与制度》、《国际贸易法——知识产权的国际保护》、《国际经济法》、《国际贸易法》、《中国合同法教程》等。发表的论文主要包括："欧洲法院的司法独立性对欧洲一体化进程的贡献"、"发展中国家债务与发展权"、"中韩双边自由贸易协定构想"、"中国—东盟自由贸易区争端解决机制探讨"、"试论跨国公司的社会责任"、"国际经济法与公共利益"、"改革开放与国际经济法的发展"、"市场经济与反不正当竞争法"、"反垄断法与公平竞争主体"、"与贸易有关的知识产权问题——析商标权与灰色市场进口"、"划拨的法律问题"、"WTO 协议与司法审查"、"析世界贸易组织争端解决机制——兼评贸易报复"、"中国反倾销法——立法与实践"、"后 WTO 时代国际贸易法的新发展"等。主持的科研项目有：WTO 与国际劳工核心标准权利研究、WTO 农产品协议与农产品贸易规则、欧盟法院司法独立性在欧洲一体化中的作用、美国贸易促进法律措施研究等。

**史晓丽**  法学博士，教授，中国政法大学国际法学院国际经济法研究所所长，中国政法大学 WTO 研究中心主任，中国政法大学国际经济法研究中心副主任，中美富布莱特项目高级访问学者。兼任中国国际经济法学会理事，中国法学会 WTO 研究会理事，北京国际法学会常务理事。主要研究方向为国际经济法、国际贸易法、国际投资法。主要著作包括：《WTO 规则与中国外贸管理制度》、《国际贸易法——政府管理贸易的法律制度》、《国际贸易法——知识产权的国际保护》、《国际经济法》、《国际贸易法》、《国际投资法》等。发表的论文主要包括："区域贸易协定争端解决机制中的'场所选择条款'探析"、"北美自由贸易区双边保障措施制度及对中国的借鉴"、"中国与东盟自由贸易协定贸易救济法律制度探析"、"卡尔沃条款与拉美国家"、"从加拿大对华反补贴案件看中国应对反补贴之道"、"从一起国际航空货物快递延误赔偿案谈国际航空货物运输承运人与托运人的责任"、"转基因技术及其产品的法律管制"等。

**李　巍**　法学硕士，中国政法大学教授，加拿大不列颠哥伦比亚大学法学院访问学者。兼任中国法学会 WTO 研究会理事，北京市国际法学会常务理事。主要研究方向为国际经济法、国际贸易法。主要著作包括：《联合国国际货物销售合同公约评释》、《国际贸易法——政府管理贸易的法律制度》、《国际经济法》、《国际贸易法》等。发表的论文主要包括："公司社会责任的范围——法律历史与现实"、"国际货物销售风险转移问题探讨"、"WTO 法与中国对外贸易的可持续发展"、"对美国关税法 337 条款的剖析"、"若干国际货物销售合同成立争议案讨论——CISG 与 UCG·中国合同法的比较"等。

# 出 版 说 明

中国政法大学出版社是国家教育部主管的，我国高校中唯一的法律专业出版机构。多年来，中国政法大学出版社始终把法学教材建设放在首位，出版了研究生、本科、专科、高职高专、中专等不同层次、多种系列的法学教材，曾多次荣获新闻出版总署良好出版社、国家教育部先进高校出版社等荣誉称号。

自2007年起，我社有幸承担了教育部普通高等教育"十一五"国家级规划教材的出版任务，本套教材将在今后陆续与读者见面。

本套普通高等教育"十一五"国家级规划教材的出版，凝结了我社20年法学教材出版经验和众多知名学者的理论成果。在江平、张晋藩、陈光中、应松年等法学界泰斗级教授的鼎力支持下，在许多中青年法学家的积极参与下，我们相信，本套教材一定会给读者带来惊喜。我们的出版思路是坚持教材内容必须与教学大纲紧密结合的原则。各学科以教育部规定的教学大纲为蓝本，紧贴课堂教学实际，力求达到以"基本概念、基本原理、基础知识"为主要内容，并体现最新的学术动向和研究成果。在形式的设置上，坚持形式服务于内容、教材服务于学生的理念。采取灵活多样的体例形式，根据不同学科的特点，通过学习目的与要求、思考题、资料链接、案例精选等多种形式阐释教材内容，争取使教材功能在最大程度上得到优化，便于在校生掌握理论知识。概括而言，本套教材是中国政法大学出版社多年来对法学教材深入研究与探索的集中体现。

中国政法大学出版社始终秉承锐意进取、勇于实践的精神，积极探索打造精品教材之路，相信倾注全社之力的普通高等教育"十一五"国家级规划教材定能以独具特色的品质满足广大师生的教材需求，成为当代中国法学教材品质保证的指向标。

中国政法大学出版社

# 第二版说明

早在 1995 年，作者就在中国政法大学出版社出版了第一本《国际贸易法》教材，供本科生教学使用。2003 年、2009 年该教材进行了两次修订，并成为普通高等教育"十五"和"十一五"国家级规划教材。目前的这部教材是在 2009 年修订版的基础上，根据先前教材的使用经验再次进行修订的结果。如同以往修订的目的一样，本次的修订也是为了反映自 2009 年以来国际贸易法理论和实践的新发展、新变化。这些发展、变化主要有以下几点：

第一，在国际贸易法主体方面。随着经济全球化的发展，许多国家特别是转型经济体国家的国有企业在竞争中的规模和实力不断发展壮大，许多国有企业已成为跨国公司并开始积极参与国际竞争。而国有企业参与国际竞争引发了国际社会的广泛关注。此次修订中，本书介绍并分析了国有企业作为国际贸易法主体产生的法律问题。

第二，在国际贸易交易规则方面，增加了对 2011 年国际商会新修订并公布的《国际贸易术语解释通则 2010》的分析和解读。对 2013 年我国递交撤回对《联合国国际货物销售合同公约》第 11 条的保留与相关内容的声明表示关注，并结合最高人民法院的司法解释，总结了国际货物买卖合同在同时适用《公约》和相关的中国货物买卖法时应注意的问题。

第三，在国际贸易管理规则方面，增加了对 WTO 多哈回合谈判以来产生的唯一成果——《贸易便利化规则》的介绍，更新了对 WTO《服务贸易总协定》和《政府采购协定》的分析；更新、充实了有关区域贸易协定方面的相关内容，特别增加了被国际法学界普遍关注的目前尚处在谈判中的 TTP、TTIP 与 RCEP 协定的分析。

第四，更新了有关中国贸易法的相关内容，并按照新《民事诉讼法》的规定，对涉及国际商事争议解决部分作出了相应修改和调整。

第五，在文字表述方面作了改进，使之更加完整、准确。

第六，更新了每章后的思考题和必读法规。在参考文献中增加了一些重要的中英文参考资料和书目。

第七，为体现内容的关联性并突出重点，本书对个别章节进行了顺序调整和删除。

在教材结构方面，仍保持了上下编的结构。上编主要阐述国际贸易的横向法律关系，即以国际货物买卖为中心的国际商品交易规则。具体包括如下六章：国际贸易法总论、国际货物买卖法、国际货物运输法、国际货物运输保险法、国际贸易支付法律制度、国际贸易争议的解决。下编阐述国际贸易的纵向法律关系，即政府对国际贸易的管理制度。具体包括如下五章：对外贸易管理措施、世界贸易组织多边贸易体制、区域贸易协定、我国对外贸易管理法律制度、美国对外贸易管理制度。

本书作者均为中国政法大学长期主讲国际贸易法的学者，各章节具体分工如下：

王传丽：第一章、第二章、第三章、第四章、第五章、第九章第一节至第三节。

史晓丽：第六章、第七章、第十章。

李　巍：第八章、第九章第四节和第五节、第十一章。

尽管作者在编写过程中力求全面、准确地阐述国际贸易法的理论和实践，但由于水平和能力有限，不足之处仍旧难以避免。敬请读者批评指正。

王传丽

2015 年 2 月

# | 目 录 |

## 上编　国际货物买卖法律制度

下编　政府管理国际贸易的法律制度

第一

# 上编　国际货物买卖法律制度

第一章

## 国际贸易法总论

## ■第一节　国际贸易的经济学理论

国际贸易在国际经济活动中占有重要地位，是国际经济活动中不可缺少的重要组成部分。然而，人们为什么要进行国际贸易？西方的法学家和经济学家作出过各种回答。归纳起来，主要有以下几种观点：[1]

### 一、资源的绝对匮乏

国际货物买卖产生于人类社会的第一次大分工。有了剩余物资，产生了交换。起初是物物交换，之后发展为物与货币的交换。按照经济学家的观点，国际贸易的产生首先是由于资源的绝对匮乏。住在温带地区的居民要想吃到香蕉、喝上咖啡，最直接的办法就是从生产国进口香蕉和咖啡，缺乏矿产资源的国家要进行工业生产，必须从国外购买所需要的矿砂或原料。由于各国地理位置不

---

[1] 美国纽约大学法学院教授 Andreas F. Lowenfeld 在其六卷本著作《国际经济法》中谈到了基于劳动价值论的三个动机，即资源的绝对匮乏、专业化和效益以及比较利益。参见该书第 6 卷，*Public Controls on International Trade*，Matthew Bender Co. Inc.，1979，pp. 2 ~ 5；密歇根大学法学教授 John H. Jackson 和伊利诺伊大学法学教授 William J. Davey 在其《国际经济关系的法律问题》一书中，除提到上述三种古典经济学理论外，还提到现代俄林（Bertil Ohlin）的生产要素比例说以及哈佛学者弗龙（Raymond Vernon）的技术差距和产品生命周期说。参见 *Legal Problems of International Economic Relations-Cases*，*Materials and Text*，2nd edn.，West Publishing Co.，1986，pp. 13 ~ 15；麻省理工大学经济学教授保罗·萨缪尔森和耶鲁大学经济学教授威廉·D. 诺德豪斯所著的《经济学》（1985 年版），除上述古典经济学理论外，还提到了"成本递减学说"和"消费者剩余"学说。参见该书下卷，中国发展出版社 1992 年版，第 1405 ~ 1406 页。介绍这些观点的中文著作有：北京对外贸易学院《国际贸易》编写组：《国际贸易》，中国对外经济贸易出版社 1983 年版，第 10 章；西安外国语学院专业教材编写组，田飞主编：《国际贸易与对外贸易——理论、政策、措施》，经济科学出版社 1994 年版，第 2 章。

同，气候条件、资源分布存在着巨大差异，因此，资源绝对匮乏的情况是不可避免的，互通有无，是人们从事国际贸易的第一个动机或目的。

**二、资源的相对匮乏**

资源的相对匮乏又称为"绝对生产费用"学说或"地域分工"理论，它是由英国古典经济学家亚当·斯密（Adam Smith）提出来的。他认为，根据各国资源条件而进行的"自然分工"，使各国都按照最有利的条件进行专业化生产，通过自由贸易，输出本国在生产费用上占绝对优势的商品，换取本国不能生产或生产费用较高的产品。1776 年，在《国民财富的性质和原因的研究》一书中，亚当·斯密写道："如果一件东西在购买时所花费的代价比家内生产时所花费的小，就永远不会想要在家内生产，这是每一个精明的家长都知道的格言。裁缝不想制作他自己的鞋子，而向鞋匠购买。鞋匠不想制作他自己的衣服，而雇裁缝制作。农民不想缝衣，而宁愿雇用那些不同的工匠去作。……如果外国能以比我们自己制造还便宜的商品供应我们，我们最好就用我们有利地使用自己的产品的一部分去向他们购买。"[1]利用本国丰富的资源或专长向国外出口产品或提供服务，当产品的生产数量和销售量达到一定程度时，会大大降低生产成本。用现代经济学的术语来说，即通过规模经济提高效益。这是人们从事国际贸易的第二个动机和目的。假如让瑞士放弃其制造钟表的技术专长和优势去生产汽车，让日本放弃其汽车生产去种植棉花以供出口，则是不可思议的了。这样，当生产一种产品的成本高于国外购买的价格时，人们很自然地从国外购买以达到资源的合理配置。

**三、比较利益说**

由于地理的、气候的、原料的、技术的等诸多原因，甲国生产的产品可能都比乙国便宜，按照上述亚当·斯密的"绝对生产费用"理论，甲乙两国之间似乎就不会存在贸易活动。然而，事实并非如此。英国经济学家大卫·李嘉图（David Ricardo）发展了亚当·斯密的"绝对生产费用"理论。其在考虑从英格兰进口呢绒，从葡萄牙进口酒类时，于 1817 年提出了"比较利益"学说（Comparative Advantage），在更深的层次上推动了国际贸易的发展。其名著《政治经济学及赋税原理》对这一学说作了如下最简明的描述：如果两个人都能制造鞋帽，其中一人在两种职业上都比另一个强一些，不过制鞋时强 1/3，制帽时强 1/5，那么，较强的人专门制鞋，较差的人专门制帽，双方均可获利。[2]他以英葡两国生产酒和毛呢为例，来论证"比较利益"学说：

---

〔1〕 ［英］亚当·斯密著，郭大力、王亚南译：《国民财富的性质和原因的研究》（下卷），商务印书馆1974 年版，第 28 页。

〔2〕 ［英］大卫·李嘉图著，王亚南、郭大力译：《政治经济学及赋税原理》，商务印书馆 1972 年版，第 114 页附注。

分工前所需劳动日

|  | 1 单位酒 | 1 单位毛呢 | 总计 |
|---|---|---|---|
| 英国 | 120 | 100 | 220 |
| 葡萄牙 | 80 | 90 | 170 |

从表中可以看出，葡萄牙在酒和毛呢的生产方面都比英国便宜，但生产酒节省 40 个劳动日，生产毛呢只节省 10 个劳动日。比较而言，葡萄牙生产酒更为有利。反之，英国生产酒和毛呢均处于劣势，相比之下，生产毛呢劣势较小。如葡萄牙只生产酒，英国只生产毛呢，双方均可获利。

分工后所需劳动日

|  | 2 单位酒 | 2 单位毛呢 | 总计 |
|---|---|---|---|
| 英国 | — | 200 | 200 |
| 葡萄牙 | 160 | — | 160 |

和分工前相比，英国节省了 20 个劳动日，葡萄牙节省了 10 个劳动日。按照这样的原则分工和交换，两国均可获利。因为双方所享有的使用价值的数量增多了，而耗费的劳动仍与分工前一样。由于一国生产的两种产品中，总有一种产品耗费的劳动相对更为有利一些，因此，通过贸易，双方各得其利。根据这一原理，李嘉图认为，"一个在机器和技术方面占有极大优势，因而能够用远少于邻国的劳动制造商品的国家，即使土地较为肥沃，种植谷物所需的劳动也比输出国更少，也仍然可以输出这些商品以输入本国消费所需的一部分谷物。"[1]

李嘉图"比较利益"学说的建立，导致英国议会于 1846 年终于废除了维护封建地主利益的谷物法，从此英国成为一个实行自由贸易的国家。恩格斯盛赞道："这永远确定了资产阶级，特别是资产阶级最活跃的部分即工厂主对土地贵族的优势，这是资产阶级的最大的胜利，但同时也是它专为自己本身利益所获得的最后一次胜利。"[2]"比较利益"学说的科学性在于它以劳动价值论为基础，推导出由两国劳动生产率的差异而产生的比较利益，揭示了通过国际分工实现这种比较利益即节省社会劳动的可能性。

---

〔1〕〔英〕大卫·李嘉图著，王亚南、郭大力译：《政治经济学及赋税原理》，商务印书馆 1972 年版，第 114 页附注。
〔2〕《马克思恩格斯选集》第 3 卷，人民出版社 1972 年版，第 397 页。

第二次世界大战以后，国际分工的形式和内容有了新的变化，出现了劳动密集型产品、资本密集型产品和技术（或知识）密集型产品，推动着国际贸易在广度和深度上的飞跃发展。这一时期也出现了现代西方经济学家对"比较利益"学说的新的解释和探讨。

### 四、生产要素比例学说

该学说又称"资源禀赋理论"。1933 年，瑞典经济学家俄林（Bertil Cotthard Ohlin）在其《域际和国际贸易》（Interregional and International Trade）一书中提出了"生产要素比例"学说（Factor Proportions Theory），对以劳动价值为出发点的古典国际贸易理论提出质疑。他认为，劳动是不同质的，不同的货物要求不同的要素投入。例如，当市场需求木桶时，制桶匠的工资就要高于铁匠的工资，因为两者的工作是不可相互替换的。即使是在一个充分竞争的市场上同质的劳动，商品的生产也不仅仅取决于劳动本身，而是由生产的诸要素：土地、劳动、资本决定的。不同的商品要求不同的要素投入，而不同的国家有不同的要素禀赋（Factor Endowments），如果相对劳动和资本来说，小麦的生产需要更多的土地，那么具有广大土地的国家生产的小麦就可以相对便宜一些，这就是为什么澳大利亚、阿根廷、加拿大和乌克兰出口小麦；另一方面，如果相对资本和土地来说，生产棉布需要更多的劳动力，则拥有大量劳动力的日本、印度则可在制造棉布并在其出口方面享有比较利益。不同的生产要素禀赋加上商品生产的专业化分工才产生了比较利益。[1]

俄林的"资源禀赋理论"如实反映了第二次世界大战之前，广大殖民地国家向发达工业国家输送原材料的交易现象并成为现代国际贸易理论的核心和开端。俄林也因此获得 1977 年诺贝尔经济学奖。秉承"资源禀赋理论"，帝国主义时代列强与殖民地的关系彻底从贸易关系演变为统治关系。[2]

### 五、技术差异和产品生命周期理论

随着科学技术的飞速发展，把技术看作生产要素之一，从技术发明不断创新的动态发展的观点出发，美国哈佛大学教授弗龙（R. Vernon）于 1966 年在其著作《国际投资和产品周期中的国际贸易》一书中提出了"技术差距"和"产品生命周期"理论（Technological-gap Theory, Product Life Cycle Theory）。"技术差距"理论认为，新产品在其发明阶段，企业拥有暂时的垄断权，很容易进入国际市场，于是，可以促进出口贸易增长。其后，产品在其他国家大量生产出来，发明国享

---

[1] John H. Jackson and William J. Davey, *Legal Problems of International Economic Relations-Cases*, *Materials and Text*, 2nd edn., West Publishing Co., 1986, pp. 13 ~ 15; Carles P. Kindleberger, *International Economics*, West Publishing Co., 1986.

[2] 贾晋京："跨国公司演进史"，载《环球财经》2012 年 11 月 24 日。

受着技术优势的比较利益，等到技术扩散后，发明国的绝对利益消失了，一个新技术的生命周期又开始了。根据"产品生命周期"理论，弗龙认为，新产品的生命周期可以分为三个阶段：第一阶段是新产品开发阶段。这一阶段为开发和改进产品需要大量技术性劳动，因此也称为技术密集型时期。第二阶段是产品成熟阶段。此时开拓市场和资本投入占据主导地位，也称为资本密集型时期。第三阶段是标准化产品阶段。这一时期技术稳定，产品又赢得广大消费者，需要大量的原材料、资本和非技术性劳动以从事大规模生产，产品开始进入劳动密集型时期。当产品成熟并进入标准化生产时，比较利益则从拥有大量技术性劳动的国家转移到拥有大量非技术性劳动的国家。由于各国技术发展水平不同，拥有科技人才和雄厚资本的国家将在国际贸易竞争中享受更多的比较利益。[1]

综上所述，我们会发现，"比较利益"的合理内核至今仍在影响着国际贸易的发展方向，影响着各国的对外贸易政策。纵观第二次世界大战以来国际贸易的发展，应当承认，古典的资源绝对匮乏理论、绝对生产费用理论、比较利益学说，以及现代的生产要素比例学说、技术差距与产品生命周期学说，都在从不同的方面解释人们从事国际贸易的动机和目的。[2]不可否认，经济学家设计出来的经济模式并非完全适用于现实的市场模式，但可以用其表明规律的内在合理性，并帮助法学从中归纳出有效的、可适用的原则。

然而，这些西方经济学说的一个共同弱点在于把刺激国际贸易发展的各种因素——自然条件和社会经济因素等都看成是孤立的，不依附于任何社会制度的现象，而忽视了这一切归根结底要受到社会生产关系的制约。在奴隶社会，奴隶被当作重要的商品，成为国际贸易中的交易对象，这当然不是资源的匮乏和比较利益所能解释的。在封建社会，虽然欧、亚、非都曾建立过强大的封建制国家，然而，由于受生产力低下及生产关系的制约，国际贸易的发展受到极大影响。科学技术的进步，大大提高了资本主义生产率，新大陆的发现，使国际贸易的范围得到空前扩大，新兴的资产阶级通过对殖民地的疯狂剥削、奴役和掠夺，把殖民地变成几个资本主义强国的廉价原料来源地、廉价劳动力的供应地和产品的销售市场，成为资产阶级实现跨国垄断、追逐高额利润的乐园。国际贸易加速了资本主义的原始积累过程并使资本主义迅速完成了从自由竞争

---

〔1〕 John H. Jackson and William J. Davey, *Legal Problems of International Economic Relations-Cases*, *Materials and Text*, 2nd edn., West Publishing Co., 1986, pp. 13 ~ 15; Miltiades Chacholiades, *International Trade Theory and Policy*, West Publishing Co., 1986.

〔2〕 根据保罗·萨谬尔森的观点，国际贸易的其他动机还有，由规模经济产生的"成本递减"学说，需求与爱好不同产生的"消费者剩余"学说。参见［美］保罗·A. 萨谬尔森、威廉·D. 诺德豪斯著，高鸿业等译：《经济学》（原书第12版·下），中国发展出版社1992年版，第1405 ~ 1406页。

走向帝国主义的发展阶段。资产阶级的经济学说正是在根本上掩盖了这一残酷的事实，把"资本主义生产方式不发达的国家，应当按照一个适合于资本主义生产方式的国家程度来生产和消费"[1]看成是自由贸易的理想模式，让发展中国家为资本主义垄断资本的长驱直入和控制创造条件。[2]此外，这些西方国际贸易理论回避了国家及政府在国际贸易中的作用。国际贸易是一种历史现象，它伴随着国家与阶级的产生而产生，伴随着国家与阶级的消亡而消亡。

没有国家就没有国际贸易，国家是国际贸易得以产生和进行的前提条件。然而，政府在处理国际贸易问题时的政策、法律以及采用的各种手段时时在制约着一国仅仅从自然条件或经济利益为出发点所产生的国际贸易动机。

### 六、国家相互依赖学说

美国的 Jackson 教授在其著作中也谈到国家相互依赖的概念，但他把国家相互依赖与国家主权、独立、平等概念对立起来，是不可取的。[3]

资源匮乏说、绝对生产费用说和比较利益学说等是资产阶级上升时期鼓吹自由贸易的经济学说，是建立在完全就业和充分市场竞争基础上的静态假设。今天，即使是最发达的工业化国家，如美国、日本、欧盟各成员国都在实行严格的保护主义时，什么因素是促使国家从事国际贸易的动机？这里，既不单纯是资源的匮乏，也不单纯是基于"绝对生产费用"和"比较利益"，而是国家之间的相互依存和相互合作。第二次世界大战以后，特别是 20 世纪 60 年代以来民族解放运动的兴起，许多过去在帝国主义、殖民主义统治下的殖民地和半殖民地取得了独立，建立了新的民族国家，走上了独立发展的道路，并成为联合国大家庭中的平等成员，大大改变了国际力量的对比，第三世界国家不再是附属于发达国家并受其支配的被动力量。1974 年 5 月 1 日联大通过的《建立新的国际经济秩序宣言》正确地反映了这一力量对比的变化，并指出：20 世纪 70 年代以来世界的变化说明了世界大家庭的一切成员相互依赖的实际情况，发达国家的利益同发展中国家的利益不能再相互分隔开，发达国家的繁荣是与发展中国家的增长和发展紧密关联的。整个国际大家庭的繁荣取决于它的组成部分的繁

---

〔1〕《马克思恩格斯全集》第 25 卷，人民出版社 1972 年版，第 286 页。

〔2〕乌拉圭作家爱德华多·加莱亚诺在其所著的《拉丁美洲被切开的血管》（王玫等译，人民文学出版社 2009 年版）一书中用大量事实、数字和例证向世人揭示了 500 年来新老殖民主义者如何对拉丁美洲、非洲进行疯狂掠夺和压榨，致使一个丰腴的拉丁美洲成为世界上最贫穷的大陆之一。在中国，自 1840 年鸦片战争以后近 100 年，其也逐步沦为帝国主义和殖民主义的掠夺对象。这些曾经被帝国主义和殖民主义竭力掩盖和篡改的历史揭示出发达国家之所以成为发达国家其原罪所在。

〔3〕John H. Jackson and William J. Davey, *Legal Problems of Internationcl Economic Relations-Cases*, *Materials and Text*, 2nd edn., West Publishing Co., 1986, pp. 13～15；Carles P. Kindleberger, *International E-conomics*, West Publishing Co., 1986, p. 2.

荣。根据这一观点建立起来的以国家相互依赖为基础的国际贸易学说反对以邻为壑（Beggar-thy-neighbor）的贸易政策，该学说认为：①从历史发展的观点出发，发达国家应当承认发达国家之所以成为发达国家，是在旧的经济秩序下，发达国家对发展中国家用武力或其他手段强行推行不平等的"国际分工"的结果，因此，现代的国际贸易动机首先是为建立新的国际经济秩序而努力。②在建立新的国际经济秩序的基础上，发达国家应为发展中国家的产品以及服务拆除一切关税与非关税壁垒，为发展中国家幼稚工业的建立提供优惠条件。③发达国家应尊重并承认各国基于社会制度、经济发展水平不同而存在的差异，允许发展中国家在贸易发展过程中实行不同程度的保护政策。

　　总之，以国家之间相互依存、相互合作的共识为基础，在无论大国、小国、穷国、富国一律平等的前提下，国家从事对外贸易的动机不能再是纯粹地追求一国的繁荣和发展。利用本国在政治、经济、军事、文化、自然条件、科学技术发展方面以及社会人力资源等诸方面的优势，利用国际条件的差异，通过对外贸易，实现国家在政治、经济、军事、外交等各方面的综合效益，这种做法在第二次世界大战后开始显露，在20世纪60年代以后，特别是20世纪80年代，达到了登峰造极的地步。国际贸易是国家实现包括经济利益在内的特定目的的手段。1986年开始直至1993年12月底结束的关税与贸易总协定乌拉圭回合谈判达成的最终成果以及其后多哈回合谈判的艰难历程，反映出各国、各利益集团之间的妥协和斗争，这可以看成是对这种国际贸易动机和目的的最好诠释。

## ■第二节　国际贸易法的概念和渊源

### 一、国际贸易法的概念

　　国际贸易法是调整跨国货物、技术、服务的交换关系以及与这种交换关系有关的国际法律规范和国内法律规范的总和。具体而言，国际贸易法调整的关系包括：国际货物买卖以及与之有关的国际货物运输、国际货物运输保险、国际贸易结算、国际技术贸易。根据这些内容，国际贸易法可以分为国际货物贸易法、国际服务贸易法和国际技术贸易法。

### 二、国际贸易法的渊源

　　按照塞尔蒙德的观点，法律渊源（Fontes Juris）有两种不同的含义：①主权国家适用的法律规则；②这些规则的来源。[1]在这一理解的基础上，国际贸易

---

[1]　[新西兰] 塞尔蒙德：《法理学》，伦敦1957年版，第133页；[英] 施米托夫著，赵秀文译：《国际贸易法文选》，中国大百科全书出版社1993年版，第136页。

法的渊源可以分为如下几类：[1]

1. 国际条约。国际条约包括全球性国际条约、区域性国际条约和双边条约。全球性国际条约有《联合国国际货物买卖合同公约》、《海牙规则》、《建立世界贸易组织协定》等；区域性国际条约有建立欧洲共同体的《罗马条约》、《北美自由贸易协定》、亚太经合组织文件等；国际双边协定包括两国之间签署的友好和通商航海条约、自由贸易协定等。

2. 国际商业惯例。国际商会编纂的《国际贸易术语解释通则》、《跟单信用证统一惯例》、《国际保理惯例规则》等均属于国际商业惯例。

3. 国内法。各国国内有关对外贸易方面的法律也是国际贸易法的渊源。例如，《中华人民共和国对外贸易法》、《美国统一商法典》等。

4. 国际组织发表的宣言与决议。

5. 跨国公司及同业公会制定的标准合同。

### 三、国际贸易法的产生与发展

国际贸易法的产生可以溯源至普遍适用于古代西欧调整罗马公民与非公民之间以及非罗马公民之间贸易关系的万民法和中世纪的商人法。19 世纪末 20 世纪初，国际上出现了对国际贸易法的统一与编纂工作。但是，作为国际经济法的一个分支，一个独立的法律部门，国际贸易法体系的建立则是在第二次世界大战以后，在联合国国际贸易法委员会主持下，在对国际贸易法进行系统编纂的基础上日益发展与健全起来。

关于国际贸易法的发展，施米托夫认为可分为三个阶段：第一阶段是民族国家出现之前，即中世纪商人习惯法时期；第二阶段是氏族国家出现后，商人法被纳入到各国国内法之中；第三阶段为当代，以跨国公司出现和联合国精神为代表的跨国贸易法。[2]

（一）中世纪的商人法

中世纪的商人法（Lex Mercatoria，或称 Law Merchant）是古老的商业习惯法，它于 10～12 世纪产生于意大利、法国、德国的自治城市中，是从事欧洲和东方之间贸易往来的一个特殊的商人阶层中发展起来的一种商人之习惯。实际上，早在罗马时代，即阿拉伯人入侵之前，就有一个专门的商人阶层从事进出口贸易。正是由于这一阶层的存在，罗马的城市才成为商业中心和商业流通的集中点。输往这一带的商品，如纸张、香料、东方的酒、油料等物品都是在地

---

[1] 有关国际贸易法渊源和发展的主要论述，请参见［英］施米托夫：《出口贸易》，史蒂文森出版社 1975 年版；［英］施米托夫：《经济变化中的商法》，Sweet & Maxwell 出版社 1981 年版；［英］施米托夫著，赵秀文译：《国际贸易法文选》，中国大百科全书出版社 1993 年版。

[2] ［英］施米托夫著，赵秀文译：《国际贸易法文选》，中国大百科全书出版社 1993 年版，第 39 页。

中海口岸起卸的。[1] 由于在这些自治城市中，商人有自己的特别法庭专门审理发生在商人之间的纠纷，因此，被这些法庭承认并执行的习惯被称为商人法。商人法的主要内容有：买卖契约、代理、合伙、汇票、海商法以及保护公开市场的规则等。例如，中世纪（13 世纪）产生了对后世影响极大的三部海法：一是巴塞罗那海法，也称康梭拉德海法（Libro del Consolat del Mar），它被视为后世国际公法与国际私法的渊源。它实际上是市行政长官或裁判官的判决。二是奥内隆法典（Charter d'ol'eron），也称《海事判例集》，产生于 13 世纪，其内容是 12 世纪的海事案件裁判录。三是维斯比海法（Waterrecht of Wisby）。

中世纪商法的特点有如下三个方面：①国际性。它是普遍适用于欧洲各国以及东、西方贸易的共同法律。②行业性。它是只适用于商人之间交易的习惯法。英国著名学者施米托夫教授认为，英国法律制度并不把商法视为某一阶层人的法律，如贸易商的法律。而把它视为该国普通法的一部分。[2] ③由专门的商事法庭审理。在英国，这种法庭有一个很生动的名字——"灰脚法庭"。因为到法庭进行诉讼的商人，脚上还沾染着旅途的灰尘。[3] 格罗斯解释为，外来商人或者在国土上来往的商人在司法上没有固定的法院，而是来去流动，故被称作"灰脚"（1124～1153 年）。[4] 也有学者将"piepowder"译作"行商法院"，这种翻译来自于法文中的"prudhommes"，即"正直的人"或"行家"，它具有现代调解性仲裁庭的性质。库克形容这种程序公平审理案件速度之快，就像把（商人）脚上的灰尘去掉。[5]

15 世纪以后，随着主权思想的产生，民族国家的兴起，商法以不同形式被纳入各国国内法体系之中，从而使统一的、世界性的商法体系不复存在。

（二）国际贸易法的编纂和统一

中世纪封建的、自给自足的经济阻碍了国际贸易的发展。15 世纪末 16 世纪初的地理大发现与欧洲工业革命的发展促进了世界范围内经济、贸易往来与各国商法的发展。法国率先于 1673 年和 1681 年先后颁布了两部商事法典：《商事条例》与《海事条例》，1807 年根据这两个条例颁布了《商法典》，1804 年颁布了《拿破仑法典》，从此形成了欧洲大陆民、商分立的法律制度。以后又有德国于 1861 年制定了《商法典》、1900 年制定了《民法典》等。而意大利等国家则

---

〔1〕 ［比］亨利·皮朗著，乐文译：《中世纪欧洲经济社会史》，上海人民出版社 1987 年版，第 4 页。
〔2〕 ［英］施米托夫著，赵秀文译：《国际贸易法文选》，中国大百科全书出版社 1993 年版，第 11 页。
〔3〕 ［英］施米托夫著，赵秀文译：《国际贸易法文选》，中国大百科全书出版社 1993 年版，第 47 页。
〔4〕 ［英］格罗斯："灰脚法庭"，载《经济季刊》1906 年第 20 卷，第 231 页注 4。
〔5〕 参见 ［英］库克：《英格兰法》，第 271 页；［英］施米托夫著，赵秀文译：《国际贸易法文选》，中国大百科全书出版社 1993 年版，第 6～7 页。

第
一
章

采用了民商合一的法律制度。在英国，把商人习惯法纳入普通法，则是由首席大法官曼斯菲尔德在 1756～1788 年间完成的。

第二次世界大战以来出现了一个新的法律部门——经济法（Economic Law）。"奠定经济法的哲学思想是经济的可操纵主义，即家长式统治的国家可以通过公共利益限制当事人的'意思自治'这一思想。"[1] 在此基础上产生的凯恩斯经济理论，主张国家对经济、工业以及金融事务进行全面干预。第二次世界大战以后，国家之间的经济交往日益频繁，新的科技革命与跨国公司的蓬勃发展以及战后各国恢复经济的需要，促使各个国家不但积极参与经济活动，而且通过签订各种政府间的双边或多边协定、组织各种形式的机构对经济活动给予支持和保护。此外，资本主义进入帝国主义时代之后，周期性的经济危机以及帝国主义国家之间为争夺世界市场的激烈竞争也从消极方面迫使各个国家加强对经济的干预，采用各种管制贸易的措施以保护公平竞争，反对垄断。而且，第二次世界大战后，社会主义国家的出现与民族解放运动的兴起，使资本主义国家产生恐惧，并采取遏制措施（例如封锁、禁运、歧视和限制等），对经济进行干预。社会主义国家和广大第三世界发展中国家为了发展民族经济，抵制封锁、禁运、歧视和限制，也建立了国家对经济活动的严格管制和限制。这些管制和限制措施包括制定外贸管理法、实行进出口许可证制度和外汇管理制度、制定反托拉斯法、制定产品责任法等。正如日本著名的国际经济法专家金泽良雄（Yoshio Kanazawa）曾指出的："商品和资本始终是唯利是趋，具有超越国境而交流的性质。在这里，问题的关键所在既不是国家，也不是国境，而只是经济社会。在市民社会中，国家的意义甚至可以说是仅仅作为夜警而存在的。可是一旦产生了高度资本主义的矛盾，特别是在经济恐慌时期，单纯靠市民社会的自动调节作用，就不足以维持并发展其经济，而要求同国家权力相结合。这样，作为夜警的国家不得不在白昼堂而皇之地对经济进行干预了。"[2]

由于建立在以商人为主体和"意思自治"基础上、以"契约自由"和"契约必须遵守"为原则的传统商法受到了国家强制性法律的限制与约束，国际商法（International Commercial Law）的一部分内容被纳入国际贸易法体系之中。在国际贸易法律规范中，既包括商法中的任意性的"私法"（Private Law）规范，又包括强制性的"公法"（Public Law）规范；既包括国内法规范（Domestic Legislation，如国内货物买卖法和外贸管理法），也包括国际法规范（Interna-

---

〔1〕　Clive M. Schmitthoff, *Commercial Law in a Changing Economic Climate*, Sweet & Maxwell, 1981, p. 11.
〔2〕　［日］金泽良雄著，姚梅镇译："国际经济法序论"，载《国外法学》1982 年第 5 期。

tional Legislation，如国际公约和国际商业惯例），前者如《联合国国际货物买卖合同公约》、《建立世界贸易组织协定》，后者如国际商会编纂的《国际贸易术语解释通则》、《跟单信用证统一惯例》等。英国著名的国际贸易法专家施米托夫（Clive M. Schmitthoff）认为，国际贸易法是建立在契约自由和商事仲裁两个原则基础上的一整套自治法律，其内容主要包括国际货物买卖及与货物买卖有关的运输、保险和支付方面的法律。他同时指出：对外贸易私法交易与国际的系统规则相结合，是社会主义国家国际贸易法的重要特征。而在法国和英国的国际贸易法教科书中都承认一般国际贸易法与政府规章之间的联系，并把后者纳入国际贸易法范畴。[1]

尽管各国在政治、文化、意识形态等方面存在差异，经济发展水平不尽相同，但在日益扩大的经济贸易交往中，仍然逐渐形成了一套为人们普遍接受的规则。如用 FOB、CIF 条件买卖货物，用托收或信用证方式付款，用提单运送货物等。这些被整个世界所接受的一般规则，成为国际贸易法律得以进行统一与编纂的基础。著名的国际贸易法专家施米托夫称此为"商法国际精神有意识地审慎地复归"。19 世纪末 20 世纪初，当欧洲各国忙于颁布他们各自的国内法时，一些国际组织和法学家就在致力于国际贸易法的统一与编纂等工作。20 世纪初由伟大的意大利学者维多利奥·夏洛亚（Vittorio Scialoia）率领的一批法国、意大利律师起草的《债与合同法典》草案，共 20 章 739 条，囊括了债法的一般规定与各种类型的合同，如买卖、租赁、雇佣、代理、借贷、储存、运输、抵押、扣押、担保等。

然而，事实上，国际贸易法的统一不是在这种包罗万象的领域，而是在诸如国际货物买卖、流通票据、各种运输方式以及知识产权等单个领域获得了成功。例如，在国际货物买卖方面，罗马国际统一私法研究所编纂了 1964 年的两个海牙公约，即《国际货物买卖统一法公约》和《国际货物买卖合同成立统一法公约》。这两个公约构成了 1980 年《联合国国际货物买卖合同公约》的前身。此外，国际商会还编纂整理了《国际贸易术语解释通则》，1997 年发布了《国际销售示范合同》等。在知识产权方面的统一化成果主要有：1883 年的《保护工业产权巴黎公约》，1886 年《保护文学和艺术作品伯尔尼公约》，1891 年《商标国际注册马德里协定》等。在国际货物运输领域的统一化成果主要有：1924 年《统一提单的若干法律规则的国际公约》，1929 年《统一国

---

〔1〕 ［英］施米托夫著，赵秀文译：《国际贸易法文选》，中国大百科全书出版社 1993 年版，第 133～144 页、第 257 页；［美］柯恩：《国际商业买卖》，巴黎 1961 年法文版，第 307～363 页；［英］施米托夫：《出口贸易——国际贸易法律与实务》，伦敦 1962 年版，第 379～433 页。

际航空运输某些规则的公约》，1951 年《国际铁路货物联合运输协定》等。在国际贸易支付方面的国际统一法主要有：国际商会制定的《跟单信用证统一惯例》、《托收统一规则》以及 1930 年《日内瓦统一汇票本票法公约》等。在协调各国外贸政策方面达成的统一法主要有：《关税与贸易总协定》及《建立世界贸易组织协定》等。此外，还有不可忽视的区域性贸易协定，如《北美自由贸易协定》（NAFTA）、欧盟（EU）的贸易规则以及亚太经合组织（APEC）文件等。

这些统一法与中世纪统一的商人法的不同点在于：①中世纪的商人法是杂乱无章的，从习惯发展成法律；而新的国际贸易统一法是由一定的机构审慎地制定并以公约或文件的形式加以公布。②新的国际贸易统一法的国际性是以主权国家的认可与同意为前提的，因此，不具有超国家的特性。正如施米托夫所言，国际贸易法是由主权国家认可的，建立在国内法基础上的，既不同于国际公法也不同于国内法的，由国际商业界在与各主权国家无利害关系的领域内发展起来的高度自治的法律。[1]③新的国际贸易统一法突破了传统国际商法的界限，加进了国家调整和管制贸易的内容。

（三）国际贸易法的新发展

传统的国际贸易法以调整国际货物贸易关系为核心，包括调整与货物贸易有关的运输、保险与支付的法律与制度。随着科学技术的发展，国际贸易范围的扩大，特别是 20 世纪末全球经济一体化的形成，国际贸易法的发展呈现出新的特点。

1. 国际贸易法的调整范围不断扩大，且与其他法律学科交叉联系的特点更为突出。1947 年，当各国代表云集日内瓦酝酿成立国际贸易组织（ITO）时，其考虑的主要是协调各国的货物贸易政策，削减货物贸易的关税壁垒和非关税壁垒。随着贸易领域从货物贸易扩大到技术贸易和服务贸易，政府管理贸易的措施也逐步扩大、完善。到乌拉圭回合谈判时，谈判范围已扩大到与贸易有关的投资措施、与贸易有关的知识产权措施等。在货物买卖法领域，货物买卖法与货物运输法、保险法、贸易项下的支付问题密切联系。在贸易管理领域，政府对货物贸易的管理措施与政府对投资领域、知识产权领域乃至环境保护、劳工领域、竞争政策等领域的法律与政策所发生的密切联系，显示出贸易法与其他相关法律学科交叉、互补的密切联系，体现出国内法中各部门法之间、国内法与国际公法、国际私法乃至与国际商业惯例之间的密切联系。

---

〔1〕 ［英］施米托夫著，赵秀文译：《国际贸易法文选》，中国大百科全书出版社 1993 年版，第 248、264 页。

2. 国家管理对外贸易的手段从关税领域扩展到非关税领域。这些管理手段形成系统的行政法规，配合着现代技术手段。21世纪政府管理贸易的政策、手段的法律化、科学化、系统化增加了各国贸易法律与规章的稳定性和透明度。

3. 几乎与世界贸易组织（WTO）同时诞生的区域性贸易集团的贸易法规、制度极大地丰富了国际贸易法的内容。由区域贸易集团提出的法律问题，构成国际贸易法理论研究与实践中的重要课题。

4. 随着世界贸易组织（WTO）的成立与成员国的增加，许多国家都按照WTO的要求，或修改国内贸易法规，或颁布新法。例如，英国和美国先后分别修改了《英国货物买卖法》和《美国统一商法典》，美国在1988年《综合贸易与竞争法》基础上还在1994年颁布了《乌拉圭回合协定法》，1995年颁布了《金融服务公平竞争法》。欧盟也在反倾销与反补贴、运输业、电信业、金融业等领域颁布了新的规则和指令，在促进欧盟内部和外部的贸易自由化方面采取了重大举措。随着我国改革开放的深入发展，特别是中国加入WTO以后，我国在对外贸易方面修改或颁布了一系列新的法规，如修改了1997年《中华人民共和国对外贸易法》，颁布了《中华人民共和国货物进出口管理条例》、《中华人民共和国技术进出口管理条例》、《中华人民共和国反倾销条例》、《中华人民共和国反补贴条例》、《中华人民共和国保障措施条例》等。2008年8月1日，我国发布的《中华人民共和国反垄断法》正式实施。这些法律法规的颁布将进一步促进我国的对外贸易开放和自由。

## ■第三节　国际贸易法的主体与基本原则

### 一、国际贸易法主体

国际贸易法的主体是指国际贸易活动的参加者。主要有自然人、法人、国际组织和国家。

（一）国际贸易法的一般主体

1. 自然人。自然人作为一般的民事关系主体，其权利能力自出生之日产生，至死亡之日为止。根据各国的法律规定，凡智力正常的成年人，均具有完全的民事行为能力。如其定居国外，则其行为能力可以适用定居国法律。在国际经济交往中，自然人可以从事各种国际的经济贸易活动，但由于个人受物力、财力所限，自然人在国际贸易领域发挥的作用有限。

2. 法人。法人是依法成立，拥有必要的组织机构和独立的财产，能以自己的名义享有民事权利和承担义务，能以自己的名义起诉、应诉的组织。法人的民事权利和民事行为能力，从法人成立时产生，至法人终止时消灭。其内容和范围由有关的国内法和法人章程确定。法人代表代表法人从事各种民事活动。在我国，从事国际贸易活动的公司、企业和其他经济组织多以法人的形式出现，经工商行政管理部门登记，即可从事贸易活动。营利性法人只能在核准登记的经营范围内从事经营活动。根据 1994 年 7 月 1 日实施的《中华人民共和国公司法》的规定，公司中的国有资产所有权属于国家。公司以其全部法人财产依法自主经营，自负盈亏。非依照我国法律规定设立的外国法人或经济组织，其权利能力和行为能力以其本国法确定。在不违反我国法律和公共秩序的情况下，可以自由地在我国从事各种经营活动。

随着国有企业在国际经济活动特别是在国际贸易与国际投资领域日趋活跃并成为一支不可小视的力量，围绕国有企业的作用及其影响产生的法律问题引起了国际社会的关注[1]。

目前许多国家，无论是发达国家还是发展中国家，或出于保障民生，或出于技术创新，或出于国家安全等社会、政治、经济、战略利益的需要，在其不同行业中都存在着数量、规模不等的国有企业[2]。这些国有企业在构建一国GDP、就业以及市场资本主义中占有重要的部分。[3]在西方发达国家，国有企业传统上多关注于国内市场与国内竞争[4]。资本主义世界经济危机的发生特别是 20 世纪 80 年代末至 90 年代爆发的全球性金融危机，迫使各国都采取了许多政府干预经济包括（如对银行）采取国有化措施。在一些新兴经济体，国有企业参与国际经济活动，被称为"国家资本主义的崛起"[5]。针对国有企业对国际

---

〔1〕 2013 年 4 月 5 日 OECD 发布了题为"国有企业：贸易效果及政策意涵"的贸易政策报告（State-Owned Enterprises：Trade Effects and Policy Implications-Trade Policy Papers No. 147，2013，4，5）报告称根据福布斯（Forbes@ Global 2000）统计，在全球前 2000 家最大的公开发行公司（public companies）中，有 204 个公司为国有企业，这些国有企业于 2010 年至 2011 年间，在全球 37 个国家遍布 35 个行业中，创造了约为 3.6 兆美元之营业额，其中大部分此类国有企业均来自于新兴经济体国家。

〔2〕 经济学理论认为国有企业产生于市场失灵而导致的国家干预。主要有 natural monopoly，public goods，merit goods and externalities。关于国有企业治理的比较研究参见 2006 年 OECD 报告。

〔3〕 OECD Guidelines on Corporate Governance of State-Owned Enterprises，2005，p. 9，序言。

〔4〕 2013 年 OECD working party of the committee：state-owned enterprises：trade effects and policy implications，OECD policy paper No. 147，by Przemyslaw Kowalski，Max Buge，Monika Sztajerowska and Matias Egeland，p. 9.

〔5〕 2012 年 1 月"The Economist"的大标题"The rise of state capitalism-the spread of a new business in the emerging world will cause increasing problems"，引自 2013 年 3 月 22 日 OECD working party of the committee：state-owned enterprises：trade effects and policy implications，OECD policy paper No. 147，by Przemyslaw. Kowalski，Max Buge，Monika Sztajerowska and Matias Egeland，p. 9.

市场竞争的影响展开调查和研究成为 21 世纪以 OECD 为代表的发达国家的一个热门课题[1]。

所谓国有企业（State-owned Enterprise，SOEs）也称国有公司（State-owned Corporation)[2]是指国家通过全部、多数或少数所有权对企业实行实质性控制[3]的公司。在一些国家的法律中指"由国家控制或者所有的并且受到国内公法（Domestic Public Law）规制的企业"，即除了所有权与控制之外，国有企业受特别法规制[4]。在美国与澳大利亚自由贸易区协定中，国有企业不仅指由中央政府控制或所有的企业还包括地方政府控制或所有的企业[5]。我国法律中，

---

[1] 系统且卓有成效的研究当属经济合作与发展组织（简称 OECD）。从 2002 年起至 2005 年以后各个委员会发布的一系列有关国有企业的指南和报告主要有：2005 年国有企业公司治理指南（OECD Guidelines on Corporate Governance of SOEs)，2011 年公司治理工作报告：竞争中立与国有企业：挑战与政策选择（A. Capobianco and H. Christiansen，"Competitive Neutrality and State-Owned Enterprises：Challenges and Policy Options"，*OECD Corporate Governance Working Papers*，No. 1，OECD Publishing)，2012 年竞争中立：构建公私企业公平竞争平台（*Competitive Neutrality*：*Maintaining a Level Playing Field between Public and Private Business*)，2013 年贸易委员会发布的政策报告：国有企业：贸易效果与政策内涵（OECD working party of the committee：state-owned enterprises：trade effects and policy implications，OECD policy paper No. 147，by Przemyslaw Kowalski，Max Buge，Monika Sztajerowska and Matias Egeland)，此外还有"Corporate Governance of State-Owned Enterprises：A Survey of OECD Countries"，OECD，2005 以及"Privatising State-Owned Enterprise，An Overview of Policies and Practices in OECD Countries"，OECD，2003，等等。这些关于国有企业治理的指南和报告的目的和特点可以归纳如下：①以 OECD2004 年的公司治理准则为基础，公司治理的一般准则适用于国有企业；②鉴于国有企业的特殊性，为成员国完善国有企业治理建立国际标准；③报告提出的措施属于建议性的、非强制性的；④不影响各国的私有化措施和进程；⑤促进 OECD 国家与非 OECD 国家开展国际合作。

[2] 也有学者视 public sector business 等同于国有企业。参见 A. Capobianco and H. Christiansen，"Competitive Neutrality and State-Owned Enterprises：Challenges and Policy Options"，*OECD Corporate Governance Working Papers*，No. 1，OECD Publishing，2011，p. 4. 在 WTO/GATT1947 第 17 条中从事进出口的国有公司称"国有贸易公司"。

[3] the term "SOEs" refers to enterprises where the state has significant control，through full，majority，or significant minority ownership，见 OECD2005 年国有企业治理指南第 11 页。1992 年美式双边投资保护协定范本中给国有企业定义："一方通过所有者权益控制或者所有的企业。"［an enterprise（company）owned，or controlled through ownership interests，by a party.］

[4] OECD 研究认为从国有企业治理的法律形式来看，大多数采取与政府分离的私人的有限责任公司形式，适用公司法调整；有些虽然与政府分离，但由专门的公法调整，仍属于公共机构，如在奥地利、瑞士、瑞典、法国、韩国等。Oecd Comparative Eeport On Corporate Governance Of State-owned Enterprises，since 2005，pp. 24～25.

[5] 美澳自贸区协定第 1.2 条。

没有国有企业的定义[1]。有学者认为，国有企业指国家拥有或控股的企业[2]。不涉及控制问题。除了定义的不统一外，国有企业的复杂性还在于：实践中，国有企业的行为在经政府授权的情况下可以视同政府或公共机构（Public Body）的行为[3]。此外，尽管各国都承认国有企业在国内存在的合理性，但是随着国有企业越来越多的参与国际市场竞争，并且多集中于一些战略或基础行业，在一些国家"国有企业作为在国外市场实现战略目标（商业或非商业）之工具，而此种行为可能造成反竞争之效果"[4]。由于国有企业的市场行为可能产生反竞争效果，而导致公、私企业不公平竞争的主要来源是出自政府的管理行为[5]，因此在全球经济一体化的国际市场中，如何确保政府在其规范公私企业的国际贸易管理行为中的公平与不歧视？如何矫正和规制国有企业扭曲贸易的行为？成为国际贸易法研究的新课题。

---

[1] 我国《公司法》第 64 条第 2 款对国有独资公司作出特别规定。所谓国有独资公司，是指国家单独出资、由国务院或者地方人民政府授权本级人民政府国有资产监督管理机构履行出资人职责的有限责任公司。第 65 条规定，国有独资公司章程由国有资产监督管理机构制定，或者由董事会制订报国有资产监督管理机构批准。第 64 条第 1 款规定，国有独资公司的设立和组织机构，适用本节规定；本节没有规定的，适用本章第一节、第二节的规定。

[2] 参见张玉卿主编、李成钢撰写：《WTO 法律大辞典》，法律出版社 2006 年版，第 302 页，"国有企业"条目。

[3] 2011 年 3 月 11 日，中国诉美国反倾销和反补贴措施案（WT/DS379/AB/R）中，上诉机构支持了中方关于国有企业只有在经政府授权行使政府职能时，才能被视为"公共机构"的主张；驳回美方关于国有企业受政府所有或控制，即为公共机构的主张。Appellate Body Report，US—Anti-Dumping and Countervailing Duties，para. 310～317。上诉机构维持了专家小组将我国"国有商业银行"认定为公共机构的裁定。关于"授权"的含义，在 1992 年美式投资协定范本第 I.1（G）中规定：立法机关授权，政府命令，指令或者其他形式的授予国有企业或垄断行业的授权行为，或者其他委托国有企业或垄断行业行使政府的权力的行为。2004 年范本将"授权"含义扩大，除包括上述含义外，还包括授予个人行使政府权力的行为。在 DS379 案中，上诉机构认为，政府对某实体持有多数股权的事实，并不能证明政府对该实体的行为实施了有意义的控制（meaningful control），更不能证明政府对其授予了职权（para. 318）。

[4] OECD2011 年报告详细分析了与私企相比，国有企业在国际竞争中从国家获得的好处（第 5～6 页）；2013 年报告第 15 页）。报告认为，所谓由政府授予之利益，其种类可概括为下列七项：①直接补贴；②融资优惠与信用担保；③优惠的法规待遇；④免除适用反竞争法或破产法的相关规定；⑤通过控制股权以实行反竞争或专断的价格订定策略；⑥其他具进攻性的价格策略；⑦取得资讯的优势地位。国有企业商业活动扩展迅速之原因，有下列四项：①本国政府通过授予利益之方式，使国有企业于竞争条件上优于外国公司；②通过法规松绑及租税减免之方式，诱使提供公共服务之国有企业扩大其经营版图，不考虑其是否符合商业利益；③在国际贸易中，扩大经营版图之目的，未必皆系为达到一定程度之经济规模，例如针对能够彰显本国国旗或国徽之运输工具，经常因为国家为展现该国能与国际市场接轨之正面形象，而大力补贴国有企业；④援助经营不善之国有企业。

[5] 国家既是市场经济的管理者又通过国有企业参与市场竞争，成为国有企业的利益相关者（stakeholder）。

2005 年 OECD 发布了国有企业公司治理指南（OECD Guidelines on Corporate Governance of SOEs）试图为 OECD 国家和非 OECD 国家国有企业治理设立一个国际标准（International Benchmark）[1]。2011 年 OECD 发布公司治理工作文件（Corporate Governance Working Papers）[2]，第一次提出竞争中立框架（Competitive Neutrality Framework）[3]。所谓竞争中立（Competitive Neutrality）是指，任何经济实体不得仅仅因为所有权（Ownership）而取得优势或劣势（Advantages or Disadvantages）。该文件不仅为国有企业与私营企业在国际贸易中构建了公平的竞争平台，并且为监督政府政策制定者，识别和消除（Identify and Eliminate）国有企业可能享有的好处（Advantages）建立了一种法治机制[4]。该研究成果提出的法治和透明度要求对中国国有企业的进一步改革无疑具有一定借鉴意义。

（二）国际贸易法的特殊主体

1. 国家。国家是一个特殊的民事主体。作为主权的最高代表和象征，国家可以以自己的名义从事各种国际、国内的经济活动，签订各种合同、条约和协议，并以国库的全部资产承担责任。然而国家又不同于一般的民事主体，它享有不可被剥夺的主权豁免权。未经国家同意，国家的主权行为和财产不受外国

---

[1] OECD Guidelines on Corporate Governance of State-Owned Enterprises2005 年指南适用于：①以法律形式组建的国有企业（即政企分离、从事商业活动：其大部分收入来自买卖和收费），The Guidelines are primarily oriented to state-owned enterprises using a distinct legal form（i. e.，separate from the public administration）and having a commercial activity（i. e. with the bulk of their income coming from sales and fees），whether or not they pursue a public policy objective as well. ②由于公司治理不同，指南对上市公司与非上市公司；全资国有、多数股权的国有与少数股权的国有企业加以区分并且适用于它们的子公司，These SOEs may be in competitive or in non-competitive sectors of the economy. When necessary，the Guidelines distinguish between listed and non-listed SOEs，or between wholly owned，majority and minority owned SOEs since the corporate governance issues are somewhat different in each case. The Guidelines can also be applied to the subsidiaries of these aforementioned entities，whether listed or not.

[2] A. Capobianco and H. Christiansen，"Competitive Neutrality and State-Owned Enterprises：Challenges and Policy Options"，*OECD Corporate Governance Working Papers*，No. 1，OECD Publishing，2011.

[3] 1983 年美国的双边投资协定范本中，设立了国有企业与私营企业平等竞争的条款［第 II（6）条］。"The Party recognize that，consistent with paragraphs 1 and 2 of this Article，conditions of competitive equality should be maintained where investments owned or controlled by a Party or its agencies or instrumentalities are in competition，within the territory of such Party，with privately owned or controlled investments of nationals or companies of the other Party. In such situations，the privately owned or controlled investments shall receive treatment which is equivalent with regard to any special economic advantage accorded the governmentally owned or controlled investments."其后，美国在与一些国家如孟加拉国订立的双边投资协定中都纳入了这一条款。

[4] 详细内容参见 A. Capobianco and H. Christiansen，"Competitive Neutrality and State-Owned Enterprises：Challenges and Policy Options"，OECD Corporate Governance Working Papers，No. 1，OECD Publishing，2011.

第一章

管辖和侵犯。国家不能作为被告在外国法院出庭、应诉，国家财产不能作为诉讼标的以及法院强制执行的对象。然而，为了适应国际交往的需要，国家可以通过一定方式宣布自愿放弃豁免权，以平等的民事主体资格从事贸易领域的各种经济活动。在这种情况下，由国家授权的负责人或公司代表国家进行贸易活动。

除了直接从事各种经济活动之外，国家作为国际贸易法主体，还具有其他主体所不具有的特殊职能，即对贸易进行管理和监督的职能。这些行政法律规范构成了国际贸易法的重要内容。

2. 国际组织。大多数国际组织，包括各种类型的国际经济组织都有自己的组织机构和章程，有固定的资产和资金来源，在一定的范围和领域内承担一定的权利义务，有独立承担法律诉讼的能力。有些国际组织甚至享有外交特权和豁免。因此，国际组织在国际法和国内法上具有法人资格是没有问题的。

国际组织和国家之间，国际组织之间，国际组织和法人、跨国公司之间具有签订协议的能力，有接管、买卖财产的能力，有进行法律诉讼的能力。

在国际贸易领域，国际组织表现得非常活跃。有些国际组织和国际经济组织的决议、规定、原则、其制定的标准合同已成为国际贸易活动中各国遵守的法律原则和行动准则，成为国际贸易法重要的渊源之一。有些国际组织，如欧盟，甚至具有超国家的职能，其指令和决议不但约束各成员国政府，而且可以直接适用于成员国的自然人和法人。

（三）跨国公司

跨国公司虽然不是一个法律实体，但是由于其特殊的组织机构和强大的人力、物力、财力，在国际贸易活动中起着重要作用。由跨国公司跨越国境的货物、技术、人员、资本、服务活动引起的法律问题成为国际贸易法研究中十分重要的问题。为此，本节将其作为一个特殊的实体来研究。

跨国公司（Transnational Corporation），又称多国公司（Multinational Corporation）、国际公司（International Corporation）、世界公司（World Corporation）等。跨国公司是随着国际分工以及国际贸易的发展而逐渐形成和发展起来的。16 世纪的英国东印度公司是世界上最早出现的跨国经营公司。到 20 世纪初，跨国公司开始大量出现。目前，跨国公司的总产值已超过世界总产值的 1/3，跨国公司内部及相互贸易占世界贸易的 60% 以上。跨国公司凭借其优厚的财力、物力、人力优势和先进的技术和管理经验，在国际经济贸易活动中起着举足轻重的作用。

1. 跨国公司的概念与特征。跨国公司不是一个法律实体。联合国跨国公司委员会在 1983 年制订的《跨国公司行为守则（草案）》中将跨国公司定义为：

"跨国公司系指一种企业,构成这种企业的实体分布于两个或两个以上的国家。而不论其法律形式和活动范围如何。各个实体通过一个或数个决策中心,在一个决策系统的统辖之下开展经营活动,彼此有着共同的战略并执行一致的政策。由于所有权关系或其他因素,各个实体相互联系,其中一个或数个实体,对其他实体的活动能施加相当大的影响,甚至还能分享其他实体的知识、资源,并为它们分担责任。"

跨国公司具有以下特征:

(1) 经营活动具有跨国性。跨国公司通常以一个国家为基地,设立母公司,同时又在其他一个或多个国家设立不同的实体,接受母公司的管理、控制和指挥,从事各种经营活动。

(2) 具有全球性经营战略。跨国公司的母公司在制订经营方案时,通常从跨国公司的整体利益出发,制订其在全球范围内的生产、销售和经营策略。

(3) 跨国公司由不同实体(通常包括母公司、子公司、分公司)组成。母公司具有核心决策权。跨国公司的经营战略由母公司制订并实施,母公司对跨国公司的其他实体拥有高度集中的管理权。有学者指出:"跨国公司的主要法律形式,是根据各种法律制度成立的多个公司的聚积,但受母公司的集中控制,因而构成一个单一经济体。""从跨国公司具有共同的商业目的、中央控制和内部一体化的活动等方面看,可以说,跨国公司具有企业的特征,是一个经济实体,但它并不是一个法律实体。"[1]

(4) 跨国公司内部实体之间具有相互联系性。跨国公司由设立于不同国家的若干实体组成,各实体之间存在着不同程度上的联系。尤其是母公司往往通过货物、资本、技术、人员、服务的内部转移等多种方式对其海外子公司、分公司进行指挥、控制,从而实现利润在各实体之间的转移,达到跨国公司内部资源的合理配置,同时逃避或规避东道国的税收管辖、关税壁垒或非关税壁垒措施等。

(5) 跨国公司利益与跨国公司营业地所在国利益之间的冲突性。跨国公司的营业所在地是指跨国公司的诸实体开展营业活动的母国及东道国。母国(Home Country)是指母公司所在国家;东道国是指母公司以外的其他实体所在的国家。发展中国家为了吸引外资,多制订有大量只针对外国资本的优惠措施。跨国公司一方面享受着这些优惠待遇,另一方面在实施追逐高额利润的跨国经营战略时不惜损害发展中国家的利益,因此,跨国公司与发展中国家东道国的矛盾往往会演变成发达国家与发展中国家之间的矛盾。

---

[1] 余劲松:《跨国公司的法律问题研究》,中国政法大学出版社1989年版,第14页。

在国际经济交往中，发展中国家与跨国公司的矛盾实际是控制与反控制的斗争，构成了国际经济法研究的重要内容。由跨国公司内部交易所产生的法律问题正在成为国际贸易法研究中的热点问题。

2. 跨国公司的基本结构。实践中，跨国公司为了实现其全球战略，在其海外实体的设置方式上有所不同。但是，大多数跨国公司采用以下基本结构：

（1）母公司（Parent Company），又称总公司，是指在其子公司中拥有多数股权或通过合约、协议等形式对于子公司实际行使决定性控制权的公司。母公司一般是依照母国的法律规定设立的，其权利义务依照母国的法律和公司的章程确定，具有独立的法律人格。

（2）子公司（Affiliate Company），是指被母公司拥有全部或多数股份或通过合约或协议等形式接受母公司控制的公司。子公司一般是根据东道国的法律设立的，具有法律上的独立人格，受东道国的法律管辖。子公司通常按照东道国的法律规定，可以采取有限责任公司、股份有限责任公司等企业组织形式。

（3）分支机构，是跨国公司母公司在海外设立的机构，可分为办事机构和营业机构。分支机构一般没有独立的法律地位，不具有独立的法律人格。它具有母公司的国籍，属于母公司的增设部分，其行为由其母公司或总公司负责。

在跨国公司发展的早期，母公司主要通过拥有子公司的全部或多数股权的方式达到控制子公司的目的。随着投资方式的多样化和技术的发展，通过非股权投资（如许可协议、管理合同、销售合同等）也可以实现对子公司的控制。

3. 母公司对子公司的债务责任。在国际经济交往中，大多数公司都是有限责任公司，按照各国公司法的规定，作为独立法人，有限责任公司以其全部资产承担责任。但是对于跨国公司，基于母子公司之间的关联性，母公司对子公司拥有控制权，当出现由于母公司的责任造成子公司丧失对外偿付能力或丧失履行义务的能力的情形时，为了保护债权人的利益，法律有时会允许"揭开公司面纱"（Piercing the Corporations Veil），即按照"公司法人人格否定"（Disregard of Corporate Personality）的理论，由母公司为子公司的债务承担直接责任。应当注意的是，"揭开公司面纱"理论是对传统公司法"独立法律主体承担独立责任"理论的例外规定或是一种补充，因此，实践中，多数国家对"揭开公司面纱"都持非常谨慎的态度，对其适用严格加以限制。

除了"揭开公司面纱"理论外，一些国家还通过制订公司集团法，将母公司对子公司承担责任的情况作出明确规定。

4. 对跨国公司的法律管制。跨国公司凭借其雄厚的物力、财力、人力资源，基于其全球经营战略在国际经济交往中起着举足轻重的作用。其全球战略往往和其所在国家的经济发展战略不相符合，或对这些国家的经济发展产生不利影响，由此引发的矛盾导致各国积极要求对跨国公司的跨国经济活动进行法律规范。由于跨国公司由设在不同国家的实体组成，各国基于属人原则和属地原则对其进行管辖，因此，对于跨国公司的管制主要是通过国内法实现的。

考虑到各国对跨国公司管制制度的差别，1974 年 12 月，联合国经济与社会理事会通过决议，成立"跨国公司专门委员会"，拟定《跨国公司行动守则》，对跨国公司的母国及东道国有关跨国公司的管制制度予以统一规范。具体拟定工作从 1977 年开始。1982 年起草工作组向跨国公司专门委员会第八次会议提交了《跨国公司行动守则（草案）》，1990 年提交联大第 45 次会议审议。由于对草案的内容和法律性质存在分歧，该草案至今尚未通过。

随着全球跨国投资迅猛增长，国际服务贸易在世界贸易份额所占比例的增长，跨国公司的社会责任问题引起了越来越多国家的重视。1994 年《世界投资报告》规定了企业和跨国公司社会责任的最低标准，即"为社会提供利益，不具有故意伤害行为，如果产生了伤害，企业提供的利益必须足以抵消企业伤害行为带来的不利"。

**二、国际贸易法的基本原则**

国际贸易法有如下基本原则：

（一）贸易自由化原则

经济学家认为，自由贸易能最大限度地实现资源的合理配置，从而达到增进各国福利，提高人民生活水平的目的。因此，国际贸易法的目标就是调整在国际贸易这个竞技场上国家、法人、个人的行为准则，在不违反一国强制性法律规定和公共秩序的情况下，广泛承认合同双方的自主权利，即自由确定合同内容，自由选择管辖合同的法律，自由决定将其争议提交仲裁或司法解决的权利。在一个开放的市场上逐步削减关税及其他非关税壁垒，最终实现货物、技术、服务、人员和资本在全球范围的自由流动。这个目标或许仍十分遥远，但正像著名的经济学家保罗·A. 萨谬尔森所言，"我们可以像小马丁·路德·金那样说，我们也怀有一个梦想，这个梦想就是东方和西方都可以利用市场的显著效率，服务于人道社会的目的"。

（二）平等互利，协商一致原则

该原则既适用于国家之间的关系，也适用于贸易合同双方当事人之间的私法关系。根据国际法的主权平等原则，无论大国小国，穷国富国，弱国强国，在国际贸易领域，国家之间相互给予无条件最惠国待遇是平等互利原则在国家层面上的具体体现，是指导国家间经济贸易活动的基本原则。它要求一国对所有在其领域内从事正当贸易活动的外国人和外国企业一视同仁，不得以国家的政治制度、经济制度或社会制度的不同，不得因国内贸易与对外贸易之间的差别或将国内法适用于国际贸易而使外国人处于不公平的受歧视的地位。在发达国家和发展中国家的贸易关系中，发达国家应按照发展中国家经济发展水平，提供更为有利的非互惠条件；在处理国家之间贸易争端的问题上，首先是通过平等协商，在互利互让的基础上寻求解决办法，而不能动辄以贸易制裁、报复相要挟。无论在货物、技术还是服务贸易领域，合同双方当事人地位平等，权利义务相对等。在适用法律上一律平等，实行不同国家所有制的平权原则，相互尊重和承认对方依据其国内法律享有的民事权利和财产所有权。任何一方不得享有特权和豁免，也不能接受不公平的、不合理的、片面追求单方利益的条款，其合法正当权益应当得到充分保护。

## ■第四节 国际贸易法的研究方法

国际贸易法作为国际经济法的一部分，从对其概念与调整范围、产生与发展、主体与渊源等的分析可以看出，国际贸易法已不再恪守传统的公法与私法、国际法与国内法的界限，而是按照国际贸易关系发展的客观需要而形成的一个既包括"公法"规范，又包括"私法"规范，既包括国际法规范又包括国内法规范的一个综合的法律体系。它以研究客观存在的跨国经贸关系中的法律为对象，着重研究国际公约、国际商业惯例与国内法规范之间的相互关系。因此，在研究方法上，它必然要求采取：

### 一、多侧面、全方位的综合研究方法

国际贸易法主体的多样性和法律关系的复杂性决定其适用法律的多样性。因此，对于某一法律关系，我们不但要研究本国法，还要研究交易对方以及有关各方国家的法律，研究与之有关的国际公约和国际惯例。不但要研究有关调整商人之间交易关系的法律，还要研究国家有关管理与控制贸易方面的法律。

### 二、比较的方法

比较的方法是在多侧面、全方位研究的基础上进行的。它是世界多元化的政治、经济、法律、文化制度的反映。在遵守联合国宪章的前提下，和平与发展是世界各国的宗旨和共同目标。在这个前提下，各国的政治、经济、法律、文化制度存在的差异应当得到尊重。应当看到，这些差异是各国、各民族在各自历史发展过程中形成的，是人类文化遗产的宝贵财富。同时也应当看到，人类为寻求共同的语言和共同的行为准则已经做出的巨大努力。因此，在求大同存小异的过程中，比较各国法律之异同，辨析差异，才能互相尊重各自的差异，而不是消灭这种差异，或是用少数人的标准，强迫其他国家、其他民族服从少数强国的意志和标准。只有这样，才能建立一个法治的国际大家庭正常的经济秩序。

### 三、法学的研究方法和经济学的研究方法相结合

马克思主义认为，经济是基础。经济基础决定上层建筑。作为上层建筑的法律反过来对经济基础发挥影响作用。毛泽东在其著作中曾写到：人的正确思想是从哪里来的？不是从天上掉下来的，也不是自己头脑中固有的，而是从三大社会实践中产生的。因此，新中国的法律工作者承担着一个艰巨的社会使命，就是用法律为社会主义的经济建设服务。一部好的法律可以促进、保护经济的发展；一部不好的、脱离实际的法律不能促进、保护经济的发展，甚至可能限制和阻碍经济的发展。因此，法学家的作用不是简单的对法律条文、判例进行注释、说明、解释，而是要研究产生这种法律的经济现象，透过现象研究和说明为什么要制定这部法律？为什么要这样制定而不是那样制定法律？制定这样的法律对经济、对社会将产生什么样的效果和影响？国际贸易法是货物、技术、人员、服务在跨越国境的流通过程中产生的，因此，研究国际贸易法就不能只停留在法律条文上，而要研究产生这种法律关系的各国乃至世界的经济背景是什么？为此，法学家要懂得经济，学会用经济学的研究方法研究法律问题，例如研究关税法、反倾销法、反补贴法、外汇管理法、外贸管理法，以及相关的金融法、投资法、反托拉斯法等。[1]经济学家设计出的经济模式并非完全适用于现实的市场模式，但可以用其表明法律的内在合理性，并帮助法学研究从中归纳出有效的、可适用的原则。曲线、数字、图表、公式等可以用于对法学现象进行研究，作量化处理，从对量的分析中得出本质的结论。经济学家对经济现象研究中的形象性、准确性、预见性和警示性，如能在贸易法学的研究中予以充分运用和发展，将使抽象的、呆板晦涩的、静态的法律条文以及法律现象的解释和说明也具有形象性、准确性、预见性和警示性。这样，作为上层建筑的法律才能真正发挥对经济发展的保护、促进和规范作用。

### 【思考题】

1. 简述国际贸易法的概念和调整范围。
2. 国际贸易法的渊源有哪些？
3. 简述国际贸易法的主体及其特点。
4. 简述跨国公司的法律性质及各实体的责任分担原则。
5. 国际贸易法的基本原则有哪些？

---

[1] 关于用经济学的方法分析法律问题，经典著作可参见 [美] 理查德·A. 波斯纳著，蒋兆康译：《法律的经济分析》，中国大百科全书出版社 1997 年版；[美] 罗伯特·考特、托马斯·尤伦著，施少华、姜建强等译：《法和经济学》，上海三联书店、上海人民出版社 1994 年版。

## 第二章

# 国际货物买卖法

　　国际货物买卖法（International Sale Law of Goods）是调整跨越国境（Cross-border）的货物买卖双方当事人之间权利义务关系的法律规范的总和。它包括国际公约、国际商业惯例和有关的国内立法。

## ■ 第一节　国际货物买卖的国内立法

### 一、大陆法系与英美法系国家的国际货物买卖法

　　作为一种商行为，就买卖货物而订立的合同特指在商人之间订立的货物买卖合同。根据美国《统一商法典》，所谓商人，是指从事某类货物交易业务或因职业关系或以其他方式表明其对交易所涉及的货物或做法具有专门知识或技能的人。在资本主义各国，无论是大陆法系国家还是英美法系国家，调整货物买卖的法律只有一套，既适用于国内货物买卖也适用于国际货物买卖。

　　在大陆法系国家，民商合一国家的买卖法通常是作为民法典的一部分在债篇中加以规定的，如《瑞士债务法典》、《意大利民法典》、《土耳其民法典》、《泰国民法典》等。在民商分立的国家，除了民法典外，还制订单独的商法典，民法的规定适用于商法，商法典作为民法的特别法，针对商行为作出补充规定，例如《法国民法典》、《法国商法典》、《日本民法》、《日本商法》等。《日本民法》在第三篇（债权）第二节（契约）中就契约的成立、契约的效力、契约的解除作了规定，第三节（买卖）对总则、买卖的效力、买回作了规定。《日本商法》第三篇（商行为）就对属于商行为的买卖所涉及的特殊问题作了规定。

　　在英美法系国家，没有专门的民法典，除了以法院判例形成的普通法原则外，通过颁布单行法规的形式制订了货物买卖法。典型的如《英国1893年货物买卖法》、《美国统一商法典》等。《英国1893年货物买卖法》是资本主义国家最早的货物买卖法之一，是对英国法院数百年来判例的整理编纂。该法于1894年2月20日经议会通过施行，以后经过多次修改补充。现行的是1995年1月3日生效的《1979年货物买卖法》的1995年修订本（Sale of Goods Act 1979）。该

法规定了契约的成立、契约的效力、契约的履行、未收货款的卖方对货物的权利、对违约的诉讼、补充共六部分62条，囊括了货物买卖法的大部分领域，至今在英美法系国家和地区的买卖法中具有重大影响。《美国统一商法典》（Uniform Commercial Code，以下简称UCC）是世界上最著名的法典之一。它是在美国1896年《统一票据法》、1906年《统一货物买卖法》、1906年《统一仓库收据法》、1909年《统一提单法》、1909年《统一股票转让法》、1918年《统一附条件货物买卖法》、1933年《统一信托收据法》7个成文法的单行法规的基础上，由美国法学会（American Law Institute）和统一州法代表会议（National Conference of Commissionerson Uniform State Law）制定的。[1]自1952年公布后，UCC已得到除路易斯安那州以外的49个州议会通过。[2]经过几次修改，目前为多数州采纳的是1994年文本。与《英国货物买卖法》不同，UCC不是由美国联邦立法机关——国会通过的，而是由民间组织起草制订，供各州议会自由选用。UCC第二篇专门规定了买卖问题，其内容包括简称、解释原则和适用范围；合同的形式、订立和修改；当事人的一般义务和合同的解释；所有权，债权人和善意购买人；履约、违约、毁约；免责；救济，共计7章104条。凡买卖篇中未涉及的问题，适用普通法的一般原则。UCC所体现的现代精神、编纂中的实证方法、概念上的综合性备受法学家们的称赞。UCC"已成为西方世界最先进的商法"。其立法史"是一段前所未有的成功史话"。正如英国著名学者施米托夫所言："《美国统一商法典》的特点是抛弃了系统化，使它尽可能地接近商业现实，这也可能就是它成功的秘诀。我认为，法典的组织者们如施奈德（William Schnader）将军、列文（Karl N. Llewellyn）教授等抛弃了理论上的教条，转而注重实践，试图取得当时情况下能够得到的可行效果的做法，是值得称颂的。他们在编纂法典时，知道最重要的任务是了解哪些内容应予删除，因为这比知道法典应包括哪些内容更加重要。"[3]值得注意的是，UCC对联合国国际贸易法委员会起草《国际货物买卖统一法公约》、《国际货物买卖合同成立统一法公约》也产生了重要影响。

---

[1] 美国法学会由美国的一些著名法学家于1923年创立。该会在1923年至1924年间，主持编写了22卷本的《美国法重述》。全国统一州法代表会议成立于1892年，由纽约州牵头，7个州组成。现各州均有代表参加。其权力由州长授予。1896年至1933年间，全国统一州法代表会议公布了上述7个示范法，其中《统一流通票据法》和《统一货物买卖法》采用的是《英国1882年票据法》和《英国1893年货物买卖法》的模式。

[2] 路易斯安那州只通过了该法典的第一、三、四、五篇。

[3] ［英］施米托夫著，赵秀文译：《国际贸易法文选》，中国大百科全书出版社1993年版，第282页。

### 二、中国关于国际货物买卖的法律

我国没有制定专门的商法典,有关货物买卖的法律包括在《民法通则》、《中华人民共和国合同法》(以下简称《合同法》)〔1〕、《中华人民共和国电子签名法》(以下简称《电子签名法》)〔2〕以及最高人民法院相关的司法解释之中。

《民法通则》共有 156 条,主要规定了基本原则、公民(自然人)、法人、民事法律行为、民事权利、民事责任、诉讼时效、涉外民事关系的法律适用以及附则。根据其第八章的规定,中国缔结或者参加的国际条约同中国的民事法律有不同规定的,适用国际条约的规定,但中国声明保留的条款除外。中国法律和中国缔结或者参加的国际条约没有规定的,可以适用国际惯例。由此可见,《民法通则》对国际公约和国际惯例在中国民事法律中的地位给予了明确规定。此外,《民法通则》第八章还规定,涉外合同的当事人可以选择处理合同争议所适用的法律,法律另有规定的除外。涉外合同的当事人没有选择的,适用与合同有最密切联系的国家的法律。这一规定给予了涉外合同当事人较为充分的意思自治权利。〔3〕

《合同法》共有 428 条,分为总则、分则和附则。其中,总则主要规定了如下内容:一般规定、合同的订立、合同的效力、合同的履行、合同的变更和转让、合同的权利义务终止、违约责任、其他规定。分则规定了:买卖合同、供用电、水、气、热力合同、赠与合同、借款合同、租赁合同、融资租赁合同、承揽合同、建设工程合同、运输合同、技术合同、保管合同、仓储合同、委托合同、行纪合同、居间合同。《合同法》第九章(第 130 ~ 175 条)专门规定了"买卖合同"问题,包括买卖合同的定义、买卖合同的内容、买卖合同的标的物、标的物所有权及其转移、卖方交货交单义务、品质担保和权利担保义务、货物风险的转移、货物的检验、买方的付款义务等。

2012 年 5 月,最高人民法院依据《民法通则》、《合同法》、《中华人民共和国物权法》和《中华人民共和国民事诉讼法》并结合买卖合同纠纷案件审理实践公布了《关于审理买卖合同纠纷案件适用法律问题的解释》(以下简称《解释》)〔4〕,《解释》包括买卖合同的成立及效力、标的物交付和所有权转移、标的物风险负担、标的物检验、违约责任、所有权保留、特种买卖及其他问题八个方面,对买卖合同的法律适用作出解释,对补充和完善我国货物买卖法起了

---

〔1〕 1999 年 3 月 15 日,第九届全国人民代表大会第二次会议通过了《合同法》,该法于 1999 年 10 月 1 日生效。

〔2〕 《电子签名法》于 2005 年 4 月 1 日施行,专门适用于以数据电文方式订立的合同。

〔3〕 遗憾的是《合同法》对何为"涉外经济合同"未下定义。

〔4〕 最高人民法院《关于审理买卖合同纠纷案件适用法律问题的解释》于 2012 年 7 月 1 日生效。

重要作用。

在中国当事人与外国当事人签订国际货物买卖合同时，双方当事人经协议，可以适用《民法通则》、《合同法》和《电子签名法》的有关规定。《合同法》第130条规定，买卖合同是出卖人转移标的物的所有权于买受人，买受人支付价款的合同。在《联合国国际货物买卖合同公约》于1988年1月1日对我国生效后，我国当事人在对外签订货物买卖合同时，也可以选择将《联合国国际货物买卖合同公约》以及相关的国际商业惯例作为准据法。[1]

## ■ 第二节　国际货物买卖惯例

### 一、国际贸易惯例的形成和性质

国际贸易惯例是一种国际商业惯例。是商人们在长期的国际贸易实践中形成的习惯性做法。它不是由立法机关制定的，因此，不具有普遍的法律拘束力，仅供国际贸易合同的当事人在国际贸易实践中选择适用。但一经选择，即对其具有拘束力。

为便于执行，一些国际贸易惯例经由各种民间组织加以编纂整理，形成书面形式的标准规则和共同条件。例如，关于国际货物买卖的成文化国际贸易惯例主要有《国际贸易术语解释通则》、《1932年华沙——牛津规则》、《美国1941年对外贸易定义》、国际商会1997年6月出版的《国际销售示范合同》、国际私法统一协会1994年完成的《国际商事合同通则》等。其中，最有影响并在实践中得到了广泛使用的是国际商会编纂的《国际贸易术语解释通则》。

### 二、国际贸易术语

国际贸易术语是以不同的交货地点为标准，用简短的概念或英文缩写字母表示的术语。在国际贸易中，这些术语可以明确表示商品的价格构成、货物风险的划分以及买卖双方在交易中各种费用的负担和责任范围。国际贸易术语作为国际贸易惯例的一种，同样不具有法律约束力。它仅供商人选择适用，如果交易双方在合同中采用了某一个国际贸易术语，则其规定的基本权利义务对双方均有约束力。

按照不同的国际贸易术语确定的双方权利义务大大简化了交易程序，缩短

---

〔1〕 香港于1997年7月1日回归中国。中国香港特别行政区制定的《货物售卖条例》是比照《英国1893年货物买卖法》于1896年8月1日制定的。之后曾于1912年、1924年、1969年、1970年、1977年、1989年和1994年进行修订，现在实行的是1994年修订本。其内容与《英国1979年货物买卖法》基本相同。香港回归后，按照"一国两制"的构想，该条例在香港继续有效。

了磋商时间，节省了交易成本和费用。因此，国际贸易术语在国际贸易中得到了广泛的应用。就本质而言，贸易术语就是国际货物买卖中常用的标准合同。正确了解和掌握这些贸易术语，对于合同的顺利履行和减少贸易争议是十分重要的。

### 三、《国际贸易术语解释通则® 2010》

（一）《国际贸易术语解释通则® 2010》的产生和发展

《国际贸易术语解释通则》（International Rules for the Interpretation of Trade Terms，以下简称 INCOTERMS）是由设在法国巴黎的国际商会以国际贸易中应用最为广泛的国际惯例为基础，于 1936 年公布的具有国际性的通则性解释。以此为起点，于 1953 年、1967 年、1976 年、1980 年、1989 年、1999 年和 2009 年先后进行了修改和补充。其目的在于对国际货物合同中使用的主要术语提供一套具有国际性的通用解释，使从事国际商业的人们为这些术语在不同国家有不同解释的情况下能选用确定而统一的解释。

1953 年修改的《1936 年国际贸易术语解释通则，Incoterms 1936》对如下九种贸易术语作了解释：工厂交货（Ex works）、铁路交货——火车上交货（指明启运地点）（FOR——FOT...named departure point）、船边交货（指定装运港）（FAS...named port of shipment）、船上交货（指定装运港）（FOB...named port of shipment）、成本加运费（指定目的港）（C&F...named port of destination）、成本加运费加保险费（指定目的港）（CIF...named port of destination）、运费付至...指定目的地（内地运输为限）（Freight Carriage Paid to...named point of destination）（Inland Transport Only）、目的港船上交货（指定目的港）（Ex Ship...named port of destination）、目的港码头交货（关税已付）（指定港口）（Ex Quay Duty Paid named port）。

Incoterms 1967 又补充了两个贸易术语：边境交货（Delivered at Frontier）与完税后交货（Delivered...Duty Paid）。Incoterms 1976 补充增加了启运机场交货（FOB airport）。随着集装箱运输以及多式联运等新运输方式的出现，产生了新的国际货物买卖做法。在这种情况下，Incoterms 1980 补充增加了两个贸易术语：货交承运人（指定地点）（Free Carrier...named point）、运输和保险费付至……（指定目的地）（Freight or Carriage and Insurance Paid to...named point of destination），并对 Incoterms 1953 中的运费付至（指定目的地）（Freight Carriage Paid to...named point of destination）作了修改。

随着运输和通信技术的发展，国际贸易领域不断发生新的变化。为了使贸易术语适应电子数据交换系统［Electronic Data Interchange（EDI）］日益频繁应用的需要以及日益更新的运输技术（如集装箱运输方式）的需要，国际商会国际商业惯例委员会在总结了自 1980 年以来国际贸易中的新经验和新情况后，于

1989 年、1999 年和 2009 年分别通过了《国际贸易术语解释通则》新修订本，简称为《Incoterms 1990》、《Incoterms 2000》和《Incoterms® 2010》

（二）《国际贸易术语解释通则® 2010》的特点

所谓贸易术语，是以不同的交货地点为标准，用简短的概念或英文缩写字母表示交货地点、商品的价格构成、买卖双方在交易中的费用、责任与风险的划分。

《国际贸易术语解释通则® 2010》（International Rules for the Interpretation of Trade Terms，简称 Incoterms® 2010）于 2011 年 1 月 1 日开始生效。

与《2000 年国际贸易术语解释通则》相比，Incoterms® 2010 所做重大修改如下：

1. 书写上的变化。新的《国际贸易术语解释通则》后面需加国际商会的注册商标，表述为《国际贸易术语解释通则® 2010》（Incoterms® 2010）。

2. 数量变化。由过去的 13 个贸易术语删减为 11 个。

3. 分类变化。20 世纪 90 年代以来各版本的国际贸易术语均按英文字母 E、F、C、D 分为四组；现在 11 个贸易术语被分为两类：7 个适用于任何单一运输方式或多种运输方式的贸易术语以及 4 个仅适用于海运和内河水运的贸易术语。分别按 E、F、C、D 分组。

4. 主要的变化发生在 D 组，原有的 5 个贸易术语删除了 4 个，新增加 2 个。其他 E、F、C 组贸易术语基本不变。

5. 明确贸易术语既适用于国际贸易也适用于国内贸易。

《国际贸易术语解释通则® 2010》具有以下特点：

1. 每个贸易术语前都增加了使用说明。使用说明不是贸易术语的组成部分，但有助于帮助当事人作出准确、高效、适当的选择。

2. 权利和义务的设置。《国际贸易术语解释通则® 2010》把买卖双方的权利和义务相对应，分作 10 项说明。规定卖方的 10 项义务为：①提供符合合同规定的货物和单据；②许可证、授权、安检通关和其他手续；③运输合同与保险合同；④交货；⑤风险转移；⑥费用划分；⑦通知买方；⑧交货凭证、运输单证或同等效力的电子记录或程序；⑨核查、包装及标记；⑩协助提供信息及相关费用。相对应地，买方也有 10 项义务，其具体内容取决于卖方承担权利和义务的具体内容。

3. 电子单证。《国际贸易术语解释通则® 2010》明确规定，在卖方必须提供商业发票或合同可能要求的其他单证时，可以提供"同等作用的电子记录或程序"（an equivalent electronic record or procedure）。

4. 明确了某些概念在《国际贸易术语解释通则® 2010》中的特定含义：如

"承运人"（Carrier）、"交货"（Delivery）、"链式销售"（String）等。在《国际贸易术语解释通则® 2010》中，承运人特指签约承担运输责任的一方。交货是货物灭失与损坏的风险从卖方转移至买方的点。链式销售又称多层销售（multiple sales down a chain），指商品交易中常见的，商品在运至销售终端过程中（即商品销售至最终用户前）被多次转卖形成销售链。

（三）Incoterms® 2010 对国际贸易术语的分类

适用于任何单一运输方式或多种运输方式（any mode or modes of transport）的国际贸易术语有七个，分为 E、F、C、D 四组（EXW/FCA/CPT/CIP/DAT/DAP/DDP）。

1. E组。包括一个贸易术语：EXW〔全称 Ex Works（named place）〕，意思是工厂交货（指定地点）。使用这一贸易术语的合同中，卖方的责任最小。

卖方的责任是：①在其所在地（工厂或仓库）把货物交给买方处置，无需装货，即履行交货义务；②承担交货前的风险和费用；③自费向买方提交与货物有关的单证或相等的电子单证。

买方的责任是：①自备运输工具并负责装货，将货物运至预期的目的地；②承担卖方交货后的风险和费用；③自费办理出口和进口结关手续等。

当买方无力办理出口清关手续时，不宜选用这一贸易术语。

2. F组。包括一个贸易术语：FCA〔全称 Free Carrier（named place）〕，意思是货交承运人（指定地点）。

在 FCA 贸易术语中，卖方的责任是：①在出口国承运人所在地将货物交给承运人，履行自己的交货义务；②承担交货前的风险和费用；③自费办理货物的出口结关手续；④自费向买方提交与货物有关的单证或相等的电子单证。

买方的责任是：①自费办理货物运输和保险手续并支付费用；②承担卖方交货后的风险和费用；③自费办理货物的进口和结关手续等。

选用 FCA 贸易术语时应当注意的是：

（1）货物风险和费用的划分是以卖方将货物交付买方指定的承运人的时间和地点作为界线。

（2）注意在 FCA 术语下，卖方的交货和装货义务。即当卖方在其所在地交货时，卖方负责装货。卖方将货物装上买方指定的承运人提供的运输工具时，完成交货义务；当卖方在其他地方交货时，卖方不负责卸货。货物在卖方的车辆上尚未卸货，只要做好卸货准备并交给买方指定的承运人或其他人处置时，卖方即完成交货义务。

3. C组。包括两个贸易术语：CPT〔全称 Carriage Paid to（named place of destination）〕，意思是运费付至（指定目的地）；CIP〔全称 Carriage, Insurance

Paid to（named place of destination）]，意思是运费、保险费付至（指定目的地）。

在这两个贸易术语中，卖方的责任是：①自费签订或取得运输合同；②在CIP术语中，卖方还要自费签订或取得保险合同；③承担货交承运人以前的风险和费用；④自费办理货物出口及结关手续；⑤向买方提交与货物有关的单据或相等的电子单证。

买方的责任是：①在CPT术语中自费签订保险合同；②承担货物提交承运人以后的风险和费用；③自费办理货物进口的结关手续。

值得注意的是：

（1）和FCA一样，在C组这两个贸易术语中，卖方是在出口国承运人所在地履行交货义务，并承担货交承运人前的风险和费用。但运费和/或保险费涵盖的是运输合同指定的目的地的全程运费和保险费。此外，卖方的费用中是否包括卖方的装货费和目的地的卸货费，须取决于运输合同的规定。

（2）卖方的通知义务。在CPT贸易术语中，未规定买方签订保险合同的义务。但实践中，买方为了自己的利益需要签订保险合同，因此，卖方在货交承运人后必须向买方发出已交货通知，以便买方投保或采取收取货物通常所需要的措施。

4. D组。包括三个贸易术语：DAT［全称 Delivered at Terminal（named terminal at port or place of destination）]，意思是运输终端交货（指定目的地港口或目的地运输终端）；DAP［全称 Delivered at Place（named place of destination）]，意思是目的地交货（指定目的地）；DDP［全称 Delivered Duty Paid（named place of destination）]，意思是完税后交货（指定目的地）。

在D组贸易术语中，卖方的责任是：①将货物运至约定的运输终端或目的地。②承担货物运至运输终端或目的地前的全部风险和费用。③自费办理货物出口结关手续，交纳出口关税及其他税、费。在DDP术语中，还要自费办理货物的进口结关手续，交纳进口关税或其他费用。④向买方提交与货物有关的单据或相等的电子单证。

买方的责任是：①承担货物在运输终端或目的地交付后的一切风险和费用；②在DAT和DAP贸易术语中自费办理进口结关手续。

在D组中，需要注意的是：

（1）卖方在目的地指定运输终端（包括港口）交货意味着卖方需要将货物卸下运输工具，交买方处置，完成交货义务；目的地交货时，卖方无需承担卸货义务，只要做好卸货准备交买方处置，即完成交货义务。

（2）DDP术语中卖方的责任最大。卖方需要自费办理出口和进口结关手续等，当卖方无力办理进口清关手续时，不宜选用这一贸易术语。

仅适用于海运和内河水运的贸易术语（Sea and Inland Waterway Transport Only）有四个，分为 F、C 两组（FAS/FOB/CFR/CIF），其主要内容如下：

1. F 组。贸易术语有两个：FAS［Free Alongside Ship（named port of shipment）］，意思是船边交货（指定装运港）；FOB［Free On Board（named port of Shipment）］，意思是船上交货（指定装运港）。

在 F 组贸易术语中，卖方的交货义务是：①在指定的装运港履行交货义务；②承担交货前的风险和费用；③自费办理货物的出口结关手续；④自费向买方提交与货物有关的单证或相等的电子单证。

买方的责任是：①自费办理货物运输和保险手续并支付费用；②承担卖方交货后的风险和费用；③自费办理货物的进口和结关手续等。

在 F 组中应当注意的是：

（1）这两个贸易术语交货地点不同，因此风险和费用的划分不同：FAS 是以卖方在指定装运港买方指定的船边（货物置于码头或驳船上）履行交货义务，此时风险和费用由卖方转移给买方；FOB 则以装运港货物装到船上作为界线。

（2）FAS、FOB 适用于海运和内河航运，但如是集装箱运输，则应选用 FCA 贸易术语。

2. C 组。包括两个贸易术语：CFR［全称 Cost and Freight（named port of destination）］，意思是成本加运费（指定目的港）；CIF［全称 Cost, Insurance and Freight（named port of destination）］，意思是成本、保险费加运费（指定目的港）。

在 C 组的贸易术语中，卖方的责任是：①卖方在指定的装运港履行交货义务；②承担在装运港货物装船前的风险和费用；③自费签订或取得运输合同，在 CIF 贸易术语中，卖方还要自费签订或取得保险合同；④自费办理货物出口及结关手续；⑤向买方提交与货物有关的单据或相等的电子单证。

买方的责任是：①在 CFR 术语中自费投保并支付保险费用；②承担在装运港货物装船以后的风险和费用；③自费办理货物进口的结关手续。

在 C 组中应当注意的是：

（1）在 C 组这两个贸易术语中，卖方是在出口国装运港履行交货义务，并承担交货前的风险和费用。但运费和/或保险费涵盖的是运输合同指定的装运港至目的港全程的运费和保险费。此外，卖方的费用中是否包括卖方的装货费和目的港的卸货费，须取决于运输合同的规定。

（2）卖方的通知义务。在 CFR 贸易术语中，未规定买方签订保险合同的义务。但实践中，买方为了自己的利益需要签订保险合同，因此，卖方在货物装船后必须向买方发出已装船通知，以便买方投保或采取收取货物通常所需要的措施。

（3）C 组中，CFR 和 CIF 贸易术语适用于海上或内河运输；如集装箱运输则应选择 CPT 或 CIP。

此外，在采用海运和内河水运的四个贸易术语时，还需要注意的是：

第一，除 FAS 外，在 FOB/CFR/CIF 贸易术语中均取消了买卖双方的交货点、风险和费用的划分以装运港船舷作为界限的表述，代之以货物是否"装船"为界限。货物装到"船上"（on board）构成交货。

第二，在这四个贸易术语的卖方交货义务中，Incoterms® 2010 特别增加了"取得"（procure）这个词[1]。如卖方将货物置于船边（船上）或以取得（procure）已经在船边（船上）交付货物的方式交货；卖方需签订运输合同或已取得（procure）一份这样的合同（CFR/CIF）；卖方必须自费取得（procure）保险合同（CIF）等，并明确此处使用的"取得"适用于商品贸易中常见的"多层销售"（链式销售 string sales）[2]。通过 Incoterms® 2010 的解释，这四个贸易术语中卖方的交货义务涵盖了国际货物买卖中常见的关于"在途货物"销售中的"交货"（即通过提交与货物有关的单据，如运输单、保险单等取代提交提货物）[3]，由此弥补了以往版本的《国际贸易术语解释通则》均未涉及"在途货物交货"的疏漏。

此外，《国际贸易术语解释通则® 2010》进一步明确了以下问题：

第一，进出口手续。除 EXW 和 DDP 贸易术语以外，原则上由卖方办理货物

---

〔1〕 在卖方义务中增加"取得"（procure）这个词的还有 CIP 和 CPT 这两个贸易术语，即卖方需签订或取得运输合同和/或保险合同。见 Incoterms® 2010 中 CIP 和 CPT 贸易术语的"使用说明"及有关卖方交货义务的规定。

〔2〕 参见 Incoterms® 2010 中这四个贸易术语的"使用说明"及有关卖方交货义务的规定。

〔3〕 Incoterms® 2010 引言中对"链式销售"所作的解释是：与特定产品的销售不同，在商品销售中，货物在运送至销售链终端的过程中常常被多次转卖。出现此种情况时，销售链中端的卖方实际上不运送货物，因为处于销售链始端的卖方已经安排了运输。因此处于销售链中间的卖方不是以运送货物的方式，而是以"取得"货物的方式履行其对买方的义务。即以"取得运输中的货物"取代相关术语中提交货物的义务。关于"取得"（"procure"）一词在词典里的通常含义指"obtain、acquire"（*The American Heritage Dictionary*，Houghton Mifflin Company，Boston，1982，p. 988）。然而这样的解释显示不出任何法律含义。在另一本美国词典中"procure"被解释为"to get possession of：obtain by particular care and effort"指"经过一番特别努力取得占有"（*Webster's Ninth New Collegiate Dictionary*，Merriam-Webster Inc. Publishers，Springfield，Massachusetts，USA，1988，p. 938）。根据该词典，"possession"意思是"a. the act of having or taking into control；b. control or occupancy of property without regard to ownership"，p. 918。意指对财产的控制；与所有权无涉的控制或占有。当运输途中的货物发生转卖时，货物转卖的受让人（新的卖方）与新的买方之间进行的是单据的买卖。单据的占有和控制意味着其"取得"这样交付的货物。"procure"的这个解释和贸易术语中的含义在法律上是一致的。

的出口手续，交纳与出口有关的捐、税、费；买方办理货物的进口手续，交纳与进口有关的税和其他费用。

第二，检验费用。Incoterms® 2010 明确地规定，买方必须支付任何强制性装运（船）前检验费用，因为这种检验是为了买方自身的利益安排的。但卖方为履行其交货义务而实施的货物检验（如对货物质量、丈量、称重、点数）以及出口国有关机关强制进行的装运（船）前检验费用除外。

第三，交货与风险和费用的转移。Incoterms® 2010 吸收了《联合国国际货物销售合同公约》的规定，确定了在卖方交货后，货物灭失和损坏的风险以及费用负担由卖方转移给买方。但这一原则的适用，要以双方都没有过失并且该货物已正式划归于合同项下为前提。其 11 个贸易术语的交货点可归纳为 5 个：卖方所在地（EXW）；承运人所在地（FCA/CIP/CPT）；目的地/运输终端（DAT/DAP/DDP）；装运港船上（FOB/CIF/CFR）[1]；装运港船边（FAS）。

第四，安全通关问题。"9·11 事件"之后，许多国家加强了货物安全通关的检查和要求。《国际贸易术语解释通则® 2010》特别增加了买卖各方之间完成安检通关并相互提供或协助提供通关所需信息的义务。

第五，Incoterms 的变体。在贸易实务中，当事人经常在国际贸易术语后面添加一些词语以额外增加双方当事人的义务。常见的有 EXW（装车）、FOB（平舱和理舱）等。《国际贸易术语解释通则》对如何解释这些添加词语的含义没有作出规定，当事人之间往往会因此而发生争议。为此，Incoterms® 2010 在其引言中提醒双方当事人，应在其合同中对上述添加词语的含义作出明确的解释。[2]

值得注意的是，《国际贸易术语解释通则》只适用于有形货物买卖中买卖双方的权利和义务，不包括无形货物（如计算机软件）买卖中有关的义务。[3]此外，Incoterms® 2010 生效后，并不意味着先前版本的《国际贸易术语解释通则》失效，它们仍旧可因国际货物买卖合同的当事人的选择而适用。

国际贸易术语是一个简式的标准化的国际货物买卖合同。它不但明确买卖

---

[1] 注意 Incoterms® 2010 有两个不同表述。Incoterms® 2010 引言中写道：FOB/CFR/CIF 三个术语中省略了以船舷作为交货点的表述，取而代之的是货物置于"船上"时构成交货。Incoterms® 2010 在 CPT/CIP/CFR/CIF 四个术语的使用说明中写道：当使用这四个术语时，卖方按照所选择术语规定的方式将货物交付给承运人时，即完成其交货义务。后一种表述与前一种表述似乎存在矛盾。按照作者对《2000 年国际贸易术语解释通则》引言中"用语说明"18 的理解，如果当事方无意将货物置于船上履行交货义务，则不应选择 FOB/CIF/CFR。

[2] 参见 Incoterms® 2010, Introduction.

[3] 参见 Incoterms® 2000, Introduction 11, 1.

合同的交货地点及价格构成，而且解决买卖双方在交易中的责任划分。例如，确定商品从启运地到目的地的运输、保险、单证的取得及其他手续问题由谁办理、费用由谁承担；确定货物风险转移的时间、地点等。贸易术语的标准化、规范化，简化了交易程序，节约了交易时间和费用，减少了贸易中的纠纷，对促进国际贸易的顺利发展起了很大的作用。

（四）FOB、CIF、CFR

1. FOB。FOB 是 Free on Board（named port of shipment）的英文缩略语，意思是船上交货（指定装运港）。它是货物运输最早出现的国际贸易术语。

根据 Incoterms® 2010，FOB 卖方的责任是：①提供符合合同规定的货物和单证或相等的电子单证；②自负费用及风险办理出口许可证及其他货物出口手续，交纳出口捐、税、费；③按照约定的时间、地点，依照港口惯例将货物装到买方指定的船上或以取得已在船上交付的货物的方式交货，并给买方以充分的通知；④承担在装运港交货以前的风险和费用。

FOB 买方的责任是：①支付货款并接受卖方提供的交货凭证或相等的电子单证；②自负费用及风险取得进口许可证，办理进口手续，交纳进口的各种捐、税、费；③自费租船并将船名、装货地点、时间给予卖方以充分通知；④承担在装运港货物越过船舷以后的风险和费用。

使用 FOB 术语时应注意以下几个问题：

（1）通知问题。FOB 术语中涉及两个充分通知。一个是买方租船后，应将船名、装货时间、地点给予卖方以充分通知；另一个是卖方在货物装船时要给买方以充分通知。在第一种情况下，如果买方未给予通知，或指定船只未按时到达，或未能按时受载货物，或比规定的时间提前停止装货，由此产生的货物灭失或损失应由买方承担。在第二种情况下，由于货物的风险是在装船时由卖方转移给买方，因此，卖方在装船时必须通知买方，以便买方投保，否则，由于卖方未给予充分通知，导致买方受到损失应由卖方负责。

（2）注意各国对 FOB 贸易术语的不同解释。典型的是美国 1941 年修订的《对外贸易定义》。该定义把 FOB 术语分为六种。其中只有 FOB vessel（named port of shipment）（装运港船上交货）与国际商会规定的 FOB 术语含义相类似。所以在对美贸易中，如用 FOB 术语成交，则需要注明是采用国际商会制订的《国际贸易术语解释通则》还是适用美国全国对外贸易协会编纂的《美国对外贸易定义的 1941 年修订本》，在采用后者时则需在 FOB 后面加上"vessel"（船舶）字样，以免引起误解。

2. CIF。CIF 是 Cost, Insurance and Freight（named port of destination）的英文缩略语，意思是成本、保险费加运费（指定目的港）。

根据 Incoterms® 2010，CIF 卖方的责任是：①提供符合合同规定的货物和单证或相等的电子单证。②自负风险和费用办理出口许可证及其他货物出口手续，并交纳出口捐、税、费。③自费订立或取得运输合同并将货物按惯常航线在指定日期装运至指定目的港，并支付运费。④自付费用订立或取得货运运输保险合同。如无明示的相反协议，按伦敦保险业协会《货物保险条款》投保海上运输的最低险别。⑤承担货物在装运港交货以前的风险费用。

CIF 买方的责任是：①支付货款并接受卖方提供的交货凭证或相等的电子单证；②自负费用和风险取得进口许可证，办理进口手续、交纳进口的各种捐、税、费；③承担在装运港交货以后的风险；④承担交货后除跨境海上运输运费和保险费以外的费用。

使用 CIF 术语应注意如下几个问题：

（1）在 CIF 术语中，替买方投保并支付保险费是卖方的一项义务。但是当双方未就保险条款和投保险别加以约定时，卖方只负责按伦敦保险业协会《货物保险条款》投保海上运输的最低险别。买方如要投保其他险别或特种险，应在合同中说明并自负该项加保费用。

（2）缩略语后的港口名称是目的港名称，指明运输费和保险费的计算是从装运港至目的港全程的运输费和保险费，而不是指卖方的交货地点。和 FOB 一样，在 CIF 术语中，卖方的交货义务是在装运港将货物装到船上完成的。

3. CFR。CFR 是 Cost and Freight（named port of destination）的英文缩略语，意思是成本加运费（指定目的港）。

CFR 术语与 CIF 术语的不同体现在海上货物运输保险责任方面。在按 CIF 术语成交时，价格构成包括保险费，因此，卖方有义务投保国际海上货物运输风险并支付保险费用。而在 CFR 术语中，卖方则无此义务。其余关于交货地点、风险分界点等方面的责任，CFR 与 CIF 术语相同。

在使用 CFR 术语时，特别应注意装船通知问题。在 CFR 合同中，买方要自行投保。因此，与 FOB 类似，卖方要给买方货物装船的充分通知，否则，由此造成买方漏保海上货物保险引起的损失应由卖方承担。

4. FOB、CFR、CIF 的异同。上述三种国际贸易术语的共同点在于：①交货地点都是在装运港口；②适用于海上运输或内河航运；③风险划分都是以在装运港货物装上船作为界线。

三者的区别在于，由于三者的价格构成不同而产生的与之相关的责任与其他附属费用不同。

在使用这三种贸易术语时，应当注意如下问题：

（1）缩略语后面的港口名称。在 FOB 后面是装运港名称，在 CIF 和 CFR 后面是目的港名称。FOB 的价格构成是货物在装运港交货前的费用。CIF 和 CFR 中的保险费和运输费则是按从装运港到达目的港全程的保险费和运输费计算的。港口名称是为计算费用之便附加的，和交货地点无关。三种贸易术语的交货地点都是在装运港载货船船上。

在我国外贸业务中，习惯把 FOB 称作离岸价格，把 CIF 称作到岸价格。从价格构成这一角度看，为了海关统计以及稽征关税等外贸业务的便利，这种称呼未尝不可，但从法律角度看，这种称呼是错误的。因为贸易术语本质上是一种货物买卖合同，[1]价格构成仅仅是贸易术语（合同）所包含内容的一部分，把 CIF 看成到岸价格不能表达 CIF 这个贸易术语中所包含的全部法律内容，在实践中会由于误解而造成不必要的损失。

（2）装船费和卸船费。在贸易术语中，装船费和卸船费应当由谁承担是一个不十分明确的问题。为了避免有的国际贸易术语规定不够明确而导致日后买卖双方之间发生争议，实践中通常采用以下方法加以解决：①卖方不负责装船费用时，则可采用班轮运输 FOB（liner terms），即装卸由班轮负责，费用包括在运费内。②卖方负责装船费时，在 FOB 后面加上"理舱"FOB（stowed），则卖方承担包括理舱在内的装船费用；或者在 FOB 后面加上"平舱"FOB（trimmed），则卖方承担包括平舱费在内的装船费用。③按照港口惯例，装船费由卖方承担，卸船费由买方承担。为避免发生争议，Incoterms® 2010 要求买卖双方对此问题在合同中明确加以规定。

（五）FCA、CIP 和 CPT

随着国际贸易中普遍使用集装箱和多式联运，在合同中选择使用 FCA、CIP 和 CPT 术语的情况越来越多。

1. FCA（Free Carrier…named place）。货交承运人（指定地点）。

FCA 将以前文本中的 FOB（机场交货）和 FOR（铁路交货）及 FOT（敞车交货）都归入 FCA 的适用范围内，成为可以适用于铁路、公路、海上、航空、内河运输这些单一运输方式以及多种运输方式的、适用范围最广泛的一种贸易术语。

在《国际贸易术语解释通则® 2010》中，承运人特指签约承担运输责任的一方。不清楚的是其中除了实际履行承运义务之人，是否包括订立运输合同之人以及货运代理人。由于承运代理人的地位在各国不尽相同，有些国家承运代理人拒绝承担承运人的责任。按照通则的规定，如果买方指示卖方将货物交付

---

[1]　Tsakiroglou & Co. Ltd. v. Noblee Thorl G. m. b. H. House of Lords (1962) A. C. 93.

给一个非承运人的货运代理人，当货物在其监管之下时，卖方也被视为履行了交货义务。货交承运人也包括货交承运代理人。当卖方将货物提交承运人监管时，货物的一切风险和费用由卖方转移给买方。

2. CIP（Carriage and Insurance Paid to...named place of destination）。运费及保险费付至（指定目的地）。

在该术语中，卖方自费办理出口结关手续，支付货物运至指定目的地的运费，签订或取得运输合同，还要办理货物在运输途中灭失或损坏风险的保险，签订或取得保险合同并支付保险费。买方从货物交付承运人时起，承担货物灭失或损坏的风险及其他额外费用。当由后继承运人将货物运至约定目的地时，则风险从货物交付第一承运人时起从卖方转移给买方。

CIP 术语适用于各种运输方式，包括多式联运。

关于保险条款的规定，《国际贸易术语解释通则® 2010》明确指出，如无相反的明示协议，卖方应根据伦敦保险业协会的《货物保险条款》中的最低险别投保。保险最低金额是合同规定价格另加 10%。

应当注意的是，如果按习惯需要签订几份运输合同，包括货物在中途地点转运以抵达约定的目的地时，卖方需要支付包括货物从一种运输工具转运到另一种运输工具的所有的费用，但是，承运人依据转运合同条款行使自己的权利以避免预料之外的风险（如战争或军事演习、人为骚扰、政府命令、冰封、阻塞等）时所产生的额外费用则由买方承担。

3. CPT（Carriage Paid to...named place of destination）。运费付至（指定目的地）。在该术语中，卖方除不负办理运输保险的义务外，其余义务与 CIP 术语相同。

FCA、CIP 与 CPT 是在 FOB、CIF 与 CFR 的基础上发展出来的，因此，在一些基本点上两组术语有一些相似的地方。例如，在 CIP 和 CIF 术语中，除非双方有明示相反的协议，否则卖方均按伦敦保险业协会的《货物保险条款》替买方投保货物运输的最低险别。

然而两组术语的区别也是很明显的。例如，在适用范围上：FCA、CIP、CPT 适用于各种运输方式，包括多式联运，而 FOB、CIF、CFR 用于海运；在交货地点上：前组交货地点是在内陆，后组则在装运港；在风险转移方面：前组以货交承运人作为划分风险转移的界线，后组则以货物在装运港货物置于船上作为界线；在提交单据方面：前组术语由于交货地点在内陆，承运人在签发货运提单时，货物尚未装船，同时由于集装箱经常置于舱面，因此签发给卖方或托运人的货运单据，只能是证明货已交承运人的收据，而不能像后组术语中要求的那样必须是"已装船，清洁提单。"

# ■第三节 国际货物买卖公约

在国际货物买卖法方面，主要的国际公约有国际统一私法协会1964年编纂的两个海牙公约以及联合国国际贸易法委员会1980年制订的《联合国国际货物买卖合同公约》。

## 一、海牙公约

1926年，当国际联盟下属的国际统一私法协会成立时，其第一件工作就是着手研究国际货物买卖方面的法律。1930年，协会开始起草《国际货物买卖统一法公约》草案，1935年初稿完成。从1936年开始，协会开始草拟《国际货物买卖合同成立统一法公约》。由于第二次世界大战爆发，致使工作中断。战争结束后，协会于1951年在有21个国家参加的海牙外交会议上对这两个公约文本进行了讨论和修改。1958年至1963年在完成了对这两个公约文本的第二次修改后，于1964年4月25日海牙会议上获得通过。

《国际货物买卖统一法公约》（Uniform Law on International Sale of Goods，简称ULIS）于1972年8月18日生效。参加或核准国有比利时、冈比亚、联邦德国、以色列、意大利、荷兰、圣马力诺、英国和卢森堡9国。《国际货物买卖合同成立统一法公约》（ Uniform Law on the Formation of Contract for International Sale of Goods，以下简称ULF）于1972年8月23日生效。参加或核准国为上述除以色列外的8国。两个海牙公约的核准生效，是国际货物买卖法向法典化方向发展迈出的重要一步，但在理论与实践中存在着明显的局限和不足：公约采纳的基本上是欧洲大陆法系国家的合同法原则，未考虑普通法系和社会主义国家的合同法原则；缺乏对发展中国家利益的考虑；有些条文过于繁琐，有些条文则含义不清。因此，参加这两个公约的国家为数不多。

## 二、《联合国国际货物买卖合同公约》

### （一）公约的制定

为了使公约得到不同法律制度和不同社会、经济制度国家的接受，联合国国际贸易法委员会成立后，于1966年组织了专门工作组——"国际货物买卖工作组"，对两个海牙公约进行修改。大卫（David）、施米托夫（Schmitthoff）和巴布斯库（Tudor Popescu）教授组成的指导委员会（Steering Committee）分别代表大陆法系国家、普通法系国家和社会主义国家，于1974年举行第一次工作会议。1977年，国际贸易法委员会第十届年会通过了《国际货物买卖合同公约》草案，翌年第十一届年会上通过了《国际货物买卖合同成立公约》草案，并决定将两个公约合并。

1980 年 3 月，由 62 个国家代表参加的维也纳外交会议正式通过了《联合国国际货物买卖合同公约》（以下简称 CISG）。我国政府代表以观察员身份参加了会议，并提出了补充和修改意见。按照 CISG 第 99 条的规定，公约在有 10 个国家批准之日起 12 个月后生效。自 1988 年 1 月 1 日起，CISG 对包括我国在内的 11 个成员国生效。截至 2013 年 9 月 25 日，参加和核准公约的有 80 个国家和地区。

（二）公约的内容和效力

公约共四个部分 101 条。第一、四部分规定适用范围和最后条款；第二、三部分规定合同的成立与货物买卖。值得注意的是，公约仅适用于合同的订立和买卖双方的权利与义务，而不涉及：①合同的效力，或其任何条款的效力或惯例的效力；②合同对所售货物的所有权的影响；③卖方对于货物对任何人所造成的死亡或伤害的责任。

关于公约的效力，CISG 规定，双方当事人可以不适用公约，或减损公约的任何规定或改变其效力。

概括而言，公约不是一部完整和全面的关于国际货物买卖的统一法。然而，就其灵活性以及获得普遍接受的程度来说，则是任何一部国内法或国际惯例都不能比拟的。公约起草者在合同法领域对各国成文法、判例法以及法理学说、国际惯例作了充分的比较分析，在此基础上提取出被普遍承认的原则和规则，以此来弥补国内法和国际惯例的不足。它的目的不是取代或调和各国国内法规则，而是提出一套适合于国际贸易特殊要求的原则和办法供买卖双方选择适用，以实现其序言中提出的建立国际经济新秩序"减少国际贸易的法律障碍，促进国际贸易发展"的宗旨和目的。在充分考虑各国具有不同社会制度、经济制度和法律制度这一现实以及对发达国家和发展中国家对外贸易中的不同做法给予充分肯定方面，《联合国国际货物买卖合同公约》较之前身——两个海牙公约有了较大的改进。公约是近半个世纪以来国际贸易统一法运动的产物，反映了统一法运动的发展趋势，对国际贸易产生了巨大影响。

（三）公约的适用范围

CISG 适用于：①缔约国中营业地分处不同国家的当事人之间的货物买卖；②由国际私法规则导致适用某一缔约国法律。我国在核准加入该公约时，对该项适用规定以及 CISG 第 11 条作了保留。根据我国的司法实践，合同适用的法律，无论是当事人自由选择的法律，还是人民法院按照最密切联系原则确定的法律，都是指该国现行实体法，而不包括其冲突规范和程序法。以我国当事人订立的国际货物买卖合同，另一方当事人营业地所在国也为缔约国时，除双方当事人特别说明外，公约将自动予以适用。

关于当事人营业地的认定，CISG 规定，当事人营业地在不同国家的事实，如果从合同或从订立合同前任何时候或订立合同时当事人之间的任何交易或当事人透露的情报均看不出，应不予考虑。如果当事人有一个以上的营业地，则以与合同及合同的履行关系最密切的营业地为其营业地，但要考虑到双方当事人在订立合同前任何时候或订立合同时所知道或所设想的情况；如果当事人没有营业地，则以其惯常居住地为准。

在各国的买卖法中，作为买卖的标的是十分广泛的。《法国民法典》规定，交易范围内的物品，除特别法禁止出让者外，均得为买卖的标的。《日本民法》中买卖标的包括动产、不动产以及无形权利的交付。就货物买卖而言，《英国1893 年货物买卖法》第 61 条专门给"货物"定义为泛指金钱和权利动产（things in action）[1] 以外的一切动产，在苏格兰则指除金钱以外的一切有形动产。[2] 该名词还包括庄稼收益、人工种植的作物以及附着于或者已经成为地产一部分而同意加以分离出售的物品。《美国统一商法典》中"货物"的概念与之相类似，指除作为支付手段的金钱、投资证券和权利动产（things in action）以外的所有特定于买卖合同项下的可以移动的物品（包括特别制造的货物）以及

---

[1] "Things in action" 在《布莱克法律词典》（*Black's Law Dictionary*）中解释为 "A right to recover money or other personal property by a judicial proceeding"（*Black's Law Dictionary*, 6th edn. , West Publishing Co. , 1991, p. 1479）（可直译为：通过司法程序索回金钱或其他动产的权利），其含义等同于 "chose in action"，即 "A thing in action: A right of bringing an action or right to recover a debt or money; Right of proceeding in a court of law to procure payment of sum of money, or right to recover a personal chattel or a sum of money by action; A personal right not reduced into possession, but recoverable by a suit at law; A right to personal things of which the owner has not the possession, but merely a right of action for their possession. The phrase includes all personal chattels which are not in possession; and all property in action which depends entirely on contracts express or implied; A right to receive or recover a debt, demand, or damages on a cause of action ex contractu or for a tort or omission of a duty; A right to recover by suit a personal chattel. Assignable rights of action ex contractu and perhaps ex delicto. Personalty to which the owner has a right of possession in future, or a right of immediate possession, wrongfully withheld. "（*Black's Law Dictionary*, 6th edn. , West Publishing Co. , 1991, p. 241. ）本书采纳了《元照英美法词典》对 "chose in action" 的释意，即"权利动产"。英美法律词汇常常难以找到合适的中文法律词汇与之相对应。"权利动产"是权利还是动产？按照词典的意思，它是指权利，有时指动产。根据《英国货物买卖法》，"货物"显然仅指动产，即除金钱及其他只能通过诉讼才能取得的金钱及动产以外的所有动产。"权利动产"指并未实际占有，而只能通过诉讼才能取得金钱或其他动产的权利。与之相对应的是"占有动产"（chose in possession），即已由权利人实际占有的动产。参见薛波主编，潘汉典总审订：《元照英美法词典》，法律出版社 2003 年版，第 224 页。为深入理解英美法中 "things in action" 的概念，可参考 2006 年 10 月 13 日徐震宇刊登在《法史网》上的"英国法上的'权利动产'及其财产概念的特性"一文。

[2] "Goods" includes all personal chattels other than things in action and money, and in Scotland all corporeal movables except money; and in particular "goods includes emblements, industrial growing crops, and things attached to or forming part of the land which are agreed to be severed before sale or under the contract of sale; and includes an undivided share in goods".

第二章

尚未出生的动物幼仔、生长中的农作物和有关将与不动产分离之货物以及其他
附着于不动产但已特定化的物品。因此，就货物买卖法而言，货物包括现货和
期货，泛指一切有形动产。《合同法》第九章买卖合同没有给货物下定义，和
《法国民法典》的规定一样，凡是非法律和行政法规禁止或限制的皆可作为买卖
合同的标的。[1]

　　由于各国法律对货物有不同理解，CISG 没有给货物下定义，而是用排除法列
举了不适用公约的如下买卖：①仅供私人、家人或家庭使用的货物买卖；②由拍
卖方式进行的销售；③根据法律执行令状或其他令状的销售；④股票、债券、票
据、货币和其他投资证券的交易；⑤船舶、飞机、气垫船的买卖；⑥电力的买卖；
⑦供应货物一方的绝大部分义务在于供应劳力或其他服务的合同；⑧供应尚待制
造或生产的货物的合同应视为销售合同，如果订购货物的当事人保证供应制造或
生产这种货物所需的大部分重要材料，此种合同也不能适用 CISG。

## ■第四节　国际货物买卖合同的订立

### 一、国际货物买卖合同的界定和特征

　　根据 CISG 的规定，国际货物买卖合同是指营业地分处不同国家的当事人之
间订立的货物买卖合同。与国内货物买卖合同相比，国际货物买卖合同具有如
下特征：

　　1. 货物买卖合同具有国际性。这是国内货物买卖与国际货物买卖的根本区
别。"国际性"可以有很多标准，例如，以当事人营业地为标准；以当事人国籍
为标准；以行为发生地为标准；以货物跨越国境为标准；等等。《英国 1893 年
货物买卖法案》认为，国际货物买卖契约指买卖双方的营业地分处不同国家的
领土之上，而且在缔约时，货物正在或将要从一国领土运往另一国领土或构成
要约和承诺的行为是在不同国家的领土内完成的；或构成要约和承诺的行为是
在一个国家的领土内完成，而货物的交付则须在另一个国家的领土内履行。我
国原《涉外经济合同法》第 2 条规定，涉外经济合同是指中国企业或其他经济
组织与外国企业和其他经济组织及个人订立的经济合同，涉外性是以当事人的
国籍为标准的。[2]

---

〔1〕《合同法》第 132 条第 2 款。
〔2〕《合同法》取消了"涉外经济合同"的概念，改用"涉外合同"，但对"涉外合同"未下定义。
　　《民法通则》有关涉外民事关系的概念，是指民事关系的一方或者双方当事人是外国人、无国籍人、
　　外国法人；民事关系的标的物在外国领域内；产生、变更或消灭民事权利义务关系的法律事实发生
　　在国外的。

CISG 采用了营业地标准，对当事人的国籍不予考虑。有学者认为，这种标准有可能发生双方订立了一个营业地分处不同国家的国际货物买卖合同，但货物可能并不在一国范围之外流动的情况。[1]

2. 国际货物买卖合同的客体是跨越国境流通的货物。仅营业地分处不同国家或当事人国籍不同，并不足以体现国际货物买卖合同的特点。严格意义上的国际货物买卖应是营业地分处不同国家当事人之间的货物跨越国境的买卖。

3. 国际货物买卖所涉及的法律关系复杂，风险大。货物跨越国境流动的国际性，使得买卖双方要和各国代理商、运输商、保险公司、银行等发生法律关系。长距离运输货物会遇到各种自然和人为的风险，加上由于采用不同于国内的结算方式带来的外币的使用、价格的波动、外汇汇率的变动以及外国政府对外贸易的管制措施等，使得国际货物买卖比国内货物买卖复杂，风险大得多。

4. 管辖权与争议解决的复杂性。国际货物买卖争议发生后，争议的解决可能因双方当事人的选择而由外国法院或仲裁庭审理解决。

5. 适用法律的多样性。国际货物买卖合同纠纷通常适用国内法（包括交易双方的国内法或第三国法律）以及国际公约和国际商业惯例。

**二、国际货物买卖合同的成立**

国际货物买卖合同是民事合同的一种，因此，它适用合同法的一般原则。即合同的有效成立需要满足以下条件：①当事人具备法定行为能力；②买卖双方意思表示一致；③合同内容合法；④具备法定形式。由于各国政治、经济、法律制度差异很大，在诸如当事人的行为能力、合同合法性问题上很难达成一致协议，因此，CISG 只就双方意思表示一致、合同形式等一些涉及立法技术上的问题作出了统一规定，其他问题则由合同所适用的国内法加以解决。

对于如何判断双方意思是否达成一致，通常的做法是，当买卖双方就合同条款进行面对面谈判，或由一方提出标准合同文本后双方进行磋商讨论，最后达成一致意见，签订书面协议，这时就意味着双方意思表示一致。

在国际货物买卖实践中，以电话等直接对话方式订立合同是否达成一致协议容易判断。通常以要约方听到对方表示承诺的回答的时间和地点作为合同成立的时间和地点。但是，当买卖双方通过信件或电传异地订立合同时，由于各国国内法对要约与承诺有不同规定，双方是否达成一致协议以及在何时何地达成一致协议，则比较难于判断。但是，无论是以哪种方式达成一致，CISG 将这一意思表示一致的过程分为要约和承诺的过程。合同是当事人双方意思表示一致即意味着一方对另一方提出的要约给予了承诺。承诺的日期和地点就是合同

---

[1]　Roy Goode, *Commercial Law*, 2nd edn., Penguin Books, 1995, p. 878.

成立的时间和地点。

（一）要约

1. 要约的定义。根据 CISG，要约是向一个或一个以上特定的人提出的订立合同的建议。一项有效的要约必须具备以下条件：

（1）是向一个或一个以上特定的人发出。这样，为了邀请对方向自己订货而发出的商品目录单、报价单以及一般的商业广告，因为不是向一个或一个以上特定的人发出，因此不是要约，而是要约邀请。

（2）内容必须十分明确、肯定，一经对方接受，合同即告成立。所谓明确即需要写明货物并明示或默示地规定数量和价格或规定如何确定数量和价格。如果要约中伴随有要约人的保留条件，也不能算有效的要约，只能算要约邀请，因为即使对方表示了承诺，合同仍然不能成立。

（3）要约要送达受要约人。要约未送达受要约人，或要约不是送达受要约人的，受要约人不知要约的内容，当然无法表示承诺。即使从其他途径得知要约的内容，其发出的承诺也是无效的。

实践中，各国也一致认为，为了邀请对方向自己订货而发出的商品目录单、报价单不是要约，而是要约邀请。但对普通商业广告和柜台上标价出售的商品则有不同的规定。北欧各国认为普通商业广告是要约邀请，[1]英美普通法则认为是要约。其判例认为，要约可以向特定人发出，也可以向全世界发出。向特定人发出的要约，只能由该人表示承诺；向全世界发出的要约，可由任何人表示承诺。[2]法国法不像公约和普通法那样对要约和承诺规则有明确的规定，在实践中将此问题完全作为事实，由法院自由裁量。这样，往往出现下级法院的判决与最高法院的判决发生冲突的现象。例如，在一报纸上刊登广告案中，下级法院判决认为，报纸上刊登广告"只构成向任何一个可能感兴趣的人发出的邀请"。而最高法院认为，"向公众发出的要约对要约人有拘束力，就像向特定人发出的要约一样"。[3]

关于柜台上标价出售的商品，CISG 未作规定。英美普通法认为是要约邀请，而法国和某些大陆法系国家则认为是要约。我国 1999 年 10 月 1 日实施的《中华人民共和国合同法》增加了对要约和承诺的规定。该法规定，要约指希望和他人订立合同的意思表示。一项有效的要约应当：①内容具体确定；②表明经受要约人承诺，要约人即受该意思表示约束；③要约到达受要约人时生效。[4]一

---

〔1〕 沈达明、冯大同主编：《国际商法》（上册），对外贸易出版社 1982 年版，第 45 页。

〔2〕 Carrlill v. Carbolic Smoke Ball Co. (1893) 1 Q. B. p. 256.

〔3〕 Cass. Civ. 28. 11, 1968; J. C. P. 1969, II 1597, Gaz. Pal, 1969, I 95 (source book) p. 322.

〔4〕 《合同法》第 14、16 条。

般的商业广告以及外贸公司寄送的商品目录单或报价单是要约邀请，而不是要约。商业广告的内容符合要约规定的，视为要约。[1]超级市场标价出售的商品是要约还是要约邀请，仍是一个有待实践解决的问题。

2. 要约的撤回与撤销。根据要约理论，要约在送达受要约人时生效。要约在生效前的收回称为撤回；要约生效后的收回称为撤销。各国法律都承认，要约发出以后，只要尚未送达于受要约人，要约人可以随时使用更为快捷的方法将其追回。但在要约送达受要约人后，是否可撤销或变更其内容，大陆法系和英美法系则适用不同的原则。

德国和法国规定，要约在要约人收到承诺前可以收回，但应为要约人保留承诺的期限。规定了有效期限的要约在期限届满前不能收回。[2]适用这一原则的还有瑞士、巴西、奥地利和中国[3]等国家。学者们认为，合同尚未成立时，要约人有收回要约的权利。但从"禁止滥用权利"的理论出发，"要约人行使收回的权利不能用来挫败受要约人合理的期待"，因而，一些国家的法律禁止要约人行使这一权利。[4]根据法国判例，对在有效期内因撤回要约而给受要约人造成损失的，要约人应负赔偿责任。[5]而英美普通法则从对价（consideration）学说出发，认为要约发出后，随时可以撤销。即使规定了有效期限或明确指出是不可撤销的要约，要约人也可以撤销。除非该要约在撤销前已被承诺，或受要约人为该要约支付了对价。[6]为了便于国际贸易交往，《美国统一商法典》已取消了对价的要求。UCC 第 2 - 205 条规定：经交易商签名的货物买卖契约，如依其文义保证系自由接受的承诺，则在要约规定的期限内，或如未规定期限，则在合理期限内，不得以对价欠缺为由而任意撤回；但在任何情况下，此期间不得超过 3 个月。我国《合同法》规定，要约可以撤回，撤回要约的通知应当在要约到达受要约人之前或与要约同时到达受要约人。撤销要约的通知应当在受要约人发出承诺通知之前到达受要约人。[7]

CISG 回避了对价学说，采纳了普通法的规定。公约规定，一项要约不可撤销的，也可以撤回，只要撤回通知于要约送达受要约人之前或同时送达受要约人。在未订立合同之前，只要撤销通知于受要约人发出承诺通知之前送达受要

---

〔1〕《合同法》第 15 条。

〔2〕 Schlesinger, *Formation of the Contract*, pp. 761～770, 780～781.

〔3〕《合同法》第 18、19 条。

〔4〕 Barry Nicholas, *Franch Law of Contract*, Clarendon Press Oxford, 1982, p. 66.

〔5〕 Cass. Civ. 17. 2. 1958, D1959, 83. source book, p. 328.

〔6〕 Schlesinger, *Formation of the Contract*, pp. 748, 755～756, 760.

〔7〕《合同法》第 17、18 条。

约人，要约可以撤销。[1]然而，在但书部分，公约采纳了大陆法系的信赖原则，规定了不能撤销要约的如下情况：①在合同成立前，写明或以其他方式表示要约是不可撤销的，则不能撤销；②受要约人有理由信赖要约是不可撤销的，并本着这种信赖行事，该要约也不能撤销。

3. 要约的生效与失效。CISG 规定，要约在被送达受要约人时生效。即要约必须用口头通知或其他方式送达受要约人或其营业所在地。如无营业地，则应送交其惯常居所。

在下列情况下，要约失去效力：

（1）要约过期。规定了承诺期限的要约，在有效期届满时自动失效。未规定承诺期的要约，在一定的合理期限内，未收到承诺，则要约失去效力。

（2）撤回或撤销。要约人在要约未送达受要约人之前，或受要约人未作出承诺之前，将撤销要约的意思表示送达受要约人，则原要约失效。

（3）拒绝要约。CISG 规定，对发价表示接受但载有添加、限制或其他更改的答复，即为拒绝该项发价，并构成还价。但是，受要约人在承诺中对原要约中提出的条件作了非实质性的更改、扩张或限制，且要约人未对此及时表示异议，该回复应被视为有效承诺，而不是一个新的要约。

（二）承诺

1. 承诺的定义。承诺，是受要约人对要约表示无条件接受的意思表示。一项有效的承诺必须满足以下条件：

（1）承诺要由受要约人作出才生效力。非受要约人在得知要约的内容后作出承诺不能构成一项有效的承诺。

（2）与要约的条件保持一致。按照传统的普通法理论，承诺应像镜子一样反射要约的条件。为了适应现代商业发展的需要，CISG 第 19 条第 2 款规定，承诺只要不在实质上变更要约的条件，而且要约人在合理的时间内未发出表示异议的通知，则仍可构成有效的承诺，其合同条件以通知内更改的为准。按照公约的规定，所谓实质上变更是指对有关货物的价格、付款条件、货物质量和数量、交货地点和时间、赔偿责任范围或解决争议等的添加或不同条件。[2]

（3）承诺应在要约有效的时间内作出。对于规定了有效期限的要约，应在规定的期限内作出承诺。未规定有效期限的要约，应在合理的期限内作出承诺。逾期作出的承诺，原则上无效，但如果考虑到交易的情况或要约人毫不迟疑地

---

[1]《联合国国际货物买卖合同公约》第 16 条 2 款。
[2]《联合国国际货物买卖合同公约》第 19 条第 3 款。

发出通知表示接受，则仍具有承诺的效力。[1]

（4）承诺必须通知要约人才生效力。通常，承诺的传递应采取要约规定的方式，在未作出规定时，应采取与要约传递相同的方式或较之更为快捷的方式。

2. 承诺的生效。在各国的实践中，就承诺生效时间形成了三种原则：①投邮生效。这是英美普通法国家采用的原则，即由信件电报表示的承诺，一经投邮，立即生效。合同即于此时宣告成立，不管要约人实际收到信函与否。法国判例认为，"交付邮局就如同交付对方的信使"，也采用投邮生效原则。[2]投邮生效原则的优点在于保护受要约人。英美普通法认为，由于要约人在发出要约后可以随时撤回要约，投邮生效可阻止要约人在承诺尚在途中时撤回要约，因而受要约人一旦发出承诺后，即可信赖该要约而行事。此外，如果要约人在要约中明示或默示地指明了承诺方式，而事实又证明指定的方式无效或不充分，那么应由要约人而不是受要约人承担传递延误或丢失的风险。投邮生效原则的缺点在于对要约人不利。如果表示承诺的信函或电报在传递途中丢失，则要约人在尚不知合同已成立的情况下，实际上却承担了合同义务。②到达生效。此为德国等大陆法系国家所采用。即表示承诺的信函或电报，要送达要约人才能生效，不管要约人是否知晓其内容。如果信函、电报在传递途中丢失，则无合同存在。《德国民法典》第130条第1款规定，对于相对人所作的意思表示，于意思到达于相对人时发生效力。《日本民法典》第79条第1款、《中华人民共和国合同法》均采用此原则。[3]送达生效原则的优点在于保护要约人。合同是双方当事人的合意，这种合意应当为双方而不是一方所知（尽管要约经受要约人发出表示承诺的信件或电报后，事实上已存在了双方意思表示一致的协议）。因此，要约人在收到表示承诺的信件后才承担合同义务，对双方是比较公平的。此外，由于某些采用到达生效原则的大陆法系国家一般不允许随时撤回已发出的要约，因而，不存在要约人在承诺尚在途中时撤回要约的可能。③了解生效。意大利、比利时的法律要求以信函或电报表示的承诺，不但应送达要约人，而且应该使要约人了解其内容，承诺才生效力。[4]在理论上，这一原则最符合"合同是双方意思表示一致"的含义。但在实践中，则很难掌握和判断要约人是否了解承诺的内容。

目前，在国际货物买卖领域，各国在承诺生效时间上的分歧已通过公约得

---

〔1〕 《联合国国际货物买卖合同公约》第18条第2款。

〔2〕 江平：《西方国家民商法概要》，法律出版社1984年版，第102页。

〔3〕 《合同法》第26条。

〔4〕 Georges R. Delaume, *Transnational Contracts Applicable Law and Settlement of Disputes—Law and practice*, Vol. 5, Oceana Pubucations Inc., 1983, p. 14.

到解决。CISG 采纳了到达生效原则。CISG 第 18 条第 2 款规定，要约的承诺于表示同意的通知送达于要约人时生效。[1]按照公约的规定，所谓送达，是指送交要约人的营业地、通信地址或惯常居所。按照同样的原则，撤回承诺的通知也于承诺送达要约人之前或同时生效。[2]

3. 对要约的修改。有时，受要约人对要约人发出的要约予以修改或添加。这些修改和添加并不完全构成新的要约。CISG 规定，对发价表示接受但载有添加或不同条件的答复，如所载的添加或不同条件在实质上并不变更该项发价的条件，除发价人在不过分迟延的期间内以口头或书面通知反对其间的差异外，仍构成接受。有关货物价格、付款、货物质量和数量、交货地点和时间、一方当事人对另一方当事人的赔偿责任范围或解决争端等添加或不同的条件，均视为在实质上变更发价的条件。如果发价人不做出这种反对，合同的条件就以该项发价的条件以及接受通知内所载的更改为准。

4. 迟延的承诺。CISG 规定，逾期接受仍有接受的效力，但条件是发价人毫不迟延地用口头或书面将此种意见通知被发价人。如果载有逾期接受的信件或其他书面文件表明，它是在传递正常、能及时送达发价人的情况下寄发的，则该项逾期接受具有接受的效力，除非发价人毫不迟延地用口头或书面通知被发价人：他认为他的发价已经失效。

5. 沉默。根据普通法的要约理论，要约的拘束力只及于要约人而不及于受要约人。对要约，受要约人可以自由地表示承诺或拒绝。在后一种情况下，也没有将拒绝通知要约人的义务。尽管要约人可以在要约中规定承诺的时间和方式，但不能规定拒绝的时间和方式。[3]因此，如果受要约人不在某个时间或以某种方式表示拒绝，不能认为合同已经成立。可见，沉默一般不构成承诺。但是，下列情况下除外：①要约中有明确相反的规定。②受要约人以行为履行了要约，这时可以推定对要约已表示了承诺；[4]如果受要约人完全有时间表示反对，并从要约的履行中得到好处，则可推定表示了承诺。[5]③基于双方的交易习惯，受要约人可用沉默表示承诺。[6]

相反，少数大陆法系国家认为，沉默可表示承诺。例如，《日本商法典》第

〔1〕 1964 年海牙《国际货物买卖合同成立统一法》也采用了到达生效原则。参见该法第 12 条。

〔2〕《联合国国际货物买卖合同公约》第 22、24 条。

〔3〕 F. Pollock, *A Treatise on the General Principles Concerning the Validity of Agreements in the Law of England*, 13th edn. , p. 22.

〔4〕《合同法》第 26 条。

〔5〕 St. John. Tugboat Co. Ltd. v. Irving Refinery Co. Ltd. (1864)；A. G. Guest, *Ansons Law of Contract*, 26th edn. , Clarendon Press Oxford, 1984, p. 38.

〔6〕 Barry Nicholas, *Franch Law of Contract*, Clarendon Press Oxford, 1982, pp. 72～73.

509 条规定:"商人接到经常交易人的属于其营业种类的合同要约时,要及时发出承诺与否的通知。如怠于通知,视为已对该要约表示承诺。"

CISG 采用了普通法的做法。CISG 第 18 条第（1）、（3）款规定,缄默或不行为本身不等于接受。但是,根据要约的规定以及当事人之间确立的习惯做法或惯例,受约人可以做出某种行为,诸如发货或支付价金等表示同意。然而,其行为必须在规定的期限内实施。如未规定时间,则应在合理的时间内做出。[1]

### 三、国际货物买卖合同的形式

在许多西方国家,对于一般的货物买卖合同,法律并不规定应当采取的形式。当事人可以用口头、书面或行为三种方式订立合同。例如,《美国统一商法典》第 201 条规定,价金为 500 美元或 500 美元以上的货物买卖合同,必须以书面方式作成并由双方当事人签字才生效力。但在下列情况下,无书面形式,合同仍属有效:货物是专为买方定作,且在买方拒绝的通知到达前已实际开始制造;否认合同效力的一方在法院答辩或作证时,承认双方之间存在买卖合同;价金已付或买方已收到货物。无书面形式的合同仍旧有效,只是不能由法院强制执行。此外,还有很多国家的国内法要求国际货物买卖合同必须是以书面形式订立。例如,我国原《涉外经济合同法》要求涉外经济合同的所有条款都必须是书面的。

CISG 采用了西方国家的做法,其第 11 条规定,销售合同无须以书面形式订立或书面证明,在形式方面也不受任何其他条件的限制。销售合同可以用包括人证在内的任何方法证明。但是,考虑到某些发展中国家和社会主义国家合同法的不同规定,CISG 允许成员国在加入或核准公约时,对第 11 条及其有关规定作出保留。中国在加入 CISG 时,就对 CISG 第 11 条作出了保留。值得注意的是,1999 年 3 月 15 日颁布的《合同法》第 10 条不再要求合同必须是书面形式。国际货物买卖合同可以任何方式,包括口头、书面或行为方式订立。这和《联合国国际货物销售合同公约》第 11 条的规定已无区别。2013 年 1 月 16 日根据我国《缔结条约程序法》及《公约》的相关规定,我国政府向联合国秘书处递交了撤回对《公约》第 11 条及与第 11 条内容有关规定所作保留的声明。[2]

随着通信技术的发展,电子数据传输方式在国际贸易中得到广泛应用。由此也产生了许多法律障碍,为此,一些国际组织制定了相关国际规则,这些国际规则主要有:①1987 年 9 月 22 日国际商会执行理事会第 51 届会议通过的

---

〔1〕 1964 年海牙《国际货物买卖合同成立统一法》第 6、8 条。
〔2〕 该撤回于 2013 年 8 月 1 日开始生效。

《数据电传交换的统一行为守则》（Uniform Rules of Conduct for the Interchange of Data Teletrans Mission），主要是确立一个通信协议的标准化格式。但由于不同用户之间的要求不同，因此通信协议中许多细节和形式问题要形成统一标准格式的构想难以实现。②1989 年 11 月国际商会国际商业惯例委员会通过的《国际贸易术语解释通则》修订本。该通则于 1990 年 7 月 1 日生效。在此通则中明确规定，将 EDI 方式订立的合同视同具有书面形式的合同而为交易双方所接受。分别于 2000 年与 2011 年 1 月 1 日生效的 2000 年《国际贸易术语解释通则》及《国际贸易术语解释通则® 2010》继承了这一条规定，可以用相等的电子单证代替纸单证。③1993 年国际商会修订的 1994 年 1 月 1 日生效的《跟单信用证统一惯例》（UCP500）。为了适应电脑制单的要求，UCP500 第一次明确规定商业发票无须签署。此外，对于提供原件的要求，其第 20 条（b）款规定，除信用证另有规定，银行将对用电脑方式处理或表面上看是以此种方式处理的单据，作为正本（origin 原件）来接受。对于需要签字（sign）的原件，该条规定，此种单据可以用手签（handwriting）、复制签字（facsmile signature）、针孔穿签（perforated signature）、印章（stamp）、符号（symbol）或其他机械的、电子的方法来签发证实。除非信用证另有规定，信用证要求单据经证实、生效、合法化、签证、证明或类似要求时，单据上任何签字、符号、印章或标签，只要在表面上看已满足这些要求，均可被接受。还有第 20 条（d）款。以上这些规定对消除 EDI 的法律障碍起到了积极作用。UCP600 仍然保留了上述规定，其第 3 条释义部分规定："单据可以通过手签、签样印制、穿孔签字、盖章、符号表示的方式签署，也可以通过其他任何机械或电子证实的方法签署。"④1990 年 6 月 29 日，国际海事委员会第 34 届大会通过了《国际海事委员会电子提单规则》，该规则共 11 条。其比较全面地就电子提单所涉及的法律问题作出了明确的规定。⑤1996 年，联合国国际贸易法委员会（以下简称"贸法会"）第 29 届会议通过的《电子商务示范法》，是一部真正全面适用于在商业活动方面使用的一项数据电文为形式的任何种类的信息传送的 EDI 的统一法。该法共 17 条，就数据电文的法律承认，书面，签字，原件，数据电文的证据力，留存，合同的订立和有效性，当事各方对数据电文的承认，数据电文的归属，收讫的确认，收、发数据电文的时间和地点以及货物运输和运输单据等方面所涉及的问题都作了明确的规定。该示范法成为 EDI 国际统一立法的奠基石。⑥联合国《电子签名法》。在《电子商务示范法》出台后，联合国贸法会开始制定电子签名领域的法律规范。在贸法会电子商务工作组第 37 次会议上，提出了"电子签名示范法"的草案，并在第 38 次会议上进一步完善。2001 年，贸法会审议通过了《电子签名示范法》，该示范法对电子签名领域的基本问题都作出了规定，为各国制定电子签名法律提供了示范。⑦联合国《国际合同使用电子通信公约》。该公约由联合国国际贸易法委员会在《电子商务示范法》和《电子签名示范法》的基础上主持制定，2005 年 11 月 23 日通过，到 2009 年 8 月底仍未生效。公约的宗旨是在对国际合同使用电子通信的情形中增强法律确定性和商业可预见性。公约处理的问题包括如何确定一方当事人在电子环境中的所在地；电子通信的收发时间和地点；使用自动信息系统订立合同以及确立电子通信和纸面文件（包括"原始"纸面文件）以及电子认证方法和手写签名功能上等同所使用的标准。为适应电子商务的发展，《合同法》扩大了对"书面"的解释，将以 EDI 方式订立的合同也归在"书面"形式之中。《合同法》第 10、11 条规定：当事人订立合同，有书面形式、口头形式和其他形式。法律、行政法规规定采用书面形式的，应当采用书面形式。当事人约定采用书面形式的，应当采用书面形式。书面形式是指合同书、信件和数据电文（包括电报、电传、传真、电子数据交换和电子邮件）等可以有形地表现所载内容的形式。

在现代各国合同法制度中，合同的书面形式具有以下作用：①使合同具有确定性、公开性和告诫性。它使合同内容、生效时间更加准确，双方权利义务更为明确；鼓励当事人在承担义务前就自己承担的权利义务内容及后果进行反思。保证合同的公开性不但有利于法律保护弱者，并使第三者知道合同权利的存在，而且有利于保证国家的合同管理机关和税务机关等对合同进行管理。②是确定合同效力的实质条件。在一些买卖合同中，为了保证卖方向买方提供各种情报以便买方确切地了解其所购买的商品，现代各国法律体系都规定了详细的书面形式要求。例如，在食品、药品、化学肥料的买卖中要求厂家必须提供有关化学成分、出厂日期、效力、用法等详细情况的说明书，并对违反法律规定者规定了严厉的刑事责任。在国际贸易实践中，各国当事人更加强调和重视合同书面形式的社会保护功能，没有书面形式的合同一般是无效的。③证据作用。在当事人不能用口头证明合同的存在及内容的情况下，合同的书面形式是合同可以强制执行的依据。

### 四、国际货物买卖合同的内容

国际货物买卖合同在结构上主要由约首、正文与约尾三部分组成。约首包括合同的名称、编号、缔约日期、缔约地点、缔约双方的名称、地址及合同序言等。正文是合同的主体部分，包括各项交易条件及有关条款，如商品名称、品质规格、数量、包装、单价与总值、运货期限、运货地点、支付、保险、商品检验、仲裁、不可抗力等。此外，根据情况需要可加列：保值条款、价格调整条款、溢短装条款、合同的法律适用条款等。约尾是合同的结束部分，包括合同的份数、附件、使用文字及其效力、合同的生效日期与双方的签字等。

在大宗或成交额较大或重要的成套机械设备买卖合同中，销售合同的内容比较全面、详细；对于成交额不大、批量较多的小土产、轻工业品以及交易双方已订有包销、代理等长期协议或一般交易条件者，则使用内容比较简单的合同，通常不订立关于索赔、仲裁和不可抗力等条款。

（一）品质规格条款

品质条款主要规定：品名、规格或牌名。在国际货物买卖中，货物的品质规格是指商品所具有的内在质量与外观形态。在国际贸易中，商品的品质首先应符合合同的要求，对于某些由国家制定了品质标准的商品，如某些食品、药物的进出口，其品质还必须符合国家的有关规定。

在国际货物买卖合同中，规定品质规格的方法有两种：①凭样品。在凭样品确定商品品质的合同中，无论是凭买方样品还是卖方样品抑或卖方根据买方样品所制图样成交，卖方都要承担交货品质必须同样品完全一致的责任。为避免发生争议，合同中应注明"品质与样品大致相同"。凭样品成交适用于从外观上即可确定商品品质的交易。②凭文字与图样。包括凭规格、等级或标准的买卖，凭说明书的买卖以及凭商标、牌号或产地的买卖。如果表示商品质量的主要指标如大小、长短、粗细等可以标准化、规格化，则只需在合同中注明商品的等级标准、规格，不必凭样品成交。对于由政府或国际商业团体制定的规格和等级，应在合同中明确是以哪国（或组织）的标准为依据，并注明该标准的版本、编号与年份。附有图样、说明书的合同，要注明图样、说明书的法律效力。合同中仅以商标、牌号或产地表示商品品质的产品，只能是那些品质优良、稳定或具有特色、在国际市场上已拥有良好声誉的产品。

在草拟品质条款时，应注意以下问题：除了在合同中订立确定品质的方法外，无论是采用凭样品成交还是凭文字或图样成交，都要在合同中订立品质公差限度与品质机动幅度，以作为交货品质与所订标准之间产生差别的补救措施。品质公差是公认的产品品质差额，在公差限度内，买方不得以与品质不符而拒收货物。品质机动幅度是在交货品质不符合指定标准时，仍可在一定范围内进行交割。条件是，由出口方按品质差别增减货价或用规格相近的同一产品机动更换。这样，应在合同中注明替换产品的规格、数量及作价方法。

（二）数量条款

数量是指用一定的度量衡制度表示出的商品的重量、个数、长度、面积、容积等的量。因此，数量条款主要规定：交货数量、计量单位与计量方法。

在草拟数量条款时，应注意以下问题：①明确计量单位和度量衡制度。如重量要写明是公吨、长吨（英吨）还是短吨（美吨），毛重还是净重，长度是米还是英尺等。②规定机动幅度。在数量方面，合同通常规定有"约数"，但对

"约数"的解释容易发生争议，故应在合同中增订"溢短装条款"（More or Less Clause），明确规定溢短装幅度，如"东北大豆500公吨、溢短装3%"。同时规定溢短装的作价方法。在国际货物买卖中，交货数量的溢短装部分应当计价。计价方法有两种：一种是按合同价格计算；另一种是按装船时的市价计算，这种方法主要用来对付卖方，防止其在市价发生波动时，利用"溢短装条款"故意多装或少装。当合同未规定计价方法时，通常是按合同价计算。

（三）包装条款

包装是指为了有效地保护商品的数量完整和质量要求，把货物装进适当的容器。包装条款主要规定：包装方式、规格、包装材料、费用和运输标志。

CISG第35条规定了卖方在包装方面的责任，即卖方交付的货物必须与合同所规定的数量、质量和规格相符，并需按照合同规定的方式装箱或包装；除双方当事人业已另有协议之外，货物应按照同类货物通用的方式装箱或包装，如果没有此种通用方式，则按照足以保全和保护货物的方式装箱或包装，否则，即为与合同不符。

制定包装条款时，应注意以下问题：①明确包装的材料、造型和规格。除传统商品其包装已为买卖双方所知晓外，不应使用"适合海运包装"、"标准出口包装"等含义不清的词句。②明确包装费用。包装费用一般都包括在货价之内。如果买方要求特制包装，则应在合同中注明由买方自负费用。如在用托盘等集合包装运输时，应注明托盘费用的负担；当由买方提供包装、包装材料或运输标志时，应在合同中注明买方提供的时间，以保证备货、及时出运及结汇等。③明确由此造成的延迟交货或拒付货款时双方的责任分担。④注意各国有关包装（包括唛头）的法律与禁忌，以及国际上对运输标志的惯常做法、要求及其变化。⑤随着国际社会对环境问题的关注，包装材料应尽量采用可回收利用的并且无污染的绿色包装。

（四）价格条款

价格是指每一计量单位的货值。价格条款主要规定：每一计量单位的价格金额、计价货币、指定交货地点、贸易术语与商品的作价方法等。

在国际货物买卖中，价格是个十分敏感的问题。在合同中定好价格条款应注意以下问题：①正确表示计价货币的名称，如"元"要写明是日元、美元、港元、欧元还是人民币。②贸易术语要准确、完整，写明其解释的依据。如FOB合同是按国际商会《2000年国际贸易术语解释通则》还是按《美国1941年对外贸易定义修订本》来解释。③贸易术语的选择要和合同中的其他条款保持一致。例如，FOB、CIF、CFR贸易术语不但代表货物的价格构成，而且确定买卖双方的责任、风险和费用的划分。贸易术语不同，则价格不同，买卖双方

第二章

承担的责任风险和费用也不同。当双方发生争议时，法院通常先以双方选择的贸易术语来确定合同的性质，然后再确定双方的权利义务，因此，贸易术语的选择应和合同内其他条款相一致。如果在以 CIF 条件成交的合同中定有"运输途中货物遭受损失应由卖方负责"的词句，则该合同就不是 CIF 合同。《美国1941 年对外贸易定义修订本》中指出，卖方与买方不应把与本定义所规定的CIF 合同义务不符的任何不肯定的条款包括在 CIF 合同之内。在美国及其他国家法院的判例中，都有因在 CIF 合同中包含了与 CIF 合同性质相抵触的条款而致使合同被宣判无效的情况。④贸易术语中如包含佣金、回扣等，应明确规定计价方法。按照国际惯例，一般都以 FOB 价格计算。

在国际货物买卖中，货物的作价方法主要有以下几种：①固定价格。短期交货合同采用固定价格的方法，即是由买卖双方商定的在合同有效期内不得变更的价格。②滑动价格。长期交货合同，如大型成套设备、机器的买卖，为防止国际市场价格变动带来的不利影响，可采用滑动价格，即买卖双方同意在合同中暂定一个价格，在交货时再根据行情及生产成本增减情况作相应的调整。③后定价格。双方在合同中不规定商品的价格，只规定确定价格的时间和方法。如规定"以 2009 年 6 月 25 日伦敦商品交易所价格计价"。④混合定价。对分批交货合同，可采用部分固定价格，部分滑动价格的方法。近期交货部分采用固定价格，远期交货部分按交货时行情或另行协议作价。

为防止商品价格受汇率波动的影响，在合同中可以增订黄金或外汇保值条款，明确规定在计价货币币值发生变动时，价格应作相应调整。

（五）装运条款

装运是指把货物装上运输工具。装运条款主要规定：装运时间、运输方式、装运地（港）与目的地（港）、装运方式（分批、转船）及装运通知等。装运条件也被称作交货条件。如果卖方未在指定日期把货物装船，就等于未按期交货，买方有权解除合同并要求损害赔偿。但在目的地交货时，装运则不等于交货。

通常情况下，"装运"与"交货"是两个概念。但在 FOB、CIF 和 CFR 合同中，卖方只要按合同规定把货物装上船，取得提单就算履行了交货义务。提单签发的时间和地点即为交货时间和地点。所以，"装运"一词常被"交货"概念代替。

制订装运条款时，应注意以下问题：①装运日期应订的明确且留有余地。在以收到信用证作为装运前提时，为避免买方拖延或拒绝开证，应在合同中订明"买方最迟于×月×日前将信用证开抵卖方"。②装运港和目的港是贸易术语和合同中不可缺少的部分，决定着买卖双方的责任、费用与风险的划分。所以，要按不同的贸易术语的要求注明装运港和目的港。合同中如订有选择港，则应订明增加的运费、附加费用应当由谁承担。为避免重名港口，应注明港口所处国家或地区。③对于一次成交量大的合同，或目的港是没有直达船挂靠或船期少而不固定的港口，或装卸、运输条件差的港口，应在合同中订明"允许分批装运"或"允许转船"。④装船通知的目的在于做好派船、装船、投保、接货四个环节的衔接工作。在 FOB、CFR、CIF 贸易术语中，关于装船通知问题都有明确的规定。买卖合同是一个双务合同，任何一方如未能按照合同要求向对方及时发出通知而致使对方遭受损失，都要承担赔偿责任。

（六）保险条款

国际货物买卖中的保险是指进、出口商按一定险别向保险公司投保并交纳保险费，以便货物在运输过程中受到损失时，从保险公司得到经济上的补偿。保险条款主要规定：投保人、保险人、被保险人、保险费、投保险别、保险金额等。

在国际货物买卖中，大部分是 FOB、CIF 和 CFR 合同，故保险责任与费用的分担由当事人选择的贸易术语来决定。在 FOB 和 CFR 合同中，买方自行投保，自付费用；而在 CIF 合同中，则是由卖方替买方投保并把支付的保险费加在货价上。

在制定保险条款时，应注意以下问题：①在 CIF、CIP 合同中，投保何种险别以及买方有何特殊要求都应在合同中订明。对于买方的特殊要求，卖方还要事先征得保险公司的同意，以免陷入被动。②在 CIF、CIP 合同中，卖方在替买方投保后，应把保险单及时转让给买方。转让保险单的行为实质是转让风险的行为，买方日后可凭保险单向保险公司索赔。如果卖方不履行这一义务，则货物遭受损失的风险仍由卖方承担。③买卖双方应在合同中订明所采用的保险条款名称。如《中国人民保险公司海洋运输货物保险条款》、《伦敦保险业协会的货物保险条款》。

（七）支付条款

国际贸易中的支付，是指用什么手段，在什么时间、地点，用什么方式收取货款及其从属费用。支付条款主要规定：支付手段、支付方式、支付时间和地点。

支付手段有货币和票据。其中，汇票是主要支付手段。在国际货物买卖中，汇票是出口方（卖方）向进口方（买方）开立的，要求买方在一定时间内向卖方无条件支付一定金额的书面命令。出口方或持票人向进口方或其指定银行要求付款。

付款方式可分为两类三种：双方不由银行提供信用，但通过银行代为办理，如直接付款和托收；银行提供信用，即从银行得到信用保证和资金周转的便利，如信用证方式。无论采用以上哪种方式，都应考虑交易地区的贸易法令和习惯。

支付时间不但涉及利息问题，而且对买卖双方尽快实现各自的利益有重大关系。通常按交货（交单）与付款先后，可分为预付款、即期付款与延期付款。预付款是在交货或交单前即支付部分或全部货款；即期付款是在交货或交单时付款；延期付款是在交货或交单后的规定时间付款或分期付款。

付款人或其指定银行所在地即为付款地点。

（八）检验条款

商品检验指由商品检验、检疫机关对进出口商品的品质、数量、重量、包装、标记、产地、残损等进行查验分析与公证鉴定，并出具检验证明。检验条款主要规定：检验内容、检疫机构、检验时间与地点、检验标准与方法以及检验证书等。

1. 检验检疫机构。在国际贸易中，进行商品检验检疫的机构主要有：由国家设立的官方检验机构，如我国的中国进出口商品检验、检疫局及一些专业性检验、检疫部门；由产品的生产或使用部门设立的检验、检疫机构；由私人或同业公会、协会开设的公证、鉴定行，如瑞士日内瓦通用鉴定公司、英国劳勃生公证行、日本海事鉴定协会等。

2. 检验权与复验权。在国际货物买卖中，指哪一机构有权决定货物的品质、数量等是否符合合同的规定，作为卖方提交货物以及买方接受或拒收货物的法律依据。

国际上通行的做法有三种：

（1）以货物离岸时的品质、重量为准。即以装船口岸商检机构出具的货物品质、重量证书作为货物是否符合合同品质、重量、包装的最后依据。这种做法显然对卖方有利。

（2）以货物到岸时的品质、重量为准。即合同中规定，商品在目的地（港）检验、以目的地（港）商检机构出具的货物品质、重量、包装证书作为合同中商品品质、重量、包装是否符合合同规定的最后依据。这种做法显然对买方有利。

（3）以装运港的商检证书作为卖方提交货物议付货款的依据，货到目的港后，买方保留对货物再行检验的权利（即复验权），其检验结果作为买方是否接受货物并进行索赔的依据。这种做法符合买卖双方平等互利的原则，也是国际货物买卖中通行的做法。

值得注意的是，在国际货物买卖中，"接收货物"与"接受货物"是两个概念。所谓"接受"是指买方认为货物品质、数量等方面均已符合合同的规定。《英国1979年货物买卖法》第34条规定：凡是事先未对货物进行检验的买方，都不能认为是已经接受了货物，因而并未丧失其拒收货物的权利。

3. 检验与复验的时间、地点及索赔。按照国际上通行的做法，检验的时间由买卖双方在合同中约定。买方通常应在货物到达目的港或卸货后若干天内对货物进行检验，这个期限也就是买方的索赔期限。超过了期限而不检验，买方则丧失复验权，也就是丧失了可能的索赔权。例如，买卖合同中规定：双方同意以××制造厂或公证行出具的品质及数量或重量检验证书作为有关信用证项下付款的单据之一。但货物的品质及数量或重量的检验按下列规定办理：货到目的港××天内由××检验局复验，如发现货损、货差，买方凭商检证书提出索赔。

通常持有商检证书的受损方可向三方提出索赔：属保险公司承保范围的损失可凭保险单向保险公司提出索赔；属船公司或承运人责任范围的损失，可凭提单向船公司或承运人提出索赔；属买卖双方当事人责任范围的损失，可凭合同向责任人提出索赔。买方超过期限而不检验则丧失复验权，也就丧失了可能的索赔权。

按照国际惯例，FOB、CIF、CFR合同的复验地点是在目的港。如目的地不是港口或不适宜检验，则合同中应规定复验地可延伸至可以有效进行检验的地方。

4. 检验标准与方法。对同一种商品用不同的标准和方法检验，结果会大相径庭。所以，国际货物买卖合同中应明确规定该项产品所适用的检验标准和方法。在国际贸易实践中，通常采用以下方法：按买卖双方商定的标准和方法；按生产国的标准和方法；按进口国的标准和方法；按国际标准或国际习惯的标准和方法，常见的有国际标准化组织（ISO）颁布的ISO9000、ISO14000等。随着全球经济一体化的发展，各国对进口产品的质量要求日益严格并朝着高标准或统一国际标准的方向发展，中国的出口商品只有不断朝着国际标准的方向努力，才能在激烈的国际市场竞争中生存和发展。

5. 商检证书。商检证书是商检机构出具的证明商品品质数量等是否符合合同要求的书面文件，是买卖双方交接货物，议付货款并据以进行索赔的重要法律文件。按照商品的性质及检验要求，商检证书主要有品质检验证、重量检验证、卫生（健康）检验证、消毒检验证、产地证、验残检验证以及根据某些国家的特殊法律或规定出具的特殊证书等。

检验证书具有如下法律效力：它是货物进、出海关的凭证；它是征收或减免关税的必备文件；它是买卖双方履行合同义务、交接货物、结算货款的有效凭证；它是计算运费的凭证；它是进行索赔、证明情况、明确责任的法律依据。

（九）不可抗力条款[1]

不可抗力条款（Force Majeure, Act of God）是指合同订立以后发生的当事人订立合同时不能预见、不能避免、人力不可控制的意外事故，导致合同不能履行或不能按期履行。遭受不可抗力一方可由此免除责任，而对方无权要求赔偿。因此，不可抗力条款主要规定：不可抗力的含义、范围以及不可抗力引起的法律后果、当事人的权利义务等。

不可抗力通常来自如下两个方面：自然条件和社会条件。前者如水灾、旱灾、地震、海啸、泥石流等，后者如战争、暴动、罢工、政府禁令等。在美国，习惯上认为不可抗力仅指由于"自然力量"（Act of God）引起的意外事故，不包括社会力量引起的意外事故。所以，在美国的贸易合同中，通常不使用不可抗力一词，而称之为"意外事故"条款（Contingency Clause）。

不可抗力是一个有确切涵义的法律概念，并不是所有的意外事故都可构成不可抗力。有时当事人在合同中改变了不可抗力概念通常的含义，因此需要在合同中订明双方公认的不可抗力事故。具体来说，构成不可抗力事故应具备以下四个条件：①事故是在合同订立以后发生的。在订立合同时，当事人就已经知道或应当知道意外事故的存在，这种意外事故不能作为不可抗力。②事故是在订立合同时双方不能预见的。通常认为，货币贬值、价格涨落是普通的商业风险，作为商人，这是应当预见的职业常识，不能算不可抗力。③事故不是由任何一方的疏忽或过失引起的。由一方的过失引起意外火灾发生，导致合同不能履行或不能按期履行，则视同违约，违约方要承担损害赔偿责任。④事故的发生是不可避免且是人力不能抗拒、不能控制的。如地震和海啸，是无论如何防范也不能避免、不能抗拒的。

此外，不能简单地把没有做过的事都看作是不可能的事。一些意外事故的发生，并没有使合同履行成为不可能，而仅仅是使履行变得非常麻烦，或需要支出庞大的费用。在这种情况下，不能援引不可抗力免除当事人的责任。

不可抗力的法律后果是免除遭受不可抗力一方的责任，而不是解除合同。解除合同还是延迟履行合同，取决于不可抗力是持续相当一个时期还是暂时的、对合同履行的影响程度如何、合同的标的是金钱交付还是提交货物。一般而言，没有任何意外事故可以解除当事人履行金钱债务的义务。如果提交的货物是特定物，发生灭失可以解除合同；如果是种类物，而在客观上不是不能提供这种

---

[1] 关于不可抗力的讨论，参见王传丽：《涉外经济合同的法律效力》，中国政法大学出版社 1989 年版，第 152～175 页。

货物时，即使发生不可抗力也不能解除卖方的履约义务。此外，在考虑免除遭受不可抗力一方的责任时，还要看意外事故与当事人未履行或不能按期履行合同之间是否存在因果关系。例如，港口工人的罢工不影响钢铁厂的生产，因此钢铁厂不能以发生港口罢工为由拒绝履行合同；但如果罢工导致钢铁厂所需矿石不能及时卸货因而影响生产的继续进行，这种罢工就可以成为影响合同履行的不可抗力。

发生不可抗力后，受不可抗力事故影响的一方应立即将发生的不可抗力事故，对合同的影响程度以及要求停止履行或延期履行合同的意图通知对方，并由当地商会出具证明，证明事故的发生、时间、地点以及对合同的影响程度。遭受不可抗力的一方还要采取一切合理可能的措施减轻由于意外事故造成的损失；一方在接到通知后，不论是否同意对方的要求都应及时作出回答。最后，由法院或仲裁庭确认事故是否是免除当事人责任的不可抗力事故。

**（十）违约救济与索赔条款**

违约救济与索赔条款主要规定买卖双方在发生违约时应承担的责任、采取救济措施的时间等。按照 CISG 的规定，除发生不可抗力情况下，由于非另一方原因导致一方合同不能履行、延迟履行或履行不符合合同规定的，都构成违约，要承担违约责任。如另一方对违约有过错，则应按实际情况承担相应的责任。承担违约责任的方式主要有损害赔偿、实际履行、解除合同或宣布合同无效等。

**（十一）争议解决和法律适用条款**

争议解决条款是指当事人选择解决合同争议的方式、地点、解决争议适用的法律等。在争议解决方式方面，可以选择协商、调解、仲裁、诉讼等方式，但不能同时选择诉讼与仲裁。

在国际货物买卖中，买卖合同是在营业地分处不同国家的当事人之间订立的。由于各国政治、经济、法律制度不同，就产生了法律冲突和法律适用问题。当事人在合同中明确宣布合同适用何国法律的条款称作法律适用条款或法律选择条款。根据意思自治原则，各国都允许当事人通过合同自由选择合同适用的法律。这些法律可以是当事人的国内法（买方或卖方国家的法律或是第三国法律）；可以是与合同有联系的，也可以是与合同并无联系的法律；可以是国际公约，也可以是国际商业惯例。在选择方法上可以有以下几种：①单一选择。即在合同中明确指明合同适用某一国家的法律（本国的或外国的）作为合同的准据法。②多边选择。即规定整个合同受一国法律管辖、特定条款受另一国法律管辖。③无准据法。即当事人法。合同中规定，合同除受其本身条款约束外，不受任何国家的法律管辖，或由于某种原因，当事人在合同中未规定合同适用的法律。在这种情况下，法院或仲裁庭通常为当事人寻求解决合同争议的准据法，特别是当某一特定法律很明显与该合同有"最密切联系"的时候。在国际货物买卖中，通常卖方是给合同以实质履行的一方，因此在双方未规定合同适用的法律时，按照与合同有"最密切联系"的原则，多适用卖方国家的法律。

## ■第五节　国际货物买卖合同的履行

国际货物买卖合同的履行是指买卖双方在合同签订后、履行合同中规定的义务。

### 一、卖方义务

根据 CISG，卖方有如下义务：

（一）提交货物和单据的义务

提交货物和单据的义务包括卖方应在合同指定的时间和地点移交货物和单据。如果合同中对交货时间、地点未作规定，则应按公约的规定办理：

1. 交货地点。CISG 第 31 条规定了卖方的如下义务：如果卖方没有义务要在任何其他特定地点交付货物，他的交货义务如下：①如果销售合同涉及货物的运输，卖方应把货物移交给第一承运人，以运交给买方；②在不属于上款规定的情况下，如果合同指的是特定货物或从特定存货中提取的或尚待制造或生产的未经特定化的货物，而双方当事人在订立合同时已知道这些货物是在某一特定地点，或将在某一特定地点制造或生产，卖方应在该地点把货物交给买方处置；③在其他情况下，卖方应在他订立合同时的营业地把货物交给买方处置。

在国际贸易中，"涉及运输"是一个专有概念，特指卖方为履行交货义务需以本人或其名义与独立的第三者（承运人）订立运输合同并由后者承担运输责任的交货。当卖方有义务安排运输时，卖方应与承运人订立必要的运输合同，并按照通常的运输条件，用适合情况的运输工具，把货物运至指定地点（即第一承运人所在地），在有约定的情况下，承担必要的投保义务。

由于国际货物买卖已基本实现统一化、标准化、规范化，因此，进出口商通过选择不同的贸易术语即可确定交货地点。例如，FOB 的交货地点是在装运港，FCA 的交货地点是承运人所在地，EXW 的交货地点是货源所在地，DDU 的交货地点是进口国指定地点，等等。

2. 交货时间。在一般情况下，卖方应在合同中双方约定的时间（确定的日期或期间）提交货物。如果合同中没有约定，则根据 CISG 的规定，卖方应在订立合同后的一段合理时间内交货。所谓"合理时间"，按照一般的国际实践，是作为事实由法院根据货物的性质及合同的其他规定决定的。《中华人民共和国合同法》规定，履行期限不明确的，债务人可以随时履行。债权人也可以随时要求履行，但应当给予对方必要的准备时间。[1]当标的物在订立合同之前已为买受人占有的，合同生效的时间为交货时间。[2]

关于在履行期到来之前卖方是否可提前交货的问题，CISG 作了灵活规定，如果卖方在规定日期前交付货物，则买方有收取货物或拒绝收取货物的选择权。[3]然而根据《德国民法典》第 271 条规定，订有履行期限的合同，卖方可以在履行期到来之前不经买方同意提前交货，但要事先通知买方；而买方却不能要求卖方提前交货。

3. 书证的交付。在国际货物买卖中，存在着两种转移所有权的方式：一种方式是实际交货，即卖方亲自把货物连同代表货物所有权的单据一起交到买方手中，完成货物所有权与占有权的同时转移；另一种方式是象征性交货，即卖方只把代表货物所有权的证书（提单、发票等）交到买方手中，完成货物所有权的转移即为完成交货义务。

在实际交货时，交货义务是在指定的时间、地点把货物提交到买方控制之下完成的；在象征性交货中，则是卖方把代表货物所有权的单据交给买方，此时交单的时间和地点即为转移所有权的时间和地点。因此，在国际货物买卖合同中，交付单据是卖方的一项十分重要的义务。根据公约的规定，卖方交付单据的义务具体包括：卖方应保证单据的完整和符合合同及公约的规定。所谓完整，是指卖方应提交一切与货物有关的单据使之足以作为买方正当获得所有权及占有货物的保证。这些单据通常包括：提单、保险单、发票、商检证、进出口许可证、领事签证、原产地证书等。这些单证有些是货物所有权的凭证，有些是买方顺利提取货物、报关、验货的凭证，同时也是买卖双方据以进行索赔的凭证。这些单证相互之间以及与合同与公约的规定相互一致。当双方确定以信用证方式支付的情况下，所提交的单据还要和信用证的规定保持一致。此外，卖方应在合同约定的时间、地点交付单据。根据公约的规定，如果卖方在规定日期前提交了单据，如单据中有与合同不符之处，卖方有权予以修改，但对由此给买方造成的损失要承担赔偿责任。

（二）担保义务

根据 CISG 的规定，卖方的担保义务如下：

1. 质量担保与免责。质量担保又称瑕疵担保，指卖方对其所售货物的质量、特性或适用性承担的责任。CISG 第 35 条规定，卖方交付的货物必须与合同所规定

---

[1]《合同法》第 62 条。
[2]《合同法》第 140 条。
[3]《联合国国际货物买卖合同公约》第 52 条第 1 款。

的数量、质量和规格相符，并须按照合同所规定的方式装箱或包装。除双方当事人业已另有协议之外，货物除非符合以下规定，否则即为与合同不符：①货物适用于同一规格货物通常使用的目的；②货物适用在订立合同时买方明示或默示通知卖方的特定目的；③在凭样品或说明书的买卖中，货物要与样品和说明书相符；④卖方应按照同类货物通用的方式装箱或包装，如果没有通用的方式，则用足以保全和保护货物的方式装箱或包装。CISG 还规定，如果买方在订立合同时知道或者不可能不知道货物不符合同，卖方就无须负有上述四项不符合同的责任。

CISG 第 39 条还规定了此种违约下的索赔时间要求。该条规定，买方对货物不符合同，必须在发现或理应发现不符情形后一段合理时间内通知卖方，说明不符合同情形的性质，否则就丧失声称货物不符合同的权利。无论如何，如果买方不在实际收到货物之日起 2 年内将货物不符合同情形通知卖方，他就丧失声称货物不符合同的权利，除非这一时限与合同规定的保证期限不符。

实际上，在各国买卖法中关于卖方对其所售货物承担担保义务都有明确的规定。例如，《美国统一商法典》将这种义务分为明示担保和默示担保。属于合同性质的担保义务称为明示担保，由卖方与买方订立合同或提供样品或说明书承担这一义务。不管卖方对产品质量是否作出明示许诺，由法律强加给卖方的对货物商销性以及适合特定用途的质量保证，称为默示担保。法典在一定条件下允许卖方在合同中排除上述明示或默示的保证。《英国 1979 年货物买卖法》（1995 年修订本）把合同条款分为条件和担保。条件指有关合同基础的重要条款；担保是从属于合同目的的次要条款。与《美国统一商法典》一样，无论是条件还是担保都有明示和默示之分。明示者是由买卖双方在合同中明确表示出来的，默示者是法律强加的。《法国民法典》则把瑕疵分为明显的与隐蔽的两种。由隐蔽的瑕疵致使货物灭失或减少其通常效用，卖方应负担保责任，无论他对瑕疵知晓与否；对明显的买方自己发现和辨认的瑕疵，则不承担担保义务。《德国民法典》也有类似的规定，其第 459 条要求卖方向买方担保他所售出的物品在风险转移与买方时灭失或减少其价值，或降低其通常用途或合同预定的使用价值的瑕疵；担保在风险转移时，货物具有他所允许的质量。根据各国法律与实践，卖方违反瑕疵担保不但要承担交货不符、违反合同的责任，如果因货物瑕疵导致人身和财产损害，当事人还要依法承担产品责任。[1]

---

〔1〕 产品责任问题不在公约的调整范围之内。《联合国国际货物买卖合同公约》第 5 条规定：本公约不适用于卖方对于货物对任何人所造成的死亡或伤害的责任。目前，国际上尚不存在统一的关于产品责任的国际公约。这样，由货物瑕疵导致的产品责任问题只能依据各国国内法的相应规定解决。

《合同法》在第九章（买卖合同）中增加了卖方对货物质量提供担保的如下义务：即出卖人应当按照约定的质量要求交付标的物。出卖人提供有关标的物有质量说明的，交付的标的物应当符合该说明的质量要求。[1]凭样品买卖的当事人应当封存样品，并对样品质量加以说明。卖方交付的标的物应当与样品及其说明的质量相同。[2]出卖人应当按照约定的包装方式交付标的物。[3]当一方的违约行为侵害对方人身、财产权益的，受损害方有权选择本法要求其承担违约责任或者依照其他法律要求其承担侵权责任。[4]

值得注意的是，在国际货物买卖中，各国法律都允许买卖双方通过在合同中订立免责或限制责任的条款以减轻或解除卖方依法承担的质量担保义务。实践中常见的做法是，卖方利用标准合同中的免责条款来免除或限制自己由于交货不符而应承担的责任。[5]然而，并不是所有的免责条款都是有效的。根据各国法律与实践，只有合理的免责条款才能得到法律承认。不能提供合理性证明的免责条款不能产生免责条款的法律效力。例如，免除当事人由于欺诈行为所应承担责任的条款无效；免除当事人根据产品责任法对人身伤亡和财产损失应当承担责任的条款无效；免责条款如与当事人的明示担保相矛盾无效。

2. 所有权担保。所有权担保又称追夺担保，是指卖方所提交的货物必须是第三者不能提出任何权利要求的货物。卖方应保证其所售货物的所有权不因存在卖方所不知的瑕疵而被追夺。

根据 CISG，卖方承担如下担保义务：

（1）卖方应向买方担保他确实有权出售该货物。假如卖方将偷窃、走私的东西卖给买方，则违反他对货物的所有权担保义务。

（2）卖方应担保货物上不存在在订立合同时不为买方所知的他人的权利，如抵押权、留置权等。

---

〔1〕《合同法》第 153 条。

〔2〕《合同法》第 168 条。

〔3〕《合同法》第 156 条。

〔4〕《合同法》第 122 条。

〔5〕"标准合同"又称"格式合同"或"标准商业条款"。通常采用书面形式，合同条款是一方事先确定的以供提供商品或服务的当事人使用。卖方通过在合同中订立免责条款一方面起到免除自己依合同应当承担的责任（免除责任）或减轻自己的责任（限制责任）的作用，另一方面起到限制对方行使其依据合同所具有的权利的作用。关于标准合同与免责条款的法律效力，参见王传丽：《涉外经济合同的法律效力》，中国政法大学出版社 1989 年版，第 214 ~ 227 页；《英国 1893 年货物买卖法》（1974 年修订本）第 6 部分及《英国 1977 年不公平合同条款法》、《以色列 1964 年标准合同法》。《合同法》称其为"格式条款"，指当事人为了重复使用而预先拟定，并在订立合同时未与对方协商的条款。参见该法第 39 条。

（3）卖方应向买方担保第三者对其提交的货物不得以侵权或其他类似理由提出合法要求。例如，卖方出售的货物及其使用不得侵犯第三者的专利权、商标权等。当第三者根据工业产权或知识产权提出要求时，需具备两个条件：①第三者的权利是依据合同预期的货物将要销往或使用的目的地国家或地区的法律取得的。在这种情况下，如果卖方知道或不可能不知道第三者的权利存在，则要承担责任。[1] ②第三者的权利是依据买方营业地所在国家的法律取得的。[2] 在这种情况下，不管货物销往哪个国家，也不管卖方是否知晓，卖方均要为侵犯第三者依据买方营业所在地国家的法律取得的专利权承担责任。

根据 CISG，卖方的所有权担保责任在下列情况下可以免除：①买方同意在有第三方权利或要求的条件下接受货物；②买方在订立合同时知道或者不可能不知道第三者的知识产权主张和要求；③上述权利和要求的发生是由于卖方要遵照买方提供的技术图样、图案、程序或其他规格；[3] ④在卖方不知晓的情况下，货物被销往目的地以外的国家；⑤当买方收到第三者的权利要求时，要及时通知卖方，如怠于通知，则免除卖方的所有权担保义务。

值得注意的是，公约并未指明何谓侵犯工业产权或知识产权的行为，这样，在一国被视为侵犯工业产权的违法行为，在另一国可能被认为是合法的非侵权行为。[4] 当双方发生争议时，只能由解决争议的法院依照国际私法规则指引或合同适用的国内法原则来处理。

实际上，各国法律对卖方的所有权担保义务都有与 CISG 相类似的规定。例如，《美国统一商法典》第 2 - 312 条规定：卖方应保证转移的所有权是正当的，且转让行为为合法；标的物在交付时，不存在订约时买受人不知悉的任何担保权益、留置权或其他负担；除另有约定外，从事正规经营的卖方应担保第三者不会以侵权或其他类似理由提出任何合法要求。《英国 1979 年货物买卖法》（1995 年修订本）第 12 条规定，在销售合同中（包括销售协议及销售）对卖方有一默示条件，即（在货物所有权转移时）他有权出售该货物。该货物（在所有权转移前）没有任何在订立合同时未向买方披露或不为买方所知的指控或产权负担；买方将安静地享有对货物的占有，除非干扰是由有权享有已向买方披露或已为买方所知的或产权负担的利益所有人或其他有权享有该等利益之人所作出。《德国民法典》第 434 条规定：出卖人有义务向买受人转移不存在第三者

〔1〕《联合国国际货物买卖合同公约》第 42 条第 1 款（a）项。

〔2〕《联合国国际货物买卖合同公约》第 42 条第 1 款（b）项。

〔3〕《联合国国际货物买卖合同公约》第 41 条、第 42 条第 2 款（a）（b）项。

〔4〕参见王传丽："与贸易有关的知识产权问题——浅析商标权与灰色市场进口"，载《政法论坛》1995 年第 1 期。

有权对抗买受人的标的物。《法国民法典》第 1626 条规定：即使买卖当时并无关于担保的约定，如买受人被追夺买卖标的物的全部或一部，或标的物尚负有买卖当时未声明的负担时，出卖人依法当然对买受人负有担保义务。法典并在第 1630 条详细规定了当买卖标的被追夺时，买方有下列请求权：返还价金；标的物所生果实的返还；诉讼费；损害赔偿；解除合同。

《合同法》对卖方的所有权担保义务作了如下规定：①出卖的标的物，应当属于出卖人所有或者出卖人有权处分；②出卖人就交付的标的物，负有保证第三人不得向买受人主张任何权利的义务。买受人订立合同时知道或者应当知道第三人对买卖的标的物享有权利的，免除出卖人的所有权担保义务。买受人有确切证据证明第三人可能就标的物主张权利的，可以中止支付相应的价款。[1]

### 二、买方义务

根据 CISG 的规定，买方有如下义务：

### (一) 支付价金的义务

CISG 第 35 条规定，买方应根据合同和公约的规定履行支付价金的义务，包括根据合同或任何法律和规章规定的步骤和手续，在约定的时间和地点支付货款。按照一般的国际实践，付款应履行的步骤和手续，包括买方向银行申请信用证或银行付款保函，向政府主管部门申请进口许可证及所需外汇等。这些手续是买方付款的前提和保证。根据公约规定，完成这些步骤和手续都是买方的义务，不履行这些义务，则构成买方违反付款义务。付款时间和地点是由双方在合同中约定的，如合同中未作约定，则依据公约的规定：在卖方的营业地，或在凭移交货物或凭单据付款时，则是提交货物或单据的时间和地点。公约也把买方的付款义务与检验货物的权利联系在一起，规定买方在未有机会检验货物前，可以拒绝付款，但这一程序不得与双方议定的交货或支付程序相抵触。

### (二) 收取货物

根据 CISG 的规定，买方收取货物的义务包括两方面：①采取一切理应采取的行动以期卖方能提交货物；②接收货物。

何谓"一切理应采取的行动"，公约未作明确规定，在实践中这些行动是由买卖双方在其合同中约定的。以 FOB 合同为例，为了使卖方如期交付货物，买方应自费租船，并将船名、泊地、装船日期通知卖方，这样才能保证卖方及时装货。实际上凡国际货物买卖合同的顺利履行，均需买卖双方的相互配合与合作。如果买方不予配合或配合失当，则构成违反收取货物的义务。在国际货物买卖中"接收"与"接受"是两个概念，"接受"指买方认为货物在品质数量

---

〔1〕《合同法》第 132、150 ~ 152 条。

等各方面均符合合同要求。货到目的地，经检验后，即使货物不符合合同规定，买方也应接收货物，并向卖方及时提出索赔，如将货物弃之码头或露天任其风吹雨打，则买方违反了收取货物的义务，由此造成的损失应由买方负责。

## ■第六节　违约救济

违约救济（remedies for breach of contract）一词来源于英美法律。相当于大陆法国家的债务不履行的规定。依《布莱克法律辞典》的解释，救济一词指受损害一方依据法律或合同实现权利，或防止、矫正或补偿权利侵害的手段以及运用这些手段的权利。[1]CISG 关于一方违约时提供给另一方的救济方法兼采了大陆法系与英美普通法系的合同法原则。[2]

### 一、卖方违约时的救济办法

卖方违约是指卖方不交付货物或单据或交付延迟；交货不符合合同规定以及第三者对交付货物存在权利或权利主张。当发生以上违约行为时，CISG 第 45 条给买方提供了以下救济方法：当卖方不履行合同义务时，买方可要求其实际履行合同义务，包括要求卖方提交符合合同规定的货物或对不符合规定的货物进行修理、更换或提交替代物等；或要求减少价金；对延迟或不履行合同要求损害赔偿；解除合同并要求损害赔偿。买方并可通过法院强制手段强迫卖方履行以上义务。

CISG 规定的以上救济方法兼采了大陆法系与英美普通法系的如下合同法原则：①无过失原则。这是英美普通法系的合同法原则。CISG 规定，卖方只要不履行他在合同和公约中的任何义务即属违约行为，买方即有权得到以上救济，不涉及卖方在主观上是否存在过失。而大陆法系国家一般认为，只有当违约是由于卖方的过失所致才承担违约责任。②解除合同与损害赔偿并用原则。这也是英美普通法系的合同法原则。CISG 规定，买方可能享有的要求损害赔偿的权利，不因他行使其他补救权利而丧失。即当卖方违约时，买方可以同时享有几种救济方法。然而大陆法系的德国有比较特殊的规定，根据《德国民法典》第

---

[1] *Black's Law Dictionry*, 6th edn., West Publishing Co., 1991, p. 1294. "Remedy: The means by which a right is enforced or the violation of a right is prevented, redressed, or compensated." "The rights given to a party by law or by contract which that party may exercise upon a default by the other contracting party, or upon the commission of a wrong（a tort）by another party."

[2] 大陆法系和英美普通法系关于违约救济的学说和主张，参见王传丽：《涉外经济合同的法律效力》，中国政法大学出版社 1989 年版，第 103～123 页；王传丽主编：《国际贸易法》（修订本），中国政法大学出版社 2003 年版，第 60～70 页。

326 条的规定：如果卖方不履行合同义务，买方只能在解除合同与请求损害赔偿两种救济方法中任选一种，而不能同时并用。

（一）实际履行

这是大陆法系的合同法原则。即当卖方不履行合同义务时，买方可以要求卖方履行合同义务，包括要求卖方提交符合合同规定的货物或对不符合合同规定的货物进行修理、更换或提交替代物等。买方并可通过法院强制手段强迫卖方履行以上义务。而英美法系在这种情况下通常要求卖方给予损害赔偿，实际履行是一种辅助手段。只有当金钱赔偿不足以弥补当事人损失，而实际履行尚属可能时，才作出实际履行的判决。

根据 CISG 第 46 条的规定，实际履行（specific performance）应满足以下条件：①买方不得采取与这一要求相抵触的救济方法；②买方应给予卖方履行合同的宽限期；③当卖方交货不符时，只有这种不符构成根本违反合同时，买方才能要求提交替代物，而且应在发现交货不符时，将这一要求及时通知对方；④法院是否作出实际履行的判决依赖于该国国内法的规定。[1]

（二）减少价金

这是大陆法系的合同法原则。英美法系在这种情况下采用损害赔偿的方法。《美国统一商法典》第 2－613 条（6）规定："买方可自价金中减去适当的折扣而为标的物的受领。"这在实际效果上与减少价金无异。

当卖方违反货物瑕疵担保义务，提交了不符合合同规定的货物时，买方可要求减少价金。CISG 第 50 条规定，如果卖方交货不符合合同规定，不论价款是否已付，买方都可减低价格。减低价格应按实际交付的货物在交货时的价值与符合合同规定的货物在当时的价值两者之间的比例计算。CISG 规定，在下列情况下，买方丧失要求减少价金的权利：①如果卖方对交货已采取补救办法；②买方拒绝了卖方对违约采取的补救办法或对卖方提出的补救办法未在合理时间内作出答复。

（三）宣告合同无效

CISG 第 49 条规定，当卖方不履行合同或公约义务构成根本违反合同时，买方可以宣布合同无效。CISG 第 25 条规定，一方当事人违反合同的结果，如使另一方当事人蒙受损害，以致实际上剥夺了他根据合同规定有权期待得到的东西，即为根本违反合同（fundamental breach），除非违反合同一方并不预知而且一个同等资格、通情达理的人处于相同情况中也没有理由预知会发生这种结果。根本违约可以表现为如下形式：①卖方不交付货物，延迟交货或交货不符或所有

---

〔1〕《联合国国际货物买卖合同公约》第 46、47、28 条。

权有瑕疵构成根本违反合同；②卖方声明他不在规定的时间内履行交货义务；③在买方给予的宽限期届满后仍不履行合同。

CISG 规定，如果卖方已交货，买方则丧失宣告合同无效的权利，除非：①在延迟交货的情况下，买方在得知交货后的合理时间内宣布合同无效；②在交货不符的情况下，买方在检验货物后的合理时间内提出合同无效；③在给予卖方作出履行合同或作出补救的宽限期届满后或在拒绝接受卖方履行义务后的合理时间内宣告合同无效。此外，CISG 规定，买方宣布合同无效的声明，只有在向卖方发出通知时才生效力，宣告合同无效的后果是，要求另一方返还已支付的货款。

值得注意的是，当卖方交付的货物中有部分符合合同时，买方应接受符合规定的部分；只有当卖方完全不交货或不按合同规定交货构成根本违反合同时，才能宣布整个合同无效。当卖方交货数量大于合同规定数量时，买方有选择权，全部接受或拒绝多交部分。当卖方提前交货时，买方也有接收货物或拒收货物的选择权，但拒收货物并不意味着宣告合同无效。此外，按照 CISG 第 82 条的规定，如果买方不能按实际收到的货物的原状归还货物，就丧失宣告合同无效或要求卖方提交替代物的权利。

英美普通法把合同条款分为条件和担保，违反条件属于严重违反合同，当事人可以解除合同义务并要求损害赔偿；大陆法系国家把违约分为给付不能和给付延迟。《德国民法典》第 306 条规定："通常只有给付不能时，才能解除合同义务；而对给付延迟，在经催告仍不履行时，可以解除合同。"

（四）损害赔偿

根据 CISG 的规定，一方当事人违反合同应负的损害赔偿额，应与另一方当事人因他违反合同而遭受的包括利润在内的损失额相等。这种损害赔偿不得超过违反合同一方在订立合同时，依照他当时已知道或理应知道的事实和情况，对违反合同预料到或理应预料到的可能损失。此外，买方享有要求损害赔偿的权利不因他行使采取其他救济办法的权利而丧失。也就是说，无论买方采用了实际履行并给予宽限期，或减少价金或宣告合同无效等救济方法，如果不足以弥补由于卖方违约造成的损失，买方仍可以继续要求损害赔偿。

CISG 规定，如果合同被宣告无效，而在宣告无效后一段合理时间内，买方已以合理方式购买替代货物，或者卖方已以合理方式把货物转卖，则要求损害赔偿的一方可以取得合同价格和替代货物交易价格之间的差额以及可以取得的任何其他损害赔偿。

**二、买方违约时的救济办法**

买方违约包括买方不按合同规定支付货款和不按合同规定收取货物。在这种情况发生时，卖方的救济方法可分为两大类：一类是债权方面的救济方法，如实际履行、损害赔偿、宣告合同无效；另一类是物权方面的救济方法，这是英美法系中特有的。前者是针对当事人行使的，后者是卖方直接针对货物行使的。

（一）实际履行

CISG 第 62 条规定，卖方可要求买方支付价款、收取货物或履行其他义务。除非卖方已采取了与此项要求相抵触的救济方法。也就是说，当买方不履行合同义务即不付款或不收取货物（包括不办理付款手续和为卖方交货采取合理行动）时，卖方可要求其支付价款或收取货物，并为此可以规定一个宽限期，以便买方履行义务。在这段期限内，卖方不得采取任何补救办法，如转售货物或解除合同。除非买方明确宣布他不履行合同义务。[1]

在要求实际履行的过程中，如货物仍在卖方手中，则卖方有保全货物的义务；[2]如果货物是易腐烂或保全货物要支付不合理费用时，卖方可在通知买方后转售货物。在这种情况下，卖方只能要求损害赔偿，而不能再要求实际履行。[3]根据公约的规定，实际履行的救济不影响卖方对由于买方延迟付款或接收货物蒙受的损失提出要求损害赔偿的权利。

值得注意的是，无论卖方违约还是买方违约，公约给予实际履行的救济都不是强制性的。法院或仲裁庭能否作出实际履行的判决（裁决）有赖于法院或仲裁庭所在地的国内法在这种情况下如何处理。众所周知，实际履行是大陆法系的主要救济方法。《德国民法典》第 241 条明确规定：债权人根据债务关系，有向债务人请求履行债务的权利。《法国民法典》第 1184 条规定：双务契约当事人的一方不履行其所订立的债务时，债权人有选择之权；在给付可能时，请求他方当事人履行契约或解除契约而请求赔偿损害。而英美法是没有实际履行这种救济方法的。即使在衡平法院，实际履行也是一种辅助手段，在原告证明损害赔偿不足以弥补损失或出售的是特定物时，法院可以作出实际履行的判决。根据《英国 1979 年货物买卖法》第 49 条的规定，买方不支付价金时，卖方可以提起索取价金之诉，如果：①货物所有权已转移给买方；②合同中明确规定了价金支付日期，则尽管货物所有权尚未发生转移，货物尚未划拨，不管是否交货，卖方都可提起价金之诉。而对买方拒绝受领货物，卖方只能要求损害赔偿。[4]同样，《美国统一商法典》第 2 - 709 条规定：卖方在下列情况下可索取价金及附带损害赔偿：①符合合同规定的货物经买方受领或风险已转移至买方

---

[1]《联合国国际货物买卖合同公约》第 63 条。
[2]《联合国国际货物买卖合同公约》第 85 条。
[3]《联合国国际货物买卖合同公约》第 88、62 条。
[4]《联合国国际货物买卖合同公约》第 50 条第 1 款。

后的合理时间内丢失或毁损；②货物已划拨合同项下，卖方经合理努力无法以合理价格将其转售。如经判决卖方无权索取价金以及买方拒绝受领货物时，卖方只能要求损害赔偿。这样，当合同当事人依照公约的规定提起实际履行之诉时，可能会得到两种结果，法院依据普通法拒绝作出实际履行的判决，而依据大陆法系同意作出实际履行的判决。

为了避免公约与各国国内法发生冲突，CISG 第 28 条规定：如果按照公约的规定，一方当事人有权要求另一方当事人履行某一义务，法院没有义务作出判决，要求具体履行此一义务。除非法院依照本身的法律对不属本公约范围的类似销售合同愿意这样做。也就是说，即使买方依据公约有权要求法院强迫卖方提交货物或履行其他合同义务，如果法院依据国内法在类似情况下不作出实际履行的判决，那么，公约的规定要让位于国内法的规定。在实际履行的救济方面，由于大陆法系与英美法系的差别较大，公约实际是让解决争议的各国法院依照本国法决定之。

（二）损害赔偿

实际履行可以达到买卖双方当初订立合同时预期的目的，但在买方违约并拒绝履行合同时，尽管卖方依公约可以要求实际履行，但法院或仲裁庭能否作出实际履行的判（裁）决，以及判（裁）决的执行等都是费时费力的事情。在瞬息万变的国际市场上，卖方往往不愿冒将货物长期留在自己手中的风险，特别是当货物属于易于腐烂，或保存货物要支出较高费用，或货物在市场上紧俏的时候，卖方宁愿选择较为简便、快捷的办法处理，即宣告合同无效、转售货物，同时向买方要求损害赔偿。

根据 CISG 的规定，一方当事人违反合同应负的损害赔偿额，应与另一方当事人因他违反合同而遭受的包括利润在内的损失额相等。这种损害赔偿不得超过违反合同一方在订立合同时依照他当时已知道或理应知道的事实和情况，对违反合同预料到或理应预料到的可能损失。如果合同被宣告无效，而在宣告无效后一段合理时间内，买方已以合理方式购买替代货物，或者卖方已以合理方式把货物转卖，则要求损害赔偿的一方可以取得合同价格和替代货物交易价格之间的差额以及可以取得的任何其他损害赔偿。此外，卖方为保全货物支出的合理费用都可以从转售额中予以扣除。根据《美国统一商法典》第 2 - 706 条（b）的规定，转售所得利润，即转售价高于合同价时的差额，不予返还。假如在宣告合同无效后一段合理时间内，卖方没有转售货物，则可取得合同价格与宣告合同无效时时价之间的差额以及其他合理费用。当买方违约属不付款或有其他拖欠金额时，卖方有权要求赔偿利息损失以及由买方拖欠付款造成的其他损失。

（三）宣告合同无效

根据 CISG，在下列情况发生时，卖方可以宣布合同无效：①买方不履行其在合同或公约中的义务构成根本违反合同；②买方不在卖方给予的宽限期内履行合同；③买方声明不履行合同。宣告合同无效的法律后果是不需要再交付货物，在货物已经交付时，可以要求返还货物。

根据 CISG 的规定，如果买方已支付了价金，卖方则不能宣布合同无效，除非：①在得知卖方延迟履行义务前，宣布合同无效；②对于其他违反合同的事件，卖方在得知这种情况后的合理时间内宣布合同无效；或在给予买方的宽限期届满或在得知买方声明不履行合同的一段合理时间内宣布合同无效。

对于未收货款的卖方，在不同的情况下，可行使以下四种权利：停止交货权；留置权；停运权；再出售权。

### 三、先期违约及违约救济

先期违约（anticipatory breach）是指在合同订立以后，履行期到来之前，一方表示拒绝履行合同的意图。《美国统一商法典》称为对履行合同出现了"无保障的合理理由"[1]和先期拒绝履行。法国学说称之为"不履约的抗辩"（defence of unperformanced contract）。它来自中世纪罗马法"exeptio non adimpleti contractus"（法文表达为 exception d'inexecution），是从约因学说出发，认为一方的义务是另一方的约因，因此，一方不履行合同为另一方不履行提供了法律依据。"不履行的抗辩"包括先期违约，并泛指一切双务合同中，当事人由于对方不履约而拒绝履行自己义务的情况，并相对一般解除权而言，是唯一允许当事人实行自助原则，不必诉诸法院即可行使的中止权。先期违约可由违约方明确表示，或由对方从其行动中判断出来。例如，违约方在履行期到来之前即宣布拒绝履行合同或宣告破产，或丧失清偿债务的能力。

根据 CISG 的规定，如果订立合同后，另一方当事人由于下列原因显然将不履行其大部分重要义务，一方当事人可以中止履行义务：①他履行义务的能力或他的信用有严重缺陷；②他在准备履行合同或履行合同中的行为。但是，如果在履行合同日期前，明显看出一方当事人将根本违反合同，另一方当事人可以宣告合同无效。[2]当另一方显然将不履行其大部分重要义务时，一方可以暂时中止合同的履行。即在买方有先期违约的情况下，卖方可停止发货或对在途货物行使停运权；在卖方先期违约的情况下，买方停止付款。此外，当事人还

---

〔1〕《美国统一商法典》第 2 - 609（1）条。
〔2〕《联合国国际货物买卖合同公约》第 72 条第 1 款。

应承担以下义务：①必须将自己中止或解除合同的决定立即通知对方；[1]②当对方提供了履行合同的充分保证时，则应继续履行合同；③假如当事人一方没有另一方不能履行合同的确切证据而中止合同的履行，并给另一方造成损失，则应负违反合同的责任。

在发生先期违约的情况下，一方有权要求通过担保，在得到担保之前有权中止或解除合同。这一原则在各国国内法中都不同程度地得到承认。《美国统一商法典》规定：买卖合同订立后，在产生给付无保障的合理理由时，他方得以书面请求其提供适当履行的充分担保，在未提出担保前，请求权人得在一般商业许可的范围内中止履行。[2]《法国民法典》第 1613 条规定：若买卖后，买受人陷于商事上或非商人的破产状况，以至出卖人有丧失价金之虞时，即使在出卖人曾同意于一定期间后支付价金的情形，出卖人亦不负交付标的物的义务。但买受人提供到期支付的保证者，不在此限。第 1653 条规定："买受人因第三人基于抵押权或所有物返还请求权提起诉讼而遭受妨害，或根据正当理由有受上述诉讼妨害的可能性时，得停止支付价金，直至出卖人排除此种妨害为止；但出卖人愿提供保证，或契约规定不拘有无妨害，买货人均需支付价金者，不在此限。"此外，《瑞士民法典》、《英国 1979 年货物买卖法》和《德国民法典》都有类似的规定。假如另一方并未明确声明他将不履行合同，而是合同当事人根据自己的判断中止合同的履行，如果判断失误则要承担自己违反合同的责任。

至于何谓"不能履行合同的确切证据"以及"对履行合同提供充分的保证"，CISG 未作规定。《美国统一商法典》认为："在商人之间，无保障的合理理由及充分担保之提出，应以一般商业标准定之。当一方在收到合法的履行请求后 30 天内未提供依该事件所需的充分担保作为履约保证，视为拒绝履行合同。"[3]《合同法》第 68 条列举了以下四种情况为证明当事人有不履行合同义务的证据：①经营状况严重恶化；②转移财产、抽逃资金，以逃避债务；③丧失商业信誉；④有丧失或可能丧失履行债务的其他情况。当事人没有确切证据中止履行的，应当承担违约责任。

因此，对先期违约中止或解除合同，可以看作是债权人对债务人履行义务施加压力的手段，这种权利不能被滥用。根据法国判例，当事人中止履行的合同义务必须是基于同一法律关系产生的与债务人的债务有关的义务。[4]

应当注意的是，中止履行并不意味着解除合同。对于买方来说，他可以一

---

〔1〕《联合国国际货物买卖合同公约》第 71 条第 3 款、第 72 条第 2 款。

〔2〕《美国统一商法典》第 2 - 609（1）条。

〔3〕《美国统一商法典》第 2 - 609（2）、（4）条。

〔4〕《法国合同法》第 5 章。

方面不付款或停止付款，另一方面，要求卖方：①提供担保；②履行合同；③在履行期到来时，解除合同并就卖方违约要求损害赔偿。对于卖方来说，一方面行使留置权、停运权，另一方面，要求买方：①开出信用证，付款；②提供担保；③在付款日到来时，转售货物，并就差额向买方要求损害赔偿。

**四、合同的分割履行及违约救济**

在货物买卖合同中，除非双方在合同中有明示规定，否则不能强迫买方接受分批交货或卖方接受分期付款。当合同规定了批量交货和分期付款时，则合同的履行视为可分割的。如《法国民法典》第 1244 条规定：债务人不得强迫债权人受领债的一部清偿，虽债为可分时亦同。

根据 CISG 的规定，当一方违反分批履约义务，另一方宣布解除合同时，应满足以下条件：①如果一方当事人不履行对任何一批货物的义务构成根本违反合同时，另一方当事人可以宣告合同对该批货物无效。②如果从该项违反可以推断，类似的违反将发生于将来的几批交货，则受损失方可以取消合同。[1]③假如各批货物是互相依存的，不能单独用于双方当事人在订立合同时所设想的目的，则买方在宣告合同对任何一批货物的交付为无效时，可以同时宣告合同对已交付的或今后交付的各批货物均为无效。[2]

# ■第七节　货物所有权与货物风险的转移

**一、货物所有权的转移**

由于各国法律对所有权转移适用不同的原则和规定，因此，CISG 除了在卖方义务中规定了卖方的所有权担保义务外，对货物所有权何时转移以及合同对所有权的影响均不涉及。归纳起来，国际上对所有权转移有以下几种原则和做法：

1. 合同订立时间为所有权转移的时间。《法国民法典》第 1583 条规定，当事人就标的物及其价金达成一致时，即使标的物尚未交付，价金尚未支付，买卖即告成立，而标的物的所有权亦于此时在法律上由卖方转移于买方。法国采用了以合同订立时间确定所有权转移时间的原则。在司法实践中，对于所有权的转移还可适用以下原则：①对于种类物的买卖，所有权在货物经划拨后发生转移；②对于附条件的买卖，则在满足条件后所有权发生转移；③买卖双方可在合同中自由确定所有权的转移时间。

2. 货物特定化后，在交货时所有权发生转移。特定化又称划拨（identify），

---

〔1〕《联合国国际货物买卖合同公约》第 73 条第 2 款。
〔2〕《联合国国际货物买卖合同公约》第 73 条第 3 款。

它是国际货物贸易中特有的概念。指在货物上加标记，或以装运单据，或向买方发通知或其他方式清楚地注明货物已归于有关合同项下。[1]

《美国统一商法典》采用这一原则。根据该法典第 2 - 501 条的规定，货物在特定于合同项下之前，所有权不发生转移。除双方另有约定外，特定化后的货物所有权是在交货时发生转移。其第 2 - 401 条规定：①当合同规定在目的地交货时，所有权在目的地由卖方提交货物时发生转移；②当合同规定卖方需将货物发送买方而无需送至目的地时，货物所有权在交付发运的时间和地点转移给买方；③当不需移动货物即可交付时，如卖方需提交所有权凭证，则所有权在交付所有权凭证的时间和地点发生转移；在货物已特定化且不需提交所有权凭证时，所有权在订立合同时发生转移。值得注意的是，根据《美国统一商法典》，卖方所有权的保留只起到担保权益的作用。例如，在货物提交买方或发运的情况下，卖方保留提单只起到担保买方将来付款的作用，并不妨碍所有权的转移。这一点，和《英国 1979 年货物买卖法》的规定是不同的。

无论有无正当理由，当买方以任何形式拒绝接受或保留货物或买方正当地撤销对货物的接受时，所有权重新转移至卖方，不构成一次买卖。

3. 货物特定化后，以双方当事人的意图决定所有权的转移。英国货物买卖法适用这一原则。《英国 1893 年货物买卖法》（现《英国 1979 年货物买卖法》1995 年修订本）第 16 条规定，货物未经特定化之前，财产权不发生转移。特定化后的所有权转移时间取决于双方当事人的意图。为确定双方意图，除需考虑合同条款、缔约双方行为以及合同的具体情况外，还要遵循以下原则：[2]①在无保留条件的买卖处于可交付状态的特定物时，货物所有权是在缔约时转移给买方。处于可交付状态是指货物已经备妥，买方根据合同可立即提取货物。②当买方必须对货物有所作为才能使货物处于可交付状态时，所有权是在完成了这些工作并在买方收到有关通知时发生转移。③当货物已处于可交付状态，但卖方还必须对货物进行称重、丈量、检验或其他行为才能确定价金时，所有权是在以上行为都已完成且买方收到有关通知时转移。④当货物属于附有"看货和试用后决定"（on approval）或"准许退还剩货"（on sale or return）或其他类似条件交付买方时，所有权在买方向卖方表示认可或接受，或采取其他接受

---

[1]　"Identification of goods: The buyer obtains a special property and an insurable interest in goods by identification of existing goods as goods to which the contract refers even though the goods so identified are non-conforming and he has an option to return or reject them. Such identification can be made at any time and in any manner explicitly agreed to by the parties. U. C. C. §2 - 501", *Black's Law Dictionary*, 6th edn., West Publishing Co., 1991, p. 745. 参见王传丽："划拨的概念与法律意义"，载《政法论坛》2000 年第 2 期。

[2]　《英国货物买卖法》第 18 条规则 1 - 4。

该项交易行为时；或买方虽未对卖方表示认可或接受，但留下了货物且未通知拒收时，所有权发生转移。⑤如特定化后，卖方根据合同条款保留对货物的处置权，则不管货物是否交付买方、交付承运人或其他委托人以便转移买方，货物所有权都不发生转移，直到所附条件完成。

根据《英国货物买卖法》第19条的规定，所谓处置权的保留，是指当货物已被装船，根据提单所列，收货人是凭卖方或其代理人指定时，则可在表面上被视为卖方保留了对货物的处置权。当卖方开出汇票，并将汇票和提单一并交付买方，要求其偿付或承兑汇票时，如买方拒绝偿付或承兑时，则财产权不发生转移。

国际惯例中，《1932年华沙——牛津规则》明确规定了货物所有权转移的时间。其适用的原则与《英国货物买卖法》类同，即如卖方依据法律对订售货物享有留置权、保留权或中止交货权时，所有权不发生转移。除此之外，货物所有权的转移时间是在卖方将有关单据提交买方掌握的时间（第6条、第21条第2款）。虽然《1932年华沙——牛津规则》是针对CIF合同规定的，但一般认为以上规定也适用于卖方承担提交单据义务即所谓象征性交货的合同，如FOB、CFR合同。在卖方无此义务的情况下，如在工厂交货或目的地交货合同中，则可以推定所有权是在货物交给买主或置于其控制之下的时间发生转移。此外，国际商会《国际销售示范合同》规定：如果双方当事人已经有效地同意保留所有权，则直至完全付清价款之前，或依照另外的约定，货物的所有权不发生转移。[1]

4. 订立独立的物权合同，转移货物所有权。德国法采用这一原则。和以上国家的做法均不相同，德国法认为，货物所有权转移属于物权法范围，而货物买卖合同属于债权法范围。因此买卖合同解决不了物之所有权转移问题，需要买卖双方另就货物所有权转移问题订立物权协议。根据这一协议，货物所有权是在卖方将货物交付买方时发生转移。在卖方必须交付物权凭证的场合，卖方则通过提交物权凭证完成所有权转移。

5. 所有权于交货时发生转移。我国法律采用这一原则。《合同法》第133条规定："标的物的所有权自标的物交付时起转移，但法律另有规定或者当事人另有约定的除外。""当事人可以在买卖合同中约定买受人未履行支付价款或者其他义务的，标的物的所有权属于出卖人。"[2]

**二、货物风险的转移**

在国际货物买卖中，货物风险主要指货物在高温、水浸、火灾、严寒、盗窃、查封等非正常情况下发生的短少、变质或灭失等损失。划分风险的目的就

---

〔1〕《国际销售示范合同》B部A7款。
〔2〕《合同法》第134条。

是确定这些损失应当由谁来承担。尽管在通常情况下，这些损失可以通过投保在经济上得到补偿，但仍有以下问题需要解决：①谁有资格向保险公司求偿；②在不属保险范围内或当事人漏保情况下的风险分担问题；③对受损货物进行保全与救助的责任问题等。因此，在国际货物买卖中，风险分担对买卖双方是一个十分重要的问题。

（一）风险划分原则

CISG 对货物的风险转移确定了以下原则：

1. 以交货时间确定风险转移。和某些国家，如英国以所有权转移时间确定风险转移时间的原则不同，CISG 采用了所有权与风险相分离的方法，确定了以交货时间作为风险转移时间的原则。CISG 第 69 条规定，从买方接收货物时起，风险转移于买方。

2. 过失划分原则。CISG 第 66 条规定，从交货时间起，风险从卖方转移于买方。这一原则的适用有一个前提，即风险的转移是在卖方无违约责任的情况下进行的。假若卖方发生违约行为，则上述原则不予适用。CISG 第 66 条规定，货物在风险转移到买方后遗失或损坏，买方仍需履行付款义务，除非这种遗失或损坏是由卖方的作为或不作为所致。

3. 国际惯例优先。在国际货物买卖中，有些国际惯例对风险转移有自己的规定。公约第 10 条规定，双方当事人业已同意的任何惯例和他们之间确立的任何习惯做法，对双方当事人均有约束力。例如，根据 Incoterms 2000 的规定，FOB、CIF、CFR 合同的风险划分以装运港船舷为界。卖方承担货物越过船舷前的风险，货物越过船舷后风险由买方承担。如果当事人在合同中选择了这种贸易术语，那么国际贸易术语规定的风险分担原则优先于公约的规定。即风险划分以船舷为界而不是以交付单据（即交货）的时候划分。

4. 划拨是风险转移的前提条件。根据公约的规定，货物在划拨合同项下前风险不发生转移。所谓划拨，又称特定化，是指对货物进行计量、包装、加上标记，或以提交装运单据，或向买方发通知等方式表明货物已归于合同项下。经过划拨的货物，卖方不得再随意进行提取、调换或挪作他用；当交货涉及运输时，公约第 67 条规定，风险于货交第一承运人时起转移到买方，但在货物未划拨合同项下前不发生转移；在交货不涉及运输时，公约第 69 条规定，风险在货物交由买方处置时发生转移，但当货物未划拨合同项下以前，不得视为已交给买方处置。

（二）风险转移的时间

按照以交货时间作为风险转移时间的原则，CISG 规定了如下情况：

1. 涉及运输的交货。涉及运输的交货可以分为两种情况：①卖方没有义务在指定地点交货。此时风险于货交第一承运人时起转移给买主。②卖方必须在某一特定地点交货，此时，风险在该地点货交承运人时起转移给买方。由于公约采用的是所有权与风险转移分离的原则，因此卖方保留控制货物处置权的单据，不影响风险的转移。[1]

2. 在途货物的交货。对于在运输中出售的货物，原则上从订立合同时起，风险转移到买方。假如卖方通过向买方转移运输单据作为交货依据，则从货物交付给签发载有运输合同的承运人时起，风险由买方承担。为了保护买方的利益，公约给出售在途货物的卖方施加了一项义务，即如果卖方在订立合同时已经知道或理应知道货物已经损坏或遗失，而不将这一事实告之买方，则上述风险转移的原则不予适用。

3. 不涉及运输的交货。不涉及运输的交货也有两种情况：①在卖方营业地交货，此时，风险从买方接收货物时转移给买方，或在货物交买方处置但遭无理拒收时起转移给买方；②在卖方营业地以外地点交货，当交货时间已到，而买方知道货物已在该地点交他处置时，风险开始转移给买方。所谓货物交买方处置，是指卖方已将货物划拨合同项下，完成交货的准备工作并向买方发出通知等一系列行为。卖方完成上述行为即为将货物已交买方处置。[2]

值得注意的是，《英国 1979 年货物买卖法》（1995 年修订本）第 20 条规定，货物风险表面上随财产权转移。卖方应承担货物的风险，直至财产权转移给买方时止。根据这一规定，风险的转移是和所有权转移联系在一起的，所有权不发生转移，风险也不发生转移。假如卖方在货物装船后不把提单交给买方，那么在提单交给买方前的整个运输途中的风险都应由卖方负责。

## ■第八节 国际货物买卖合同与中国法的适用

实践中，以中方为一方当事人订立的国际货物买卖合同适用中国法的情形有以下两种：

1. 按照意思自治原则，双方当事人在合同中选择适用中国法。

2. 双方当事人选择合同适用《国际贸易术语解释通则》和（或）《国际货物买卖合同公约》作为合同的准据法。此时，对于贸易术语和公约的未尽事项，

---

[1] 《联合国国际货物买卖合同公约》第 67 条第 1 款。
[2] 我国合同法在风险转移问题上与公约的规定相同。参见《合同法》第 140、142~149 条。

适用中国法。特别在后一种情况下，应注意公约与中国法同时适用时产生的问题。

适用国际货物买卖的中国法，主要包括我国《民法通则》、《合同法》（及其解释）、《电子签名法》，以及 2012 年 7 月 1 日生效的《最高人民法院关于审理买卖合同纠纷案件适用法律问题的解释》（以下简称《解释》）[1]。对《公约》的未尽事项，《合同法》、《电子签名法》与《解释》在以下方面作了补充：

**一、买卖合同的成立**

（一）书面形式

1. 以提交单据确认合同成立。我国《合同法》和《公约》都认可合同成立可以无需书面形式，可以是口头或其他形式，包括以电子数据交换（EDI）方式订立合同。实践中，如果双方之间没有书面合同，一方以送货单、收货单、结算单、发票等主张存在买卖合同关系；或者一方提交的对账确认函、债权确认书等函件、凭证没有记载债权人名称，买卖合同当事人一方以此证明存在买卖合同关系的，应如何处理？对此《公约》和《合同法》都没有规定。《解释》对此作出了回应，其第 1 条明确规定，如果当事人之间没有书面合同，人民法院应当结合当事人之间的交易方式、交易习惯以及其他相关证据，对买卖合同是否成立作出认定。对第二种情况，人民法院应予支持，但有相反证据足以推翻的除外。实践中还存在当事人以实际提交货物（实际履行）这种方式主张存在买卖合同关系的情形，对此也应当比照《解释》的上述规定处理。

2. 电子方式订立合同。

（1）对电子交易合同做广义的解释。《公约》将以电子方式订立的合同视同书面合同，承认其效力，对合同成立的其他条件均未涉及。《合同法》第 11 条明确了书面形式是指合同书、信件和数据电文（包括电报、电传、传真、电子数据交换和电子邮件）等可以有形地表现所载内容的形式。[2] 所谓数据电文，是指以电子、光学、磁或者类似手段生成、发送、接收或者储存的信息。[3] 凡是能够有形地表现所载内容，并可以随时调取查用的数据电文，视为符合法律、

---

[1] 《解释》对我国买卖合同法律适用的司法实践作了比较全面、细致的归纳和总结。《电子签名法》于 2005 年 4 月 1 日实施。本节参考资料：最高人民法院编选组编：《买卖合同司法解释适用手册》，人民法院出版社 2012 年版；最高人民法院编写组编：《买卖合同司法解释适用解答》，人民法院出版社 2012 年版；李巍："最高法院买卖合同司法解释对国际贸易影响"，载《中国法律》2014 年第 2 期。

[2] 《解释》进一步明确了上述概念的含义。

[3] 《电子签名法》第 2 条第 2 款。

法规要求的书面形式。[1]所谓电子签名，是指数据电文中以电子形式所含、所附用于识别签名人身份并表明签名人认可其中内容的数据。[2]

（2）电子交易合同的成立与效力。《公约》对此未作规定。《解释》和《电子签名法》对《合同法》的规定进行了细化。《解释》明确规定，电子交易合同的成立和生效需同时适用《合同法》与《电子签名法》的规定。[3]《电子签名法》第3条第2款规定，当事人约定使用电子签名、数据电文的文书，不得仅因为其采用电子签名、数据电文的形式而否定其法律效力。[4]

（二）《电子签名法》关于电子交易合同成立的特殊规则

1. 关于要约的发送与接受、时间与地点。除当事人另有约定，《电子签名法》将发件人的发送分为三种：①经发件人授权的发送；②发件人的信息系统自动发送；③收件人按照发件人认可的方法对数据电文进行验证后结果相符的发送。[5]数据电文进入发件人控制之外的某个信息系统的时间，视为该数据电文的发送时间。收件人指定特定系统接收数据电文的，数据电文进入该特定系统的时间，视为该数据电文的接收时间；未指定特定系统接收数据电文的，数据电文进入收件人的任何系统的首次时间，视为该数据电文的接收时间。[6]发件人和收件人的主营业地为数据电文的发送地点和接受地点。没有主营业地的，

---

〔1〕《电子签名法》第5条规定，符合下列条件的数据电文，视为满足法律、法规规定的原件形式要求：①能够有效地表现所载内容并可供随时调取查用；②能够可靠地保证自最终形成时起，内容保持完整、未经更改。但是，在数据电文上增加背书以及数据交换、储存和显示过程中发生的形式变化不影响数据电文的完整性。第6条规定，符合下列条件的数据电文，视为满足法律、法规规定的文件保存要求：①能够有效地表现所载内容并可供随时调取查用；②数据电文的格式与其生成、发送或者接收时的格式相同，或者格式不相同但是能够准确表现原来生成、发送或者接收的内容；③能够识别数据电文的发件人、收件人以及发送、接收的时间。

〔2〕《电子签名法》第2条第1款。

〔3〕《解释》第4条规定，人民法院在按照合同法的规定认定电子交易合同的成立及效力的同时，还应当适用电子签名法的相关规定。

〔4〕《电子签名法》第14条规定，可靠的电子签名与手写签名或者盖章具有同等的法律效力。关于可靠性的条件，该法第13条规定，电子签名同时符合下列条件的，视为可靠的电子签名：①电子签名制作数据用于电子签名时，属于电子签名人专有；②签署时电子签名制作数据仅由电子签名人控制；③签署后对电子签名的任何改动能够被发现；④签署后对数据电文内容和形式的任何改动能够被发现。当事人也可以选择使用符合其约定的可靠条件的电子签名。此外，第7条规定，数据电文不得仅因为其是以电子、光学、磁或者类似手段生成、发送、接收或者储存的而被拒绝作为证据使用。第8条规定，审查数据电文作为证据的真实性，应当考虑以下因素：①生成、储存或者传递数据电文方法的可靠性；②保持内容完整性方法的可靠性；③用以鉴别发件人方法的可靠性；④其他相关因素。

〔5〕《电子签名法》第9条。

〔6〕《电子签名法》第11条第1、2款。

依其经常居住地点。

2. 承诺的发送与接收。《电子签名法》的上述规定也适用于承诺的发送与接收。

3. 承诺生效。《合同法》第 25 条规定，承诺生效时合同成立。如果当事人在订立合同之前约定要求签定确认书的，则电子合同不是在承诺到达时生效，而是在签订确认书时生效。电子签名需要第三方认证的，由依法设立的电子认证服务提供者提供认证服务。[1]

**二、买卖合同的效力**

《公约》不涉及合同的效力问题。我国《合同法》第 44 条规定，依法成立的合同，自成立时生效。法律、行政法规规定应当办理批准、登记等手续生效的，依照其规定。当事人对合同的效力可以附加条件、附加生效期限和终止期限。[2]依照上述规定。如果当事人没有履行法律法规规定的手续或条件不成就时，合同无效。生效期限未到，合同不生效；终止期限届满，合同失效。此外，对于一方以欺诈、胁迫的手段订立的合同，损害国家利益；恶意串通，损害国家、集体或者第三人利益；以合法形式掩盖非法目的；损害社会公共利益；违反法律、行政法规强制性规定的合同无效。[3]因重大误解订立的合同；在订立合同时显失公平的合同，经一方当事人请求，可以变更或撤销。[4]无效或被撤销的合同自始没有法律约束力。合同部分无效，不影响其他部分效力的，其他部分仍然有效。[5]合同被确认为无效或被撤销后，因该合同取得的财产，应当予以返还；不能返还或没有必要返还的，应当折价补偿。有过错的一方应当赔偿对方因此所受到的损失，双方都有过错的，应当各自承担相应的责任。当事人恶意串通，损害国家、集体或者第三人利益的，因此取得的财产收归国家所有或者返还集体、第三人。[6]对于行为人没有代理权、超越代理权或代理权终止后，以被代理人名义订立的合同；无处分权的人处分他人财产的，经被代理人或经权利人追认后有效。[7]

此外，《合同法》的司法解释与《解释》都认可多重买卖合同与出卖他人之

---

[1] 《合同法》第 33 条。《电子签名法》第 16 条。
[2] 《合同法》第 45、46 条。
[3] 《合同法》第 52 条。
[4] 《合同法》第 54 条。
[5] 《合同法》第 56 条。
[6] 《合同法》第 58、59 条。
[7] 《合同法》第 48、51 条。

物合同为有效合同。[1]

### 三、卖方的所有权担保义务

《公约》和《合同法》虽然都规定了卖方的所有权担保义务，但不涉及合同对所售货物所有权可能产生的影响。[2]在国际货物买卖合同中，各种与货物买卖合同有关的单据可能对货物所有权产生不同效力的影响。例如需要跨境海上运输的货物，其运输单据（如提单）往往代表货物的所有权，谁持有提单即被视为拥有该货物的所有权。此外，贸易商通常不是买卖合同的最终用户，货物在长途运输过程中，单据通过背书可以进行多次转让，因此国际货物买卖常常被称为单据的买卖。单据上的瑕疵也可能对货物所有权或其有无产生影响；在期货交易中，卖方在订立合同时，货物的所有权可能尚不存在或尚不明确。在上述情况下，合同与所售货物的所有权并无必然联系。《公约》和《合同法》对于出售货物的卖方何时拥有货物所有权的时间节点并未提出要求。实践中，买卖双方很容易就卖方货物所有权之有无或是否违反所有权担保义务发生争议。《解释》从中国的司法实践出发，排除买方以卖方在订立合同时没有所有权和处分权主张合同无效的主张，其第3条中明确规定，当事人一方以出卖人在缔约时对标的物没有所有权或者处分权为由主张合同无效的，人民法院不予支持。但是如果出卖人因未取得所有权或者处分权致使标的物所有权不能转移，买受人要求出卖人承担违约责任或者要求解除合同并主张损害赔偿的，人民法院应予支持。

### 四、标的物交付和所有权转移

1. 电子信息产品的交付。《公约》和《合同法》都不适用于无形财产的买卖。《解释》专门对电子信息产品的交付作出特别规定，填补了《公约》与《合同法》的空白。其第5条中规定，标的物为无需以有形载体交付的电子信息产品，当事人对交付方式约定不明确，且依照《合同法》第61条的规定[3]仍不能确定的，买受人收到约定的电子信息产品或者权利凭证即为交付。

2. 所有权转移。《公约》不涉及所有权的转移。货物买卖合同就是卖方将

---

[1] 《最高人民法院关于适用〈中华人民共和国合同法〉若干问题的解释（二）》第15条规定，出卖人就同一标的物订立多重买卖合同，合同均不具有合同法第52条规定的无效情形，买受人因不能按照合同约定取得标的物所有权，请求追究出卖人违约责任的，人民法院应予支持。《解释》第9条。

[2] 《公约》第4条b款。此外公约第42条规定，卖方所交付的货物必须是第三方不能根据工业产权或其他知识产权主张任何权利或要求的货物。《合同法》第132条第1款规定，出卖的标的物应当属于出卖人所有或出卖人有权处分。第150条规定，出卖人就交付的标的物负有保证第三人不得向买受人主张任何权利的义务，但法律另有规定的除外。

[3] 《合同法》第61条规定，合同生效后，当事人就质量、价款或者报酬、履行地点等内容没有约定或者约定不明确的，可以协议补充；不能达成补充协议的，按照合同有关条款或者交易习惯确定。

货物所有权转移或同意转移，以换取价金的约定。确定所有权转移的关键在于确定转移发生的时间，实践中货物所有权的转移因实际交货与象征性交货而有所区别。《民法通则》和《合同法》明确规定，除非双方另有约定，标的物所有权自标的物交付时发生转移。[1]出卖人应履行向买受人交付标的物或者交付提取标的物的单证，并转移标的物所有权的义务。[2]《解释》针对多重买卖作了特别规定，先行受领交付的买受人请求确认所有权已经转移的，人民法院应予支持。[3]

3. 所有权保留。《公约》不涉及此问题。《解释》第 35 条规定，当事人约定所有权保留，在标的物所有权转移前，买受人有下列情形之一，对出卖人造成损害，出卖人主张取回标的物的，人民法院应予支持：①未按约定支付价款的；②未按约定完成特定条件的；③将标的物出卖、出质或者作出其他不当处分的。取回的标的物价值显著减少，出卖人要求买受人赔偿损失的，人民法院应予支持。[4]

**五、买卖合同中某些条款的效力**

这也是《公约》不涉及的问题。我国《合同法》第 53 条规定，合同中订有造成对方人身伤害或者因故意或重大过失造成对方财产损失的免责条款无效。合同无效、被撤销或终止，不影响合同中独立存在的有关解决争议方法的条款的效力。[5]《解释》进一步对合同中的某些条款的内容，如合同的履行条款、违约条款、风险转移条款、检验条款等进行了细化。

1. 合同的履行和违约。

（1）合同的履行。《解释》中解决了多重买卖合同的履行顺序问题。在其第 9 条中规定，在买卖合同均有效的情况下，买受人均要求实际履行合同的，应当按照以下情形分别处理：①先行受领交付的买受人请求确认所有权已经转移的，人民法院应予支持；②均未受领交付，先行支付价款的买受人请求出卖人履行交付标的物等合同义务的，人民法院应予支持；③均未受领交付，也未支付价款，依法成立在先合同的买受人请求出卖人履行交付标的物等合同义务的，人民法院应予支持。

--------

〔1〕《民法通则》第 72 条第 2 款。《合同法》第 133 条。

〔2〕《合同法》第 135 条。

〔3〕《解释》第 9 条第 1 项。

〔4〕《解释》第 36 条规定，买受人已经支付标的物总价款的 75% 以上，出卖人主张取回标的物的，人民法院不予支持。在第 35 条第 1 款第 3 项情形下，第三人依据物权法第 106 条的规定已经善意取得标的物所有权或者其他物权，出卖人主张取回标的物的，人民法院不予支持。

〔5〕《合同法》第 57 条规定，合同无效、被撤销或者终止的，不影响合同中独立存在的有关解决争议方法的条款的效力。第 98 条规定，合同的权利义务终止，不影响合同中结算和清理条款的效力。

（2）缔约过程中的违约。《公约》对此没有明确规定。实践中，一方当事人在缔约过程中的不诚实行为可能给对方造成很大损失。按照诚信原则，有过错的一方理应对诚信一方提供补偿。我国《合同法》第42条规定，假借订立合同，恶意进行磋商；故意隐瞒与订立合同有关的重要事实或提供虚假情况以及其他违背诚实信用原则的行为，给对方造成损失的，应当承担损害赔偿责任。第43条规定，当事人在订立合同过程中知悉的商业秘密，无论合同是否成立，不得泄露或不正当使用。泄露或不正当使用给对方造成损失的，应当承担赔偿责任。《解释》则进一步明确规定，当事人签订认购书、订购书、预订书、意向书、备忘录等预约合同，约定在将来一定期限内订立买卖合同，一方不履行订立买卖合同的义务，对方请求其承担预约合同违约责任或者要求解除预约合同并主张损害赔偿的，人民法院应予支持。[1]

（3）"根本违约"与"不能实现合同目的"。《公约》中所称"根本违约"是指买卖方不履行其在合同或本公约中的任何义务，等于根本违反合同，此时双方可以宣告合同无效。[2]《合同法》和《解释》在解除合同的条件中规定了六种解除合同的条件：①因不可抗力致使不能实现合同的目的；②履行期届满之前，当事人一方明确表示或者以自己的行为表明不履行主要债务；③当事人一方延迟履行主要债务，经催告后在合理期间内仍未履行；④一方当事人延迟履行债务或有其他违约行为致使不能实现合同目的；⑤双方约定的合同解除条件成就；⑥分期付款的买卖合同未付款金额达到全部价款的1/5的。[3]上述解除合同的条件都可被视为不能实现合同的目的从而可以要求解除合同。《公约》中的"根本违约"强调双方或一方存在违约行为；《合同法》规定的"不能实现合同的目的"，其原因包括违约行为与非违约行为所致。除第①、⑤种情况与违约无关，其他与《公约》的规定基本相同。

2. 标的物风险负担与检验。

（1）风险负担。《公约》规定货物风险转移需以货物划拨为前提。《合同法》对此没有规定。《解释》填补了这一空白，区分了种类物与特定物。其规定当事人对风险负担没有约定，标的物为种类物，出卖人未以装运单据、加盖标记、通知买受人等可识别的方式清楚地将标的物特定于买卖合同，买受人主张

---

〔1〕《解释》第2条。

〔2〕《公约》第49、64条。包括卖方完全不交货或不按照合同规定交付货物；买方不付款或不收货，或声称即使给予宽限期也不付款或不收货。《公约》第46条第2款规定，如果卖方所交货物与合同约定不符，买方只有在此种不符合合同情形构成根本违反合同时，才可以要求提交替代货物，该要求应与货物不符的通知同时提出，或在该项通知发出后的一段合理时间内提出。

〔3〕《合同法》第93、94、167条。《解释》第38条。

不负担标的物毁损、灭失的风险的，人民法院应予支持。[1]

（2）标的物检验。①认可送货单、确认单的证明力。《解释》第15条规定，当事人对标的物的检验期间未作约定，买受人签收的送货单、确认单等载明标的物数量、型号、规格的，人民法院应当根据合同法第157条的规定，认定买受人已对数量和外观瑕疵进行了检验，但有相反证据足以推翻的除外。②检验标准。第16条规定，出卖人依照买受人的指示向第三人交付标的物，出卖人和买受人之间约定的检验标准与买受人和第三人之间约定的检验标准不一致时，人民法院应当根据合同法第64条的规定，以出卖人和买受人之间约定的检验标准为标的物的检验标准。[2]③合理的检验期间。第17条规定，人民法院具体认定合同法第158条第2款规定的"合理期间"时，应当综合当事人之间的交易性质、交易目的、交易方式、交易习惯、标的物的种类、数量、性质、安装和使用情况、瑕疵的性质、买受人应尽的合理注意义务、检验方法和难易程度、买受人或者检验人所处的具体环境、自身技能以及其他合理因素，依据诚实信用原则进行判断。[3]约定的检验期间或者质量保证期间短于法律、行政法规规定的检验期间或者质量保证期间的，人民法院应当以法律、行政法规规定的检验期间或者质量保证期间为准。[4]

3. 违约金条款。《解释》细化了违约金的支付。第24条第3、4款规定，买卖合同约定逾期付款违约金，但对账单、还款协议等未涉及逾期付款责任，出卖人根据对账单、还款协议等主张欠款时请求买受人依约支付逾期付款违约金的，人民法院应予支持，但对账单、还款协议等明确载有本金及逾期付款利息数额或者已经变更买卖合同中关于本金、利息等约定内容的除外。买卖合同没有约定逾期付款违约金或者该违约金的计算方法，出卖人以买受人违约为由主张赔偿逾期付款损失的，人民法院可以中国人民银行同期同类人民币贷款基准利率为基础，参照逾期罚息利率标准计算。

4. 其他条款。《解释》对合同中的分期付款条款、凭样品和说明书的买卖条款以及试用买卖条款等作出了明确细致的规定。

（1）分期付款的概念与效力。《解释》第38条规定合同法第167条第1款规定的"分期付款"，系指买受人将应付的总价款在一定期间内至少分三次向出卖人支付。分期付款买卖合同的约定违反合同法第167条第1款的规定，损害买

---

[1] 《解释》第14条。
[2] 《解释》第16条。
[3] 《解释》第17条。
[4] 《解释》第18条第2款。

受人利益，买受人主张该约定无效的，人民法院应予支持。[1]分期付款买卖合同约定出卖人在解除合同时可以扣留已受领价金，出卖人扣留的金额超过标的物使用费以及标的物受损赔偿额，买受人请求返还超过部分的，人民法院应予支持。如果当事人对标的物的使用费没有约定的，人民法院可以参照当地同类标的物的租金标准确定。

（2）凭样品和说明书的买卖。实践中，双方当事人经常为样品与说明书存在的不一致发生争议。为此，《解释》第40条明确规定，合同约定的样品质量与文字说明不一致且发生纠纷时当事人不能达成合意，样品封存后外观和内在品质没有发生变化的，人民法院应当以样品为准；外观和内在品质发生变化，或者当事人对是否发生变化有争议而又无法查明的，人民法院应当以文字说明为准。

（3）试用买卖。《解释》第41、42条明确了试用买卖与非试用买卖的界限。第41条规定，除合同另有约定，试用买卖的买受人在试用期内已经支付一部分价款的，人民法院应当认定买受人同意购买。在试用期内，买受人对标的物实施了出卖、出租、设定担保物权等非试用行为的，人民法院应当认定买受人同意购买。第42条规定，买卖合同存在下列约定内容之一的，不属于试用买卖：①约定标的物经过试用或者检验符合一定要求时，买受人应当购买标的物；②约定第三人经试验对标的物认可时，买受人应当购买标的物；③约定买受人在一定期间内可以调换标的物；④约定买受人在一定期间内可以退还标的物。[2]

此外在《公约》与中国法同时适用时，还需要注意以下几点不同：

1. 买卖合同法律规范的性质：《公约》是一部专门规范国际货物买卖合同的法律，其性质是软法，供当事人选择适用。在适用时，允许当事人加以修改变更；我国没有专门的货物买卖法。货物买卖合同由《合同法》的分则加以调整。《合同法》是调整合同双方当事人权利义务的法律规范，属于强制性法律规范。其总则部分规定了合同法的基本原则，分则部分规定了包括货物买卖合同在内的7类合同。其中货物买卖合同是指出卖人转移标的物的所有权于买受人，买受人支付价款的合同。这个概念与各国国内法的概念是一致的。[3]

2. 买卖合同的主体：商人。《公约》限定双方当事人是从事国际货物买卖

---

[1]　《合同法》第167条规定，分期付款的买受人未支付到期价款的金额达到全部价款的1/5的，出卖人可以要求买受人全部支付价款或解除合同。出卖人解除合同的，可以向买受人要求支付该标的物的使用费。

[2]　《解释》第43条规定，试用买卖的当事人没有约定使用费或者约定不明确，出卖人主张买受人支付使用费的，人民法院不予支持。

[3]　公约对何谓"国际货物买卖合同"只界定了"国际"、"货物"，对何谓"买卖合同"未下定义。

的商人；中国没有商法，对合同双方当事人的贸易商（公司）身份未加限定，这也是目前为止中国法中尚未明确的问题。实践中适用《公约》时需要了解，商人之间订立的买卖合同与普通民事合同（包括一方为消费者的消费者合同和双方都是自然人之间的普通交易合同）之间因商人身份需承担责任的差别：例如，各国有专门立法，如《消费者权益保护法》为消费者提供更多的保护；商人是以盈利为目的，以经商为职业的人，因此法律要求其承担普通商业风险是正当而合乎情理的；商人必须具备一定专业知识和基本的专业服务技能。实践中，他们不但要为产品和服务质量承担责任，而且要为知识和技能的欠缺承担责任；由于当事人是贸易商且大多不是最终用户，实践中法律会有一些特别考虑（例如某些单据可以用来代表货物的所有权；交单即为交货；货物买卖通常被称为单据的买卖，等等）。判断订立合同时当事人知道或理应知道、是否可预见时等，是以推定当事人是贸易商，而不是以普通自然人或消费者的身份来衡量的。

3. 买卖合同种类：国际货物买卖。关于国际性，《公约》第 1 条第 1 款规定，公约适用于营业地在不同国家当事人之间订立的货物销售合同：如果这些国家是缔约国；或如果国际私法规则导致适用某一缔约国的法律。我国《合同法》没有区分国内货物买卖合同和国际货物买卖合同。《民法通则》也没有以营业地分处不同国家来界定"国际性"，而采用的是"涉外民事关系"的概念，即民事关系的一方或者双方当事人是外国人、无国籍人、外国法人；民事关系的标的物在外国领域内；产生、变更或消灭民事权利义务关系的法律事实发生在国外。这一涉外民事关系的概念显然比《公约》关于"国际性"的界定更为宽泛。《公约》第 1 条第 3 款规定，在确定本公约适用时，当事人的国籍和当事人或合同的民事或商业性质，应不予考虑。这是因为国际上存在着民商分立和民商合一两种不同的法律体系。《公约》作为两大法系妥协的产物，不考虑各国国内法如何区分商事合同与民事合同。《公约》第 2 条（a）规定，《公约》不适用于购买供私人、家人或家庭使用的货物销售。实际上排除了普通自然人之间的民事合同和消费者合同。我国《合同法》对此未加以区分。

此外，《公约》不适用于主要以提供劳力或其他服务为主的劳务合同，也不适用由买方提供大部分重要材料进行生产和制造的来料加工合同。

4. 买卖合同标的：货物。除了限定"国际性"及买卖合同的类别外，《公约》用排除法对货物做了限定，排除无形财产，如电力的销售[1]；银行进行的

---

[1] 《解释》第 5 条规定的"电子信息产品"也属于无形财产。此外《解释》第 10 条对《公约》不涉及的特殊动产，如船舶、航空器等进行多重买卖的顺序进行了解释。

货币、流通票据或证券市场进行的股票、公债、投资证券的销售；以及飞机、船舶、气垫船的销售。归纳起来，《公约》适用的货物买卖是跨越国境的有形动产的买卖，包括期货与现货；我国《合同法》买卖合同对货物未加限制。《合同法》采用的是概括式立法，货物指"法律、行政法规禁止或限制转让的标的物"之外的一切动产和不动产[1]。

5. 买卖合同订立方式：《公约》只适用于以要约、承诺方式订立的合同；不适用于以拍卖方式以及依照法律执行令状或其他令状的销售。我国《合同法》分则对买卖合同与拍卖合同亦分别加以规定。

6. 合同内容：《公约》未对合同内容作出完整全面的规定。其不涉及：合同的效力、合同某一条款的效力、惯例的效力、合同对所有权的影响等。产品责任也是《公约》不涉及的问题。《公约》第5条规定，本公约不适用于卖方对于货物对任何人所造成的死亡或伤害的责任。发生产品责任事故时通常适用各国《产品责任法》的规定。对于这些公约不涉及的事项，都通过适用中国法加以补充。

**【思考题】**

1. 简述《联合国国际货物销售合同公约》的适用范围。
2. 简述《国际贸易术语解释通则® 2010》的主要内容和特点。
3. 简述 FOB、CIF、CFR 术语的异同。
4. 简述 CISG 关于国际货物买卖合同成立的规定。
5. 简述国际货物买卖合同的主要内容。
6. 简述 CISG 关于国际货物买卖合同卖方和买方的义务。
7. 简述违约救济方法有哪些，各自如何适用。
8. 简述货物所有权转移的理论。
9. 简述 CISG 关于货物风险转移原则和时间的规定。
10. 简述国际货物买卖合同同时适用《公约》和相关中国货物买卖法时应注意的问题。

**【必读法规】**

1. 《联合国国际货物销售合同公约》
2. 《国际贸易术语解释通则® 2010》
3. 《中华人民共和国合同法》
4. 《最高人民法院关于审理买卖合同纠纷案件适用法律问题的解释》

---

[1] 《合同法》第132条第2款。

# 第三章

# 国际货物运输法

国际货物运输法是调整货物跨越国境运输的法律规范的总和。包括国际海上货物运输法、国际航空货物运输法、国际陆上货物运输法和国际多式联运法律制度等。

## ■第一节　国际海上货物运输法

国际海上货物运输量大，价格便宜，安全便利，故在国际货物运输中占有显著位置。海上货物运输是通过合同进行的。海上货物运输合同，是指承运人收取运费，由海上将货物从一国港口运往另一港口订立的合同。国际海上货物运输主要分为班轮运输和租船运输两种形式。其中，班轮运输也称为提单运输。

### 一、班轮运输

班轮运输是指在固定的航线上，以既定的港口顺序，按照事先公布的船期表航行的海上运输方式。班轮运输适合于货流稳定、货种多、批量小的杂货运输。班轮运输具有如下特点：①班轮承运人和托运人之间不签订专门的运输合同，而是仅按船公司签发的提单处理运输中有关问题；②班轮承运人通常要求托运人送货至承运人指定的码头仓库交货，收货人在承运人指定的码头仓库提货；③班轮承运人负责包括装、卸货物及理舱在内的作业，并负责全部费用；④班轮运输一般有固定港口、固定航线、固定开航时间，不计滞期费、速遣费，班轮运费相对比较稳定。

由于提单在班轮运输中的重要作用，班轮运输有时也称提单运输。

（一）提单的定义和作用

提单（Bill of Lading，以下简称 B/L）适用于散杂货定期班轮运输，是国际海上货物运输中最广泛适用的一种合同形式。

提单是一种用以证明海上运输合同和货物已由承运人接管或装船，以及承运人保证凭以交付货物的单据。[1] 根据这一定义，提单有如下作用：

1. 提单是托运人与承运人之间订有运输合同的凭证。在班轮运输中，当托运人与承运人之间已事先就货物运输订有货运协议时（包括订舱单、托运单等），提单是双方运输合同的证明；如事先无货运协议或其他类似性质的任何协议，则提单就是双方订立的运输合同。当托运人将提单通过背书方式转让给第三者（通常就是收货人）时，在承运人和第三者之间，提单就是承运人和收货人之间的运输合同。

2. 提单是承运人从托运人处收到货物的凭证。在班轮运输中，有权签发提单的是承运人（船长或其代理人）。托运人将货物交给承运人后，承运人签发的提单证明承运人按提单上所列内容收取了托运货物，日后即按提单所载内容向收货人交付货物。

3. 提单是代表货物所有权的物权凭证。[2] 承运人在收到货物并签发提单之后，负有在目的地只向提单持有人交付货物的义务。谁持有提单，谁就有权提取货物。作为物权凭证，提单可以进行买卖和自由转让。

（二）提单的种类

1. 以货物是否已装船，分为已装船提单（Shipped B/L 或 on Board B/L）和收货待运提单（Received for Shipment B/L）。

前者是国际海上运输中普遍使用的一种提单，指在货物装船以后，承运人签发的载明装货船舶名称及装船日期的提单。后者主要适用于集装箱运输，是承运人在收取货物以后，实际装船之前签发的提单。实践中，托运人需要在装货后通过要求承运人在收货待运提单上加注装船名称和装船日期的方法将其变为已装船提单。

2. 以提单上是否有批注，分为清洁提单（Clean B/L）和不清洁提单（Unclean B/L 或 Foul B/L）。前者指无明显声明货物及（或）包装有缺陷的附加条

---

〔1〕　参见《汉堡规则》第1条（7）。

〔2〕　"Document of title to goods"通常被译作"所有权凭证"。实际上，该词的含义更广，包括任何提单、码头仓单、码头收据、仓库管理人的证明、交货授权书或命令。"是说明、识别及申明货物的书面文件，在普通商业或金融业务运作中被视为其持有人有权对单据及其所列明的货物进行接收、控制或处置的充分证明。" "Document of title: A written description, identification or declaration of goods "which in the regular course of business or financing is treated as adequately evidencing that the person in possession of it is entitled to receive, hold and dispose of the document and the goods it covers." 见 *Black's Law Dictionary*, 6th edn., West Publishing Co., pp. 481～482, 其基本特征是"权利随着单据走" (The Right Travels With The Document), See R. Goode, *Commercial Law*, Penguin Books, 1995, p. 55; 英国 1889 年《代理商法》。

文或批注的提单，[1]后者指附有该类附加条款或批注的提单。应当注意的是，有下列批注不能算不清洁提单：①批注仅是对货物质量或包装情况的客观描述，未表示有不满意的情况。如东北大豆 500 吨，旧麻袋装。②批注表明承运人对货物的内容、数量、质量、特性等不详。③批注表明承运人对包装或货物特性引起的损失概不负责。在国际贸易实践中，银行或买方或提单的受让人只接受已装船的清洁提单。

3. 按收货人抬头，分为记名提单（Straight B/L）、不记名提单（Open B/L）和指示提单（Order B/L）。记名提单指托运人指定特定人为收货人的提单。这种提单不能通过背书方式转让，因此也称作"不可转让提单"。不可转让提单的收货人只能是提单上列名的人。不记名提单指托运人不具体指定收货人，在收货人一栏只填写"交与持票人"字样（to bearer），所以又称作"空白提单"。这种提单不经背书即可转让，凡持票人均可提取货物，因此在国际贸易中因风险太大而很少使用。指示提单指托运人在收货人栏内填写"凭指示"（to order）或"凭某人指示"（to order of……）字样。指示提单通过背书可自由转让，所以又称作"可转让提单"，在国际贸易中得到普遍使用。

4. 按运输方式，分为直达提单（Direct B/L）、转船提单或联运提单（Transhipment B/L 或 Through B/L）和多式联运单据（或提单）或联合运输单据（Combined Transport Document or B/L 或 Multimodal Transport Document or B/L）。直达提单是承运人签发的，货物从装运港直接运往目的港的提单。转船提单和联运提单在本质上并无不同，转船提单指允许货物中途换船的提单；联运提单指货物由海运和另一种或两种以上不同方式，如海陆、海空、海陆空等方式运输签发的提单。转船或联运提单均由船公司或其代理人签发并承担全程责任，因此在性质上两者并无不同。值得注意的是联运提单与联合运输单证或多式联运单证的关系：其相同之处在于，两者均指使用至少两种不同的运输方式，将货物从一国运往另一国；不同在于，联运提单的签发人一定是船公司或其代理人，而后者虽是由联合运输经营人签发，但它并不一定是船公司。如该联合运输经营人是船公司或代理人，并注明货物于某日已装船，则可用联合运输提单（Combined Transport B/L）代替联运提单。[2]

5. 按运费支付时间，分为运费预付提单（Freight Prepaid B/L）和运费到付提单（Freight Payable at Destination B/L）。前者指托运人在装货港提交货物时即支付运费，承运人在提单中载明"运费付讫"。在 CIF 和 CFR 合同中要求运费预

---

〔1〕《跟单信用证统一惯例》（600 号）第 27 条。
〔2〕 Decision of the ICC Banking Commission No. 371.

付提单。后者指货物到达目的地，由托运人或收货人支付运费，提单上注明"运费到付"。

6. 租船提单。租船项下的提单称为租船提单。其性质和作用依租船人的身份不同而异：①当租船人运送的是自己的货物时，船东签发的提单起证据的作用，提单要服从租船合同的约束。租船人（即托运人）与船东（承运人）双方的权利义务以租船合同为准。②当租船人以承运人的身份接受第三者即托运人的货物并签发自己的提单时，其性质和班轮提单一样。提单适用《海牙规则》的规定，承运人与托运人、提单持有人、收货人的权利义务以提单为准，但船东与租船人的权利、义务以租船合同为准。

（三）提单内容

提单是一种标准合同，常是由船公司自己制订的。我国在远洋货物运输中使用的主要是由中国远洋运输总公司根据《海牙规则》制订的提单（以下简称"中远提单"）。正面有9项内容，前6项由托运人填写，后3项由承运人填写，背面有27项条款。

中远提单正面通常载明下列内容：

1. 船名（Name of Vessel），即实际运载货物的船舶名称。为避免同名船舶发生混淆，船舶名称后通常需要注明航次或国籍。

2. 承运人名称（Carrier），即与托运人订立运输合同之人，包括船长和承运人的代理人名称。

3. 托运人名称（Shipper），即与承运人订立运输合同之人，或向承运人实际提交货物之人的名称。

4. 收货人名称（Consignee），指有权提取货物之人。在记名提单中，指提单上列名之人；在空白提单中，是持票人；在指示提单中，是按托运人指示或凭某人指示的提货人。

5. 装运港（Port of Loading）、目的港（Port of Destination）、转运港名称（Port of Transhipment）。装运港指实际装货之港或货物发运港。目的港即实际卸货之港。必要时还需注明航线。当提单注明允许转船或转运时，需注明转船或转运的港口。

6. 货物名称、标记、包装、数量或重量以及运输危险货物时对危险性质的说明。提单上的货物名称可用足以表明货物和性质、种类的统称。标记指为辨别货物所需的主要唛头，通常要求在航程终了时仍应清晰可辨。包装是指用以保护货物的质量完好和数量完整的各种容器。数量指用一定的度量衡制度表示的货物的量，包括个数、件数、体积、容积等。对以上货物名称、标记、包装、数量等各项内容的如实填写，是托运人的一项重要义务。它对明确托运人、承运人与收货人各自的责任，确定运费以及日后相互进行索赔具有重要意义。

7. 运费与支付方式。运费金额是由船公司按货物重量或航线确定的。提单中除注明具体金额外，通常还需载明支付方式，即运费是预付还是到付。前者指在签发提单前支付运费，后者是在提货前或船到目的港后支付。

8. 提单签发时间、地点及份数。提单签发日通常应为实际装船日或装船完毕日。如实际装船日超过了合同或信用证预订期限，托运人为了逃避责任，往往要求承运人给予通融。将提单签发日倒回到合同或信用证预订的期限内，称为倒签提单。倒签提单是一种欺诈行为，签发这种提单的承运人要承担违法责任。

提单的签发地点即为装运港口所在地点。

提单的份数分正本和副本两种。正本通常有二至三份。上面印有 "original"字样，同时注明 "承运人或其代理人已签署本提单一式×份，其中一份经完成提货手续后，其余各份失效"。因此，当承运人凭其中一份交付货物后，其余正本均失去效力。提单副本是应托运人或承运人的需要制定的，上面印有 "copy"字样，份数随需要而定，副本上无承运人签字，因此无法律效力，不能作为提货凭证。

9. 承运人签字。提单经签字始生效力。承运人在提单上签字，表明其已收到货物并承担依提单享有的权利和义务。有权在提单上签字的人是承运人、承运人的代理人或船长。签字时，承运人要对提单上所载内容与船上大副在验收装船货物时签发的大副收据进行认真核对，大副收据上对货物或包装情况的批注要如实批转在提单上。

中远公司标准提单的背面主要是关于承运人权利义务的规定。其中第 3 条规定，有关承运人的义务、赔偿责任、权利及豁免应适用《海牙规则》。

**二、规范提单运输的国际规则**

国际上，规范提单运输的国际公约有四个：《海牙规则》、《维斯比规则》、《汉堡规则》和《鹿特丹规则》。其中《海牙规则》、《维斯比规则》和《汉堡规则》是目前已经生效的调整海上货物运输的三个国际公约。我国不是这三个公约的缔约国，但 1993 年 7 月 1 日开始实施的《中华人民共和国海商法》中关于海上货物运输的规定以《海牙规则》、《维斯比规则》为基础，并适当吸收了《汉堡规则》的某些规定，因此，这三个公约对我们了解国际海上货物运输法律制度具有重要意义。对于尚未生效的，联合国国际贸易法委员会制定的《鹿特丹规则》，本节只作简单介绍。

(一)《海牙规则》

1.《海牙规则》的产生。《海牙规则》是海上货物运输，特别是班轮运输

第三章

中的一个十分重要的公约。19 世纪末，世界海上航运业迅速发展，以英国航运为代表的船舶所有人利用手中雄厚的航运资本以及法律的"契约自由"原则，在自己制订的海运提单中任意加进许多免责条款，使力量弱小的货方利益失去保障。特别是提单作为一种物权凭证具有可以自由转让的特性，但名目繁多的免责条款往往限制或阻碍了提单的转让，由此影响了国际贸易和海上运输的发展。

1893 年，美国通过了《哈特法》（Harter Act），明确规定了海运承运人应尽的义务和豁免条件，并规定，提单中任何免除承运人应尽义务的条款无效。《哈特法》的制订有效地保护了美国货主的利益，导致其他海运国家的运输法如《澳大利亚 1904 年海上货物运输法》、《加拿大 1910 年水上运输法》起而效仿。

为了缓和船方和提单中各利害关系人之间日益尖锐的矛盾，国际法协会所属海洋法委员会于 1921 年在海牙召开会议，拟定了《统一提单的若干法律规则的国际公约（草案）》。1924 年 8 月 25 日，布鲁塞尔会议通过了《统一提单的若干法律规则的国际公约》（International Convention for the Unification of Certain Rules of Law Relating to Bills of Lading，以下简称《海牙规则》）。该公约于 1931 年 6 月 2 日生效。到 2006 年底，有 85 个国家和地区加入该公约。中国没有加入。

《海牙规则》（Hague Rules）共有 16 条，主要规定了承运人的最低限度责任与义务、权利与豁免、责任起讫、最低赔偿限额、托运人义务以及索赔与诉讼时效等。《海牙规则》使货方的利益得到一定保障，在一定程度上缓解了船方和货方的矛盾，在其生效后的 70 多年里，许多国家加入了该公约，或在其航运公司制订的提单中采纳了《海牙规则》的规定，据以确定承运人在货物装船、收受、配载、承运、保管、照料和卸载过程中应承担的责任与义务，享有的权利和豁免。我国至今没有加入该公约。但在我国 1993 年 7 月 1 日实施的《中华人民共和国海商法》（以下简称《海商法》）和我国航运公司制订的提单中吸纳了《海牙规则》中关于承运人责任和豁免的规定。

2. 承运人的责任。《海牙规则》第 3 条规定了承运人必须履行的最低限度的责任：[1]

（1）承运人须在开航前和开航时恪尽职守使船舶适航。广义的船舶适航指船舶在各方面都能满足预定航线航行的需要。根据《海牙规则》的规定，适航包括三项内容：①船舶适于航行。狭义的船舶适航指包括船体强度、结构、设备及性能都能满足在预定航线上安全航行的需要。实践中，船舶具备适航证书不能在法律上证明船舶适航。它取决于船舶在航行中是否能抵御通常海上航行

---

[1] 参见《海商法》第 47～49 条。

中所具有的一般风险，达到安全航行的标准。②船员的配备、船舶装备和供应适当。船员配备适当，指船员在个人素质、资格、人数上都能满足特定航行的要求，例如，船员要具备适合海上航行的健康体魄，取得行使其职能的有效的职务证书。此外，船上要备齐海上航行中应当具备的一定数量的船员等。船舶装备适当，指船上设备齐全，安全可靠，备齐海上航行必需品、不能缺少的雷达、仪器、仪表。海图等航海资料应是最新的、准确无误的。船舶供应适当，指带足海上航行中必不可少的燃料动力、食品药物、淡水等供应品，并在开航前将中途补给的来源和地点一一落实。③船舶要适货。货舱、冷藏舱及其他载货处能适宜、安全地收受、运送和保管货物。货仓的消毒、冷藏或排水、通风等条件要适应所载货物的安全运送和保管。

按照《海牙规则》和《海商法》的规定，船舶适航与否，以开航前和开航时的这段时间为标准，不包括航行中或到达目的地时是否适航。《海牙规则》并不要求承运人承担开航后乃至到达目的地以前整个航程中船舶适航的责任。根据判例，所谓"开航前和开航时"，是指在装运港从装货开始至起锚之时的整个期间。[1]

《海牙规则》要求承运人恪尽职守，保证船舶适航。根据判例，这一义务不仅适用于承运人本人，也适用于他所雇佣的任何人，如船员、代理人、验船师等。由于受雇人或代理人的疏忽导致船舶的不适航，承运人仍要承担责任。[2]但是，承运人只要在开航前和开航时做到恪尽职守使船舶适航就算履行了自己的义务，不包括开航后和到达目的地的整个期间。

（2）适当和谨慎地装载、搬运、配载、运送、保管、照料和卸载所运货物。适当是从技术方面要求承运人对《海牙规则》所列的装载、搬运、配载、运送、保管、照料和卸载七个工作环节具备一定的技术知识、技术水平和能力；谨慎是从个人素质方面，要求承运人尽心尽力做好职能范围内的工作。以上七个工作环节是否做到了适当和谨慎是个事实问题而不是法律问题。实践中，除考察承运人的技术水平和个人责任心以外，还要根据装卸码头的习惯做法以及货物的特性加以判断。

以上是《海牙规则》规定的承运人最低限度责任，根据这一规定，凡是在合同中约定解除或减轻承运人依《海牙规则》承担上述责任义务的条款一律无效。

3. 承运人的责任期间和诉讼时效。按照《海牙规则》第 1 条（e）的规定，

---

〔1〕　中国国际贸易促进委员会法律事务部：《国际贸易和海事法律资料》，1981 年第 3 期，第 3 页。

〔2〕　Riverstone Ment Company v. Lancashire Shipping Company Ltd. , Lloyd's Report 1961, Vol. 1.

承运人承担责任是从货物装上船起，至卸下船止的整个期间。当使用船上吊杆装卸货物时，指从装货时吊钩受力开始至货物卸下船脱离吊钩为止的整个期间，即实行"钩到钩原则"（Tackle to Tackle Rule）。当使用岸上吊杆装卸时，则货物从装运港越过船舷时起至卸货港越过船舷为止的整个期间，即实行"舷到舷原则"（Rail to Rail Rule）。《海商法》作了新的规定，对集装箱货物和非集装箱货物的运输加以区分并在承运人承担责任上分别作出规定：对于集装箱装运的货物的责任期间，是从装货港接收货物时起至卸货港交付货物时止，货物处于承运人掌管之下的全部期间；对非集装箱装运的货物，其责任期间从货物装上船时起至卸下船时止，货物处于承运人掌管之下的全部期间。对于装船前和卸船后责任的承担，由双方协议决定之。这样，对非集装箱货物适用《海牙规则》，而对集装箱货物承运人的责任起讫适用《汉堡规则》。[1]

按照《海牙规则》第3条第6款的规定，货物自卸货港交货前或交货时，收货人应将货物的灭失和损害的一般情况以书面方式通知承运人；在灭失或损坏不明显时，该书面通知应于交货之日起3天内提交。《海商法》将其改为，当货物灭失或损坏情况非显而易见时，在货物交付的次日起连续7日内；集装箱货物交付的次日起连续15日内；延迟交货自次日起60天内以书面通知承运人。[2]对承运人的赔偿请求权期限是1年。如在交货时承运人和收货人已对货物进行联合检验或检查，则无需再提交书面通知。无论在任何情况下，从货物交付日或应交付日起，托运人或收货人应就货物的灭失或损坏情况在1年之内提起诉讼，否则免除承运人依《海牙规则》应承担的一切责任。

4. 承运人责任的豁免。《海牙规则》实行的是承运人的不完全过失责任。其第4条第2款和第4款共列举了在18种情况下免除承运人依《海牙规则》应承担的责任。但是根据该规则的规定，承运人可在提单中明确规定放弃某项权利的豁免或加重自己的责任和义务。[3]

（1）航行过失。即承运人对船长、船员、引水员或承运人的雇佣人员在航行或管理船舶中的行为、疏忽或不履行义务不承担责任。与《海牙规则》规定的承运人在开航前或开航时恪尽职守使船舶适航的义务相一致，承运人对船长和船员在开航后船舶操作中的疏忽和过失可以享受免责；船长、船员管理船舶中的行为、疏忽、不履行义务是和承运人的管货义务相对应的。对船长、船员管船中的过失，承运人可以免责。但在实践中，究竟是管货行为还是管船行为，

---

〔1〕《海商法》第46条。
〔2〕《海商法》第81条。
〔3〕《海商法》第51～53条列举了14种情况，其内容与《海牙规则》基本相同。

往往不易分清。例如，船员查看货物后，在离开货仓时没有把防水舱盖关好，导致海水打入舱内使货舱中的水泥受损，船东认为这是管理船舶中的失误而要求免责。再如，由于天气寒冷，燃油舱内燃油结块，为了使燃油顺利燃烧，船员对燃油舱加热，但由于疏忽，忘记停止加热，导致货舱中的大豆受热变质。船方是否可以因管船中的过失要求免责？法院在处理这类案件时，主要是根据船长或船员的行动意图或目的来区分是管货行为还是管船行为，由此判断承运人是否应承担过失责任。在第一例情况下，船员进入货舱是去查看货物，而不是去检查货舱，离开货舱时忘记关好舱门导致货损，属于管货中的疏忽。根据《海牙规则》第3条第2款的规定，违反了妥善保管货物的义务，因此，承运人要承担责任。在第二例情况下，燃油舱加热的目的是为了船舶航行的需要，而不是货物的需要，因此船员忘记停止加热导致货损，属于船舶管理中的失误，承运人可以免责。

（2）火灾。航行中，船上发生火灾，可以免除承运人的责任，只要这种火灾不是因承运人的实际过失或私谋引起的。例如，船员在船上吸烟导致火灾，承运人可以免责；如果是因为承运人违反开航时或开航前船舶适航义务或由承运人指使、纵容引起火灾，则承运人要承担责任。

（3）海难。其是《海牙规则》中特有的概念。指海上或其他通航水域的灾难、危险和意外事故，超出了一艘在开航前或开航时适航的船舶在预订航线上所能抵御的一般风浪的限度。

（4）天灾。不可抗力的一种。特指由自然条件引起的意外事故，如雷电、飓风等。

（5）战争。指不管公开宣战与否，一国对另一国诉诸武力的行为。

（6）公敌行为。指以船旗国为敌的两交战国之间的行为，包括作为国际公敌的海盗行为。

（7）政府、君主、当权者或人民的扣押或管制或依法扣押。指政府出于政治目的与保护公共利益对船舶进行的扣押，不包括由于私人之间债务纠纷，债权人向法院提出申请扣押令而发生的扣押。

（8）检疫限制。指承运人无法预料、不能避免的政府行为。例如为防止疫情，挂港政府要对所有入港船舶进行熏蒸，导致货损，承运人可以不承担责任。

（9）托运人或货主的过失。包括托运人或货主及其代理人或代表的行为或不行为。由托运人或货主过失导致的货损免除承运人的责任；反之，如果托运人的这种过失给承运人带来损害，如托运人隐瞒货物的易燃易爆性，导致船舶发生火灾或爆炸，托运人还要对承运人蒙受的损失承担赔偿责任。

（10）罢工。指不论由于何种原因引起的局部或全面罢工、关厂、停工或限制工作，包括装卸港口工人罢工或船上船员或雇佣人员的罢工。由此导致货损，承运人不承担责任。应当注意的是，这种罢工不是由于承运人的过失，如克扣船员薪饷引起的。此外，罢工发生后，承运人仍负有妥善保管货物的义务，如可将货物改卸附近港口并通知收货人提货等。

（11）暴动和骚乱。这是承运人不能预料的事故，但承运人仍负有采取合理措施加以防范、妥善保管货物的义务。与罢工一样，这种暴动和骚乱的发生不是由于承运人的过失引起的，如是因承运人挑衅或故意唆使发生的，则对由此导致的货物损失，承运人不能免责。

（12）救助或企图救助海上人命或财产。《海牙规则》对承运人海上救助的免责从人命救助扩大到了财产救助。对由此发生的货物灭失和损害，承运人不承担责任。

（13）货物的固有缺点、性质或缺陷引起的体积或重量亏损，或其他灭失或损害。因货物固有缺点造成的重量或体积亏损，只要在合同规定的或合理损耗限度之内，即可免除承运人的责任。因货物固有缺陷造成的质量损害，如生虫、腐烂、自燃等，在实践中是个比较复杂的问题，因为货物的损害也可能因船舶不适航引起，解决此类问题时只能依据案件的具体事实加以判断。

（14）包装不善。由于货物包装不善导致的货损，只要承运人在签发提单时曾对包装不善情况加以注明，就可以免除其应当承担的责任。但是如果包装不善是承运人在收货时可以从外观上发现的，但其在提单上未加批注而签发了清洁提单，则不能免除其责任。

（15）唛头不清或不当。在货物或包装上印刷运输标志是托运人的责任，唛头不清或不当导致承运人运错港或交错货或日后给提货人提货带来不便，承运人不承担责任。

（16）虽恪尽职守亦不能发现的船舶潜在缺陷。此项规定是针对承运人应在开航前和开航时恪尽职守保证船舶适航的义务而言的。潜在缺陷不单纯指肉眼看不见的缺陷，还包括合格的验船师用符合标准的检验手段不能发现的船舶缺陷。《海牙规则》要求承运人承担的适航义务不是绝对的，如果承运人在开航前和开航时已恪尽职守，雇佣合格的人员，用合理的检验手段仍不能发现船舶存在缺陷，则可以免除承运人的责任。

（17）非承运人的实际过失或私谋引起的其他任何原因。此项规定又称"杂项免责条款"。其他任何原因，指不包括在上述16条中但与上述16条内容具有同一性质的或类似的原因，而不是包罗万象的任何原因。这些原因都不是因承运人本人的过失或私谋，包括承运人的代理人或雇佣人员的过失或疏忽引起的。

（18）合理绕航。合理绕航包括为救助或企图救助海上人命或财产发生的绕航以及任何合理绕航，均免除承运人由此承担的货物灭失和损害的责任。所谓任何合理绕航，在实践中通常包括依据提单中订立的合理偏离航线条款发生的绕航行为或为船、货双方的利益发生的，或是该绕航与船舶本身承担的运输义务不发生严重抵触的绕航。

（二）《维斯比规则》

由于《海牙规则》代表的是海运大国及殖民地宗主国的利益，没有也不可能解决船东与货主的权益失衡问题，因此在其执行中，一直受到货方及海运不发达国家的反对，特别是随着世界海运技术的发展，集装箱运输在国际货物运输中得到广泛应用，20 世纪 60 年代开始对《海牙规则》进行修改或重新制订提到日程上来，代表英国及北欧各传统海运国家利益的国际海事协会开始对《海牙规则》进行修改。1968 年 2 月 23 日，英、法及北欧国家在布鲁塞尔签订了《修改统一提单的若干法律规则的国际公约的议定书》（Protocal to Amend the International Convention for the Unification of Certain Rules of Law Relating to Bills of Lading，以下简称《海牙——维斯比规则》或《维斯比规则》）。该公约于 1977 年 6 月 23 日生效。到 2006 年底，有 30 个国家和地区加入该公约。我国没有加入。

《维斯比规则》（Visby Rules）对《海牙规则》的修改主要包括以下几方面：

1. 适用范围。《海牙规则》适用于在任何缔约国所签发的一切提单，《维斯比规则》改为，公约适用于两个国家港口之间有关货物运输的每一份提单，如果：①提单在一个缔约国签发；②从一个缔约国的港口启运；③提单或由提单证明的运输合同中规定，该提单（或合同）受《海牙规则》约束，或受《海牙规则》生效的国内立法的约束。不考虑船舶、承运人、托运人、收货人或任何其他有关人员的国籍如何。

2. 提单的证据力。《海牙规则》规定，承运人向托运人签发提单，是承运人收到该提单中所载货物的初步证据，根据这一规定，承运人有权提出反证，否定提单所载内容的真实性，这对托运人来讲，没有不公平之处，因为货物是托运人提交的，提单所载内容是托运人填写的。但这对于善意的提单受让人来说则可能是不公平的。有鉴于此，《维斯比规则》明确规定，当提单已经转给善意行事的第三者时，与此相反的证据不予接受。也就是说，在存在善意第三者的情况下，提单对于善意的受让人来说是最终证据。

3. 责任限制。《海牙规则》的规定比较简略，其第 4 条第 5 款规定，承运人或船舶在任何情况下对货物或与货物有关的灭失或损害，每件或每一计费单位是 100 英镑，除非当事人在提单中注明了更高的价值。

《维斯比规则》在内容上作了较大的扩充和修改：

（1）承运人的责任限制和抗辩理由，适用于就运输合同涉及的有关货物的灭失或损害对承运人所提起的任何诉讼，不论该诉讼是以合同为根据还是以侵权行为为根据。

（2）承运人的这种责任限制和抗辩理由，同样适用于承运人的雇佣人员和代理人（如果该雇佣人员或代理人不是独立的缔约人），即认可了所谓"喜马拉雅条款"的合法性。"喜马拉雅条款"（Himalayas Clause）来自"阿德勒诉狄克逊"（Adler v. Dickson）一案。[1]该案中，阿德勒夫人是一名游客，在搭乘 P&O 公司的一艘名为"喜马拉雅号"的游轮时，于下船时因船梯断裂而摔伤。由于阿德勒夫人持有的船票上载有承运人的疏忽免责条款，故阿德勒夫人转而以侵权行为对船长和水手提起诉讼。船长和水手认为作为船公司的雇员，他们有权享受船票上关于承运人免责的规定。法院判决认为，船票上的免责条款是船公司和乘客之间签订的，有权援引该条款的只能是该契约的当事人。作为船公司的雇佣人员无权享受不是由他签订的合同中免责条款的权利。结果是阿德勒夫人胜诉。以后，船公司为了避免此类事件的发生，在合同中增加"喜马拉雅条款"，规定承运人的免责和限制赔偿金额的权利，同样适用于其雇佣人员和代理人。《维斯比规则》和《汉堡规则》都承认"喜马拉雅条款"的合法性。

（3）赔偿金额从原来的 100 英镑改为双重限额，每件或每一单位为 10 000 金法郎，或按灭失或损坏的货物毛重每公斤 30 金法郎（一金法郎是纯度为 90% 的黄金 65.5 毫克），以较高者为限。[2]

（4）拼装货的计算。《维斯比规则》增加了对用集装箱、托盘或类似的装运器具拼装时的赔偿金额的计算。该规则还规定，提单中如载明装在这种装运器具中的件数或单位数，则按所记载的件数或单位数计算，否则，整个集装箱或托盘视为一件。

4. 诉讼时效。《海牙规则》规定的诉讼时效为 1 年，从货物交付或应交付之日起算。《维斯比规则》除维持《海牙规则》的 1 年时效外，还规定经双方同意可以延长。即使 1 年期满后，承运人仍有不少于 3 个月的时间向第三者追偿。

5. 核能损害责任。《海牙规则》对此未作规定。《维斯比规则》规定，《海牙规则》的规定不影响任何国际公约或国内法有关对核能损害责任的各项规定。

值得注意的是，《维斯比规则》对《海牙规则》的修改，并没有解决《海牙规则》中权益失衡这一本质问题，关于承运人的责任和豁免、责任起讫、托

---

〔1〕　(1955) 1Q. B. 158.

〔2〕　由于金价涨落不稳，1979 年 12 月 21 日在布鲁塞尔外交会议上通过了《修改〈海牙——维斯比规则〉议定书》，将赔偿的计价货币由金法郎改为特别提款权，并规定一个特别提款权等于 15 金法郎。这样 10 000 金法郎约等于 666.67 特别提款权，每公斤金法郎等于两个特别提款权。该议定书于 1984 年 4 月生效。

运人义务等问题其均未作实质性改变。

我国未加入《维斯比规则》，但《维斯比规则》中关于提单对善意第三者的最终证据作用的规定，[1]承运人的责任限制和赔偿额的规定适用于其代理人及雇员的规定，[2]拼装货的计算以及诉讼时效的修改等均在《海商法》的有关规定中得到反映。[3]

（三）《汉堡规则》

由于广大发展中国家的斗争和要求，1972 年，联合国国际贸易法委员会下设的航运立法工作组开始了海上货物运输公约的重订工作，以取代已经过时的《海牙规则》，彻底调整承运人和托运人的责任和义务。1976 年，工作组起草了《海上货物运输公约（草案）》。在 1978 年 3 月在汉堡召开的 71 国全权代表大会上，通过了《联合国海上货物运输公约》（United Nations Convention on the Carriage of Goods by Sea），因在德国汉堡通过，故简称《汉堡规则》（Hamburg Rules）。该公约于 1992 年 11 月 1 日生效。到 2009 年 6 月 30 日，已有 34 个缔约国。

《汉堡规则》按照船方和货方合理分担风险的原则，适当加重了承运人的责任，使双方权利义务趋于合理、平等。其主要内容包括以下几方面：

1. 适用范围。与《海牙——维斯比规则》相比，《汉堡规则》的适用范围更为明确，它规定，《汉堡规则》适用于两个国家之间的所有海上货物运输合同，如果：①装货港位于一个缔约国内；②预订卸货港或实际卸货港位于一个缔约国内；③提单或证明海上运输合同的其他单据是在一个缔约国内签发；④提单或证明海上运输合同的其他单据中规定，公约的各项规定或实施公约的各国国内立法，对提单有约束力；⑤依租船合同签发的提单，如果该提单约束的是承运人和不是租船人的提单持有人之间的关系。

2. 增加实际承运人的概念。实际承运人，指接受承运人委托执行货物运输或部分运输的任何人。《汉堡规则》所有关于承运人责任的规定，不仅适用于承运人的代理人、雇员，也同样适用于受其委托的实际承运人。

3. 货物。《海牙规则》中货物的概念不包括舱面货或集装箱装运的货物以及活动物。《汉堡规则》规定，承运人只有与托运人达成协议或符合特定的贸易习惯或为法规或条例要求时，才能在舱面载运货物，否则要对舱面货发生的损失负赔偿责任。对于活动物，只要承运人证明是按托运人对该动物作出的指示办事，则对货物的灭失、损坏或延迟运货造成的损失视为运输固有的特殊风险

---

[1] 参见《海商法》第 77 条。

[2] 参见《海商法》第 58 条。

[3] 《海商法》第 257 条规定，诉讼时效为 1 年，但不得延长。

而不承担责任。

4. 关于清洁提单的规定。《海牙规则》规定，承运人在签发提单时应注明货物的表面状况，但是，承运人、船长或承运人的代理人不一定必须将任何货物的唛头、号码、数量或重量标明或标示在提单上，如果他有合理根据怀疑提单不能正确代表实际收到的货物，或无适当方法进行核对的话。按照这一规定，一张由承运人签发的所谓表面状况良好的提单，实际上并不意味着是一张清洁提单，因为承运人的怀疑或无法核对的事项并没有如实反映在提单的批注当中。为了避免或减少由此产生的争议，《汉堡规则》明确规定，如果承运人或代其签发提单的其他人确知或有合理的根据，怀疑提单所载有关货物的一般性质、主要唛头、包数或件数、重量或数量等项目没有准确地表示实际接管的货物，或者无适当的方法来核对这些项目，则承运人或上述其他人必须在提单上作出保留，注明不符之处、怀疑根据或无适当核对方法。与《海牙规则》不同，《汉堡规则》虽然要求承运人必须在提单上注明货物的表面状况，但如果承运人未在提单上批注货物的外表状况，则视为已在提单上注明货物的外表状况良好。

5. 承运人责任起讫。《汉堡规则》将《海牙规则》规定的钩至钩、舷至舷扩展为自承运人接管货物时起至货交收货人为止，即货物在承运人掌管之下的整个期间。

6. 承运人赔偿责任基础。《汉堡规则》将《海牙规则》中承运人的不完全过失责任改为承运人的推定完全过失责任制。即除非承运人证明他本人及代理人或其所雇佣人员为避免事故的发生及其后果已采取了一切合理要求的措施，否则承运人对在其掌管货物期间因货物灭失、损坏及延迟交货所造成的损失负赔偿责任。如果承运人将运输全部或部分委托给实际承运人履行时，承运人仍需对全程运输负责，如双方都有责任，则在此限度内负连带责任。

7. 提高赔偿金额。《汉堡规则》将承运人的最低赔偿金额在《海牙规则》和《维斯比规则》规定的基础上提高到每件或每一货运单位 835 计账单位或相当于毛重每公斤 2.5 计算单位的金额，以较高者为限。所谓计账单位，是指国际货币基金组织规定的特别提款权，以此取代原来采用单一货币所带来的汇率波动风险。

8. 增加对于延迟交货赔偿的规定。《汉堡规则》对于承运人延迟交货时的赔偿作出了明确规定，即以相当于该延迟交付货物应付运费的 2.5 倍为限，但不得超过海上运输合同中规定的应付运费总额。所谓延迟交货是指货物未能在明确议定的时间内，或在没有此项议定时，按照具体情况对一个勤勉的承运人未能在合理要求的时间内在合同规定的卸货港交货，均构成延迟交货。

9. 保函。在国际海上货物运输实践中，托运人为取得清洁提单，向承运人

第三章

出具承担赔偿责任的保函的做法一直被司法实践认为是一种欺诈行为而无效。但实践中，这一做法却因为实用、简便而经常被当事人采纳作为紧急情况下的一种变通做法。如何正视这一问题并找出合理的解决办法，是《汉堡规则》的又一贡献。《汉堡规则》将保函合法化，规定托运人为取得清洁提单而向承运人出具承担赔偿责任的保函在托运人和承运人之间有效，但对提单受让人、包括任何收货人在内的第三方无效。在发生欺诈行为的情况下（无论是托运人或承运人欺诈），承运人均需承担损害赔偿责任，并且不能享受公约规定的责任限制的利益。

10. 索赔与诉讼时效。《汉堡规则》将《海牙规则》和《维斯比规则》规定的 1 年时效改为 2 年，并经接到索赔要求人的声明，可以多次延长。收货人应在收到货物次日，将损失书面通知承运人，如货物损失属非显而易见的，则在收货后连续 15 日内，延迟交货应在收货后连续 60 天内将书面通知送交承运人，否则收货人丧失索赔的权利。

11. 管辖权。《汉堡规则》增加了关于管辖权的规定。原告就货物运输案件的法律程序，可就法院地作如下选择：①被告主营业所在地或惯常居所地；②合同订立地，且合同是通过被告在该地的营业所、分支机构或代理机构订立的；③装货港或卸货港；④海上运输合同中指定的其他地点。

12. 《汉堡规则》与《海牙规则》、《维斯比规则》的关系。根据《汉堡规则》的规定，凡《海牙规则》和（或）《维斯比规则》的缔约国，在加入《汉堡规则》时，必须声明退出《海牙规则》和（或）《维斯比规则》；如有必要，这种退出可推迟至《汉堡规则》生效之日起 5 年，即以前曾为《海牙规则》和（或）《维斯比规则》的缔约国，在加入《汉堡规则》后，从 1997 年 11 月 1 日起，不再是前述两公约的缔约国。

我国不是《汉堡规则》的缔约国，在我国《海商法》的规定中采纳了《汉堡规则》关于货物、实际承运人、清洁提单、延迟交货的概念，[1]并将承运人的责任期间进一步具体化。

（四）《鹿特丹规则》

随着世界经济的发展，传统的国际货物运输方式发生了很大变化，货物集装箱化和门到门运输非常普及，但是，上述三个公约不仅在承运人责任制度上不够统一，而且也不能解决门到门运输的承运人责任问题。联合国国际贸易法委员会从 1996 年开始委托国际海事协会（CMI）起草国际运输公约，CMI 在 2001 年向联合国贸法会提交了草案。CMI 最初提交的草案框架很大，将门到门

---

[1]　参见《海商法》第 42 条第 2、5 项，第 75、76、50 条的规定。

的所有运输方式的调整都包括在内。经过审议，草案调整的范围缩小到仅包括国际海上运输加上两港（即装运港和卸货港），向内陆延伸的运输则不包括在内，而是由相应的国际公约调整。

2008 年 12 月 11 日联合国大会第 63 届会议通过了《联合国全程或部分海上货物运输合同公约》（UN Convention on the Contracts of International Carriage of Goods Wholly or Partly by Sea，以下简称《鹿特丹规则》），目前还没有生效。该规则确立了管辖托运人、承运人和发货人在含有国际海上运程的门到门运输合同下所享有的权利和所承担的义务的统一现代法律制度。规则借鉴了先前各项与海上国际货物运输有关的公约并成为其现代替代文书，特别是先前的以下公约：《海牙规则》及其各项议定书（《维斯比规则》）以及《汉堡规则》。《鹿特丹规则》提供了一个法律框架，其中考虑到了自先前那些公约通过以来在海运中发生的许多技术和商业发展情况，包括集装箱化运输的增长、对单一合同下门到门运输的渴望以及电子运输单证的编制。《鹿特丹规则》为托运人和承运人提供了一种有约束力且平衡的普遍制度，以支持可能涉及其他运输方式的海运合同的运作。

《鹿特丹规则》共有 18 章 96 条，分别规定了：总则，适用范围，电子运输记录，承运人的义务，承运人对灭失、损坏或迟延所负的赔偿责任，托运人对承运人的义务，运输单证和电子运输记录，货物交付，控制方的权利，权利转让，赔偿责任限额，时效，管辖权，仲裁，合同条款的有效性，公约不管辖的事项，最后条款。

与先前的海运国际公约相比，《鹿特丹规则》对承运人规定了更加严格的责任。其具体内容如下：

1. 适用范围扩大。

（1）公约首次确立了"海运加其他"（海运区段以及海运前后其他运输方式的区段）的法律制度。"海运加其他"将公约的适用范围扩大到传统的海上区段以外的其他领域，包括与海上运输连接的陆上运输，铁路、公路、内河水上运输甚至是航空运输都包括在内。但值得注意的是，该规则原则上适用于海上运输，如果货物运输合同在涵盖了海上运输的同时还包括其他非海上运输阶段，而且货物是在其他运输区段发生损失的，在这种情况下，如果该运输区段有强制适用的国际公约，就适用相关的国际公约。但如果该运输区段没有强制性的国际公约，就要适用《鹿特丹规则》的规定。

（2）适用范围扩大到港口经营人。《海牙规则》和《维斯比规则》的责任主体是承运人，《汉堡规则》将承运人分为缔约承运人和实际承运人。《鹿特丹规则》的责任主体除了承运人之外，还包括履约方和海运履约方。承运人是与托运人订立运输合同之人。履约方是指承运人以外的，履行或承诺履行承运人在运输合同下有关货物接收、装载、操作、积载、运输、照料、卸载或交付的任何义务之人，以该人直接或间接在承运人的要求、监督或控制下行事为限。"海运履约方"是指凡在货物到达船舶装卸港至货物离开船舶卸货港期间，履行或承诺履行承运人任何义务的履约方。内陆承运人仅在履行或承诺履行其完全在港区范围内的服务时方为海运履约方。从上述规定可以看出，海运履约方包括港口经营人以及为货物提供运输服务的各方。在港内提供服务的公路、驳船运输等等都属于海运履约方。港口经营人与海运承运人具有同样的地位。

2. 加重了承运人的责任。具体体现在：①取消了"承运人的航海过失免责"条款，海运承运人承担完全过失责任；②扩大了承运人对船舶的适航义务，从"开航前和开航当时"扩展到"全航程"；③承运人对货物的责任期间，自承运人或履约方为运输而接收货物时开始，至货物交付时终止；④提高了赔偿限额。承运人所负赔偿责任的限额，按照索赔或争议所涉货物的件数或其他货运单位计算，每件或每个其他货运单位875个计算单位，或按照索赔或争议所涉货物的毛重计算，每公斤3个计算单位，以两者中较高限额为限，但货物价值已经由托运人申报且在合同事项中载明的，或承运人与托运人已另行约定高于该条规定赔偿责任限额的，不在此列。对迟延造成经济损失的赔偿责任限额，相当于迟交货物应付运费两倍半的数额，但赔付总额不得超过所涉货物全损时的赔偿限额。

3. 明确了电子运输记录的效力。与先前的海运公约不同，《鹿特丹规则》确认了电子运输记录的法律效力，并将电子运输记录分为可转让与不可转让电子运输记录。

4. 明确了托运人的义务。公约基于对等、平衡原则，参照承运人的责任规定，明确了托运人和"单证托运人"的义务和赔偿责任。托运人是与承运人订立运输合同之人。单证托运人，则是指托运人以外的，同意在运输单证或电子运输记录中记名为"托运人"的人，享有与托运人同样的权利与义务。

5. 为便于解决国际贸易中容易产生的一些与运输相关的问题，公约增加了有关控制权和权利转让等方面的规定。

6. 专门为批量合同（Volume contract）作出特别规定。公约第80条允许当事人在批量合同中可以增加或减少公约规定的权利、义务和赔偿责任。所谓批量合同是指在约定期间内分批转运特定数量货物的运输合同。货物数量可以是最低数量、最高数量或一定范围的量。公约赋予批量合同当事人如此大的合同自由，允许其合法规避公约的义务和责任，这对于其他合同当事人，特别是小货主，显然是不公平的。

### 三、租船运输

在国际海上货物运输中，除了采用定期班轮运输外，还采用不定期航线的租船运输。班轮运输用提单调整承运人、托运人之间的关系，租船运输通过租船运输合同调整出租人和承租人之间的关系。租船运输合同是指船舶出租人按一定条件将船舶全部或部分出租给承租人进行货物运输的合同，分为航次租船合同与定期租船合同。

（一）航次租船[1]

航次租船合同在租船运输中得到广泛应用。它是为完成特定航次运输，由船舶出租人向承租人提供船舶或船舶的部分舱位，装运约定的货物，从一港运至另一港，由承租人支付约定运费的合同。航次租船合同多以标准格式出现，常见的有波罗的海国际航运公会（Baltic and International Maritime Conference, BIMCO）制订的《统一杂货租船合同》（Uniform General Charter，以下简称"金康合同"）；《澳大利亚谷物租船合同》（Chamber of Shipping Australian Grain Charter，以下简称"奥斯特拉尔"）等。[2]

金康合同（Gencon）共15条，其主要内容如下：

1. 出租人、承租人姓名或公司名称；船舶名称与国籍；货物名称；装货日期；装货港、目的港及费率。

2. 船东责任条款。在以下情况下，船东承担货物灭失、损坏或延迟交付的赔偿责任：因货物积载不当或疏忽或船舶不适航导致的货物灭失、损坏或延迟交付；且是可归咎于船东或船东经理人员本人的行为或过失。

在以下情况下，免除船东的赔偿责任：①除上述情况外的其他原因引起的货物灭失、损坏或延迟支付，包括船东所雇佣人员在履行职责时的疏忽或过失引起的；②货物损坏是由于与其他货物接触或其他货物的渗透、串味或蒸发或货物的易燃易爆性质或不良包装引起的，并且不得视为积载不当或疏忽。

3. 运费及支付条款。运费可按装船货物数量或交付的货物数量计算，由双方商定。船东只有收取了全部运费后才有交付货物的义务。承租人不得用运费充当货物的损害赔偿。

支付时间：交货时，如有要求，租船人应在装货港按当时最高汇率预付运

---

[1] 航次租船合同中出租人即承运人、船东；承租人即托运人、租船人。

[2] 我国《海商法》对航次租船合同的规定主要包括：出租人和承租人的名称、船名、船籍、载货重量、容积、货名、装货港和目的港、装载期限、装卸期限、运费、滞期费、速遣费、出租人责任、承租人责任等。值得注意的是，除出租人责任外（和提单运输中承运人责任相同），我国《海商法》中有关当事人的权利、义务的规定，仅在航次合同中没有约定或者没有不同约定时才适用于航次租船合同的出租人和承租人。参见《海商法》第94条。

费的 2%，作为船舶一般性开支，包括支付运费和保险费等。

支付方式：以现金全额支付，以支付日的平均汇率为准。

4. 留置权条款。当货物还在承运人（船东）掌管之下时，承运人有权就未支付的运费、空舱费、滞期费及滞期损失对货物行使留置权。但承租人仍要对发生于装货港的空舱费和滞期费及滞期损失承担责任。在卸货港，当船东对货物无法行使留置权时，承租人要对发生于卸货港的运费及滞期损失承担责任。

5. 装货与卸货。在租船合同中，装货与卸货是由承租人安排的，装卸时间的快慢直接涉及船东利益，因此租船合同中订明装卸期限是非常重要的。承租人在规定的期限内未完成合同规定的装卸义务的，要按超过的时间交纳滞期费。如果提前完成装卸义务，则可得到速遣费。

（1）准备装卸通知书与装卸时间的起算。装卸时间的起算取决于"准备装卸通知书"的送达时间。"准备装卸通知书"是指在船舶到达指定港或泊位，在各方面做好装卸准备后，由船长签署并向承租人发出的书面通知。金康合同规定，如果装卸通知于午前送到，则装卸时间从午后 1 点起算；如果通知书于午后送达，则从下一个工作日的上午 6 点起算。

（2）装卸时间的表示。可用工作日（Working Days），连续日（Running Days），连续工作日（Running Working Days），晴天工作日（Weather Working Days）表示。船舶因等候泊位而丧失的时间也算装卸时间。

（3）滞期费计算。金康合同只规定了滞期费，未规定速遣费。滞期费按天计收，费率由双方约定。不足一天的按比例计算。滞期期限为 10 个连续日。超出 10 天则按违约计算损失。

（4）装卸费用。每件或每包装件货物超过两吨重，则装船、积载和卸船均由承租人承担风险和费用。如货物由运输机装船进舱，则由船东负责平舱费。

6. 解约条款。根据金康合同，在下列情况下，承租人有在开航前解除合同的选择权：①出租人在预定的准备装货之日前未准备就绪装货，不论是否在泊位，即在预定装货日未到达指定装货港或未做好装货准备；②双方约定的解约日届满；③如无约定，当船舶因海损或其他原因延误，则在及时通知承租人后，延误时间不得超过预订装船日 10 天；④在船东要求延迟到达的情况下，承租人在船舶预定到达装货港前 48 小时内发出解约的通知。

我国《海商法》关于解除合同作如下规定：①出租人在约定的受载期限内未能提供船舶或更换或提供的船舶不符合合同约定时，承租人有权解除合同；②承租人更换的货物对出租人不利时，出租人有权拒绝或解除合同。[1]

---

〔1〕《海商法》第 96、97、100 条。

7. 罢工、战争及冰封条款。

（1）一般罢工条款规定。船东或承租人对因罢工或停业使得租约中的义务无法履行或延迟履行的均不承担责任。

如果罢工或停业影响到货物的全部或部分装船，则在驶往装货港途中或抵港后，船长（船东）可要求承租人宣布承租人同意不把罢工或停业因素计入船舶停滞时间。如果承租人在 24 小时内未以书面形式作出答复，则船东有权解除合同。

在只有部分货物装船的情况下，船东仍必须按原计划开航，并按已装船的货物数量计收运费，但船东可根据自己的需要在航程中搭载其他货物。

如果罢工或停业影响到卸货，则由收货人在 48 小时内作出选择：①船舶等候至罢工结束，并按滞期费的一半支付超过卸货时间的滞期损失；②船舶驶往另一安全港口卸货。如果替代港距离超过 100 海里，则按比例增收运费。

（2）一般战争条款规定。当船旗国处于战争状态并危及船舶的安全或如果因为交战原因，货物已成为禁运品，并依国际法或交战国宣告可能被予以扣押或没收，则任何一方有权宣布解除合同。如果货物已装船，则由承租人或货主承担费用和风险，在装货港或开航后最近一个安全地点卸下货物。船东有权用其他货物取代禁运货物运载。当装货港被封锁时，则在该港口装运货物的合同失效。

在租船提单中，不得以任何被封锁的港口为目的港。如在提单签发后目的港被封锁，则船东可在船舶未开航时将货物卸于装货港，如在开航后目的港被封锁，则船东按托运人指示将货物卸于任何安全港口；如无指示，则卸货于最近的安全地方，并收取全部运费。

（3）一般冰封条款规定。装货港：①当船舶驶往或到达装货港时，为避免船被封冻，船长有权决定不载货离港，租船合同宣告无效。②在装货期间，为避免封冻，船长有权将已装货船舶驶离装货港，对装货港已装船货物要按租约的规定送达目的港，并按交付货物比例计收运费。但船东有权为自己的利益在途中其他港口装载其他货物，并不得向收货人索取因此而产生的一切额外费用。③当租约订有一个以上装货港，其中一个或几个港口被封冻时，船长或船东有选择权，或宣布租约无效，或在其中非冰封港装载货物，并有权在航程中其他港口装载自己安排的货物。

卸货港：①如冰封使船舶无法抵达卸货港，则收货人在接到船东通知后 48 小时内作出选择：船舶一直等至冰封消除并支付滞期费；或令船舶驶向一个无冰封的安全卸货港口。②在卸货期间，为避免封冻，船长有权将正在卸载中的船舶驶向他认为能安全卸货的港口，并收取相等于在原卸货港卸货的运费。当驶往替代港的距离超过 100 海里时，运费应按比例增加。

8. 违约赔偿。任何一方因不履行租约所给予的损害赔偿，不得超过预计的运费数额。在租约未执行的情况下，船东至少向经纪人支付按预计运费和空舱费计算的经纪费的 1/3 作为经纪人所付费用和劳务的补偿。在航次不止一次的情况下，补偿额由双方议定。

9. 共同海损。共同海损按 1974 年约克·安特卫普规则理算。共同海损费用即使系船东雇佣人的疏忽或过失引起的，货主亦应按货物比例参与分摊。

10. 绕航。船东有权为任何目的，按任何顺序，停靠任何港口；有权在无引水员的情况下航行；有权拖带或救助任何位置的船舶；有权为救助人命或财产而绕航。

将《海牙规则》的有关规定与金康合同相比，金康合同的规定对船东或承运人更为有利。主要表现在以下几个方面：

（1）责任范围：金康合同的船东或承运人仅对积载不良或疏忽；或船东或其经理人本人的行为或过失或未恪尽职守导致不适航以及船舶人员配备、设备安装、船舶供应不适当引起的货物灭失、损坏或延迟支付承担责任。而在提单项下，船东或承运人要为所雇佣人员如船长、船员的疏忽或过失导致的不适航承担责任。

（2）绕航：金康合同给予船东充分的绕航权利。它规定，船东有权为任何目的，按任何顺序，停靠任何港口，有权在没有引水员的情况下航行，有权拖带及援助任何位置的船舶，也有权为救助人命或财产而进行绕航。而提单项下承运人只能进行合理绕航，即只有在为救助海上人命或在提单中有明确授权以及与承运人运输义务不相抵触的情况下才能绕航。

（3）滞期费：金康合同规定了装货时间和卸货时间，超过时限要交纳滞期费。滞期费的计算和支付以超过规定装卸期限的 10 天为限。如果滞期超过 10 天，则就超出 10 天以上的滞期不再按双方约定的滞期费率计算，而按实际航运损失，即按违约损失计算。这种延误损失费（Damage for Detention）一般均高于滞期费。提单运输中则没有滞期费的规定。

（4）赔偿费：金康合同规定，对不履行租约的损害赔偿，不得超过预计运费金额。当租船人违约时，这种赔偿方法对船东来说是合理的；但当船东违约时，给承租人及其货物不能及时装运造成的损失可能大大超过预计运费，因此，这种赔偿方法对承租人来说则可能是极不合理的。提单运输中的赔偿限额规定尽管也不尽合理，但毕竟接近于实际损失，应以托运人申报的价值为基础给予赔偿。

（5）提单：关于提单的《海牙规则》不适用租船合同。金康合同中有关提单的规定只涉及运费的支付。该合同第 9 条规定，船长按约定运费率签发提单时，不得有损于本租约。当提单中的运费数额少于全部租船运费时，其差额在

第三章

签发提单时应以现金向船长支付。

由于《海牙规则》不适用租船合同，而各船公司在制订标准合同时又往往不可避免地有利于本公司，因此，实践中，租船人通常力争把《海牙规则》、《美国海上货物运输法》等的有关内容纳入租船合同中，用以平衡船舶所有人和租船人对货物承担的责任。

（二）定期租船

定期租船合同是指出租人在一定期限内把船舶出租给承租人供其按约定的用途使用的书面协议。在定期租船合同中，出租人出租整个船舶，承租人按月或日支付租金。国际上常见的定期租船标准合同有纽约物产交易所（New York Produce Exchange，以下简称 NYPE）制定的《定期租船合同》（Time Charter），波罗的海国际航运公会（BIMCO）制定的《统一定期租船合同》（Uniform Time Charter）以及我国租船公司制定的《中外定期租船合同》（Sino Time Charter）等。

北京中国租船公司制定的《中外定期租船合同》共 36 条，主要内容如下：[1]

1. 船东保证条款。

（1）船舶适航。①船东保证在交船之日及在整个租期内船舶与船东提供的船舶规范相符，如有不符，租金降至足以赔偿承租人遭受的损失；②在交船之日及在整个租期内，船舶紧密坚实、牢固，处于良好的工作状态，在各方面适于货运。船壳、机器、设备处于充分有效状态，并按规定人数配齐合格船长、船员、水手。

（2）航行范围。期租约中，通常船东只保证承租人在有限的营运范围内活动。超出该范围，则由承租人承担船舶保费和其他一切损失。中国租船公司的期租约保证：本船在伦敦保险业学会保证条款的范围内在本船能安全浮起的安全港口、锚地或地点进行合法贸易。在船东保险人承保的情况下，租船人可到许可以外的地区或在船东支付无险附加保费的地区进行贸易。如本船航行中国受阻，租船人有解除租约的选择权。

（3）交船。船东要向租船人发出预计交船日和确定交船日的通知，交船日船东未准备就绪并交付，则承租人有解除租约的选择权。交船时，货仓须打扫干净，适于接收货物。交船港口应是租船人指定的、能安全浮起的港口。租船人接受了交船，不构成承租人放弃其依据租约享有的权利。

---

[1] 我国《海商法》对定期租船合同内容的规定比较简要、原则化，主要包括：出租人和承租人名称、船名、船籍、船内吨位、容积、船速、燃料消耗、航区、用途、租船期间、交船和还船的时间、地点及条件、租金及其支付以及其他有关事项。《中外定期租船合同》比法律的规定更为详尽，更便于操作。

（4）船东供应项目。船东供应并支付船长、船员、水手的全部食品、工资、领事费及其他费用；供应并支付甲板、房舱、机舱照明及必需用品；供应并支付全部润滑油及淡水、船舶保险金及修船和保养费。

（5）提单。《海牙规则》不适用于租船合同，却适用于租船合同下签发的已转让给第三者的提单。中国租船公司的期租约规定，根据船长签发的或应承租人要求授权承租人签发的提单，船东或其经理人作为承运人，按《海牙规则》第3条和第4条的规定（第3条第6款除外，第4条第5款中以700元人民币代替100英镑），对提单下所载货物的短少、灭失、残损负责。

2. 租船人责任条款。

（1）租船人供应项目。租船人供应并支付航行所需燃油、港口、运河、码头的各种捐、税、费以及装舱、理货、上船执行公务官员所需各种费用。

（2）租金。与航次租船合同不同，租金不考虑货物重量或航线。中国期租约规定的租金是按船舶载重吨每月计算，每半月支付一次。第一次租金在交船后7个银行营业日内支付。以后各次在到期日前7个银行营业日内预付。租船人未履行支付义务时，出租人有权撤船并可对船上货物行使留置权。

（3）停租。在发生以下情况时，承租人有停止支付租金的权利：①船东违反船舶规范与适航义务以及其他租约义务，导致停工和时间延误；②船舶或货物遇到海损事故及维修造成延误；③船长、船员或水手罢工、拒航或失职；④因船东及雇佣人员的原因导致船舶被扣留；⑤因恶劣天气发生的绕航、折返或挂靠非租船人指示的港口；⑥因装卸设备损坏导致开工不足或时间延误。当延误时间达6周以上，租船人有解约的选择权。停租时间可计入租期内，并且因时间延误导致的额外费用（装卸工的停时费、罚金等），由船东承担并可由承租人从租金中扣除。

（4）租期和还船。租期届满，租船人应将预计还船时间和港口提前10天通知船东。返还的船舶应保持与出租时大体相同的良好状态并应在安全、没有冰冻的港口返还。当还船日超过租期时，则按返还时较高租率支付超期租金。

（5）装卸。装卸工和理货员由租船人安排，但作为船东的雇员，接受船长的指示和指导。因此，租船人对装卸人员的疏忽、过失或判断错误，对引水员、拖船或装卸人员因疏忽或装载不良造成船舶灭失或损坏不承担责任。

# ■第二节　国际航空货物运输法

## 一、国际航空货物运输的国际公约

国际航空货物运输是指用航空器运送货物并收取运费的国际运输。随着国际航空事业的发展，航空运输方式在国际贸易中得到日益广泛的使用。航空货物运输快捷、方便、卫生、安全，特别适于运送鲜活商品、易碎易损和贵重物品。国际航空货物运输法就是调整国际航空货物运输的法律规范的总称。这些法律规范既包括相关国内法，也包括相关国际公约和国际惯例。目前，调整国际航空货物运输关系的国际公约主要有：

1.《统一国际航空运输某些规则的公约》，简称《华沙公约》，1929 年在华沙签订，1933 年 2 月 13 日生效。我国于 1958 年加入该公约。

2.《修改 1929 年统一国际航空运输某些规则的公约的议定书》，简称《海牙议定书》，签订于 1955 年 9 月，1963 年 8 月 1 日生效。我国于 1975 年加入该议定书。

3.《统一非缔约承运人所办国际航空运输某些规则以补充华沙公约的公约》，简称《瓜达拉哈拉公约》，签订于 1961 年，1964 年 5 月 1 日生效。我国未加入该公约。

4.《蒙特利尔公约》。1999 年《蒙特利尔公约》产生之前的华沙公约体系被称为旧的华沙公约体系，其每个文件均是独立的条约。但这些条约的参加国不完全相同，加之先前几次的修改补充不仅没有实现国际航空运输规则的进一步统一，反而使得《华沙公约》原本确立的统一航空承运人责任制度陷入严重混乱。有鉴于此，在 1975 年的蒙特利尔外交会议上，一些国家建议国际民航组织起草一个合并所有华沙公约体系文件的统一文本，改变承运人责任制度的混乱状态。1999 年 5 月 10 日，国际民航组织在加拿大的蒙特利尔召开由国际民航组织的成员国和主要航空运输组织及一个非成员国参加的航空法国际会议的外交大会，5 月 28 日通过了新公约——《统一国际航空运输的某些规则的公约》（与《华沙公约》同名，Convention for the Unification of Certain Rules for International Carriage by Air），简称 1999 年《蒙特利尔公约》（Montreal Convention），公约于 2003 年 11 月 4 日生效。我国于 2005 年 2 月 28 日批准了该公约。

公约共有 7 章 57 条，内容如下：总则；关于旅客、行李与货物运输的凭证和当事方的责任；承运人的责任和赔偿损害的范围；联运非立约承运人进行的运输；其他规定和最后条款。公约适用于国际运输。国际运输是指根据当事人的约定，不论在运输中有无间断或者转运，其出发地点和目的地点是在两个缔约国的领土内，或者在一个缔约国的领土内，而在另一国的领土内有一个约定的经停地点的任何运输。

与旧的华沙公约体系相比，1999 年《蒙特利尔公约》在国际航空货物运输方面具有如下特点：

（1）关于货物运输的凭证和当事方的责任更加详细。1999 年《蒙特利尔公约》第二章专门规定了关于货物运输的凭证和当事方的责任问题，但远比《华沙公约》第二章的规定更加详细具体。该章主要吸收了《蒙特利尔第 4 号议定书》和《危地马拉议定书》的相关内容，并加以完善。该章主要规定如下：①承运人除可提交传统的纸制单证外，也可以用任何其他保存客票资料的方法或任何保存所作运输的记录的方法代替交给客票或航空货运单，并出具书面说明或货物收据，作为签订合同、接受承运标的与运输条件的证明。②《华沙公约》和《海牙议定书》规定了惩罚性的条款，即承运人不交客票或行李票、航空货运单而承运，客票或行李票、航空货运单没有载明受《华沙公约》或《海牙议定书》约束的条款，承运人无权援用公约中的免除或限制责任。1999 年《蒙特利尔公约》取消该惩罚性的条款。③在航空货运单或货物收据的内容方面，要求载明托运货物的性质与重量，但取消了载明受《华沙公约》或《海牙议定书》约束的条款的要求。同时还规定，承运人必要时可要求托运人提交说明货物性质的证件。④托运人和承运人的签字可以印刷或盖章。同时还取消了承运人应该在货物装入航空器之前签字的要求。

（2）对承运人责任制度和赔偿损害的范围进行了修改。在货物毁灭、遗失或损坏方面，公约基本上采用了《蒙特利尔第 4 号议定书》的规定，即实行严格责任制。对于因货物毁灭、遗失或损坏而产生的损失，只要造成损失的事件是在航空运输期间发生的，承运人就应当承担责任。但是，承运人证明货物毁灭、遗失或损坏是由下列一个或几个原因造成的，承运人不承担责任：货物的固有缺陷、质量或瑕疵；货物非由承运人或其受雇人或代理人包装，包装有缺陷；战争或武装冲突行为；公共当局对货物入境、出境、过境所实施的行为。

在货物运输中造成毁灭、遗失或损坏或延误的，公约仍实行限额赔偿，即以每公斤 17 个特别提款权为限，除非交运货物时特别申报其价值。

（3）货物延误的限额赔偿。公约规定，货物在航空运输中因延误引起的损失，承运人应当承担责任。但是，承运人证明其本人及其受雇人或代理人为避免损失的发生已经采取一切可能采取的措施或不可能采取此种措施的，承运人不承担责任。由此可见，公约对货物在航空运输中因延误引起的损失，仍都实行推定过失责任制和限制责任制。

（4）关于赔偿限额例外的引用。由于《华沙公约》第 25 条有关责任限制的例外表述不清，提供了避开限额规定的借口，因此，公约取消了"有意和不良行为"的提法，而是具体规定，如能够证明损失是承运人或其受雇人或代理人有意造成或知道很可能造成损失而不顾后果的行为或不行为引起的，关于客运延误、行李与货物的赔偿限额规定不适用。

（5）禁止惩罚性或其他非补偿性的损害赔偿。公约第 29 条规定，在任何旅客、行李或货物的损害赔偿和延误赔偿诉讼中，均不得判处惩罚性、惩戒性或其他非补偿性的损害赔偿。该条制定的目的旨在防止以惩罚、惩戒等理由突破责任限额。

（6）增加了仲裁条款。公约规定，货物运输合同的当事人可以约定，有关公约中的承运人责任所发生的任何争议通过仲裁解决。仲裁协议应该以书面形式订立。

（7）《蒙特利尔公约》与旧华沙公约体系文件的关系。为厘清 1999 年《蒙特利尔公约》与旧华沙公约体系文件的关系，《蒙特利尔公约》规定，在下列条件下，该公约优先于国际航空货物运输适用的任何规则：①在《蒙特利尔公约》当事国间进行的国际航空运输，并且当事国都是 1929 年《华沙公约》、1955 年《海牙议定书》、1961 年《瓜达拉哈拉公约》、1971 年《危地马拉议定书》、1975 年四个《蒙特利尔议定书》的缔约方；②在《蒙特利尔公约》一个当事国进行，而该当事国是上述公约中一个或几个文件的缔约国。

**二、《蒙特利尔公约》下的国际航空货物运输规则**

国际航空货物运输通常是由托运人（或货主）与承运人通过签订货物运输合同进行的。鉴于我国已加入《蒙特利尔公约》（以下简称《公约》），因此，该公约关于国际航空运输的规则至关重要。

（一）航空货运单

根据《公约》的规定，承运人有权要求托运人填写航空货运单并对多包货物要求分别填写货运单。任何保存将要履行的运输记录的其他方法都可以用来代替出具航空货运单。因此，只要能起到识别货物并能获得履行运输记录的方法包括纸单证和电子单证、货物收据等都可以起到航空货运单的作用。

货运单一式三份，第一份经托运人签字后交承运人；第二份附在货物上，由托运人和承运人签字后交收货人；第三份由承运人在收货后签字交托运人。《海牙议定书》改为承运人在货物装机以前签字。承运人和托运人的签字可以印刷或盖章。货运单是双方订立合同、接受货物和承运条件以及记载货物重量、尺寸、包装、件数等的书面凭证。作为货物的权利凭证，货运单不可转让。但《海牙议定书》允许填发可以流通的航空货运单。

航空货运单或货物收据的内容主要有三项：①启运地和目的地。②经停地点。如启运地和目的地是在一个当事国的领土内，而在另一国领土内有一个或几个约定的经停地点，则至少要标示出一个经停地点。在必要时，经停地点可以由承运人加以变更，但不得使该运输丧失其国际性。按照公约的规定，所谓国际航空运输是指出发地和目的地分处两个缔约国境内，或在一个缔约国领土内但在另一缔约国或非缔约国内有经停地点。在后一种情况下，如承运人将经停地点变更为也在启运地和目的地所在国领土内，则该运输就会丧失国际性。有鉴于此，《海牙议定书》取消了承运人的这一权利。③货物重量。根据公约第9条的规定，即使未遵守上述关于货运单规定的，也不影响运输合同的存在或有效，该运输合同受公约规则的约束包括有关责任限制的约束。

根据《公约》的规定，如果承运人接受了货物但未填写货运单，则承运人无权援引关于免除或限制承运人责任的规定。

（二）托运人的责任

根据《公约》的规定，托运人承担如下责任：①托运人对货运单上关于货物的各项说明和声明的正确性及由于延误、不合规定、不完备给承运人及其代理人造成的损失承担责任。②托运人在履行运输合同所规定的一切义务的情况下有权在启运地、目的地将货物提回或在途中经停时终止运输，或将货物运交非货运单上指定的收货人，并偿付由此产生的费用，同时不得使承运人或其他托运人遭受损失。③托运人需提供各种必要资料以便完成货交收货人前的海关、税务或公安手续，并将有关证件附货运单交给承运人并承担因资料或证件缺乏、不足或不合规定给承运人造成的损失。

（三）承运人的责任与免责

根据《公约》的规定，承运人的责任如下：

1. 承运人对航空运输期间发生的货损、货物灭失、延误承担责任。公约第18条规定，对于因货物毁灭、遗失或者损坏而产生的损失，只要造成损失的事件是在航空运输期间发生的，承运人就应当承担责任。所谓航空运输期间，指货物在承运人掌管之下的期间。不论在航空站内还是站外，航空器上或航空站外降落的任何地点，不包括航空站外任何陆运、海运或河运。但如果这种运输是为了履行空运合同，是为了装货、交货或转运，则也视为航空期间。对于因货物毁灭、遗失或者损坏而产生的损失，只要造成损失的事件是在航空运输期间发生的，承运人就应当承担责任。

但是，承运人证明货物的毁灭、遗失或者损坏是由于下列一个或者几个原因造成的，在此范围内承运人不承担责任：①货物的固有缺陷、质量或者瑕疵；②承运人或者其受雇人、代理人以外的人包装货物的，货物包装不良；③战争行为或者武装冲突；④公共当局实施的与货物入境、出境或者过境有关的行为。

《公约》还规定，货物在航空运输中因延误引起的损失，承运人应当承担责任。但是，承运人证明其本人及其受雇人和代理人为了避免损失的发生已经采取一切可能采取的措施或者不可能采取此种措施的，承运人不对因延误引起的损失承担责任。

2. 限额赔偿。承运人对货物损失的赔偿责任以每公斤 17 特别提款权为限。如托运人在交货时特别声明货物价值，并交纳了必要的附加费，则承运人的赔偿额以所声明的价值为限。作为部分灭失、损坏和延误的赔偿重量仅限于该包件或数包件的总重量。

当货物损失是由索赔人或权利受让人的过失或其他不当作为、不作为引起或助成，则以其程度全部或部分免除承运人的责任。

《公约》中规定的承运人免责和损害赔偿限额是一个最低标准，任何超出公约免责范围并规定更低赔偿金额的合同条款，一律无效。

当货物的损坏和灭失是由于承运人及其代理人和受雇人员故意的不良行为引起时，承运人则无权援引公约关于免责和限制责任的规定。

有关损害赔偿的诉讼，不管是基于本公约、合同、侵权还是其他任何理由，均不得给予惩罚性、惩戒性或任何其他非补偿性的损害赔偿。

（四）索赔与诉讼时效

收货人在发现货损时，最迟应在收货后 14 天内提出异议；如发生延误，最迟应在收货后 21 天内提出异议。异议要以书面方式提出。除非承运人有诈欺行为，否则超过规定期限收货人不能对承运人起诉。有关赔偿的诉讼，应在航空器到达目的地之日起 2 年内提出，否则丧失要求损害赔偿的权利。

诉讼地点由原告选择，可以是承运人住所地、主要营业所在地、目的地或合同订立地的法院。

根据《公约》的规定，由几个连续承运人办理的航空运输，第一承运人和每一段运输的承运人要对托运人和收货人负连带责任。

# ■第三节　国际铁路货物运输法

国际铁路货物运输法是调整国际铁路货物运输的法律规范的总称。国际铁路货物运输是指由两个或两个以上国家铁路部门承担的货物运输。铁路运输不受气候影响，连续性强，载货量比空运大，速度比海运快，风险较海运、空运都小。国际铁路运输主要适用内陆接壤国家之间的货物运输。我国除东南沿海地区外，利用地缘优势与周边国家开展了广泛的经济贸易合作。世界上最大的一条国际铁路运输线——西伯利亚大陆桥运输横贯我国，东起连云港，西至新疆阿拉山口，可穿越独联体各国，直通西亚到欧洲鹿特丹。随着我国全方位的对外开放，国际铁路货物运输在我国对外经济贸易中大有可为。

## 一、国际铁路货物运输的国际公约

目前，关于国际铁路货物运输的公约有两个：

1. 《国际货约》（CIM），全称《关于铁路货物运输的国际公约》，1961 年在伯尔尼签字，1970 年 2 月 7 日修订，1975 年 1 月 1 日生效。其成员国包括了主要的欧洲国家，如法国、德国、比利时、意大利、瑞士、瑞典、西班牙及东欧各国，此外还有西亚的伊朗、伊拉克、叙利亚、西北非的阿尔及利亚、摩洛哥、突尼斯等共 28 国。

2. 《国际货协》（CMIC），全称《国际铁路货物联合运输协定》，1951 年在华沙订立。我国于 1953 年加入。1974 年 7 月 1 日生效的修订本，其成员国主要是苏联、东欧加上我国、蒙古、朝鲜、越南共计 12 国。1990 年民主德国与联邦德国合并，民主德国退出《国际货协》。此后，捷克斯洛伐克、匈牙利、罗马尼亚相继退出，但仍承认《国际货协》的规定。1991 年，苏联解体，15 个加盟共和国各自独立。除亚美尼亚未加入《国际货协》外，其余独联体国家都加入了《国际货协》。加上阿尔巴尼亚、波兰、保加利亚、中国、越南、朝鲜、蒙古、伊朗共 22 国。《国际货协》的一些东欧国家又是《国际货约》的成员国，这样《国际货协》国家的进出口货物可以通过铁路转运到《国际货约》的成员国去，这为沟通国际铁路货物运输提供了更为有利的条件。我国是《国际货协》的成员国，凡经由铁路运输的进出口货物均按《国际货协》的规定办理。

**二、《国际货协》对国际铁路货物运输的规范**

**（一）《国际货协》的适用范围**

《国际货协》对铁路、发货人、收货人都具有约束力。协定不适用于下列情况的货物运输：①发站和到站在同一国境内，而用发送国的列车只通过另一国家过境运送时；②两国车站间用发送国或到达国列车通过第三国过境运送时；③两邻国车站间全程都用某一方铁路的列车，并按照这一铁路的国内规章办理货物运送时。

**（二）合同的订立**

《国际货协》第 6、7 条规定，发货人在托运货物的同时，应对每批货物按规定的格式填写运单和运单副本，由发货人签字后向始发站提出。从始发站在运单和运单副本上加盖印戳时起，运输合同即告成立。

运单是铁路收取货物、承运货物的凭证，也是在终点站向收货人核收运杂费用和提交货物的依据。与提单不同，运单作为货物权利凭证不能转让。运单副本在加盖印戳后退还发货人，并成为买卖双方结清货款的主要单据。

**（三）托运人的权利义务**

根据《国际货协》的规定，托运人承担以下义务：

1. 如实申报。托运人应对其在运单中所填写的和声明的事项的正确性负责，并对于记载和声明的事项的不正确、不确切或不完备以及未将应报事项记入运单造成的一切后果承担责任。

2. 文件完整。托运人必须将货物在运送途中为履行海关和其他规章所需要的添附文件附在运单上。托运人不履行这一义务，铁路有权拒绝承运货物。此外，托运人要对没有添附这些文件或文件不齐全、不正确造成的后果负责。

3. 货物的交付和拒收。托运人在填写运单的同时，要提交全部货物和付清运费及有关费用。提交的货物可以是整车，也可以是零担。但不得属于下列货物：①邮政专运物品；②炸弹、炸药和军火；③《国际货协》附件（四）中所列的危险物品；④重量不足 10 公斤的零担货物。

凡属于金、银、白金制品、宝石、贵重毛皮、电影片、画、雕像、古董、艺术制品和特种光学仪器等贵重物品，均应声明其价值。

货物到达终点时，收货人有权凭单领取货物。当运单项下货物的毁损导致全部或部分货物不能按原用途使用时，有权拒收货物，并按规定向承运人提出索赔。即使运单中所载货物短少、毁损，也应按运单向承运人支付全部运费。在这种情况下，收货人按赔偿请求手续，对未支付的那一部分货物，有权领回其按运单所支付的款额。如属无理拒绝收领货物，则要向承运人支付罚款。

4. 运送费用的支付和计算。运送费用包括货物的运费、押运人的乘车费、杂费及与运送有关的其他费用。按照《国际货协》第 13、15 条的规定：①发送国铁路的运送费用、按发送国的国内运价计算。在始发站由发货人支付。②到达国铁路的运送费用，按到达国铁路的国内运价计算。在终点站由收货人支付。③如货物始发站和到达的终点站属于两个相邻国家且无需经由第三国过境运输，且两国间订有直通运价规程时，则按运输合同订立日有效的直通运价规程计算。④如货物需经第三国过境运输时，过境铁路的运输费，应按运输合同订立日有效的国际货协《关于统一过境运价规程的协约》（以下简称《统一货价》）[1]的规定计算，可由始发站向发货人核收，也可由到达站向收货人核收。但如按《统一货价》的规定，各过境铁路运送费必须由发货人支付时，则不得将该项费用转由收货人支付。

---

[1] 《统一货价》是参加《关于统一过境运价规程的协约》的成员国之间关于办理联运货物的手续和各种运杂费计算以及罚款的规章。过去从属于《国际货协》。鉴于东欧的变化，1991 年 6 月 27 日，由保加利亚、中国、朝鲜、蒙古、罗马尼亚和苏联的铁路部门在波兰华沙对原《统一货价》进行修订、补充。同年 7 月 1 日新《统一货价》施行。根据规定，《统一货价》不再从属于《国际货协》，而具有独立的法律地位，其费率也由原卢布改为以瑞士法郎计价。我国铁路自 1991 年 9 月 1 日起实施上述规定。

对于各国铁路之间的清算办法，按照《国际货协》第 31 条的规定，原则上，每一铁路在承运或交付货物时向发货人或收货人按合同规定核收运费和其他费用之后，必须向参加这次运输业务的各铁路支付各该铁路应得部分的运送费用。

5. 变更合同。按照《国际货协》的规定，发货人和收货人在填写变更申请书后，有权在协定允许的范围内对运输合同作必要的变更。发货人有如下权利：①可以在始发站将货物领回；②变更到站；③变更收货人；④将货物运还始发站。收货人有如下权利：①可以在到达国范围内变更货物的到达站；②变更收货人。但无论是发货人还是收货人，都只能各自对合同变更一次，并且在变更合同时，不得将一批货物分开办理。同时，变更合同的当事人要对因变更合同发生的费用和损失负责。

（四）承运人的权利义务

1. 承运人的责任期间。根据《国际货协》的规定，从签发运单时起至终点交付货物时止为承运人的责任期间。在这个期间内，承运人对货物因逾期以及全部或部分灭失、毁损造成的损失负赔偿责任。

2. 核查运单和货物。铁路有权检查发货人在运单中所记载的事项是否正确，并在海关和其他规章有规定的情况下或为保证途中行车安全和货物完整，在途中检查货物的内容。

3. 执行或拒绝变更合同。根据《国际货协》的规定，在下列情况下，铁路承运人有权拒绝托运人（发货人或收货人）变更运输合同或延缓执行这种变更：①执行变更的铁路车站在收到变更申请始发站或到站的通知后无法执行；②与参加运送的铁路所属国家现行的法令和规章相抵触；③违反铁路营运管理；④在变更到站的情况下，货物价值不能抵偿运到新指定到达站的一切费用。

当铁路承运人按托运人指示变更运输合同时，有权按有关规定核收变更运输合同后发生的各项运杂费用。

4. 连带责任。按照《国际货协》第 21 条的规定，按运单承运货物的铁路，应负责完成货物的全程运输，直到在到达站交付货物时止。每一继续运送货物的铁路，自接收附有运单的货物时起，即参加这项运输合同并因此而承担义务。

5. 免责。根据《国际货协》第 22 条的规定，在下列情况发生时，免除承运人责任：①铁路不能预防和不能消除的情况；②因货物的特殊自然性质引起的自燃、损坏、生锈、内部腐坏及类似结果；③由于发货人或收货人过失或要求而不能归咎于铁路者；④因发货人或收货人装、卸车原因造成；⑤由发送铁路规章许可，使用敞车类货车运送货物；⑥由于发货人或收货人的货

第三章

物押运人未采取保证货物完整的必要措施；⑦由于承运时无法发现的容器或包装缺点；⑧发货人用不正确、不确切或不完全的名称托运违禁品；⑨发货人在托运时需按特定条件承运货物时，未按本协定的规定办理；⑩货物在规定标准内的途耗。

根据情况推定，当货损发生可归责于上述第①、③项的原因时，由铁路负责提出证明；发生可归责于除第①、③项以外的原因时，则只要收货人或发货人不能证明是由于其他原因引起时，即应认为是由于这些原因造成的。

此外，在运输途中发生雪（沙）灾、风灾、崩陷和其他自然灾害，或因按有关国家政府指示发生其他行车中断或限制的情况，致使货物未能按规定的运达期限运达时，铁路亦可免责。

6. 留置权。为了保证核收运输合同项下的一切费用，铁路当局对货物可行使留置权。留置权的效力，依货物交付地国家的法令和规章的规定。

7. 赔偿限额。根据《国际货协》第 22 条的规定，铁路对货物损失的赔偿金额在任何情况下不得超过货物全部灭失时的金额。

当货物遭受损坏时，铁路赔付额应与货价减损金额相当。

当货物全部或部分灭失时，赔偿额按外国售货者在账单上所开列的价格计算；如发货人对货物价格另有声明时，按声明的价格给予赔偿。

当逾期交货时，铁路应以所收运费为基础，按逾期长短，向收货人支付规定的逾期罚金。逾期不超过总运到期限的 1/10 时，支付相当于运费的 6% 的罚款；逾期超过总运到期限的 4/10 时，应支付相当于运费 30% 的罚款等。

（五）赔偿请求与诉讼时效

《国际货协》第 28 条规定，发货人和收货人有权根据运输合同提出赔偿请求，赔偿请求可以以书面方式由发货人向发送站提出，或由收货人向收货站提出，并附上相应根据、注明款额。

关于索赔人，公约规定：①运单项下货物全部灭失时，由发货人提出，同时须提出运单副本；或由收货人提出，同时提出运单或运单副本。②货物部分灭失、毁损或腐坏时，由发货人或收货人提出，同时须提出运单及铁路在到达站交给收货人的商务纪录。③逾期交货时，由收货人提出，同时须提出运单。④多收运送费用时，由发货人按其已交付的款额提出，同时必须提出运单副本或发送站国内规章规定的其他文件；或由收货人按其所交付的运费提出，同时须提出运单。

铁路自有关当事人向其提出索赔请求之日起，必须在 180 天内审查该项请求，并予以答复。发货人或收货人在请求得不到答复或满足时，有权向受理赔偿请求的铁路所属国家的法院提起诉讼。

根据《国际货协》第30条的规定，有关当事人依据运输合同向铁路提出的赔偿请求和诉讼，以及铁路对发货人和收货人关于支付运送费用、罚款和赔偿损失的要求和诉讼，应在9个月期间内提出；关于货物运到逾期的赔偿请求和诉讼，应在2个月期间内提出。其具体诉讼时效起算日如下：①关于货物毁损或部分灭失以及运到逾期的赔偿，自货物交付之日起算。②关于货物全部灭失的赔偿，自货物运到期限届满后30日起算。③关于补充运费、杂费、罚款的要求，或关于退还这项款额的赔偿请求，或纠正错算运费的要求，应自付款之日起算；如未付款时，应自交货之日起算。④关于支付变卖货物的余款的要求，自变卖货物之日起算。⑤在其他所有情况下，自确定赔偿请求成立之日起计算。

时效期间已过的赔偿请求和要求，不得以诉讼形式提出。

## ■第四节　国际货物多式联运法律制度

### 一、国际货物多式联运的特点

随着国际贸易中越来越多的使用集装箱运送货物，出现了一种新的运输方式——货物的多式联运。它是以至少两种不同的运输方式将货物从一国接管货物的地点运至另一国境内指定交付货物的地点。与传统的单一运输方式相比，集装箱多式联运，特别是在成组运输的情况下，大大简化和加速了货物的装卸、搬运程序，运输服务可以从过去的港至港一直延伸到门至门，减少货损货差，减少成本和费用，为国际贸易提供了一个更为理想、畅通、安全、经济、便利的运输方式。目前在我国，集装箱多式联运只占港口总吞吐量的3%左右。而发达国家90%以上都已实现多式联运。

多式联运提出了许多新的法律问题，如：①货物风险的划分：包括在买卖双方之间如何确定风险转移以及在若干不同的承运人之间如何确定货物损失的分担。②法律适用问题：对传统的单一运输方式，国际上都已有相应的国际公约来调整有关当事人之间的关系。例如，海运适用《海牙规则》中的有关规定，空运有《华沙公约》、《海牙议定书》和《蒙特利尔公约》，铁路运输有《国际货协》的规定等。这些公约对承运人的责任、免责、赔偿限额等各有不同的规定。在多式联运中，由于货物是装在集装箱中运输，有时难以确定货物损失究竟发生在联运中的哪一个区段，于是出现了适用哪种运输方式的公约来确定承运人的责任和赔偿金额问题。③运输单据的性质问题：根据《海牙规则》，海运提单不但是运输合同的凭证，还可以作为物权凭证进行转让。但《华沙公约》和《国际货协》规定空运单和铁路运单不具有物权凭证的性质，只起运输合同凭证的作用。[1]当多式联运中包括海运、空运和（或）陆运时，联运单据是否可以具有物权凭证的性质和作用。④承运人和货主的关系问题：在单一运输方式中，运输合同确定了承运人和货主之间的关系。在多式联运中，有多式联运的经营人（以下简称"联运人"）和某一运输区段的实际承运人。当发生索赔案件时，发货人或收货人应向谁索赔？或是可以向两者中任何一方索赔？

**二、《联合国国际货物多式联运公约》**

为了解决这些法律问题，国际社会作出了各种努力。1980 年 5 月在联合国贸易与发展会议的主持下，制定并通过了《联合国国际货物多式联运公约》（以下简称《联运公约》）。我国在会议最后文件上签了字。到 2009 年 8 月，《联运公约》尚未生效。

（一）国际多式联运定义

《联运公约》第 1 条规定，国际多式联运是指按照多式联运合同，以至少两种不同的运输方式，由多式联运经营人将货物从一国境内接管货物的地点运至另一国境内指定交付货物的地点。为履行单一方式运输合同而进行的该合同所规定的货物接送业务，不视为国际多式联运。

（二）多式联运单据

多式联运单据是证明多式联运合同及多式联运经营人接管货物并按合同条款提交货物的证据。根据《联运公约》的规定，多式联运单据依发货人的选择可作成可转让单据或不可转让单据。实践中，只有单据的签发人承担全程责任时，才有可能作成可转让的单据。此时，多式联运单据具有物权凭证的性质和作用。在作成可转让单据时，应列明按指示或向持票人交付。凭指示交付，经背书方可转让；向持票人交付，无需背书即可转让。当签发一份以上可转让多式联运单据正本时，应注明正本份数。收货人只有提交可转让多式联运单据才能提取货物。多式联运经营人按其中一份正本交货后，即履行了交货义务。如签发副本，则应注明"不可转让副本"字样。如签发不可转让多式联运单据，则应指明记名的收货人。多式联运承运人将货物交给不可转让单据所指明的记名收货人才算履行了交货义务。

《联运公约》第 8 条规定了多式联运单据的 15 项内容：①货物品类、标志、危险特征的声明，包数或件数，毛重；②货物的外表状况；③多式联运经营人的名称与主要营业地；④发货人名称；⑤收货人名称；⑥多式联运经营人接管货物的时间、地点；⑦交货地点；⑧交货日期或期间；⑨联运单据可转让或不可转让的声明；⑩联运单据签发的时间，地点；⑪联运经营人或其授权人的签

---

〔1〕《海牙议定书》对《华沙公约》作了修改，规定航空货运单可以作成可转让的。

字；⑫每种运输方式的运费，用于支付的货币、运费由收货人支付的声明等；⑬航线、运输方式和转运地点；⑭关于多式联运遵守本公约规定的声明；⑮双方商定的其他事项。

根据《联运公约》的规定，以上一项或数项内容之缺乏，不影响单据作为多式联运单据的性质。

如果多式联运经营人及其代表知道或有合理根据怀疑多式联运单据所列货物品类、标志、包件数或数量、重量等没有准确地表明实际接管货物的状况，或无适当方法进行核对，经营人应在单据上作出保留，注明不符之处及怀疑根据或无适当的核对方法。如不加批注，则视为他已在多式联运单据上注明货物外表状况良好。

多式联运单据的签发，并不排斥在必要时按照适用的国际公约或国家法律签发同国际多式联运所涉及的运输或其他服务有关的其他单据，但这种单据的签发不得影响多式联运单据的法律性质。

（三）多式联运经营人的赔偿责任

根据《联运公约》的规定，多式联运经营人是指其本人或通过其代表订立多式联运合同之人。他不是发货人的代理人或代表，也不是参加多式联运的承运人的代理人或代表。其作为多式联运合同的原主，负有履行合同的责任。

1. 责任期间。《联运公约》实行的是多式联运经营人的全程统一责任制，即自其接管货物之日起到交付货物时为止的整个期间承担责任。当收货人无理拒收货物时，则按照合同或交货地点适用的法律或特定行业惯例，将货物置于收货人支配之下，或交给依交货地点适用的法律或规章必须向其交付的当局或其他第三方。

2. 赔偿范围与责任限制。根据《联运公约》确定的推定过失或疏忽原则，多式联运经营人对在其掌管货物期间内发生的货物灭失、损坏和延迟交付引起的损失承担赔偿责任。所谓延迟交付，指未在约定的时间里交货或未在根据具体情况对一个勤奋的多式联运经营人所能合理要求的时间内交付。当确定的交货日届满后连续90天内未交货，则视为货物已经灭失。

多式联运经营人应对其受雇人或代理人在其受雇范围内从事的作为或不作为以及为履行多式联运合同而使用其服务的任何其他人的作为或不作为，视同他本人的作为或不作为一样，承担赔偿责任，除非联运经营人能证明其本人、受雇人或代理人为避免事故发生及其后果已采取了一切所能合理要求的措施。

《联运公约》规定了对货物灭失和损坏的赔偿责任，限制为每件920记账单位或按毛重每公斤不超过2.75记账单位，以较高者为准。如多式联运中不包括海运或内河运输，则按毛重每公斤8.33记账单位计算。所谓记账单位，是指国际货币基金组织规定的特别提款权。对延迟交货的损害赔偿为相当于对延迟交付的货物应付运费的 2 倍半，但不得超过联运合同规定的应付运费的总额。

如果能确切知道货物的灭失或损坏发生于多式联运的某一特定阶段，而这一阶段适用的一项国际公约或强制性国家法律规定的赔偿限额高于适用联运公约规定的赔偿限额，则多式联运经营人的赔偿限额由适用该特定区段的国际公约或国家强制性法律规定予以确定。

如经证明货物的灭失、损坏或延迟交付是由于多式联运经营人有意造成或明知可能造成而毫不在意的作为或不作为所引起的，或多式联运经营人意图诈骗，在多式联运单据上列入有关货物的不实资料，或漏列有关货物品类标志、件数、重量及货物外表状况，则联运经营人无权享受《联运公约》规定的赔偿责任限制的利益，并需负责赔偿包括收货人在内的第三方因信赖该多式联运单据所载明的货物状况行事而遭受的任何损失、损坏或费用。

如货物灭失、损坏或延迟交付是由于多式联运经营人、其受雇人或代理人等的过失与疏忽与其他原因相结合而产生的，则多式联运经营人仅就自己及其受雇人、代理人等的过失或疏忽部分承担责任。但必须证明其他原因造成的灭失、损坏和延迟交货部分。

未经发货人告之，而多式联运经营人又无从得知危险货物特性时，多式联运经营人可视情况需要，随时将货物卸下、销毁或使其无害，而无需承担赔偿责任。

（四）发货人的责任

1. 保证责任。在多式联运经营人接管货物时，发货人应视为已向多式联运经营人保证他在联运单据中所提供的货物品类、标志、件数、重量、数量及危险特性的陈述的准确无误；并应对违反这项保证造成的损失负赔偿责任。

2. 凡因发货人或其受雇人或代理人在受雇范围内行事时的过失或疏忽给联运经营人造成的损失，发货人应负赔偿责任。

3. 遵守运送危险品的特殊规则。发货人将危险品交多式联运经营人时，应告之危险品的危险特性，必要时应告之应采取的预防措施。否则，要对多式联运经营人因运送这类货物遭受的损失负赔偿责任。

（五）索赔与诉讼

1. 通知义务。

（1）收货人的通知。收货人在收货的次一工作日应将货损、灭失情况的书面通知送交多式联运经营人。如货损灭失不明显时，则在收货后连续 6 日内提出书面通知。如在收货时当事人各方已进行了联合调查和检验，则无需再提交书面通知。对于延迟交货，收货人应在交货后 60 天内由联运经营人提交书面通知，否则对延迟交货造成的损失不承担责任。

（2）多式联运经营人的通知。多式联运经营人应在损失发生后 90 天内，或在提交货物后 90 天内，以较迟者为准，将损失通知递交发货人。

2. 时效。任何争议，在 2 年期间内未提起诉讼或提交仲裁，则失去时效。但在货物交付后 6 个月内或在货物未交付时，在应交付之日后 6 个月内没有提出书面索赔通知，则诉讼在此期限届满后失去时效。诉讼时效可由受索赔人在索赔期间内向索赔人提出书面声明加以延长。

与《联运公约》的规定不同，《海商法》规定，多式联运运输合同是指多式联运经营人以两种以上的不同运输方式，其中一种是海上运输方式，负责将货物从接收地运至目的地交付收货人，并收取全程运费的合同。但在承担的责任期间和承担责任方式上与《联运公约》的规定是一致的，即多式联运经营人对多式联运货物的责任期间，自接收货物时起至交付货物时止，并对全程运输负责，但多式联运经营人也可与参与联运的各区段承运人另以合同约定相互之间的责任，但这种约定不得影响多式联运经营人对全程运输应承担的责任。在损害赔偿额方面，《海商法》规定，当损失发生在多式联运的某一区段时，多式联运承运人的赔偿责任和责任限额，适用调整该区段运输方式的有关法律规定；运输区段不能确定时，则依照本法关于海上运输合同中承运人赔偿责任和责任限额的规定负赔偿责任。[1]

【思考题】

1. 简述提单的概念和作用。
2. 简述提单的种类。
3. 有关提单的国际公约有哪些？
4. 请比较四个提单运输国际公约在承运人责任制度上的异同。
5. 简述《鹿特丹规则》的特点。
6. 简述租船合同的类型和特点。
7. 规范国际航空运输的国际公约有哪些？
8. 简述国际航空货物运输承运人的责任制度。
9. 规范国际铁路运输的国际公约有哪些？
10. 简述国际铁路货物运输承运人的责任制度。
11. 简述《国际货物多式联运公约》关于多式联运经营人责任的规定。

---

〔1〕 参见《海商法》第 102～106 条。

## 【必读法规】

1. 《海牙规则》
2. 《维斯比规则》
3. 《汉堡规则》
4. 《鹿特丹规则》
5. 《华沙公约》
6. 《蒙特利尔公约》
7. 《国际铁路货物联运公约》
8. 《国际货物多式联运公约》
9. 《中华人民共和国海商法》

第三章

## 第四章

# 国际货物运输保险法

根据国际货物运输方式，国际货物运输保险可分为：国际海上货物运输保险、国际陆上货物运输保险、国际航空货物运输保险和国际货物多式联运保险。目前，国际上没有达成统一的国际货物运输保险公约。实践中，保险人与被保险人的权利义务是由各国国内法和当事人双方订立的保险合同确定的。在我国，《中华人民共和国保险法》（2009 年 2 月修订，以下简称《保险法》）对财产保险和人身保险作出了一般性规定。同时，1993 年 7 月 1 日实施的《海商法》第十二章又对海上货物运输保险作出了特别规定。

## ■第一节　国际货物运输保险概述

### 一、国际货物运输保险合同的订立

（一）国际货物运输保险合同的订立

国际货物运输保险合同属于财产保险合同的一种，因此，适用财产保险的一般制度。我国《保险法》第 12 条规定，财产保险是以财产及其有关利益为保险标的的保险。《海商法》第 216 条规定，海上保险合同，是指保险人按照约定，对被保险人遭受保险事故造成保险标的的损失和产生的责任负责赔偿，而由被保险人支付保险费的合同。根据上述规定，国际货物运输保险合同就是保险人对跨境运输的货物予以承保，并对被保险人遭受保险事故所致保险标的的损失负责赔偿，被保险人支付保险费的合同。

在英美国家，保险合同由投保人通过保险经纪人（insurance broker）作为代理人才能订立。保险经纪人出具承保单，保险公司在承保单上签字，合同即告成立。保险经纪人交纳保险费并从保险公司收取佣金。如投保人不交保险费，则不能从保险经纪人手中得到保险单。在我国，投保人可以直接向保险公司投保，由被保险人提出保险要求，经保险人同意承保，并就货物保险条款达成协议后，合同成立。[1]保险人应及时向被保险人签发保险单或其他保险单证。

国际海上货物运输保险合同通常规定以下内容：保险人与被保险人名称；货物名称；货物价值；保险金额；保险责任和除外责任；保险期间；保险费；[2]此外还需列明运输工具；运输路线；投保险别等。在国际贸易中，当由收货人向保险公司投保时，需填制投保单一式两份，其中一份交保险公司供出具保险单，另一份交投保人作为承保凭证。投保单上主要列明货物名称、保险金额、运输工具、运输路线、投保险别等。当外贸进出口公司投保时，则由保险公司在出口单据（通常是货物发票）上加注承保险别、保险金额、保险编号等代替投保单并作为承保凭证。

（二）国际货物运输保险合同的订立原则

作为财产保险合同，订立国际货物运输保险合同必须遵守以下原则：

1. 绝对诚信原则（uberrimae fidei rule）。与一般合同相比，保险合同要求双方当事人按绝对诚信原则办事，尤其是投保人。因为投保标的的情况如何，决定保险人是否承保、费率的高低以及在发生保险事故后如何进行赔偿。而对投保标的的情况，只有投保人了解得最详细、最全面、最真实。为此，各国保险法通常都规定了订立保险合同的绝对诚信原则。其主要含义有三：

（1）投保人或被保险人必须披露重大事实（disclosure of material facts）。所谓重大事实，指一个谨慎的保险人在决定是否承保或确定费率时可以依据的事实，如货物性质、货物的价值等。某一事实是否重大是个事实问题，而不是法律问题，通常由法院依据案件的具体情况加以决定。有些事实虽然可能重要，但如果保险人未提出询问，投保人或被保险人便没有义务予以披露，如：①使风险减少的事实；②保险人知道或应当知道的事实；③经保险人告之无需披露的事实；④保险单中列明的明示或默示条款、无需告之的事实。如投保人隐瞒应当披露的事实，保险人可以解除合同；如发生承保事故，保险人可以拒赔并收取保险费。

（2）对重要事实的陈述必须真实。所谓真实，是指"基本正确"（substantially correct）。非实质性的非重要事实的陈述，不能算作虚假陈述。陈述是指对事实的陈述，包括对可能的或期望的事实的陈述。只要是善意的，则不构成虚假陈述。

（3）不得违反保证（warranties）。保证是指在订立保险合同时，投保人或被保险人明示或默示作出的保证，如作为或不作为的保证；某种状态存在或不

---

〔1〕《海商法》第221条。

〔2〕《海商法》第217条。

存在的保证等。投保人或被保险人日后违反这些保证，则保险人可以解除合同，并对违反这些保证之后发生的损失不予赔偿。

2. 保险利益原则（insurable interest）。又称可保利益。根据我国 2009 年 2 月修订的《保险法》的规定，保险利益是指投保人或者被保险人对保险标的具有的法律上承认的利益。财产保险的被保险人在保险事故发生时，对保险标的应当具有保险利益。[1] 被保险人对保险标的有可保利益才能订立保险合同，否则，订立的是赌博合同。[2]

按照各国法律的解释，可保利益来自被保险人：①对保险标的的享有的所有权、占有权；②担保物权和债权；③依法承担的风险和责任；④因标的物的保全可得到利益或期得利益。

在财产保险中，可保利益包括：①财产的现有利益；②期得利益，又称预期利益，即由现有财产产生出来的可期望得到的利益；③责任利益，即根据法律和合同承担义务产生的责任利益。

作为可保利益，必须具备以下条件：①确定性。可保利益必须是确定的。被保险人的可保利益必须是已经确定的或可以确定的。例如，财产的现有利益是确定的；而期得利益是可以确定的。②合法性。可保利益不得违反国家的强制性法律规定及公共利益和善良风俗。③有价性。可保利益是可以计算的。在财产保险中，这种损失通常是用金钱加以计算的。非经济利益，如精神损失，则不予补偿。

对于财产保险来说，保险事故发生时，被保险人对保险标的不具有保险利益的，不得向保险人请求赔偿保险金。[3] 因此，投保人在投保时尚未取得可保利益，不影响保险索赔的有效性。在国际海上货物运输保险实践中，CIF 的卖方在货物装船后，对货物不再享有可保利益，无权根据预约保险签发的保险单索赔。[4]

---

〔1〕《保险法》第 12 条。

〔2〕《1906 年英国海上保险法》第 5 条第 2 款规定：当一个人与某项海上冒险有利益关系，即因与冒险中面临风险的可保财产有着某种合法或合理的关系，并因可保财产完好无损如期到达而受益，或因这些财产的丢失、损坏或被扣押而利益上受到损失，或因之而负有责任，则此人对此项海上冒险就具有可保利益。《海商法》第 12 条规定：投保人对保险标的应当具有保险利益。投保人对保险标的不具有保险利益的，保险合同无效。保险利益是指投保人对保险标的的具有法律上承认的利益。

〔3〕《保险法》第 48 条。

〔4〕参见 [英] 戴维·M. 萨逊著，郭国汀主译：《CIF 和 FOB 合同》，复旦大学出版社 2000 年版，第 220 页。Insurable interest（s10 - 12），discussion paper 63: review of the Marine Insurance Act 1909; York-shipley. Inc.，Plaintiff-Appellee, v. Atlantic Mutual Insurance Company et al.，Defendants-Appellants, United States Court of Appeals, Fifth Circuit, No. 72～2361, Feb. 23, 1973.

3. 补偿责任原则。当发生了承保范围内的自然灾害或意外事故时，保险公司需按合同规定承担赔偿责任，给予被保险人以经济上的补偿。保险公司赔偿后，取得代位求偿权。

代位求偿（subrogation right）是各国保险法承认的债权转移制度，也是赔偿原则的具体化。代位求偿是指，当货物损失是由第三者的过失或疏忽引起时，保险公司向被保险人支付保险赔偿后，享有取代被保险人向第三者进行索赔的权利。根据《保险法》第60、61条的规定，因第三者对保险标的的损害而造成保险事故的，保险人自向被保险人赔偿保险金之日起，在赔偿金额范围内代位行使被保险人对第三者请求赔偿的权利。保险事故发生后，被保险人已经从第三者取得损害赔偿的，保险人赔偿保险金时，可以相应扣减被保险人从第三者已取得的赔偿金额。保险人行使代位请求赔偿的权利，不影响被保险人就未取得赔偿的部分向第三者请求赔偿的权利。保险事故发生后，保险人未赔偿保险金之前，被保险人放弃对第三者请求赔偿的权利的，保险人不承担赔偿保险金的责任。保险人向被保险人赔偿保险金后，被保险人未经保险人同意放弃对第三者请求赔偿的权利的，该行为无效。被保险人故意或者因重大过失致使保险人不能行使代位请求赔偿的权利的，保险人可以要求扣减或者返还相应的保险金。

4. 近因原则。近因是指对事故的发生起到直接的、决定性的、有效的、统帅性的、不可避免的因素。与哲学上的因果尚有不同，保险法中的近因更强调法律后来的公平合理性，而不拘泥于通常所谓的因果关系。在多个原因导致一个事故发生时，法院强调的是主因的作用。主因在时间上不一定是最接近的原因。是否是主因，由法院来判断。[1]货物损失的发生与承保范围内的意外事故之间需存在直接的因果关系。如果货物损失不是由承保范围内的意外事故引起的，或属于承保免责范围之内，则保险人不予赔偿。

## 二、国际货物运输保险单

### （一）保险单的性质

保险单（insurance policies）是保险人签发的一种文件。它包含保险人与被保险人之间订立的保险契约，是保险人对被保险人的承保证明。根据《保险法》第13条的规定，投保人提出保险要求，经保险人同意承保，保险合同成立。保险人应当及时向投保人签发保险单或者其他保险凭证。保险单或者其他保险凭证应当载明当事人双方约定的合同内容。当事人也可以约定采用其他书面形式载明合同内容。依法成立的保险合同，自成立时生效。投保人和保险人可以对

---

〔1〕　英国保险法关于近因原则的规定属任意条款，双方可作改变。我国法律对此未作规定。

合同的效力约定附条件或者附期限。《海商法》第 234 条还规定，除合同另有规定外，被保险人应当在合同订立后立即支付保险费；被保险人支付保险费前，保险人可以拒绝签发保险单证。由此可见，保险合同的成立时间是当事人达成一致的时间。合同成立后，保险人应当及时向被保险人签发保险单或者其他保险凭证，并在保险单或其他保险凭证中载明当事人双方约定的合同内容。可见，保险单本身并不是保险合同，而是保险合同成立的证明。

（二）保险单的内容

谈到保险单，自然要提到英国的劳合社（劳埃德保险社，Corporation of Lloy'd）。[1]劳合社设计的保险条款和保单格式在世界保险业中具有广泛影响，其制定的费率成为世界保险业的风向标。

旧保险单 S. G. Form，全称"劳式 S. G. 保险单格式"，于 1779 年开始在伦敦保险市场上采用，1795 年在英国取代了所有其他海上保险单，成为船舶与货物运输保险的标准海上保险单。随着时代的发展，旧保险单语言晦涩难懂，内容不明确，加之许多危险已无意义，因此"劳式保险人协会"和"伦敦海上保险人协会"共同组成了"联合货物委员会"和"联合船舶委员会"，起草新的保险单和保险条款。[2]1982 年 1 月 1 日起伦敦保险业市场开始启用新的海上保险单格式和新的协会货物保险 A、B、C 条款，从 1983 年 10 月 1 日起使用修订后的协会船舶定期/航次保险条款，标志着海上保险史上的重大变革。[3]新的保险单主要有以下内容：保险单编号、被保险人、船名、保险航次、保险期限、保险标的、约定价值、保险金额、保险费、条款及批单和特别条件及保证等。

（三）保险单的种类

国际货物运输保险单从不同角度可以有不同分类：

1. 按保险价值是否确定，分为定值保险单和不定值保险单。定值保险单（valued policy）指载明保险标的的约定价值的保险单，该价值就是保险公司在保险事故发生后的赔偿价值。通常为货物的 CIF 价或 CIP 价加上 10% 的买方预期利润。该保单的优点是计算简单。保单签发后，如发生保险事故，造成财产

---

[1] 劳合社的前身是 1688 年 Edward Lloyd 在伦敦塔街（Tower Street）开办的咖啡馆（Lloyd's Coffee House）。其主要目的是为客人提供交流航运信息的场所。1713 年 Edward Lloyd 去世时，该咖啡馆已成为商人聚会的一个著名场所，也成为进行船舶拍卖的场所。1720 年前后，其开始涉足海上保险，并在 20 年后，发展成为伦敦最著名的保险市场。1871 年国会通过法案，劳合社正式成为一个社团组织。劳合社本身并不从事承保业务，只向其成员提供交易场所和有关服务。该社在全世界一百多个国家设有办事处，为其承保人提供保险单、保险证书等标准格式，此外，向全世界发行其出版的有关海上运输、商船动态、保险海事等方面的期刊、杂志。

[2] 参见杨良宜、汪鹏南：《英国海上保险条款详论》，大连海事大学出版社 1996 年版，第 5 页。

[3] 参见杨良宜、汪鹏南：《英国海上保险条款详论》，大连海事大学出版社 1996 年版，第 5 页。

全部损失时，无论保险标的实际价值是多少，保险人以合同约定的保险价值作为计算赔偿金额的依据，而不必对保险标的重新估价。如是部分损失，只需确定损失的比例，该比例与双方确定的保险价值的乘积，即为保险人应支付的赔偿金额。

不定值保险单（unvalued policy）指在保险单中不记载保险标的价值的保险单。这种保单仅记载保险金额，保险标的的实际价值留待理赔时需要确定保险赔偿的限额时再行估算。该保单适用于在承保期内，保险标的的实际价值可能发生变动的情况，因为据此理赔的价值也是不固定的。

2. 按保险期限，分为航程保险单、定期保险单及混合保险单。航程保险单指以一次或多次航程为期限的保险单。航程保险单中通常订有"运输条款"（Transit Clause）或"更改航程条款"（Change of Voyage Clause）。依据前者，如航程中发生了被保险人不能控制的绕航、卸货、重装、转船、延误等，保险合同继续有效。依据后者，如遇变更目的港或不正当绕航，保险公司在增收保费的情况下，保险合同继续有效。

定期保险单（time policy）指保险人的承保期限为一个固定时间段，在这一时间段内货物发生损失由保险人负责的保险单。

混合保险单（combination policy）指兼有航程和定期两种性质的保险单。在这种保险单下，保险人仅对在保险期限内和规定的航程中发生的损失承担责任。

3. 按船名是否确定，分为定名保险单、流动保险单、预约保险单及总括保险单。定名保险单指投保时，载运船舶已经确定，并在保单上载明船名及开航日期的保险单。通常使用的多为此类保单。

流动保险单（floating or blanket policy）指保险人与被保险人就总的承保条件，如承保风险、费率、总保险金额、承保期限等事先予以约定，细节留待以后申报的保单。根据流动保单，被保险人按承保期间内可能启运的货物价值预交保费存款（premium deposit），在每批需要承保的货物装运后通知保险人，保险单自动生效。每批货值从货物的总价值中扣除，直至保险总金额用完，保险合同终止。因此，在流动保单中，被保险人得不到保单本身，而只得到保险公司开出的保险凭证。为此，买卖合同一般都规定"买方必须接受保险单和（或）保险凭证"。否则，卖方必须提供正式保险单。流动保单手续简便，所以在实践中，特别当托运人是大规模从事出口贸易的商人时，使用非常普遍。

预约保险单（open policy），又称开口保单，与流动保单类似。只是在保单中未规定保险总金额。承保货物一经启运，被保险人通知保险人后，保单自动生效。合同终止取决于被保险人和保险人之间的约定，任何一方在收到对方终止合同的通知后，合同即告终止。

总括保险单，又称闭口保险单。指保险人在约定的保险期内承保存放在同一地点的多种货物或存放在一个或一个以上地点的一种或多种货物的保险单。保险单内保险人和被保险人商定一个总保险金额、承保险别、启运地点、费率水平等，被保险人支付一笔总的保险费。在约定的保险期内，保险人对于被保险人每批出运的货物全部承保，被保险人不必逐笔向保险人发出装船通知，直至总保险金额扣净，保险人不再承担保险责任。

4. 按保险单的形式和内容，分为保险单、联合保险凭证、暂保单和保险凭证。保险单指由保险公司签发的内容全面的正式保险文件，通常有正面条款和反面条款，其是保险合同的证明。

联合保险凭证（combined insurance certificate），又称承保证明，是一种发票与保险单相结合的比保险凭证更为简化的保险单证，是在商业发票内加注保险的内容，并由保险人签章表明发票内的货物已经按所注内容投保。我国内地在对港澳特别行政区的贸易中多采用这种保险单据。

暂保单（cover note），又称临时保险单，是保险人在签发正式保险单前所出具的暂时证明。被保险人接到国外出口商装船通知前，先将被保险货物的大概情况通知保险公司，预定保险契约，保险人先行出具暂保单，待装船情况落实后再签发正式保险单。暂保单内容比较简明，不是保险契约的证明，因而一般不为进出口商所接受。

保险凭证（insurance certificate）是一种简式保险单。通常仅载有正式保险单正面所具有的条款，如被保险人名称、保险货物名称、运输工具种类与名称、投保险别、保险期限、保险金额等，而对正式保险单背面有关被保险人和保险人权利义务的规定则不予登载。当事人在采用流动保险单和预约保险单的方式投保时，被保险人得不到正式保险单，只能得到保险凭证。

关于保险凭证的法律效力问题，各国法律与国际惯例的态度不同。归纳起来有三种：①认定保险凭证具有保险单的效力。如美国法和 Incoterms 2000。《美国统一商法典》和《美国 1941 年对外贸易定义修订本》规定，卖方有权取得保险单或可转让的保险凭证。[1] Incoterms 2000 中的 CIF 合同规定，卖方负责取得可转让的保险单。如在提供单据时不能及时取得，则另提供保险人所提供的保险凭证，与持保险单者无异。CIP 合同规定，卖方提供买方保险单或其他办妥保险的凭证，Incoterms® 2010 在 CIF 和 CIP 术语中规定，卖方必须向买方提供保单或其他保险证据（the insurance policy or other evidence of insurance cover）。2007

---

〔1〕　参见美国《统一商法典》§2 - 320（2）（c）；《1941 年对外贸易定义》中关于 CIF 合同卖方义务的规定。

年生效的《跟单信用证统一惯例》（UCP600）明确规定，银行将接受由保险公司或承保人或他们的代理人预签的预保单项下的保险证明或保险声明书。②除非合同中有明确规定，否则不承认保险凭证具有保险单的效力。如英国判例。根据英国判例，在 CIF 合同中，卖方必须提交正式保险单，保险凭证不等于保险单，不足以构成卖方有效的交单。[1]③折中态度。如国际法协会《1932 年华沙——牛津规则》中规定，CIF 合同中卖方负责取得海运保险单。在未取得保单时，买方应接受保险商签发的保险凭证，并在买方要求时，尽速提出保险单。如卖方提不出保险单，则保险凭证无效。此外，无论如何，由保险经纪人出具的承保书或暂保单不能代替保险单。[2]

5. 重复保险单。指被保险人在同一保险期间内与数个保险人就同一保险利益、同一保险事故分别订立数个保险合同。重复保险金额的总额不得超过保险标的的价值。如为不当得利之目的恶意从事重复保险，则保险合同无效。

### 三、国际货物运输保险承保的风险与损失

（一）承保的货物风险

风险是指可能发生的损失，是一种意外，而非一定发生的事情。货物在跨境运输中会遇到各种意外事故，这些意外事故具体可分为以下几种：

1. 自然灾害。指不以人的意志为转移的自然界力量引起的灾害。在海运中常见的有海啸、地震、飓风、雷电等。

2. 意外事故。指偶然的非意料之中的原因造成的事故。海运中常见的有触礁、颠覆、碰撞、失踪、爆炸等。

3. 外来风险。指由外来原因如偷窃、受潮、串味、钩损、玷污等外来原因，以及由战争、暴动、罢工等特殊原因造成的货物损失、灭失等。

（二）承保的货物损失

由上述原因造成的货物损失可分为两类：①货物本身遭受的全部损失；②部分损失，以及为营救货物支出的费用。

1. 全部损失（total loss）。包括实际全损（actual total loss）和推定全损（constructive total loss）。

（1）实际全损。这是指货物全部毁灭或因受损而失去原有用途，或被保险人已无可挽回地丧失了保险标的。对于实际全损，保险人给予赔偿。如按实际全损索赔，则必须向保险人发出委付通知（notice of abandonment），即把全损货

---

[1] 参见 Koskas v. Standard Marine Insurance Co. Ltd.；［英］戴维·M. 萨逊著，郭国汀主译：《CIF 和 FOB 合同》，复旦大学出版社 2000 年版，第 163 页。

[2] 参见 UCP500 第 34 条（c）、（d），UCP600 第 28 条（c）、（d）。

物的所有权转移给保险人。如不发通知，则视为按部分损失进行处理。委付是指在推定全损的情况下，被保险人把残存货物的所有权转让给保险公司，请求取得全部保险金额的意思表示。委付是被保险人的单方行为，保险公司没有必须接受委付的义务。但应当在合理时间内作出接受或不接受委付的回复。委付一经接受则不能撤回。接受委付后，保险公司取得残存货物的所有权，当损失由第三者过失引起时，同时取得向有过失的第三方代位追偿的权利。如追偿额超过保险公司的赔付额，也不必将超出部分退还被保险人。

（2）推定全损。指货物受损后对货物的修理费用，加上续运到目的地的费用，估计将超过其运到后的价值。对推定全损，由被保险人选择：①按实际全损进行索赔；②按部分损失进行索赔。

2. 部分损失（partial loss）。这是指除了全部损失以外的一切损失。在海上运输货物保险中，分为共同海损、单独海损和单独费用。

（1）共同海损（general average）。这是指在海上运输中，船舶、货物遭到共同危险，船方为了共同安全，有意和合理地作出特别牺牲或支出的特殊费用。共同海损的成立需具备以下条件：①必须有危及船、货共同安全的危险存在。这种危险是共同的、真实的，不是臆想和推断的。②作出的牺牲和费用是特殊的、直接的。如海上遇到台风，船开往避风港，不算特殊。③牺牲和费用是有意的。即是人为的、有意识的行为，而不是意外事故。④合理。共同海损行为之作出，是必要的、节约的，符合全体利益的。例如，抛掉的货物应是价格低、重量大的，并符合当时情况的需要。⑤有效。共同海损措施是有效的。经过有意采取这些合理措施后，船、货得到部分挽救和保留。

作为构成共同海损的以上条件，缺一不可。对于共同海损所作出的牺牲和支出的费用，用获救船舶、货物、运费获救后的价值按比例在所有与之有利害关系的受益人之间进行分摊。因此，共同海损属于部分损失，保险公司对共同海损牺牲和费用以及共同海损分摊都给予赔偿。

（2）单独海损（particular average）。这是指货物由承保风险引起的不属于共同海损的部分损失。单独海损是海上运输中非任何人的有意行为造成的，只涉及船舶或货物单独一方利益的部分损失。因此，这种损失只能由受损失方自己承担。保险公司对单独海损造成的部分损失是否给予赔偿，取决于当事人投保的险别以及保险单的条款是如何规定的。

（3）单独费用（particular charges）。这是指为了防止货物遭受承保风险造成的损失或灭失而支出的费用。由于保险单上通常都载有"诉讼与营救条款"（Sue and Labour Clause，又称"损害防止条款"），因此，单独费用都能得到保险公司的赔偿。

## ■第二节　国际海上货物运输保险条款

国际海上货物运输保险常用的是伦敦保险业协会制订的货物保险条款。我国对外贸易运输中除上述条款外，还经常使用由中国人民财产保险股份有限公司制订的中国保险条款（C. I. C.）。[1]中国保险条款按运输方式又分为海洋、陆地、航空和邮包运输条款四大类。

### 一、中国保险条款

中国保险条款中的海洋运输货物保险条款分一般保险条款和特殊保险条款。一般保险条款包括三种基本险别：平安险、水渍险和一切险。特殊保险条款包括一般附加险、特别附加险和特殊附加险三种。[2]

（一）一般保险条款

1. 承保范围。

（1）平安险（Free From Particular Average）。原意为"单独海损不赔"，包括：①被保险货物在运输途中由于气候恶劣、雷电、海啸、地震、洪水等自然灾害造成的整批货物的全部损失或推定全损。②由于运输工具搁浅、触礁、沉没、互撞与流冰或其他物体碰撞以及失火、爆炸、意外事故造成货物的全部或部分损失。③在运输工具已经发生搁浅、触礁、沉没、焚毁等意外事故的情况下，货物在此前后又在海上遭受恶劣气候，雷电、海啸等自然灾害所造成的部分损失。④在装卸或转运时，由于一件或数件整件货物落海造成的全部或部分损失。⑤被保险人对遭受承保范围内危险的货物采取抢救、防止或减少货损的措施而支付的合理费用。但以不超过该批被救货物的保险金额为限。⑥运输工具遭遇海难后，在避难港由于卸货所引起的损失以及在中途港、避难港由于卸货、存仓以及运送货物所产生的特别费用。⑦共同海损的牺牲、分摊和救助费用。⑧运输合同中订有"船舶互撞责任"条款，根据该条款规定应由货方偿还船方的损失。

平安险是三种基本险别中保险人责任最小的一种。所谓"单独海损不赔"实际上是不确切的。它仅指对由于自然灾害造成的单独海损不赔，对由于意外事故发生的单独海损以及运输工具在运输途中发生搁浅、触礁、沉没、焚毁等意外事故前后发生的单独海损，保险公司仍要赔偿。

---

〔1〕　该条款由中国人民银行和中国保险监督委员会审批颁布。
〔2〕　我国的保险条款是参照1963年伦敦保险业旧保险条款制定的。1982年在协会新保险条款启用后，我国的保险条款并未改变。

（2）水渍险（With Particular Average，W. P. A. ）。原意为"单独海损负责"。其范围除包括上述平安险的各项责任外，还负责被保险货物由于恶劣气候，雷电、海啸、地震、洪水等自然灾害所造成的部分损失。即水渍险包括平安险以及平安险中不包括的那部分单独海损损失。

（3）一切险（All Risks）。除包括上述平安险和水渍险的各项责任外，还负责被保险货物在运输途中由于外来原因招致的全部或部分损失。所谓外来原因是指一般附加险承担的责任，而不包括特别附加险和特殊附加险。因此，投保一切险，并不意味着保险公司承担了一切损失责任。

2. 除外责任。对海上运输中被保险货物发生的下列损失，中国人民保险公司不负责赔偿：①被保险人的故意或过失导致的损失；②属于发货人责任引起的损失；③损失责任开始前，被保险货物已经存在的品质不良或数量短差造成的损失；④被保险货物的自然损耗、本质缺陷、特性以及市场跌落、运输延迟引起的损失或费用；⑤属于中国人民保险公司海洋运输货物战争险条款和货物运输罢工险条款中规定的责任范围和除外责任。

3. 保险责任起讫。

（1）仓至仓条款（Warehouse to Warehouse Clause，W/W）。其又称运输条款（Transit Clause）。根据中国保险条款的规定，承保人的责任起讫为"仓至仓"，即：①从被保险货物运离保险单所载明的启运地仓库或储存处开始运输时起，至该货物到达保险单所载目的地收货人的最后仓库或储存处，或被保险人用作分配、分派或非正常运输的其他储存处所为止。②如未抵达上述仓库或储存处所，则以货物在最后卸载港全部卸离海轮后满 60 天为止。③如在上述 60 天内货物被转运至保险单所载目的地以外地点，则保险责任从货物开始转运时终止。

（2）扩展责任条款。其又称运输合同终止条款（Termination of Contract of Carriage Clause）。当货物被运往非保险单所载目的地是由于被保险人无法控制的运输延迟、绕道、被迫卸货、重行装载、转载或因承运人依运输合同赋予的权限所作的任何航海上的变更或终止运输合同，则保险单在下列情况下可继续有效：①被保险人及时将上述情况通知保险人；②加付保险费。

在这种情况下，保险人的扩展责任按下列规定终止：①被保险货物如在非保险单所载目的地出售，保险责任至交货时止。但不论任何情况，均以被保险货物在卸货港全部卸离海轮后满 60 天为止。②被保货物如在上述 60 天期限内继续运往保险单所载原目的地或其他目的地时，保险责任仍按"仓至仓"条款的规定终止。

4. 被保险人义务。根据中国人民保险公司海洋运输货物保险条款的规定，被保险人应承担以下义务：①提货。当被保险货物抵达保险单所载目的港（地）后，被保险人需及时提货。②交纳保险费。③不得违反保证。④索赔。当发现被保险货物遭受任何损失，应即向保险单上所载明的检验、理赔代理人申请检验。如发现被保险货物整件短少或有明显残损痕迹，应即向承运人、受托人或有关当局（海关、港务当局等）索取货损、货差证明。如果货损、货差是由于承运人、受托人或其他有关方面的责任造成的，则应以书面方式向其提出索赔，必要时须取得延长时效的认证。⑤保全货物。对遭受承保范围内危险的货物，被保险人应迅速采取合理的救助措施，防止或减少货物的损失。被保险人采取该项措施，不应被视为放弃委付的表示。⑥通知。当发生航程变更或发现保险单所载货物、船名或航程有遗漏或错误时，被保险人应在获悉后立即通知保险人，并在必要时加付保险费，保险单继续有效。在获悉运输合同中"船舶互撞"责任条款的实际责任后及时通知保险人。⑦提供单证。在向保险人索赔时，必须提供下列单证：保险单正本、提单、发票、装箱单、磅码单、货损货差证明、检验报告及索赔清单。如涉及第三者责任，还须提供向责任方追偿的有关函电及其他必要单证或文件。被保险人未履行以上义务，影响了保险人利益时，保险人对有关损失有权拒绝给予赔偿。

5. 索赔期限。保险单索赔时效从被保险货物在最后卸载港全部卸离海轮后起算，最多不超过两年。

（二）特殊保险条款

特殊保险条款包括一般附加险、特别附加险和特殊附加险三种。与一般附加险不同，这些险别不包括在一切险之中，而需要投保人向保险公司提出申请，经特别同意后，在投保了基本险别的情况下，保险公司予以承保。

1. 一般附加险。中国人民保险公司的一般附加险有十一种：

（1）偷窃、提货不着险（Theft, Pilferage and Non-delivery, T. P. N. D）。承保货物在运输过程中遭偷窃或在货到目的地后整件货物短少造成的损失。但保险公司只就船方或其他责任方按运输合同规定免除赔偿的部分负责赔偿。

（2）淡水、雨淋险（Rain Fresh Water Damages）。承保直接由于淡水和雨水（包括舱汗、船上淡水舱或水管漏水等）造成的货物损失。但包装外需有淡水或雨水痕迹予以证明。与平安险和水渍险的不同之处在于，后者承保的仅是海水所致损失。

（3）短量险（Risk of Shortage）。承保货物在运输过程中因外包装破裂或散装货发生数量短少和实际重量短缺的损失，但不包括正常的途耗。

（4）混杂、玷污险（Risk of Intermixture and Contamination）。承保货物在运输过程中因混进杂质及与其他货物接触混装而被污染引起的损失。

第四章

（5）渗漏险（Risk of Leakage）。承保流质、半流质、油类货物在运输过程中由于容器损坏而引起的渗漏损失以及用液体储存的货物因液体渗透而使货物发生变质、腐烂等损失。

（6）碰损、破碎险（Risk of Clashing and Breakage）。承保被保险货物在运输过程中因震动、碰击、被压造成的破碎和碰撞损失。所谓碰损，主要是指对金属货物或木制家具等在运输过程中因受震、受压、碰击造成货物本身凹瘪、脱瓷等。所谓破碎，主要是指对易碎货物（如玻璃、瓷器等）在运输过程中因受震、受压、受撞造成的破碎。

（7）串味险（Risk of Odour）。承保货物在运输过程中受其他货物影响引起的串味损失。如茶叶、食品、药材、化妆品等与樟脑放在一起，受樟脑味影响发生串味损失。

（8）受潮、受热险（Damages Caused by Sweating and/or Heating）。承保货物在运输过程中由于气候变化或船上通风设备失灵导致舱内水汽凝结、发潮、发热造成的货物损失。

（9）钩损险（Hook Damages）。承保货物在运输过程中因使用钩子装卸导致包装破裂、货物外漏或钩子直接钩破货物的损失以及对包装进行修补或调换所支付的费用。

（10）包装破裂险（Loss and/or Damages Caused by Breakage of Packing）。承保货物在运输过程中因搬运或装卸不慎使包装破裂造成的货物短少、玷污、受潮等损失以及为继续运输对包装进行修补或调换所支付的费用。

（11）锈损险（Risk of Rusting）。承保货物在运输过程中受海水、淡水、雨淋或潮湿生锈发生的损失，可锈、必锈物资如裸装金属板、块、条等，不予承保。

以上十一种一般附加险不能单独投保，它们全部包括在一切险之中；或是由投保人在投保了平安险或水渍险之后，根据需要，再选择加保其中的一种或几种险别。

2. 特别附加险。七种特别附加险包括交货不到险、进口关税险、舱面险、拒收险、黄曲霉素险、出口货物到香港（九龙）或澳门存仓火险责任扩展险及卖方利益险。

（1）交货不到险（Failure to Deliver）。指自货物装上船舶时开始，满6个月未运到原目的地交货，则不论任何原因，保险公司按全损予以赔付。对于战争险下可以赔付的损失或因未申领进口许可证不能进口导致的交货不到，保险公司不予赔偿。

（2）进口关税险（Import Duty）。承保被保险货物发生保险范围内损失，被保险人仍要按完好货物的价值交纳进口关税时，保险公司对这部分关税损失给予赔偿。

（3）舱面险（On Deck）。承保货物因置于舱面被抛弃或风浪冲击落水的损失。

（4）拒收险（Rejection）。承保被保险货物在进口时，不论什么原因，在进口港遭有关当局禁止进口或没收发生的损失。为此，被保险人必须保证提供所保货物进口所需要的许可证及其他证明文件。

（5）黄曲霉素险（Aflatoxin）。承保被保险货物经进口国卫生当局化验发现其所含黄曲霉素超过规定的限制标准，被拒绝进口、没收或强制改变用途而造成的损失。

（6）出口货物到香港（九龙）或澳门存仓火险责任扩展条款（Fire Risk Extension Clause-for Storage of Cargo at Destination Hong Kong including Kowloon or Macao）。承保出口到香港（包括九龙）或澳门的货物，卸离运输工具后，如直接存放于保单所载明的过户银行所指定的仓库时，保单存仓火险责任扩展，自运输责任终止时开始，直至银行收回押款解除对货物的权益后终止，或自运输责任终止时起算，满30天为限。

（7）卖方利益险（Contingency Insurance Covers Sellers' Interest Only）。承保在 FOB 和 CFR 合同中以托收方式支付货款的情况下，买方拒绝付款赎单时卖方蒙受的货物损失。

3. 特殊附加险。三种特殊附加险包括战争险、战争险的附加费用和罢工险。

（1）战争险（War Risk）。中国人民保险公司海上运输货物战争险条款规定，其承保范围包括：①由战争、类似战争行为、敌对行为、武装冲突或海盗行为直接引起或作为上述行为的后果造成的被保险货物的损失；②由于上述事件导致货物被捕获、没收、扣留、禁制或扣押造成的损失；③因各种常规武器包括水雷、鱼雷和炸弹造成的损失；④由上述原因导致的共同海损牺牲、分摊和救助费用。但对由于敌对行动使用原子和核武器造成的损失和费用，基于执政者、当权者或任何其他武装集团扣留、限制或扣押造成的承保航程损失或落空提出的索赔，保险公司不予赔偿。与其他险别不同，战争险的承保责任是自被保险货物在保险单所载明的装运港装上油轮或驳船时开始，至保险单所载明的目的港卸离海轮或驳船为止。如果被保险货物不卸离海轮，则保险责任从船舶到达该港口之日午夜时起算，满15天为限。当需要中途转船时，不论被保险货物是否卸载，则保险责任在该转运港的最长期限从船舶到达该港口或卸货地之日午夜起算，满15天为限。然而，如果被保险货物装上续运海轮，则本保险恢复有效。

（2）战争险的附加费用（Additional Expenses-War Risks）。承保因战争后果

所引起的附加费用，如卸货、存仓、转运、关税等。

（3）罢工险（Strikes Risk）。承保因罢工被迫停工、工潮、暴动或民变造成的被保险货物的直接损失。按照国际保险习惯、罢工险通常与战争险同时承保，投保人只需在保单上注明战争险包括罢工险，并附上罢工险条款即可，无需另外加付保险费。

## 二、伦敦保险业协会货物保险条款

在我国的进出口业务中，除了使用中国保险条款外，常用的还有伦敦保险业协会制订的《货物保险条款》。目前通用的是 1983 年 4 月 1 日起与新保险单配套使用的新货物保险条款。伦敦保险业协会（Insurance Institute of London，IIL），由大不列颠及爱尔兰保险联盟总裁发起，成立于 1907 年 6 月 18 日。协会成立的目的是为了确保"培育各保险分支机构各方面的知识和信息"。伦敦保险业协会制订的《货物保险条款》（Institute Cargo Clauses）是对世界各国保险业影响最大，应用最为广泛的保险条款。英国伦敦保险市场从 1982 年 1 月 1 日起启用新的海上保险单格式和新的协会货物保险 A 条款、B 条款、C 条款以及协会货物战争险条款、协会货物罢工险条款、协会货物恶意损害险条款等。在此之前，适用的是 1963 年 6 月 1 日"协会货物平安险保险条款"、"协会货物水渍险保险条款"、"协会货物一切险保险条款"以及为适应特种货物而涉及的协会货物保险条款。

（一）伦敦保险业协会货物保险条款的特点

1. 用英文字母表示原来各基本险别名称。新保险险别分别改用英文字母 A、B、C 来表示旧的一切险、水渍险和平安险，从而避免了过去因险别名称含义不清且与承保范围不符而容易产生的误解。

2. 消除了原险别之间的交叉和重叠。例如，原水渍险和平安险承保的范围基本是重叠的。水渍险只增加了平安险不承保的那一部分，即对由于自然灾害引起的货物部分损失给予赔偿。而平安险虽称为单独海损不赔，但对在运输工具发生触礁、搁浅等意外事故的情况下，如在此之前或之后又遇自然灾害给货物造成的部分损失，又给予赔偿。这样水渍险和平安险之间的差别更小了。修改后 B 险承保因自然灾害造成的全部或部分损失以及因重大或非重大意外事故（如装卸时货物落海或摔落造成整件全损）造成的货物全部或部分损失，而 C 险只承保由重大意外事故造成的货物全损或部分损失，这样，两种险别之间减少了交叉和重叠，界线更为清楚。

3. 新货物险条款增加承保了陆上风险。如 B、C 条款承保由于陆上运输工具的颠翻、出轨、碰撞引起的保险标的的损失或损害以及湖水、河水浸入船舶造成的损害。

4. 独立投保的保险条款。伦敦保险业协会的新货物保险条款共有 6 种。除协会货物保险 A、B、C 条款外，还有协会战争险条款、罢工险条款、恶意损害险条款。除恶意损害险条款外，各条款均分为承保范围、除外责任、期限、赔偿、保险受益、减少损失、避免延误、法律和惯例以及附注九部分，共 19 项条款。与旧货物保险条款不同，新的协会战争险条款和罢工险条款既可以在投保了 A、B 或 C 条款后加保，也可以在需要时作为独立的险别进行投保。

（二）承保范围与除外责任

1. 协会保险条款 A（Institute Cargo Clause A）。相当于旧协会货物保险"一切险"条款。其承保范围为一切险减除外责任。即除了该条款规定的除外责任外，承保被保险货物的一切灭失和损害风险及费用。

除外责任包括两部分：一般除外责任和特殊除外责任。

（1）一般除外责任包括：①被保险人的故意行为造成的损失、损害或费用；②保险标的的自然渗漏，重量和数量的自然消耗，或自然磨损或破裂；③因保险标的包装或准备不充分或不适当造成的损失或费用，此包装指由被保险人或其雇佣人完成的包括集装箱或运输专用箱在内的装载；④因保险标的的内在缺陷或性质引起的损害或费用；⑤因延迟直接造成的损失、损害或费用；⑥因船舶所有人、经理人、租船人或经纪人破产或拖欠款项造成的损失、损害和费用；⑦因使用任何原子或核子裂变和（或）聚变或其他类似反应堆或放射性作用或物质的战争武器而造成的损失、损害或费用。

（2）特殊除外责任包括：船舶不适航、不适货以及战争、罢工。①不适航、不适货指：船舶或驳船的不适航；船舶、驳船、运输工具、集装箱或运输专用箱不适宜安全运送保险标的；当保险标的装载时，被保险人或其雇佣人员知道这种不适航或不适货。②战争、罢工指：战争、内乱、革命、叛乱、造反或由此引起的骚乱，或交战势力或针对交战势力的任何敌对行为；捕获、拘留、扣留、禁制或扣押（海盗行为除外）及因此引起的后果或任何企图；遗弃的水雷、鱼雷、炸弹或其他遗弃的战争武器；因罢工、停工、工潮、暴动或民变造成；因任何恐怖主义者或任何带有政治动机的人的行为造成的。

2. 协会货物保险条款 B（Institute Cargo Clause B）。相当于旧协会货物保险条款"水渍险"。其承保因自然灾害以及重大与非重大意外事故造成的保险标的的损失或损坏。

自然灾害包括：地震、火山爆发或雷电等。

重大意外事故包括：火灾或爆炸；船舶或驳船搁浅、触礁、沉没或倾覆；陆上运输工具的颠翻或出轨；船舶、驳船或运输工具与除水之外的任何外界物体的碰撞或接触；在避难港卸货。

非重大意外事故包括：货物在装卸时落海或摔落造成整件货物的灭失。

此外还承保：共同海损牺牲；抛货或浪击入海；海、湖或河水进入船舱、驳船、运输工具、集装箱、运输专用箱或储存处所造成的损失。

其除外责任中，除两点与协会货物保险条款 A 的规定不同外，其余均与 A 条款的除外责任相同。这两个不同点是：①除被保险人外，A 条款对一切人的故意行为造成的损失、损害或费用给予承保；而 B 条款对任何一人或数人采取非法行为故意损坏或故意破坏保险标的或其中任何一部分，均不予承保（第 47 条）。②在战争险除外责任中，A 条款将海盗行为从战争除外责任中排除，即对海盗行为引起的后果予以承保；B 条款在战争除外责任中未将海盗行为排除，则意味着对海盗行为造成的后果不予承保（第 62 条）。

3. 协会货物保险条款 C（Institute Cargo Clause C）。相当于旧协会货物保险的"平安险"。其承保因重大意外事故造成的保险标的损失、损害及其费用。此外，还承保共同海损牺牲与抛货。

除外责任与协会货物保险条款 B 相同，故不赘述。

4. 协会货物战争险条款（Institute War Clause-Cargo）。承保范围包括：①战争等敌对行为对货物造成的损害；②因战争行为引起的捕获、扣留、扣押等；③非敌对行为使用原子武器造成的损失。对海盗行为、敌对行为使用原子武器不予承保。

5. 协会货物罢工险条款（Institute Strike Clause-Cargo）。承保范围包括：①由罢工者及参与罢工的人员造成的货物损失或损害；②因罢工、停工等给保险标的造成的损害；③恐怖分子或出于政治动机而行动的人对保险标的造成的损害。但对航程终止后因罢工造成的存仓费、重新装船费等不予承保。

6. 恶意损害险条款（Malicious Damage Clause）。与修改前的"罢工、暴动和民变险"的内容基本相同。其承保由于恶意行动、故意破坏行动而导致的保险标的的灭失或损害。但如果是出于政治动机的人的行为，则不予承保。

关于各种险别的承保责任的起讫，新、旧条款的规定与中国保险条款（海洋运输货物保险条款）的规定基本相同。

## ■第三节　其他国际货物运输方式下的保险

### 一、国际陆上货物运输保险

中国保险条款中的陆上货物运输保险条款（火车、汽车）规定了承保范围、责任期间、被保险人义务、除外责任、索赔期限这五部分内容。

（一）承保范围

中国保险条款中的陆上货物运输保险条款规定了陆运险和陆运一切险两个险种。

1. 陆运险。其承保范围包括：①被保险货物在运输途中遭受暴风、雷电、洪水、地震等自然灾害。②运输工具遭受碰撞、倾覆、出轨；或在驳运过程中因驳运工具遭受搁浅、沉没；或由于遭受隧道坍塌、崖崩或失火、爆炸等意外事故所遭受的全部或部分损失。③被保险人对遭受承保范围内危险的货物采取抢救、防止或减少货损的措施而支付的合理费用，但以不超过该批被救货物的保险金额为限。

2. 陆运一切险。其承保范围除包括上述陆运险的责任外，还负责承保被保险货物在运输途中由于外来原因所致的全部或部分损失。

（二）责任期间

陆运货物保险条款规定了"仓至仓"责任，包括正常运输过程中的陆上和与其有关的水上驳运在内。如货物未抵达目的地仓库或储存处所，则以被保险货物运抵最后卸货的车站满60天为止。

（三）被保险人义务

1. 被保险货物运抵目的地以后，被保险人应及时提货，当发现保险货物遭受任何损失，应立即向保险单上所载明的检验、理赔代理人申请检验。如发现被保险货物整件短少或有明显残损痕迹，应即向承运人、受托人或有关当局索取货损货差证明。如货损货差是由于承运人、受托人或有关方面责任造成的，则应以书面方式向他们提出索赔，必要时须取得延长时效的认证。

2. 对遭受承保责任内危险的货物，被保险人应迅速采取合理的抢救措施，防止或减少货物的损失。

3. 在向保险人索赔时，须提供下列单证：保险单正本、运单、发票、装箱单、磅码单、货损货差证明、检验报告及索赔清单。当涉及第三者责任时，还须提供向第三者追偿的有关函电及其他必要单证或文件。

（四）除外责任

根据陆运货物保险条款的规定，保险公司对由于下列原因造成的货物损失，不负赔偿责任：①被保险人的故意行为或过失造成的损失；②属于发货人责任引起的损失；③在保险责任开始前，被保险货物存在的品质不良或数量短差造成的损失；④被保险货物的自然损耗、本质缺陷、特性以及市价跌落、运输延误造成的损失和费用；⑤陆上运输货物战争险条款和货物运输罢工险条款规定的责任范围和除外责任。

（五）索赔期限

索赔时效自被保险货物在最后目的地车站全部卸离车辆后计算，最多不超过 2 年。

**二、国际航空货物运输保险**

中国保险条款中的航空运输货物保险条款规定了承保范围、除外责任、责任期间、被保险人义务、索赔期限这五部分内容。

（一）承保范围

航空运输货物保险分航空运输险和航空运输一切险两种：

1. 航空运输险。其承保：①被保险货物在运输途中遭受雷电、火灾、爆炸或由于飞机遭受恶劣气候或其他危难事故而被抛弃，或由于飞机遭受碰撞、倾覆、坠落或失踪等意外事故所造成的全部或部分损失。②被保险人对遭受承保范围内危险的货物采取抢救、防止或减少货损的措施而支出的合理费用，但以不超过该批被救货物的保险金额为限。

2. 航空运输一切险。除包括上述航空货物运输险的责任外，还负责被保险货物由于外来原因所致的全部或部分损失。

（二）责任期间

1. 航空运输货物保险条款负"仓至仓"责任，自被保险货物运离保险单所载明启运地仓库或储存处所开始运输时生效，包括正常运输过程中的运输工具在内，直至该货物到达保险单所载明目的地收货人的最后仓库或储存处所或被保险人用作分配、分派或非正常运输的其他储存处所为止。如未抵达上述仓库或储存处所，则以被保险货物在最后卸载地卸离飞机后满 30 天为止。如在上述 30 天内被保险的货物需转送到非保险单所载明的目的地时，则以该项货物开始运转时终止。

2. 由于被保险人无法控制的运输延迟、绕航、被迫卸货、重新装载、转载或承运人适用运输合同赋予的权限所作的任何航行上的变更或终止运输合同，致使被保险货物运到非保险单所载目的地时，在被保险人及时将所获知的情况通知保险人，并在必要时加付保险费的情况下，保险单继续有效，并按下列规定终止：①被保险货物如在非保险单所载目的地出售，保险责任至交货时为止。但无论如何，均以被保险货物在卸载地全部卸离飞机后满 30 天为止。②被保险货物如在上述 30 天期限内继续运往保险单所载原目的地或其他目的地时，保险责任仍按"仓至仓"的规定终止。

关于除外责任，被保险人义务以及索赔期限的规定与陆上运输货物保险条款相同。

### 三、国际货物多式联运保险

我国对于国际货物联运保险尚无单独的保险条款。实践中，通常采取按各个承保区段分别计算的办法处理。

## 【思考题】

1. 何谓保险利益？简述保险利益在财产保险中的作用。
2. 保险中的最大诚信原则有哪些特点？
3. 简述保险单的性质。
4. 简述国际海上货物运输保险单的种类和特点。
5. 简述国际海上货物运输保险承保的风险。
6. 简述国际海上货物运输保险承保的损失。
7. 简述委付的特点。
8. 简述代位求偿权的特点和目的。
9. 简述国际海上货物运输保险的主要险别及其承保范围。
10. 简述其他国际货物运输方式下的保险险别。

## 【必读法规】

1. 《中国保险条款》
2. 《伦敦保险业协会货物保险条款》
3. 《中华人民共和国保险法》
4. 《中华人民共和国海商法》

第四章

# 第五章

# 国际贸易支付法律制度

有形商品的国际贸易通常包括买卖、运输、保险、支付及争议解决五个环节。一方面，货物买卖是其他环节的基础和起点，其他环节皆因货物买卖而产生，并为实现货物买卖而服务；另一方面，货物买卖也有赖于其他环节的顺利进行，其他环节的合同或安排又相对独立于买卖合同，与买卖合同具有不同的当事人、不同的法律关系、不同的法律问题。

支付所涉及的当事人最多，各国的法律差异最大，直接涉及双方当事人的利害关系，是国际贸易中的重要环节。在国际贸易中，货物的收付比国内贸易要复杂得多，这是因为：①国际贸易支付会遇到国内贸易支付所没有的汇率变动风险、外汇管制风险、法律冲突所带来的适用法律方面的不确定性等特殊问题；②买卖双方身处异国，相互之间缺乏信任，且都力求使自己减少钱货两空的风险，并得到某种资金融通。就卖方来说，最好是能够先收到货款，然后才发运货物，或者是在取得银行的付款保证后再发货，至少也要求在收到货款之前不把货物或代表货物所有权的单据（如提单）交给买方；而就买方来说，最好是采取记账贸易方式、先取得货物并把货物出售之后再支付货款，或至少在卖方交付货物或代表货物所有权的单据时，才把货款付给卖方。国际和国内关于国际贸易支付的法律体制正是围绕解决上述问题而发展起来。

## ■第一节 国际贸易支付工具

支付工具是指买卖双方之间用什么手段进行货款的收付。国际贸易中的支付工具主要包括货币和票据。以货币（现金）支付货款无论在国际贸易中还是在国内贸易中，既不方便，又不安全，因而甚少采用，更常用的是以代替货币流通的票据，特别是汇票完成买卖双方货款的收付。

### 一、货币

国际货物买卖合同中所规定的支付货币一般与计价货币相一致，但当事人亦可约定不同于计价货币的货币来进行支付，且有时必须如此，如计价货币是特别提款权，或者是不能自由兑换或在国外流通的货币时。

国际货物买卖合同中规定的支付货币可能是进口国的货币、出口国的货币或第三国的货币，这取决于下列因素：①货币是否可以自由兑换。国际贸易在客观上需要以可自由兑换的货币作为支付工具，所以货款的支付一般以可自由兑换的货币来完成。②货币的币值是否稳定。币值的上涨或下降对买卖双方的损益是不同的，如果支付时的币值高于买卖合同签订时的币值，则卖方受益，买方受损；反之则卖方受损，买方受益。虽然谈判双方力量的差异会使支付货币的选择有时有利于力量占优的一方，但外汇市场变化无常、无法预测，因此买卖双方一般会选择币值相对稳定的货币。③政治风险。所约定货币的发行国或支付地所在国不会对买方或卖方所属国采取冻结资产等使支付不能进行或不能顺利进行的措施。④行业习惯。在国际贸易中，某些商品的买卖习惯上以某种货币（如英镑）报价、计价和支付，买卖双方通常遵循这样的习惯。在国际贸易的实践中，通常被选为支付工具的货币是美元、欧元、日元、英镑等可以自由兑换的货币。

从 1996 年以来，人民币实现了经常项目的可兑换。此后又放开了港澳个人人民币业务。边境贸易人民币结算也积累了一定经验。再加上自全球金融危机以来，美元、欧元等主要结算货币的汇率波动比较大，因此，国内一些企业及周边国家的部分企业呼吁放开用人民币进行跨境贸易结算。2009 年 4 月 8 日，国务院决定在上海市和广东省四个城市进行试点人民币跨境结算。2009 年 7 月 1 日，在试点经验的基础上，中国人民银行、财政部、商务部、海关总署，国家税务总局联合发布了《跨境贸易人民币结算试点管理办法》，并自公布之日开始实施。根据该规定，国家允许指定的、有条件的企业在自愿的基础上以人民币进行跨境贸易结算。试点企业与境外企业以人民币结算的进出口贸易，可以通过香港、澳门地区人民币业务清算行进行人民币资金的跨境结算和清算，也可以通过境内商业银行代理境外商业银行进行人民币资金的跨境结算和清算。

二、票据

（一）票据的定义与法律特征

广义上的票据（instruments）包括各种有价证券和凭证。狭义上的票据则是指出票人依法签发的，载明由自己或其他人在见票时或指定的日期向收款人或持票人无条件支付一定金额的有价证券。票据是一种有价证券，是一种合同，但它具有自己的特点：

1. 票据是流通证券。多数国家的立法都倾向于肯定和保护票据的流通性，它主要表现在：①规定票据可以自由转让，让与人或受让人不必通知债务人（付款人）就可以使受让人能以自己的名义，对债务人行使权利。而民法上的债权（如合同权利）虽然一般亦可转让，但以通知债务人为转让生效的条件。②规定正当持票人享有优于前手的权利，而合同权利的受让人则不受此种保护，合同的无效或被撤销会导致受让人合同权利的无效或终止，债务人对让与人（原债权人）享有的抗辩权利对受让人同样有效。举例来说，某人将偷得或拾得的来人式抬头汇票转让给受让人，受让人在接受汇票时对此并不知情并支付了对价，那么承兑人（债务人）不能以让与人的权利有缺陷而拒绝向该受让人（正当持票人）付款。再如，甲与乙签订买卖合同，甲卖给乙旧卡车一辆，价格是 1000 美元，于交货后 60 天内付款。甲在合同中保证该车可以正常运转，但事实上刹车有缺陷且甲知道该缺陷。甲在交货后将接受货款的权利转让给丙，丙及时通知了乙。乙因发现刹车的缺陷，以甲违反合同义务为由拒绝向丙支付 1000 美元的货款，这一抗辩是成立的，丙（受让人）只能向甲（原债权人）索赔。

2. 票据是无因证券。票据是支付命令或承诺。出票人作出这样的命令或承诺，通常是因为他与受款人之间存在另外一种法律关系，如买卖合同关系。在该法律关系中他负有向受款人支付一定金额的义务，这一基础法律关系即是票据的因。所谓票据的无因性，是指票据中的权利义务关系不受基础法律关系的影响，基础法律关系的履行情况不影响票据的权利义务关系，这种关系完全以票据上的文字记载为准。比如甲、乙签订了 10 万美元价金的买卖合同，甲为卖方、乙为买方。甲方以乙或其指定人为付款人开出了以某银行为受票人的即期汇票，该汇票经该银行承兑后甲将之转让给丙。乙方收到货物后，发现质量与合同不符，并将此情况通知银行要求银行拒绝付款，但是在丙要求付款时，承兑人（银行）无权拒绝付款。现在国际上除了法国以外，其他国家的法律都把票据的基础法律关系与票据上的权利义务关系严格区分开来，将票据视为无因的证券，以保护票据的流通性。

3. 票据是一种要式证券。所谓要式，是指票据必须以书面作成，必须具备法律规定的某些格式（如背书一般在背面书写），更重要的是必须记载法律规定的事项和内容。这是因为，票据作为一种流通证券，其权利和义务完全凭票据法上的文义来确定，如果票据上的记载事项不统一，或者对其中某些重要事项没有载明，或记载不清，则当事人间的权利义务就难以确定，票据的流通性也会因此受到影响。

（二）票据的分类和作用

各国的票据法或有关法律对票据的理解是不尽相同的。法国和德国的法律认为，票据只包括汇票和本票两种，不包括支票。有关支票的法律另有单行法规予以规定，不包括在票据法之内。《日本商法典》则明确规定，票据包括汇票、本票和支票三种。《美国统一商法典》所规定的可流通票据则包括汇票、本票、支票、银行存单等。

1. 汇票（Bills of Exchange/Draft）。《英国1882年汇票法》第一节将汇票定义为：由出票人向受票人开出并由出票人签名的，要求受票人于见票时或规定的某一将来时间或可以确定的将来时间，对某人或某人指定的人或持票人无条件支付一定金额的命令。《中华人民共和国票据法》（以下简称《票据法》）将票据定义为："汇票是出票人签发的，委托付款人在见票时或者在指定日期无条件支付确定的金额给收款人或者持票人的票据。"[1]可见，汇票是出票人签发的无条件支付一定金额的命令。

2. 本票（Promissory Note/Note）。又称期票，是出票人于见票时或某一确定的将来时间，向某人或其指定的人无条件支付一定金额的书面承诺。本票多用于借贷、赊销和现存债务的证明。《票据法》第73条所述本票是指银行本票，即银行本票是出票人签发的，承诺自己在见票时无条件支付确定的金额给收款人或者持票人的票据。本票是出票人出具的支付一定金额的承诺。

本票与汇票有许多共同之处，汇票法中有关出票、背书、付款、拒绝证书以及追索权等规定，基本上都可适用于本票。二者的区别主要有：①汇票有三个当事人，即出票人、付款人与受款人；而本票只有两个当事人，即出票人（同时也是付款人）与受款人。②汇票只有经过承兑之后，才能使承兑人（付款人）处于主债务人的地位，而出票人居于从债务人的地位；本票的出票人始终居于主债务人的地位，自负到期偿付的义务，不必办理承兑手续。

3. 支票（Check）。支票是以银行为受票人的见票即付的汇票，是一种特殊的汇票。支票与一般汇票的区别是：支票的受票人以银行为限，而汇票的受票人不限于银行，可以是公司、个人等；支票只限于见票即付，而汇票除此之外还包括其他到期付款的情况（详见汇票部分）。此外，使用支票还需要满足下列条件：出票人在银行有存款，与银行订有使用支票的协议，不得透支，因此在国际贸易中亦不常用。

（三）票据的法律体系

票据法是指规定票据的种类、形式、内容以及各当事人之间权利义务关系的法律规范的总称。中国于1995年5月10日正式通过《票据法》，并于1996年1月1日起施行，于2004年修正。该法规定了总则、汇票（出票、背书、承兑、保证、付款、追索权）、本票、支票、涉外票据的法律适用、法律责任和附则。

---

[1]《票据法》第19条第1款。

此外，中国人民银行还制定了《中华人民共和国票据管理实施办法》、《中华人民共和国支付结算办法》等有关票据方面的实施办法及配套规定。从立法形式上看，世界各国票据法的编制体例不完全相同。一些国家（如英国、德国及中国等）采取单行立法形式；一些国家（如法国、美国等）将票据法规范纳入商法典内（如《美国统一商法典》第三篇调整可流通票据）；还有一些国家（如瑞士）则将票据法规范纳入债务法典内。此外，在 1930 年日内瓦票据法公约制定前，根据各国票据法的内容，可以将这些票据法律体系分为三个法系：法国法系、德国法系和英国法系。

1. 法国法系。法国票据法历史最久，早在 1673 年《法国商事条例》中就有关于票据的规定，之后经过修订编入 1807 年《商法典》内，作为其中的一章。法国法系的主要特点是，仅把票据作为代替现金输送的工具，而很少考虑以票据作为流通手段和信用工具。其具体表现是没有把票据关系与其基础关系严格区别开来，按照法国的法律，凡是票据必须载明对价文句，表明已收到对价，否则就不能产生票据法上的效力。同时，法国法强调在汇票和支票的出票人与付款人之间要有资金关系，即出票人必须在银行有资金，此时付款人才承担对该项汇票或支票的付款义务，而且此项资金可随着票据的转让而转移。法国法的这些规定，同法国制定票据法时所处的历史条件有直接关系。因为法国票据法制定得最早，当时票据在经济生活中主要用作输送现金的工具，票据作为流通工具及信用工具的作用在当时尚未充分显示出来。因此，作为上层建筑的票据法，也只能反映当时社会经济生活的客观要求。法国的票据法对欧洲各国早期的票据立法曾产生过重大的影响。随着时代的推移和商业经济的发展，法国票据法的某些原则已不能适应近代经济发展的需要，因此，某些原来仿效法国票据法的国家，如意大利、西班牙、比利时等后来都舍弃法国法转而采用德国的票据立法原则，不再要求在出票人与付款人之间必须要有资金关系。

2. 英国法系。英国法系包括英国、美国以及某些受英国普通法传统影响的国家。其中有代表性的是《英国 1882 年汇票法》（Bills of Exchange Act 1882）和《美国统一商法典》第三编。英美票据法的主要特点是，注重票据的流通作用与信用工具的作用，保护正当的持票人。其具体表现是，把票据关系与其基础关系分离开来，即不问票据的对价关系或资金关系如何，凡正当持票人均受法律的保护。在形式上也采取较灵活的态度，不像大陆法国家那样严格。这对于发挥票据在经济生活中的作用，扩大票据的流通，加速资金的周转都是有利的。

3. 德国法系。其又称日耳曼法系。德国票据法公布于 1871 年，它亦注重票据的流通作用和作为信贷工具的职能。其特点是在某些方面与英国票据法相近而与法国票据法不同。德国法认为，票据是一种无因证券，票据上的权利不受其基础关系的影响。但德国法对票据的形式要求比英国法严格。现在，欧洲大陆许多国家如意大利、西班牙、比利时、瑞典、瑞士等国的票据法，都属于德国法系。

（四）票据法的统一

1. 日内瓦票据法公约体系。由于各国及不同法系之间票据法存在巨大差异，给票据在商业上的使用，特别是在国际结算中的流通带来了许多不便。因此，从19世纪开始就有一些国际组织主张把各国的票据法加以统一，制定一套有关票据的统一法公约。经过长期的酝酿准备，终于在20世纪30年代初期通过了关于票据的公约（统称日内瓦票据法公约体系）：①1930年《统一汇票和本票法公约》；②1930年《解决汇票和本票的若干法律冲突公约》；③1931年《统一支票法公约》；④1931年《解决支票的若干法律冲突公约》。[1]目前，许多欧洲国家如法国、德国、意大利、瑞士、瑞典、比利时、奥地利、希腊、荷兰、挪威、丹麦、芬兰，以及日本和某些拉丁美洲国家已经采用了上述各项日内瓦公约。但是，英美等国则自始拒绝参加上述日内瓦票据公约体系。因为日内瓦公约体系主要是按照大陆法的传统，特别是德国法的传统制定的，是调和德国法系和法国法系分歧的产物，而这两个法系又同属大陆法体系。英美等国认为，日内瓦公约的某些规定与英美法系各国之间已经实现的统一有矛盾，某些规定与英美法的传统和实践有矛盾。如果加入日内瓦公约体系，必将影响英美法系各国之间已经实现的统一。所以，从国际范围来说，目前在票据法方面基本上可以分为两个大的法律体系：一个是英美法体系，包括英国、美国和英联邦各国；另一个是日内瓦票据公约体系，包括参加日内瓦票据公约的所有国家。[2]

2. 联合国《国际汇票和国际本票公约》。由于日内瓦《汇票和本票统一法公约》没有达到统一各国票据法的目的，英美法系各国的票据法同日内瓦票据公约在许多问题上一直存在着重大的分歧。这种状况对汇票在国际范围的使用、流通十分不利。为了促进各国票据法的协调和统一，联合国国际贸易法委员会从1971年起决定起草一项适用于国际汇票的统一法公约，并于1973年提出了一项《统一国际汇票法（草案）》。这个草案是日内瓦公约体系与英美法体系相互调和、折中的产物。但由于各国在许多问题上的分歧一时难以解决，该草案迟迟不能通过。1979年又将其改名为《国际汇票和国际本票公约（草案）》之后，

---

[1] 此外还有1930年《汇票和本票印花税法公约》、1931年《本票印花税法公约》等，统称日内瓦票据法公约体系。

[2] 中国没有加入日内瓦公约体系。

又进行了多次修改。1988 年 12 月 9 日在纽约召开的联合国大会第 43 届会议上通过了《联合国国际汇票和国际本票公约》（United Nations Convention on International Bills of Exchange and International Promissory Notes，CIBN），但至今尚未生效。[1]

　　该公约共 9 章 90 条，主要规定了如下内容：适用范围和票据格式；解释（总则、正式条件的解释、不完整票据的补齐）；转让；权利和责任（持票人和受保护的持票人的权利、当事人的责任）；提示、不获承兑或不获付款而遭退票和追索；解除责任；丧失票据；时效；最后条款。在体例上，公约既不同于日内瓦票据法体系，也不同于英美票据法体系。公约没有将汇票和本票各自立为独立章节，而是参照了《美国统一商法典》"商业证券"编，把汇票和本票规定在一起。在具体内容上，公约则吸收了日内瓦票据法体系的某些规定。因此，公约是日内瓦票据法体系与英美票据法体系折中的产物。

　　公约在协调两大法系的分歧方面取得了一些成果，且该公约并非是要统一各国的国内立法，而是为国际汇票和国际本票提供统一的准据法。根据公约的规定，该公约仅适用于载有"国际汇票"和"国际本票"名称的汇票和本票。对于国际汇票，公约要求在下列五个地点中，至少有两个地点要表明它们是处于不同的国家：①出票地点；②出票人签名旁所示地点；③受票人姓名旁所示地点；④受款人姓名旁所示地点；⑤付款地点。只有符合上述要求的汇票才是国际汇票，才具备适用该公约的条件。但不要求上述地点须位于公约的缔约国境内。[2]

　　《联合国国际汇票和国际本票公约》只是国际票据的统一法，而不是票据的国际统一法，体现出国内票据与国际票据立法的分离。

　　日内瓦票据法体系虽未得到英美法体系的认可，但由于这些公约既适用于国际票据，又适用于国内票据，因此可以说它们是票据法的国际统一法。

　　**三、汇票**

　　汇票的使用行为主要有出票、提示、承兑和付款。如需转让，通常应经过背书行为。如汇票遭拒付，还需作成拒绝证书行使追索权。

　　（一）汇票的出票（issue/draw）

　　1. 出票的含义。出票是指出票人签发票据并将其交付给收款人的票据行为。[3]

---

〔1〕　1982 年 7 月制定了《联合国国际支票公约（草案）》。

〔2〕　根据公约第 88 条的规定，一国在加入或核准公约时，可以声明"只有出票地和付款地都位于缔约国境内时，法院才适用本公约"。

〔3〕　《票据法》第 20 条。

出票包括两个行为：①由出票人（drawer）制作汇票并在其上签名。由于汇票多采用印就的格式，制作汇票实际就是填上格式中的空缺，如汇票金额、受款人姓名等，但出票人签名是必不可少的。签名一般是手写完成，但各国法律也多允许记名盖章，且规定法人在为出票行为时不能只记法人名称和盖法人印章，还须法人代表签字或记名盖章。英美法对签名的要求更为灵活，按照《美国统一商法典》的规定，签名通常是手写体书写的名字，但亦可以是用手、机器或其他手段添加于票据的符号，符号可以是名字、名字首字母缩写、商号、假名、印章或指印，但采用手写体以外的签名将会损害汇票的可流通性，因为这种异常方式的签名将带来签名真伪的不确定性，将要求主张票据权利的人对票据签名的真实性进行调查和举证。②将汇票交给受款人，即自愿转移对汇票的占有。出票人制作汇票并签名后，如果将汇票留在自己手中或交给第三者代为保管，那么出票行为还没有完成。只有在出票人自愿地将对汇票的占有转移给受款人时出票行为才告完成。

2. 出票的法律效力。出票后出现了汇票最初的三个当事人，即出票人、受票人和受款人。

合法完成的出票行为对不同的当事人产生不同的法律效力：

（1）出票人（drawer）即完成上述出票行为的人，在国际贸易中通常是出口人。对出票人来说，出票后即承担保证该汇票承兑和付款的责任。出票人在汇票得不到承兑或者付款时，应当向持票人清偿规定的金额和费用。[1]也就是说，出票使出票人成了票据的第二债务人，如果票据被拒绝承兑或拒付，则出票人必须对受款人及其他正当持票人承担支付汇票金额的义务。根据日内瓦《统一汇票和本票法公约》第9条的规定，出票人得免除自己保证承兑的责任，但不得免除自己保证付款的责任。

（2）受款人（payee）就是有权受领汇票上规定金额的人，通常就是进口人本人或其指定的银行。对受款人来说，出票使他可以享受汇票的权利，可以要求支付汇票金额，也可以放弃这一权利，还可以将汇票转让，但受款人须遵守有关背书、提示、发出拒付或拒绝承兑通知、时效等法律规定。

（3）受票人（drawee）即是汇票上命令其付款的人，通常是进口人或其往来银行。对受票人来说，汇票无任何的约束力，受票人无义务付款，除非他承兑了汇票。如果出票人与受票人另外订有协议，规定受票人有义务承兑或付款，那是合同的效力，而非票据本身的效力。

3. 汇票应记载的事项。汇票是要式证券，很多国家都要求汇票必须载明一

---

〔1〕《票据法》第26条。

定内容，否则汇票无效。《票据法》第 22 条规定："汇票必须记载下列事项：①表明'汇票'的字样；②无条件支付的委托；③确定的金额；④付款人名称；⑤收款人名称；⑥出票日期；⑦出票人签章。汇票上未记载前款规定事项之一的，汇票无效。"日内瓦《统一汇票和本票法公约》要求汇票必须记载规定的事项才属有效的汇票，英美法则要求汇票载有法定事项才能被承认为"可以流通的票据"。

日内瓦《统一汇票和本票法公约》（以下简称《日内瓦公约》）主要规定了如下应记载的事项：

(1) 汇票上必须写明"汇票"字样。公约第 1 条要求在汇票上标有"汇票"字样，此项字样所用文字应以该项票据所用文字为准，但英美法系各国则不要求必须注明汇票字样。

(2) 无条件支付一定金额的命令。这是日内瓦公约和英美法系的共同要求。

所谓命令，是指汇票的措词应是命令式的，一般是"向××支付"，不能是请求式的，如"盼能给付"（I wish you would pay）、"如蒙付款，不胜感激"之类，但是，使用"请支付"之类的礼貌用语并不改变命令语气。

所谓无条件，是指汇票上关于付款义务的措词应是绝对的，不附带任何有损于该义务的条件、但书、限制或保留。比如，如果规定受款人提交货物的质量符合买卖合同的规定才予以付款即是明显的附带条件。根据《美国统一商法典》的规定，如果票据上规定票据服从于另外的协议，或规定受另外的协议的支配（subject to or governed by any other agreement），或者规定票据是根据另一协议订立，另一协议视为并入票据，这样的票据都是附带条件的，不能作为"可流通票据"，但是，如果仅仅指出票据是源于另一协议（arise out of another agreement），这并非是有条件的命令。另外根据《美国统一商法典》的规定，如果票据规定只能从某项资金中付款，则视为票据附带了条件。

所谓一定金额（sum-certain），是指汇票金额是确定或可以确定的，或者按照《美国统一商法典》的规定，如果在票据到款日持票人仅仅根据汇票本身而不必依靠外部根据，通过必要的计算即能确定应付款的，一律视为"一定金额"。各国关于一定金额的差异集中表现在允不允许票据载有利息条款。《日内瓦公约》规定，见票即付或见票后定期支付的汇票，出票人得规定票据金额应有利息。某种汇票如无此项规定，视为不记载，不影响票据的有效性，仅仅不支付利息。应付利息的利率应在汇票上载明，其未载明者，该项规定视为无记载（公约第 5 条）。英美法系的态度则比较宽松，根据《美国统一商法典》的规定，下列规定都视为"一定金额"：规定了利息率；规定了付款日前的折现率和付款日后的升水率；为违约前后付款规定了不同的利率；规定有利息但没有规定利息率［此时按该法典第3－118节（d）项计算利率］。但是，如果规定"按现行利率"计算利息，则不视为"一定金额"，因为此时仅仅根据票据本身已不能确定应付款项，而需要查阅外部根据（市场利率）。

（3）付款人姓名。各国法律大都要求汇票应载明受票人或付款人的姓名，否则无条件支付一定金额的命令就毫无意义。付款人一般是一个，有的国家也允许载有一个以上的付款人（比如由A或者B付款）。在这种情况下，任何一个付款人均须承担支付全部汇票金额的责任，不能由各人分别地仅就金额的一部分负责。当其中一个人按汇票所载金额付款后，其余付款人便可解除责任。根据《美国统一商法典》的规定，当其中任何一个付款人拒绝承兑或拒绝付款时，受票人可直接向出票人要求付款。在美国，关于数个付款人的规定主要是适应公司向分散于各地的股东发放股息的需要，数个付款人在国际贸易中并不多见。付款人通常是出票人以外的人，但《日内瓦公约》和英美法都规定出票人得以自己为付款人（这种汇票称为"对己汇票"），这种情况多见于公司的一个部门（如理赔部门）向同一公司的另一个部门（如财务部门）发出的汇票，在国际贸易的支付中比较罕见。这种票据是属于汇票还是本票，各国法律有不同的规定。根据《美国统一商法典》，这种汇票视为本票，这就意味着持票人无须再提示、发出拒绝承兑或拒付通知。

（4）汇票的受款人。《日内瓦公约》规定，汇票上必须载明受款人的名称，不得开出以"交付来人"（payable to bearer）为抬头的无记名式汇票。而英美法则允许开立"交付来人"汇票。

汇票上的受款人通常有以下三种写法：①限制性抬头（non transferable）：即在汇票上载明"只能付给A公司"（pay A Co. only）或在汇票上载明"不得转让"的字样。②指示式抬头（order bill）：即在汇票上载明"付给A或其指定的人"（pay A or pay to the order of A）。如果只填写"付给A"（pay A），但没有说明"不得转让"或相似的词句（如只能付给A），那么根据《日内瓦公约》的规定，此类汇票视为指示式抬头的汇票。根据《美国统一商法典》的规定，此类汇票如果载有"汇票"（exchange）字样，也视为指示式抬头汇票。③来人式抬头（bearer bill）：即在汇票上不载明受款人的姓名，而只填写"交付来人"（payable to bearer）字样。因为汇票多印就的格式，有时格式上印就了"给付××指定的人"（to the order of），出票人会在后面加上"来人"变成"给付持票人指定的人"（to the order of the bearer），这样的汇票亦为来人式抬头汇票。

根据以上受款人的不同写法，可将汇票划分为限制性抬头汇票、指示性抬头汇票和来人式抬头汇票。这种分类主要关系到汇票的转让。限制性抬头汇票权利的转让只能按民法上合同权利的转让办理；指示性抬头汇票的转让必须经背书和交付汇票；来人式抬头汇票只须交付即可。

（5）汇票的到期日。[1] 汇票的到期日就是汇票上所载金额的支付日期。《日内瓦公约》要求汇票必须载明付款日期，《美国统一商法典》也要求汇票金额必须载明见票即付或在某一确定时间支付才能视为可流通票据。在汇票没有载明付款日期时，视为见票即付。这一点上两者的差异不大。

汇票关于到期日的规定主要有以下几种：①定日付款（fixed date），即在汇票上载明付款的具体日期，如"2009 年 7 月 1 日"，习惯上称为板期付款；②见票即付（at sight 或 on demand），即在汇票上规定付款人须于持票人提示汇票时即行付款；③规定出票日后定期付款（at days after date），如规定"于出票日后 6 个月付款"；④见票后定期付款（at days after sight），如规定"见票之日后 3 个月付款"。根据汇票到期日规定的不同，可将汇票分为即期汇票（见票即付）（sight bill/demand bill）和远期汇票（见票即付以外的汇票）（time bill）。根据《日内瓦公约》的规定，票据只能采用这四种方法规定到期日，规定他种到期日或分期付款的汇票无效。

除以上主要方法外，《美国统一商法典》还规定了下列到期日也视为"确定的时间"：票据规定于某一天或此天之前支付；规定特定时间发生时可提前要求支付；规定持票人或承兑人可延长支付时间。根据英国汇票法，如果某事件将来肯定要发生，即使无法预知其发生的确切时间，票据也可以以此规定到期日，比如规定"于某甲死后 3 个月付款"，《美国统一商法典》和多数国家的法律对此不予承认。当然，如果某一事件可能发生亦可能不发生，则以此规定到期日的（如规定某号货轮抵达目的港后 3 个月付款），各国对此一般皆不承认。

（6）汇票的出票日期及地点。《日内瓦公约》规定，汇票的出票日期及地点是汇票的要件，必须在汇票上载明。这是因为出票的时间和地点在法律上具有重要意义。出票日期对于出票后定期付款的汇票（如出票后 90 天付款）具有确定付款日期的作用；对于见票即付的汇票起着决定提示时效的作用。出票地点对汇票尤为重要，因为它关系到汇票的法律适用。如果票据上未载明出票地，则以出票人姓名旁边的地点为出票地。日内瓦《关于本票、汇票若干法律冲突的公约》规定，关于汇票的形式问题，应依出票地所在国的法律来确定。

英美法国家认为，这些内容并不是汇票必须记载的事项，不论汇票上是否

---

[1]《票据法》第 25 条也有类似规定："付款日期可以按照下列形式之一记载：①见票即付；②定日付款；③出票后定期付款；④见票后定期付款。前款规定的付款日期为汇票到期日。"第 23 条第 1、2 款规定："汇票上记载付款日期、付款地、出票地等事项的，应当清楚、明确。汇票上未记载付款日期的，为见票即付。"

载明都不影响汇票的有效性和可流通性。如果汇票上没有载明出票日期，则任何合法的持票人都可以将其认为正确的日期补填在汇票上；如果汇票上没有载明出票地点，则以出票人的营业所、住所或居住地作为出票地点。美国《统一商法典》还允许倒填或后填出票日期。

（7）汇票的付款地点。《日内瓦公约》要求汇票上必须载明付款地点；没有载明时，以付款人姓名旁的地点为出票地。[1]

（8）必须由出票人在汇票上签名。这是各国法律的共同要求。

根据出票人的不同，汇票可以分为银行汇票和商业汇票。银行汇票（bank's draft）是指出票人为银行而以另一家银行为付款人的汇票。商业汇票（commercial draft/trade bill）是指出票人和付款人是私人或公司。

实际中使用的票据多是印就的格式票据，其记载的事项一般会多于法律的要求，但无论其内容繁简，只要具备法律要求的以上记载事项或者符合法律规定的条件，该票据即是合法有效的（按照《日内瓦公约》）或"可流通票据"（按照英美法）。

联合国《国际汇票和国际本票公约（草案）》关于票据的记载事项基本上采纳了英美法的原则，但在下列两点则采纳了《日内瓦公约》的精神：规定汇票上必须载有出票日期；不得开立来人式抬头汇票，但背书人可以用空白背书的方法，使汇票在实际上变成来人式抬头汇票或称无记名式汇票。

（二）汇票的背书（endorsement）

1. 背书的含义及要求。持票人（holder）可以将汇票权利转让给他人或者将一定的汇票权利授予他人行使。背书（endorsement）是转让汇票权利的一种方式。指示式抬头的汇票只能以背书方式转让。出票人在汇票上记载"不得转让"字样的，汇票不得转让。[2]

背书是指持票人在票据背面或者粘单上记载有关事项并签章的票据行为。背书的一方称为背书人（endorser），受让汇票的人称为被背书人（endorsee）。前手是指在票据签章人或者持票人之前签章的其他票据债务人。后手是指在票据签章人之后签章的其他票据债务人。

（1）背书的位置。背书一般书写于票据背面。如背书太多超过了背书的容量，《日内瓦公约》和英美法都允许在粘单上背书。除《日内瓦公约》规定背书

---

〔1〕《票据法》第23条规定："汇票上记载付款日期、付款地、出票地等事项的，应当清楚、明确。汇票上未记载付款日期的，为见票即付。汇票上未记载付款地的，付款人的营业场所、住所或者经常居住地为付款地。汇票上未记载出票地的，出票人的营业场所、住所或者经常居住地为出票地。"

〔2〕《票据法》第27条第1、2款。

人仅签名而为空白背书时必须在汇票背面或其粘单上为之以外，《日内瓦公约》和英美法都不要求背书必须在背面为之。《美国统一商法典》还规定，若无法确定汇票上签名人的身份（是承兑人、受票人还是其他人），则一律视为背书人。

（2）关于背书是否必须载明背书的日期的问题，各国法律有不同的规定。法国、比利时、意大利、荷兰等国的法律认为，背书必须载明日期；但英美等国的法律则认为，是否载明日期并不是背书的必要条件。《日内瓦公约》对此无明确规定，但在其第 20 条第 2 款规定："如无反证时，凡未载明日期之背书视为在规定作成拒绝证书的时限未满前所为者。"由此可以推论，《日内瓦公约》并不要求背书必须注明背书日期。

（3）关于背书转让的金额。《日内瓦公约》规定部分背书视为无效，因此背书必须转让全部票据金额。英美法的态度与此基本相同，如《美国统一商法典》规定，背书必须转让全部票据金额；如票据已得到部分付款者，则必须转让全部剩余金额；如果背书只转让部分金额，那么此转让只是普通债权的转让，受让人不能取得正当持票人（holder in due course）的地位。

2. 背书的种类。

（1）记名背书与空白背书（special endorsement/blank endorsement）。两者都必须有背书人的签名。所不同的是记名背书尚需写上被背书人（受让人）的姓名或在后面加上"或其指定的人"，而空白背书则不写被背书人的姓名或写上"交付来人"（payable to bearer）。各国法律皆承认记名背书和空白背书。但是，《票据法》第 30 条规定："汇票以背书转让或者以背书将一定的汇票权利授予他人行使时，必须记载被背书人名称。"

无论是指示式抬头的汇票还是无记名式汇票，都可以用记名背书或空白背书转让，经过记名背书或空白背书的票据还可以用空白背书或记名背书人任一种方式再度背书转让。从广义上说，指示式抬头的汇票既包括票据证明的受款人是指示式写法的汇票，又包括最后一次背书是记名背书的汇票。同样，无记名汇票既包括前述来人式抬头的汇票，又包括最后一次背书是空白背书的汇票。由上述可知，指示式抬头汇票和无记名式抬头汇票是可以因背书而相互转换的。《日内瓦公约》虽然规定出票时不得出立来人式抬头汇票，但允许背书人为空白背书，因此来人式抬头的汇票完全可以因空白背书成为无记名式汇票。

（2）限制性背书与非限制性背书（restrictive endorsement/non-restrictive endorsement）。限制性背书是禁止汇票再度背书转让的背书。非限制性背书是指没有此种限制的背书。

各国对限制性背书的效力规定不同。《日内瓦公约》第 15 条第 2 款规定：

"背书人得禁止再为背书；禁止后，该背书人对于再以背书取得汇票的人，不负保证之责。"基于上述规定我们可以得出以下结论：①背书人得为限制性背书；②限制性背书的直接背书人仍是正当持票人，享有其权利，即可向其直接前手背书人（为限制性背书者）和所有前手背书人追索；③在票据被拒绝承兑或拒付时，限制性背书直接使背书人以后的被背书人丧失了向限制性背书人进行追索的权利，但并不丧失向除此之外的其他前手背书人追索的权利。英美法则更注重保护汇票的可流通性。根据《美国统一商法典》的规定，限制性背书无效，不影响汇票的流通。

（3）免予追索与不免受追索（without recourse/with recourse）的背书。根据各国法律的规定，在票据被拒绝承兑或拒付时，背书人对于其后手（以后的受让人）负有保证承兑和付款的责任，背书人若在背书时注明"免予追索"（without recourse）或类似措词，则背书为免予追索背书。无此类字眼的背书是不免受追索的背书。英美法允许作出免予追索的背书。《日内瓦公约》第 15 条第 1 款规定，"如无相反的规定时，背书人保证其承兑与付款"，可见《日内瓦公约》也承认这种汇票。这种汇票如遭到拒付，持票人在向其前手（即之前的背书人）追索时，就不能向该背书人追索。

3. 背书的效力。对背书人来说，除限制性背书和免受追索背书外，合法有效的背书使他成为票据的从债务人，须对包括被背书人在内的所有后来取得该汇票的人（即后手）保证该汇票必将得到承兑或付款；在票据被拒绝承兑或拒付时后手持票人可向他请求承兑或付款。汇票被拒绝承兑、被拒绝付款或者超过付款提示期限的，不得背书转让；背书转让的，背书人应当承担汇票责任。[1]

对被背书人来说，背书使他取得了背书人对票据的一切权利。被背书人可以用自己的名义向付款人要求承兑、付款；也可以将汇票再度背书转让给他人；当该汇票遭到拒付时，被背书人有权向其直接的背书人以及曾在汇票上签名的一切前手直至出票人进行追索。

大多数国家都要求背书必须是连续且真实的，否则不具有法律效力。《票据法》第 31 条规定："以背书转让的汇票，背书应当连续。持票人以背书的连续，证明其汇票权利；非经背书转让，而以其他合法方式取得汇票的，依法举证，证明其汇票权利。前款所称背书连续，是指在票据转让中，转让汇票的背书人与受让汇票的被背书人在汇票上的签章依次前后衔接。"第 32 条规定："以背书转让的汇票，后手应当对其直接前手背书的真实性负责。后手是指在票据签章人之后签章的其他票据债务人。"第 33 条规定："背书不得附有条件。背书时附

---

[1] 《票据法》第 36 条。

有条件的，所附条件不具有汇票上的效力。将汇票金额的一部分转让的背书或者将汇票金额分别转让给二人以上的背书无效。"

4. 伪造背书。伪造背书的主要情况有：雇员捏造一个受款人，使雇主开立以此人为受款人的汇票，然后该雇员或其同伙伪造背书将汇票转让与第三者；雇员将开立给某一真实存在的受款人的汇票，伪造其签名，背书转让该汇票；某人在拾得、偷窃或骗得的汇票上冒名背书转让票据等。

背书的伪造者当然要负刑事或民事责任，这不是票据法上的问题，票据法所关心的是谁来承担伪造背书的经济损失。在这个问题上，日内瓦公约体系与《美国统一商法典》基本一致，而与英国法分歧较大。按照《日内瓦公约》的规定，尽管票据曾发生过遗失、被窃或其中一个签名被伪造等情事，但对于善意而且没有重大过失的、通过一系列没有间断的背书而取得该票据的持票人来说，这项背书是有效的，他仍可享有票据上的权利。凡在票据上有真实签名的人包括出票人、承兑人、保证人等仍须对其负责。如果付款人已对这张被伪造背书的汇票付了款，他也可以解除责任。但有一个重要的例外，即如果付款人是在票据到期以前付了款，他就必须自行承担不当付款的风险。《美国统一商法典》第3-405条（1）规定："如果有下列情况之一者，任何人以冒名的受款人的名义背书是有效的：（a）通过使用邮政或其他途径，冒名人促使制票人或出票人以受款人的名义向其或其同伙发行票据；或（b）作为或代表制票人或出票人的签名人，企图使受款人丧失对票据的权益；或（c）制票人或出票人的代理人或雇员向其提供受款人的姓名，企图使后者丧失上述权益。"按照美国《统一商法典》的规定，即使背书是伪造的，正当持票人得要求受票人付款；受票人拒绝承兑或拒付时，正当持票人得向所有前手包括出票人追索；假如付款人付款，则可以向出票人要求补偿，这样，伪造背书的经济损失最终由出票人负责。《日内瓦公约》和美国法律的目的是保护善意持票人，使他放心接受票据，从而有利于票据的流通转让。

英国法也承认正当持票人的权利优于其前手，但这项原则有一个重要的例外，就是任何人都不能通过伪造背书而取得票据的权利。例如，一张经过特别背书的汇票的被背书人甲不慎将该汇票遗失，被乙拾得后冒用甲的签名，将该汇票转让给另一个不知情而且支付了对价的第三者丙，则丙不得享有汇票上的权利。如果付款人对这张被伪造背书的汇票付了款，亦不能解除付款人的付款义务。因为按照英国法，伪造的背书是不起任何作用的。取得这种汇票的人也不能成为持票人，不能取得票据上的权利。因此，即使付款人向这种人付款，也不能认为是向汇票的持票人付了款，所以也就不能解除其对该汇票的真正所有人的付款义务。唯一的例外是以银行为付款人的见票即付支票。如果银行出于善意，在正常的业务中对有伪造背书的支票付了款，则可以解除责任。按照英国法的上述规定，伪造背书的风险最终由直接从伪造者手中取得票据的人承担。这样做的目的是为了保护票据的真正所有人。因为英国法认为，受让人应该了解出让票据的人，如果受让人不慎买进了伪造背书的汇票，则应由他自己承担损失，而不应让真正的所有人承担损失。

联合国《国际汇票和国际本票公约（草案）》试图用折中的方法来调和上述分歧。其第16条规定，凡是拥有经过背书转让给他或前手的背书为空白背书的票据，并且票据上有一系列连续背书的人，即使其中任何一次背书是伪造的或者未经授权的代表人签字的背书，只要他对此不知情，就应当认为他是票据的持票人而受到保护。第26条又规定，如果背书是伪造的，则被伪造背书的人或者在伪造发生之前签署了票据的当事人有权对因受伪造背书所遭受的损失直接向伪造人、从伪造人手中直接受让票据的人以及向伪造人直接支付了票据款项的当事人或受票人索取赔偿。但是，向伪造人直接支付票据款项的当事人或者受票人如果在付款时对伪造背书一事不知情，则可不承担上述赔偿责任，除非这种不知情是由于他未依诚信原则行事或未尽适当注意所致。前一项规定是为了保护善良的受让人，它反映了日内瓦票据公约的原则；后一项规定是倾向于保护真正的所有人，它反映了英美国家的传统做法。按照公约草案的规定，伪造背书的风险最终由伪造者承担。如果伪造者逃逸未被抓获或破产，则由从伪造者手中取得票据的人承担。

（三）汇票的提示（presentment）

1. 提示的含义。提示是指持票人向付款人出示汇票，要求其承兑或付款的行为。提示包括承兑提示（presentment for acceptance）和付款提示（presentment for payment）。根据《美国统一商法典》，付款人有权要求提示人：出示票据；合理地证明提示者的身份；如果是代理他人提示则出示授权证明；在付款人付款后签上"收讫"字样等。

2. 提示的义务或权利。一般来说，如果要求付款人承兑，则必须作承兑提示；如果要求付款人付款，则必须作付款提示。

持票人在下列情况下必须作承兑提示：汇票本身规定必须作承兑提示；付款地在付款人住所或营业地以外的地方；汇票是见票后定期付款。根据《日内瓦公约》的规定，除后两种情况外，汇票的出票人得在票据上载明禁止提示承兑；如果出票人没有禁止作提示承兑，所有的背书人均必须提请承兑。除以上持票人必须提请承兑和不得提请承兑的情况外，持票人有权于汇票到期日前向付款人所在地为承兑进行提示。实践中，即期汇票一般不作承兑提示，远期汇票（尤其是见票后定期付款）须作承兑提示，再作付款提示。

3. 提示的时间。无论是承兑提示还是付款提示，都必须在法律或票据规定的时间内提示。关于付款提示的时间，《美国统一商法典》规定应于票据到期日（定日付款、见票后定期付款、出票后定期付款汇票）作付款提示，即期汇票则应在合理时间内作付款提示。《日内瓦公约》规定，远期汇票应于到期日或以后两营业日为付款提示。

关于承兑提示的时间，英美法规定应在合理时间内提示。《日内瓦公约》规定，见票后定期付款的汇票，应自出票日起 1 年内为承兑的提示，出票人可以延长或缩短该期限，背书人可以缩短；如果出票人或背书人规定必须提请承兑，他们可以规定承兑提示的期限。一般来说，承兑提示应在票据到期日之前进行。

《票据法》规定："定日付款或者出票后定期付款的汇票，持票人应当在汇票到期日前向付款人提示承兑。提示承兑是指持票人向付款人出示汇票，并要求付款人承诺付款的行为。"[1]"见票后定期付款的汇票，持票人应当自出票日起 1 个月内向付款人提示承兑。汇票未按照规定期限提示承兑的，持票人丧失对其前手的追索权。见票即付的汇票无需提示承兑。"[2]"持票人应当按照下列期限提示付款：①见票即付的汇票，自出票日起 1 个月内向付款人提示付款；②定日付款、出票后定期付款或者见票后定期付款的汇票，自到期日起 10 日内向承兑人提示付款。持票人未按照前款规定期限提示付款的，在作出说明后，承兑人或者付款人仍应当继续对持票人承担付款责任。通过委托收款银行或者通过票据交换系统向付款人提示付款的，视同持票人提示付款。"[3]

4. 持票人没有适当提示的后果。多数国家规定，如果持票人有义务作承兑提示和付款提示而他没有适当地履行这一义务（包括没有提示和没有在规定的时间内提示），这就免除了出票人和前手背书人保证承兑和付款的责任。但如果票据已得到承兑，则承兑人仍需对付款负责，除非法律规定的时效届满（《日内瓦公约》规定为 3 年，英国规定为 6 年）。《美国统一商法典》稍微有些不同，其规定：在持票人拖延提示期间或拖延发出拒付或拒绝承兑期间，因受票人破产而使出票人失去了在出票人处存放的资金，只有在这种情况下出票人才能在将对受出票人享有的破产权益转移给持票人时解除自己保证付款的责任。

（四）汇票的承兑（acceptance）

承兑是指汇票的付款人承诺在汇票到期日支付汇票金额的票据行为。承兑的作用在于确定付款人对汇票的付款义务。因为汇票上的付款人是由出票人单

---

[1]《票据法》第 39 条。
[2]《票据法》第 40 条。
[3]《票据法》第 53 条。

方面指定的，付款人是否愿意承担付款义务，在其对签字承兑以前尚不能确定。

按照承兑人的不同，汇票可分为商业承兑汇票（commercial acceptance bill）和银行承兑汇票（banker's acceptance bill）。远期的商业汇票，经企业或个人承兑后，称为商业承兑汇票。远期的商业汇票，经银行承兑后，称为银行承兑汇票。银行承兑后成为该汇票的主债务人，所以银行承兑汇票是一种银行信用。

1. 承兑的效力。只有当付款人承兑汇票之后，他才成为汇票的债务人，从而就承担了按汇票金额付款的义务。如果付款人拒绝承兑汇票，则由于他尚未成为该汇票的债务人，持票人就不能对他起诉，而只能对背书人及出票人进行追索。但是，如果付款人承兑了汇票，他就成为汇票的承兑人（acceptor）。按照各国的法律，承兑人是汇票的主债务人，而出票人和背书人只是从债务人。在这种情况下，如果承兑人到期拒绝付款，持票人就可以直接对他起诉。但付款人承兑汇票并不能解除出票人和背书人对汇票的责任。因此，如果承兑人在汇票到期时拒绝付款，执票人除有权对承兑人起诉外，仍可向任何前手背书人或出票人行使追索权。

2. 承兑的期限与承兑方式。承兑的方式通常是由付款人在汇票正面横写"承兑"字样，签上自己的名字并注明承兑的日期。《票据法》第41条规定："付款人对向其提示承兑的汇票，应当自收到提示承兑的汇票之日起3日内承兑或者拒绝承兑。付款人收到持票人提示承兑的汇票时，应当向持票人签发收到汇票的回单。回单上应当记明汇票提示承兑日期并签章。""付款人承兑汇票的，应当在汇票正面记载'承兑'字样和承兑日期并签章；见票后定期付款的汇票，应当在承兑时记载付款日期。汇票上未记载承兑日期的，以前条第1款规定期限的最后一日为承兑日期。"[1]

3. 承兑的类型。承兑主要有以下两种类型：①普通承兑（general acceptance），即没有任何附加条件的承兑，这种承兑在法律上是完全有效的；②附有限制条件的承兑（qualified acceptance），即有条件的承兑，例如在承兑时限定付款的地点，或者只承兑汇票金额的一部分等。对于这种有条件的承兑的效力，各国法律有不同的规定。按照英国汇票法，执票人可以拒绝接受附条件的承兑，并可认为这是付款人拒绝承兑汇票的行为。如果执票人接受附条件的承兑，他必须征得出票人和背书人的同意，否则出票人和背书人可以解除对汇票所承担的义务。德国票据法则认为，执票人必须接受就部分金额所作的承兑，但对未获承兑的部分应作成拒绝证书以保留其权利。至于其他方面的附条件的承兑，德国法原则上也是不允许的。《票据法》规定："付款人承兑汇票，不得附有条

─────────

[1]《票据法》第42条。

第五章

件；承兑附有条件的，视为拒绝承兑。"[1]

（五）汇票的付款

付款人依法足额付款后，全体汇票债务人的责任解除。[2]

《日内瓦公约》规定，汇票的付款人付款时，有权要求持票人交出汇票并记载收讫字样；付款人有权只支付汇票金额的一部分并要求持票人在票上记载已付金额，向自己开立收据；如果持票人未在规定期限内为付款提示，付款人得将金额提存于相应机构，其费用及风险由持票人负责；付款人负证明背书连续合格之责，但不负证明背书签字真伪之责；持票人在到期日前无接受付款的义务，付款人若在此之前付款则承担因此引起的风险。

关于持票人向付款人提示汇票要求付款时，付款人能否要求给予优惠日的问题，各国法律亦有不同的规定。英国汇票法规定，对远期付款的汇票，可以有3天的恩惠日。但《日内瓦公约》及德国、瑞士、法国、意大利、西班牙等国的法律都明文禁止恩惠日。不过，按照各国的法律或惯例，如果汇票的到期日是节假日，则付款的日期可以顺延至下一个营业日。

《票据法》关于付款则作了如下规定："持票人依照前条规定提示付款的，付款人必须在当日足额付款。"[3]"持票人获得付款的，应当在汇票上签收，并将汇票交给付款人。持票人委托银行收款的，受委托的银行将代收的汇票金额转账收入持票人账户，视同签收。"[4]"付款人及其代理付款人付款时，应当审查汇票背书的连续，并审查提示付款人的合法身份证明或者有效证件。付款人及其代理付款人以恶意或者有重大过失付款的，应当自行承担责任。"[5]"对定日付款、出票后定期付款或者见票后定期付款的汇票，付款人在到期日前付款的，由付款人自行承担所产生的责任。"[6]

（六）汇票的拒付及追索

1. 拒付的含义（dishonor）。拒付是指付款人拒绝承兑和拒绝付款的行为。在汇票遭到拒付时，持票人就获得了向其前手背书人、出票人、承兑人及担保人追索（recourse）的权利。

除付款人明确拒绝外，根据《日内瓦公约》的规定，拒绝承兑和拒绝付款还包括：因承兑而变更汇票的文字（只承兑部分金额除外）；无论汇票是否已承

---

[1] 《票据法》第43条。

[2] 《票据法》第60条。

[3] 《票据法》第54条。

[4] 《票据法》第55条。

[5] 《票据法》第57条。

[6] 《票据法》第58条。

兑，付款人已被宣告破产或裁决虽未确定，付款人已停止付款或对其财产执行尚无结果；不获承兑的票据其出票人已破产。根据《美国统一商法典》和其他国家法律的规定，拒付还包括付款人避而不见、死亡、付款人宣告出票人的存款不足以支付汇票金额等情形。但是，下列情况一般不视为拒付：付款人要求提示人满足法定要求（如出示汇票、证明身份等）；付款人为了审查汇票而推迟付款或承兑（《美国统一商法典》规定对付款提示的答复应于当天作出，对承兑提示的答复应于次个营业日结束前作出，否则亦将视为拒付）。

《票据法》第 61 条规定："汇票到期被拒绝付款的，持票人可以对背书人、出票人以及汇票的其他债务人行使追索权。汇票到期日前，有下列情形之一的，持票人也可以行使追索权：①汇票被拒绝承兑的；②承兑人或者付款人死亡、逃匿的；③承兑人或者付款人被依法宣告破产的或者因违法被责令终止业务活动的。"

2. 持票人行使追索权的对象。被追索人可以是出票人、前手背书人以及所有在汇票上签字对汇票金额的支付承担责任的人（如承兑人、担保人）。持票人可以向其中一人追索，亦可以向他们共同追索。需要注意的是，持票人若欲向一个以上的人追索，就必须向所有目标都发出拒付通知。《日内瓦公约》规定，在被追索人之间，如有一人履行了付款义务，他可以向其前手追索。

《票据法》规定："汇票的出票人、背书人、承兑人和保证人对持票人承担连带责任。持票人可以不按照汇票债务人的先后顺序，对其中任何一人、数人或者全体行使追索权。持票人对汇票债务人中的一人或者数人已经进行追索的，对其他汇票债务人仍可以行使追索权。被追索人清偿债务后，与持票人享有同一权利。"[1] 第 69 条还规定："持票人为出票人的，对其前手无追索权。持票人为背书人的，对其后手无追索权。"

3. 持票人可以追索的金额。根据《日内瓦公约》的规定，持票人可向被追索人请求支付下列金额：①被拒付的票据金额，追索权如在到期日前行使，票据金额应按照持票人行使追索权时其所在地银行当日公布的贴现率计算；②到期日起的利息；③作成拒绝证书与通知的费用及其他费用。

《票据法》规定："持票人行使追索权，可以请求被追索人支付下列金额和费用：①被拒绝付款的汇票金额；②汇票金额自到期日或者提示付款日起至清偿日止，按照中国人民银行规定的利率计算的利息；③取得有关拒绝证明和发出通知书的费用。被追索人清偿债务时，持票人应当交出汇票和有关拒绝证明，

---

[1]　《票据法》第 68 条。

并出具所收到利息和费用的收据。"[1]"被追索人依照前条规定清偿后，可以向其他汇票债务人行使再追索权，请求其他汇票债务人支付下列金额和费用：①已清偿的全部金额；②前项金额自清偿日起至再追索清偿日止，按照中国人民银行规定的利率计算的利息；③发出通知书的费用。行使再追索权的被追索人获得清偿时，应当交出汇票和有关拒绝证明，并出具所收到利息和费用的收据。"[2]

4. 持票人行使追索权的条件。持票人在行使追索权后，往往引起连锁追索，即被持票人追索的人又向其前手背书人或出票人追索，因此时间显得十分重要。各国法律都要求持票人必须在规定时间内作成拒付证书和发出拒付通知。如果持票人没有适当地获得拒付证书或发出通知，其效果与前述没有适当提示相同。

（1）拒付证书（protest）。所谓拒付证书，是一种由付款地的公证人或法院、银行公会等作成的、证明付款人拒付的书面文件。持票人应在规定时间内作成拒付证书。《日内瓦公约》规定持票人应在到期日后两个营业日内（远期汇票）或付款提示后次个营业日内（即期汇票）作成拒付证书，除非：付款人或出票人被宣告破产，此裁决可代替拒付证书，或者票据上载有"无费退回"、"勿须拒付证书"之类的措词。

《票据法》规定："持票人行使追索权时，应当提供被拒绝承兑或者被拒绝付款的有关证明。持票人提示承兑或者提示付款被拒绝的，承兑人或者付款人必须出具拒绝证明，或者出具退票理由书。未出具拒绝证明或者退票理由书的，应当承担由此产生的民事责任。"[3]"持票人因承兑人或者付款人死亡、逃匿或者其他原因，不能取得拒绝证明的，可以依法取得其他有关证明。"[4]"承兑人或者付款人被人民法院依法宣告破产的，人民法院的有关司法文书具有拒绝证明的效力。承兑人或者付款人因违法被责令终止业务活动的，有关行政主管部门的处罚决定具有拒绝证明的效力。"[5]"持票人不能出示拒绝证明、退票理由书或者未按照规定期限提供其他合法证明的，丧失对其前手的追索权。但是，承兑人或者付款人仍应当对持票人承担责任。"[6]

（2）拒付通知。持票人应在规定时间内发出拒付通知。根据《日内瓦公约》和《美国统一商法典》的规定，通知可以以任何方式进行，如打电话、电报、

第五章

---

[1] 《票据法》第70条。
[2] 《票据法》第71条。
[3] 《票据法》第62条。
[4] 《票据法》第63条。
[5] 《票据法》第64条。
[6] 《票据法》第65条。

邮寄被拒付的汇票等。《票据法》规定："持票人应当自收到被拒绝承兑或者被拒绝付款的有关证明之日起 3 日内，将被拒绝事由书面通知其前手；其前手应当自收到通知之日起 3 日内书面通知其再前手。持票人也可以同时向各汇票债务人发出书面通知。未按照前款规定期限通知的，持票人仍可以行使追索权。因延期通知给其前手或者出票人造成损失的，由没有按照规定期限通知的汇票当事人，承担对该损失的赔偿责任，但是所赔偿的金额以汇票金额为限。在规定期限内将通知按照法定地址或者约定的地址邮寄的，视为已经发出通知。"[1] "依照前条第 1 款所作的书面通知，应当记明汇票的主要记载事项，并说明该汇票已被退票。"[2]

### （七）汇票转让人的保证义务

根据《美国统一商法典》，无论票据是按普通债权的方式转让（限制性抬头汇票）还是按票据法转让，无论是背书转让还是仅凭交付而转让，无论是不是免予追索的转让，除非有相反协议，获得对价的转让人都负有下列保证义务：①保证自己对票据享有合法的所有权；②保证其前手背书人签字的真实性；③保证在其转让时票据未受实质性改动；④保证对票据不存在合法有效的抗辩或权利主张；⑤保证自己不知道对出票人或承兑人开始了破产程序。根据美国法律，违反保证义务这一瑕疵从第一个转让人当然转移给第二个转让人。例如，A 将偷来的汇票（无记名式汇票）转让给 B，B 又转让给 C，则不仅 A 违背了保证义务，B 也是如此（正当持票人例外）。

背书人（无论是否注明免受追索）不仅对其直接受让人负有上述保证义务，而且对所有善良后手受让人都负有上述义务；未经背书而转让票据的人只对其直接受让人负有上述义务。

各国法律规定，凡在汇票上签字的人（出票人、背书人、承兑人等）都对票据金额的支付承担责任。在票据遭到拒付时持票人有权向处于从债务人地位的出票人、背书人追索。这一规定使持票人在大多数情况下都能得到支付。那么，为什么法律还为所有的转让人设定保证义务，持票人（受让人）为什么会以违反保证为由起诉转让人而不行使追索权呢？其原因主要有：①在票据是无记名式时或背书注明免予追索时持票人无合适的追索对象；②持票人因没有适当提示或没有适当制作拒付证书或者发出拒付通知而失去了追索权；③即使持票人还享有追索权，他也可能更愿意以转让人违反保证而起诉，因为在到期日和可能的拒付发生之前持票人一旦发现转让人有违反保证的行为，持票人就可

第五章

---

〔1〕《票据法》第 66 条。
〔2〕《票据法》第 67 条。

以起诉；④以违反保证为由起诉不仅可以要求赔偿损失，而且可以撤销票据。

（八）对持票人和正当持票人的法律保护

为了使票据具有流通性，各国票据法对善意或合法的持票人都给予有力的保护，认为他可以享有优于其前手的权利。但各国法律对何谓善意或合法或正当持票人的规定并不完全相同。

英国汇票法把持票人分为持票人、付了代价的持票人和正当持票人三种。法律上对这三种持票人所给予的保护也有所不同。持票人（holder）是指票据的受款人、被背书人或无记名汇票的持有人。付了代价的持票人（holder for value）是指在任何时候曾对票据付了代价的持票人，这里的"代价"包括一切能使简式合同有约束力的对价（consideration），如金钱、货物或劳务等。正当持票人（holder in due course）是指在票据完整、正常、没有过期的情况下，出于诚信，不知悉票据曾经遭到拒付，不知悉转让人的权利有任何瑕疵，并且付了代价而取得票据的持票人。英国法给予正当持票人以充分保护：他可以享有优于其前手的权利，不受其前手票据的任何权利瑕疵的影响，也不受其他人对票据可能享有的衡平权益的影响。按照英国法的解释，"知悉"是指实际知悉。如果仅仅是拟制知悉或推定知悉，即仅依据周围情况推定持票人知道转让人的票据权利有瑕疵，不能动摇正当持票人的地位。

《美国统一商法典》基本上把持票人分为正当持票人与其他持票人。正当持票人的条件与英国相似。持票人在取得票据时符合下列要求才能取得正当持票人的地位：支付了对价；善意；对票据已过期或已被拒付或针对票据存在着抗辩或者所有权争议不知情。所谓知情（notice），包括持票人实际上知道上述事实、他已经收到通知、根据当时他知道的事实情况他有理由知道上述事实。最后一点意味着可以推定持票人知道上述事实，或者可以以重大过失为由否认其正当持票人的地位。这一点不同于英国法。美国法律给正当持票人的保护也比一般持票人要充分得多，包括：第三人对正当持票人的前手提出的抗辩对正当持票人无效；即使票据曾被偷窃、骗走，其前手也不得向正当持票人追回票据；正当持票人可以豁免转让人的某些保证义务，如不向承兑人保证出票人签字的真实性等。

《日内瓦公约》提到了"合法持票人"。公约第16条为正当持票人规定了三个条件：①持票人能以一系列不间断的背书证明其票据的所有权。这意味着如果汇票一开始是无记名汇票，且以后的转让全没有背书时，持票人不能成为受特殊保护的"合法持票人"，这一点不同于英美法；②票据是以正当手段取得的，持票人不能以捡得、盗窃或欺诈方式获得票据，这一点相当于英美法上的善意或诚信要求；③持票人在获得票据时没有重大过失，这主要是指在了解其转让人的权利瑕疵方面没有重大过失。这一点类似于《美国统一商法典》的规定，但不同于英国法。因为日内瓦体系是建立在大陆法系的基础上，而大陆法系没有对价或代价的概念，所以《日内瓦公约》没有为"合法持票人"规定"付出代价"这一条件。

联合国《国际汇票和国际本票公约（草案）》（以下简称《公约草案》）把持票人分为持票人和受保护的持票人两种。根据《公约草案》第30条的规定，受保护的持票人必须具备下列条件：①持票人在取得票据时，该票据是完整的；②他在成为持票人时对有关票据责任的抗辩不知情；③他对任何人对该票据的有效请求权不知情；④他对该票据曾遭拒付的事实不知情；⑤该票据未超过提示付款的期限；⑥他没有以欺诈、盗窃手段取得票据或参加与票据有关的欺诈或盗窃行为。

这些条件多类似于英国法对正当持票人规定的条件，但没有以支付代价为条件，这是对大陆法系的折中。公约草案对受保护的持票人给予强有力的保护。根据公约草案第31条的规定，除公约特别指出的几种情形外，当事人不得对受保护的持票人提出任何其他抗辩，而且受保护的持票人的权利不受任何第三人对该票据的任何请求权的限制，除非这种请求是由于他本人同提出请求权的人之间的基础交易所引起的。公约草案的这些规定，对于促进汇票在国际范围内的流通，保证国际交易的安全都是十分必要的。

《票据法》没有规定"正当持票人"的概念。

## ■第二节　国际贸易支付方式

国际贸易的支付方式主要分为两大类三种：一类是收付双方不由银行提供信用，但通过银行办理的方式，如买方直接付款和银行托收；另一类是由银行提供信用，收付双方从银行得到信用保证和资金融通的便利，如信用证。虽然三种方式基本上都要通过银行，但银行在各种方式中所起的作用不同。在三种支付方式中，汇付和托收这两种支付方式都是由买卖双方根据买卖合同互相提供信用，属于商业信用。而信用证属于银行信用，因此最为常用。此外，从资金的流向与支付工具的传递方向上，可以将支付方式分为顺汇和逆汇两种方法。顺汇是指资金的流动方向与支付工具的传递方向相同。汇付方式采用的是顺汇方法。逆汇是指资金的流转方向与支付工具的传递方向相反，托收方式以及信用证方式采用的是逆汇方法。随着国际贸易的发展，出现了由保理商提供的国际保理业务。国际保理可以为出口商提供集出口资金融通、账务处理、收取应收款及买方信用担保为一体的综合性服务。

### 一、汇付

#### (一) 汇付的概念和当事人

汇付 (remittance) 也称买方直接付款 (direct payment by buyers)，是指付款人通过银行将款项汇交收款人。在国际贸易中如采用汇付，通常是由买方按合同规定的条件和时间 (如预付货款或货到付款或凭单付款) 通过银行将货款汇交卖方。汇付属于商业信用。

汇付涉及如下当事人：①汇款人 (remitter)：在国际贸易中为买方；②汇出行 (remitting bank)：通常是买方委托汇出汇款的银行，通常为买方所在地银行；③汇入行 (paying bank)：汇出行的代理行，通常为卖方所在地银行；④收款人 (payee)：在国际贸易中为卖方。其中付款人与汇出行之间订有支付合约关系，汇出行与汇入行之间订有代理支付合约关系。

汇付采用顺汇法。在办理汇付业务时，汇款人应向汇出行填交汇款申请书，汇出行有义务根据汇款申请书的指示向汇入行发出付款书；汇入行收到汇款委托书后，有义务向收款人解付货款。但汇出行和汇入行对不属于自身过失而造成的损失 (如付款委托书在邮递途中遗失或延误等致使收款人无法或延期收到货款) 不承担责任，而且汇出行对汇入行工作上的过失也不承担责任。

汇付手续简便、费用低廉，但汇付风险较大。因为以汇付方式结算，可以是货到付款，也可以是预付货款。如果是货到付款，卖方向买方提供信用并融通资金。而预付货款则买方向卖方提供信用并融通资金。不论哪一种方式，风险和资金负担都集中在一方。在贸易实践中，汇付一般只用来支付订金货款尾数、佣金等项费用，不是一种主要的结算方式。

#### (二) 汇付方式

汇付根据汇出行向汇入行发出汇款委托的方式可分为三种形式：

1. 电汇 (Telegraphic Transfer, T/T)：指汇出行接受汇款人委托后，以电传方式将付款委托通知收款人当地的汇入行，委托它将一定金额的款项解付给指定的收款人。电汇因其交款迅速，在汇付方式中使用最广。但因银行利用在途资金的时间短，所以电汇的费用较高。

2. 信汇 (Mail Transfer, M/T)：指汇出行接受汇款人委托后，以向汇入行航寄付款委托的方式将付款委托通知收款人当地的汇入行，委托它将一定金额的款项解付给指定的收款人。信汇汇款速度比电汇慢。因信汇方式人工手续较多，目前一些银行已不再办理信汇业务。

3. 票汇 (Demand Draft, D/D)：是以银行即期汇票为支付工具的一种汇付方式。由汇出行应汇款人的申请，开立以其代理行或账户行为付款人，列明汇款人所指定的收款人名称的银行即期汇票，交由汇款人自行寄给收款人。由收款人凭票向汇票上的付款人（银行）取款。

（三）付款时间

汇付可以是见单付款或交单付现。见单付款是指卖方在发运货物之后，将有关装运单据寄交买方，买方在收到单据后按合同规定汇付货款，这种方法显然不利于卖方，如果买方在收到单据后拒不付款，或拖延付款，卖方就要承担钱货两空的风险。交单付现则要求买方在付款时才能得到装运单据，当卖方对买方的信誉和资信能力不了解或认为有问题时，一般会在合同中规定交单付现。

**二、托收**

（一）托收的概念和法律规范

根据《托收统一规则》第 2 条的规定，托收是指银行依据所收到的指示处理金融单据和商业单据，以便于取得付款和/或承兑，或凭以付款或承兑交单，或按照其他条款和条件交单。简单而言，国际贸易中的托收（collection）是指卖方以买方为付款人开立汇票，委托银行代其向买方收取货款的一种结算方式。值得注意的是，银行在托收过程中严格地限于作为代理人按照托收指示行事，它对付款人能否支付代收款项不承担任何责任。因此，从信用性质上说，托收与汇付方式一样，属于商业信用，而不是银行信用。

为规范银行托收业务，国际商会于 1958 年草拟了《商业单据托收统一规则》（Uniform Rules on the Collection of Commercial Paper），并于 1967 年进行了修订。1978 年根据国际贸易的发展变化再次修订，并改名为《托收统一规则》（Uniform Rules for Collections）（第 322 号出版物），自 1979 年 1 月 1 日起实施。1995 年又对该规则进行了修订，在国际商会第 522 号出版物上出版（以下简称 URC522），并于 1996 年 1 月 1 日起实施。该规则有 26 条，七个部分：总则和定义、托收的形式和结构、提示的形式、义务和责任、付款、利息及手续费和费用、其他条款。

《托收统一规则》是对国际惯例的总结，具有国际惯例的效力，即只有在当事人自愿采用或没有明示排除时，才对当事人有法律的拘束力。目前，它已经得到各国银行的广泛承认和使用。除这一国际惯例外，许多国家都制定了有关支付方面的法律，即使当事人选择了《托收统一规则》，也不得违背国内法中的强制规定（如外汇管制规定等），这一原则也为《托收统一规则》所承认。该规则规定：根据外国法律或惯例对银行规定的义务和责任，委托人应受约束并负赔偿的责任；以付款地国以外的货币（外国货币）支付时，该项外国货币应能够依照托收指示书规定立即汇出；关于光票托收的部分付款，仅在付款地现行法律准许部分付款的限度和条件下才可以接受。特别重要的是，该规则"总则和定义"A 款规定：除非规则与一国、一州或地方不得违反的法律规定相抵触，否则，规则适用于一切没有明示同意排除适用的当事人。实际上，《托收统一规则》的制定充分考虑了国际支付的特点和需要。

（二）托收的种类

《托收统一规则》将托收分为光票托收和跟单托收。

1. 光票托收（clean collection），是指不附有商业单据的金融单据项下的托收。在光票托收中，买方付款或承兑后可能不能获得货物或代表货物所有权的单据，所以甚少采用，通常只用于收取货款尾数、佣金、样品费等项费用。

2. 跟单托收（documentary collection），是指附有商业单据的金融单据项下的托收，或者不附有金融单据的商业单据项下的托收。金融单据（financial documents）是指汇票、本票、支票或其他类似的可用于取得款项支付的凭证；商业单据（commercial documents）是指发票、运输单据、所有权文件或其他类似的文件，或者不属于金融单据的任何其他单据。国际贸易中货款的支付，可以采用跟单托收的方式。每一笔具体交易是采用光票托收还是跟单托收，跟单托收须附具什么单据，或哪些款项用跟单托收，哪些款项用光票托收，概由当事人在买卖合同中约定并由卖方填于付款指示书中。

根据《托收统一规则》和国际贸易支付的实践，跟单托收根据交单条件的不同又可分为付款交单和承兑交单两种。《托收统一规则》规定，委托人（卖方）在托收指示书中应载明是付款交单还是承兑交单，否则银行按付款交单处理。

（1）付款交单（Documents against Payment，D/P）。这是指付款人（买方）在向代收行支付了货款后才能取得商业单据的托收。

付款交单可分为即期付款交单和远期付款交单。即期付款交单（D/P at sight）指如果收款人（卖方）出具的是即期汇票，付款人（买方）于见票时立即付款后即获得商业单据的托收；远期付款交单（D/A at-days sight）指收款人（卖方）出具远期汇票，付款人先承兑，于到期日时再付款赎单的托收。

在远期付款交单的条件下，买方在承兑汇票后、付清货款前，是不能取得商业单据的。因此，如果汇票的到期日晚于货物运抵目的地的日期，买方就必须设法在汇票的到期日之前拿到装运单据，以便及时提取到货物。在这种情况下，有些国家的银行往往允许买方在承兑远期汇票后，凭信托收据（trust receipt）借出装运单据去提货，待远期汇票到期时再付还货款。所谓信托收据是由买方向银行出具的表示愿意以银行的受托人（trustee）的身份代银行保管和处理货物，并承认货物的所有权属于银行，出售货物后所得的货款亦应交给银行或代收行暂为保管的一种书面文件。通过这种办法，买方在付款之前就可以取得货物，并可以及时转售货物获得利润，然后再用出售所得于汇票到期日偿付汇票金额，以达到通融资金的目的。凭信托收据借单据的办法，通常是进口地的代收行自行做主对买方给予资金融通方便，与卖方无关，在这种情况下，代收行必须承担汇票到期付款的责任，如果买方到期因某种原因而不能或不愿付款，则付款的责任转移到了代收行身上。如果卖方在托收指示书中指示银行允许买方预借单据提货，则日后买方拒付的风险由卖方自己承担。在采取这种办法时，卖方所承担的收汇风险同承兑交单类似，因此，除非买方是信用可靠的老客户，卖方一般不轻易采取这种做法。

（2）承兑交单（Documents against Acceptance，D/A）。这是指付款人（买方）承兑汇票后即可获得商业单据，于汇票到期日再付款。因为只有远期汇票才需办理承兑手续，所以承兑交单方式只适用于远期汇票的托收。

在付款交单和承兑交单两种方式中，承兑交单对卖方的风险更大，卖方甚至可能钱货两空。这些风险是：买方虽有偿付能力，但不讲信用拒不付款；买方于到期日或之前被宣告破产或开始破产程序；买方出售货物后携款潜逃，不知下落；即使货物的所有权尚在买方手中，但卖方需要对他提起诉讼，从而冒败诉和增加额外费用的风险。在付款交单时，如果买方不付款，至少卖方手中还掌握着代表货物所有权的提单等票据，可以通过处理货物减少损失，这一点要优于承兑交单。但即使如此，如果买方真的拒不付款赎单，由于货物已运往国外，托收行通常又不负责提货、存仓、保管和转售等事宜，卖方往往需要指定一名"需要时的代理人"代为处理货物，这就需要支出一笔额外费用，如果货物在国外找不到买主，还要把它运回本国，支付本不用支付的运费、滞期费、仓储费。除此之外还可能因拖延时日而冒货物市价跌落的风险等。

由上述可知，无论是付款交单还是承兑交单，卖方都冒着一定的风险，但由于它对买方较为有利，例如，买方不必像申请开立信用证那样向银行交纳开证押金，银行费用比较低廉等，所以这种支付方式对促进出口成交还是有一定作用的。

（三）托收的有关当事人及其权利义务

根据《托收统一规则》第 3 条的规定，托收的关系人有委托人、托收行、代收行、提示行，付款人。

1. 委托人（principle），即委托银行办理托收业务之人。在国际贸易支付中即是国际货物买卖合同的卖方。

2. 托收行（remitting bank），即受委托人的委托办理托收业务的银行。国际贸易支付中通常是卖方营业所所在地的银行。

3. 代收行/提示行（collecting bank/presenting bank），即托收行以外参与办理托收指示的任何银行。根据《托收统一规则》的规定，委托人可以指定代收行。如无指定，则代收行可以是托收行或其他银行视情况而选择的在付款或承兑所在地国家的任何银行。在国际贸易支付中，代收行通常是买方营业所所在地的银行。

提示行（如果有的话）是向付款人作出提示的代收行。一般由托收行指定，也可由代收行自行指定。

4. 付款人（payer），即根据托收指示书向其作出提示的人。在国际贸易支付中通常是国际货物买卖合同的买方，亦即卖方所出具汇票的受票人（付款人）。

委托人和托收行之间是委托代理关系；托收行与代收行、提示行之间也是代理关系。代理关系的基础是托收指示书（collection instruction）。委托人所有送往托收的单据必须附有一项完整和明确的托收指示书。银行只根据该托收指示书中的命令行事。除非托收指示书中另有授权，银行将不理会来自除了他所收到托收的有关人/银行以外的任何有关人/银行的任何指令。

托收指示书包括下述各项内容：①接受托收的银行详情，包括全称、邮政和 SWIFT 地址、电传、电话和传真号码和编号。②委托人的详情包括全称、邮政地址或者办理提示的场所，以及（如果有的话）电传、电话和传真号码。③付款人的详情包括全称、邮政地址或者办理提示的场所以及（如果有的话）电传、电话和传真号码。④提示银行（如果有的话）的详情，包括全称、邮政地址，以及（如果有的话）电传和传真号码。⑤待托收的金额和货币。⑥所附单据清单和每份单据的份数。⑦凭以取得付款和（或）承兑的条件和条款；凭以交付单据的条件：付款和（或）承兑；其他条件和条款。发出托收指示一方有责任确保单据的交付条件表述清楚、明确，否则，银行对由此产生的任何后果不负责任。⑧待收取的手续费，并表明是否可以放弃。⑨待收取的利息（如果有的话），并表明是否可以放弃，包括：利率、计息期、计息基础（例如一年按 360 天还是 365 天计算）。⑩付款方法和付款通知的形式。⑪对于在不付款、不承兑和/或不遵从其他指示时如何处理的指示。

此外，托收指示应载明付款人或提示地的完整地址。如果地址不完整或有错误，代收银行可以试图确定正确的地址，但对此不承担任何义务和责任。代收银行对因所提供地址不全或有误所造成的任何延误将不承担责任或对其负责。托收指示还应当表明要求付款人完成任何行为的确切期限。

由于上述当事人之间存在代理关系，他们的权利义务受代理法的一般原则的支配。即委托人应补偿代理人的开支，向其支付报酬；而代理人亦应尽职尽责完成代理事务并不得越权。这两个原则在《托收统一规则》中都得到了体现，该规则第 1 条规定："银行应以善意和合理的谨慎行事。"其"总则和定义"C

款中规定："银行只被允许按照托收指示书中的规定和根据本规则行事。如果由于某种原因，某一银行不能执行它所收到的托收指示书的规定时，必须立即通知发出托收指示书的一方。"如果代理人违反了上述原则，则应赔偿由此给委托人造成的损失。

除上述原则之外，《托收统一规则》还规定了托收行对委托人，代收行对托收行负有完成下列具体代理行为的义务：①及时提示的义务，包括：遇有即期汇票应毫无延误地作付款提示；对远期汇票则必须不迟于规定的到期日作付款提示。当远期汇票必须承兑时应毫无延误地作承兑提示。②保证单据（包括汇票和装运单据）与托收指示书的表面一致。银行必须核实所收到的单据在表面上与托收指示书所列一致，如发现任何单据有遗漏，应即通知发出指示书的一方。③收到的款项在扣除必要的手续费和其他费用后必须按照指示书的规定无迟延地解交本人。④无延误地通知托收结果，包括付款、承兑、拒绝承兑或拒绝付款、拒付的理由。

从以上委托人与托收行、托收行与代收行的关系可以看出，托收的一个重要特点是：银行的地位严格地限于作为代理人，它对货款能否支付不承担任何义务或责任。因此从信用性质上说，托收属于商业信用，而不是银行信用，卖方能否收回货款全赖于买方的信誉如何。

（四）银行的免责

为了加强和突出银行的上述地位，《托收统一规则》规定了以下银行不承担责任的情况，包括：

1. 对被指示方行为的免责。如前所述，托收行是委托人的代理人，代收行又是托收行的代理人，根据代理法的一般原则，在委托人与代收行之间不存在合同关系。《托收统一规则》（URC522）第11条规定了对被指示方行为的免责：①为使委托人的指示得以实现，托收行使用其他银行的服务，其风险与费用由委托人承担；②即使托收行主动选择了其他银行办理业务，如该行所转递的指示未被执行，托收行不承担任何责任；③指示他方提供服务的指示方，应受到外国法律或惯例所加于被指示方的一切义务和责任的制约，并对被指示方因履行该义务所承担的责任和费用负偿付之责。上述规定明确了委托人应承担托收后果的情形以及托收行对提示行的行为后果的责任。根据上述规定，尽管委托人与代收行没有直接的合同关系，但代收行的行为后果由委托人承担。

2. 对单据有效性免责。银行只须核实单据在表面上与托收指示书一致，除此之外没有进一步检验单据的义务。代收行对承兑人签名的真实性或签名人是否有签署承兑的权限概不负责。

3. 对货物免责。除非事先征得银行同意，货物不应直接运交银行或以银行为收货人，否则银行无义务提取货物。银行对于跟单托收项下的货物无义务采取任何措施。然而，无论是否得到指示，如银行对货物采取了保护措施，他们都不对货物的状况负责，也不对任何受委托看管和保护货物的第三者的行为和不行为负责，但代收行应立即就采取的措施发出通知。

4. 对翻译与通讯中的延误免责。银行对由于任何通知、信件或单据在寄送途中发生延误/或失落所造成的一切后果，或对电报、电传、电子传送系统在传送中发生延误、残缺和其他错误，或对专门性术语在翻译上和解释上的错误，概不承担义务或责任。

5. 不可抗力免责。银行对由于天灾、暴动、骚乱、叛乱、战争或银行本身无法控制的任何其他原因，或对由于罢工或停工致使银行营业间断所造成的一切后果，概不承担义务和责任。

6. 对单据遭拒付免责。在汇票被拒绝承兑或拒绝付款时，若托收指示书上无特别指示，银行没有作出拒绝证书的义务。

### 三、银行信用证

（一）信用证概述

1. 有关信用证的法律和惯例。信用证（Letter of Credit，以下简称"L/C"）是商业习惯的产物而不是法律的创设物，因此各国基本上没有专门调整信用证的法律。只有美国在其《美国统一商法典》中专设一编（第五编）对信用证作了规定。遇有争议，法院只是根据合同法、代理法的一般原则以及银行界的习惯做法对具体争议作出判决，留下的判例不仅分散而且不成套。总之，有关信用证的法律规范，在现今各国立法中基本上还是空白，主要靠各个银行自订的格式信用证条款和国际商业习惯调整。

以信用证项下的汇票是否附有货运单据可将信用证划分为跟单信用证（documentary L/C）及光票信用证（clean L/C）。鉴于跟单信用证在国际贸易中已经得到广泛的使用，为了统一各国对跟单信用证条款的解释，明确各有关当事人的权利、义务，国际商会于 1930 年制订了《跟单信用证统一惯例》（Uniform Customs and Practice for Documentary Credit，UCP），供各国银行和银行公会自愿采用。UCP 曾分别于 1951 年、1962 年、1967 年、1974 年、1983 年、1993 年和 2006 年作过 7 次修改。最新版本是 2007 年 7 月 1 日生效的修订本，通称为国际商会第 600 号出版物。UCP600 的条文编排参照了 ISP98 的格式，对 UCP500 的 49 个条款进行了大幅度的调整及增删，变成现在的 39 条。第 1~5 条为总则部分，包括 UCP 的适用范围、定义条款、解释规则、信用证的独立性等；第 6~13 条明确了有关信用证的开立、修改、各当事人的关系与责任等问题；第 14~16 条是关于单据的审核标准、单证相符或不符的处理的规定；第 17~28 条属单据条款，包括商业发票、运输单据、保险单据等；第 29～32 条规定了有关款项支取的问题；第 33～37 条属银行的免责条款；第 38 条是关于可转让信用证的规定；第 39 条是关于款项让渡的规定。UCP600 适用于包括备用信用证在内的跟单信用证。

2. 信用证的概念。UCP600 最大的变化之一是取消了"可撤销信用证"。因此，UCP600 第 2 条规定："信用证意指一项约定，无论其如何命名或描述，该约定不可撤销并因此构成开证行对于相符提示予以兑付的确定承诺。"

信用证方式与托收方式的最大区别是：在前者中，银行有条件地承担了支付货款的责任，卖方能否收到货款是以银行信用为基础，而不是依赖于买方的商业信用，而一般来说，银行信用比商业信用要可靠得多，所以卖方更有保证收到货款；而在托收方式中，银行只是代理人，他们对货款的支付与否不承担任何责任，卖方只能以买方的商业信用作为其货款的基础，所以卖方所承担的风险较大，尤其是在承兑交单方式下。正因为如此，信用证方式在国际贸易中比托收方式更为常用。

（二）信用证的当事人及其权利、义务关系

1. 信用证的当事人。信用证运转可能涉及的主要当事人有：

（1）开证申请人（applicant）：即向银行申请开立信用证的人，国际贸易中是买卖合同中的买方。

（2）开证行（issuing bank）：即接受开证申请人的委托为其开出信用证的银行，通常是买方营业地的银行。

（3）通知行（advising bank）：即接受开证行的委托，负责将信用证通知受益人的银行，通常是受益人所在地、与开证行有业务往来的银行。

（4）受益人（beneficiary）：即有权享有信用证上的利益的人，亦即国际贸易中的卖方。

（5）付款行（paying bank）：即信用证上指定的向受益人付款的银行，可以是开证行自己，亦可以是其他银行。

（6）议付行（negotiating bank）：即愿意买入或贴现受益人按信用证所开立的汇票的银行。可以是开证行、开证行指定的银行，开证行亦可授权任何银行作为议付行。

（7）承兑行（accepting bank）：即根据承兑信用证在卖方出具的汇票上承兑的银行，可以是开证行或其他银行。

（8）保兑行（confirming bank）：即对不可撤销信用证保证兑付的银行。

（9）偿付行（reimbursing bank）：指按照开证行偿付授权的指示和/或授权作出偿付的银行。偿付授权独立于信用证之外，即使偿付授权引用了信用证的有关条款，偿付行也与该信用证条款无关或不受其约束。[1]如果信用证规定被指定银行（"索偿行"）须通过向另一方银行（"偿付行"）索偿获得偿付，则信用证中必须声明是否按照信用证开立日正在生效的国际商会《银行间偿付规则》办理。如果信用证中未声明是否按照国际商会《银行间偿付规则》办理，则适用下列条款：开证行必须向偿付行提供偿付授权书，该授权书须与信用证中声明的有效性一致。偿付授权书不应规定有效日期。不应要求索偿行向偿付行提供证实单据与信用证条款及条件相符的证明。如果偿付行未能按照信用证的条款及条件在首次索偿时即行偿付，则开证行应对索偿行的利息损失以及产生的费用负责。偿付行的费用应由开证行承担。然而，如果费用系由受益人承担，则开证行有责任在信用证和偿付授权书中予以注明。如偿付行的费用系由受益人承担，则该费用应在偿付时从支付索偿行的金额中扣除。如果未发生偿付，开证行仍有义务承担偿付行的费用。如果偿付行未能于首次索偿时即行偿付，则开证行不能解除其自身的偿付责任。

2. 信用证各方当事人之间的权利义务关系。信用证的运转可能涉及许多当事人，且几个当事人的角色可能集中于一家银行，所以他们相互之间的关系比较复杂。

（1）开证申请人与开证行之间的关系。开证申请人与开证行之间的关系是以开证申请书及其他文件所确定的合同关系。在这种合同关系中，开证行承担的主要义务是：①根据开证申请书开立信用证。②承担付款、承兑、议付或保证付款、承兑或议付的责任。③合理小心地审核一切单据，确定单据在表面上符合信用证。在这种合同关系中，开证申请人的主要义务是：①交纳开证押金或提供其他保证，缴纳开证费用。②银行为有效地执行开证申请人的指示而利用另一银行或其他银行的服务，这是代该申请人办理的，其风险当由申请人承担（UCP600 第 20 条 A 款）。开证申请人应受外国法律和惯例加诸于银行的一切义务和责任的约束，并承担赔偿之责。③付款赎单，包括偿付银行所付的款项及其利息。

（2）开证行与受益人之间的关系。在开证行与受益人之间是否存在着合同关系，在法学理论上是一个值得研究的问题。开证行与受益人的关系是以信用证为依据的，因此，如果信用证的种类不同，他们之间的关系也就有所不同。如果开证行开出的是可撤销的信用证，则受益人并不能从开证行获得任何有约束力的允诺（binding promise），由于可撤销的信用证在议付行议付单据之前，可以随时由开证行撤销，而且无须事先通知受益人，因此，在可撤销信用证的

---

[1] 《跟单信用证项下银行间偿付统一规则》（国际商会第 525 号出版物，URR525）第 3 条。

场合下，开证行与受益人之间不存在对双方有约束力的合同关系。

如果开证行开出的是不可撤销的信用证，当该信用证送达受益人时，在开证行与受益人之间就成立了一项对双方都有约束力的合同。这是目前国际上普遍接受的观点。但根据英美合同法理论这种观点却由于缺乏"对价"（consideration）而遭质疑。按照英美合同法理论，没有对价的合同是没有约束力且不能强制执行的；而且对价必须来自订约的一方[1]。但不可撤销信用证只是开证行对受益人的一项不可撤销的允诺，受益人在收到信用证时并未付出对价，这就很难说在他们之间成立了一项对双方有约束力的合同。为了克服这个理论上的障碍，英国学者提出信用证票据化理论，即"把信用证视为根据商业惯例没有对价也可以执行的由许诺构成的自成一类的票据"（sui generic instrument）[2]，"把信用证看作是一种新的包含抽象支付许诺的商业票据，像汇票一样享有高度的，尽管不是全部的，免受基于卖方对买方违反义务而承担的责任"[3]。美国则完全取消了对价要求，《美国统一商法典》第 5 - 105 条明文规定，信用证毋需对价。无论是开出信用证还是修改信用证，都不要求有对价。

按照上述解释，不可撤销信用证是开证行与受益人之间的一项独立的合同，它既独立于买卖双方之间订立的买卖合同，也独立于买方与开证行之间根据开证申请书成立的合同[4]。因此，开证行应按照不可撤销信用证的条款对受益人承担付款义务，不受买卖合同或其他合同的影响。而且开证行按信用证的规定向受益人（卖方）付款后，即使开证申请人（买方）破产或由于其他原因拒绝付款赎单，开证行也不能对受益人（卖方）行使追索权追回已付款项。因为开证行在信用证中已向受益人作出保证，只要受益人所提交的单据符合信用证的要求，开证行就必须付款，不能因买方破产或拒付而不承担信用证项下的付款义务。

3. 通知行与开证行、受益人、开证申请人之间的关系。通知行与开证行之间的关系是委托代理关系，通知行接受开证行的委托代理开证行将信用证通知

第五章

---

[1] Roy Goode, *Commercial Law*, 2nd edn., Penguin Books, 1995, pp. 73 ~ 74.

[2] "The letter of credit should be treated as a sui generic instrument embodying a promise which by mercantile usage is enforceable without consideration." by Professor Ellinger, *Documentary Letter of Credit*, p. 122; Roy Goode, *Commercial Law*, 2nd edn., Penguin Books, 1995, p. 987.

[3] "Treating a letter of credit as a new type of mercantile cuurency embodying an abstract promise of payment, which, like the bill of exchange, possesses a high, though not total, immunity from attack on the ground of breach of duty of S to B." by Professor Kozolchyk; see also Roy Goode, "Abstract Payment Undertakings: Peter Cane and Jane Stapleton in Essays for Patrick Atiyah", Roy Goode, *Commercial Law*, 2nd edn., Penguin Books, 1995, p. 987.

[4] Roy Goode, *Commercial Law*, 2nd edn., Penguin Books, 1995, p. 987.

受益人并从开证行获取佣金。UCP600 对双方的关系没有规定，因此这二者的关系主要受有关国家代理法的调整。

通知行与受益人之间不存在合同关系。通知行之所以通知受益人，是因为它对开证行负有义务，而不是对受益人负有此项义务。因此，通知行在通知信用证时往往在通知书中声明它并不是当事人，不因其把信用证通知受益人而在他们之间产生任何合同关系。鉴于国际贸易中伪造信用证的事情时有发生，UCP600 规定，如该行决定通知信用证，则应合理谨慎地审核所通知信用证的表面真实性，所谓表面真实性是指信用证上的签名或押码的真实性。如果通知行不能确定该证的表面真实性，它必须不迟延地通知从其收到该指示的银行。按照英国的判例，如果通知行在把开证行开出的信用证通知受益人时歪曲了信用证的条款，使受益人所提交的单据不符合信用证的要求而遭到开证行拒付，则通知行需对其疏忽行为负责。因此，有些英国学者认为，英国的判例法为通知行设定了对受益人谨慎行事的责任。

通知行是开证行的代理人，与开证申请人之间无直接合同关系。

4. 开证行与付款行、承兑行、议付行的关系。如果开证行指定或授权其他银行付款、承兑或议付，而其他银行接受，则在两者之间形成了合同关系。根据这种合同关系，开证行应接受付款行、承兑行或议付行寄交的符合信用证的单据，并偿付上述银行，上述银行则对开证行负有单证一致的义务，如果上述银行所据以付款、承兑或议付的单据与信用证的规定不符，开证行有权拒绝。

5. 受益人与付款行、承兑行、议付行的关系。受益人无权要求开证行所授权或要求的银行付款、承兑或议付，但是，一旦开证行以外的银行接受开证行的授权承兑或议付了受益人出具的汇票，那么他们之间的关系将受有关国家票据法的调整，他们之间的关系将是承兑人与受款人（受益人往往指定自己为受款人）之间的关系、转让人与受让人（在议付时，议付常以背书为之）之间的关系。

（三）信用证运转的基本程序及主要法律问题

在采用信用证方式付款时，一般要经过以下七个基本步骤：

1. 买卖双方应在买卖合同中明确规定信用证支付条款。买卖合同的此类支付规定具有两方面的意义，一方面为买方设定了开立信用证的义务，另一方面也意味着如果买方履行了开立信用证的义务就认为他履行了支付货款的义务，卖方一般情况下就不得再向买方直接要求付款，即不允许信用证"短路"。

（1）买方开立信用证的义务。在买卖合同规定采用信用证方式付款时，买方有义务向其所在地银行申请开出以卖方为受益人的（不可撤销的）信用证。实践中，这种义务的性质或属于合同有效成立的先决条件，或属于卖方履行交货义务的先决条件。如属于前者，则只有在买方履行了开证义务时合同才能成立；如属于后者，则在买方不履行开证义务时卖方有权拒绝进一步履行已经成立的合同所规定的义务，并要求买方赔偿损失。在英国 1952 年的一个案例（*Trans Trust SPRL v. Danubian Trading Co. Ltd.*）中，[1]卖方并非原始供货人，他需要凭借买方开出的信用证从他的供应商处购得货物，买方对此事实是知情的，丹宁法官在此案中判决，如果买卖合同规定合同成立"以开出信用证为条件"，那么此时买方的开证义务即是合同成立的前提条件。在多数情况下，买方的这一义务仅是卖方履行交货义务的先决条件。

买方在履行开证义务时，所开立的信用证应符合买卖合同规定的种类和内容，否则卖方有权要求修改信用证或拒绝接受信用证。根据 UCP600，除非合同另有规定，否则，银行开出的信用证是不可撤销的信用证。

（2）信用证的"短路"问题。如果买卖双方在买卖合同中约定以跟单信用证方式付款，而买方又正确地履行了开证义务，那么在一般情况下，卖方不得再向买方直接要求付款，即不允许信用证"短路"。在英国 1966 年的一个著名案件（*Soproma Spa v. Marine and Animal By-Products Corpn*）中，[2]卖方提交的单据不符合信用证的要求：提单背书不是空白背书；提单上载有"运费到付"而不是"运费预付"；商品成分分析证明书显示蛋白含量仅 67%，而信用证规定最低 70%。这些单据被银行拒绝。后来卖方又获得了合格的单据，但信用证期限届满，银行不再支付货款，因此卖方向买方提交单据要求付款时，被买方拒绝。法院在该案中判决，买方履行开证义务就视为履行了付款义务，卖方的要求无效。

上述原则有一个例外，即除非合同有明确或默示的相反规定，付款银行应资能抵债，有财力支付货款，如果银行破产，则买方的付款责任不能解除。在英国 1977 年的 *ED and F Man Ltd. v. Nigerian Sweets & Confectionery Co. Ltd.* 案中，[3]银行接受了卖方提交的单据并承兑了卖方开具的汇票，买方向开证行付款赎单，但银行在对汇票付款前破产，因而卖方向买方起诉要求买方支付货款。法院准许了原告的请求，虽然买方已付款赎单。这个例外的法律依据并不清楚，有人认为，买方用信用证付款并非绝对付款（absolute payment），而是附条件付款（conditional payment），这个条件就是银行有支付能力。还有的人认为，买卖合同中关于信用证付款的规定有一项默示条款，即买方保证银行的付款能力。

---

〔1〕　［1952］2 QB 297.

〔2〕　1 Lloyd's Report 367.

〔3〕　2 Lloyd's Report 50.

但无论其根据如何，这个例外的确能使信用证短路。

2. 开证申请（application for credit）。买方向其所在地的银行提出开证申请，填具开证申请书，并交纳一定的开证押金或提供其他保证，要求银行向卖方开出信用证。买方即是开证申请人，该行即是开证行（Issuing bank）。

开证申请书以及据此开出的信用证是确定各当事人权利义务关系的最重要的文件和证据。自信用证开立之时起，开证行即不可撤销地受到兑付责任的约束。

开证申请书包括两方面内容：①指示银行开立信用证的具体内容。例如，要求银行开立的信用证的种类、金额、有效期限、装运方式及期限、保险条件、商品名称、对单据的要求以及交单付款的条件等。该内容应与合同条款相一致，是开证行凭以向受益人或议付行付款的依据。申请人也可以附上合同，由银行据以缮制信用证后交申请人确认。②关于信用证业务中申请人和开证行之间权利和义务关系的声明。这些内容包括：申请人承认在付清货款前开证行对单据及其代表的货物拥有所有权，必要时，开证行可以出售货物，以抵付开证申请人的欠款；承认开证行有权接受"表面上合格"的单据，对于伪造单据、货物与单据不符或货物中途灭失、受损、延迟到达，开证行概不负责；保证单据到达后如期付款赎单，否则，开证行有权没收开证申请人所交付押金，以抵偿开证申请人应付价金；承认电讯传递中如有错误、遗漏或单据邮递损失等，银行不负责任。

开证申请人申请开证时，应向开证行交付一定比例的押金或其他担保品，押金为信用证金额一定比例，比例的高低由开证行规定，与申请人的资信和市场行情有关。对于资信良好的客户，有的银行会授以一定的开证额度，在规定额度内开证，可免交保证金。

3. 开证时间与开证方式。原则上，买方应在合同成立后的合理时间内开出信用证。[1] 如果买卖合同规定了具体的开证日期或时期，则买方应按照该日期开立信用证。买卖合同常常规定买方应"立即"开立信用证，按照英国法院的解释，所谓"立即"是指应在"一个合理勤勉的人开立信用证所需要的时间内"。[2] 如果买卖合同对开证时间规定不明确，那么买卖合同中装运时间的规定就具有特别重要的意义。实践中，信用证应在装运前的合理时间内开出，或至少不能迟于该天开出。例如买卖合同规定装船期限是4月上旬，那么买方应在4

---

[1] "baltimex" Baltic Import & Export company , Ltd. v. Melallo Chemical Refining Company, Ltd. Before Mr. Justice Sellers. Queen's Bench Division. Nov. 14, 15, 16, 17, 1955, Lloyd's Report, [1955] Vol. 2.

[2] Establishments Chainbaux S. A R L. V. Harbormaster, Ltd. Before Mr. Justice Devlin. Queen's Bench Division, Feb. 1, 1955, Lloyd's Report, [1955] Vol. 1.

月1日之前的合理时间内而不是在卖方实际开始装船前开证。

信用证的开证方式有信开（open by airmail）和电开（open by telecommuni-cation）两种。信开是指开证行以航邮将信用证寄给通知行，请其转知受益人；电开是由开证行将信用证加注密押后，以电讯方式通知受益人所在地的代理行（即通知行），请其转知受益人。电开方式又分"全电开证"和"简电开证"。"全电开证"是将信用证的全部内容加注密押后发出，该电讯文本为有效的信用证正本。"简电开证"是将信用证主要内容发电预先通知受益人，银行承担必须使其生效的责任，但"简电"本身并非信用证的有效文本，不能凭以议付或付款，银行随后寄出的"证实书"才是正式的信用证。目前，大多数银行采用"全电开证"的方式。

4. 通知。开证行应严格按照开证申请书的内容拟定信用证条款，经开证申请人确认后通过其在卖方所在地的往来银行（通知行 advising bank）通知卖方。①开证行通知。开证行应将其所开立的信用证由邮寄或电传或通过 SWIFT（环球银行金融电讯协会）电讯网络送交受益人所在地的联行或代理行，请他们代为通知或转交受益人。②通知行通知。通知行收到信用证后，经核对签字印鉴或密押无误，应立即将信用证通知受益人，并留存一份副本备查。通知行通知受益人的方式有两种：一种是将信用证直接转交受益人；另一种是当该信用证以通知行为收件人时，通知行应以自己的通知书格式照录信用证全文经签署后交付受益人。这两种形式对受益人都是有效的信用证文本。

通知行可由开证申请人指定或没有指定时由开证行选定，一般都是卖方营业地与开证行有业务往来的银行。根据 UCP600 第9条的规定，信用证及其修改可以通过通知行通知受益人。除非已对信用证加具保兑，通知行通知信用证不构成兑付或议付的承诺。通过通知信用证或修改，通知行即表明其认为信用证或修改的表面真实性得到了满足，且通知准确地反映了所收到的信用证或修改的条款及条件。

通知行可以利用另一家银行的服务（第二通知行）向受益人通知信用证及其修改。通过通知信用证或修改，第二通知行即表明其认为所收到的通知的表面真实性得到满足，且通知准确地反映了所收到的信用证或修改的条款及条件。如果一家被要求通知信用证或修改，但不能确定信用证、修改或通知的表面真实性，就必须不延误地告知向其发出该指示的银行。如果通知或第二通知行仍决定通知信用证或修改，则必须告知受益人或第二通知行其未能核实信用证、修改或通知的表面真实性。

经证实的信用证或修改的电讯文件将被视为有效的信用证或修改，任何随后的邮寄证实书将被不予置理。

第五章

5. 受益人交单。受益人（卖方）在收到信用证后，对信用证进行审核。如果信用证与国际货物买卖合同的约定不符，受益人有权通过通知银行退回信用证，并要求开证申请人指示开证行对信用证进行修改。申请人向开证行提交修改申请书，开证行作成修改通知书后按原来信用证的传递方式交付通知行，经通知行审核签字密押无误后转知受益人。卖方对信用证审核无误后或收到修改通知书审核后认为可以接受，即可根据信用证的规定发运货物，缮制并取得信用证规定的全部单据，开立汇票（或不开汇票，视信用证规定），连同信用证正本和修改通知书（如果有的话），在信用证规定的有效期和交单期内，递交给通知行或与自己有往来的银行或信用证中指定的议付银行办理议付。

6. 付款或议付（negotiate）。根据 UCP600 第 2 条："议付意指被指定银行在其应获得偿付的银行日或在此之前，通过向受益人预付或者同意向受益人预付款项的方式购买相符提示项下的汇票（汇票付款人为被指定银行以外的银行）及/或单据。"若信用证由保兑行议付，则构成无追索权的议付。

受益人向议付行递交信用证规定的全套单据后，议付行在单证一致的情况下，扣除预付款的利息和手续费后，购进受益人出具的汇票和全套单据。议付又俗称"买单"或"出口押汇"。

卖方可从以下方面获得货款（汇票金额）：①信用证上指定的付款行或议付行，这些银行可以是开证行、保兑行、通知行或其他银行；②在信用证允许时向任何银行议付，当然银行在议付时会对汇票金额打折扣，而不会免费贴现汇票。

议付行议付货款后即在信用证背面注明议付金额，并将出口人所提交的装运单据寄交开证行向后者索偿。

开证行审查单据，如认为符合信用证的要求，即偿还议付行付出的货款。

7. 开证申请人付款赎单。开证行在向议付行偿付后，即通知开证申请人付款赎单。开证申请人应到开证行审核单据，若单据无误，即应付清全部货款与有关费用（如开证时曾交付押金，则应扣除押金的本息）；若单据和信用证不符，申请人有权拒付。开证行通知进口人赎单，进口人付款赎单后，信用证交易即到此结束。至于买方如何凭单据提货，以及在提货时如果发现卖方所交货物与买卖合同不符，买方能否拒收货物或向卖方请求损害赔偿，则应由买卖双方根据买卖合同的规定来处理，与信用证交易无关，银行对此不承担责任。

（四）信用证的主要内容

信用证没有统一的格式，各银行都使用自己制订的信用证，但其基本内容是相同的，主要包括以下事项：

1. 信用证当事人的名称和地址。当事人主要包括开证申请人（买方）、开证行、通知行和受益人（卖方）、指定的议付行或付款行，有的信用证还包括保兑银行等。

2. 信用证的种类和号码（documentary credit number）。主要载明该信用证是不是不可撤销信用证、经否保兑等，并注明开证银行的开证编号。

3. 开证行保证条款（special conditions）。其主要内容是，由开证行向受益人、议付行或汇票的持票人保证，银行在收到符合信用证要求的单据后，即对根据信用证开出的汇票承担付款的责任。

4. 信用证的金额（currency code amount）。规定该信用证应支付的最高金额。凡采用"约"或"大约"用于信用证金额或信用证规定的数量或单价时，应解释为允许有关金额或数量或单价有不超过10%的增减幅度。[1]

一般多规定受益人有权按信用证金额的100%开立汇票要求付款，但有时也可以规定受益人只能按信用证金额的百分之若干（如90%）开立汇票，其目的是使买方能把货款的部分余额（如10%）留在自己手中，暂时不付给卖方，如货到检验后发现卖方所交货物在品质或数量上与合同不符，买方可在这项余额中扣除。如有不足，可再向卖方索赔；如扣除后仍有剩余，则应付还卖方。

5. 货物条款。规定对货物的要求，包括货物名称、规格、数量、包装、单价以及合约号码等。在信用证未以包装单位件数或货物自身件数的方式规定货物数量时，货物数量允许有5%的增减幅度，只要总支取金额不超过信用证金额。

6. 汇票条款。主要规定汇票的金额、种类、份数及付款人的名称。开证行对于它所开出的信用证，不论是否出具汇票，均应承担付款义务。如果卖方（受益人）开出汇票，则不论受票人（付款人）是谁（开证行、开证申请人、信用证指定的付款行或者议付行或在信用证允许时的任何银行），开证行都需最后承担付款的责任。

7. 单据条款（documents required clause）。主要规定单据的种类及份数，这是信用证最重要的条款，因为银行仅凭单据付款，如果银行认为卖方所提交的单据不符合信用证的要求，银行有权拒付；但只要单据与信用证的要求相符，银行就必须付款。即使单据项下的货物与合同的要求不符，银行对此也不负责任。

信用证所要求的单据，主要是提单、保险单和商业发票，但有时也可以要求卖方提交其他单据，如商品检验证明书、原产地证书等，但信用证必须要列明其出单人及内容。如果信用证不作规定，银行不审核额外单据。除商业发票

---

[1]　UCP600 第30条第a款。

外，其他单据中的货物、服务或履约行为的描述，如果有的话，可使用与信用证中的描述不矛盾的概括性用语。[1]单据日期可以早于信用证的开立日期，但不得晚于交单日期。[2]

信用证中规定的各种单据必须至少提供一份正本。除非单据本身表明其不是正本，银行将视任何单据表面上具有单据出具人正本签字、标志、图章或标签的单据为正本单据。如果信用证要求提交副本单据，则提交正本单据或副本单据均可。如果信用证使用诸如"一式两份"、"两张"、"两份"等术语要求提交多份单据，则可以至少提交一份正本，其余份数以副本来满足。但单据本身另有相反指示者除外。

8. 装运条款。主要规定装运单据所应反映的起运地、目的地、装运期限（shipment date）及是否允许分批装运等内容。

（1）装运期限。信用证应该明确规定装运单据所表明的装运期限。除非确需在单据中使用，银行对诸如"迅速"、"立即"、"尽快"之类词语将不予置理。"于或约于"或类似措辞将被理解为一项约定，按此约定，某项事件将在所述日期前后各 5 天内发生，起讫日均包括在内。承运人或代理人的出单日期被认为是装运日期。如果装运单据表明受益人的实际装运日期迟于信用证允许的最后装运期限，银行有权拒绝接受受益人提交的单据。

（2）转运和分批装运。UCP600 允许分批支款或分批装运。表明使用同一运输工具并经由同次航程运输的数套运输单据在同一次提交时，只要显示相同目的地，将不视为部分发运，即使运输单据上标明的发运日期不同或装卸港、接管地或发送地点不同。如果交单由数套运输单据构成，其中最晚的一个发运日将被视为发运日。含有一套或数套运输单据的交单，如果表明在同一种运输方式下经由数件运输工具运输，即使运输工具在同一天出发运往同一目的地，仍将被视为部分发运。有一份以上快递收据、邮政收据或投邮证明的交单，如果单据看似由同一块地或邮政机构在同一地点和日期加盖印戳或签字并且表明同一目的地，将不视为部分发运。如信用证规定在指定的时间段内分期支款或分期发运，任何一期未按信用证规定期限支取或发运时，信用证对该期及以后各期均告失效。

9. 提示日或交单日/地点。UCP600 第 6 条规定，信用证必须规定一个交单的截止日。规定的兑付或议付的截止日将被视为交单的截止日。除非有如第 29 条 a 款所规定的延长情形，否则受益人或者代表受益人的交单应于截止日当天

---

〔1〕 UCP600 第 14 条 e 项。
〔2〕 UCP600 第 14 条 i 项。

或之前完成。

信用证必须规定提示单据的有效期限。规定的用于兑付或者议付的有效期限将被认为是提示单据的有效期限。可以有效使用信用证的银行所在的地点是提示单据的地点。对任何银行均为有效的信用证项下单据提示的地点是任何银行所在的地点。不同于开证行地点的提示单据的地点是开证行地点之外提交单据的地点。由受益人或代表受益人提示的单据必须在到期日当日或在此之前提交。

如果单据中包含一份或多份联运单据、提单、非转让海运单、租船和约提单、空运单据、公路、铁路或内陆水运单据、快递收据、邮政收据或投邮证明的正本运输单据，则必须由受益人或其代表按照相关条款在不迟于装运日后的21 个公历日内提交，但无论如何不得迟于信用证的到期日。[1]

与上述关于装运期限的规定结合起来，就期限而言，单据及其提交应符合以下条件：①运输单据载明的装运日期不迟于信用证规定的装运期限；②单据应在装运后的交单期限内提交；③无论如何，单据的提交都不得晚于信用证规定的交单日。不具备上述任何一个条件，银行都有权拒绝付款、承兑或议付。另外根据 UCP600 的规定，信用证规定的交单日或出单后的交单期限可因修改或届满之日适逢节假日而延长或顺延，但信用证规定的装运期限并不因此而延长。[2]

10. 开证日与信用证的有效期限。信用证的有效期限是受益人向银行提交单据的最后日期。受益人应在有效期限日期之前或当天向银行提交信用证单据。所有信用证均须规定一个到期日及一个付款、承兑交单地点。对议付信用证尚须规定一个议付交单地点，但自由议付信用证除外。规定的付款、承兑或议付的到期日，将视为提交单据的到期日。受益人必须于到期日或到期日之前提交单据，否则即使单据符合信用证的要求，银行在该日之后将不再承担付款、承兑或议付的义务。

根据 UCP600 第 29 条的规定：①如果信用证的截止日或最迟交单日适逢接受交单的银行非因不可抗力原因而歇业，则截止日或最迟交单日，视何者适用，将顺延至其重新开业的第一个银行工作日；②如果在顺延后的第一个银行工作日交单，指定银行必须在其致开证行或保兑行的面函中声明交单是在根据上述①规定顺延的期限内提交的；③最迟发运日不因上述①规定的原因而顺延。

11. 其他条款。当事人可根据每一笔交易的具体情况和需要，在信用证中规

---

[1] UCP600 第 14 条 c 项。
[2] UCP600 第 29 条 c 项。

定不同的条款。前面概述中已述及，《跟单信用证统一惯例》只供当事人自愿采用，并无直接的法律强制力，因此，在信用证的规定与其他惯例有矛盾时，应以信用证的规定为准。

（五）信用证的种类

根据不同的标准可将信用证作不同的分类。

1. 可撤销和不可撤销信用证（Revocable L/C 和 Irrevocable L/C）。可撤销信用证是开证行在有关银行根据该信用证办理付款、承兑或者议付之前，或者（如果是迟期付款信用证）在有关银行接受符合信用证规定的单据之前，开证行可以不须事先通知受益人而修改或取消的信用证。由此可见，可撤销信用证对受益人获得货款没有保障，因此，在国际贸易中很少使用。UCP500 允许开立可撤销信用证，但 UCP600 取消了这一类型。根据 UCP600，信用证是不可撤销的，即使信用证中对此未作指示也是如此。

不可撤销信用证系指在信用证有效期内，不经开证行、保兑行（如已保兑）和受益人同意不得修改或撤销信用证。根据不可撤销的信用证，只要受益人按信用证规定的条款提供符合信用证规定的单据，开证行就必须付款、议付或承兑，或保证付款、议付或承兑。不可撤销信用证对受益人收款比较有保障，在国际贸易中使用最为广泛。

如果各方同意修改信用证，自发出信用证修改书之时起，开证行就不可撤销地受其发出修改书的约束。保兑行可选择将其保兑承诺扩展至修改内容，且自其通知该修改之时起，不可撤销地受该修改的约束。也可仅将修改通知受益人而不对其加具保兑，但必须不延误地将此情况通知开证行和受益人。在受益人向通知修改的银行表示接受该修改内容之前，原信用证（或包含先前已被接受修改的信用证）的条款和条件对受益人仍然有效。受益人应发出接受或拒绝接受修改的通知。如受益人未提供上述通知，当其提交至被指定银行或开证行的单据与信用证以及尚未表示接受的修改的要求一致时，则该事实即视为受益人已作出接受修改的通知，并从此时起，该信用证已被修改。通知修改的银行应当通知向其发出修改书的银行任何有关接受或拒绝接受修改的通知。部分接受修改将被视为拒绝接受修改的通知。

需要注意的是，根据 UCP600 的精神和英国的判例法，"不可撤销"系指任何当事人不得单方面撤销（受益人当然不会撤销）和修改，尤其是开证行、保兑行和开证申请人不得撤销和修改。在英国 1975 年 *Discount Records Ltd. v. Barclays Bank Ltd.* 一案中，原告是不可撤销信用证的开证申请人，以收到的货物不符合合同规定，卖方有诈欺行为为由向法院申请禁令，请求禁止被告根据信用证向卖方付款。法院以诈欺查无实据，仅仅是货物与合同不符不足以发出禁令为由驳回了原告的请求。从这个案件中可以看出，不可撤销信用证对买方有时会带来不利，特别是卖方的货物质量与合同不符时。

2. 保兑信用证和不保兑的信用证（Confirmed L/C 和 Unconfirmed L/C）。保兑信用证是指开证行开出的、又经另一家银行保证对符合信用证条款的单据履行付款义务的信用证。没有经过保兑的信用证叫做不保兑的信用证。保兑信用证必然同时是不可撤销信用证，但不可撤销信用证未必是保兑的信用证。

保兑行承担与不可撤销信用证开证行同样的第一性义务，即负责付款、承兑和议付或保证付款、承兑和议付。自为信用证加具保兑之时起，保兑行即不可撤销地受到兑付或者议付责任的约束。保兑行保证向对于相符提示已经予以兑付或者议付并将单据寄往开证行的另一家被指定银行进行偿付。无论另一家被指定银行是否于到期日前已经对相符提示予以预付或者购买，对于承兑或延期付款信用证项下相符提示的金额的偿付于到期日进行。保兑行偿付另一家被指定银行的承诺独立于保兑行对于受益人的承诺。如开证行授权或要求另一家银行对信用证加具保兑，而该银行不准备照办时，它必须不延误地告知开证行并仍可通知此份未经加具保兑的信用证。

倘若规定的单据被提交至保兑行或者任何其他被指定银行并构成相符提示，保兑行必须：①兑付，如果信用证适用于：由保兑行即期付款、延期付款或者承兑；由另一家被指定银行即期付款而该被指定银行未予付款；由另一家被指定银行延期付款而该被指定银行未承担其延期付款承诺，或者虽已承担延期付款承诺但到期未予付款；由另一家被指定银行承兑而该被指定银行未予承兑以其为付款人的汇票，或者虽已承兑以其为付款人的汇票但到期未予付款；由另一家被指定银行议付而该被指定银行未予议付。②若信用证由保兑行议付，无追索权地议付。

保兑行在履行上述义务后，有权从开证行获得补偿和/或收取佣金。

3. 可转让信用证与不可转让信用证（Transferable L/C 和 Non-transferable L/C）。根据 UCP600 第 38 条的规定，转让信用证意指明确表明其"可以转让"的信用证。可转让信用证（Transferable L/C）经转让银行办理转让后，可供第二受益人使用。第一受益人可以在其提出转让申请时，表明可在信用证被转让的地点，在原信用证的到期日之前（包括到期日）向第二受益人予以兑付或议付。

（1）转让银行。转让银行意指办理信用证转让的被指定银行，或者在适用于任何银行的信用证中，转让银行是由开证行特别授权并办理转让信用证的银行。开证行也可以担任转让银行。银行无办理转让信用证的义务，除非该银行明确同意其转让范围和转让方式。

（2）转让金额。根据受益人（第一受益人）的请求，转让信用证可以被全部或部分地转让给其他受益人（第二受益人）。倘若信用证允许分批支款或分批装运，信用证可以被部分地转让给一个以上的第二受益人。第二受益人不得要求将信用证转让给任何次序位居其后的其他受益人。第一受益人不属于此类其他受益人之列。

（3）修改的通知。任何有关转让的申请必须指明是否以及在何种条件下可以将修改通知第二受益人。转让信用证必须明确指明这些条件。如果信用证被转让给一个以上的第二受益人，其中一个或多个第二受益人拒绝接受某个信用证修改并不影响其他第二受益人接受修改。对于接受修改的第二受益人而言，信用证已做相应的修改；对于拒绝接受修改的第二受益人而言，该转让信用证仍未被修改。

（4）转载。转让信用证必须准确转载原证的条款及条件，包括保兑（如有），但下列项目除外：信用证金额，信用证规定的任何单价，到期日，单据提示期限，最迟装运日期或规定的装运期间。以上任何一项或全部均可减少或缩短。必须投保的保险金额的投保比例可以增加，以满足原信用证或本惯例规定的投保金额。可以用第一受益人的名称替换原信用证中申请人的名称。如果原信用证特别要求开证申请人名称应在除发票以外的任何单据中出现时，则转让信用证必须反映出该项要求。

（5）单据替换。第一受益人有权以自己的发票和汇票（如有），替换第二受益人的发票和汇票（如有），其金额不得超过原信用证的金额。在如此办理单据替换时，第一受益人可在原信用证项下支取自己发票与第二受益人发票之间产生的差额（如有）。如果第一受益人应当提交其自己的发票和汇票（如有），但却未能在收到第一次要求时照办；或第一受益人提交的发票导致了第二受益人提交的单据中本不存在的不符点，而其未能在收到第一次要求时予以修正，则转让银行有权将其从第二受益人处收到的单据向开证行提示，并不再对第一受益人负责。

（6）提示。由第二受益人或代表第二受益人提交的单据必须向转让银行提示。

（7）转让费用。除非转让时另有约定，所有因办理转让而产生的费用（诸如佣金、手续费、成本或开支）必须由第一受益人支付。

不可转让信用证（Non-transferable L/C）是指受益人不能将信用证的权利转让给他人的信用证。

信用证未表明可转让，并不影响受益人根据所适用的法律规定，将其在该信用证项下有权获得的款项让渡与他人的权利。

值得注意的是，信用证的转让不等于买卖合同亦随之转让，因此，如果第二受益人不履行合同，第一受益人仍须对其与买方签订的买卖合同负责。

4. 循环信用证和非循环信用证（Revolving L/C 和 Non-revolving L/C）。循环信用证是指信用证准许受益人在每次规定的金额使用后，能够重新恢复至原金额再度使用，直至达到规定的使用次数或总金额限度为止。

循环信用证适用于一些定期分批均衡供应、分批结汇的长年供货合同。使用这种信用证，对卖方来说可以减少按每批交货逐批催证、审证的手续，并可以获得收回货款的保证。对买方来说则可以减少逐笔开证的手续和费用。内地对港澳地区的某些供货合同，往往采用循环信用证付款。

凡信用证所列的金额不可循环使用者，为非循环信用证（Non-revolving L/C）。在实务中，一般的信用证都属于非循环信用证。

循环信用证按"时间"循环依次可分为：①自动式循环信用证（Automatic Revolving）。每期用完一定金额，不需等待开证行的通知，即可自动恢复到原金额。②非自动循环信用证（Non-automatic Revolving）或通知循环信用证（Notice Revolving）。每期用完一定金额后，必须等待开证行通知到达，信用证才能恢复到原金额使用。③半自动循环信用证。也称定期循环信用证（Periodic Revolving），即每次用完一定金额后若干天内，开证行未提出停止循环使用的通知，自第×天起即可自动恢复至原金额。也就是说，受益人于装货议付后，必须经过一定期间方可恢复原金额再度使用。定期循环依契约的规定，可按月、按季循环使用，故也称半自动循环（Semi-automatic Revolving）。

循环信用证按"金额"循环可分为：①积累循环信用证（Cumulative Revolving），指上期未使用之余额可转入下期使用。②非积累循环信用证（Non-cumulative Revolving），指本期尚未使用的余额，不能转入下期使用。不能转入下期使用的尚未使用的余额视为过期、放弃和作废的金额处理，故称非积累循环。

5. 付款信用证、承兑信用证和议付信用证。根据 UCP600 的规定，信用证必须规定它是否适用于即期付款、延期付款、承兑抑或议付。

（1）付款信用证。付款信用证（Payment L/C）是受益人在提交单据以及出具或不出具汇票后即可获得货款的信用证。如果信用证系不可撤销信用证，则开证行根据付款信用证承担自己付款或保证指定的付款行付款的义务。付款信用证又可依据付款的时间分为即期付款信用证（交单即付款）和远期付款信用证（交单后根据信用证规定的日期付款）。即期付款信用证（Sight Payment L/C）是开证行或付款行在收到符合信用证规定的汇票或单据后，立即履行付款责任的信用证。由于即期信用证可以使受益人通过银行付款或议付及时取得货款，因而在国际贸易结算中被广泛使用。即期信用证一般要求出具汇票，汇票的付款人是银行，但由于信用证有时规定无需开立汇票，所以，凡是凭单据立即付款的信用证，都是即期付款信用证。

远期付款信用证是指开证行或付款行在收到远期汇票或单据后，在规定期限内付款的信用证。其主要作用是便利进口商资金融通。远期信用证又可以分为银行承兑信用证（Acceptance L/C）和延期付款信用证（Deferred Payment L/C）。延期付款信用证是受益人提示符合信用证规定的单据后，在规定期限内，由指定银行履行付款责任。延期付款信用证的特点是：①板期，即受益人交单时即已确定付款到期日；②远期付款不需要汇票。由于不需要提供汇票的做法有效地规避了印花税，使得延期付款信用证曾在欧洲十分流行。

（2）承兑信用证（Acceptance L/C）系指受益人在银行或他人承兑其出具的汇票后即交单的信用证。如信用证系不可撤销信用证，那么根据该种信用证，开证行将承担下列义务：①承兑以自己为付款人的汇票并到期付款；②保证以开证申请人或其他人为付款人的汇票得到承兑和到期付款。当然，只有在受益人开立远期汇票时这种信用证才能实现。

（3）议付信用证（Negotiation L/C）系指受益人开立汇票（即期或远期汇票），并附单据，将跟单汇票卖给信用证规定的议付行或（在信用证允许时）卖给任何银行，从而获得货款。当然银行在贴现汇票时一般会对汇票金额打折扣。如果议付信用证又是不可撤销信用证，则开证行承担下列责任：照付汇票金额，并对出票人及/或善意持票人无追索权；或规定的议付行不议付时承担上述之付款义务。

议付需由议付行对汇票和（或）单据付出对价。只审单据而不支付对价，不能构成议付。议付信用证又可分为公开议付信用证和限制议付信用证。公开议付信用证（Open Negotiation L/C），又称自由议付信用证（Freely Negotiation L/C），是指开证行对愿意办理议付的任何银行作公开议付邀请和普遍付款承诺的信用证，即任何银行均可按信用证条款自由议付信用证。限制议付信用证（Restricted Negotiation L/C），是指开证银行指定某一银行或开证行自己进行议付的信用证。两种议付信用证的到期地点都在议付行所在地。信用证经议付后，如因故不能向开证行索得票款，议付行有权对受益人行使追索权。

6. 即期信用证、远期信用证和假远期信用证。

（1）即期信用证（Sight L/C）。指开证行或付款行在收到符合信用证规定的跟单汇票或装运单据后，立即履行付款义务的信用证。

（2）远期信用证（Usance L/C）。指开证行或付款行在收到信用证规定的单据时，在规定期限内履行付款义务的信用证。

（3）假远期信用证（Usance L/C Payable at Sight）。指信用证规定受益人开立远期汇票，由付款行负责贴现，并规定一切利息和费用由开证人承担。这种信用证表面上看是远期信用证，但出口人可以即期收到全部货款，实际上仍属即期收款，但对进口人来说，要承担承兑费和贴现费。因此，这种信用证又称为买方远期信用证（Buyer's Usance L/C）或"假远期信用证"。进口商开立假远期信用证可以套用付款行的资金，并可以摆脱某些进口国外汇管制法上的限制。

假远期信用证与远期信用证的区别在于：①开证基础不同。假远期信用证以即期付款的贸易合同为基础；而远期信用证以远期付款的贸易合同为基础。②信用证条款不同。假远期信用证中有"假远期"条款；而远期信用证中只有利息由谁负担条款。③利息的负担者不同。假远期信用证的贴现利息由进口商负担；而远期信用证的贴现利息由出口商负担。④收汇时间不同。假远期信用证的受益人能够即期收汇；而远期信用证要等汇票到期后才能收汇。

7. 对开信用证。对开信用证（Reciprocal L/C）是指两张信用证申请人互以对方为受益人而开立的信用证。两张信用证的金额相等或大体相等，可同时互开，也可以先后开立。对开信用证多用于易货贸易或来料加工和补偿贸易业务。

在生效时间方面，有两种情况：①同时生效的对开信用证，即一方开出的信用证虽已为对方所接受，但暂不生效，等另一方开来回头信用证被该证受益人接受时，通知对方银行两证同时生效；②分别生效的对开信用证，即一方开出的信用证被受益人接受后随即生效，无需等待另一方开来回头信用证。

对开信用证的特点是：双方必须承担购买对方货物的义务，一方的出口必须以另一方的进口为条件，互相联系，互相制约，而且两证金额要相等或大致相等；第一张信用证的受益人（出口人）和开证人（进口人）就是第二张信用证的开证人（进口人）和受益人（出口人），两方地位刚好对调，第一张信用证的通知行通常就是第二张信用证的开证行，反过来也是一样。

8. 对背信用证。对背信用证（Back to Back L/C）又称转开信用证，指受益人要求原证的通知行或其他银行以原证为基础，另开一张内容相似的新信用证，对背信用证的开证行只能根据不可撤销信用证来开立。对背信用证的开立通常是中间商转售他人货物，或两国不能直接办理进出口贸易时通过第三者以此种办法来沟通贸易。原信用证的金额（单价）应高于对背信用证的金额（单价），对背信用证的装运期应早于原信用证的规定。

9. 预支信用证。预支信用证（Anticipatory L/C, prepaid L/C）是指开证行授权代付行（通知行）向受益人预付信用证金额的全部或一部分，由开证行保证偿还并负担利息，即开证行付款在前，受益人交单在后，与远期信用证相反。预支信用证凭出口人的光票付款，也有要求受益人附一份负责补交信用证规定单据的说明书，当货运单据交到后，付款行在给付剩余货款时，再扣除预支货款的利息。

预支信用证分为全部预支和部分预支两种：①全部预支信用证（Clean payment L/C）是指仅凭受益人提交的光票预支全部货款，实际上等于预付货款，也有的要求受益人在凭光票预取货款时，须附交一份负责补交货运单据的声明书；②部分预支信用证是指凭受益人提交的光票和以后补交装运单据的声明书预支部分货款，待货物装运后，货运单据交到银行再付清余款。但预支货款要扣除利息。为醒目起见，预支信用证的预支条款常用红字打出，故也称为"红条款信用证"（Red Clause L/C）。但现在使用的预支信用证的预支条款并非都用红字打出，即使用黑字打出，同样能起到红条款信用证的作用。

10. 备用信用证。

（1）备用信用证的概念。备用信用证是第二次世界大战后在美国首先发展起来的一种信用工具，又称为商业票据信用证、担保信用证。备用信用证是指开证行根据开证申请人的请求，对受益人开立的承诺承担某项义务的凭证。即开证行保证在开证申请人未能履行其义务时，受益人只要提交备用信用证规定的单据（例如提交开证申请人没有履行其义务的证明）即可取得开证行的偿付。备用信用证实质上是银行担保，属于银行信用。对受益人来说是备用于开证人违约时取得补偿的一种方式。

（2）有关备用信用证的法律规范。在 UCP500 和 UCP600 中，信用证的概念中包含备用信用证，但是 UCP 对备用信用证不能完全适用，也不适合。即使最不复杂的备用信用证（只要求提供一张汇票）都有 UCP 中未涉及的问题。更复杂的备用信用证（诸如涉及期限较长，自动展期，要求转让，请求受益人为另一受益人作出其自身承诺等），就需要更加专门的行为规则。为此，国际商会于1998 年在其第 590 号出版物上发布了《国际备用证惯例》（International Standby Practices，以下简称 ISP），1999 年 1 月 1 日生效。ISP98 有前言和如下 10 条内容：总则；义务；提示；审核；单据的通知、排除和处理；转让、让渡及法定转让；撤销；偿付义务；时间安排；联合开证/共享。ISP98 旨在适用于：备用信用证（包括履约、金融和直接付款备用信用证）；备用信用证或其他类似承诺，无论如何命名和描述，用于国内或国际，都可通过明确的援引而使其受 ISP 规则的约束。

《国际备用证惯例》具有如下特点：①适用于备用信用证和类似承诺；②适用于国内和国际备用证；③明确援引 ISP98；④承认电子交单；⑤优于 UCP500；⑥扩大了开证人，开证人不局限于银行。

此外，联合国于 1995 年 12 月 11 日还通过了《联合国独立担保和备用信用证公约》（United Nations Convention on Independent Guarantees and Standby Letters of Credit）。该公约共有 7 章 27 条，规定了适用范围、保证、保证的独立性

（Standby）、保证的国际性等。目前有 8 个缔约方。中国没有加入该公约。公约旨在促进使用独立担保和备用信用证，尤其是在传统上只使用其中一种票证的情况下。公约还牢固地确认了独立担保和备用信用证的共同基本原则和共有特点。

（3）备用信用证的特点。备用信用证实质上是银行担保，开证银行保证在主债务人（可以是买方也可以是卖方）不履行其义务时，即由该银行付款。银行在付款时也要求受益人提交某种单据，通常是表明主债务人（开证申请人）没有履行其义务的单据或文件。

备用信用证同一般商业信用证相比较具有以下特点：

第一，一般商业信用证主要涉及买卖合同货款的支付，开证银行仅在受益人（卖方）提交有关单据证明他已经履行买卖合同时，才支付信用证项下的货款；备用信用证则是在受益人提供单证证明债务人（开证申请人）没有履行基础交易中的义务时，开证银行才支付信用证项下的款项。

第二，在正常情况下，当采用一般商业信用证时，开证银行是期待并愿意按信用证规定对受益人开出的汇票及单据付款的，因为这表明开证申请人和受益人之间的交易（如买卖合同）正在正常地进行（如卖方已履行交货义务并取得装运单据）；但是备用信用证的开证银行则并不希望按该信用证的规定对受益人开出的汇票及提供的单证付款，因为这表明开证申请人和受益人之间的交易出了问题。在前一种情况下，开证申请人一般亦希望开证行对受益人所提供的、符合信用证要求的单据付款，以便取得单据项下的货物，从而使买卖交易的最终目的得以实现；但在后一种情况下，备用信用证的开证申请人则总是力图否认自己有违约行为，设法让开证银行拒绝对受益人付款。

第三，在进出口业务中，一般商业信用证都是以买方为开证申请人，以卖方为受益人；但在使用备用信用证时，情况则有所不同，开证申请人和受益人既可以是卖方也可以是买方。

（4）备用信用证与银行独立保函。备用信用证在性质上与银行保函（Letter of Guarantee，L/G）相类似，它主要用于借款保证、投标保证、履约保证、赊购保证等。由于美国法律不允许银行为其客户提供银行保函，因此美国的银行就用开立备用信用证的办法来代替保函。但是，近年来美国等一些国家已经开始把备用信用证用于保证买卖合同项下货款的支付，其目的是减轻一般商业信用证所要求的审查单证的麻烦和费用。其做法是：由买方通过银行向卖方开出相当于发票金额的备用信用证，卖方发货后，即直接把发票寄交买方，如买方按发票付款，该信用证就备而不用。如果买方不按发票支付货款，卖方就可以根据备用信用证的规定，开立相当于发票金额的汇票，并附具一份证明买方未按发票付款的文件，要求开证银行付款。这样银行就不必费时去审查各种商业单据，银行费用也会相应降低。

银行保函又称保证书，是指银行、保险公司、担保公司或担保人应申请人的请求，向受益人开立的一种书面信用担保凭证，保证在申请人未能按双方协议履行其责任或义务时，由担保人代其履行一定金额、一定时限范围内的某种支付或经济赔偿责任。银行保函是由银行开立的承担付款责任的一种担保凭证，银行根据保函的规定承担绝对付款责任。银行保函大多属于"见索即付"（无条件保函），是不可撤销的文件。银行保函的当事人有委托人（要求银行开立保证书的一方）、受益人（收到保证书并凭以向银行索偿的一方）、担保人（保函的开立人）。

国际商会曾于 1992 年在其第 458 号出版物上发布了《见索即付保函统一规则》（Uniform Rules for Demand Guarantees，以下简称 URDG）。该规则未涉及备用信用证术语，但在技术上包含备用信用证，ICC 建议沿用 UCP。根据 URDG458 的规定，保函通常载明有关当事人（名称与地址）；开立保函的依据；担保金额和金额递减条款；要求付款的条件。

银行保函按用途可分为：①投标保证书。指银行、保险公司或其他保证人向招标人承诺，当申请人（投标人）不履行其投标所产生的义务时，保证人应在规定的金额限度内向受益人付款。②履约保证书。保证人承诺，如果担保申请人（承包人）不履行他与受益人（业主）之间订立的合同时，应由保证人在约定的金额限度内向受益人付款。此保证书除应用于国际工程承包业务外，同样适用于货物的进出口交易。③还款保证书。指银行、保险公司或其他保证人承诺：如申请人不履行他与受益人订立的合同的义务，不将受益人预付、支付的款项退还或还款给受益人，银行则向受益人退还或支付款项。还款保证书除在工程承包项目中使用外，也适用于货物进出口、劳务合作和技术贸易等业务。

（六）银行的义务和责任

在信用证支付方式中，开证行对受益人和开证申请人，付款、承兑和议付行对开证行负有一定的义务，这些义务因他们各自间的关系不同而互不相同，但也有一些是上述银行应遵循的共同原则、承担的相同义务和相同的免责理由。

1. 单单一致和单证一致原则。按照"单单一致和单证一致"原则审单是银行的一项基本义务。所谓"单单一致和单证一致"原则是指：受益人提交的单据必须在表面上符合信用证条款，单据之间亦应互相一致，否则银行有权拒绝接受受益人提交的单据，并拒绝付款、承兑或议付；付款、承兑和议付行不得接受单证之间、单单之间有不符的单据，否则开证行有权拒绝偿付上述银行。UCP600 规定，银行应该合理谨慎地审核单据，如果单证、单单表面互不一致，银行有权拒绝付款。如果开证行接受不符的单据，开证申请人有权拒绝补偿开证行；如果受益人或付款、承兑、议付行提供了表面符合信用证规定的单据，那么银行无权拒绝付款、承兑、议付，开证行无权拒绝偿付付款行、承兑行或议付行。

如何把握"单单一致、单证一致"原则，在法院和银行的实践中多有歧义。

银行和司法界的做法有两种：严格一致标准和实质一致标准。

（1）严格一致标准（Principle of Strict Compliance）。严格一致标准，即 ICC511 所说的"镜像"（Mirror Image）原则，主张单据与信用证条款之间要像照镜子一样逐字逐词地完全相同，而且单据之间也必须相互一致。也就是说，信用证受益人向银行提交各种单据请求银行依信用证付款时，单据表面上看必须严格符合信用证条款的要求，银行才予以付款，银行有权拒收没有严格符合信用证条款的单据，"哪怕只是微不足道的背离也不例外"。

在 Equitable Trust Company of New York v. Dawson Rartner Ltd. 一案[1]中，被告向雅加达卖方购买一批货物，指示原告即开证行开立一张以卖方为受益人的信用证，凭专家们出具的品质证书等单据付款。开证行根据某个专家出具的证明书付了款，但实际上卖方所装货物大部分为废品，而专家没有察觉。法院认为，原告开证行无权向开证申请人请求偿付，因为它违背了被告开证申请人的指示，凭一个专家而不是多个专家的证明书付款。[2]

银行之所以在信用证交易中坚持单证严格一致原则，原因在于：①违反这个原则将给银行，特别是开证行带来严重后果。在行市下跌、质量不符合买卖合同规定、交货延迟或其他情况中，买方往往会以单证不符而拒绝付款赎单从而使开证行受损。②通过信用证方式付款的买卖合同成千上万，从事的交易种类繁多，银行从事的是金融事业，对买卖和其他交易的习惯、术语等所知无几，如果买方在开证指示中要求单据必须载明什么内容，银行并不知道这些内容对买方的重要性或其实际意义、含义，银行不应自作主张允许单证不符或有所不符。

（2）实质一致标准（Principle of Substantial Compliance）。实质一致标准又称实质性的合理相符原则（Substantial and Reasonable Compliance），它是指当信用证的要求与提示的单据之间存在一定差异时，仍然认定单证相符，即允许单据存在不至于对开证申请人造成伤害的差异。

根据英国的判例法，单证一致原则未必要求整套单据的每一份单据都要载

---

〔1〕　（1927）27 Ll. L. Rep. 49.

〔2〕　House of Lords. HL, Thursday, Nov. 25, 1926; Jan. 20, 1927. Before the Lord Chancellor（Viscount Cave），Viscount Sumner, Lord Atkinson, Lord Shaw and Lord Carson.

明信用证所要求的细节，只要整套单据结合起来能反映信用证规定的内容即可，特别是对货物的描述。在英国 1955 年 Midland Bank Ltd. v. Seymeur[1]一案中，一家英国商行向香港的卖方买了一批鸭毛，条件是 C&F 汉堡。他给银行的指示是：单据必须表明"下述货物系由香港装船运往汉堡"，同时，在"品名、规格、数量及价格"一条中还规定："香港鸭毛，净毛 86%；12 包，每磅重量约 190 磅；每磅 5 先令。"提单只把货物填写成"香港鸭毛 12 包"。但是，如果把所有的单据，即提单、发票、重量单和原产地证明书结合起来审阅，却包含了对货物的完整描述。卖方发运的是一批废物，买方主张银行无权根据信用证借记他的账户，因为提单上没有对货物的全面描述。德夫林（Devlin）法官驳回了这种论点，判决银行已经信守了对它的委托。开证行或开证申请人应在合理时间内拒绝付款行、议付行、承兑行或开证行所接受的单证不符的单据，如果他们迟延或拒绝通知，或者已经接受或以其他方式放弃了自己的权利，他们就不得再以单证不符为由拒绝偿付或赎单。按照指定行事的被指定银行、保兑行（如有）以及开证行，自其收到提示单据的翌日起算，应各自拥有最多不超过 5 个银行工作日的时间以决定提示是否相符。该期限不因单据提示日适逢信用证有效期或最迟提示期或在其之后而被缩减或受到其他影响。

正是由于银行和司法实践对单证表面一致标准有不同理解，因此，UCP600 采取了更加切合实际的审单标准，即采取"不冲突"标准。它要求单据中内容的描述不必与信用证、信用证对该项单据的描述以及国际标准银行实务完全一致，但不得与该项单据中的内容、其他规定的单据或信用证相冲突。除商业发票外，其他单据中的货物、服务或行为描述若须规定，可使用统称，但不得与信用证规定的描述相矛盾。如果信用证要求提示运输单据、保险单据和商业发票以外的单据，但未规定该单据由何人出具或单据的内容，只要所提交单据的内容看来满足其功能需要且其他方面与第 14 条（d）款[2]相符，银行即对提示的单据予以接受。当受益人和申请人的地址显示在任何规定的单据上时，不必与信用证或其他规定单据中显示的地址相同，但必须与信用证中述及的各自地址处于同一国家内。用于联系的资料（电传、电话、电子邮箱及类似方式）如作为受益人和申请人地址的组成部分将被不予置理。显示在任何单据中的货物的托运人或发货人不必是信用证的受益人。当开证行确定提示相符时，就必须予以兑付。当保兑行确定提示相符时，就必须予以兑付或议付并将单据寄往开

---

〔1〕 ［1955］2Lloyd's Report，147.

〔2〕 单据中内容的描述不必与信用证、信用证对该项单据的描述以及国际标准银行实务完全一致，但不得与该项单据中的内容、其他规定的单据或信用证相冲突。

证行。当被指定银行确定提示相符并予以兑付或议付时，必须将单据寄往保兑行或开证行。

如果单据表面与信用证条款不符，银行可以拒绝接受。即，当按照指定行事的被指定银行、保兑行（如有）或开证行确定提示不符时，可以拒绝兑付或议付。此外，银行也可以自行确定联系申请人对不符点予以接受。当开证行确定提示不符时，可以依据其独立的判断联系申请人放弃有关不符点。

2. 合理审单与及时通知全部不符点原则。该义务包括以下几个方面：①合理审单日不超过5天。按照指定行事的被指定银行、保兑行（如有）以及开证行自其收到提示单据的翌日起算，应各自拥有最多不超过5个银行工作日的时间以决定提示是否相符。该期限不因单据提示日适逢信用证有效期或最迟提示期或在其之后而被缩减或受到其他影响。②一次性通知全部不符点。通知必须以电讯方式发出，或者，如果不可能以电讯方式通知时，则以其他快捷方式通知，但不得迟于提示单据日期翌日起第5个银行工作日终了。[1]当按照指定行事的被指定银行、保兑行（如有）或开证行决定拒绝兑付或议付时，必须一次性通知提示人。通知必须声明：银行拒绝兑付或议付，及银行凭以拒绝兑付或议付的各个不符点；银行持有单据等候提示人进一步指示，或开证行持有单据直至收到申请人通知弃权并同意接受该弃权，或在同意接受弃权前从提示人处收到进一步指示；或银行退回单据；或银行按照先前从提示人处收到的指示行事。如果开证行或保兑行未能按照上述规定行事，将无权宣称单据未能构成相符提示。

3. 银行的免责。与托收一样，UCP600也规定了银行免责的情况：

（1）对单据有效性的免责。银行对任何单据的形式、充分性、准确性、内容真实性、虚假性或法律效力，或对单据中规定或添加的一般或特殊条件，概不负责；银行对任何单据所代表的货物、服务或其他履约行为的描述、数量、重量、品质、状况、包装、交付、价值或其存在与否，或对发货人、承运人、货运代理人、收货人、货物的保险人或其他任何人的诚信与否以及其作为或不作为、清偿能力、履约或资信状况，也概不负责。

（2）对文电传递和翻译的免责。当报文、信件或单据按照信用证的要求传输或发送时，或当信用证未作指示，银行自行选择传送服务时，银行对报文传输或信件或单据的递送过程中发生的延误、中途遗失、残缺或其他错误产生的

---

〔1〕 UCP500则规定不得迟于收到单据的翌日起算第7个银行工作日。在 Bank melli Lran v. Barclays Bank 一案中，Bank melli Lran 银行在收到 Barclays 银行寄来的单据后，虽认为单据有缺点，但没有拒受，并且后来还授权 Barclays 银行增加信用证金额，买方也在第一批货到达伊朗时进行了检验。大约在六个星期后，Bank melli Lran 银行拒收了单据。麦克奈尔法官判决：单据不符合信用证，Barclays 银行本应拒受，但 Bank melli Lran 银行已经批准了这项付款，因而丧失了拒收权。

后果，概不负责。如果指定银行确定交单相符并将单据发往开证行或保兑行，无论指定的银行是否已经承付或议付，开证行或保兑行必须承付或议付或偿付指定银行，即使单据在指定银行送往开证行或保兑行的途中，或保兑行送往开证行的途中丢失。银行对技术术语的翻译或解释上的错误，不负责任，并可不加翻译地传送信用证条款。

（3）不可抗力免责。银行对由于天灾、暴动、骚乱、叛乱、战争、恐怖主义行为或任何罢工、停工或其无法控制的任何其他原因导致的营业中断的后果，概不负责。银行恢复营业时，对于在营业中断期间已逾期的信用证，不再进行承付或议付。

（4）对被指示方行为的免责。包括以下方面：为了执行申请人的指示，银行利用其他银行的服务，其费用和风险由申请人承担。即使银行自行选择了其他银行，如果发出指示未被执行，开证行或通知行对此亦不负责。指示另一银行提供服务的银行有责任负担因执行指示而发生的任何佣金、手续费、成本或开支（"费用"）。如果信用证规定费用由受益人负担，而该费用未能收取或从信用证款项中扣除，开证行依然承担支付此费用的责任。信用证或其修改不应规定向受益人的通知以通知行或第二通知行收到其费用为条件。外国法律和惯例加诸银行的一切义务和责任，申请人应受其约束，并就此对银行负补偿之责。

上述不负责任的规定适用于一切以银行为一方或双方当事人的关系，包括下述中的几对关系，即开证行与开证申请人之间的关系、开证行与受益人之间的关系、通知行与受益人及开证申请人之间的关系、银行与银行的关系。

（七）信用证支付方式的特点

英国学者提出的信用证票据化理论正确解释了为什么受益人与开证行之间没有对价也可以形成具有约束力的法律关系，为什么信用证可以不受基础交易的影响。这就为信用证独立原则奠定了理论基础。信用证是可执行的由许诺构成的自成一类的票据（sui generic instrument），是一种包含抽象支付许诺的金融票据。像汇票一样享有高度的，尽管不是全部的，免受基础合同的影响的独立性。不可撤销信用证构成开证行与受益人之间的一项独立的合同，它既独立于买卖双方之间订立的买卖合同，也独立于买方与开证行之间根据开证申请书成立的合同。[1]据此，开证行应按照不可撤销信用证的条款对受益人承担付款义务，不受买卖合同或其他合同的影响。而且当开证行按信用证的规定向受益人（卖方）付款后，即使开证申请人（买方）破产或由于其他原因拒绝付款赎单，开证行也不能对受益人（卖方）行使追索权追回其已付款项。

---

[1] Roy Goode, *Commercial Law*, 2nd edn., Penguin Books, 1995, p. 987.

1. 信用证是独立的法律文件。根据 UCP600 第 4 条的规定：信用证与可能作为其依据的销售合同或其他合同是相互独立的交易。即使信用证中提及该合同，银行亦与该合同完全无关，且不受其约束。因此，一家银行作出兑付、议付或履行信用证项下其他义务的承诺，并不受申请人与开证行之间或与受益人之间在已有关系下产生的索偿或抗辩的制约。开证行应劝阻申请人将基础合同、形式发票或其他类似文件的副本作为信用证整体组成部分的做法。

2. 信用证是单据交易。UCP600 第 5 条规定：银行处理的是单据，而不是单据所涉及的货物、服务或其他行为。也就是说，只要受益人或其指定人提交的单据表面上符合信用证规定，开证行就应承担付款或承兑并支付的责任。

从信用证的运转程序及当事人的关系中可以看出，信用证方式与托收方式的最大区别是：前者，银行有条件地承担了支付货款的责任，卖方能否收到货款以银行信用为基础，而不依赖于买方的商业信用。一般来说，银行信用比商业信用要可靠得多，所以卖方更有保证收到货款。而在托收方式中，银行只是代理人，他们对货款的支付与否不承担任何责任，卖方只能以买方的商业信用作为其能否收到货款的基础，所以卖方所承担的风险较大，尤其是在承兑交单的情况下。正因为如此，信用证方式在国际贸易中比托收方式更为常用。

当然，任何支付方式都不是尽善尽美的。比如，买方或银行付款后发现货物质量与合同不符，虽然买方可依据买卖合同索赔，但在许多情况下还是要承担损失的，这种风险无论在托收方式还是在信用证方式中都是存在的。这是由国际贸易的特点所决定的：货物所有权的转移由单据的转移取代，买方在获得单据时货物通常还没有到达，因此没有机会对货物进行检验。再如，信用证支付方式虽然对卖方收取货款较有保障，但也不是完全没有风险。例如，银行破产无以付款，这种情况虽然罕见，但不是不可能发生，特别是在发生世界性的经济大萧条或金融危机的情况下。总之，究竟选择哪一种支付方式，将取决于款项的数额、性质、双方交易的历史、相互了解的信息及各自的资信等因素。

（八）信用证交易中的欺诈行为

如前所述，信用证是独立于买卖合同或其他合同的交易，这些合同虽然是开立信用证的基础，但银行却与这些合同无关，也不受其约束。在信用证业务中，银行所关心的是卖方所提交的单据是否与信用证要求相符，而不是卖方所提交的货物是否与买卖合同的要求相符，那是买卖双方的事情，应由买卖双方根据买卖合同的规定来解决，而不应当影响银行按信用证规定付款的义务。这是一项公认的原则，也是信用证赖以存在的基石。如果让信用证受其基础合同的左右，允许买方（开证申请人）以卖方违反买卖合同为理由阻止银行按信用证规定付款，信用证就将失去其存在的价值，卖方也将失去收回货款的保障。

但是，近年来由于在国际贸易中不断发生欺诈案件，如伪造提单、以假货充真货等，使上述信用证独立的原则受到巨大的威胁。如果固守原则，不允许有任何例外，在遇到卖方有欺诈行为时，银行如果仍按单据在表面上与信用证相符即予付款，买方将会遭受严重的损失。有鉴于此，有些国家的法律和判例认为，在承认信用证独立于基础合同的同时，也允许有例外，即主张信用证欺诈例外（fraud exception）。如果受益人（卖方）确有欺诈行为，买方可以要求法院颁发禁令（injunction），禁止银行对信用证付款。在这个问题上，美国的法律和判例具有代表性。

UCP 在这方面未作规定。UCP 强调，只要受益人所提交的单据符合信用证的要求，开证行就必须付款，这一精神贯彻于惯例的许多规定中（第 3、4、15条等）。UCP400 在前言中指出："我们应该注意目前存在的欺诈这个主要问题，清楚地认识到欺诈的起因首先是由于商业一方与一个无赖签订合约，但是跟单信用证只是为商业交易办理付款，它不可能当'警察'来控制欺诈的发生。"UCP500 和 UCP600 维持这一基本精神不变。此原则的目的在于维护银行的利益，使银行不致卷入因买卖双方的基础交易引起的纠纷。但其客观后果是让开证申请人（买方）承担可能遭受受益人（卖方）欺骗的风险。实践中，买方为了减少这种风险，在使用信用证方式付款时往往在信用证中规定，卖方必须提交一份由信誉卓著的商品检验机构出具的品质、数量检验报告，作为银行议付货款的单据之一，这种做法对防止卖方诈欺有一定作用。

最早将欺诈（fraud）概念引入到信用证交易中的当属美国 1925 年的 *Maurice O' Meara v. National Park Bank* 一案。[1]该案中的卡多佐（Cardozo）法官指出："我不同意这种观点，即如果（开证）银行作出进行调查的选择，并通过调查发现所提交的货物并不是单据所描述的货物，银行可以在有过失的卖方的迫使下支付货款，而将他对欺诈行为已经知情置于不顾。"卡多佐的观点第一次向传统的信用证独立原则提出挑战，他认为，当（单据中的）虚假陈述在支付前

---

[1] 该案实际上是一个涉及新闻纸质量的案件。该案中，卖方向银行提交了符合信用证条款的单据要求付款，但银行却根据买方的请求，以卖方所交的新闻纸的拉力与信用证规定的规格不相符为理由拒绝付款。卖方在纽约法院对银行提起诉讼，认为信用证并没有要求银行检验货物的质量，法院判决卖方胜诉，认为信用证并没有要求银行检验货物的质量，并在判决中指出，银行根本无权要求对纸张进行拉力试验，亦无权对纸张进行检验，除非信用证本身对此作了具体规定。法院认为，按照信用证法律的一般原则，法院基于买卖双方就买卖合同所产生的争议而禁止开证行向卖方付款，是不适宜的。

被发现时，卖方不得威胁银行以取得货款。[1]

　　美国法院以卖方欺诈为理由，下令禁止银行拒绝按信用证向卖方付款的典型案例是 *Sztejn v. J Henry Schroder Banking Corp.*（1941）一案。该案涉及一笔猪鬃交易，买卖合同规定以信用证凭单付款。卖方所交的货物不是猪鬃，而是垃圾、废纸和牛毛。纽约最高法院根据买方的请求，下令禁止银行对卖方按信用证开出的汇票及单据付款。法院在判决中指出，"如果卖方确有诈欺行为，即他所交付的货物不仅仅是质量低劣，而且是一文不值的垃圾，而且银行在付款之前已经获悉了这种诈欺行为，那么，让银行拒绝付款是不为苛刻的"。法院在区别前案与本案的不同之处时强调指出，本案的关键之处在于它所涉及的不是货物的质量问题，而是卖方所装运的根本不是货物，只是一文不值的垃圾。这个案例开创了法院下令禁止银行按信用证要求向卖方付款的先河。其后，在1968年至1984年间，美国法院先后在几个案件中均以卖方有欺诈行为为理由，作出了禁止银行按信用证向卖方付款的决定。这是根据衡平法原则所采取的一种救济方法。

　　美国法院的上述判例表明，美国法院已经把信用证同它的基础交易挂起钩来，只要法院发现卖方在基础交易（买卖合同）中有欺诈行为，即可下令禁止银行按信用证付款。

　　《美国统一商法典》采纳了上述判例所确立的法律原则，它一方面承认信用证独立于其基础交易的原则，但同时也承认有例外，欺诈行为即属于例外（fraud exception）。按照该法 5 - 114（1）的规定，开证行必须按符合信用证条款开出的汇票或单据付款，而不管货物或单据是否与开证申请人和受益人之间的基础买卖合同相符。这项规定肯定了信用证独立于基础合同的原则。但该法典第 5 - 114（2）又规定，除另有约定外，如果各项单据在表面上看来都符合信用证条款，但其中一份必要的单据在表面上不符合它在转让物权凭证时所作出的保证，或者是伪造的，或者是带有欺诈性的，或者在交易中有欺诈行为，则：①如果要求付款的人是汇票的正当持票人，则开证行必须对其汇票付款（不包括出票人）；②在其他情况下，尽管开证申请人已经把欺诈、伪造或其他在单据表面上没有显露出来的瑕疵通知了开证行，开证行如出于诚信仍可对信用证项下的汇票付款，但有管辖权的法院可以禁止开证行付款。

　　按照这项规定，当开证行已经获悉受益人有欺诈行为的时候，它只要根据诚信原则办事，即可自行决定是否对受益人开出的汇票或单据付款。如果开证

---

[1]　Maurice O'Meara v. National Park Bank, 239, N. Y. 386, 146N. E. 636（1925），由于卡多佐的观点与信用证独立原则相悖，故而未能得到法庭的支持和认同。

行诚信地认为应予付款，则即使在付款后证实受益人确有欺诈行为，开证行也不承担责任，开证申请人仍须付还开证行按信用证支付的款项；但如果开证行诚信地认为应予拒付，则在拒付后如查明受益人并无欺诈行为，则开证行要对其错误拒付一事负责，而且会使自己的信誉受到损害。此外，如果法院确认受益人有欺诈行为，亦可下令禁止开证行付款。然而，《美国统一商法典》对"伪造、欺诈、交易中的欺诈"都没有下定义，在法律界也有不同的理解。

《美国统一商法典》1994 年修订本第 5 - 109 条对原第 5 - 114 条作了修订。归纳起来，值得注意的有以下几点：①欺诈行为必须属于文件（单据）欺诈，或必须是受益人针对开证人或开证申请人所为。[1]②欺诈必须是实质性的（material）。为此，法院必须对"实质性"的含义加以界定，即对单据的购买人来说，该单据的欺诈性是实质性的；或该欺诈行为对参与基础合同的各当事人来说是严重的（significant）。③开证人的拒付规定是任意性的，而非开证人的义务。

允许开证行在卖方有欺诈行为时拒付这一法律原则目前尚没有被国际惯例和众多国家所接受。这一原则本身对防止和矫正欺诈的作用亦是有限的。开证行除非在极端的情况下（如买方破产将无法交款赎单）才会自行决定拒付以免自己承担经济和信誉受损的风险；法院下禁令亦仅能适用于银行尚没有承兑、付款（远期付款信用证和承兑信用证）的情况，且这一规定不能对抗正当持票人。因此，目前尚没有行之有效地对付欺诈的法律办法，买方应该对卖方的资信多做了解以防自己受损。

（九）中国关于信用证的规定

自 1984 年 10 月 1 日国际商会《跟单信用证统一惯例》（400 号）生效以后，我国银行开始正式采用这一国际商业惯例。在我国各银行开出的信用证中都加列"本信用证服从《跟单信用证统一惯例》的管辖"字样。现在基本上采用 UCP600。

20 世纪 80 年代末，以信用证欺诈为由，当事人向法院申请诉讼保全、冻结开证行信用证项下货款的案件不断出现。1989 年 6 月，最高人民法院在《关于印发〈全国沿海地区、海外、涉港澳经济审判工作座谈会纪要〉的通知》中，对冻结信用证项下货款问题作了专门指示。通知指出：信用证交易和买卖合同属于两个不同的法律关系。在一般情况下，不要因为涉外买卖合同发生纠纷就轻易冻结中国银行所开信用证下货款，影响中国银行的信誉。如果有充分证据证明卖方是利用签订合同进行欺诈，而中国银行在合理时间内尚未付款的，人

---

[1]　Cromuell v. Commerce & Energy Bank, 464 So. 2d. 721（La. 1985）.

民法院可以根据买方的请求，冻结信用证下的货款。在远期信用证的情况下，如果中国银行已经承兑了汇票，中国银行在信用证上的责任已变成票据上的无条件付款责任，人民法院不应加以冻结。上述指示具有司法解释的性质，指出了在信用证欺诈情况下银行止付的三个原则：①坚持信用证的独立性；②承认欺诈例外；③欺诈例外不可滥用。这些原则符合国际商业惯例的要求，也和其他国家的司法实践相符合。上述司法解释对于法院处理信用证欺诈案件起了重要作用。

上述司法解释经过试行后，存在很多问题。2005 年 11 月 14 日最高人民法院又发布了《关于审理信用证纠纷案件若干问题的规定》（自2006 年 1 月 1 日起施行）。该规定根据我国法律，并参照国际商会《跟单信用证统一惯例》等相关国际惯例，结合审判实践制定。该规定共有 18 条，主要规定了以下内容：

1. 规范范围。开证申请人与开证行之间因申请开立信用证而产生的欠款纠纷、委托人和受托人之间因委托开立信用证产生的纠纷、担保人为申请开立信用证或者委托开立信用证提供担保而产生的纠纷以及信用证项下融资产生的纠纷，适用该规定。信用证纠纷案件，是指在信用证开立、通知、修改、撤销、保兑、议付、偿付等环节产生的纠纷。

2. 法律适用。人民法院审理信用证纠纷案件时，当事人约定适用相关国际惯例或者其他规定的，从其约定；当事人没有约定的，适用国际商会《跟单信用证统一惯例》或者其他相关国际惯例。因申请开立信用证而产生的欠款纠纷、委托开立信用证纠纷和因此产生的担保纠纷以及信用证项下融资产生的纠纷应当适用中国相关法律。涉外合同当事人对法律适用另有约定的除外。

3. 信用证欺诈例外。开证行在作出付款、承兑或者履行信用证项下其他义务的承诺后，只要单据与信用证条款、单据与单据之间在表面上相符，开证行就应当履行在信用证规定的期限内付款的义务。当事人以开证申请人与受益人之间的基础交易提出抗辩的，人民法院不予支持。但存在信用证欺诈时例外。

凡有下列情形之一的，应当认定存在信用证欺诈：①受益人伪造单据或者提交记载内容虚假的单据；②受益人恶意不交付货物或者交付的货物无价值；③受益人和开证申请人或者其他第三方串通提交假单据，而没有真实的基础交易；④其他进行信用证欺诈的情形。开证申请人、开证行或者其他利害关系人发现有信用证欺诈的情形，并认为将会给其造成难以弥补的损害时，可以向有管辖权的人民法院申请中止支付信用证项下的款项。

该规定第 10 条规定，人民法院认定存在信用证欺诈的，应当裁定中止支付或者判决终止支付信用证项下款项，但有下列情形之一的除外：①开证行的指定人、授权人已按照开证行的指令善意地进行了付款；②开证行或者其指定人、授权人已对信用证项下的票据善意地作出了承兑；③保兑行善意地履行了付款义务；④议付行善意地进行了议付。

当事人在起诉前申请中止支付信用证项下款项符合下列条件的，人民法院应予受理：①受理申请的人民法院对该信用证纠纷案件享有管辖权；②申请人提供的证据材料证明存在本规定第 8 条的情形；③如不采取中止支付信用证项下款项的措施，将会使申请人的合法权益受到难以弥补的损害；④申请人提供了可靠、充分的担保；⑤不存在本规定第 10 条的情形。当事人在诉讼中申请中止支付信用证项下款项的，应当符合前款第②～⑤项规定的条件。

人民法院接受中止支付信用证项下款项申请后，必须在 48 小时内作出裁定；裁定中止支付的，应当立即开始执行。人民法院作出中止支付信用证项下款项的裁定，应当列明申请人、被申请人和第三人。

当事人对人民法院作出中止支付信用证项下款项的裁定有异议的，可以在裁定书送达之日起 10 日内向上一级人民法院申请复议。上一级人民法院应当自收到复议申请之日起 10 日内作出裁定。复议期间，不停止原裁定的执行。

人民法院在审理信用证欺诈案件过程中，必要时可以将信用证纠纷与基础交易纠纷一并审理。当事人以基础交易欺诈为由起诉的，可以将与案件有关的开证行、议付行或者其他信用证法律关系的利害关系人列为第三人；第三人可以申请参加诉讼，人民法院也可以通知第三人参加诉讼。

人民法院通过实体审理，认定构成信用证欺诈并且不存在第 10 条的情形的，应当判决终止支付信用证项下的款项。

4. 单据审查。人民法院在审理信用证纠纷案件中涉及单证审查的，应当根据当事人约定适用的相关国际惯例或者其他规定进行；当事人没有约定的，应当按照国际商会《跟单信用证统一惯例》以及国际商会确定的相关标准，认定单据与信用证条款、单据与单据之间是否在表面上相符。

信用证项下单据与信用证条款之间、单据与单据之间在表面上不完全一致，但并不导致相互之间产生歧义的，不应认定为不符点。

开证行有独立审查单据的权利和义务，有权自行作出单据与信用证条款、单据与单据之间是否在表面上相符的决定，并自行决定接受或者拒绝接受单据与信用证条款、单据与单据之间的不符点。

开证行发现信用证项下存在不符点后，可以自行决定是否联系开证申请人接受不符点。开证申请人决定是否接受不符点，并不影响开证行最终决定是否接受不符点。开证行和开证申请人另有约定的除外。开证行向受益人明确表示接受不符点的，应当承担付款责任。开证行拒绝接受不符点时，受益人以开证申请人已接受不符点为由要求开证行承担信用证项下付款责任的，人民法院不予支持。

5. 保证人责任。保证人以开证行或者开证申请人接受不符点未征得其同意为由请求免除保证责任的，人民法院不予支持。保证合同另有约定的除外。

开证申请人与开证行对信用证进行修改未征得保证人同意的，保证人只在原保证合同约定的或者法律规定的期间和范围内承担保证责任。保证合同另有约定的除外。

### 四、国际保理

（一）国际立法

国际保理（International Factoring）最早起源于 19 世纪末期的美国，并在 20 世纪 60 年代以后在全球范围内迅猛发展。国际保理是集贸易融资、国际银行信用于一身的、发生在国际结算环节上的资金与信用融通范畴的经济活动。[1]国际保理业务的发展与国际商品交易中赊销形式的商业信用的发展有密切关系。保理业务能够为客户提供许多便利：贸易融资功能，保理融资可办理收汇核销和退税手续；销售分户账管理和催收服务；信用风险控制；坏账担保。目前在国际上，欧美国家特别是欧盟内部，80% 的进出口业务都是采用非信用证方式，并由保理商代理收款。对出口方来说，不论进口方是否付款，货款都由保理商负责收付。[2]但是，值得注意的是，虽然保理便于出口商融资和收款，同时也便于进口商以赊销方式购买货物，但是，保理商所收管理费通常高于信用证和托收的手续费。

目前，在国际保理方面主要有以下国际法律文件：

1. 《国际保理业务惯例规则》。《国际保理业务惯例规则》（Code of International Factoring Customs，以下简称 IFC）由国际保理商联合会[3]颁布，供保理当事人选用。该规则 1998 年修订本共有 28 条，主要规定了总则、信用风险的承担、付款责任、出口保理商和进口保理商的陈述和保证及其他义务、转让的合法性、补偿、预付款、期限、财务、报告和酬金、违反规则、规则修改等。

2. 《国际保理公约》。《国际保理公约》（UNIDROIT Convention on International Factoring）由国际统一私法协会（UNIDROIT）于 1988 年 5 月 28 日在加拿大首都渥太华通过，1995 年 5 月 1 日生效，目前，只有 6 个国家（法国、德国、匈牙利、意大利、拉脱维亚、尼日利亚）批准了该公约。该公约共有 23 条，分

---

〔1〕　张军、李茂华、于立新：《加入 WTO 与中国国际保理发展》，西北大学出版社 2002 年版，第 1 页。

〔2〕　张军、李茂华、于立新：《加入 WTO 与中国国际保理发展》，西北大学出版社 2002 年版，第 55 页。

〔3〕　国际保理商联合会（Factors Chain International，简称 FCI）于 1968 年 11 月成立，是目前全球最大的保理商组织，其 205 家会员遍及 59 个国家和地区，其跨国境的保理业务量超过全球国际保理业务总量的一半。

为如下四章：适用范围和总则、当事人各方的权利和义务、再转让和最后条款。公约适用于国际保理合同（factoring contracts）及应收账款的转让（assignments of receivables）。

3.《国际贸易中应收款转让公约》。该公约由联合国国际贸易法委员会于2001年12月12日通过，到目前还未生效，只有利比里亚一个国家批准该公约。公约的主要目的是通过促进增加获得低成本信贷的机会，促进货物和服务的跨国界流动。为实现这一目标，公约特别强调消除某些国际融资做法的法律障碍（例如确立未来应收款转让和整批转让的有效性，部分废止对应收款转让的合同限制）；增进对关键问题（例如相竞债权之间的优先次序）的适用法律的确定性和可预测性；通过提供一个供各国选用的相竞债权优先次序制度，协调各国的转让法。

该公约共有47条和1个附件。公约主要规定了适用范围、总则、转让的效力、权利、义务和抗辩、独立适用的法律冲突规则、最后条款等。公约适用于国际应收款的转让和应收款的国际转让。原始合同订立时，转让人和债务人所在地在不同国家的，该应收款具有国际性。转让合同订立时，转让人和受让人所在地在不同国家的，该转让也具有国际性。

（二）保理的概念和当事人

1. 国际保理的概念。牛津简明词典中给保理一词的定义是：从他人手中以比较低的价格买下属于该人的债权，并负责收回债款，从而获得盈利的行为，称为保理。[1]该定义属于广义定义。狭义定义是，保理业务是指承做保理的一方同以赊销方式出售商品或提供服务的一方达成一个带有连续性的协议，由承做保理方针对由出售的商品和提供的服务而产生的应收账款提供以下服务：①以即付方式买下所有应收账款；②负责有关应收账款的会计分录及其他记账工作；③到期收回债款；④承担债务人资不抵债的风险。[2]

国际统一私法协会《国际保理公约》第1条规定：公约适用于保理合同及应收账款的转让。保理合同是指在一方当事人（销售商）与另一方当事人（保理商）之间所订立的合同。根据该合同：①销售商可以或将要向保理商转让销售商与其客户（债务人）订立的货物销售合同产生的应收账款，但是，主要供债务人个人、家人或家庭使用的货物的销售所产生的应收账款除外；②保理商应履行至少两项下述职能：为销售商融通资金，包括贷款和预付款；保持与应

---

[1] ［英］芙瑞迪·萨林格著，刘园、叶志壮译：《保理法律与实务》，对外经济贸易大学出版社1995年版，第1页。

[2] ［英］芙瑞迪·萨林格著，刘园、叶志壮译：《保理法律与实务》，对外经济贸易大学出版社1995年版，第1页。

收账款有关的账目（分类账）；收取应收账款；防止债务人拖延付款。[1]此外，公约第2条还规定：公约适用于任何通过保理合同进行的让予的应收账款，这些应收账款产生于供方与债务人之间的销售合同，债务人的业务处于不同国家，而且债务人营业地（place of business）所在国和保理商营业地所在国都是签字国，或者销售合同和保理合同都是由签字国的法律管辖。

根据上述规定，保理商可以从事下列保理业务：①贸易融资。即为销售商融通资金，包括贷款和预付款。保理商在承做保理业务时，出口保理商先从出口商处购买应收账款或对出口商的应收账款进行贷款。保理商通常向出口商提供无追索权的贸易融资。即当出口商向国外进口商发货或提供服务后，只要将发票通知送交出口保理商，就可以获得不超过80%的发票金额和无追索权的预付款。对于出口保理商而言，在受让应收账款后，可以对有关债权行使权利。②销售分户账管理。即提供分类账管理。保理商可以为出口商设立管理账户，保理商在收到出口商提供的销售发票后，可以根据管理账户记载的有关信息进行记账处理，包括清算债务金额、利息结算、债务收取往来记录、定期出具账务清单等。③收取应收账款。即在卖方叙做保理业务后，保理商根据卖方的要求，定期/不定期地向其提供关于应收账款的回收情况、逾期账款情况、信用额度变化情况、对账单等各种财务和统计报表，协助卖方进行销售管理。④应收账款的催收。为防止债务人拖延付款，保理商通常有专业人员进行账款追收，并根据应收账款逾期的时间采取信函通知、打电话、上门催款直至采取法律手段等方式。⑤信用风险控制与坏账担保。保理商在与出口商签订保理协议前，通常要对进口商进行自信调查，并对进口商核定一个信用额度（credit line）。对于出口商在核准的信用额度内发货所产生的应收账款，保理商提供100%的坏账担保。对于超过核准信用额度的应收账款，保理商不承担责任。即保理商只承担其所核定的信用额度内的货款，其余坏账损失由出口商承担。

概括而言，国际保理是指保理商在国际贸易中采用赊销（O/A）或跟单托收承兑交单（D/A）结算方式下，为卖方提供的将出口贸易融资、账务处理、

---

[1]　Article 1："This Convention governs factoring contracts and assignments of receivables as described in this Chapter 2. For the purposes of this Convention，'factoring contract' means a contract concluded between one party（the supplier）and another party（the factor）pursuant to which：（a）the supplier may or will assign to the factor receivables arising from contracts of sale of goods made between the supplier and its customers（debtors）other than those for the sale of goods bought primarily for their personal，family or household use；（b）the factor is to perform at least two of the following functions：finance for the supplier，including loans and advance payments；maintenance of accounts（ledgering）relating to the receivables；collection of receivables；protection against default in payment by debtors；（c）notice of the assignment of the receivables is to be given to debtors."

收取应收账款和买方信用担保融为一体的综合性金融服务。[1]

2. 国际保理的当事人。参与国际保理业务的各当事人为:[2]①卖方:对所供应的货物或所提供的服务出具发票的一方,其应收账款交由出口保理商叙做保理的当事人。②债务人:对由所供应的货物或所提供的服务而产生应收账款负有付款责任的当事人。③出口保理商:根据有关协议对卖方的应收账款叙做保理业务的当事人。④进口保理商:同意代收以卖方出具的发票表示的、并转让给出口保理商的应收账款的一方。进口保理商对转让给他的、并已承担信用风险的应收账款必须付款。

(三) 国际保理的类型

保理商从事保理业务的主要收益是利息和手续费。保理商从购入单据向出口商支付现金开始,到从进口商或进口保理商处收到货款为止,向出口商提供了一段时间的资金融通,因此,可以收取相应的利息,而且利率通常比优惠利率高。利息一般在向出口商支付货款时就预先扣除。除了利息以外,保理商还可以就所提供的其他服务(如资信调查等)收取手续费用。但是,保理商的风险随保理类型的不同而有所不同。

1. 按保理商的数量,分为单保理商模式和双保理商模式。在国际保理业务中,可以将保理商分为出口保理商和进口保理商。位于进口方所在地的保理商称为进口保理商,位于出口方所在地的保理商称为出口保理商。

(1) 单保理商模式 (Single Factor System)。只涉及一方保理商的国际保理业务是单保理商模式。单保理商模式是国际保理的早期形式,主要适用于国内保理业务,或进出口双方中有一方没有保理商的情况。由于单保理对于保理商的风险较大,随着国际保理业务的发展,单保理商模式已经逐渐为双保理商模式取代。

单保理商模式只涉及三方当事人:出口商、进口商、保理商(或为出口保理商,或为进口保理商)。当有出口商、进口商和出口保理商参与时,这种保理业务称为直接出口保理 (Direct Export Factor System);如果涉及出口商、进口商和进口保理商,则称之为直接进口保理 (Direct Import Factor System)。这种形式多用于出口方的客户集中在某个国家或地区的情况。在直接进口保理情况下,出口商和进口保理商直接订立保理协定,并在发货后将发票和所需单据直接交与进口保理商,进口保理商负责收款和提供坏账担保。在直接出口保理的情况下,出口商和出口保理商签订保理协定,在发货后,出口商将发票和所需单据

第五章

---

[1] 张军、李茂华、于立新:《加入 WTO 与中国国际保理发展》,西北大学出版社 2002 年版,第 56 页。
[2] 国际保理商联合会 1998 年《国际保理义务惯例规则》第 1 条。

交与出口保理商，出口保理商负责向债务人收款和提供坏账担保。

（2）双保理商模式（Two Factor System）。双保理商模式涉及进出口双方保理商。在双保理商模式下，参加国际保理业务的当事人有四方：出口商、出口保理商、进口商、进口保理商。在这一模式中，主要有两份保理合同：出口商和出口保理商签订保理协议，将其在国外的应收账款转让给出口保理商；出口保理商与进口保理商签订代理协议，向进口保理商转让有关的应收账款，并且委托进口保理商直接与进口商收款，同时由进口保理商提供坏账担保、债款催收和销售额度核定等服务。

双保理商模式的具体运作程序是：[1]①出口保理商与进口保理商签订国际保理协议；②出口保理商与出口商签订国际保理合同；③出口商向出口保理商申请债务人（进口商）的信用额度；④出口保理商将信用申请提交给进口保理商，由其进行调查；⑤进口保理商对进口商进行资信调查评估；⑥进口保理商将批准的额度制成信用额度证实书通知出口保理商，再由出口保理商将其交给出口商；⑦出口商根据信用额度证实书的额度金额发运货物；⑧货物出运后，出口商如需资金融通，则将全套正本单据寄送出口保理商；如不需要资金融通，则将发票副本传送给出口保理商；⑨出口保理商将上述单据传送给进口保理商；⑩出口保理商视出口需要提供发票金额的 70% ~ 90% 的资金融通；⑪进口保理商在规定时间内按照商业惯例向进口商催收货款；⑫在货款到期日，进口商将货款交给进口保理商，后者将其转交给出口保理商；⑬出口保理商在扣除预付款、服务费等项目后，将货款全部付给出口商。

在双保理机制下，出口商只需同出口保理商签订保理合同，融资方便。对出口保理商而言，通过和进口保理商的合作，分担了风险和损失。但是，双保理机制与单保理机制相比，出口商要承担更高的费用。

2. 按照保理商对保理项下的融通资金是否有追索权，分为有追索权保理和无追索权保理。

（1）有追索权保理。有追索权（recourse）保理是指保理商在与出口商签订保理合同并向出口商融通资金后，如果债务人由于某些原因而无力或拒绝支付货款，保理商有权向出口商要求偿还其为出口商所融通的资金款项。实践中，有追索权的保理通常是无论任何原因，只要货款到期不能收回，保理商都有权向出口商追索。也就是说，在有追索权保理的情况下，保理商不承担债务人的信用风险。因此，有追索权保理业务适用于债务人信用较好的情况。

（2）无追索权保理。无追索权（non-recourse）保理是指保理商在与出口商签订保理合同并为出口商融通资金后，在某些情况下放弃向出口商追索融通资金的权利。如果债务人由于合同约定的原因而无力或拒绝付款，保理商只能自行承担该风险。在此类保理业务中，保理商需承担债务人的信用风险，为债务人的坏账提供担保服务。实践中经常采用的是无追索权保理。

　　3. 根据保理商在购入应收账款的单据后是否立即向出口商付款，分为到期保理和预付保理。到期保理（Maturity Factoring）是指出口商将有关单据交给保理商后，保理商并不立即向出口商支付货款，而是确认并同意在票据到期时，无追索权地向出口商支付票据金额。预付保理（Advance Factoring）是指出口商将有关单据交给保理商以后，保理商立即对其支付票款。实践中经常采用的是预付保理。

## 【思考题】

1. 简述国际贸易支付的工具。
2. 简述汇票及其法律制度。
3. 简述托收的概念和类型。
4. 简述有关托收的国际法渊源。
5. 简述托收当事人的责任。
6. 简述信用证的概念和类型。
7. 简述信用证的国际渊源。
8. 简述信用证当事人的责任。
9. 简述我国对信用证欺诈的认定和处理方式。
10. 简述我国对国际保理的类型和特点。

## 【必读法规】

1. 《统一汇票和本票法公约》
2. 《中华人民共和国票据法》
3. 《托收统一规则》
4. 《跟单信用证统一惯例》
5. 《最高人民法院关于审理信用证纠纷案件若干问题的规定》
6. 《国际贸易中应收款转让公约》

第五章

## 第六章

# 国际贸易争议的解决

■第一节　国际贸易争议概述

### 一、国际贸易争议的界定

国际贸易争议是指具有国际因素的贸易争议，它是一种常见的国际民事或者商事争议，解决国际民商事争议的一般规则也适用于国际贸易争议。

那么，如何判断一项贸易争议是否具有"国际性"？根据 2010 年发布的《涉外民事关系法律适用法》第 8 条的规定，"涉外民事关系的定性，适用法院地法律"。在我国，《民法通则》第八章虽然规定了"涉外民事关系的法律适用"，但并未对涉外民事关系给予界定。《涉外民事关系法律适用法》也没有对此作出规定。为适应司法审判的需要，最高人民法院在《关于贯彻执行〈中华人民共和国民法通则〉若干问题的意见（试行）》[1]和《关于适用〈中华人民共和国民事诉讼法〉若干问题的意见》[2]中将"涉外民事案件"解释为："凡民事关系的一方或者双方当事人是外国人、无国籍人、外国法人的；民事关系的标的物在外国领域内的；产生、变更或者消灭民事权利义务关系的法律事实发生在外国的，均为涉外民事关系。"[3] 2012 年发布的《最高人民法院关于适用〈中华人民共和国涉外民事关系法律适用法〉若干问题的解释（一）》（以下简称《法律适用法司法解释》）第 1 条又在上述司法解释的基础上进一步将"涉外民事关系"解释为："民事关系具有下列情形之一的，人民法院可以认定为涉外民事关系：①当事人一方或双方是外国公民、外国法人或者其他组织、无国籍人；②当事人一方或双方的经常居所地在中华人民共和国领域外；③标的物在

---

〔1〕　1988 年 1 月 26 日最高人民法院审判委员会讨论通过。

〔2〕　1992 年 7 月 14 日最高人民法院审判委员会第 528 次会议讨论通过，法发（92）22 号。

〔3〕　参见最高人民法院《关于贯彻执行〈中华人民共和国民法通则〉若干问题的意见（试行）》第 178 条，《关于适用〈中华人民共和国民事诉讼法〉若干问题的意见》第 304 条。

中华人民共和国领域外；④产生、变更或者消灭民事关系的法律事实发生在中华人民共和国领域外；⑤可以认定为涉外民事关系的其他情形。"由此可见，我国对涉外民事案件的认定并没有采取单一标准，而是采用了多重标准，即主体国籍涉外标准、主体居所地涉外标准、行为发生地涉外标准、标的物所在地涉外标准以及其他可以被认为涉外民事关系的标准。

"涉外性"和"国际性"是两个不同的概念，"国际性"包括"涉外性"。"涉外性"是从某个国家的角度而言的，中国的涉外民事法律关系就是指中国与外国产生的民事关系。而国际商事法律关系则泛指两个国家之间产生的商事关系。因此，涉外民事法律关系的判断标准并不等同于国际商事关系的判断标准。但是，从最高人民法院的上述司法解释来看，尽管它是关于涉外民事关系的认定标准，但该标准并没有刻意强调民事关系的一方必须是中国国民，因此，该标准实际上也是"国际民事关系"的判断标准。即只要具备上述条件之一，该民事关系即为国际民事关系。

**二、国际贸易争议的类型**

国际贸易争议从不同角度分为不同类型。根据发生争议的具体领域，国际贸易争议分为：国际货物买卖争议、国际货物运输争议、国际货物运输保险争议、国际贸易支付争议等。根据国际贸易争议的主体，国际贸易争议又可以分为平等主体之间的争议和非平等主体之间的争议。具体而言，有如下几种类型：

1. 国家之间、国家与国际组织之间基于双边或多边国际贸易条约的解释和履行所产生的争端。这类争端属于平等主体之间的争端，其解决通常依据所签条约的规定。由于发生争端的当事人是国家、政府或者国际组织，因此，该类争端的解决方式主要是磋商、斡旋、调停等。有的国际条约还设立了专门的争端解决机构，WTO就是一例。

2. 国家或国际组织与私人（包括法人、非法人组织、自然人）之间的争议。这类纠纷有两种类型：①发生在国家对私人的国际贸易活动进行管理的过程中。例如，国家在对私人采取对外贸易管理措施过程中发生的纠纷。该类纠纷是管理者与被管理者之间的纠纷，是非平等当事人之间的纠纷，因此，这类纠纷属于国际贸易行政纠纷。②国家与私人基于相互之间订立的国际贸易合同所发生的纠纷。例如，国际政府采购合同纠纷就属于这类纠纷。在这类纠纷中，国家是合同的一方，私人是合同的另一方。对于这类合同的性质，国际上有不同理解。有的认为这类合同属于行政合同，也有的认为这类合同主要是民事合同，还有的认为这类合同是综合性合同。我国《政府采购法》第五章专门规范了"政府采购合同"。虽然该章没有明确规定政府采购合同的性质，但规定政府采购合同适用《合同法》。[1]而《合同法》又适用于平等主体的自然人、法人、其他组织之间设立、变更、终止民事权利义务关系的协议。[2]由此可见，我国法律将政府采购合同视为民事合同。

3. 私人（包括法人、非法人组织、自然人）之间所发生的合同纠纷。该类纠纷主要体现为国际货物买卖合同纠纷、国际货物运输合同纠纷、国际货物运输保险合同纠纷、国际贸易结算合同纠纷等。

在上述类型的纠纷中，第三类纠纷是国际贸易活动中最常见的纠纷。本章所论述的国际贸易争议解决主要是指这类纠纷的解决。前两类争端或纠纷的解决参见本书其他章节。

### 三、国际贸易争议的解决方法

国际贸易争议的解决方法由国际贸易活动的当事人在合同或协议中协商确定。实践中，常用的解决私人之间国际贸易争议的方法有两大类：司法解决方法（诉讼）和非司法解决方法。司法解决方法也称司法诉讼方法，它是指由争议当事人在一国法院提起诉讼的方法。非司法解决方法是指诉讼之外的争议解决方法，包括协商、调解、仲裁。[3]

在司法解决方法和非司法解决方法中，仲裁和诉讼是独立的争议解决程序。例如，我国《合同法》第128条规定："当事人可以通过和解或者调解解决合同争议。当事人不愿和解、调解或者和解、调解不成的，可以根据仲裁协议向仲裁机构申请仲裁。……当事人没有订立仲裁协议或者仲裁协议无效的，可以向人民法院起诉。"此外，协商和调解既可以作为独立的争议解决程序，也可以与其他争议解决程序（仲裁、诉讼）相结合。我国《仲裁法》和《民事诉讼法》倡导仲裁和调解相结合、诉讼和调解相结合的做法。[4]

对于国际贸易争议解决机构，当事人可以选择本国的争议解决机构，也可以选择外国争议解决机构，还可以选择国际组织下设的争议解决机构（例如国际商会仲裁院等）。

第六章

---

[1]　参见《政府采购法》第43条。

[2]　参见《合同法》第2条。

[3]　有学者认为，近年来，仲裁作为解决国际商事争议的方法，被越来越广泛地适用于解决国际商事争议，它既不属于诉讼的方法，也不属于传统意义上的非诉讼方法，而是逐步地演变成为独立于司法方法与非司法方法的一种独特的争议解决方法。参见赵秀文编著：《国际商事仲裁法》，中国人民大学出版社2004年版，第4页。

[4]　《仲裁法》第51条："仲裁庭在作出裁决前，可以先行调解。当事人自愿调解的，仲裁庭应当调解。调解不成的，应当及时作出裁决。"《民事诉讼法》第9条："人民法院审理民事案件，应当根据自愿和合法的原则进行调解；调解不成的，应当及时判决。"

### 四、国际贸易争议的法律适用

法律适用是指解决法律纠纷所适用的法律。同一国际贸易争议如果适用不同的法律，可能导致不同的处理结果，因此，法律适用问题是解决国际贸易争议的核心。

《民法通则》和《合同法》对法律适用问题均作出了规定。为了统一规范涉外民事关系的法律适用问题，我国于 2010 年 10 月 28 日发布了《涉外民事关系法律适用法》（自 2011 年 4 月 1 日起执行），明确了涉外婚姻家庭、继承、物权、债权、知识产权等民事关系的法律适用问题。[1]

概括而言，我国对涉外民事合同纠纷的法律适用规定了如下制度：

1. 意思自治原则与强制性原则规定相结合。我国《合同法》第 126 条规定："涉外合同的当事人可以选择处理合同争议所适用的法律，但法律另有规定的除外。"根据该规定，解决涉外合同争议的法律可以由当事人协商确定。当事人可以选择其中一方所在国家的法律，也可以选择第三国的法律，还可以选择国际公约或者国际惯例。但是，我国对某些特殊类型的合同排除了意思自治，而是直接规定了这类合同争议应适用的法律。《涉外民事关系法律适用法》第 4 条规定，中华人民共和国法律对涉外民事关系有强制性规定的，直接适用该强制性规定。对于强制性规定，《法律适用法司法解释》第 10 条规定：有下列情形之一，涉及中华人民共和国社会公共利益、当事人不能通过约定排除适用、无需通过冲突规范指引而直接适用于涉外民事关系的法律、行政法规的规定，人民法院应当认定为涉外民事关系法律适用法第 4 条规定的强制性规定：①涉及劳动者权益保护的；②涉及食品或公共卫生安全的；③涉及环境安全的；④涉及外汇管制等金融安全的；⑤涉及反垄断、反倾销的；⑥应当认定为强制性规定的其他情形。

2. 适用实体法。实体法是指直接规范法律关系当事人的权利和义务的法律规范，冲突法（也称法律适用规范）则是仅指明某种法律关系应适用何种法律的规范。可见，冲突规范属于间接调整方法，它不能像实体规范那样直接认定争议当事人是否履行了义务。因此，如果适用某国法意味着也可以适用该国冲突规范，就会产生反致和转致问题。反致是指对于某一国际私法案件，法院按照本国的冲突规范本应适用外国法，而该外国法中的冲突规范指定应适用法院地法，结果法院适用了法院地国的实体法。转致是指对于某一国际私法案件，甲国法院按照本国的冲突规范本应适用乙国法，乙国的冲突规范又指定适用丙

第六章

---

〔1〕 最高人民法院关于认真学习贯彻执行《中华人民共和国涉外民事关系法律适用法》的通知，法发〔2010〕52 号。

国法，甲国法院因此适用了丙国实体法。一些学者指出，采用反致会导致恶性循环，有损内国主权等。[1]但无论如何，适用冲突法将使法律适用问题变得更加复杂。为了避免发生此种现象，《涉外民事关系法律适用法》第9条明确规定，涉外民事关系适用的外国法律，不包括该国的法律适用法。这就是说，在涉外民事或商事合同的法律适用问题上，我国不允许反致或转致。[2]

3. 法律适用的选择方式。当事人选择法律适用法的方式有两种：明示选择、默示选择。明示选择是指合同当事人在缔结协议时或者在争议发生之后，以文字或者言词明确做出选择合同准据法的意思表示。通行的做法是在合同中约定法律适用条款。默示选择是指当事人在合同中没有明确选择合同的准据法的情况下，由法官根据当事人的缔约行为或者其他一些因素来推定当事人已默示同意该合同受某一特定国家法律的支配。[3]明示选择因其透明度强和具有稳定性和可预见性而为各国普遍肯定。[4]《涉外民事关系法律适用法》第3条规定："当事人依照法律规定可以明示选择涉外民事关系适用的法律。"

在我国的司法实践中，经常遇到这样的情形，即当事人之间并没有预先对法律适用进行选择，原告起诉时依据的法律为某国法律，而被告对法律适用未提出异议，亦以某国法律进行答辩。[5]对此，《法律适用法司法解释》第8条第2款规定："各方当事人援引相同国家的法律且未提出法律适用异议的，人民法院可以认定当事人已经就涉外民事关系适用的法律做出了选择。"

4. 选择法律适用法的时间。大多数国家规定，对于选择法律适用法的时间，当事人既可以在合同订立时通过合同条款做出选择，也可以在合同订立之后甚至是争议发生之后予以选择。《法律适用法司法解释》第8条第1款规定："当事人在一审法庭辩论终结前协议选择或者变更选择适用的法律的，人民法院应予准许。"由此可见，我国对选择法律适用法的时间采取较为宽松的态度。司法解释之所以作出这种规定，考虑的是司法实践中经常发生当事人在一审开庭过程中才作出选择或者改变选择。而且，当事人选择或者变更选择合同争议应适用的法律的时间点为"一审法庭辩论终结前"，考虑的是在涉外民事或商事案件中，如果法律适用（准据法）在当事人之间存在争议，当事人往往会在庭审的

---

〔1〕 韩德培主编：《国际私法》，高等教育出版社、北京大学出版社2007年版，第132、135页。

〔2〕 "最高法院负责人就审理涉外民商事合同纠纷司法解释答记者问"，载《人民法院报》2007年8月8日，第3版。

〔3〕 "最高法院负责人就审理涉外民商事合同纠纷司法解释答记者问"，载《人民法院报》2007年8月8日，第3版。

〔4〕 韩德培主编：《国际私法》，高等教育出版社、北京大学出版社2007年版，第202页。

〔5〕 "最高法院负责人就审理涉外民商事合同纠纷司法解释答记者问"，载《人民法院报》2007年8月8日，第3版。

第六章

辩论阶段对法律适用问题进行激烈的对抗，而经过辩论之后当事人有可能对法律适用达成共识，从而会一致同意适用某一国家或者地区的法律。这样规定既尊重了当事人的权利也有利于案件的审理。[1]

5. 未做出选择时的法律适用法。我国《合同法》第 126 条第 1 款规定："……涉外合同的当事人没有选择的，适用与合同有最密切联系的国家的法律。"《涉外民事关系法律适用法》第 41 条又进一步规定："当事人可以协议选择合同适用的法律。当事人没有选择的，适用履行义务最能体现该合同特征的一方当事人经常居所地法律或者其他与该合同有最密切联系的法律。"

最密切联系原则（theory of proxmune connection）是国际私法中的一项重要原则，它的起源可以追溯到萨维尼的"法律关系本座说"。即每一法律关系都应由依其性质而隶属的法律支配，并认为法律本座之所在亦即联系之所在。之后，美国学者里斯明确提出了"最密切联系原则"，并很快为许多国家所接受。[2]那么，如何认定与合同有最密切联系的地点？在最密切联系原则的具体运用过程中，美国采用了所谓"合同要素分析法"。"合同要素分析法"是指法官通过对合同各种要素进行"量"与"质"的综合分析来确定合同的准据法。大陆法系国家则采用"特征履行"的方法来确定合同争议所要适用的法律。"特征履行说"主张按照合同的特征性履行来确定合同的准据法，要求法院根据合同的特殊性质，以某一方当事人履行的义务最能体现合同的本质特性来决定合同的准据法。[3]

6. 法律规避的效力。法律规避（evasion of law）是指国际民商事关系的当事人为利用某一冲突规范，故意制造某种连接点的构成要素，避开本应适用的强制性或禁止性法律规则，从而使对自己有利的法律得以适用的一种逃法或脱法行为。对于法律规避行为的法律效力，国际上有如下不同理解：所有的法律规避行为均为无效；规避内国法的行为无效，规避外国法的行为有效。但无论如何，如果当事人为了某种特定目的，滥用设立和变更连接点的客观根据的自由，显然不利于法律秩序的稳定。[4]

我国《民法通则》对法律规避问题没有做出明确规定，但最高人民法院《关于贯彻执行〈中华人民共和国民法通则〉若干问题的意见（试行）》（以下

第六章

---

[1]　"最高法院负责人就审理涉外民商事合同纠纷司法解释答记者问"，载《人民法院报》2007 年 8 月 8 日，第 3 版。

[2]　韩德培主编：《国际私法》，高等教育出版社、北京大学出版社 2007 年版，第 103 页。

[3]　"最高法院负责人就审理涉外民商事合同纠纷司法解释答记者问"，载《人民法院报》2007 年 8 月 8 日，第 3 版。

[4]　韩德培主编：《国际私法》，高等教育出版社、北京大学出版社 2007 年版，第 136、138～139 页。

简称《民法通则司法解释》）第194条对法律规避的效力问题予以了界定："当事人规避我国强制性或者禁止性法律规范的行为，不发生适用外国法律的效力。"《法律适用法司法解释》第11条又进一步规定："一方当事人故意制造涉外民事关系的连结点，规避中华人民共和国法律、行政法规的强制性规定的，人民法院应认定为不发生适用外国法律的效力。"从法理学上而言，强制性法律规范是指必须履行，不允许人们以任何方式加以变更或违反的法律规范。而禁止性法律规范是指禁止人们作出某种行为或者必须抑制一定行为的法律规范。

上述司法解释并没有规定规避外国法的行为是否有效，有学者指出，国际私法上的法律规避应包括一切法律规避在内，既包括规避本国法，也包括规避外国法。至于法律规避的行为是否有效，应视不同情况而定。首先，规避本国法一律无效。其次，对规避外国法要具体分析、区别对待，如果当事人规避外国法中某些正当的、合理的规定，应该认定规避行为无效；反之，如果规避外国法中反动的规定，则应认定该规避行为有效。[1]

7. 适用外国法的例外——公共利益原则。适用外国法的一个重要例外就是公共秩序保留（reservation of public order）。"公共秩序"是大陆法系国家的用语，英美法系国家多采用"公共政策"（public policy）的表述。在国际私法领域，公共秩序的概念最早出现在13世纪的意大利"法则区别说"中，经胡伯、孟西尼等国际私法学者的发展日益完善。例如，17世纪，荷兰学者胡伯在"国际礼让说"中提出，一个国家出于礼让可以承认外国法的域外效力，但是，要以本国及人民的权利或权力不因此受到损害为前提。1904年的《法国民法典》首次以立法的形式确立了公共秩序保留制度。有关公共政策等词的概念，由于其本身的不确定性和含糊性，迄今为止，学者们也很难从学理解释的意义上给出一个详尽无遗的定义。事实上，这也是不可能的，因为我们无法要求政治制度、社会结构和历史文化传统等方面都不相通的各个国家对公共政策达成一致的理解。[2]

我国没有采用"公共秩序"或者"公共政策"的措辞，而是采用了"公共利益"的表述。例如，我国《民法通则》第150条规定："依照本章规定适用外国法律或者国际惯例的，不得违背中华人民共和国的社会公共利益。"《涉外民事关系法律适用法》第5条也明确规定："外国法律的适用将损害中华人民共和国社会公共利益的，适用中华人民共和国法律。"与各国做法类似，我国法律对

〔1〕 韩德培主编：《国际私法》，高等教育出版社、北京大学出版社2007年版，第139页。
〔2〕 王小莉："从一起撤销仲裁裁决案看我国司法监督的范围"，载广州仲裁委员会主办：《仲裁研究》（第12辑），法律出版社2007年版。

"公共利益"也没有给予界定，但我国大部分法院对"公共利益"持谨慎态度。[1]

8. 外国法的查明。外国法的查明是指一国法院在审理国际民商事案件时，如果依本国冲突规范应适用某一外国实体法，法院则需查明外国法的相关内容。《民法通则司法解释》载明了查明外国法的如下五种途径："①由当事人提供；②由与我国订立司法协助协定的缔约对方的中央机关提供；③由我国驻该国使领馆提供；④由该国驻我国使馆提供；⑤由中外法律专家提供。通过以上途径仍不能查明的，适用中华人民共和国法律。"[2]根据该规定，当事人与人民法院在外国法查明方面均承担相应的义务。

《涉外民事关系法律适用法》第10条规定：涉外民事关系适用的外国法律，由人民法院、仲裁机构或者行政机关查明。当事人选择适用外国法律的，应当提供该国法律。不能查明外国法律或者该国法律没有规定的，适用中华人民共和国法律。《法律适用法司法解释》第17条进一步规定：人民法院通过由当事人提供、已对中华人民共和国生效的国际条约规定的途径、中外法律专家提供等合理途径仍不能获得外国法律的，可以认定为不能查明外国法律。当事人应当提供外国法律，但在人民法院指定的合理期限内无正当理由未提供该外国法律的，可以认定为不能查明外国法律。

## ■第二节　国际贸易争议解决的非司法方法

### 一、协商

协商是在争议发生后当事人最先选择采用的争议解决方法。它是指争议当事人在争议发生后，在双方自愿的基础上，针对所发生的争议进行口头或书面的磋商或谈判，自行达成和解协议，友好解决纠纷的方式。

协商方式具有如下特点：①磋商在双方当事人自愿的基础上进行，且达成的和解协议易于被各方当事人履行。协商方式的采用、协商的开始、进行与中断、终止完全由双方当事人自己决定，不受另一方当事人或当事人之外的任何人的干预和限制。任何一方当事人均无权强迫另一方当事人必须通过协商解决争议。即使双方当事人在合同或协议中选用了先行协商方式，这也不意味着必须要以协商方式使争议得到解决。②磋商无须第三者的介入，完全由当事人双

---

〔1〕　万鄂湘主编：《涉外商事海事审判指导》（2005 年第 1 辑，总第 10 辑），人民法院出版社 2005 年版，第 198 页。

〔2〕　参见最高人民法院《关于贯彻执行〈中华人民共和国民法通则〉若干问题的意见（试行）》第193 条。

方自行解决争议。③磋商根据相关法律和双方签署的合同进行。协商达成的协议应合法，不能违反国家有关的强制性法律规范以及社会公共利益，不得损害第三人的合法权益。④磋商程序简单、形式灵活。协商不需要遵从严格的法律程序，也不须遵从特定的形式，口头协商方式和书面协商方式均可。⑤协商既可以是一种独立的解决争议的程序，也可以结合其他争议解决程序（例如结合仲裁程序[1]或者结合诉讼程序）。例如，我国《仲裁法》规定："当事人申请仲裁后，可以自行和解。达成和解协议的，可以请求仲裁庭根据和解协议作出裁决书，也可以撤回仲裁申请。""当事人达成和解协议，撤回仲裁申请后反悔的，可以根据仲裁协议申请仲裁。"[2]《民事诉讼法》第 50 条也规定："双方当事人可以自行和解。"⑥在协商基础上达成的和解协议只构成新合同或对原合同的修改补充。只要和解协议符合形式要件即具有法律效力，当事人应严格执行，否则视为违约。

正是由于协商方式无须第三人介入，而且程序简单灵活，因而，大多数当事人在合同中规定，争议发生后先行协商。很少有当事人在发生争议后不与对方当事人协商而直接提起仲裁或诉讼。

**二、调解**

调解方式主要源于我国，后被一些国家或国际组织采用。一些国家、国际组织还通过了调解规则。例如，联合国国际贸易法委员会（以下简称联合国贸法会）于 1980 年通过了《调解规则》（UNCITRAL Conciliation Rules），供当事人选用。2002 年，联合国贸法委还通过了《国际商事调解示范法》（UNCITRAL Model Law on International Commercial Conciliation）。

（一）调解与国际商事调解的概念和特点

联合国贸法会颁布的《国际商事调解示范法》第 1 条对"调解"作出了如下广义解释："'调解'系指当事人请求一名或多名第三人（调解人）协助他们设法友好解决他们由于合同引起的或与合同关系或其他法律关系有关的纠纷的过程，而不论其称之为调解、调停或以类似含义的措词相称。调解人无权将解决纠纷的办法强加于当事人。"

根据上述规定，调解是指在当事人之外的第三方主持下，由第三方以中间人身份，根据法律和合同规定，参考国际惯例，帮助和促使争议各方在互谅互

---

[1]　有学者将这种形式的磋商称为"商事仲裁和解"。商事仲裁和解是指在仲裁机构受理案件以后，仲裁庭作出终裁裁决之前，双方当事人在自愿的基础上经协商一致，达成和解协议，以解决彼此之间的商事法律争议，从而终结商事仲裁程序的活动。参见谢石松主编：《商事仲裁法学》，高等教育出版社 2003 年版，第 246 页。

[2]　《仲裁法》第 49、50 条。

让基础上达成调解协议，以解决各方争议的解决方式。与磋商和仲裁方式相比，三者均建立在争议双方当事人共同自愿的基础上。为此，有些调解机构为便于争议当事人采用调解方式，特别发布了示范调解条款。[1]

与磋商方法不同的是，调解方式的使用是以争议双方当事人向第三方提出调解请求为基础。而且，主持调解的第三人必须以独立和公正的方式协助解决纠纷。与仲裁方式相比，当事人对调解过程和调解结果都拥有完全的支配权，而且调解过程是非裁决性的。在调解中，调解人本着满足纠纷当事人的需要和利益的目的协助当事人通过谈判达成和解。主持调解的第三方无权将一项解决纠纷的办法强加给当事人。而在仲裁中，当事人委托仲裁庭解决纠纷和对纠纷做出处理，仲裁庭的决定对双方当事人均有约束力。[2]

那么，什么是国际商事调解？《国际商事调解示范法》第1条规定："调解如有下列情形，即为国际调解：（a）订立调解协议时，调解协议各方当事人的营业地处于不同的国家；或者（b）各方当事人营业地所在国并非：①履行商业关系中大部分义务的所在国；或者②与纠纷标的事项关系最密切的国家。"根据该规定，"达到国际性标准的要求是，调解协议订立时，调解协议当事人的营业地在不同国家，或者商业关系的义务主要部分履行地国或与纠纷标的关系最密切的国家不是当事人设有营业地的国家。"可见，该示范法采用了多重标准（包括营业地标准）认定调解是否为国际调解。同时，示范法也没有将调解所在地和调解机构作为判断是否为国际调解的标准。因为"当事人常常并不正式指定调解地，而且实际上，调解可以在几个地点进行"[3]。

我国并没有制定单独的调解规则，而是在《民事诉讼法》第八章以及《仲裁法》第51、52条中对调解作出了相应规定。

（二）调解的类型

调解既可以是一种独立的争议解决程序，也可以与其他争议解决程序相结合。当它被不同的调解人使用或者与不同争端解决程序相结合时，就产生了不同类型的调解。

1. 民间调解。民间调解是指在非司法性和非行政性的民间组织、团体或者

第六章

---

〔1〕 例如，中国国际贸易促进委员会/中国国际商会调解中心的示范调解条款如下："本合同之各方当事人均愿将因本合同引起的或与本合同有关的任何争议，提交中国国际贸易促进委员会/中国国际商会调解中心，按照申请调解时该中心现行有效的调解规则进行调解。经调解后如达成和解协议，各方都要认真履行该和解协议所载之各项内容。"

〔2〕 2002年联合国国际贸易法委员会《〈国际商事调解示范法〉颁布和使用指南》。

〔3〕 2002年联合国国际贸易法委员会《〈国际商事调解示范法〉颁布和使用指南》。

个人的主持下进行的调解。[1]主持调解的这些民间组织、团体或者个人被称为"民间调解人"。经民间调解人主持调解所达成的调解协议构成一项新合同或对原合同的修改补充，对争议双方当事人具有约束力，各方应严格履行，否则视为违约。

根据民间调解人的不同，民间调解可以分为如下类型：

（1）个人调解。个人调解是指自然人以个人身份作为调解人所进行的调解。该自然人由争议各方共同选定，被选定的自然人通常是相关领域的专家，而且不限国籍。

（2）民间机构调解。一些商会或者行业协会通常设立专门的调解机构，并适用专门的调解规则进行调解。例如，中国国际贸易促进委员会/中国国际商会调解中心（Conciliation Centre of CCOIC）及其各分会的调解中心，就属于我国的常设民间调解机构。[2]

（3）联合调解。联合调解也称共同调解，它是指由中国国际经济贸易促进委员会/中国国际商会调解中心与国外调解机构共同对一个争议案件进行调解的做法。该做法是由中国国际经济贸易促进委员会与美国仲裁协会于1977年共同开创的解决国际商事争议的新方式。[3]联合调解的程序是，由争议当事人中的一方向另一方发出书面通知，邀请其按照两国调解机构的联合调解规则调解解决争议。如另一方当事人接受了调解邀请，调解程序开始。当事人可以协商选定两国调解机构秘书处中的任何一个作为案件的行政管理机构，如未选定，由被申请人所在国家的秘书处进行管理。秘书处负责组织安排调解会议。调解程序开始后，双方当事人分别在其所在国的调解机构的调解员名册中指定一名调解员。调解员可以单独会见一方当事人，也可以提出和解建议。调解成功则制作调解书，撤销案件。调解员在调解中提出的建议或当事人所作的承认或接受

---

〔1〕　尹力：《国际商事调解法律问题研究》，武汉大学出版社2007年版，第16页。

〔2〕　中国国际贸易促进委员会/中国国际商会调解中心于1987年在北京成立，并自1992年起陆续在全国各省、市、自治区及一些主要城市的中国国际贸易促进委员会分会设立调解中心（如设在北京分会的"首都调解中心"、设在河北分会的"河北调解中心"、设在上海分会的"上海调解中心"等）。其中，"北京调解中心"是总会的调解机构。各调解中心使用统一的调解规则，在业务上受总会调解中心的指导。调解中心根据当事人之间约定的调解协议受理案件，如果当事人之间没有调解协议，经一方当事人申请在征得他方当事人同意后，也可受理。总会调解中心及各分会调解中心均备有各自的调解员名单，供当事人在个案中指定。中国国际商会调解中心以调解的方式，解决发生在商事、海事等领域的争议，包括当事人在贸易、投资、知识产权、房地产、物流、金融证券、保险等领域争议的调解。调解中心受理下列争议案件：国际的或涉外的争议案件；涉及香港特别行政区、澳门特别行政区和台湾地区的争议案件；国内争议案件。

〔3〕　1977年有三宗中美当事人之间的合同争议几乎同时提交中国贸促会贸易仲裁委员会和美国仲裁协会仲裁，于是中美两个机构决定在北京进行联合调解，并调解成功。

不能作为仲裁或诉讼中的证据。

2. 仲裁机构调解。仲裁机构调解是指由仲裁机构主持进行的调解。它将调解纳入仲裁程序,由仲裁机构在仲裁开始前或在仲裁过程中,征求当事人的意见,当事人同意调解的,进行调解,调解成功则制作调解书,并撤销案件。如当事人不同意调解或调解未成功,则继续进行仲裁。通过此种方式达成的和解,由仲裁机构制作调解书或裁决书,由仲裁员签字并加盖仲裁委员会印章后,送达双方当事人。经双方当事人签收后即发生法律效力。签收前一方反悔的,仲裁机构继续进行仲裁。生效后的仲裁机构制作的调解书与仲裁机构作出的仲裁裁决具有同等法律效力,一方不履行调解书的,另一方有权向法院申请执行。对于仲裁与调解相结合的合理性,有学者认为,仲裁与调解相结合是对自然公正原则或正当程序原则的侵害,且容易使调解程序失控,不便于仲裁员真正探到当事人的真实意图,违背仲裁原则,这是危险的。[1]

对于仲裁机构调解,我国《民事诉讼法》第八章规定了如下制度:①调解不是仲裁的必经程序,而是当事人的自愿程序。当事人自愿调解的,仲裁庭应当当庭调解。②调解人由仲裁员担任。③仲裁庭必须在作出裁决前进行调解。④调解不成的,仲裁机构应当及时作出裁决。⑤调解书与裁决书具有同等法律效力。调解达成协议的,仲裁庭应当制作调解书或者根据协议的结果制作裁决书。调解书经双方当事人签收后,发生法律效力。在调解书签收前当事人反悔的,仲裁庭应当及时作出裁决。此外,当事人请求不予执行仲裁调解书或者根据当事人之间的和解协议作出仲裁裁决书的,人民法院不予支持。[2]

3. 法庭调解。法庭调解也称法院调解或司法调解,它是指由法院主持进行的调解。目前,包括我国在内的许多国家都规定了法院调解方式。

根据《民事诉讼法》第八章的规定,法庭调解必须遵守如下规则:①调解不是法院审理案件的必经程序,而是当事人的自愿程序。人民法院审理民事案件,应当根据自愿和合法的原则进行调解;调解不成的,应当及时判决。②调解人由法官担任。人民法院进行调解,可以由审判员一人主持,也可以由合议庭主持,并尽可能就地进行。人民法院进行调解,可以用简便方式通知当事人、证人到庭。调解达成协议,必须双方自愿,不得强迫。调解协议的内容不得违反法律规定。③由法院制作调解书。调解达成协议,人民法院应当制作调解书。调解书应当写明诉讼请求、案件的事实和调解结果。调解书由审判人员、书记

---

〔1〕 王生长:《仲裁与调解相结合的理论与实务》,法律出版社 2001 年版,第 161 页。
〔2〕 参见最高人民法院《关于适用〈中华人民共和国仲裁法〉若干问题的解释》第 28 条。该司法解释于 2005 年 12 月 26 日由最高人民法院审判委员会第 1375 次会议通过,自 2006 年 9 月 8 日起施行。

员署名，加盖人民法院印章，送达双方当事人。调解书经双方当事人签收后，即具有法律效力。调解未达成协议或者调解书送达前一方反悔的，人民法院应当及时判决。

尽管有各种调解方式，但是，所有调解方式与协商方式一样，都是建立在当事人的自愿和互谅互让基础上。但与协商方式相比，由于有第三方作为调解人，而且调解人具有较多的调解经验，因而有利于调解协议的达成，有利于维护各方当事人的合法权益。此外，与仲裁和诉讼相比，调解方式的明显优势在于程序简单灵活，费用较低。

### 三、仲裁

#### (一) 仲裁的概念和特点

仲裁（arbitration）一词来自拉丁文，指争议当事人通过协议方式将争议提交第三方（仲裁机构）进行裁决的争议解决方式。仲裁具有如下特点：

1. 仲裁具有自愿性。与协商方式和调解方式类似，仲裁以当事人的共同自愿为前提。即仲裁机构受理仲裁案件必须建立在争议当事人均接受仲裁的前提下，如一方不同意将争议提交仲裁机构，仲裁机构无权受理该项争议。例如，我国《仲裁法》第4条规定："当事人采用仲裁方式解决纠纷，应当双方自愿，达成仲裁协议。没有仲裁协议，一方申请仲裁的，仲裁委员会不予受理。"

2. 仲裁具有专业性和公正性。"仲裁即把争议提交某人裁决，而不是让具有合法管辖权的法院审理。"[1] 即仲裁案件由仲裁机构专门审理。争议当事人可以选择常设仲裁机构，也可以选择临时仲裁机构。常设仲裁机构备置仲裁员名单供当事人选择。由于名单中的仲裁员基本上是有关方面的专家，因此，能够保证仲裁裁决的公正性。同时，仲裁机构有权在查明事实的基础上，独立自主地对争议进行裁决，无须征得争议各方当事人的同意。

3. 仲裁裁决具有终局性和可强制执行性。仲裁的司法特征使其区别于谈判、和解以及专家程序等类似机制。[2]《仲裁法》规定："仲裁实行一裁终局的制度。裁决作出后，当事人就同一纠纷再申请仲裁或者向人民法院起诉的，仲裁委员会或者人民法院不予受理……""裁决书自作出之日起发生法律效力。"[3] 由此可见，仲裁是一种最终解决争议的方法。仲裁裁决作出后，各方当事人必须执行。如一方不履行仲裁裁决，另一方当事人有权申请法院予以强制执行。如果是涉外仲裁裁决而非内国仲裁裁决，胜诉方可以根据《纽约公约》以及其他双

〔1〕 ［英］戴维·M. 沃克著，邓正来等译：《牛津法律大辞典》，光明日报出版社1988年版，第53页。

〔2〕 Emmanuel Gaillard, John Savage, *Fouchard and Gaillard*, *Goldman on International Commercial Arbitration*, Kluwer Law International, 1999, p. 12.

〔3〕 参见《仲裁法》第9、57条。

边或者多边条约的规定，要求缔约方有管辖权的法院予以承认和执行该裁决。正因为如此，有学者指出，仲裁同时具有契约性质和司法性质。因为仲裁协议的本质是当事人自愿订立的契约，而仲裁庭根据此项契约作出的仲裁裁决的效力与法院判决的效力相同，具有可以为法院强制执行的性质。[1]

4. 仲裁程序具有简单性和灵活性。仲裁具有比诉讼方式简单的程序规则，有利于较快解决争议。同时，仲裁实行一裁生效，也节省了争议解决的成本和时间。

5. 仲裁程序具有保密性。为保护各方当事人的商业秘密，有助于各方当事人的进一步合作，仲裁通常以不公开方式进行。我国《仲裁法》第40条规定："仲裁不公开进行。当事人协议公开的，可以公开进行，但涉及国家秘密的除外。"

由于仲裁的上述特点，特别是由于在外国仲裁裁决的承认与执行方面已经达成了《承认和执行外国仲裁裁决的公约》，并有很多国家和地区参加，使得仲裁为更多国家的当事人所选用。

（二）仲裁的分类

1. 国内仲裁、涉外仲裁、国际仲裁。我国将国内仲裁与涉外仲裁区分开来，《仲裁法》第七章专门设置了"涉外仲裁的特别规定"。虽然我国法律并没有直接规定"国内仲裁"、"涉外仲裁"的认定标准，但《仲裁法》第65条规定："涉外经济贸易、运输和海事中发生的纠纷的仲裁，适用本章规定。"由此可见，在我国，国内仲裁与涉外仲裁的认定标准是仲裁机构处理的案件是否具有涉外性。国内仲裁就是指仲裁机构受理的不具有涉外性的案件。而涉外仲裁就是指仲裁机构就涉外经济贸易、运输和海事案件所进行的仲裁，由此作出的裁决称为涉外仲裁裁决。[2]无论是国内裁决还是涉外裁决，皆是国内仲裁机构作出的裁决。[3]如前所述，我国的司法解释对涉外民事案件的认定没有采取单一标准，而是采用了多重标准：主体标准、行为发生地标准、标的物所在地标准。有学者指出，应依据上述司法解释界定涉外仲裁。[4]

关于国际仲裁，我国法律对此没有给予界定。有两个主要的标准被单独或

---

〔1〕 赵秀文编著：《国际商事仲裁法》，中国人民大学出版社2004年版，第4页。

〔2〕 孙南申教授也持相同观点。孙南申教授认为，国内仲裁是专门解决国内当事人之间经济争议的仲裁，其所解决的争议不具涉外因素；而涉外仲裁是专门解决当事人之间在涉外经济贸易、运输和海事中发生争议的仲裁，即具有涉外因素的仲裁。参见孙南申："涉外仲裁司法审查的若干问题研究——以仲裁协议为视角"，载《法商研究》2007年第6期。

〔3〕 马占军："论我国仲裁裁决的撤销与不予执行制度的修改与完善——兼评《最高人民法院关于适用〈中华人民共和国仲裁法〉若干问题的解释》的相关规定"，载《法学杂志》2007年第2期。

〔4〕 韩健、宋连斌："论我国国际商事仲裁机构和法院的关系"，载《仲裁与法律通讯》1997年第8期。

者共同使用来界定国际商事仲裁中的"国际"一词。第一个标准要求对争议的性质进行分析，第二个标准集中于当事人，主要看当事人的国籍或惯常居住地或公司的管理控制地。[1]联合国贸法委于 1985 年通过的《国际商事仲裁示范法》对"国际仲裁"的两个标准均予以采用。《国际商事仲裁示范法》规定："如有下列情况，仲裁即为国际性的：①仲裁协议的当事各方在缔结协议时，他们的营业地点位于不同的国家；②下列地点之一位于当事各方营业地点所在国之外：（a）仲裁协议中或根据仲裁协议确定的仲裁地；（b）商事关系的主要部分将要履行的地点或与争议标的具有最密切联系的地点；③双方当事人已明确约定仲裁协议的标的与一个以上的国家有联系。"[2]由此可见，《国际商事仲裁示范法》对"国际"一词的理解是广义的。根据该标准，当仲裁协议的各方当事人在缔结该协议时其营业地位于不同国家，对该案件的仲裁即为国际仲裁。此外，如果仲裁地点、履约地点或者争议标的地点位于各方当事人营业地所在国以外，或者如果各方当事人明确同意仲裁协议的标的与一个以上国家有关，则对该纠纷的仲裁也为国际仲裁。[3]国际商会（ICC）早期时将国际商事仲裁限定为不同国家之间的公民就所发生的争议提起仲裁的情形，但此后又作出了修改。ICC 在其颁布的说明手册中作了如下充分说明："仲裁的国际性质并不意味着当事人必须具有不同国籍。由于实体的缘故，合同可以超越国界，例如，同一国家的两个公民在另一个国家履行的合同或者一个国家与在其国内经商的外国子公司订立了合同。"[4]从该解释可以看出，国际商会对"国际"的解释也是广义的。

2. 内国仲裁与外国仲裁。从国内立法而言，内国仲裁与外国仲裁的区别有领域理论和准据法理论。前者以仲裁地在内国还是外国来确定仲裁属内国仲裁还是外国仲裁，后者以仲裁适用的法律是内国法还是外国法为判断标准。[5]《承认和执行外国仲裁裁决公约》（以下简称《纽约公约》）是专门规范外国仲裁裁决在内国的承认与执行。该公约对"外国仲裁裁决"没有给出定义，但是，该公约第 1 条规定："由于自然人或法人间的争议而引起的仲裁裁决，在一个国家的领土内作成，而在另一个国家请求承认和执行时，适用本公约。在一个国

---

〔1〕 ［英］艾伦·雷德芬、马丁·亨特等著，林一飞、宋连斌译：《国际商事仲裁法律与实践》，北京大学出版社 2005 年版，第 14 页。

〔2〕 联合国国际贸易法委员会《国际商事仲裁示范法》第 1 条第 3 款。

〔3〕 联合国国际贸易法委员会《国际商事仲裁示范法》秘书处的说明。

〔4〕 李建："中国法院在国际商事仲裁中的地位和作用"，载北京市法学会国际法研究会：《国际法学论丛》，当代世界出版社 1999 年版，第 563 页。

〔5〕 于喜富：《国际商事仲裁的司法监督与协助——兼论中国的立法与司法实践》，知识产权出版社 2006 年版，第 11 页。

家请求承认和执行这个国家不认为是本国裁决的仲裁裁决时，也适用本公约。"该定义为各缔约国判定某项仲裁裁决是否属于外国裁决提供了两项法律标准：①裁决作出地标准，即凡在被请求承认和执行的缔约国本国领土之外的外国领土上作出的仲裁裁决即属外国裁决（在外国作出的裁决）。②非内国裁决标准，即凡依据被请求承认和执行的缔约国的法律不被认为是本国裁决的仲裁裁决也可属于外国裁决（非内国裁决）。[1]有学者认为，两种标准不是一种平行关系，而是一种主从关系。非内国裁决标准只是地域标准的补充和延伸，而不能取代地域标准，它的作用在于扩大公约的适用范围。[2]

我国于 1986 年 12 月 2 日正式加入《纽约公约》，[3]最高人民法院在《关于执行我国加入的〈承认和执行外国仲裁裁决公约〉的通知》中明确规定："我国对在另一缔约国领土内作出的仲裁裁决的承认和执行适用该公约。"可见，我国只承认，仲裁裁决的作成地在外国即构成适用《纽约公约》的外国仲裁裁决。但何谓"作成地"，公约和我国法律均没有做出进一步的规定和解释。有学者认为，从《纽约公约》的适用角度来看，"裁决作出地"应指仲裁地，仲裁地通常由当事人约定或由仲裁机构、仲裁庭依照仲裁规则和仲裁程序法指定。当事人住所地或居所地、仲裁机构所在地、仲裁开庭地、仲裁裁决书签署地、仲裁裁决书收到地、仲裁裁决书寄送地、仲裁员住所地既不能直接等同或替代裁决作出地，也不能被直接用来判定某项裁决是否属于《纽约公约》所称的"在外国作出的裁决"。[4]

值得注意的是，我国《民事诉讼法》第 283 条又规定："国外仲裁机构的裁决，需要中华人民共和国人民法院承认和执行的，应当由当事人直接向被执行人住所地或者其财产所在地的中级人民法院申请，人民法院应当依照中华人民共和国缔结或者参加的国际条约，或者按照互惠原则办理。"根据该规定，我国认定何谓"外国仲裁裁决"似乎是看作出裁决的仲裁机构，即外国仲裁机构作出的仲裁裁决即为外国仲裁裁决。依此类推，内国仲裁就是指国内仲裁机构作出的裁决，内国裁决包括国内裁决和涉外仲裁裁决。我国《仲裁法》第七章在涉外仲裁方面并没有提及仲裁地问题，可以理解为，即便中国仲裁机构受理的

第六章

---

〔1〕 黄亚英："外国仲裁裁决论析——基于《纽约公约》及中国实践的视角"，载《现代法学》2007 年第 1 期。

〔2〕 杨树明：《国际商事仲裁法》，重庆大学出版社 2002 年版，第 273 页。

〔3〕 参见全国人民代表大会常务委员会《关于我国加入〈承认和执行外国仲裁裁决的公约〉的决定》，1986 年 12 月 2 日通过。

〔4〕 黄亚英："外国仲裁裁决论析——基于《纽约公约》及中国实践的视角"，载《现代法学》2007 年第 1 期。

涉外经济贸易、运输和海事案件在中国领土之外进行仲裁，该仲裁仍然属于中国的涉外仲裁。所以，从相关规定看，我国《仲裁法》对内国仲裁和外国仲裁的认定实质上是采取仲裁机构标准，即中国仲裁机构受理的案件就是内国仲裁，外国仲裁机构受理的案件就是外国仲裁。有学者认为，该做法与国际上通行的仲裁地标准显然相悖。以仲裁机构的国籍确定仲裁是否"涉外"的方法应予改变，正确的方法应当是，首先依仲裁地确定商事仲裁是否为内国仲裁，对内国仲裁则以争议是否具有涉外因素确定其是否涉外仲裁，而在内国发生的仲裁是否由中国仲裁机构为之则在所不问。[1]还有学者认为，外国仲裁裁决应指在我国境外作出的仲裁裁决。此项裁决既包括由外国常设仲裁机构管理下由仲裁庭在我国境外作出的裁决，也应当包括临时仲裁机构（庭）在我国境外作出的裁决；外国仲裁机构裁决并不等同于外国裁决。这里起决定性作用的是仲裁地点是否在我国境外。外国仲裁机构在我国境外作出的裁决为外国仲裁裁决。如果仲裁地点在我国，则仲裁庭适用该外国仲裁机构仲裁规则作出的裁决是我国仲裁裁决，而不是外国仲裁裁决。我国现行立法与实践对外国仲裁机构裁决的国籍的定位不十分明确。应采用国际上普遍适用的仲裁地点决定国际商事仲裁裁决国籍的标准，将《民事诉讼法》第283条中规定的"国外仲裁机构的裁决"修订为"外国仲裁裁决"。[2]

（三）国际立法

目前，世界上大多数国家都制定了仲裁方面的法律。为统一各国仲裁法律，国际社会制定了若干有关国际商事仲裁方面的国际公约。具体而言，国际商事仲裁的国际立法和文件主要包括：①《日内瓦仲裁条款议定书》。1921年由国际联盟主持制定，它是世界上第一个关于商事仲裁公约，主要目的是促使各缔约方相互承认仲裁协议的效力。②《日内瓦关于执行外国仲裁裁决的公约》。1927年由国际联盟主持制定，主要目的是弥补《日内瓦仲裁条款议定书》的不足。③《承认和执行外国仲裁裁决的公约》（《纽约公约》）。1958年6月10日由联合国制定，它是国际商事仲裁方面最具影响的公约。我国于1986年加入，1987年4月22日起对我国生效。④《国际商事仲裁示范法》。1985年6月21日由联合国贸法委通过，[3]目的是向各国制定仲裁法律提供样板，以促进国际仲裁法律制度的统一。由于该示范法吸收了大多数国家的做法，因而被许多国家

〔1〕于喜富：《国际商事仲裁的司法监督与协助——兼论中国的立法与司法实践》，知识产权出版社2006年版，第20页。

〔2〕赵秀文："国外仲裁机构裁决不等于外国仲裁裁决"，载《法学》2006年第9期。

〔3〕示范法主要规定了总则、仲裁协议、仲裁庭的组成、仲裁庭的管辖权、仲裁程序的进行、裁决的作出和程序的终止、对裁决的追诉、裁决的承认和执行。

采用。该示范法是继《纽约公约》之后又一具有重要影响的国际文件。此外，一些国家还达成了区域性国际公约：①《欧洲国际商事仲裁公约》。1961 年 4 月 21 日由联合国欧洲经济委员会在日内瓦签署，由于参加国不多，故很少使用。②《美洲国家之间关于国际商事仲裁公约》。1975 年 1 月 30 日由美洲国家会议在巴拿马城制定。

（四）国内立法

目前，大部分国家制定了专门的仲裁法，例如，《瑞典仲裁法》、《英国仲裁法》、《美国统一仲裁法》、《法国仲裁法令》等。也有一些国家在民事诉讼法中加以规定，例如，《德国民事诉讼法》、《日本民事诉讼法》等。我国的仲裁立法包括有关仲裁的法律、行政法规、司法解释及我国缔结和参加的国际公约。我国于 1994 年 8 月 31 日通过了《仲裁法》，[1]该法适用于国内仲裁以及涉外经济贸易、运输和海事纠纷的仲裁。最高人民法院于 2005 年 12 月 26 日还通过了《关于适用〈中华人民共和国仲裁法〉若干问题的解释》（以下简称《仲裁法司法解释》）。[2]此外，我国《民事诉讼法》对仲裁也作出了多项规定。

（五）仲裁协议

仲裁协议是国际商事仲裁的核心内容，它是意思自治原则在国际商事仲裁中的体现。根据意思自治原则，争议当事人在仲裁协议中有权指定受理争议的仲裁机构、仲裁员、仲裁地点、仲裁所适用的程序法及实体法等项内容。

1. 仲裁协议的概念及分类。仲裁协议（arbitration agreement）是指双方当事人将争议提交仲裁机构解决的共同意思表示。仲裁协议包括合同中订立的仲裁条款和以其他书面方式在纠纷发生前或者纠纷发生后达成的请求仲裁的协议。[3]具体而言，仲裁协议分为两种类型：仲裁条款、仲裁协议书。仲裁条款与仲裁协议书具有同等法律效力。仲裁条款（arbitration clause）是仲裁协议的基本形式，它是指争议当事人在合同中订立的，载明将日后可能发生的争议提交仲裁机构解决的专门条款。为方便仲裁，一些仲裁机构制定并发布了标准仲

第六章

---

〔1〕 该法共有 80 条，规定了总则、仲裁委员会和仲裁协会、仲裁协议、仲裁程序（申请和受理、仲裁庭的组成、开庭和裁决）、申请撤销裁决、执行、涉外仲裁的特别规定、附则。

〔2〕 该司法解释于 2005 年 12 月 26 日由最高人民法院审判委员会第 1375 次会议通过，自 2006 年 9 月 8 日起施行。在该司法解释发布前，最高人民法院已经陆续发布了关于仲裁的若干个司法解释。例如，最高人民法院在 1996 年 12 月 12 日发布了《关于同时选择两个仲裁机构的仲裁条款的法律效力问题的函》。该函明确规定："该仲裁条款对仲裁机构的约定是明确的，亦是可以执行的。当事人只要选择约定的仲裁机构之一即可进行仲裁。"

〔3〕 参见《仲裁法》第 16 条。《联合国国际商事仲裁示范法》第 7 条也有类似规定："'仲裁协议'是指当事各方同意将他们之间确定的不论是契约性还是非契约性的法律关系上已经发生或可能发生的一切或者某些争议提交仲裁的协议。仲裁协议可以采取合同中的仲裁条款形式或者单独的协议形式。"

裁条款（standard arbitration clause），供当事人采用。[1]仲裁协议书（submission to arbitration）是指以其他书面方式在纠纷发生前或者纠纷发生后达成的请求仲裁的协议。其他书面形式的仲裁协议包括以合同书、信件和数据电文（包括电报、电传、传真、电子数据交换和电子邮件）等形式达成的请求仲裁的协议。[2]

2. 仲裁协议的形式。实践中，一些仲裁协议是通过口头形式达成的，并得到一些国家法律的承认。但是，大多数国家要求当事人以书面形式订立仲裁协议方为有效。联合国贸法委主持制定的《纽约公约》以及《国际商事仲裁示范法》也都要求仲裁协议必须是书面形式。

《纽约公约》第2条规定："①如果双方当事人书面协议把由于同某个可以通过仲裁方式解决的事项有关的特定的法律关系，不论是否契约关系，所已产生或可能产生的全部或任何争执提交仲裁，每一个缔约国应该承认这种协议。②书面协议包括当事人所签署或在互换函电中所载明的合同仲裁条款或仲裁协议书。"由此可见，该公约对书面形式的解释是广义和宽松的。联合国贸法委于2005年11月23日通过的《国际合同使用电子通信公约》将书面形式发展到电子通信形式。该公约第9条第2款规定："凡法律要求一项通信或一项合同应当采用书面形式的，或规定了不采用书面形式的后果的，如果一项电子通信所含信息可以调取以备日后查用，即满足了该项要求。"[3]

《国际商事仲裁示范法》第7条第2款规定："仲裁协议应是书面的。协议如载于当事各方签字的文件中，或载于往来的书信、电传、电报或提供协议记录的其他电讯手段中，或在申诉书和答辩书的交换中当事一方声称有协议而当事他方不否认，即为书面协议。在合同中提出参照有仲裁条款的一项文件即构成仲裁协议，如果该合同是书面的，而且这种参照足以使该仲裁条款构成该合同的一部分。"

我国《仲裁法》第16条要求仲裁协议必须采用书面形式。《仲裁法》对"书面"的含义虽然没有给予具体解释，但《仲裁法司法解释》第1条规定：书面形式包括合同书、信件和数据电文（包括电报、电传、传真、电子数据交换

---

[1]　例如，中国国际经济贸易仲裁委员会的示范仲裁条款（model arbitration clause）载明："因本合同引起的或与本合同有关的任何争议，均应提交中国国际经济贸易仲裁委员会，按照申请仲裁时该会现行有效的仲裁规则进行仲裁。仲裁裁决是终局的，对双方均有约束力。"中国海事仲裁委员会推荐的标准仲裁条款为："凡因本合同引起的或与本合同有关的任何争议，均应提交中国海事仲裁委员会，按照申请仲裁时该会现行有效的仲裁规则进行仲裁。仲裁裁决是终局的，对双方均有约束力。"国际商会（ICC）推荐的示范仲裁条款为："关于本合同发生的一切争执，最后应依据国际商会调解和仲裁规则所指定的仲裁员一人或若干人依照该规则解决。"

[2]　最高人民法院《关于适用〈中华人民共和国仲裁法〉若干问题的解释》第1条。

[3]　联合国《国际合同使用电子通信公约》第9条第2款。

和电子邮件）等形式。[1]

3. 仲裁协议的内容和效力。仲裁主要依据当事人的协议而发生，诉讼则是依据法律规定而发生。[2]因此，有效的仲裁协议是仲裁机构受理案件的法定前提，是有关争议当事人得以向仲裁机构申请仲裁和仲裁机构得以对提交的争议进行管辖并作出裁决的重要依据。有效的仲裁协议排除了法院对争议的管辖权；反之，如果仲裁协议无效，则排除了仲裁机构的管辖权。因此，仲裁协议效力的正确认定，是各仲裁机构在案件受理和解决仲裁机构与法院管辖冲突中的关键环节。[3]

各国对仲裁协议内容的要求繁简不一。大多数国家只要求当事人表明仲裁的意愿，仲裁协议就是有效的，并不要求仲裁协议必须规定某些特定的内容。联合国《国际商事仲裁示范法》就采取此做法。[4]我国《仲裁法》对仲裁协议的要求相对较为严格，仲裁协议必须具有下列三项内容方为有效：①请求仲裁的意思表示；②仲裁事项；③选定的仲裁委员会。[5]有学者指出，上述严格的仲裁协议内容要求违背了当事人意思自治的原则，不符合国际商事仲裁发展的趋势，不利于中国仲裁事业的发展。[6]

针对仲裁实践中出现的问题，我国仲裁法律作出了如下特别规定：

（1）仲裁事项的约定与仲裁协议的效力。我国法律规定，当事人在仲裁协议中必须约定仲裁事项。但是，如果当事人概括约定仲裁事项为合同争议的，基于合同成立、效力、变更、转让、履行、违约责任、解释、解除等产生的纠纷都可以认定为仲裁事项。[7]如果"约定的仲裁事项超出法律规定的仲裁范围"[8]，仲裁协议无效。

（2）仲裁机构的约定与仲裁协议的效力。在我国，有权受理涉外民事仲裁案件的仲裁机构除了中国国际经济贸易仲裁委员会以及中国海事仲裁委员会之外，还包括设在各地的仲裁委员会。由于我国的仲裁机构众多，如果争议当事人在仲裁协议中没有选定具体的仲裁机构，将出现无法确定哪一机构有权受理仲裁案件的情况。因此，我国《仲裁法》将选定仲裁机构作为仲裁协议的必备

第六章

---

〔1〕　该司法解释实际上参照了我国《合同法》第 11 条对"书面形式"的规定。
〔2〕　于喜富：《国际商事仲裁的司法监督与协助——兼论中国的立法与司法实践》，知识产权出版社 2006 年版，第 4 页。
〔3〕　朱幼林："浅议对仲裁机构约定不明确的仲裁协议"，载《仲裁通讯》第 13 期。
〔4〕　参见联合国《国际商事仲裁示范法》第 7 条"仲裁协议的定义和形式"。
〔5〕　参见《仲裁法》第 16 条。
〔6〕　蔡鸿达："规范的仲裁条款和国际惯例的探讨"，载《国际商报》1998 年 2 月 28 日。
〔7〕　参见最高人民法院《关于适用〈中华人民共和国仲裁法〉若干问题的解释》第 2 条。
〔8〕　参见《仲裁法》第 17 条。

内容之一，并将未选定仲裁机构的仲裁协议视为无效。《仲裁法》第 18 条明确规定："仲裁协议对仲裁事项或者仲裁委员会没有约定或者约定不明确的，当事人可以补充协议；达不成补充协议的，仲裁协议无效。"

但在实践中，仲裁协议对仲裁机构约定不明确的情况经常发生。而且，当事人在发生纠纷后，对不明确和不完整的仲裁协议能够达成补充协议的可能性很小。因此，针对这种情况，如果一律认定仲裁协议无效，将不利于经济纠纷的解决，对要求仲裁的一方当事人也是不公平的。[1] 为维护仲裁协议的有效性和严肃性，最高人民法院对选定仲裁机构问题做出了如下解释：①如果仲裁协议约定的仲裁机构名称不准确，但是能够确定具体的仲裁机构的，应当认定选定了仲裁机构。如果不能确定具体的仲裁机构，则视为未选定仲裁机构，仲裁协议无效。②如果仲裁协议约定两个以上仲裁机构，当事人可以协议选择其中一个仲裁机构申请仲裁；如果当事人不能就仲裁机构的选择达成一致，仲裁协议无效。③仲裁协议约定由某地的仲裁机构仲裁，且该地仅有一个仲裁机构的，该仲裁机构视为约定的仲裁机构。该地有两个以上仲裁机构的，当事人可以协议选择其中的一个仲裁机构申请仲裁；当事人不能就仲裁机构选择达成一致的，仲裁协议无效。[2]

（3）仲裁协议的主体与仲裁协议的效力。《仲裁法》第 17 条规定，"无民事行为能力人或者限制民事行为能力人订立的仲裁协议"无效。

（4）仲裁协议订立的自主性与仲裁协议的效力。《仲裁法》第 17 条规定，"一方采取胁迫手段，迫使对方订立仲裁协议的"无效。

（5）仲裁协议当事人合并、分立后仲裁协议的效力。《仲裁法司法解释》第 8 条规定："当事人订立仲裁协议后合并、分立的，仲裁协议对其权利义务的继受人有效。当事人订立仲裁协议后死亡的，仲裁协议对承继其仲裁事项中的权利义务的继承人有效。前两款规定情形，当事人订立仲裁协议时另有约定的除外。"

（6）适用其他合同或者公约中的争议解决规定问题。《仲裁法司法解释》第 11 条规定："合同约定解决争议适用其他合同、文件中的有效仲裁条款的，发生合同争议时，当事人应当按照该仲裁条款提请仲裁。涉外合同应当适用的有关国际条约中有仲裁规定的，发生合同争议时，当事人应当按照国际条约中的仲裁规定提请仲裁。"

（7）债权债务转移后的争议解决问题。《仲裁法司法解释》第 9 条规定："债权债务全部或者部分转让的，仲裁协议对受让人有效，但当事人另有约定、

---

[1]　朱幼林："浅议对仲裁机构约定不明确的仲裁协议"，载《仲裁通讯》第 13 期。
[2]　最高人民法院《关于适用〈中华人民共和国仲裁法〉若干问题的解释》第 3、5、6 条。

在受让债权债务时受让人明确反对或者不知有单独仲裁协议的除外。"

（8）对仲裁协议效力异议的提出。《仲裁法司法解释》第27条和第13条规定："当事人在仲裁程序中未对仲裁协议的效力提出异议，在仲裁裁决作出后以仲裁协议无效为由主张撤销仲裁裁决或者提出不予执行抗辩的，人民法院不予支持。当事人在仲裁程序中对仲裁协议的效力提出异议，在仲裁裁决作出后又以此为由主张撤销仲裁裁决或者提出不予执行抗辩，经审查符合仲裁法第58条或者民事诉讼法第217条、第260条规定的，人民法院应予支持。""……当事人在仲裁庭首次开庭前没有对仲裁协议的效力提出异议，而后向人民法院申请确认仲裁协议无效的，人民法院不予受理。仲裁机构对仲裁协议的效力作出决定后，当事人向人民法院申请确认仲裁协议效力或者申请撤销仲裁机构的决定的，人民法院不予受理。"

（9）认定仲裁协议效力的管辖法院。《仲裁法司法解释》第12条规定："当事人向人民法院申请确认仲裁协议效力的案件，由仲裁协议约定的仲裁机构所在地的中级人民法院管辖；仲裁协议约定的仲裁机构不明确的，由仲裁协议签订地或者被申请人住所地的中级人民法院管辖。申请确认涉外仲裁协议效力的案件，由仲裁协议约定的仲裁机构所在地、仲裁协议签订地、申请人或者被申请人住所地的中级人民法院管辖。涉及海事海商纠纷仲裁协议效力的案件，由仲裁协议约定的仲裁机构所在地、仲裁协议签订地、申请人或者被申请人住所地的海事法院管辖；上述地点没有海事法院的，由就近的海事法院管辖。"

（10）涉外仲裁协议效力的法律适用。《仲裁法司法解释》第16条规定："对涉外仲裁协议的效力审查，适用当事人约定的法律；当事人没有约定适用的法律但约定了仲裁地的，适用仲裁地法律；没有约定适用的法律也没有约定仲裁地或者仲裁地约定不明的，适用法院地法律。"

4. 仲裁协议的作用。仲裁协议具有以下效力和作用：

（1）仲裁协议是仲裁机构行使仲裁管辖权的依据。仲裁机构只受理当事人根据双方达成的仲裁协议所提交的争议案件，不受理没有仲裁协议的任何争议案件。[1] 我国《仲裁法》第4条明确规定："当事人采用仲裁方式解决纠纷，应当双方自愿，达成仲裁协议。没有仲裁协议，一方申请仲裁的，仲裁委员会不予受理。"

---

〔1〕 有些领域的仲裁实行强制性仲裁，即法定仲裁。因此，没有仲裁协议并不影响仲裁机构审理案件。例如，我国的劳动争议即实行强制性仲裁。劳动合同的当事人发生争议必须交由劳动争议仲裁委员会解决。我国《仲裁法》关于仲裁协议的规定不适用于劳动争议。参见《仲裁法》第77条，最高人民法院《关于审理劳动争议案件适用法律若干问题的解释》（2001年3月22日最高人民法院审判委员会第1165次会议通过，法释〔2001〕14号）。

（2）仲裁协议是仲裁机构确定仲裁事项范围的依据。仲裁协议除规定受理案件的仲裁机构外，还应规定仲裁的事项。仲裁机构只能在争议当事人约定的仲裁事项范围内仲裁，不能超越范围。我国《仲裁法》第58条规定，裁决的事项不属于仲裁协议的范围时，仲裁委员会所在地的中级人民法院有权撤销该仲裁裁决。《纽约公约》第5条也规定：如果裁决涉及仲裁协议所没有提到，或者不包括在仲裁协议规定之内的争执，或者裁决协议内含有对仲裁协议范围以外事项的决定，被请求承认和执行裁决的管辖当局有权拒绝承认和执行该项裁决。

（3）仲裁协议排除法院的司法管辖权。仲裁协议排斥司法管辖有两方面的含义：

第一，争议当事人达成仲裁协议后必须受仲裁协议约束，依仲裁协议向双方指定的仲裁机构提出仲裁，而不能向法院提起司法诉讼。我国《仲裁法》第5条和第26条分别规定："当事人达成仲裁协议，一方向人民法院起诉的，人民法院不予受理，但仲裁协议无效的除外。""当事人达成仲裁协议，一方向人民法院起诉未声明有仲裁协议，人民法院受理后，另一方在首次开庭前提交仲裁协议的，人民法院应当驳回起诉，仲裁协议无效的除外；另一方在首次开庭前未对人民法院受理该案提出异议的，视为放弃仲裁协议，人民法院应当继续审理。"此外，《仲裁法司法解释》第7条还规定："当事人约定争议可以向仲裁机构申请仲裁也可以向人民法院起诉的，仲裁协议无效。但一方向仲裁机构申请仲裁，另一方未在仲裁法第20条第2款规定期间内提出异议的除外。"《纽约公约》第2条第3款还规定："如果缔约国的法院受理一个案件，而就这个案件所涉及的事项当事人已经达成仲裁协议时，除非法院查明该项协议是无效的、未生效的或不可能执行的，应该依照一方当事人的请求，令当事人将案件提交仲裁。"

第二，仲裁机构作出仲裁裁决后，当事人不能就同一纠纷再向法院起诉。例如，我国《民事诉讼法》第273条规定："经中华人民共和国涉外仲裁机构裁决的，当事人不得向人民法院起诉。……"但是，如果仲裁裁决被法院裁定撤销或者不予执行的，当事人可以就同一纠纷向法院提起司法诉讼。我国《仲裁法》第9条也有类似规定。

（4）仲裁协议具有独立性。仲裁协议的独立性是指仲裁协议应视为与合同的其他条款分离地、独立地存在的条款或部分，国际商事合同的变更、解除、终止、无效或失效以及存在与否，均不影响仲裁协议的效力，一方当事人仍可依据仲裁协议提交双方约定的仲裁机构仲裁。我国《仲裁法》第19条明确规定："仲裁协议独立存在，合同的变更、解除、终止或者无效，不影响仲裁协议的效力。"此外，《仲裁法司法解释》第10条还规定："合同成立后未生效或者被撤销的，仲裁协议效力的认定适用《仲裁法》第 19 条第 1 款的规定。当事人在订立合同时就争议达成仲裁协议的，合同未成立不影响仲裁协议的效力。"《联合国国际贸易法委员会仲裁规则》第 21 条第 2 款也有类似规定："仲裁庭应有权决定包括仲裁条款为其组成部分的合同的存在和效力。作为合同组成部分并按规定的国际商会仲裁规则进行仲裁的仲裁条款将被视为独立的合同其他条款的一种协议。仲裁庭所作合同为无效的和作废的裁决并不在法律上影响仲裁条款的效力。"

（六）仲裁地点

仲裁地点是指争议案件在何地进行仲裁。仲裁地点的确定对争议当事人至关重要，它决定仲裁所要适用的程序法甚至实体法，决定该地仲裁机构作出的仲裁裁决是否能够得到执行。在签订仲裁协议时，争议当事人选择仲裁地点通常主要考虑以下因素：该地点是否在《纽约公约》缔约国领土范围之内；该地有关仲裁程序法的规定及是否可以选择其他仲裁机构的仲裁规则；该地法院对仲裁裁决的干预程度；该地对境外仲裁员选任的要求；仲裁费用；仲裁声誉；等等。在实践中，由于争议当事人对本国仲裁方面的法律比较熟悉，通常力争在本国仲裁，其次才是选择到中立的第三国仲裁。无论在何地仲裁，为使仲裁裁决能够在败诉方国家得到执行，该地必须是《纽约公约》的缔约国。

我国《仲裁法》第 6 条规定："仲裁委员会应当由当事人协议选定。仲裁不实行级别管辖和地域管辖。"由此可见，我国赋予了争议当事人自由选择仲裁地点的权利。

（七）仲裁机构

国际仲裁与国内仲裁一样，是根据当事人的自愿协议，由无利害关系的、非政府的裁决者解决争议的一种方式。[1]因此，仲裁机构属于非政府组织。正是这样的性质，使得仲裁裁决更加具有公正性。

从组织形式上而言，根据仲裁机构有无固定的办公场所和章程，仲裁机构分为两种类型：临时仲裁机构（ad hoc arbitration institution）、常设仲裁机构（permanent arbitration institution）。提交临时仲裁机构进行的仲裁称临时仲裁，也称特别仲裁；提交常设仲裁机构进行的仲裁称为常设仲裁，也称机构仲裁。

1. 临时仲裁机构。临时仲裁机构是指争议双方当事人根据达成的仲裁协议，在争议发生后，按仲裁地所属国的仲裁法律规定，自行选任仲裁员组成的、仲裁裁决作出后即行解散的仲裁机构。因此，临时仲裁机构也称为"特设仲裁机

---

[1] Gary B. Born, *International Commercial Arbitration in the United States*：*Commentary & Materials*，Kluwer Law and Taxation Publishers，1994，p. 1.

构"。由于临时仲裁庭具有临时设立的性质，因此，临时仲裁机构没有固定的办公场所，也没有专门的仲裁程序规则，更没有为临时仲裁服务的工作人员和设备等。凡是与仲裁审理有关的事项（例如仲裁庭的组成、仲裁地点、仲裁规则等）必须在仲裁协议中予以详细约定。

临时仲裁机构进行临时仲裁的优势在于，争议双方当事人在仲裁员的选任、仲裁程序的决定和适用方面拥有较大的自主权。同时，临时仲裁可以降低争议当事人的成本，因为常设仲裁机构通常会收取仲裁管理费和服务费。但是，由于临时仲裁机构没有固定的组织、地点和仲裁规则，且缺乏相应的行政配备和便利（如文件送达、仲裁场所及记录等），很容易降低仲裁程序的效率。因此，许多争议当事人不愿采用这种仲裁形式。我国《仲裁法》未规定此种形式的仲裁。

2. 常设仲裁机构。常设仲裁机构是依照国际条约或国内法设立的具有固定名称、地址、章程、仲裁程序规则以及组织机构的永久性仲裁机构。常设仲裁机构的优势在于，它有固定的组织机构、组织章程、仲裁程序规则、健全的行政管理制度和完善的设施、可供选择的仲裁员名册，等等，因此，常设仲裁机构可以为争议当事人提供更好的仲裁服务。但与临时仲裁机构相比，常设仲裁机构的程序比较复杂，且收取的仲裁费用较高。尽管如此，大多数国际商事交易当事人仍然愿意选择在常设仲裁机构进行仲裁。

目前，许多国家和国际组织设立了常设仲裁机构，这些机构主要包括：①我国的常设仲裁机构。我国法律没有规定临时仲裁机制，因而主要通过设立常设仲裁机构解决纠纷。我国涉外仲裁机构最早只有设在中国国际贸易促进委员会（也称中国国际商会）下的"中国国际经济贸易仲裁委员会"（CIETAC）和"中国海事仲裁委员会"（CMAC）。但自从《仲裁法》于1995年9月1日实施后，除上述机构外，依照《仲裁法》设立的各地仲裁委员会（例如北京仲裁委员会、天津仲裁委员会、广州仲裁委员会等）也有权受理涉外案件。[1]②国际商会仲裁院（ICC）。1923年在法国巴黎成立，是国际商会附设的国际商事仲裁机构，可以在世界各地进行仲裁。③斯德哥尔摩商会仲裁院（SCC）。1917年成立，是瑞典的全国性仲裁机构。该仲裁院可以根据当事人的申请采用《联合国国际贸易法委员会仲裁规则》。④伦敦国际仲裁院（LCIA）。1892年成立，可以根据当事人的申请采用《联合国国际贸易法委员会仲裁规则》。⑤美国仲裁协

第六章

---

〔1〕 国务院办公厅《关于实施〈中华人民共和国仲裁法〉需要明确的几个问题的通知》（国办发〔1996〕22号）指出："③新组建的仲裁委员会的主要职责是受理国内仲裁案件；涉外仲裁案件的当事人自愿选择新组建的仲裁委员会仲裁的，新组建的仲裁委员会可以受理；新组建的仲裁委员会受理的涉外仲裁案件的仲裁收费与国内仲裁案件的仲裁收费应当采用同一标准。"

会（AAA）。1926 年成立，总部设在纽约，在各主要城市设立分部。它不仅受理商事争议，还受理家庭、消费者、劳动雇佣和团体等方面的争议。该仲裁院可以根据当事人的申请采用其他仲裁规则。⑥日本商事仲裁协会（JCAA）。1950 年成立，总部设在东京。该仲裁协会可以根据当事人的申请采用《联合国国际贸易法委员会仲裁规则》。⑦香港国际仲裁中心（HKAC）。1985 年成立，该中心可以采取调解或调停的方式解决争议。⑧世界知识产权组织仲裁中心（WIPO Arbitration and Mediation Center）。1993 年 7 月 23 日设立，主要受理有关知识产权方面的争议。除上述机构外，瑞士苏黎世商会仲裁院（Court of Arbitration of the Zurich Chamber of Commerce）、新加坡国际仲裁中心（SIAC）、世界银行解决国际投资争端国际中心（ICSID）等也是国际上较有影响的常设仲裁机构。

（八）仲裁程序规则及仲裁程序

仲裁程序规则是指争议当事人和仲裁机构对争议进行仲裁所应遵循的规则。它包括仲裁申请的提出、答辩、指定仲裁员、仲裁庭的组成、仲裁审理、仲裁裁决的作出以及仲裁裁决的法律效力等内容。仲裁程序规则是仲裁机构进行仲裁的重要行为准则，是保证仲裁公正和顺利进行的必不可少的规范。

仲裁程序规则分为三种：①当事人或临时仲裁机构制定的临时仲裁规则；②常设仲裁机构制定的仲裁规则；[1]③国际组织制定的仲裁规则。例如，联合国贸法委在 1976 年 4 月 28 日通过了《联合国国际贸易法委员会仲裁规则》，供争议当事人自愿采用。由于该规则充分吸收了一些常设仲裁机构仲裁规则的优势，因而得到了很多仲裁机构的承认和采用。

在适用仲裁规则方面，如采用临时仲裁方式，争议当事人可以自由选择仲裁规则。如果在常设仲裁机构仲裁，有的仲裁机构规定，如争议当事人选择该机构作为其争议案件的仲裁机构，则必须适用该机构的仲裁规则。而有的仲裁机构则允许当事人自行决定采用其他国际商事仲裁规则。

1. 仲裁申请。仲裁申请是指争议当事人根据达成的仲裁协议，请求将争议提交仲裁的意思表示。常设仲裁机构对仲裁申请的内容和形式都有一定的要求。我国《仲裁法》规定：当事人申请仲裁，应当向仲裁委员会递交仲裁协议、仲裁申请书及副本。仲裁申请书应当载明下列事项：①当事人的姓名、性别、年龄、职业、工作单位和住所，法人或者其他组织的名称、住所和法定代表人或者主要负责人的姓名、职务。②仲裁请求和所根据的事实、理由；证据和证据来源、证人姓名和住所。申请人可以放弃或者变更仲裁请求。被申请人可以承

---

[1] 例如，CIETAC《仲裁规则》规定了总则、仲裁程序、裁决、简易程序、国内仲裁、附则。中国设在各地的仲裁机构也都制定了各自的仲裁规则。

认或者反驳仲裁请求，有权提出反请求。[1]

2. 仲裁案件的受理。仲裁机构受理仲裁案件的前提是争议当事人之间达成的仲裁协议和仲裁申请。仲裁机构在收到仲裁申请后，经过审查认为申请仲裁的手续完备的，即向被申请人发出通知。仲裁机构主要审查仲裁申请是否载明仲裁事项、仲裁机构、仲裁请求的事项是否在仲裁机构的受理权限范围之内。如仲裁协议中未载明仲裁事项或仲裁机构或约定不明确，当事人对此也未达成补充协议，仲裁协议无效，仲裁机构不予受理。我国《仲裁法》规定[2]：仲裁委员会收到仲裁申请书之日起 5 日内，认为符合受理条件的，应当受理，并通知当事人；认为不符合受理条件的，应当书面通知当事人不予受理，并说明理由。仲裁委员会受理仲裁申请后，应当在仲裁规则规定的期限内将仲裁规则和仲裁员名册送达申请人，并将仲裁申请书副本和仲裁规则、仲裁员名册[3]送达被申请人。

值得注意的是，如果被提起仲裁的一方当事人对仲裁机构行使管辖权有异议，应在仲裁规则规定的时间内提出管辖权异议。

3. 答辩。一方当事人提交仲裁申请后，大多数常设仲裁机构要求另一方当事人在规定期限内提交答辩书。我国《仲裁法》规定，仲裁委员会收到仲裁申请书后 5 日内应当决定是否受理并发出通知。同时对受理的案件应将仲裁规则和仲裁员名册在规定时间内送交申请人和被申请人。被申请人应在规定期限内提交答辩状。不提交答辩状的，不影响仲裁程序的进行。申请人可以放弃或变更仲裁请求，被申请人可以承认或反驳仲裁请求，有权提出反请求。[4]

4. 仲裁庭的组成。仲裁庭是对当事人提交的争议进行审理的机构，它独立于司法机关和行政机关，也独立于其他仲裁庭。各国仲裁法和仲裁机构的仲裁规则对仲裁庭的组成都有明确规定，包括仲裁员的指定、仲裁员的任命、仲裁员的回避和责任等。

（1）仲裁员资格、回避。仲裁员的角色与律师不同。律师在仲裁程序中代表当事人的利益，而仲裁员是当事人指定的旨在解决争议的裁判官，其职责是独立、公正地解决当事人之间的争议。[5]根据意思自治原则，争议当事人有权

第六章

---

[1] 参见《仲裁法》第 22、23、27 条。

[2] 参见《仲裁法》第 24、25 条。

[3] 中国国际经济贸易仲裁委员会设立了《国际（涉外）争议仲裁员名册》、《国内争议仲裁员名册》、《金融专业仲裁员名册》、《建设工程与房地产专业仲裁员名册》、《粮食专业仲裁员名册》和《皮革专业仲裁员名册》，提供给各类案件的当事人使用。

[4] 参见《仲裁法》第 24、25、27 条。

[5] 赵秀文编著：《国际商事仲裁法》，中国人民大学出版社 2004 年版，第 16 页。

指定审理其案件的仲裁员。仲裁员由自然人担任，但有的国家也允许由法人担任。各国对仲裁员资格普遍有以下要求：具有民事行为能力和民事权利能力；具有公正、独立和无私的道德品质；具有一定的专业资格和能力。我国《仲裁法》对仲裁员资格做出了如下详细规定：仲裁委员会应当从公道正派的人员中聘任仲裁员。仲裁员应当符合下列条件之一：从事仲裁工作满 8 年的；从事律师工作满 8 年的；曾任审判员满 8 年的；从事法律研究、教学工作并具有高级职称的；具有法律知识、从事经济贸易等专业工作并具有高级职称或者具有同等专业水平的。涉外仲裁委员会可以从具有法律、经济贸易、科学技术等专门知识的外籍人士中聘任仲裁员。[1]需要特别指出的是，根据我国法律，法官不得担任仲裁员，因为法官担任仲裁员超出了人民法院和法官的职权范围，不利于依法公正保护诉讼当事人的合法权益。[2]

为保持仲裁的公正，大多数仲裁机构都规定，仲裁员应该在某些情况下回避。我国《仲裁法》第 34 条规定了仲裁员回避的以下四种情况：仲裁员是本案的当事人或者当事人、代理人的近亲属；仲裁员与本案有利害关系；与本案当事人、代理人有其他关系，可能影响公正裁决；仲裁员私自会见当事人、代理人或者接受当事人、代理人的请客送礼的。国内有学者指出，仲裁进程中回避的对象为"仲裁员"，这显然没有涵盖参与案件审理的全部人员，存在着适用对象过窄的现象。因为《仲裁法》未对专家咨询委员会委员明确规定回避，未对办案秘书、翻译人、鉴定人、勘验人明确规定回避。[3]

（2）仲裁庭的人数。大多数国家或仲裁机构要求仲裁庭应由单数组成（多为一人独任或仲裁员三人组成仲裁庭），目的是避免僵持现象的发生。也有的国家规定，在仲裁庭处于一对一的僵持状态时，由公断人作出裁决。公断人由仲裁员之外的第三人担任，通常是在该案所涉及领域有经验的专业人士。但是，由于公断人只是在仲裁员的意见处于一对一的状态时才介入，而以前仲裁审理的程序并没有参与，这样，就需要公断人对所有案情逐一了解，既耗费时间，也使仲裁费用增加。因此，我国《仲裁法》规定：仲裁庭可以由三名仲裁员或者一名仲裁员组成。由三名仲裁员组成的，设首席仲裁员。当事人没有在仲裁规则规定的期限内约定仲裁庭的组成方式或者选定仲裁员的，由仲裁委员会主任指定。[4]此外，独任仲裁员审理仲裁案件可以节省仲裁费用，提高工作效率。

---

〔1〕　参见《仲裁法》第 13、67 条。

〔2〕　最高人民法院《关于现职法官不得担任仲裁员的通知》，2004 年 7 月 13 日。

〔3〕　王小莉："关于完善我国仲裁回避制度的几点思考"，载广州仲裁委员会主办：《仲裁研究》（第 11 辑），法律出版社 2007 年版。

〔4〕　参见《仲裁法》第 30、32 条。

5. 开庭审理。大多数国家或仲裁机构在开庭审理方面都有如下共同规定：①以书面审理为主，在当事人要求下也可以进行口头审理。②仲裁不公开进行，经当事人同意方可公开。我国《仲裁法》规定：仲裁应当开庭进行。当事人协议不开庭的，仲裁庭可以根据仲裁申请书、答辩书以及其他材料作出裁决。仲裁不公开进行。当事人协议公开的，可以公开进行，但涉及国家秘密的除外。[1]③当事人在仲裁审理过程中有权辩论和提供证据。④案件审理中至裁决作出前，一方当事人可以请求仲裁庭或法院对争议标的物或有关财产采取临时保全措施。

6. 裁决。我国《仲裁法》对仲裁裁决作出了如下具体规定：①裁决应当按照多数仲裁员的意见作出，少数仲裁员的不同意见可以记入笔录。仲裁庭不能形成多数意见时，裁决应当按照首席仲裁员的意见作出。②仲裁庭仲裁纠纷时，其中一部分事实已经清楚，可以就该部分先行裁决。③裁决书自作出之日起发生法律效力。当事人应当履行裁决。一方当事人不履行的，一方当事人可以依照《民事诉讼法》的有关规定向人民法院申请执行。受申请的人民法院应当执行。[2]

（九）法院对仲裁裁决的监督

仲裁最大的特点是一次性裁决，即仲裁裁决作出后即发生法律效力。同时，仲裁也排斥司法管辖。尽管法院并不参加仲裁案件的审理，但是，法院负责仲裁裁决的执行，因此，法院在执行前是否需要对仲裁裁决予以审查以及如何审查至关重要。事实上，大多数国家的仲裁法律都赋予法院一定的监督权，以保证仲裁裁决的公正性。如果仲裁机构在裁决过程中存在违法行为，法院有权撤销仲裁机构作出的裁决或者对仲裁裁决不予以执行。

法院对仲裁的监督范围和监督程度是司法监督的核心问题。从监督的范围而言，可以分为实体性事项的监督和程序性事项的监督。实体性事项的监督是指法院对商事仲裁裁决所认定的事实是否清楚，证据是否充分，适用的法律是否适当等几个方面进行审查。[3]但是，法院过多地干预仲裁，只会导致仲裁信誉的下降，不利于仲裁机构独立仲裁，削弱仲裁的作用。因此，大多数国家的法律要求法院以审查仲裁的程序性问题为原则，尽可能减少对仲裁实体审理内容的干预。但是，也有一些国家的法律允许法院对实体问题进行审理。例如，《英国1996年仲裁法》允许当事人就法律问题向法院提出上诉。《美国联邦仲裁

第六章

---

[1] 参见《仲裁法》第39、40条。

[2] 参见《仲裁法》第53、55、57条。

[3] 谢石松主编：《商事仲裁法学》，高等教育出版社2003年版，第300页。

法》未明确规定法院对仲裁实体问题的干预权力，但在美国法院的司法实践中出现了允许当事人协议扩大司法审查范围直至审查仲裁实体问题的判例。[1] 国内有学者指出，法院对仲裁的监督范围实质上是如何处理仲裁裁决的终局性与司法审查权之间的关系，也就是如何维持仲裁制度的效益与公平之间的平衡问题。如果法律允许法院对仲裁进行实质审查，无异于使仲裁程序从属于法院的诉讼程序。[2]

联合国《国际商事仲裁示范法》第 34 条第 2 款规定，仲裁裁决只有在下列情况下才能被法院撤销："（a）提出申请的当事一方提出证据证明：①第 7 条所指的仲裁协议的当事一方欠缺行为能力；或根据当事各方所同意遵守的法律，或未认明有任何这种法律，则根据本国法律，上述协议是无效的；或②未将有关指定仲裁员或仲裁程序的事情适当地通知提出申请的当事一方，或该方因其他理由未能陈述其案情；或③裁决处理了不是提交仲裁的条款所考虑的或不是其范围以内的争议，或裁决包括有对提交仲裁以外的事项作出的决定，但如果对提交仲裁的事项所作的决定与对未提交仲裁的事项所作出的决定能分开的话，只可以撤销包括有对未提交仲裁的事项作出决定的那一部分裁决；或④仲裁庭的组成或仲裁程序与当事各方的协议不一致，除非这种协议与当事各方不能背离的本法规定相抵触，或当事各方并无此种协议，则与本法不符；或（b）法院认定：①根据本国的法律，争议的标的不能通过仲裁解决；或②该裁决与本国的公共利益相抵触。"由此可见，法院撤销仲裁裁决的前提条件是：仲裁存在程序方面的问题；仲裁存在实体方面的问题。而实体方面的问题仅限于仲裁裁决违反了公共利益。

我国《仲裁法》第五章至第七章对于法院监督仲裁问题做出了详细规定。该法赋予法院以作出"裁定"的形式对仲裁裁决行使撤销权、中止撤销程序权、不予执行权。

1. 撤销权。撤销仲裁裁决是指法院经当事人申请，对属于法律规定的具有可撤销情形的仲裁裁决，裁定予以撤销的情形。[3] 我国法律就国内仲裁裁决和涉外仲裁裁决规定了不同的可撤销条件。

《仲裁法》第 58 条专门规定了国内仲裁裁决的撤销问题。根据该规定，国

〔1〕 于喜富：《国际商事仲裁的司法监督与协助——兼论中国的立法与司法实践》，知识产权出版社 2006 年版，第 93 页。

〔2〕 肖永平：《肖永平论冲突法》，武汉大学出版社 2002 年版，第 241、242 页。

〔3〕 杨成龙："浅析我国撤销仲裁裁决制度的完善——最高院颁布关于仲裁法适用司法解释之后"，载《法制与社会》2007 年第 11 期。此处司法解释是指最高人民法院《关于适用〈中华人民共和国仲裁法〉若干问题的解释》（法释〔2006〕7 号）。

内仲裁的当事人如提出证据，证明裁决有下列情形之一的，可以向仲裁委员会所在地中级人民法院申请撤销裁决：①没有仲裁协议的；[1]②裁决的事项不属于仲裁协议的范围或者仲裁委员会无权仲裁的；[2]③仲裁庭的组成或仲裁的程序违反法定程序的；[3]④裁决所根据的证据是伪造的；⑤双方当事人伪造了足以影响公正裁决的证据的；⑥仲裁员在仲裁该案时有索贿受贿，徇私舞弊，枉法裁决行为的。人民法院经组成合议庭审查核实裁决有前款规定的情形之一的，应当裁定撤销。人民法院认为裁决违背社会公共利益的，应当裁定撤销。从上述规定可以看出，法院对国内仲裁裁决的监督范围不仅包括仲裁程序方面的审查，也包括证据方面的审查。

在涉外仲裁裁决的撤销方面，《仲裁法》另有不同规定，即法院对我国涉外仲裁机构作出的仲裁裁决的监督范围仅限于仲裁程序方面的审查，不包括证据等实体法方面的审查。[4]《仲裁法》第70条规定："当事人提出证据证明涉外仲裁裁决有民事诉讼法第258条第1款[5]规定的情形之一的，经人民法院组成合议庭审查核实，裁定撤销。"

有学者指出，国内仲裁和涉外仲裁的区别主要在于当事人、争议事实的不同，并不是仲裁模式的不同，即二者不存在本质差别。故对这两种裁决司法监督的要求不应有本质差别。[6]

为防止法院盲目干预仲裁，我国对法院撤销我国涉外仲裁裁决还建立了报告制度。凡一方当事人向法院申请撤销涉外仲裁裁决，如法院经过审查认为具有《民事诉讼法》规定情形之一的，在裁定撤销裁决或通知仲裁庭重新仲裁之前，须报请本辖区高级人民法院进行审查。如高级人民法院同意撤销裁决或通知仲裁庭重新裁决，应将其审查意见报最高人民法院，待最高人民法院答复后

第
六
章

---

[1] "没有仲裁协议"是指当事人没有达成仲裁协议。仲裁协议被认定无效或者被撤销的，视为没有仲裁协议。参见最高人民法院《关于适用〈中华人民共和国仲裁法〉若干问题的解释》第18条。

[2] 当事人以仲裁裁决事项超出仲裁协议范围为由申请撤销仲裁裁决，经审查属实的，人民法院应当撤销仲裁裁决中的超裁部分。但超裁部分与其他裁决事项不可分的，人民法院应当撤销仲裁裁决。参见最高人民法院《关于适用〈中华人民共和国仲裁法〉若干问题的解释》第19条。

[3] 《仲裁法》第58条规定的"违反法定程序"，是指违反仲裁法规定的仲裁程序和当事人选择的仲裁规则可能影响案件正确裁决的情形。参见最高人民法院《关于适用〈中华人民共和国仲裁法〉若干问题的解释》第20条。

[4] 有学者认为，应将法院对国内仲裁裁决的监督范围也限在仲裁程序审查方面。

[5] 经2012年修改后变成《民事诉讼法》第274条。

[6] 杨成龙："浅析我国撤销仲裁裁决制度的完善——最高院颁布关于仲裁法适用司法解释之后"，载《法制与社会》2007年第11期。

方可撤销仲裁裁决或通知仲裁庭重新仲裁。[1]

2. 中止撤销程序权。我国《仲裁法》第 61 条规定，人民法院受理撤销裁决的申请后，认为可以由仲裁庭重新仲裁的，通知仲裁庭在一定期限内重新仲裁，并裁定中止撤销程序。仲裁庭拒绝重新仲裁的，人民法院应当恢复撤销程序。

3. 中止执行权。我国《仲裁法》第 64 条规定，一方当事人申请执行裁决，另一方当事人申请撤销裁决的，人民法院应当裁定中止执行。撤销裁决的申请被裁定驳回的，人民法院应当裁定恢复执行。裁定撤销裁决的，应当裁定终结执行。[2]

4. 法院司法审查结果的效力问题。涉外仲裁裁决司法审查结论的法律效力问题，即指人民法院对于当事人申请撤销、不予执行涉外仲裁裁决以及拒绝承认和执行外国仲裁裁决所作出的法院裁定是否发生即时生效法律效力、是否允许当事人上诉（广义上包括抗诉、申诉）的问题。[3]

我国法律做出如下规定：①当事人向人民法院申请撤销仲裁裁决被驳回后，又在执行程序中以相同理由提出不予执行抗辩的，人民法院不予支持。[4]②当事人对人民法院撤销仲裁裁决的裁定不服申请再审的，人民法院不予受理。[5]③对人民法院依法作出的撤销仲裁裁决或驳回当事人申请的裁定，当事人无权上诉。④人民法院依法裁定撤销仲裁裁决的，当事人可以根据双方重新达成的仲裁协议申请仲裁，也可以向人民法院起诉。[6]概括而言，上述"法院裁定"是具有即时生效的法律效力的，即不能上诉，不能申请再审，也不能抗诉。[7]

（十）仲裁裁决的承认与执行

仲裁裁决的承认与执行是仲裁程序的最后环节。由于仲裁机构属民间性质，因此，不具有强制执行仲裁裁决的能力。各国法律大多规定，如败诉方不执行仲裁裁决，胜诉方有权要求有关国内法院对仲裁裁决予以强制执行。一般情况

第六章

---

[1] 最高人民法院《关于人民法院撤销涉外仲裁裁决有关事项的通知》（1998 年 4 月 23 日法 [1998] 40 号）。

[2] 最高人民法院《关于适用〈中华人民共和国仲裁法〉若干问题的解释》第 25 条对此作出进一步解释："人民法院受理当事人撤销仲裁裁决的申请后，另一方当事人申请执行同一仲裁裁决的，受理执行申请的人民法院应当在受理后裁定中止执行。"

[3] 傅林涌："刍议涉外仲裁裁决司法审查结论的法律效力"，载《对外经贸实务》2007 年第 6 期。

[4] 参见最高人民法院《关于适用〈中华人民共和国仲裁法〉若干问题的解释》第 26 条。

[5] 最高人民法院《关于当事人对人民法院撤销仲裁裁决的裁定不服申请再审人民法院是否受理问题的批复》，1999 年 1 月 29 日。

[6] 最高人民法院《关于人民法院裁定撤销仲裁裁决或驳回当事人申请后当事人能否上诉问题的批复》，1997 年 4 月 23 日。

[7] 傅林涌："刍议涉外仲裁裁决司法审查结论的法律效力"，载《对外经贸实务》2007 年第 6 期。

下，多由败诉方财产所在地法院负责执行。此外，外国仲裁裁决（foreign arbitral award）在内国的承认与执行涉及一国的国家主权。因此，外国仲裁裁决的承认和执行有三种途径：依公约或条约承认与执行裁决；依照互惠原则承认与执行；依照国内法承认与执行。[1]

1.《纽约公约》。为统一各国在承认和执行外国仲裁裁决方面的分歧，一些国家分别于 1923 年和 1927 年在日内瓦签署了《日内瓦仲裁条款议定书》和《日内瓦执行外国仲裁裁决公约》。由于上述公约在执行外国仲裁裁决上的条件过于严格，联合国经济与社会理事会在纽约召开了由 45 个国家和有关国际组织的代表参加的国际商事仲裁会议，1958 年 6 月 10 日通过了《纽约公约》（New York Convention on Recognition and Enforcement of Foreign Arbitral Award），1959 年 6 月 7 日生效。[2] 由于《纽约公约》放宽条件和简化程序的做法使得外国仲裁裁决更加容易得到执行，故有许多国家参加。

《纽约公约》共有 16 条，适用于因自然人或法人之间的争议而产生且在申请承认和执行地所在国以外的国家领土内做成的仲裁裁决。《纽约公约》的适用范围较宽，它既适用于商事仲裁裁决，也适用于非商事仲裁裁决，为此，一些国家在加入时做出了保留。例如，《美国联邦仲裁法》第 202 款规定：《纽约公约》在美国仅适用于按美国法律所认为的"非领土性"或"非国内性"的仲裁协议。而且联邦法庭只能认可执行那些由"被认为是商业性"的关系所产生的外国仲裁协议或仲裁书。[3] 我国于 1986 年 12 月 2 日加入《纽约公约》，但提出了如下两项保留：[4] ①我国只在互惠基础上对在另一缔约国领土内作出的仲裁裁决承认和执行适用该公约；②只对根据我国法律认定属于契约性和非契约性商事法律关系引起的争议适用该公约。

外国仲裁裁决在本国执行十分复杂，它不仅涉及争议各方当事人的经济利益，也涉及仲裁地和执行地所在国的国家利益，因此，许多国家对外国仲裁裁决的执行都以外国仲裁裁决首先获得本国承认为前提条件，并且还附加了很多要求。关于拒绝承认和执行外国仲裁裁决的条件，《纽约公约》第 5 条和第 6 条的规定，一缔约国必须承认和执行另一缔约国的仲裁裁决，除非在下列情况下方可拒绝承认和执行：①仲裁协议的双方当事人根据对其适用的法律，当时是处于某种无行为能力的情况之下；或者根据双方当事人选定适用的法律或在没

---

[1] 林一飞编著：《中国国际商事仲裁裁决的执行》，对外经济贸易大学出版社 2006 年版，第 9 页。
[2] 参见联合国国际贸易法委员会网站：http：//www.uncitral.org/.
[3] [美] 詹姆斯·吉莫曼："仲裁书在美国的认可和执行"，载《国际商报》1998 年 4 月 11 日。
[4] 参见全国人民代表大会常务委员会《关于我国加入〈承认和执行外国仲裁裁决的公约〉的决定》，1986 年 12 月 2 日通过。

有这种选定时，根据作出裁决国家的法律，仲裁协议无效。②作为裁决执行对象的当事人，没有被给予指定仲裁员或进行仲裁程序的适当通知，或者由于其他情况而不能对案件提出意见。③裁决涉及仲裁协议未提到的或不包括在仲裁协议规定范围之内的争议；或者裁决内含有对仲裁协议范围以外事项的决定。但是，对于仲裁协议范围以内事项的决定，如果可以和对于仲裁协议范围以外的事项的决定分开，则该部分的决定仍然可予以承认和执行。④仲裁庭的组成或仲裁程序与当事人间的协议不符，或当事人之间没有这种协议时，与进行仲裁国家的法律不符。⑤裁决对当事人还未产生法律效力，或者裁决的国家或据其法律作出裁决的国家的管辖当局撤销或停止执行。⑥争议的事项依照被请求国的法律，不可以用仲裁方式解决。⑦承认或执行该项裁决将与被请求国的公共政策相抵触。

一些当事人经常援用公共秩序保留条款（有的国家称公共政策或者公共利益）请求不予承认和执行外国仲裁裁决。在《戴西和莫里斯论冲突法》一书中，莫里斯将公共秩序原则表述为："一国法院不执行和承认一项依据一个外国法产生的权利、权力、能力、无行为能力或法律关系，如果这种权利、权力、能力、无行为能力或法律关系的执行或承认，会与其本国的公共政策不一致。"[1]由于不同国家的政治制度和文化传统存在差异，各国对公共秩序的解释不尽相同，即便是在同一个国家，对公共秩序的解释也随时代的不同而有所变化。但是，从整体而言，大多数国家的法院对公共政策的适用采取非常严格的态度。例如，美国法官在解释公共政策时持狭义观点，认为公共政策是指裁决执行地关于公平和道德的最基本的观念。美国鲜有以公共政策为由成功地阻碍涉外仲裁裁决执行的案例。自美国加入《纽约公约》以来仅有一个案例，在该案中，法院部分拒绝执行一宗国际商会（ICC）仲裁的裁决书。[2]正因为各国对公共秩序问题没有统一解释，《纽约公约》也没有规定统一标准。由于公共秩序内涵的不确定性，《纽约公约》第5条2（b）长期以来被学者认为是公约中的一个漏洞，它使得法院可以公共秩序为由随意拒绝执行公约项下的裁决，从而和制定《纽约公约》的初衷相违背。

尽管我国法律对"社会公共利益"没有给予明确的界定，但是，我国的司法实践在适用公共秩序保留条款时采取了从严的态度。在大多数案件中，当事人之所以主张裁决违反公共政策，理由往往仅仅是裁决结果不公平、违反诚信

---

〔1〕 ［英］J. H. C. 莫里斯主编，李双元等译：《戴西和莫里斯论冲突法》，中国大百科出版社 1994 年版，第 116 页。

〔2〕 林一飞编著：《中国国际商事仲裁裁决的执行》，对外经济贸易大学出版社 2006 年版，第 107 页。

原则，或者执行裁决会影响社会稳定等，这些理由显然不能成立。[1]

2. 我国关于仲裁裁决承认与执行的规定。我国于 1986 年 12 月 2 日批准加入了《承认和执行外国仲裁裁决公约》（1987 年 4 月 22 日起在中国生效）。为执行该公约，最高人民法院于 1987 年 4 月 10 日发布了《关于执行我国加入的〈承认和执行外国仲裁裁决公约〉的通知》，1995 年 8 月 28 日发布了《关于人民法院处理与涉外仲裁及外国仲裁事项有关问题的通知》。[2]我国《民事诉讼法》对外国仲裁裁决在中国的承认和执行做出了专门规定。

（1）我国涉外仲裁裁决在国内的执行。我国《仲裁法》第 62 条和《民事诉讼法》第 273 条均规定：一方当事人不履行仲裁裁决的，对方当事人可以向被申请人住所地或者财产所在地的中级人民法院申请执行。值得注意的是，涉外仲裁裁决不予执行的条件与国内仲裁裁决不予执行的条件是有很大差别的。

《民事诉讼法》第 237 条规定："对依法设立的仲裁机构的裁决，一方当事人不履行的，对方当事人可以向有管辖权的人民法院申请执行。受申请的人民法院应当执行。被申请人提出证据证明仲裁裁决有下列情形之一的，经人民法院组成合议庭审查核实，裁定不予执行：①当事人在合同中没有订有仲裁条款或者事后没有达成书面仲裁协议的；②裁决的事项不属于仲裁协议的范围或者仲裁机构无权仲裁的；③仲裁庭的组成或者仲裁的程序违反法定程序的；④裁决所根据的证据是伪造的；⑤对方当事人向仲裁机构隐瞒了足以影响公正裁决的证据的；⑥仲裁员在仲裁该案时有贪污受贿，徇私舞弊，枉法裁决行为的。人民法院认定执行该裁决违背社会公共利益的，裁定不予执行。裁定书应当送达双方当事人和仲裁机构。仲裁裁决被人民法院裁定不予执行的，当事人可以根据双方达成的书面仲裁协议重新申请仲裁，也可以向人民法院起诉。"显然，

---

[1] 万鄂湘、于喜富："我国仲裁司法监督制度的最新发展——评最高人民法院关于适用仲裁法的司法解释"，载《法学评论》2007 年第 1 期。

[2] 根据该通知，凡起诉到人民法院的涉外、涉港澳和涉台经济、海事海商纠纷案件，如果当事人在合同中订有仲裁条款或者事后达成仲裁协议，人民法院认为该仲裁条款或者仲裁协议无效、失效或者内容不明确无法执行的，在决定受理一方当事人起诉之前，必须报请本辖区所属高级人民法院进行审查；如果高级人民法院同意受理，应将其审查意见报最高人民法院。在最高人民法院未作答复前，可暂不予受理。凡一方当事人向人民法院申请执行我国涉外仲裁机构裁决，或者向人民法院申请承认和执行外国仲裁机构的裁决，如果人民法院认为我国涉外仲裁机构裁决具有民事诉讼法规定情形之一的，或者申请承认和执行的外国仲裁裁决不符合我国参加的国际公约的规定或者不符合互惠原则的，在裁定不予执行或者拒绝承认和执行之前，必须报请本辖区所属高级人民法院进行审查；如果高级人民法院同意不予执行或者拒绝承认和执行，应将其审查意见报最高人民法院。待最高人民法院答复后，方可裁定不予执行或者拒绝承认和执行。

该规定的第④项和第⑤项是对实体问题的审查。但是，对于涉外仲裁裁决，法院只能从程序上进行审查是否予以执行。因此，上述第④项和第⑤项不包括在内。《民事诉讼法》规定：对中华人民共和国涉外仲裁机构作出的裁决，被申请人提出证据证明仲裁裁决有下列情形之一的，经人民法院组成合议庭审查核实，裁定不予执行：当事人在合同中没有订有仲裁条款或者事后没有达成书面仲裁协议的；被申请人没有得到指定仲裁员或者进行仲裁程序的通知，或者由于其他不属于被申请人负责的原因未能陈述意见的；仲裁庭的组成或者仲裁的程序与仲裁规则不符的；裁决的事项不属于仲裁协议的范围或者仲裁机构无权仲裁的。人民法院认定执行该裁决违背社会公共利益的，裁定不予执行。仲裁裁决被人民法院裁定不予执行的，当事人可以根据双方达成的书面仲裁协议重新申请仲裁，也可以向人民法院起诉。[1]

对于国内和涉外仲裁裁决是否有必要实行撤销和不予执行双重司法监督是个颇具争论性的问题。有学者建议，我国仲裁裁决撤销与不予执行制度的修改方向有两个：①废除对撤销与不予执行裁决内外有别的双轨监督机制，对国内裁决和涉外裁决采取统一的程序审查标准；②废除对国内仲裁裁决既撤销又不予执行的双重司法监督机制，对国内仲裁裁决，包括我国仲裁机构作出的涉外裁决，仅实行撤销仲裁裁决的司法监督。[2]

（2）我国涉外仲裁裁决在外国的承认和执行。《民事诉讼法》第280条规定，中华人民共和国涉外仲裁机构作出的发生法律效力的仲裁裁决，当事人请求执行的，如果被执行人或者其财产不在中华人民共和国领域内，应当由当事人直接向有管辖权的外国法院申请承认和执行。

我国是《纽约公约》的成员国，我国涉外仲裁机构作出的涉外仲裁裁决在公约缔约国内可以申请承认和执行；如果执行程序被申请人所属的国家不是《纽约公约》缔约国，则根据体现互惠原则的双边条约或协定中订立的执行仲裁裁决的内容予以办理。

（3）外国仲裁裁决在我国的承认与执行。《民事诉讼法》第283条规定："国外仲裁机构的裁决，需要中华人民共和国人民法院承认和执行的，应当由当事人直接向被执行人住所地或者其财产所在地的中级人民法院申请，人民法院应当依照中华人民共和国缔结或者参加的国际条约，或者按照互惠原则办理。"该规定表明，我国根据裁决的作出机构判定一项裁决是否为外国仲裁裁决。如

---

〔1〕 参见《民事诉讼法》第274、275条。

〔2〕 马占军："论我国仲裁裁决的撤销与不予执行制度的修改与完善——兼评《最高人民法院关于适用〈中华人民共和国仲裁法〉若干问题的解释》的相关规定"，载《法学杂志》2007年第2期。

果裁决由外国仲裁机构作出，该裁决即为外国仲裁裁决。

针对来自不同外国的仲裁裁决，我国作出了如下不同规定：①对于来自《纽约公约》成员方的仲裁裁决，由当事人直接向被执行人住所地（自然人户籍所在地或居住地、法人主要办事机构所在地）或其财产所在地的中级人民法院提出申请，人民法院将依照我国加入的《纽约公约》的规定办理，人民法院对申请进行审查，经审查符合《纽约公约》规定的承认与执行的条件并且没有拒绝执行的条件的，应当裁定承认其效力，并依《民事诉讼法》规定的程序通知被执行人在指定期限内履行，逾期不履行的，予以强制执行。反之，驳回其申请，拒绝承认和执行。[1]②对于来自与我国订有双边仲裁协议的国家的仲裁裁决，依照双边仲裁协议办理。[2]③对于来自与我国没有双边或多边仲裁协议的国家的仲裁裁决，依照互惠原则办理。

尽管我国没有临时仲裁制度，但是，我国关于外国仲裁机构裁决的承认与执行的规定也适用于外国临时仲裁机构作出的仲裁裁决。因为临时仲裁庭的裁决与常设仲裁机构项下的仲裁裁决具有相同的法律效力，均为《纽约公约》规定的裁决。[3]

**四、选择性争议解决方法（ADR）**

（一）选择性争议解决方法（ADR）及其特点

ADR 发轫于 20 世纪 70 年代中期的美国。[4]此后，一些国际组织和国家开始越来越多地采用"解决争议的替代方式"（alternative dispute resolution，以下简称"ADR"）方式。例如，国际商会（ICC）已经开始以各种形式提供 ADR 程序。[5]

对于何谓 ADR，国际上有两种不同理解：①ADR 泛指诉讼以外的争议解决方法，包括仲裁、调解等方式。例如，在英格兰和威尔士实行的《民事诉讼程序规则》将 ADR 解释为"在标准审判程序之外的所有解决争议的方法的总称"[6]。在美国，ADR 的含义极为广泛，它包括传统的诉讼方式以外的几乎所有争议解决方法。[7]②ADR 泛指仲裁和诉讼之外的争议解决方法。例如，根据

〔1〕　最高人民法院《关于执行我国加入的〈承认和执行外国仲裁裁决公约〉的通知》。
〔2〕　我国与许多国家签署的双边司法协助协定都规定了仲裁裁决的相互承认和执行问题。
〔3〕　赵秀文："从奥特克案看外国临时仲裁裁决在我国的承认与执行"，载《政法论丛》2007 年第 3 期。
〔4〕　尹力：《国际商事调解法律问题研究》，武汉大学出版社 2007 年版，第 4 页。
〔5〕　陈立彤、李菁译："备用争议解决方式（ADR）的功能及在国际商事领域的应用"，载《国际商报》1999 年 6 月 20 日。
〔6〕　木兰、李成荣："英国的争议解决——ADR（其他争议解决方式）的影响"，载《仲裁与法律》2000 年第 6 期。
〔7〕　尹力：《国际商事调解法律问题研究》，武汉大学出版社 2007 年版，第 6 页。

第六章

国际商会（ICC）的理解，"ADR 只是指那些中立者不会作出可以生效的决定或者裁决的程序"[1]。ADR 是一种是以某种形式协商解决争议的方式。[2]我国大部分学者也持这种观点。ADR、仲裁与司法诉讼属于不同的解决争议的方法，现代意义上的 ADR，并不包括仲裁解决争议的方法。[3]按照这种理解，通过 ADR 方式达成的协议并不具有法律约束力，因此，如果一方当事人不履行达成的协议，仍然需要以仲裁或诉讼方式解决。概括而言，这种含义上的 ADR 方式具有如下特点：①它是当事人自愿解决争议的方法；②它以解决当事人之间的争议为目的，没有特定规则遵循，具体做法上也比较灵活；③ADR 不是解决争议的最终方法，不影响当事人将争议提交法院解决或者根据仲裁协议提交仲裁；④ADR 可以单独使用，也可以在仲裁和司法诉讼程序中使用。[4]实践中，一些当事人已经在某些合同中约定"ADR—仲裁方式"。例如，香港新机场工程即采用了此种方式。其工程承包合同规定以下顺序的争议解决方式：将争议提交工程师解决、调解、裁判、仲裁。其中，调解、裁判、仲裁由香港国际仲裁中心管理。[5]

（二）选择性争议解决方法（ADR）的类型

如前所述，国际商会将 ADR 理解为仲裁和诉讼之外的争议解决方法。根据国际商会（ICC）制定的《ADR 规则》（ICC ADR Rules），ADR 主要有如下方式：

1. 调解和调停。调解和调停（mediation）是在争议当事人之外的中立第三方的主持下，由第三方以中间人的身份在分清是非和责任的基础上，根据法律和合同规定，参考国际惯例，为争议当事人提供解决争议方案及有关意见，促使争议各方在互谅互让基础上达成公平的调解协议，解决各方争议的方法。

联合国贸法委对 ADR 方法没有给予界定，但对 ADR 与调解方法的关系做出了如下解释：[6]"《国际商事调解示范法》对'调解'一词是作为一个广义概念使用的，它是指某个人或若干人组成的小组协助当事人友好解决纠纷的过程。实践中，通常用调解、调停中立评判、小型审判或类似术语等表述方式来称呼由第三人协助当事人解决纠纷的程序。为了通过调解方法解决纠纷，通常使用各种方法和程序，这些方法和程序可以被视作传统争议解决方式的替代办法。

---

〔1〕 参见国际商会网站：http://www.iccwbo.org/drs/english/adr/guide.asp.
〔2〕 陈立彤、李菁译："备用争议解决方式（ADR）的功能及在国际商事领域的应用"，载《国际商报》1999 年 6 月 20 日。
〔3〕 赵秀文："论选择性争议解决方法及其适用"，载《法学杂志》2005 年第 5 期。
〔4〕 赵秀文编著：《国际商事仲裁法》，中国人民大学出版社 2004 年版，第 5 页。
〔5〕 朱建林："ADR 的几种做法"，载《国际商报》1998 年 9 月 5 日。
〔6〕 2002 年联合国国际贸易法委员会《〈国际商事调解示范法〉颁布和使用指南》。

示范法使用'调解'一词来涵盖所有这些程序。从业人员按第三人所采用的方法或第三人参与程序的程度的不同来区分这些表述方式。但是，从立法者角度而言，没有必要区分第三人使用的各种程序方法。在某些情况下，不同表述方式只是语言上的用词不同而已，并非反映了所可能使用的每一种程序方法的独特性。总之，所有这些程序都有一个共同特点，即第三人的作用局限于协助当事人解决纠纷，第三人无权将一项具有约束力的裁决强加给当事人。只要'纠纷的替代解决'程序具备这些特点，即涵盖在示范法范围内。示范法并未提及'替代解决办法'这一概念，因为这一概念的含义并未澄清，它可能被广义理解为包括纠纷司法解决方法以外其他各类替代解决方法（例如仲裁），这些方法最后一般都形成一项具有约束力的裁决。因为示范法的范围局限于无约束力类别的解决纠纷方法，所以，示范法仅涉及纠纷的替代解决方法这一概念下所涵盖的部分程序。"从上述表述可以看出，联合国国际贸易法委员会也认为 ADR 方法是涵盖调解方法的。

2. 中立者的评价（neutral evaluation）。即由双方当事人聘请一个中立者，由其提供意见。例如，美国公共资源中心提供了一项"中立庭审者协议"制度，[1]由各方向中立者递交其最佳解决方案，由中立者向各方指出该方案的可行性，如果可行，中立者帮助各方达成和解方案。

3. 微型听审（mini-trial）。微型听审主要用于解决公司之间的争议。它是指将争议提交一个专门小组，小组成员包括双方公司各自的一名高级管理人员（与争议无关）及一名作为首席的中立的第三人。专门小组对争议进行审理，并作出一致意见。如三人不能达成一致意见，由首席提出一致解决方案。

4. 任何其他争议解决方式。任何其他争议解决方式是指上述方法之外的不包括仲裁和诉讼的争议解决方式。

5. 综合性争议解决方式。指上述各种 ADR 方式的结合。

# ■第三节　国际贸易争议解决的司法方法

## 一、国际贸易诉讼及其特点

国际商事诉讼是国际民事诉讼的一种，它是指国际商事争议当事人将其争议提交某一国家的法院予以审理，并作出判决的争议解决方法。因此，国际商事诉讼是一种通过司法程序解决争议的方式。

---

[1] 陈立彤、李菁译："备用争议解决方式（ADR）的功能及在国际商事领域的应用"，载《国际商报》1999 年 6 月 20 日。

与仲裁相比，诉讼具有如下特点：

1. 诉讼必须遵从严格的法律程序。各国法律都明确规定了本国法院必须遵守的司法程序。例如，《民事诉讼法》规范了管辖、审判组织、回避、诉讼参加人、证据、期间和送达、调解、财产保全和先予执行、对妨害民事诉讼的强制措施、诉讼费用、审判程序、执行程序等。其中，第四编还专门规定了"涉外民事诉讼程序的特别规定"，该编没有规定的，适用《民事诉讼法》的其他规定。

2. 法院对案件的管辖权不依赖争议当事人的协议。法院作为国家的司法机关，具有维护法律尊严、维护国家和当事人合法权利的职责。它依据国内法律规定受理案件，并依法作出判决或裁决，无须当事人的事先协议。但是，某些专属管辖的案件则排除当事人的协议管辖。例如，《民事诉讼法》第 34 条规定："合同或者其他财产权益纠纷的当事人可以书面协议选择被告住所地、合同履行地、合同签订地、原告住所地、标的物所在地等与争议有实际联系的地点的人民法院管辖，但不得违反本法对级别管辖和专属管辖的规定。"

3. 诉讼受仲裁的排斥。只要争议当事人约定以仲裁方式解决纠纷，法院就无权受理。案件仲裁裁决作出后，法院也不再受理。例如，《民事诉讼法》规定：涉外经济贸易、运输和海事中发生的纠纷，当事人在合同中订有仲裁条款或者事后达成书面仲裁协议，提交中华人民共和国涉外仲裁机构或者其他仲裁机构仲裁的，当事人不得向人民法院起诉。当事人在合同中没有订有仲裁条款或者事后没有达成书面仲裁协议的，可以向人民法院起诉。仲裁裁决被人民法院裁定不予执行的，当事人可以根据双方达成的书面仲裁协议重新申请仲裁，也可以向人民法院起诉。[1]

4. 诉讼具有公开性。大多数案件公开进行审理，个别情况下不公开进行。《民事诉讼法》规定：[2]人民法院审理民事案件，依照法律规定实行合议、回避、公开审判和两审终审制度。人民法院审理民事案件，除涉及国家秘密、个人隐私或者法律另有规定的以外，应当公开进行。离婚案件，涉及商业秘密的案件，当事人申请不公开审理的，可以不公开审理。人民法院对公开审理或者不公开审理的案件，一律公开宣告判决。

5. 诉讼通常是两审终审。一方如对法院作出的判决或裁定不服，可以向上一级法院提起上诉。

由于国际贸易诉讼相比其他争议解决方式较为复杂，而且法院判决在外国的执行方面比较困难，因此，国际贸易诉讼通常是在当事人无法通过协商或调解解决争议，而且也没有达成仲裁协议的情况下采用。但无论如何，它是解决国际贸易争议的最终手段之一。

**二、国际贸易诉讼案件的管辖权**

（一）国际贸易诉讼案件管辖权的概念

国际贸易行为具有涉外因素，通常涉及两个或两个以上国家的当事人，因此，在发生纠纷后，哪一国家的法院有权受理案件至关重要。一个案件由不同国家的法院审理往往会得到不同的处理结果。而不同的处理结果又涉及争议各方当事人的经济利益。关于国际民事案件，国际上并不存在一般性的在世界范围内分配管辖权的法律规则，而是根据各国的国内法来确定本国的管辖权。[1]

国际贸易诉讼案件管辖权，是指由哪一国法院享有审理某一国际贸易诉讼案件的资格和权力。它是一个国家的法院审理案件的依据。如果某国法院对某一国际贸易纠纷案件没有管辖权，就无权受理该案并作出判决，即便作出判决，其作出的判决也不会得到有关国家的承认与执行。国际民事诉讼的各项程序，如向国外当事人送达诉讼文书、调查取证乃至对一国法院生效裁判的承认与执行的司法协助等均须以确认一国法院对案件具有国际民事诉讼管辖权为前提。[2]

（二）确立国际民事诉讼案件管辖权的原则

确立国际民事诉讼管辖权的目的在于解决某一国际民商事案件由何国法院受理和审判的问题。因此，国际民事诉讼案件管辖权是国家主权的一种体现，属国内法规范的范畴。目前，在确立国际民事诉讼案件管辖权方面，各国主要采取以下原则：级别管辖原则、属地管辖原则、属人管辖原则、协议管辖原则和专属管辖原则。我国在涉外民事诉讼管辖权方面采用了级别管辖原则、属地管辖原则、协议管辖原则和专属管辖原则。

1. 级别管辖原则。发生国际贸易争议案件后，如果采取司法诉讼方式，首先要确定在哪个级别的法院管辖。我国法院的设置依次是设在基层的人民法院、中级人民法院、高级人民法院、最高人民法院。关于涉外合同和侵权纠纷案件，信用证纠纷案件，申请撤销、承认与强制执行国际仲裁裁决的案件，审查有关涉外民商事仲裁条款效力的案件，申请承认和强制执行外国法院民商事判决、裁定的案件，第一审由下列人民法院管辖：①国务院批准设立的经济技术开发区人民法院；②省会、自治区首府、直辖市所在地的中级

第六章

--------

〔1〕　李旺：《国际民事诉讼法》，清华大学出版社2003年版，第2页。
〔2〕　蔡彦敏："论国际民事诉讼的管辖权"，载《现代法学》1998年第5期。

人民法院；③经济特区、计划单列市中级人民法院；④最高人民法院指定的其他中级人民法院；⑤高级人民法院。上述中级人民法院的区域管辖范围由所在地的高级人民法院确定。对国务院批准设立的经济技术开发区人民法院所作的第一审判决、裁定不服的，其第二审由所在地中级人民法院管辖。涉及香港、澳门特别行政区和台湾地区当事人的民商事纠纷案件的管辖，参照上述规定处理。但发生在与外国接壤的边境省份的边境贸易纠纷案件，涉外房地产案件和涉外知识产权案件，不适用上述规定。[1]

在海事诉讼方面，海事和海商纠纷的诉讼案件的一审法院在1984年12月以前是各地中级人民法院。1984年12月以后，随着我国对外经济活动的增多，海事案件大量出现，而海商案件又比较复杂，涉及许多方面的专业知识，因此，1984年11月14日，全国人大常委会通过了《关于在沿海港口城市设立海事法院的决定》，授权最高人民法院决定海事法院的设置、变更和撤销。根据该决定，海事法院只管辖第一审海事和海商案件，不受理刑事案件和其他民事案件。对海事法院的判决和裁定的上诉案件由海事法院所在地的高级人民法院管辖。为专门规范海事诉讼的程序，1999年12月25日，全国人大通过了《海事诉讼特别程序法》，2000年7月1日起生效。该法是对《民事诉讼法》涉及海事诉讼的补充和扩大。其主要特点是将过去涉及船舶扣押和拍卖的有关规定纳入其中。此外，还规定了海事强制令、海事证据保全、海事担保、涉外送达、船舶碰撞、共同海损、海上保险的代位求偿权、海事赔偿限制责任基金、海事请求、债券登记和受偿顺序、船舶优先权等。根据2001年8月9日最高人民法院通过的《关于海事法院受理案件范围的若干规定》（自2001年9月18日起施行），海事法院的受案范围包括海事侵权纠纷案件、海商合同纠纷案件、其他海事海商纠纷案件、申请执行海事法院及其上诉审，高级人民法院和最高人民法院就海事请求作出的生效法律文书的案件。

2. 专属管辖原则。专属管辖原则是指一国主张其法院对某些案件具有独占的管辖权，任何其他国家的法院对这类案件都无权管辖。专属管辖原则是国家主权原则在国际民事案件管辖权问题上的显著表现。对于与国家及国民根本利益密切相关的诉讼案件，如对涉及国家公共政策或国家重要政治、经济利益的诉讼案件规定由本国法院专属管辖，而排除其他国家对该案件的管辖权是国家主权原则的必然要求。[2]通常情况下，各国对位于本国境内的不动产纠纷、继

第六章

〔1〕 最高人民法院《关于涉外民商事案件诉讼管辖若干问题的规定》（法释〔2002〕5号），2001年12月25日最高人民法院审判委员会第1203次会议通过。
〔2〕 蔡彦敏："论国际民事诉讼的管辖权"，载《现代法学》1998年第5期。

承纠纷、租赁纠纷、破产纠纷等都列入专属管辖范围。

根据《民事诉讼法》的规定，属于专属管辖的争议有如下类型：①外商投资合同纠纷。因在中国履行中外合资经营企业合同、中外合作经营企业合同、中外合作勘探开发自然资源合同发生争议提起的诉讼，由中国法院管辖。②不动产纠纷。因不动产纠纷提起的诉讼，由不动产所在地人民法院管辖。③港口作业纠纷。因港口作业中发生纠纷提起的诉讼，由港口所在地人民法院管辖。[1]对于上述专属管辖事项，当事人不得用书面协议选择其他国家法院管辖。[2]

值得注意的是，在中华人民共和国境内履行的中外合资经营企业合同、中外合作经营企业合同、中外合作勘探开发自然资源合同，也必须适用中华人民共和国法律。[3]

3. 协议管辖原则。协议管辖原则是各国普遍采用的原则，它是当事人意思自治原则在国际民事诉讼管辖权问题上的具体体现。协议管辖是指依照当事人在法律允许的范围内通过协商达成的关于选择管辖法院的协议，来确定管辖法院的原则。由此可见，允许当事人协议选择管辖法院，实际等于将各国的国际民商事管辖权交由当事人重新进行分配，即通过当事人的协议赋予一些法院以管辖权，同时也剥夺一些法院的管辖权。[4]协议管辖权原则实质上是赋予了有关诉讼当事人一种只有国家立法机关和司法审判机关才能享有的权利。正因为如此，协议管辖原则强调只有那些对有关国家及其国民的根本利益影响不大、与相关国家的联系程度较低的国际民事案件，才可以基于当事人双方的合意选择确定管辖法院。[5]

在协议选择管辖范围上，很多国家将其严格限于涉及财产权的诉讼中。在协议选择管辖的方式上，有的国家只承认明示的协议管辖或书面的协议管辖，而不承认默示的协议管辖或口头的协议管辖。[6]但有的国家承认如下类型的默示管辖，例如，原告虽然在本无管辖权的法院提起诉讼，但是被告对此并不提出异议而进入案件审理，致使该法院享有管辖权。这种管辖也称为应诉管辖。[7]

我国《民事诉讼法》第34条规定："合同或者其他财产权益纠纷的当事人

〔1〕《民事诉讼法》第26、33条。
〔2〕最高人民法院《关于适用〈中华人民共和国民事诉讼法〉若干问题的意见》[1992年7月14日最高人民法院审判委员会第528次会议讨论通过，法发（92）22号]，第305条。
〔3〕参见《合同法》第126条。
〔4〕邓杰："论国际民事诉讼中的协议管辖制度"，载《武汉大学学报（社会科学版）》第6期。
〔5〕韩德培主编：《国际私法》，高等教育出版社、北京大学出版社2007年版，第470、472页。
〔6〕蔡彦敏："论国际民事诉讼的管辖权"，载《现代法学》1998年第5期。
〔7〕李旺：《国际民事诉讼法》，清华大学出版社2003年版，第37页。

第六章

可以书面协议选择被告住所地、合同履行地、合同签订地、原告住所地、标的物所在地等与争议有实际联系的地点的人民法院管辖，但不得违反本法对级别管辖和专属管辖的规定。"属于中华人民共和国人民法院专属管辖的案件，当事人不得用书面协议选择其他国家法院管辖。[1]

4. 属地管辖原则。属地管辖原则又称地域管辖原则。它是指一国对其本国领土范围内的一切人、物、法律行为都具有司法管辖权，但享有司法豁免权者除外。具体而言，属地管辖的确认从以下几方面进行：①被告的住所、居所或营业地在本国领土范围内。住所是法律确认的自然人的中心生活场所。[2]居所是指一个人在一定时间之内居住的处所，居所的成立并不要求当事人有永久居住的意思。[3]各国关于住所、居所和营业地的概念并不相同。我国法律规定："公民以他的户籍所在地的居住地为住所，经常居住地与住所不一致的，经常居住地视为住所。"[4]"公民离开住所地最后连续居住一年以上的地方，为经常居住地。但住医院治病的除外。"[5]"……法人的住所地是指法人的主要营业地或者主要办事机构所在地。"[6]"当事人的住所不明或者不能确定的，以其经常居住地为住所。当事人有几个住所的，以与产生纠纷的民事关系有最密切联系的住所为住所。""当事人有二个以上营业所的，应以与产生纠纷的民事关系有最密切联系的营业所为准；当事人没有营业所的，以其住所或者经常居住地为准。"[7]②诉讼标的物所在地或被告财产所在地在本国领土范围内。③国际经济合同订立地、履行地、侵权行为发生地在本国领土范围内。以上三方面中，只要有其中一方面条件，本国法院即拥有司法管辖权。属地管辖原则最早在德国被采用，目前已为大多数国家所认可并使用。因为基于属地的管辖优于属人管辖。属地管辖中，人、物和行为直接处于国家的支配之下，可以立即行使，而单纯的属人管辖则不能够立即行使。[8]

我国法律对属地管辖作出了如下规定：①协议管辖优先，无协议管辖则适用属地管辖。即如果国际商事当事人没有对管辖法院予以协议，则按照法律规

〔1〕 最高人民法院关于适用《中华人民共和国民事诉讼法》若干问题的意见，第305条。

〔2〕 张俊浩主编：《民法学原理》，中国政法大学出版社1997年版，第122页。

〔3〕 李旺：《国际民事诉讼法》，清华大学出版社2003年版，第27页。

〔4〕 参见《民法通则》第15条。

〔5〕 最高人民法院《关于贯彻执行〈中华人民共和国民法通则〉若干问题的意见（试行）》（1988年1月26日最高人民法院审判委员会讨论通过），第9条第1款。

〔6〕 最高人民法院《关于适用〈中华人民共和国民事诉讼法〉若干问题的意见》，第4条。

〔7〕 最高人民法院《关于贯彻执行〈中华人民共和国民法通则〉若干问题的意见（试行）》，第183、185条。

〔8〕 李旺：《国际民事诉讼法》，清华大学出版社2003年版，第13页。

第六章

定的属地管辖处理。②原告就被告原则。《民事诉讼法》第21条和第265条分别规定：对公民提起的民事诉讼，由被告住所地人民法院管辖；被告住所地与经常居住地不一致的，由经常居住地人民法院管辖。对法人或者其他组织提起的民事诉讼，由被告住所地人民法院管辖。同一诉讼的几个被告住所地、经常居住地在两个以上人民法院管辖区的，各该人民法院都有管辖权。但是，因合同纠纷或者其他财产权益纠纷，对在中华人民共和国领域内签订或者履行，或者诉讼标的物在中华人民共和国领域内，或者被告在中华人民共和国领域内有可供扣押的财产，或者被告在中华人民共和国领域内设有代表机构，可以由合同签订地、合同履行地、诉讼标的物所在地、可供扣押财产所在地、侵权行为地或者代表机构住所地人民法院管辖。③根据纠纷类型确定管辖地的原则。《民事诉讼法》第23~32条规定：因合同纠纷提起的诉讼，由被告住所地或者合同履行地人民法院管辖；因保险合同纠纷提起的诉讼，由被告住所地或者保险标的物所在地人民法院管辖；因票据纠纷提起的诉讼，由票据支付地或者被告住所地人民法院管辖；因公司设立、确认股东资格、分配利润、解散等纠纷提起的诉讼，由公司住所地人民法院管辖；因铁路、公路、水上、航空运输和联合运输合同纠纷提起的诉讼，由运输始发地、目的地或者被告住所地人民法院管辖；因侵权行为提起的诉讼，由侵权行为地或者被告住所地人民法院管辖；因铁路、公路、水上和航空事故请求损害赔偿提起的诉讼，由事故发生地或者车辆、船舶最先到达地、航空器最先降落地或者被告住所地人民法院管辖；因船舶碰撞或者其他海事损害事故请求损害赔偿提起的诉讼，由碰撞发生地、碰撞船舶最先到达地、加害船舶被扣留地或者被告住所地人民法院管辖；因海难救助费用提起的诉讼，由救助地或者被救助船舶最先到达地人民法院管辖；因共同海损提起的诉讼，由船舶最先到达地、共同海损理算地或者航程终止地的人民法院管辖。

5. 属人管辖原则。属人管辖原则是指根据当事人的国籍来确定法院的管辖权。只要争议当事人一方具有某国国籍，该国法院就可以行使司法管辖权。概括而言，属人管辖就是指国家有权对自己的国民实施管辖。[1]由于属人管辖导致过多保护本国当事人的利益，因此采用这一原则的国家并不太多。但是，有些属地管辖的国家为了保护本国人的利益，将属人管辖原则作为属地管辖原则的补充。同时采用属人管辖原则的国家也将属地管辖原则作为补充。

在许多国家，以上确认管辖权的原则是兼用的。

〔1〕　李旺：《国际民事诉讼法》，清华大学出版社2003年版，第13页。

第六章

（三）管辖权冲突

各国法院的管辖权根据其国内法而确立，因各国规定不同，有可能发生管辖权冲突。管辖权冲突属于法律冲突中的司法冲突。根据冲突的表现形态，管辖权冲突分为积极冲突和消极冲突。管辖权的积极冲突是指对同一个国际民商事案件，两个或两个以上国家的法院均主张管辖权。管辖权的积极冲突导致管辖权的竞合，进而导致判决两歧或多歧现象，其确定的内容也往往难以得到他国的承认与执行，从而会导致当事人的权利义务关系处于不稳定状态。[1]管辖权积极冲突还会导致争议当事人挑选法院（forum shopping），即当事人选择对自己有利的法院起诉。此外，导致当事人高昂的诉讼费用、拖延诉讼程序、诉讼结果不确定等。管辖权的消极冲突则是指对同一个国际民商事案件，两个或两个以上国家的法院均不主张管辖权。管辖权的消极冲突又会使当事人"投诉无门"，同样使其权利义务关系难以确定和得到保护。[2]因此，管辖权的积极冲突和消极冲突均不利于国际民商事案件的解决。

管辖权的积极冲突是涉外民商事诉讼管辖权冲突体现得最为广泛、表现最激烈也是最棘手的一类冲突类型。[3]管辖权的积极冲突导致诉讼竞合。国际民事诉讼中的诉讼竞合是指相同当事人就同一争议，基于相同事实以及相同目的，同时在两个或两个以上国家的法院进行诉讼的现象。[4]其也被称为双重诉讼、一事两诉、平行诉讼。

为了避免产生诉讼竞合，一些国家采取了不方便法院原则（forum non convenience，也称不方便管辖原则）、一事不再理原则等。不方便法院原则，起源于苏格兰，之后开始为其他国家所采纳。[5]尤其是在英美法系国家的司法实践中得到了非常普遍的认同和采用。[6]它是指在基于平行管辖原则确定各有关国家法院对某一国际民事案件同时具有管辖权的情况下，受诉法院基于该案的审理将给法院及相关当事人带来不便，并影响有关国际民事法律争议的迅速解决而拒绝行使管辖权。[7]对于确定一国法院为不方便法院的标准，各国在立法上没有明确的规定，各国法院将综合与诉讼有关的各种因素，对之进行通盘考虑和细致分析，以权衡利弊。[8]一事不再理原则是指对于判决已经发生法律效力

---

[1] 蔡彦敏："论国际民事诉讼的管辖权"，载《现代法学》1998年第5期。

[2] 蔡彦敏："论国际民事诉讼的管辖权"，载《现代法学》1998年第5期。

[3] 徐卉：《涉外民商事诉讼管辖权冲突研究》，中国政法大学出版社2001年版，第18页。

[4] 李双元等：《中国国际私法通论》，法律出版社1996年版，第573页。

[5] 袁泉："不方便法院原则三题"，载《中国法学》2003年第6期。

[6] 李双元、谢石松：《国际民事诉讼法概论》，武汉大学出版社2001年版，第331页。

[7] 韩德培主编：《国际私法》，高等教育出版社、北京大学出版社2007年版，第472页。

[8] 张茂：《美国民事诉讼法》，中国政法大学出版社1999年版，第95页。

的案件，除法律另有规定外，法院不再重新受理，有关当事人也不得再行起诉。[1]

为了避免管辖权冲突，统一各国有关国际民商事案件管辖权的国内立法，一些国家签署了多边国际公约。例如，《布斯塔曼特法典》、《关于法院对民商事管辖权和判决执行的公约》（《布鲁塞尔公约》）、《关于法院对民商事管辖权和判决执行的公约》（《卢加诺公约》）、《选择法院协议公约》。我国没有加入上述国际公约。

《民事诉讼法》第35条规定："两个以上人民法院都有管辖权的诉讼，原告可以向其中一个人民法院起诉；原告向两个以上有管辖权的人民法院起诉的，由最先立案的人民法院管辖。"该规定显然是规范国内诉讼竞合的，即在国内诉讼中，禁止双重诉讼或平行诉讼。在国际民商事诉讼中，《民事诉讼法》对此没有做出任何规定，但最高人民法院发布的《关于适用〈中华人民共和国民事诉讼法〉若干问题的意见》规定："中华人民共和国法院和外国法院均有管辖权的案件，一方当事人向外国法院起诉，而另一方当事人向中华人民共和国法院起诉的，中国法院可予受理。判决后，外国法院申请或者当事人请求中国法院承认和执行外国法院对本案作出的判决、裁定的，不予准许；但双方共同参加或者签订的国际条约另有规定的除外。"[2] 从上述司法解释可以看出，我国法院在处理国际民商事诉讼管辖权积极冲突时允许平行诉讼。[3] 对于中国和外国均有管辖权的案件，中国并没有放弃管辖权，中国法院可以受理。这一规定体现了"平等者之间无管辖权"精神。但是，对于法院在何种情况下可以不受理这类案件，上述法律并没有做出明确说明。因此，这意味着中国法院可以适用不方便原则和一事不再理原则解决管辖权的积极冲突。

### 三、国际贸易诉讼案件的审理程序

我国《民事诉讼法》第二编对审判程序做出了详细规定。

#### （一）两审终审

我国对民事诉讼采两审终审制。第二审人民法院的判决、裁定，是终审的判决、裁定。[4]

对于涉外民商事案件的一审法院，我国做出了特殊规定。根据最高人民法院《关于涉外民商事案件诉讼管辖若干问题的规定》第1条的规定，有权审理涉外民商事案件的一审法院为：①国务院批准设立的经济技术开发区人民法院；

---

[1] 韩德培主编：《国际私法》，高等教育出版社、北京大学出版社2007年版，第508页。

[2] 最高人民法院《关于适用〈中华人民共和国民事诉讼法〉若干问题的意见》，第306条。

[3] 李旺主编：《涉外民商事案件管辖权制度研究》，知识产权出版社2004年版，第45页。

[4] 参见《民事诉讼法》第175条。

②省会、自治区首府、直辖市所在地的中级人民法院；③经济特区、计划单列市中级人民法院；④最高人民法院指定的其他中级人民法院；⑤高级人民法院。第二审法院则为上述法院的上一级法院。上述中级人民法院的区域管辖范围由所在地的高级人民法院确定。对国务院批准设立的经济技术开发区人民法院所作的第一审判决、裁定不服的，其第二审由所在地中级人民法院管辖。涉及香港、澳门特别行政区和台湾地区当事人的民商事纠纷案件的管辖，参照上述规定处理。但发生在与外国接壤的边境省份的边境贸易纠纷案件，涉外房地产案件和涉外知识产权案件，不适用上述规定。[1]

涉外民商事案件的审理在以下方面具有特别规定：

1. 诉讼期间。诉讼期间是指受诉法院、当事人和其他诉讼参与人单独进行诉讼活动时必须遵守的时间期限。[2]由于涉外当事人处于其他国家，因此，各国民事诉讼法在诉讼程序的各环节均给予外国人以更长的时间。这些涉及如下期限：①答辩期限。被告在中国领域内没有住所的，人民法院应当将起诉状副本送达被告，并通知被告在收到起诉状副本后 30 日内提出答辩状。被告申请延期的，是否准许，由人民法院决定。被告不提出答辩状的，不影响人民法院审理。[3]②上诉期限与答辩期限。在中国领域内没有住所的当事人，不服第一审人民法院判决、裁定的，有权在判决书、裁定书送达之日起 30 日内提起上诉。被上诉人在收到上诉状副本后，应当在 30 日内提出答辩状。当事人不能在法定期间提起上诉或者提出答辩状，申请延期的，是否准许，由人民法院决定。[4]③审结期限。人民法院审理涉外民事案件的期间，不受 6 个月（一审）和 3 个月（二审）的限制。[5]涉外案件的审结期限是多长时间，我国法律并没有作出进一步规定。

2. 诉讼保全。利害关系人因情况紧急，不立即申请保全将会使其合法权益受到难以弥补的损害的，可以在提起诉讼或者申请仲裁前向被保全财产所在地、被申请人住所地或者对案件有管辖权的人民法院申请采取保全措施。申请人应当提供担保，不提供担保的，裁定驳回申请。人民法院接受申请后，必须在 48 小时内作出裁定；裁定采取保全措施的，应当立即开始执行。申请人在人民法

〔1〕 最高人民法院《关于涉外民商事案件诉讼管辖若干问题的规定》（法释〔2002〕5 号），2001 年 12 月 25 日最高人民法院审判委员会第 1203 次会议通过，2002 年 2 月 25 日公布，自 2002 年 3 月 1 日起施行。

〔2〕 韩德培主编：《国际私法》，高等教育出版社、北京大学出版社 2007 年版，第 499 页。

〔3〕 参见《民事诉讼法》第 125、268 条。

〔4〕 参见《民事诉讼法》第 269 条。

〔5〕 参见《民事诉讼法》第 270 条。

第六章

院采取保全措施后 30 日内不依法提起诉讼或者申请仲裁的，人民法院应当解除保全。[1]

3. 外国人在民事诉讼中的法律地位。外国人的民事诉讼地位是指外国人在内国进行民事诉讼享有诉讼权利和承担诉讼义务的情况。对于外国人的民事诉讼地位，大多数国家给予国民待遇。我国在《民事诉讼法》中也给予外国人以国民待遇，并辅之以对等待遇。《民事诉讼法》第 5 条规定："外国人、无国籍人、外国企业和组织在人民法院起诉、应诉，同中华人民共和国公民、法人和其他组织有同等的诉讼权利义务。外国法院对中华人民共和国公民、法人和其他组织的民事诉讼权利加以限制的，中华人民共和国法院对该国公民、企业和组织的民事诉讼权利，实行对等原则。"

4. 诉讼代理。在民事诉讼中，委托他人代为诉讼是非常普遍的现象。诉讼代理是指诉讼代理人基于当事人或其法定代理人的授权以当事人的名义代为实施诉讼行为，而直接对当事人发生法律效力的行为。[2]我国在国际民事诉讼代理方面做出如下法律规定：①必须出具授权委托书。委托他人代为诉讼，必须向人民法院提交由委托人签名或者盖章的授权委托书。但是，我国法律对不同人出具的授权委托书有不同要求：其一，侨居在国外的中国公民从国外寄交或者托交的授权委托书，必须经中华人民共和国驻该国的使领馆证明；没有使领馆的，由与中国有外交关系的第三国驻该国的使领馆证明，再转由中国驻该第三国使领馆证明，或者由当地的爱国华侨团体证明。其二，在中国领域内没有住所的外国人、无国籍人、外国企业和组织委托中国律师或者其他人代理诉讼，从中国领域外寄交或者托交的授权委托书，应当经所在国公证机关证明，并经中国驻该国使领馆认证，或者履行中国与该所在国订立的有关条约中规定的证明手续后，才具有效力。②代理人可以是律师、领事或其他人。如果外国人、无国籍人、外国企业和组织在人民法院起诉、应诉，需要委托律师代理诉讼的，必须委托中国律师。[3]领事代理是国际民事诉讼中的一项特殊代理制度，它是指一国的驻外领事，可以依照有关国家的国内立法和有关国际公约的规定，在其管辖范围内的驻在国法院，依职权代表其派遣国国民包括法人参与有关的诉讼程序，以保护有关自然人或法人在驻在国的合法权益。[4]最高人民法院《关于适用〈中华人民共和国民事诉讼法〉若干问题的意见》第 308、309 条规定：涉外民事诉讼中的外籍当事人，可以委托本国人为诉讼代理人，也可以委托本

---

[1]　参加《民事诉讼法》第 101 条。
[2]　韩德培主编：《国际私法》，高等教育出版社、北京大学出版社 2007 年版，第 461 页。
[3]　参见《民事诉讼法》第 59、263 条。
[4]　谢石松：《国际民商事纠纷的法律解决程序》，广东人民出版社 1996 年版，第 238 页。

国律师以非律师身份担任诉讼代理人；外国驻华使、领馆官员，受本国公民的委托，可以以个人名义担任诉讼代理人，但在诉讼中不享有外交特权和豁免权。涉外民事诉讼中，外国驻华使、领馆授权其本馆官员，在作为当事人的本国国民不在我国领域的情况下，可以以外交代表身份为其本国国民在我国聘请中国律师或中国公民代理民事诉讼。

5. 诉讼语言。《民事诉讼法》第 262 条规定，人民法院审理涉外民事案件，应当使用中国通用的语言、文字。当事人要求提供翻译的，可以提供，费用由当事人承担。

（二）审判监督程序

根据《民事诉讼法》第十六章的规定，审判监督程序的启动有如下几种情况：①法院启动。各级人民法院院长对本院已经发生法律效力的判决、裁定、调解书，发现确有错误，认为需要再审的，应当提交审判委员会讨论决定。最高人民法院对地方各级人民法院已经发生法律效力的判决、裁定、调解书，上级人民法院对下级人民法院已经发生法律效力的判决、裁定、调解书，发现确有错误的，有权提审或者指令下级人民法院再审。②当事人启动。当事人对已经发生法律效力的判决、裁定，认为有错误的，可以向上一级人民法院申请再审；当事人一方人数众多或者当事人双方为公民的案件，也可以向原审法院申请再审。当事人申请再审的，不停止判决、裁定的执行。当事人对已经发生法律效力的调解书，提出证据证明调解违反自愿原则或者调解协议的内容违反法律的，可以申请再审。当事人申请再审，应当在判决、裁定发生法律效力后 6 个月内提出[1]。③检察院启动。最高人民检察院对各级人民法院已经发生法律效力的判决、裁定，上级人民检察院对下级人民法院已经发生法律效力的判决、裁定，发现有规定情形或者发现调解书损害国家利益、社会公共利益的，应当提出抗诉。地方各级人民检察院对同级人民法院已经发生法律效力的判决、裁定，发现有规定情形的，或者发现调解书损害国家利益、社会公共利益的，可以向同级人民法院提出检察建议，并报上级人民检察院备案；也可以提请上级人民检察院向同级人民法院提出抗诉。当事人在规定情况下也可以向人民检察院申请检察建议或者抗诉。

**四、法院判决的承认与执行**

（一）外国法院判决的承认与执行概述

根据国家主权原则，任何国家法院的判决原则上只能在该国领域内具有法律效力，并可以强制执行，而在外国则没有法律效力。但由于国际商事纠纷的

---

[1] 有《民事诉讼法》第 200 条第 1、3、12、13 项规定情形的，自知道或应当知道之日起 6 个月内提出。

当事人身处不同国家，如果一国法院对其纠纷作出的判决不能在另一方当事人所在国家执行，则这一国际商事诉讼案件的判决就变得没有实际意义，不能真正保护当事人的合法权益。为解决这一问题，必须使一国法院的判决在他国得到承认和执行。

外国法院判决的承认和执行是指一国承认外国法院的判决在本国境内具有与本国法院判决同等的法律效力，并在承认的基础上根据一方当事人的请求或作出判决的法院的请求，按照本国法和本国缔结或参加的国际条约规定的条件和程序，在本国境内强制执行外国判决。可见，外国法院判决的承认是执行外国法院判决的必要前提条件。如果没有有关国家的明确承认，外国法院的判决在该国领域内就没有任何法律效力。[1]承认外国法院判决是执行外国法院判决的前提条件；执行外国法院判决是承认外国法院判决的必然结果。[2]但承认外国法院判决并不一定导致执行外国法院判决。

值得注意的是，各国立法均要求请求得到承认和执行的外国法院判决必须是终局判决，即已经生效的判决。关于终局判决，大多数国家规定，当某一判决不能再被提起司法救济时，才是一个终局判决。我国存在再审制度和审判监督程序，国内法院作出的判决可能会发生变更，但是，终局性的判决并非是绝对不可变更的判决，尽管当某一判决不能再被提起司法救济时，它就是一个终局性的判决，但终局性的判决也可以求助于特别的司法救济程序。

在外国法院判决的承认与执行方面，一些国家签署了《关于法院对民商事管辖权和判决执行的公约》（《布鲁塞尔公约》）、《关于法院对民商事管辖权和判决执行的公约》（《卢加诺公约》）、《关于承认与执行外国民事和商事判决的公约》、《选择法院协议公约》。我国没有加入上述公约。

（二）我国法院判决与外国法院判决的相互承认与执行

1. 我国法院判决在外国的承认与执行。我国法院作出的发生法律效力的判决、裁定，如果被执行人或者其财产不在中国领域内，当事人请求执行的，可以由当事人直接向有管辖权的外国法院申请承认和执行，也可以由我国法院依照中国缔结或参加的国际条约规定，或者按照互惠原则，请求外国法院承认和执行。由此可见，我国法院判决在国外的执行请求可以由当事人直接向外国法院提出，也可以由我国法院向外国法院提出。[3]

2. 外国法院判决在我国的承认与执行。请求我国承认和执行外国法院的判

———————————

〔1〕　李旺：《国际民事诉讼法》，清华大学出版社 2003 年版，第 128 页。
〔2〕　韩德培主编：《国际私法》，高等教育出版社、北京大学出版社 2007 年版，第 507 页。
〔3〕　参见《民事诉讼法》第 280 条。

决必须遵守如下规定：①请求人可以是当事人，也可以是外国法院，并且只能向我国中级人民法院提出请求。我国《民事诉讼法》第281条规定："外国法院作出的发生法律效力的判决、裁定，需要中华人民共和国人民法院承认和执行的，可以由当事人直接向中华人民共和国有管辖权的中级人民法院申请承认和执行，也可以由外国法院依照该国与中华人民共和国缔结或者参加的国际条约的规定，或者按照互惠原则，请求人民法院承认和执行。"②我国法院对外国法院判决予以审查后作出是否给予承认和执行的裁定。我国《民事诉讼法》第282条规定："人民法院对申请或者请求承认和执行的外国法院作出的发生法律效力的判决、裁定，依照中华人民共和国缔结或者参加的国际条约，或者按照互惠原则进行审查后，认为不违反中华人民共和国法律的基本原则或者国家主权、安全、社会公共利益的，裁定承认其效力，需要执行的，发出执行令，依照本法的有关规定执行。违反中华人民共和国法律的基本原则或者国家主权、安全、社会公共利益的，不予承认和执行。"上述规定主要涉及如下问题：其一，法院作出决定的形式。从上述规定可以看出，我国是以法院作出裁定而不是判决的方式认定是否承认和执行外国法院判决。而且，当事人对该裁定不服的，不能提起上诉。其二，审查外国法院判决的标准。根据我国国内法审查相关内容。其三，审查内容。我国法院对外国法院作出的判决主要审查以下方面：外国法院的判决和裁定是否违反中国法律的基本原则；或者外国法院的判决是否违反中国的国家主权、安全、社会公共利益。我国法律并没有明确界定"社会公共利益"的含义。③对与我国没有条约关系或互惠关系的，不接受其请求。我国法律规定：当事人向中华人民共和国有管辖权的中级人民法院申请承认和执行外国法院作出的发生法律效力的判决、裁定的，如果该法院所在国与中华人民共和国没有缔结或者共同参加国际条约，也没有互惠关系的，当事人可以向人民法院起诉，由有管辖权的人民法院作出判决，予以执行。[1]

**五、国际贸易行政诉讼**

行政诉讼是指当公民、法人或者其他组织认为行政机关和行政机关工作人员的具体行政行为侵犯其合法权益时向法院提起的诉讼。[2]国际贸易行政诉讼则是指针对国际贸易行政案件提起的诉讼。国际贸易行政案件包括有关国际货物贸易的行政案件，有关国际服务贸易的行政案件，与国际贸易有关的知识产

第六章

---

〔1〕　最高人民法院《关于适用〈中华人民共和国民事诉讼法〉若干问题的意见》［1992年7月14日最高人民法院审判委员会第528次会议讨论通过，法发（92）22号］，第318条。

〔2〕　参见《中华人民共和国行政诉讼法》（以下简称《行政诉讼法》）第2条。

权行政案件，以及其他国际贸易行政案件。[1]例如，针对反倾销裁定、反补贴裁定、保障措施裁定提起的诉讼即属于该类诉讼。

根据最高人民法院于2002年8月27日通过的《关于审理国际贸易行政案件若干问题的规定》（自2002年10月1日起施行），我国对国际贸易行政案件的审理作出了如下特别规定：

1. 起诉。自然人、法人或者其他组织认为中国具有国家行政职权的机关和组织及其工作人员有关国际贸易的具体行政行为侵犯其合法权益的，可以依照《行政诉讼法》以及其他有关法律、法规的规定，向法院提起行政诉讼。当事人的行为发生在新法生效之前，行政机关在新法生效之后对该行为作出行政处理决定的，当事人可以依照新法的规定提起行政诉讼。

2. 管辖法院。第一审国际贸易行政案件由具有管辖权的中级以上人民法院管辖。法院审理国际贸易行政案件，应当依照《行政诉讼法》，并根据案件具体情况，从以下方面对被诉具体行政行为进行合法性审查：①主要证据是否确实、充分；②适用法律、法规是否正确；③是否违反法定程序；④是否超越职权；⑤是否滥用职权；⑥行政处罚是否显失公正；⑦是否不履行或者拖延履行法定职责。

3. 适用法律。法院审理国际贸易行政案件，应当依据中国法律、行政法规以及地方立法机关在法定立法权限范围内制定的有关或者影响国际贸易的地方性法规。地方性法规适用于本行政区域内发生的国际贸易行政案件。法院审理国际贸易行政案件，参照国务院部门根据法律和国务院的行政法规、决定、命令，在本部门权限范围内制定的有关或者影响国际贸易的部门规章，以及省、自治区、直辖市和省、自治区的人民政府所在地的市、经济特区所在地的市、国务院批准的较大的市的人民政府根据法律、行政法规和地方性法规制定的有关或者影响国际贸易的地方政府规章。法院审理国际贸易行政案件所适用的法律、行政法规的具体条文存在两种以上的合理解释，其中有一种解释与中国缔结或者参加的国际条约的有关规定相一致的，应当选择与国际条约的有关规定相一致的解释，但中国声明保留的条款除外。

4. 对外国人的待遇。外国人、无国籍人、外国组织在中国进行国际贸易行政诉讼，同中国公民、组织有同等的诉讼权利和义务，但有《行政诉讼法》第99条第2款规定的情形的，[2]适用对等原则。涉及香港特别行政区、澳门特别

---

[1] 最高人民法院于2002年8月27日通过的《关于审理国际贸易行政案件若干问题的规定》第1条（自2002年10月1日起施行）。

[2] 该款规定："外国法院对中华人民共和国公民、组织的行政诉讼权利加以限制的，人民法院对该国公民、组织的行政诉讼权利，实行对等原则。"

行政区和台湾地区当事人的国际贸易行政案件，参照上述规定处理。

## 【思考题】

1. 如何认定一项贸易争议的国际性？
2. 国际贸易争议有哪些类型？
3. 国际贸易争议的解决方法有哪些？
4. 能否选择处理国际贸易争议的法律适用法？没有选择时应如何认定？
5. 简述磋商结果的法律效力。
6. 简述调解结果的法律效力。
7. 简述仲裁方式的特点。
8. 仲裁裁决如何得到承认和执行？
9. 贸易当事人能否选择诉讼管辖地和管辖机构？
10. 法院判决如何得到承认和执行？
11. 简述选择性争议解决方式的特点。

## 【必读法规】

1. 《中华人民共和国民事诉讼法》
2. 《中华人民共和国仲裁法》
3. 最高人民法院《关于审理国际贸易行政案件若干问题的规定》

第六章

# 下编 政府管理国际贸易的法律制度

第七章

## 对外贸易管理措施

## ■第一节 关税措施

关税措施是对外贸易管理措施中最古老、使用最普遍、效果最直接的调控工具。由于进口关税措施常常成为各国限制他国产品进口从而实施贸易保护主义的有力手段，又称"关税壁垒"（Tariffs Barrier）。在《关税与贸易总协定》的历次谈判中，关税减让始终都是各成员方一项重要的议题。

### 一、关税的性质和类型

（一）关税的性质和作用

关税（Customs Duty/Tariff Duty）是一种边境措施，它是指一国政府设置在关境的海关根据国家制定的海关法律法规，在货物进出本国关境时，对货物所有人课征的一种税收。

关境（Customs Territory/Customs Boundary）是指一国海关征收关税的地域范围，它直接决定一国行使关税主权的权力范围大小。通常情况下，关境与国境是一致的，但有时关境大于或小于国境。当两个或两个以上国家缔结条约或协定组成关税同盟时，参加关税同盟的各成员国的领土即成为统一的关境，此时关境大于一国国境，如欧洲联盟（EU）就是典型的关税同盟，其关境大于各成员国国境。当一国设有自由港、自由贸易区或海关保税仓库时，其关境小于其国境，外国商品进入上述区域时，大多数国家规定可以免缴关税，而从上述区域进入所在国海关管制区域时则需缴纳关税。目前，许多国家都在本国境内设立了各类免征关税的自由贸易区、自由港保税区、出口加工区等，例如，我国的上海自由贸易实验区就属于此种类型的特殊经济区域。各国设立上述特殊区域的目的大多在于发展本国的转口贸易和加工贸易，增加财政收入。

第七章

为鼓励加工贸易出口，一国政府通常设立各类保税区，实行保税制度。保税制度是指经海关批准的境内企业所进口的货物，在海关监管下，在境内指定的场所储存、加工、装配，并暂缓缴纳各种进口税费的一种海关监管业务制度。海关指定的保税区域通常包括为国际商品贸易服务的保税仓库、保税区、寄售代销和免税品商店，为加工制造服务的来料加工、保税工厂、保税集团等。保税制度具有如下特征：①货物的进口具有特定目的，即进口货物必须是在保税区域进行存储、加工、装配。②暂时免征进口关税，即对于为上述目的进口并存放保税区域的进口货物不需要办理进口纳税手续，等货物明确了最后流向，再由海关决定是否征税或免税。③保税货物必须复运出口，即保税货物必须以原状或加工成品的形式出口。对于不复运出口，而是经过批准可以内销或不出口的成品所耗用的进口料件，需要补征进口关税和其他环节税。对于加工出口的成品，免征出口关税。

一国政府对进出口货物征收关税是其行使国家主权的体现。在各国征税之初，增加本国财政收入是其主要目的。但到了重商主义时期，各国开始重视关税的保护作用，逐渐将关税措施作为保护本国民族工业以及调节和执行对外贸易政策的重要手段和工具。但是，值得注意的是，随着各国关税措施的采用，一些负面效应相继产生。一方面，通常情况下，对进口货物征收关税将导致商品价格的提高，自然增加本国消费者的负担，进而使得进口减少；另一方面，征收进口关税还将导致同行业生产的不合理扩张。可见，进口关税的征收将最终降低贸易双方国家国民的福利。因此，关税措施必须运用得当。

（二）关税的种类

由于各国经济发展水平的不同，各国征收关税的种类也不尽相同。从不同角度可以将关税分为以下类型：

1. 从征收关税的目的上，分为财政关税和保护关税。财政关税（Financial Tariff）是指以增加国家财政收入为主要目的而征收的关税。财政关税的税率比较低。在征收财政关税时，各国通常考虑国库收入的需要、消费者的承受能力以及税率对进出口贸易额的影响等因素。一般情况下，各国大多对本国不生产或产量特别少且无替代用品，而国内需求量又很大的商品征收财政关税。随着世界贸易组织对关税措施的严格规范，关税措施已不可能再成为一国增加本国财政收入的主要手段。对于财政关税的作用，凯恩斯在其著作《预言与劝说》的第六篇"借助关税来缓解当前严重的事态"中有这样一段阐述："与其他任何可供我们采用的方法相比，这一措施具有独到之处，即一方面它可以解除预算方面的迫切问题，另一方面又可以恢复企业界的信心。如果有人认为在不借助财政关税的情况下，仍然可以拟定出一个明智而又审慎的预算方案，那我要说，这是绝对不可能发生的。但这还不是它的唯一优点。它能够促进进口国生产进口替代产品，因而会增加国内的就业机会。与此同时，它还可以解除贸易平衡方面所面临的压力，从而可为支付扩张政策所必需的额外进口增量，以及伦敦给予贫困债务国的财政贷款，提供一笔迫切需要的资金。财政关税的实行限制了某些商品的进口，从而掠夺了世界上其他地区的购买力。通过增加进口、提供贷款的方式，我们就可以在另一方面恢复这些地区的购买力。有些不切实际的自由贸易主义者也许会宣称，进口关税对出口产生的不利影响，将使所有上述想法尽成泡影，但事实上却并不是这样的。自由贸易主义者可能坚定不移地认为，关税收入是我们紧急备用的干粮，只能在出现紧急情况时作一次性使用。现在紧急情况已经出现了。凭借喘息的时间和由此提供给我们的财政余力，我们可以拟定一项国际国内的政策和计划，以便向紧缩主义精神和恐惧心理发动进攻。"

保护关税（Protective Tariff）是指一国以保护本国经济特别是本国民族工业为主要目的而征收的关税。保护关税对本国民族工业的保护程度主要取决于保护关税税率的高低。虽然保护关税在一定程度上可以有效的保护本国民族工业的发展，但不适当的保护将扭曲正常贸易秩序。

2. 从制定关税政策的独立性上，分为自主关税和协定关税。自主关税（National Tariff/Autonomous Tariff）是指一国不受双边或多边贸易条约或贸易协定的约束，而是根据本国国情，独立自主制定本国关税法规并据以征收的关税。实行自主关税的国家同时也可以与签订贸易协定的国家在自愿对等的基础上相互减让关税，实行协定关税。

协定关税（Conventional Tariff）是指一国根据与他国签订的双边或多边贸易协定或贸易条约，在本国原有自主关税之外，另行制定一种关税税率并据以征收的关税。协定关税是一种优惠性关税，税率低于自主关税。协定关税通过两个或两个以上国家谈判形成，自动适用于协定的成员国。协定关税分为单边协定关税、双边协定关税和多边协定关税。单边协定关税是指仅由给惠国给予受惠国优惠关税，而不要求受惠国给予反向优惠。例如，欧洲经济共同体于1975年2月与非洲、加勒比和太平洋地区的46个发展中国家签订了为期5年的《洛美协定》，该协定规定，上述46个国家对欧共体出口的全部工业品和96%的农产品可享受优惠关税，而欧共体不要求反向优惠。双边协定关税是指两个缔约国相互给予的优惠关税。多边协定关税是指三个以上缔约国相互给予的优惠关税。

3. 从征税对象上，分为进口关税、出口关税和过境关税。进口关税（Import Duty）是指一国海关对输入本国境内的商品征收的关税。目前，进口国

第七章

征收高额进口关税已成为政府实施贸易保护主义的重要工具之一。"关税壁垒"通常就是指这种高额的进口关税措施。一国海关除对进口商品征收正常的进口关税之外，有时还基于某种特定目的，额外征收进口关税，这种进口关税称为附加税，例如反倾销税（Anti-dumping Duty）、反补贴税（Counter-vailing Duty）等。进口附加税是限制商品进口的一种临时性措施，其目的有时是为增加政府财政收入或应付国际收支危机，有时则是为抵制外国商品的进口。当征收临时进口关税的目的达到或情况有所缓和时，进口附加税措施应予以取消。

出口关税（Export Duty）是指一国海关对本国输出境外的商品征收的关税。由于征收出口关税将降低本国出口商品在国际市场上的竞争力，不利于扩大出口，所以，大多数发达国家相继削减甚至取消本国的出口关税，而代之以鼓励出口以增加本国的财政收入。即使有的国家征收出口关税，也只是针对下列少数出口商品征收：在国际市场上具有垄断地位的商品或特产；本国工业生产所必需的原材料；国内短缺的粮食等。

过境关税（Transit Duty）是指一国海关对通过该国关境输往他国的外国商品征收的一种关税，又称通过税。由于过境关税的征收使得征收过境关税国的货运业中来自过境运输业务的收入大幅度减少，因此，大多数国家都先后放弃征收此种关税，对过境货物仅征收少量的签证费、准许费、印花费、统计费等费用。虽然各国对过境的外国商品不征收过境关税，但过境货物必须在过境国家海关的监督之下按照法定路线通过，不允许过境货物进入过境国的国内市场。

**二、海关税则与关税税率**

（一）海关税则

海关税则（又称关税税则）是一国海关法律规范的重要组成部分，它是通过一国的立法程序制定的对一切应税、免税和禁止进出口商品加以系统分类的一览表（Tariff Schedule）。其内容主要包括：税则号、商品名称、征税标准、计税单位、税率等。海关税则的重要作用是为一国海关征收关税、行使税收管辖权提供依据。目前世界上绝大多数国家都制定了本国的海关税则。

根据对同一税目所订税率的多少，可将各国的海关税则分为单式税则和复式税则。单式税则也称一栏税则，即每个税目只规定一个税率，对来自所有国家的商品按同一税率征收。单一税则的优点是简单易操作，税赋的管理负担小，但不能很好地体现一国对外贸易的国别政策和地区政策，不能实现差别待遇，使得大多数国家转而采用复式税则，即对同一种商品规定两个或两个以上税率，分别适用于不同的国家或地区的商品。复式税则的税率通常有基本税率、协定税率、优惠税率（Preferential Rate）、暂定税率等。复式税则使得一国的贸易政策具有一定的灵活性和针对性，关税的经济杠杆调节作用能够得到充分发挥。

为了掌握本国进出口贸易的基本情况，各国通常借助进出口商品目录进行统计，对本国进出口商品进行分类和编码。1983年6月，海关合作理事会第六十一届会议通过了一部多用途的国际贸易商品统一分类目录，即《商品名称及编码协调制度国际公约》及其附件《协调制度》（HS），该制度于1988年1月1日起正式生效实施，并经多次修改。HS是一部多功能的、多用途的商品分类目录，同时也是国际社会协调的产物，是国际贸易商品分类的标准语言。由于该分类目录系统、合理，因而为绝大多数国家所采用。

（二）关税税率

关税税率（Tariff Rate）是指海关税则规定的对课征对象征税时计算税额的比率。一些国家为了实施贸易保护主义政策，实施差别待遇，对同一纳税商品规定两个或两个以上税率，也称复式税率。

复式税率通常包括基本税率、协定税率、优惠税率、暂定税率等。基本税率或自主税率是指一国政府对与本国没有双边或多边贸易协议的国家或地区适用的税率，该种税率最高。协定税率低于基本税率，适用于有双边或多边最惠国待遇协定的国家或地区。优惠税率是指一国政府对从某些国家或地区进口的全部产品或部分产品给予特别优惠的低关税税率待遇，其他国家无权享受这种优惠。优惠关税有的是互惠的，有的是非互惠的。优惠税率通常是指普惠制税率。最惠国税率（Most-favoured-nation Rate of Duty）高于普惠制税率。暂定税率是一种临时税率，一般针对当时的特殊情况而采用，因而有效期较短，通常为一年时间。目前，大多数国家采取复式税率。例如，美国的关税税率分为三种：①普通税率，即最惠国税率，多数国家享受此税率；②特别税率，适用于享受美国普惠制优惠的一些发展中国家和地区以及与美国签有自由贸易协定或安排的国家；③基本税率，适用于与美国没有最惠国待遇安排的国家和地区，包括阿富汗、古巴、蒙古、柬埔寨、越南、老挝和塞尔维亚。

为促进双边或者区域贸易发展，一些国家之间经常通过签署区域贸易协定的方式建立关税同盟或者自由贸易区，相互之间实行低关税或者零关税。根据GATT第24条第8款，关税同盟（Customs Union）是指以一个单一关税领土替代两个或者两个以上关税领土，以便对于该单一关税领土成员之间的实质上所有贸易或者至少对于原产于该单一关税领土成员的产品的实质上所有贸易，取消关税和其他限制性贸易法规（如必要，第11～15、20条允许的关税和其他限制性贸易法规除外）。自由贸易区（Free Trade Area）是指在两个或者两个以上的一组关税领土中，对该组关税领土成员之间实质上所有原产于该类领土产品的贸易取消关税和其他限制性贸易法规（如必要，第11～15、20条允许的关税和其他限制性贸易法规除外）。它与关税同盟的不同在于，自由贸易区成员国对

第七章

非成员国不实行相同的关税税率，各成员国在关税方面对外仍保留部分的关税主权。北美自由贸易区就属于该种类型。

### 三、关税的征收方法

综观世界各国，主要有如下五种征收关税的方法：

（一）从价征税

从价征税（Ad Valorem Duty）是指以进出口商品的价格为标准征收关税，其税率表现为货物价格的百分率。征收公式如下：从价税额＝商品总价值×从价税率。

从价关税在所有的征税方式中是各国最常用的计征关税的方法，它税负合理，更适用于同一种类但品质差异较大、短期内价格稳定或品种繁多不易分类的商品。

完税价格（Dutiable Value）是指海关据以计算进出口货物关税税额的价格。目前各国采用的完税价格从进口税的征收看，主要有以下几种：①进口商品的到岸价格（CIF 价格），大多数西欧国家采用此种价格；②出口地的离岸价格（FOB 价格），美国、加拿大、澳大利亚采用此价格；③输入国官定价格；④输出国国内市场价格；⑤输入国批发市场价格；⑥输入国输入货物的出售价格；⑦构成价格。根据各国实践，大多数国家以到岸价格作为进口货物的完税价格，因为以到岸价格征收进口关税的保护程度要比以离岸价格征收进口关税的保护程度高。进出口货物的价格经货主向海关申报后，海关根据本国海关法的有关规定进行审查，确定或估定其完税价格。经海关审查确定后的关税价格称为海关估定价格。由于各国海关估价的规定不同，有的国家有时利用估定价格提高进口关税，形成税率以外的限制进口的非关税措施，所以，许多国家要求制定统一的海关估价国际协定。目前，已经签署的国际性的海关估价协定主要有《布鲁塞尔估价定义》等。

（二）从量征税

从量征税（Specific Duty）是指海关以课征对象的重量、长度、件数、面积、体积、容积等计量单位作为征税标准，以每一计量单位应纳税金额作为税率进行征收。在从量征税中，大部分商品是按重量或数量征税，征税公式如下：从量税额＝商品重（数）量×从量税率/单位。

从量征税手续简单，无需审定货物品质、规格、价格等，便于计算，适用于商品规格和品种简单、计量容易、同一种商品的规格价差较少的商品。特别是对质量均衡、难以把握完税价格或价格易波动的商品更适合从量征税。但对于不同种类的货物不论其等级质量，都课以同一税率关税显然有失公平，而且税额不能随商品价格的变动而变动，当价格下跌时可起到保护作用，价格上涨时则难以达到财政关税和保护关税的目的。因此，第二次世界大战后，许多国家不采用此种征税方法，但也不绝对。有的国家往往使用从量征税限制外国质次价廉商品的进口，特别是发达国家，有时在食品、饮料和动植物油等商品的进口方面采用从量征税方法，这对以出口农产品为主的发展中国家不利。在以前的 GATT 谈判中，一些发展中国家主张取消从量征税，或将它转化为从价征税。

（三）复合征税

复合征税（Compound Duty）是指对同一进出口货物同时征收从价税和从量税，并以其中一种税为主的征税方式，所以又称混合关税或双重关税。混合征税有时以从量税为主，加征从价税；有时以从价税为主，加征从量税。混合征税公式如下：混合税额 = 从量税 + 从价税。混合征税在计征手续上较为繁琐，但在价格发生变动时，可以减轻价格对关税保护作用与财政收入的影响。

（四）选择征税

选择征税（Alternative Duty）是指对同一进出口货物既规定从价税，又规定从量税，海关从中选择税额较高的一种计征。英国、澳大利亚即采取此种方法征收关税。在上述征税方式中，大部分国家采取从价征税方式。

（五）滑准征税

滑准征税的关税税率与进口商品的价格高低成反比，即某种商品的进口价格越高，则其进口关税税率就越低；反之，则相反。采用滑准税计征方法，可以使商品保持其国内价格的相对稳定，不受国际市场价格波动的影响。

# ■第二节 非关税措施

## 一、非关税措施的特点

非关税措施（Non-tariff）就是指除关税措施以外的其他一切直接或间接限制外国商品进口的法律和行政措施。当非关税措施用于限制贸易的目的时，通常称其为"非关税壁垒"。

非关税措施的采用基于下列原因：①关税措施不太灵活，税率的制定必须通过立法程序，确定之后必须严格执行；②高关税不但不能阻止进口，反而容易招致别国的报复；③《关税与贸易总协定》签订后，通过多轮关税减让谈判，关税税率大幅度降低，使关税的保护作用大大减弱。因此，为了更有效地保护本国的民族工业，19 世纪 70 年代以来，许多国家转而更多地采用非关税措施。

和关税壁垒相比，非关税壁垒有以下优势：①非关税壁垒主要依靠行政措施和命令实施，不受法律程序约束，手续灵活简便，行动迅速，针对性强。

②非关税壁垒具有一定的隐蔽性、欺骗性和歧视性。非关税壁垒措施的采取往往以履行正常的海关手续和要求等为借口，间接地达到保护的目的。③非关税壁垒措施不易受汇率变化的影响。非关税措施多种多样，完全可以避开汇率的变化而达到既定的目的。④各国对非关税壁垒没有十分有效的国际监督和控制措施。世界贸易组织协议虽然对非关税措施的采用有所禁止或限制，但很多是一般性的禁止或限制，同时还规定了许多例外条款。例如，在进口数量的限制方面，只规定了一般性的禁止原则，而不是绝对禁止数量限制。由于非关税壁垒具有上述特点，采用非关税壁垒措施的国家越来越多，严重阻碍了多边自由贸易体制的发展。

### 二、常用的非关税措施

在国际贸易管理实践中，各国常用的非关税措施主要有进出口许可证措施、进出口配额措施、外汇管理措施、进出口商品检验措施等。

#### （一）进出口许可证措施

进出口许可证措施是一国政府从数量上限制外国商品进口以及本国商品出口的一种贸易管理措施。在领证范围内的商品只有取得进口许可证（Import Licensing）或出口许可证（Export Licensing），方可进口或出口。

多数国家的进出口许可证通常载明下列内容：进出口商品名称、进出口商品的数量或重量、进出口商品的价值、供货国别或地区、商品输出入地点、许可证的有效期等。根据一些国家进出口许可证制度的规定，一国政府通常事先公布必须申领进出口许可证的商品目录表。凡表中所列商品若需进口或出口，必须向指定部门提出申请，取得批准后发给进出口许可证，凭该证办理进出口报关手续。

从各国应用进出口许可证的情况看，可将其从不同角度分为以下几类：

1. 有定额的进出口许可证和无定额的进出口许可证。有定额的进出口许可证是指由国家指定机构事先规定有关商品的进出口配额，然后在配额的限度内，根据进出口商的申请，对每种进出口商品发给进出口商一定数量的进出口许可证。一旦进出口配额用完，则不再发放许可证。无定额进出口许可证则与进出口配额没有任何联系，发证机关只在个别考虑的基础上发放许可证，没有公开的标准。此种许可证缺乏透明性，其限制作用更大。

2. 公开一般许可证和特别许可证。公开一般许可证又称"公开进出口许可证"。对不需要严格管理的商品，领取公开一般许可证。进出口商提出申请后，有关机构即予以批准，并签发许可证。这种申请和审批过程比较简单，有的国家甚至不要求事先申请，也不发证，只是在报关时填明属于公开一般许可范围内的商品即可进出口，因此，又称"自动许可"。特别许可证也称"个别许可证"，它是指进出口商提出申请后，必须经有关机构逐级审批方可发放的许可证。要求领取特别许可证的商品大多属于国家重点控制的商品，虽对这些商品表面上无数量与来源的限制，但实际上控制很严，因此，此种许可又称"非自动许可"。

实践中，一些国家常常将特别许可证与无定额许可证结合起来使用，使许可证制度更具保护性。因此，《关税与贸易总协定》要求各国进口许可证的单证和申领程序应尽可能简化。自动许可程序不得用于限制进口。非自动许可程序下，必须公布发放的许可证数量并将其分配情况通知有关方面。

（二）进出口配额措施

1. 进口配额措施。进口配额（Import Quotas）又称"进口限额"，是指一国政府在一定时期内对某些进口商品的进口数量或金额规定一个最高限额，限额内的商品可以进口，超过限额不准进口或征收较高的关税或罚款。在配额的管理和发放中，各国通常结合采用进口许可证方式，配额商品必须领取进口许可证方可进口。综观各国采用的进口配额措施，主要有如下形式：

（1）绝对配额。绝对配额（Absolute Quotas）是指一国政府在一定时期内，对某些商品的进口数量或金额规定一个最高限额，达到这一限制后便不准进口。通常情况下，各国规定1年内或3年内的进口商品的限额。绝对配额又可分为全球绝对配额和国别绝对配额。全球绝对配额是指对来自全球的商品一律适用绝对配额，即对配额的分配不分国别或地区，而是采取先来先得的原则，直到总的配额用完为止。国别绝对配额是指在总配额内按国别或地区分别规定不等的配额，各出口国不能超过配额出口，否则进口国将禁止进口。由于国别配额往往是基于歧视某些国家或地区而制定的，有时称之为"歧视性配额"。

（2）关税配额。关税配额（Tariff Quotas）是继关税和进口配额措施发展起来的一种进口限制措施，它是指进口国对进口商品在一定时期内总的数额或金额不加限制，而是规定一个数量界限，在规定的数量界限以内的进口商品给予减免关税的优惠，超过数量界限部分则征收高额关税或予以罚款，这个数量界限即为关税配额。由此可见，进口绝对配额措施比关税配额措施的限制作用更强。关税配额按进口商品的来源可分为全球性关税配额和国别性关税配额。全球性关税配额是对从全世界各国进口的商品规定一个数量界限，不超过这一界限进口则减免关税，超过这一界限则征收高额关税或罚款。国别性关税配额是指针对某些国家或某个国家规定不同的进口数量界限，各出口国在界限内出口则可以减免关税，如超过界限出口则征收高额关税或罚款。

2. 出口配额措施。出口配额（Export Quotas）是指一国政府在一定时期内对某些出口商品的出口数量或金额规定一个最高限额的制度。限额内商品可以出口，限额外商品不准出口或予以处罚。出口配额有以下两种形式：

（1）主动配额。主动配额是指出口国根据国内市场容量和某种情况而对某些商品的出口规定限额。

（2）被动配额。被动配额是指出口国家或地区在进口国的要求和压力下，在一定时期内自动限制本国的某些商品对该进口国的出口数额，超过规定的数额则禁止对该进口国出口。从表面上看，由于被动配额是出口国自动实施的，因而也称"自动出口配额"或"自动限制出口"，但实际上，它是被迫的。进口国往往以商品大量进口使其相关工业受到损害为由，要求出口国实行有秩序的增长，自动限制商品出口，否则就单方面限制进口。在这种情况下，出口国为了避免进口国采取报复性的贸易措施，只好"自动"限制其出口。

自动出口配额有以下两种方式：①单方面无协定的自动出口配额，即由出口国单方面自行规定出口配额，限制商品出口。出口商必须向有关机构提出配额申请，获准后方可出口。②协定自动出口限额，即由进口国与出口国通过谈判签订自限协定或有秩序出口协定，在协定有效期内规定某些商品对进口国的出口配额。出口国根据此配额自动限制有关商品的出口，进口国根据海关统计予以监督检查。

（三）外汇管理措施

外汇管理措施（Foreign Exchange Control）是指一国政府指定或授权某一政府部门制定法规，对本国境内的本国及外国的机关、企业、团体和个人的外汇收付、买卖、借贷、转移以及本国货币的汇价和外汇市场等所实施的管理。

各国实行外汇管理的根本目的是为了避免国际收支危机和货币信用危机，维持国际收支平衡。由于外汇管制具有限制外国商品进口的作用，因而被许多国家作为实施贸易保护主义的一种重要措施。各国外汇管理制度主要体现在对贸易外汇进行管理、对资本项目外汇进行管理、对汇率进行管制等方面。

（四）进出口商品检验措施

进出口商品检验措施（Import and Export Commodity Inspection）是指从事进出口商品检验的机构，依照有关规定对进出口商品的品质、数量、包装等进行分析和测定并出具检验证书，借助各种技术性标准对进出口贸易进行管理的措施。

各国一般设立专门检验机构。按检验机构的性质，有官方检验机构、半官方检验机构、民间检验机构。在检验商品的范围上，大多数国家只对部分进出口商品实施强制性检验。技术性贸易措施是指在国际贸易中，一国为保护本国的国家安全、生态环境、消费者利益，通过制定产品标准、法规及合格评审程序等对本国的进口贸易加以管理的措施。这些措施在很大程度上限制了他国商品进口，使得技术性贸易壁垒成为贸易保护的一种新的形式。技术性贸易壁垒作为非关税壁垒，更具表面上的合理性，其隐蔽性更强，作用更为强大。

（五）贸易救济措施

1. 反倾销措施。倾销（Dumping）是指一国（地区）的生产商或出口商以低于产品正常价值的价格，将商品输入到另一国国内市场的商业行为。世界贸易组织反倾销、反补贴协议授予成员方征收反倾销税和反补贴税的权利。但是，近年来，一些国家频繁运用反倾销（Anti-dumping）措施。

根据各国规定，反倾销法所禁止的倾销是指在正常的贸易过程中，一项产品以低于其正常价值的价格出口到另一国家或地区，从而给进口国相关产业造成实质性损害、实质损害威胁或实质阻碍某项工业的建立。正常价值的认定通常有以下方式：相同商品或类似商品在出口国的国内价格；相同产品或类似产品在第三国的价格以及推定价格。对来自非市场经济国家的产品通常采用替代国或类比国价格、结构价格或第三国对进口国的出口价格。特别是替代国方法有很大的灵活性和不科学性，因此，经常成为反倾销国家推行贸易保护政策的工具。各国的反倾销程序大体分为以下几个阶段：提起反倾销调查申请、立案审查和公告、反倾销初步调查和初步裁决、最终裁决、行政复审。

2. 反补贴措施。补贴（Subsidies）是指一国政府或公共机构向本国生产商或出口商提供的现金补贴或财政上的优惠，以提高本国商品在国际市场上的竞争力。根据补贴的形式可将补贴分为直接补贴和间接补贴。直接补贴是指由政府或公共机构给本国出口商的现金补贴，以弥补出口商品的经济损失或确保能获得较高利润。间接补贴是指政府或公共机构对本国出口商或进口商提供财政上的优惠或技术上的资助或赠与，如减免或退还国内税款、提供低息贷款或出口担保、外汇贬值等。

补贴是一国政府干预经济活动的重要方式。为消除补贴造成的不良影响，许多国家都制定了独立的或与反倾销法律相结合的反补贴（Countervailing Measures）法律，对获得补贴的进口商品征收反补贴税。各国一般规定在以下条件下征收反补贴税：①进口商品接受了补贴；②接受补贴的外国进口商品对进口国同类产品的工业造成重大损害或威胁，或对某一工业的建立造成了重大阻碍；③补贴和损害之间存在因果关系。此外，反补贴调查程序以及反补贴机构与反倾销也类似。近年来，随着一些国家贸易保护主义的加剧，全球反补贴案件数量大幅度上升。

3. 保障措施。保障措施（Safeguard Measures）是指当因进口产品数量增加，使进口国国内相同产品或与其直接竞争的产品的生产者受到严重损害或严重损害威胁时，进口国采取的消除或减轻该损害或该损害威胁的措施。

各国通常在防止和纠正所造成的损害所必需的时间内实施保障措施，而不能长期实施。在采取的措施方面，各国通常所采取的措施是关税措施。由于单方面采取保障措施很容易招致对方国家的贸易报复，因此很多国家在采用该措施之前都与对方国家协商，争取协商解决，进而避免保障措施的实施。

（六）原产地规则措施

原产地规则（Rules of Origin）是一个国家或地区为确定进出口商品的原产国和地区而制定的法律法规、行政命令和行政措施。通过实行原产地规则，可以针对来（产）自不同国家的货物分别给予不同待遇。

原产地证书是证明进出口货物原产地，即货物的生产或制造地的一种证明文件，分为普惠制原产地证书、一般原产地证书、区域性经济集团国家原产地证书、专用原产地证书等。各国制定的货物原产地规则，一般分为优惠和非优惠两种。优惠原产地规则主要为了辨别产品不同来源以实施不同优惠待遇。用于海关统计和供进口国分析进口商品结构而实施的原产地规则称为非优惠或一般原产地规则。

为协调统一各国的原产地规则，海关合作理事会于1973年5月18日签订了《京都公约》，制定了较为科学的原产地规则。此外，乌拉圭回合达成了第一个多边《原产地规则协议》，协调各国现行的非优惠原产地规则，避免原产地规则成为阻碍国际贸易的一种壁垒。但是，在优惠性原产地规则方面至今仍未达成多边协议。各国仍然自行制定可以享受普惠制等优惠待遇的原产地规则。

各国的原产地标准有完全获得标准和实质性改变标准两种。前者是指货物作为一个整体完全在一个国家生产和制造，并不包含有任何从别国进口和来源不明的原材料和零部件，生产或制造的国家即为该产品的原产国。完全原产地标准是一个十分严格的标准。实质性改变标准是指使用进口（或来源不明）的原材料、辅料、零部件，在一国经过加工或制造，使其性质和特性发生实质性的改变。各国判断实质性改变的实施标准有：税则号列改变标准、加工制造标准、从价百分比标准、原产地累计和给惠国成分标准。

直运规则是指受惠国的原产品必须从该受惠国直接运往给惠国。直运规则的目的是保证运至进口给惠国的产品就是出口受惠国发运的原产品，防止途中经过第三国时可能进行的任何再加工和换包。即使经过第三国运输，除了允许对商品进行包装加固、分类挑选等使货物保持良好状态的必要处理外，不得对商品进行任何再加工。

普遍优惠制（Generalized System of Preferences, GSP）是发达国家给予发

展中国家出口制成品和半制成品（包括某些初级产品）一种普遍的、非歧视的和非互惠的关税优惠制度。它是在最惠国关税的基础上进一步减税直至免税的一种特别优惠关税，其税率低于一般普通税率和最惠国税率，因此，享有普遍优惠制的进口商品税率是最低的、最优惠的进口税率。在1968年3月，第二届联合国贸发会议通过了《发展中国家制成品及半制成品出口到发达国家予以优惠进口或免税进口》。到目前为止，美国、欧盟等许多发达国家和地区都制定了给惠方案。

普惠制有三个基本原则：普遍原则、非歧视原则和非互惠原则。普遍原则要求发达国家应该对发展中国家出口的制成品和半制成品给予普遍的优惠待遇，尽可能减少被排除在普惠制之外的例外产品的数量。非歧视原则是指发达国家的给惠国应该给予所有发展中国家以优惠待遇，而不应只给予某些国家或针对不同国家制定不同的给惠方案。非互惠原则要求发达国家的给惠国在给予发展中国家以优惠待遇的同时，不能要求发展中国家的受惠国给予反向优惠。

（七）政府采购措施

政府采购制度（Government Procurement）是对一国政府对政府采购主体、采购范围、采购方式、采购政策以及采购管理等一系列法律规定的总称。通常情况下，各国的政府采购制度以《政府采购法》的形式来体现。为规范各国的政府采购，《关税与贸易总协定》乌拉圭回合多边贸易谈判达成了《政府采购协议》，强化了政府采购国际竞争的公平性和非歧视性规则，并将政府采购国际竞争扩大到中央政府实体和地方政府实体。

政府采购具有如下特点：①政府采购的主体包括中央政府机构、地方政府和公共部门；②政府采购不以赢利为目的，而是以保证实现政府职能和社会公共利益为目的；③政府采购具有明显的政策性特征；④政府采购资金主要来自于政府的财政拨款，包括由纳税人缴纳税款、政府公共服务收费、国际金融组织和政府间贷款及其他债务收入形成的公共资金、其他公共投入资金等；⑤政府采购以招标方式为主；⑥政府采购规模较大，采购产品范围广泛，包括产品、服务和工程；⑦政府采购活动公开、透明。

（八）进口最低限价措施和进口押金措施

进口最低限价制度（Minimum Price）是指一国政府规定某种进口商品的最低价格，如进口商品低于规定价格，则征收进口附加税或禁止进口，以消除进口商品在进口国市场上的价格优势的制度。

进口押金制度（Advanced Deposits）是指一国政府要求进口商在进口商品时，应预先按进口金额的一定比例，在指定银行无息存放一笔现金的制度。该制度又称进口存款制度，其目的在于增加进口商在资金上的负担，减少进口。

**【思考题】**

1. 简述关税措施的性质和作用。
2. 关税措施有哪些特点？
3. 简述海关税则的作用和类型。
4. 关税的征收方法有哪些？
5. 非关税措施有哪些特点？
6. 简述常见的非关税措施及各自的特点。

第七章

第八章

# 世界贸易组织多边贸易体制

## ■第一节　世界贸易组织

### 一、世界贸易组织的前身——关贸总协定

（一）关税与贸易总协定的法律地位

关税与贸易总协定（General Agreement on Tariff and Trade，简称 GATT）是指第二次世界大战结束后，由美国、英国、法国等 23 个国家的政府缔结的旨在降低关税、减少贸易壁垒的有关关税和贸易政策的多边国际协定，以及在协定运作中逐渐形成的一个事实上的国际组织。缔结《关税与贸易总协定》（GATT）是美国、英国、法国等西方国家建立全面开放的战后国际经济计划的一部分。1944 年 7 月，美国、英国等 44 个国家在美国新罕布尔州的布雷顿森林召开联合国货币与金融会议（布雷顿森林会议），确立了战后国际经济秩序的基调。在金融方面成立了国际货币基金组织，重建国际货币制度，维持各国货币稳定和国际收支平衡；在投资方面建立了国际复兴开发银行（世界银行），以鼓励对外投资，筹措资金，促进战后经济的恢复。这两个机构已经分别在 1945 年和 1946 年成立，作为联合国的机构，至今仍在有效运作。"广义上，布雷顿森林体系不仅包括 IMF 和世界银行，（在 ITO 宪章未能实施后）也包括 GATT 体系。"[1]布雷顿森林会议的参加者承认有必要建立第三个调整国际贸易的机构，扭转贸易保护主义和歧视性贸易政策的不利影响。但是，这次会议不能完成建立这一机构的任务，因为会议重在解决国际货币问题，会议的主办者和参加者都是与会各国的货币当局代表而不是贸易官员。结果，筹办国际贸易组织的任务由刚刚建立起来的联合国及其经济与社会理事会承担。

1945 年 11 月，美国提出了"国际贸易与就业会议考虑方案"，其内容是计

---

〔1〕〔美〕约翰·杰克逊（John H. Jackson）：《关贸总协定和世界贸易组织的法理》，高等教育出版社 2002 年版，第 99 页。

划缔结一个多边国际公约，包括关税优惠、数量限制、补贴、国营贸易、国际商品协定等所有国际贸易规则，还提出了要建立国际贸易组织（International Trade Organization）（ITO），作为与国际货币基金组织、世界银行并列的联合国机构。1946 年 2 月，美国在上述方案的基础上拟定了《国际贸易组织宪章草案》，建议联合国经济社会理事会召开世界贸易和就业会议讨论。联合国经社理事会接受了美国的建议，成立了联合国贸易与就业会议筹委会。1947 年 11 月 11 日，由 56 个国家的代表参加的"联合国贸易与就业会议"在哈瓦那召开，会上讨论了《国际贸易组织宪章草案》，代表们提出了 602 份修正案，最后经 53 个国家（包括中国）的同意，于 1948 年 3 月通过了该草案，定名为《国际贸易组织宪章》（又称《哈瓦那宪章》），待各国批准后生效。

《哈瓦那宪章》是个雄心勃勃的、庞杂的国际协议草案，不仅包括世界贸易规则，还包括关于就业、商品协定、限制性商业惯例、国际投资及服务贸易的规则，是个包含所有谈判方意愿而又无法使各方满意的协议。由于时任美国总统杜鲁门担心趋向保守和贸易保护主义的美国国会拒绝批准该宪章，一直没有将宪章交参议院批准，学界和政界也认为经过修改的宪章已不符合美国利益。1950 年，美国政府宣布不再寻求国会批准该宪章，其他国家也对宪章的命运持观望态度，ITO 事实上已无法成立。考虑到国际贸易组织宪章批准生效需要较长的一段时间，各国政府又急于解决高关税问题，1947 年 4 月，联合国经社理事会于日内瓦召开的贸易与就业会议第二次筹委会上讨论伦敦宪章草案的同时，美国、英国、法国等 23 个国家根据会议安排进行了关税减让谈判，最后达成了 123 项双边关税减让协议，涉及 5 万种商品。谈判后，一个称为关税与贸易协定委员会的机构把这些减税协议与国际贸易组织宪章草案中关于贸易政策的部分合并，汇编成单一文本，称为《关税与贸易总协定》。1947 年 10 月 30 日，日内瓦第二次筹委会结束，23 个国家签署了关贸总协定，该协定因未符合法定条件没有正式生效。不久美国联合英国、法国、比利时、荷兰、卢森堡、澳大利亚、加拿大 8 个国家签署了《临时适用议定书》，宣布总协定自 1948 年 1 月 1 日起在 8 国范围内临时生效，同时宣布总协定是为解决战后各国贸易和关税问题的临时协定，目的是使各国尽快享受削减关税的好处，在国际贸易组织宪章生效后，关贸总协定就成为该宪章的一部分，由后者代替前者。后由于国际贸易组织宪章未能生效，关贸总协定就成为事实上代替国际贸易组织宪章的文件，一直适用到世界贸易组织成立。

在乌拉圭回合谈判结束之前，关贸总协定（1947 年）作为有约束力的国际协定可以从广义和狭义两方面来理解。狭义的 GATT 是指最早由 23 个缔约方签字，于 1948 年 1 月 1 日临时生效的协定文本，还有其解释性说明、附件和临时适用议定书，以及在其临时生效后至乌拉圭回合谈判前对协定的历次修改和补充。广义的 GATT 除了狭义的总协定内容外，还包括：①进一步阐述 GATT 条款的一些单独协议和守则，如东京回合谈判达成的 9 个关于非关税壁垒的协议和守则。具体包括：《进口许可证手续协议》、《补贴和反补贴税守则》、《反倾销守则》、《政府采购协议》、《民用航空器贸易协议》、《技术性贸易壁垒协议》、《海关估价守则》、《国际奶制品协议》、《国际牛肉协议》。②关贸总协定缔约方大会和各委员会作出的决定。③几百份加入总协定缔约方签订的协议、议定书、关税减让表以及代替、修改这些减让表的协议。世界贸易组织成立后，东京回合谈判达成的 9 个协议和守则经过更新，已经从原 GATT 规则体系中分离出来，成为独立的多边或诸边货物贸易协议，它们已不属于广义的 GATT（1994 年）范围（参见乌拉圭回合文件示意）。

关贸总协定是一些国家的政府之间达成的临时生效的协定，实际上是由缔约方政府签署的关于贸易问题的多边行政协议，没有正式生效，也就不具有国际法意义上的国际公约性质。它的适用是依据 1947 年 10 月 30 日由 8 个国家的政府代表签署的《临时适用议定书》。议定书宣布：自 1948 年 1 月 1 日起和该日之后，临时适用总协定第一部分和第三部分（第 1 条第 1 款）；在不违背现行立法的最大限度内临时适用该协定的第二部分（第 1 条第 2 款）。《临时适用议定书》允许保留某些不符措施的规定被称为"祖父条款"（Grandfather Clause），依据祖父条款得以保留的某些不符措施被称为"祖父条款的保留"（有时也称"祖父条款"），这方面的保留最典型的是美国入关时对《1930 年关税法》303条款的继续实施，该条款规定征收反补贴税不需要证明外国补贴产品进口给美国国内工业造成损害，只要认定有补贴的事实即可，这与 GATT 第二部分第 16条的规定相抵触。此外《美国琼斯法》（Jones Act）规定禁止使用、出售、租赁外国制造或外国改装的船舶，用于国内及专属经济区水域沿海不同地点商业航运。这一违反 GATT 国民待遇及禁止数量限制原则的规定也作为祖父条款被保留下来继续实施，而且在世界贸易组织取消"祖父条款"后，它仍可作为唯一的例外继续保留。

关贸总协定后来发展成为事实上的国际组织，由秘书处和一些委员会管理协定实施。但是它从来没有取得正式国际组织的法律地位，不是联合国的下属机构。GATT 临时生效仅仅是为解决当时各国普遍存在的高关税采取的权宜之计，没有把它设计为一个正式的国际组织，当时的设想是正式的国际贸易组织一旦成立，将由其管理 GATT 实施。

（二）GATT 乌拉圭回合谈判

GATT 的重要目标就是通过谈判削减缔约方的关税，减少非关税障碍，克服贸易保护主义影响，促进货物贸易自由化。GATT 主持的关税减让谈判有三类：一是多边贸易谈判，亦称"回合谈判"，这是在减少贸易障碍方面最有影响和有成效的谈判；二是加入谈判，由新加入方与主要贸易伙伴的原有缔约方（其出口占新加入方国内市场 5% ~ 10% 的份额）和有实质利害关系的缔约方之间进行；三是重新谈判，任何缔约方由于国内形势变化需要修改执行中的关税减让表，它应根据 GATT 第 28 条规定，与初始谈判国和对修改有实质利害关系的缔约方进行谈判。为促进各国在互惠的基础上降低关税，GATT 进行过 8 个回合的谈判，每次都取得不同成果，其中尤以乌拉圭回合的谈判成果最为显著，这次谈判直接导致世界贸易组织的成立。

1986 年 9 月 15 日，GATT 缔约方部长级会议在乌拉圭的埃斯特角城召开，GATT 第 8 轮谈判即乌拉圭回合谈判正式拉开帷幕，会议通过了部长宣言，阐述了这次谈判的目标、原则和议题。先后有 125 个国家和地区代表参加了此回合谈判，整个谈判原定于 1990 年底结束，但由于在农产品贸易问题上有关方面产生严重分歧，谈判未能按时结束，被迫拖延。但是大量的技术性工作仍在进行，其中最重要的是当时的 GATT 总干事阿瑟·邓克尔主持了官员级的谈判，形成了被称为"最后文件（Final Act）"的全部协议草案，它是现存的 WTO 整个框架协议的基础。1992 年 11 月美国与欧盟解决了农产品问题分歧，达成了协议（即"布莱尔宫协议"），1993 年 7 月，美欧日加"四方（Quad）"就关税和相关领域市场准入谈判取得进展，1992 年 12 月 15 日所有问题最终得到了解决。1994 年 4 月 15 日，在摩洛哥古城马拉卡什会议中心举行了乌拉圭回合谈判的最后一次会议，125 个国家的政府和欧共体代表签署了最后的文件和《马拉喀什建立世界贸易组织协议》（以下简称"WTO 协议"），历时 8 年的乌拉圭回合谈判正式结束。最后该文件经各国提交立法机关批准后，已按预定时间表于 1995 年 1 月 1 日生效，世界贸易组织宣告成立。

乌拉圭回合谈判是 GATT 历史上最雄心勃勃的一次多边谈判，它持续的时间长、规模大，取得的成果巨大。谈判达成的具体协议、附件、决定和谅解有 60 项，形成了 550 页的最后文件，附有 22 500 页的各国关税减让表和服务贸易承诺清单，从多方面革新了国际贸易体制，它的主要成果是：

1. 进一步改善了货物贸易市场准入条件，关税减让和约束的成果显著。到 2000 年，所有工业品加权平均的关税率，发达国家从 6.3% 降到 3.8%，发展中国家从 15.3% 降至 12.3%，转型经济国家从 8.6% 降至 6%。根据 1997 年世界贸易组织 40 多个成员达成《信息技术协议》，到 2005 年，信息技术产品的关税降为零，并承诺每个参加方按最惠国待遇原则把这一减让适用于所有其他成员。在减少非关税障碍方面，东京回合谈判达成的各项约束非关税措施的协议得以完善并变成多边协议得以普遍实施；同时长期困扰 GATT 缔约方的"灰色区域措施"得以禁止。[1] 另外还增加了《原产地规则协议》和《装运前检验协议》。

2. 将长期游离于 GATT 之外的纺织品服装、农产品贸易纳入多边贸易规则管辖。新的《农产品协议》和《纺织品协议》将直接促进这两个部门产品的贸易开放和自由，还解决了 GATT 规则在这两个领域内效力不明的状态（灰色区域），将增强多边贸易规则的统一性和有效性。

3. 强化了管理多边贸易的法律规则框架。谈判达成的各项协议和谅解达成了今后调整多方面贸易活动的完整系统的国际法规则，除了几个诸边贸易协定之外，所有多边贸易协定都要求其成员一揽子接受和一体遵守，遏制了 GATT 东京回合谈判以来多边贸易体制存在的"分散化"趋势，增强了多边贸易规则的统一性和约束力。

4. 完善了管理多边贸易的机构体制。乌拉圭回合谈判最重要的成果是通过了《建立 WTO 协议》，这一协议被认为是自《联合国宪章》产生以来影响世界最重要的国际协议，根据该协议建立了管理多边贸易的正式国际组织——世界贸易组织，使当初《哈瓦那宪章》勾画的理想变成了现实。世界贸易组织伞状的机构体系内还包括一个经过法制化更新的争端解决机构和贸易政策评审机构，正如 WTO 总干事雷纳托·鲁杰罗所述，"争端解决机构是多边贸易体制的中心支柱，是 WTO 对全球经济稳定做出的最独特的贡献"。[2] 这两个机构的建立将有助于争议的防止和解决以及全部框架协议的贯彻实施。世界贸易组织将与世界银行和国际货币基金组织共同构成支撑世界经济的三大支柱。

5. 谈判达成了《服务贸易总协定》、《与贸易有关的知识产权协议》、《与贸易有关的投资措施协议》，扩大了多边贸易规则调整范围，弥补了 GATT 调整货物贸易单一性的不足。有助于在新的国际经济关系中 WTO 成员权利义务的平衡。新协议将促进全球服务贸易开放和增长，促进知识产权保护及技术成果开发利用。

6. 谈判贯彻了 1986 年埃斯特角部长会议宣言的精神，在达成的各项协议中考虑到发展中国家的特殊需要，给予其差别的更优惠待遇。具体表现在：允许发展中国家承诺较低水平义务，例如在《服务贸易总协定》、《补贴与反补贴措

---

[1]　虽有 GATT 一般禁止数量限制的原则，但某些缔约方长期以来仍然对农产品、纺织品服装、石油、汽车等所谓"敏感商品"实行歧视性进口数量限制，由于这种限制采取似乎是合法形式，有的通过签订"自愿出口限制协议"实行，有的如纺织品是在 GATT 主持达成的《多种纤维协定》安排下实行，所以效力不明，被称为"灰色区域措施"。

[2]　世界贸易组织秘书处编：《贸易走向未来——世界贸易组织（WTO）概要》，法律出版社 1999 年版，第 68 页。

施协议》、《农产品协议》中都有所体现；发展中国家在履行协定义务方面可以有较长的过渡期；发展中国家享有程序上的灵活性和优惠待遇；要求发达国家对发展中国家承担一定义务，如提供技术援助；等等。

世界贸易组织的成立结束了 GATT 主持阶段性回合谈判的惯例，世界贸易组织仍将为其成员扩大贸易自由化成果，探讨和完善国际贸易规则提供谈判场所。

（三）乌拉圭回合谈判达成的市场准入措施

经过 GATT 多次回合谈判，仍存在着一些影响货物贸易自由的不利条件，具体表现在：工业品领域发展中国家关税偏高；纺织品、服装、农产品贸易长期游离于 GATT 之外，贸易受到限制和扭曲。乌拉圭回合达成的多项协议在解决上述问题方面取得了突破性的进展，极大地改善了市场准入的条件。

1. 工业品。乌拉圭回合谈判工业品关税减让有如下特点：①改变了过去发达国家较多进行减让，只有少数发展中国家对有限商品进行减让的局面，所有发展中国家都同意按百分比实行线性减让，当然，根据相对互惠原则，发展中国家比发达国家减让的百分比低。②进出口关税约束加强。谈判后，几乎所有进入发达国家市场的工业品均适用经过约束的关税；发展中国家和过渡经济国家关税约束比例分别达到73％和98％。[1]许多发展中国家采用上限约束的方式，承诺不将关税提高到超过每一所列商品的上限税率，或适用于某特殊部门的上限税率，或适用于所有产品的上限税率。③关税削减幅度大，发达国家承诺总体削减关税40％，发展中国家和过渡经济国家削减30％。关税削减在 5 年期间平均实施，在 2000 年前达到协议规定的最终减让水平，即工业品加权平均关税发达国家从 8.6％降至6％。发达国家和一些发展中国家承诺在药品、医疗器械、农用机械、建筑设备、家具、纸张、玩具等商品领域实现零关税。

2. 纺织品、服装。1959 年，美国在 GATT 第十五届缔约方大会上提出"市场扰乱"的概念，认为包括纺织品在内的一些商品在短期内大量进口会在政治、经济、社会三方面给进口国造成严重后果。商品短期内过量进口造成的市场扰乱不是因倾销或政府补贴造成，而是商品的低成本或低价竞争引起的。GATT 接受了"市场扰乱"的概念，同意对"低成本供应者"的产品进行数量限制。实行这种限制不需要像采取 GATT 第 19 条保障措施那样应符合一定条件和程序，受限国家也不能获得补偿。1973 年，GATT 组织 42 个纺织品进出口国进行谈判，最后达成《国际纺织品贸易协定》（亦称"多种纤维协定"，英文缩写为"MFA"），此协定一再续签延长，第五个多种纤维协定至 1994 年底到期，此外

第八章

---

〔1〕 此处及以下统计数字均引自对外经济贸易合作部国际经贸关系司、海关总署关税司编译：《乌拉圭回合协议商用指南》，法律出版社 1996 年版。

还有大量的双边纺织品协议与之配合实施。MFA 的主要内容是允许发达国家进口国对纺织品进口实行数量限制，协议规定的纺织品进出口配额标准和设限水平成为各有关国家市场准入的前提条件。协议还允许发达国家以市场扰乱等为理由，背离 GATT 实行歧视性国别数量限制。由于 MFA 是在 GATT 组织下达成的，故这些不合理安排得以合法存在。

乌拉圭回合谈判达成了《纺织品与服装协议》。协议的基本目标是把纺织品服装贸易纳入 GATT 调整，由 WTO 统一管辖，自协议生效时起 10 年过渡期内，WTO 成员可以采取"过渡性保障措施"，到 2005 年 1 月 1 日，10 年过渡期结束，除非依据保障措施协议说明某种数量限制的合理性，任何成员不得再对纺织品进口实行数量限制，从而使该部门完全融入正常 GATT 规则体系，进口国再也不能维持配额限制。目前《纺织品服装协议》已停止实施，它是 WTO 协议中唯一规定自行废止的协议。实行上述安排的同时，《保障措施协议》禁止双边签订"自限协议"和"有秩序的销售安排"协议。

3. 农产品。GATT 创始成员并没有想到把农产品排除于多边贸易体制约束之外，但是有两方面的因素促成了这一历史事实：一是 GATT 条款本身为各国实行农产品贸易保护留下法律漏洞。按照 GATT 第 6 条第 7 款的规定，缔约方对另一缔约方低价倾销农产品不得征收反倾销税；第 11 条允许缔约方在一定情况下对农产品进口实行数量限制；第 16 条第 2 节第 3 款的意图似乎并不严格禁止对农产品出口的补贴。二是 1955 年，美国援引 GATT 豁免义务条款（第 25 条第 5款），要求缔约方全体免除其农产品进口方面的 GATT 义务，获得批准，美国得以合法地限制农产品进口，以实施其农产品价格支持计划。这项豁免影响深远，欧共体成立后也实行同样的农业保护政策，主要发达国家之间在农产品贸易方面的矛盾逐渐加深。此外，各国还提出了农业保护政策的其他理由，例如保证足够的粮食供应，维护国家安全；保护农民免受天气和国际价格变动影响；保护农村社会和自然环境；等等。

历史上农产品贸易冲突，GATT 谈判桌上的讨价还价主要在美国与欧共体、日本之间，以及这些发达国家和代表 14 个发展中国家农产品出口国的"凯恩斯集团"之间展开。在 WTO 多哈回合谈判中，印度、巴西与广大发展中国家联合，形成代表主要农产品出口国的 33 国集团（G33），向维护农产品保护政策的主要发达国家 20 国集团（G20）提出利益诉求。各国实行的农产品高保护政策体现在：①实行高关税和数量限制措施，严格控制农产品进口，以维持国内垄断性高价，保护农产品生产商利益；②实行国内价格支持政策，对于农产品生产、销售给予必要的政府补贴，使农产品价格稳定在一定水平；③实行出口补贴，鼓励生产者以相对于国内市场较低的价格向国际市场销售农产品。这些做法严重扭曲了国际农产品贸易，使农产品的价格和供应量高于或低于正常水平，政府补贴的结果是抬高了国内市场价格，鼓励了过量生产，而过剩产品在国际市场销售就需要出口补贴，那些没有财力补贴或补贴较少国家的产品就降低了出口竞争力，受到了不公平竞争的损害。[1]

乌拉圭回合谈判达成了《农业协定》，结束了农产品贸易脱离多边贸易规则管辖的历史（美国的豁免义务已经失效），协议规定的农产品贸易自由化措施将为逐步实现这方面的市场开放和市场准入创造条件，同时又考虑到农业产业的特殊性作出灵活安排，允许成员维持某些对农业和农产品贸易扭曲做法。这些措施是：

1. 通过边境措施控制进口。各成员对农产品进口限制关税化，取消数量限制和其他税收限制。具体做法是：将数量限制和其他措施影响价格的程度（体现为产品进口国国内价格与国际市场平均价格的差价）折算成等量关税，再加到已有的固定关税上，其结果虽然大幅度提高了农产品进口关税（有的税号产品达350%），却减少了随意性限制，使贸易更加透明。协议允许成员对某些农产品不实行关税化，但要服从严格限制条件。

2. 约束并削减农产品关税。各成员承诺约束农产品关税化形成的新关税和其他关税，使之不得再提高。各方按一定百分比削减关税约束的农产品，发达国家和过渡经济国家承诺平均削减36%的关税，在6年内完成；发展中国家平均削减24%，在10年内完成。每一农产品关税至少削减10%（发达国家为15%）。最不发达国家可以不削减关税，但应承担约束义务。

3. 承担现行市场准入和最低市场准入。现有的WTO成员通过特殊安排给来自某些国家的农产品进口优惠应保持，使之不受关税化之后的高关税影响，进口方应通过关税配额承担这一部分市场准入。各成员对于过去没有进口或很少进口的某些农产品必须作出最低市场准入承诺（在承诺表中列出），承诺进口量最初为国内消费量的3%（以1986年至1988年消费总量为基准），以后增至5%，进口方以关税配额承担这一部分市场准入，配额内产品进口关税不得高于约束关税的32%。

4. 按百分比从价值上和数量上削减一定比例的出口补贴。根据协定第9.2条，自协议生效起6年内，逐步减少对农产品出口补贴，发达国家用于农产品出口补贴的预算开支最终维持在基期水平的64%（减少36%的补贴金额）；享受出口补贴的农产品数量应维持在基期水平的79%（削减21%）。发展中国家这两方面的数值是76%（削减额为24%）和86%（削减额为14%）。

---

[1] 以小麦为例，欧共体每吨价格为250美元，美国国内是115美元，国际市场价格为70美元。汪尧田、于申主编：《美贸总协定与中国经济》，中国对外经济贸易出版社1993年版。

5. 按一定百分比削减国内支持水平。协定将除了出口补贴之外的其他各种形式的对农业的国内补贴定义为"国内支持"和"综合支持量"（total aggregate measures of support "AMS"），分类规制。允许各成员对农产品实行某些种类的国内补贴，即绿箱补贴[1]，这是指协定附件 2 允许的补贴，包括政府提供的农业科研，病虫害控制，基础设施和粮食安全，灾害救济等服务，帮助农民进行农业结构调整的援助，环境及区域援助计划中的直接支付等六个方面。除此以外的国内补贴应在测算综合支持量的基础上，按基准期水平逐步削减，这是指协定第 3 条、第 6 条及其附件规制的黄箱补贴，是政府对农产品或农业投入提供的各种价格支持，包括对农产品直接价格干预，对种子、化肥灌溉等农业投入的补贴。各成员以 1986 年至 1988 年间国内支持总水平为基准，发达国家在 6 年内削减总量支持的 20%，发展中国家在 10 年内削减总量支持的 13.33%。但是给予某项特定或非特定的农产品的补贴额不超过该产品总产值的 5%，发展中国家的这一数值为 10%，可不计入总量支持中，免除削减义务，这是允许实施的微量农产品补贴。另外，根据限产计划（如休耕）按固定面积和产量给予的补贴，或按基准期生产水平 85% 以下给予的补贴也不须削减（协定第 6.5 条），这是所谓"蓝箱"补贴。

6. "和平条款"[2]。协议第 13 条题为"适当克制"，将附件 2 所述补贴定义为不可诉补贴，要求成员不得对这类补贴提出违反协议或非违反协议的诉讼。对于成员实施完全符合《农业协定》第 6 条范围的黄箱补贴，应免征反补贴税，除非依据《补贴与反补贴措施协议》确定存在损害或损害威胁，受影响成员对此应该克制发起国内反补贴调查，也不得根据《补贴与反补贴措施协议》第 5 条、第 6 条提起 WTO 争端解决。对符合协定第五部分的出口补贴，只有补贴进口造成损害或损害威胁时方可征收反补贴税，但成员在发起这类反补贴调查方面应表现克制。对这类出口补贴不得根据《补贴与反补贴措施协议》第 5 条、第 6 条提起 WTO 争端解决。

实行这些措施将增加国际农产品进出口，农产品国际市场价格也会逐渐上升，以接近正常水平。但在实施过程中，某些国家过分夸大谷物、肉类等农产品非关税措施的影响，量化的关税过高，有可能形成比原来更严重的贸易阻碍。

---

〔1〕 在 WTO 术语中，根据补贴对经济和贸易的扭曲效果用不同交通信号灯颜色加以区别：绿箱（green box）是允许实施的补贴；黄箱（amber box）是对贸易有扭曲效果的应逐步减少的补贴；红箱（red box）是禁止实施的补贴。《农业协定》没有要求成员禁止实施的对农业的补贴（红箱补贴），只是要求成员不得实施超过减让表削减承诺的国内支持和出口补贴（第 3 条）。

〔2〕 第 13 条题为"适当克制"，被称为和平条款，意味成员间达成和平协议，对《农业协定》实施期间有关的补贴做法不提出贸易救济调查和启动 WTO 争端解决。

### 二、世界贸易组织的法律地位

（一）WTO 的组织机构及其决策机制

世界贸易组织（WTO）是在组织上取代 GATT，协调和约束各成员贸易政策、法规和措施的政府间国际组织。WTO 是政府间国际组织，其成员是主权国家和在对外贸易方面有充分自主权的单独关税领土的政府。WTO 组织的谈判、议事活动和争议解决都由这些政府的代表参与，除政府代表以外的任何个人、工商企业和非政府组织无权参加其活动，只有少数专家可在 WTO 内由非政府代表组成的机构从事公务。

WTO 成员分为创始成员和加入成员。根据 WTO 协议第 11 条的规定，GATT1947 缔约方和欧共体在 WTO 协议生效前或在生效后的 2 年过渡期内表示同意接受该协议及其附件多边贸易协定的约束（不包括诸边贸易协定），并向 WTO 提交了关税减让表和服务贸易专项承诺表，就成为 WTO 创始成员。对于在1996 年底仍没有成为 WTO 成员的 GATT 缔约方和其他非 GATT 缔约方可以加入方式成为 WTO 成员。WTO 采纳了 GATT 接纳新成员的做法，即任何国家或在对外贸易关系和与 WTO 协定相关事务方面有充分自主权的单独关税领土，可以按照它与 WTO 议定的条件加入 WTO，同意接受新成员的决定由部长会议作出，经WTO 2/3 以上的成员批准。以加入方式成为 WTO 新成员的最重要工作是同原有成员进行关税减让和服务贸易市场准入谈判，谈判结果形成附加于 GATT1994 的关税减让表和附加于《服务贸易总协定》的服务贸易专项承诺表。诸边贸易协定的加入按这些协议的规定处理。截至 2013 年 3 月，WTO 共有 159 个成员。

按照 WTO 协议的规定，WTO 设有部长级会议、总理事会、分理事会、专门委员会、总干事、秘书处等机构。

1. 部长级会议。部长级会议是 WTO 最高决策机构。它由 WTO 所有成员的代表组成，至少每 2 年召开一次会议。部长级会议的职能是：①履行 WTO 的职能，并为此采取必要行动；部长级会议为履行 WTO 职能采取的"必要行动"的范围是广泛的。GATT1994 注释中指出："除某些例外，GATT 条款中授予缔约方全体采取联合行动的职权将授予部长会议。"这说明"必要行动"包括 GATT 第25 条各款所述缔约方全体采取联合行动的范围，也包括为贯彻 WTO 其他协议应采取的行动。②根据其成员的请求，在符合 WTO 协议和多边贸易协议决策程序的特别要求情况下，有权对多边贸易协议中的任何事项作出决定。

2. 总理事会。总理事会是 WTO 的常设执行机构，在两届部长级会议之间主持 WTO 日常工作，履行部长级会议的职能，批准各委员会的决议。总理事会也是 WTO 争端解决机构和贸易政策评审机构，它们根据不同的职权范围召开会议，在履行各自职能时由各自的主席领导，适用各自的规则程序。上述三个机构由所有成员的代表组成，向部长级会议负责和报告工作。

根据《贸易政策评审机制》协议，设立的贸易政策评审机构，负责定期审议成员的贸易政策和措施，审议是基于一成员政府提供的详细叙述其贸易政策的报告和 WTO 秘书处独立准备的一份详细报告进行，这两个报告以及贸易政策评审机构的审议记录将在审议后立即公布。协议承认国内透明度必须建立在各成员自愿基础上并考虑各成员的政策法律制度。贸易政策评审的目的是了解各成员实施 WTO 协议的情况，尽可能减少贸易争议，审议不是强制实施义务的基础，也不是为了争议解决。对一成员贸易政策审议的频率按该成员在世界贸易中所占份额决定，四大贸易实体——欧盟、美国、日本和加拿大每 2 年审议一次；贸易份额占前 16 位的成员每 4 年审议一次；其他成员每 6 年审议一次。

3. 分理事会。总理事会下设 3 个分理事会协助其工作，负责监督协议的实施。货物贸易理事会监督 GATT1994 及相关协议的运作；服务贸易理事会负责《服务贸易总协定》的实施；与贸易有关的知识产权理事会负责 TRIPS 协议的执行。分理事会成员资格向 WTO 所有成员的代表开放，并按履行职务的需要召开会议。WTO 的工作（包括正式的和非正式的）由各成员的政府代表完成，贸易政策和谈判在国内准备。[1]

4. 专门委员会、工作组。WTO 设有两类专门委员会和工作组，分别由相应的机构授权履行职能。第一类由总理事会以及根据部长会议决议设立的工作机构，履行 WTO 协议及总理事会授予的职能，包括贸易与环境委员会、贸易与发展委员会、区域贸易协定委员会、国际收支平衡委员会、最不发达国家小组委员会。此外，还包括根据诸边贸易协定设立的政府采购委员会、民用航空器贸易委员会。根据诸边贸易协定设立的委员会有义务保持与总理事会的沟通，以了解它们的活动情况，但是，总理事会及 WTO 其他机构的权力对这些委员会无约束力。总理事会下设若干工作组协助其活动。第二类是由分理事会设立的工作机构，货物贸易理事会管理的所有货物贸易多边协议，除《装船前检验协议》外都设立了相应的工作委员会（共 11 个），还设立纺织品监督机构和国营贸易工作组。它们监督各自协议的实施，向货物贸易理事会报告工作。服务贸易理事会负责《服务贸易总协定》实施，设立了金融服务贸易委员会，具体承诺委员会和职业服务工作。各专门委员会的成员资格向所有 WTO 成员代表开放。

5. 总干事和秘书处。WTO 下设秘书处，由部长会议任命的总干事和若干副总干事领导。总干事的职责和任职条件由部长会议制定的规则确定。总干事是

〔1〕　大多数国家在日内瓦设有外交使团，参加 WTO 各层次会议，但由于经费原因，在 WTO 30 个最不发达国家中，只有1/3 在日内瓦设有常驻代表办公室，而且除 WTO 活动外，还负责联合国的活动。

WTO 规则监护人，通过对成员施加影响，促进规则的遵守和实施；他也是调停人和行政主管，帮助解决成员之间的争议；负责秘书处的工作，主持各种谈判；总干事根据规则决定工作人员资格（设在瑞士日内瓦的 WTO 秘书处现有约 500 名不同国籍雇员）。

秘书处的职责是为 WTO 各代表机构（理事会、委员会、工作组）进行谈判、争议解决和执行协议提供行政和技术支持；为发展中国家特别是最不发达国家提供技术援助；处理成员的加入谈判，为准备加入的国家提供咨询。秘书处是 WTO 信息中心。秘书处下设总干事办公室和与 WTO 各机构、各专门委员会对应的工作部门（共 24 个司），以支持、协助 WTO 各部门的工作。总干事及其工作人员的责任具有专门性和国际性，他们在履行职务时不得寻求或接受来自于任何政府或 WTO 以外其他当局的指示，WTO 成员应尊重这种国际性，不应对其施加影响。

与联合国有关机构不同的是，WTO 沿用 GATT 传统，是全体成员导向（member-driven）的国际组织。WTO 部长会议、理事会、各委员会都由各成员代表组成，所有成员代表都有权参加这些机构活动和决策（争端解决专家组和上诉机构、诸边贸易协定委员会除外），实行协商一致或投票表决的决策方式；成员代表决定 WTO 的谈判议题、程序和最终成果。部长会议和总理事会表决采用一成员一票制，不采取加权投票制。WTO 部长级会议和总理事会仍沿用 GATT 采用的协商一致方式作决定，"协商一致（Consensus）是指在作出决定的会议上，如果出席会议的成员没有一个对所作出决议提出正式反对意见，决议机构被认为以协商一致的方式对提交审议的事项作出了决定"。[1] 除此之外，WTO 协议规定以下事项应以 WTO 成员投票表决决定：①部长会议和总理事会有权根据分理事会的建议解释 WTO 协议的所属多边贸易协定，对协议条款的解释需经 WTO 成员 3/4 多数通过；②前述协议的一般条款修改以 2/3 多数票通过，某些重要条款如"最惠国待遇"的修改需经全体成员通过才有效；③豁免某成员 WTO 义务需经 3/4 多数票通过。同时 WTO 协议作出了类似于 GATT 第 30 条的规定，即 WTO 成员保留接受 WTO 批准的新义务的权利（第 10 条）。

（二）WTO 的宗旨和职能

WTO 与其前身 GATT 一样，都是建立在市场经济制度和西方自由贸易理论

---

〔1〕 见 WTO 协议第 9 条第 1 款注释，赵维田教授认为："Consensus"译为"共识"更贴切。这一程序的规则是：只要在决策会议上没有人正式反对，就算达成共识，缺席、弃权、沉默均不妨碍达成共识。而采取沉默态度对那些决策事项与之关系不大，不想以明确表态开罪别国的小国更可取，这也是对大国经济实力的尊重。参见赵维田：《世贸组织（WTO）的法律制度》，吉林人民出版社 2000 年版，第 446 页。

基础上的。自由贸易理论主张国家不限制或较少地限制对外贸易，应允许商品自由进出口，不给本国生产商和出口商特权与优惠，也不严格限制外国商品进口。英国古典经济学家亚当·斯密和大卫·李嘉图是自由贸易理论的奠基人。亚当·斯密提出了倡导自由贸易的绝对成本（利益）理论，认为各国在生产中都有特定的优势，包括自然条件优势和人民能力技能的优势，因能力不同会形成生产成本和生产率的巨大差异，一国生产某种商品所具有的较低成本和较高生产率就是绝对利益，各国应生产和出口那些具有绝对利益的商品而进口本国不具有绝对利益的商品，这样各自获得的商品总量都会增加，贸易双方都有利。大卫·李嘉图进一步提出了比较利益理论。他认为，一个国家即使有两种以上具有绝对利益的产品，它也要比较利益程度的不同，集中力量生产和出口绝对利益比较大的产品，进口绝对利益比较少的商品；另一些国家即使产品都处于绝对不利的地位，也要比较不利的程度，集中力量生产出口那些不利程度较小的商品，可进口不利程度较高的商品，即"有利取其重，不利取其轻"。GATT缔造者希望建立一种没有贸易保护主义干扰的自由贸易秩序，使商人在安全稳定的交易条件下自行进行成本利益比较，寻找最佳的出口交易，获取最大利益。古典比较利益理论的重要缺陷是单纯以商人的立场和价值观权衡比较利益，以单纯经济观点作为立论基础，较少考虑贸易对社会公共利益、环境、国家可持续发展的负面影响，以及生产交换的"外化性"和外部效应。[1]以此为基础的GATT规则在将贸易竞争与社会全面的可持续发展相协调方面存在重要缺陷。WTO的宗旨和制度力图加以改进，但仍受到责难。在WTO举行的几次部长会议期间，会议所在地发生大规模抗议示威，民间组织要求WTO关注与贸易有关的环境、劳工、食品安全等问题，从一个侧面反映了这一矛盾。

《建立世界贸易组织协议》正文共16条，另有5个附件列于其后。正文规定了WTO宗旨、职能和组织机构、决策方式等事项。协议序言规定，WTO的宗旨是：①加强世界经济与贸易的联系与合作，以提高生活水平，保障充分就业，增加实际收入和有效需要，增加货物与服务的生产和贸易。同时考虑到以可持续发展的方式，合理开发和利用世界资源，保护和维护环境。②通过实施切实有效的计划，以确保发展中国家在国际贸易增长中的份额，适应其经济发展需要。③通过互惠互利的协议安排，实质性地降低关税，减少其他贸易壁垒，在国际贸易中消除歧视待遇。④维持GATT的基本原则，进一步完成GATT的目标，发展一个综合的、更加有活力的、持久的多边贸易制度。

---

〔1〕［美］曼昆著，梁小民译：《经济学原理》，生活·读书·新知三联书店、北京大学出版社2001年版，第211页。

WTO 的宗旨在基本方面与 GATT 宗旨是一致的，但是又有所扩展。WTO 宗旨新增的内容是：①扩大服务贸易；②采取措施保护和维护环境；③积极努力，确保发展中国家，特别是最不发达国家的贸易份额；④建立综合的、更有活力的多边贸易制度。

WTO 的宗旨表明：①WTO 和 WTO 法希望促成的国际贸易发展模式是以人为本的可持续发展模式。它不仅要体现市场开放带来的贸易增长，更要在发展进程中"提高人民生活水平，保证充分就业"，增进人民福利，寻求对世界资源的最佳利用，保护和维护环境。实现经济发展与社会发展的协调，实现贸易增长与资源环境保护的协调。这是从 GATT 体制下旧的发展模式向适应经济全球化进程的科学、可持续发展模式的历史性转变。②WTO 法体现了以人为本，维护人权的核心价值，将提高人民生活水平，保障充分就业，保证人民实际收入和有效需求大幅增长，保护和维护环境作为基本目标。还应看到，WTO 法将发展成为一个综合的、更有活力的多边贸易体制，它将调整更广泛的经贸领域。WTO 法及机构体制的正式性及它对于各成员的有力约束，决定其将担负起未来全球化治理的重任，共同管理全球性公共产品及全球性经济福利，人权及环境保护，解决更广泛的可持续发展问题。

WTO 协议第 3 条规定了 WTO 的职能：①促进 WTO 各项宗旨的实现，监督与管理其统辖范围的各项协议与安排的实施运行，并为执行上述各项协议提供统一的机构框架；②为今后多边贸易谈判提供论坛和场所；③按一体化争端解决规则程序，解决各成员之间的贸易纠纷；④与国际货币基金组织和世界银行等相关国际组织合作，协调全球经济决策。

（三）WTO 与 GATT 在组织上的关系

在组织上，WTO 与 GATT 之间是替代关系，WTO 具有不同于其前身 GATT 以及其他国际组织的鲜明特点。

在法律地位上，WTO 是与 GATT 有实质区别的永久性的正式的国际组织，它依法成立，是如同主权国家一样的国际法主体，具有法律人格。WTO 成员必须给予该组织履行职能必需的权利能力、特权和豁免，它的工作人员和成员代表在履行 WTO 职责时同样享有必需的外交特权和豁免。WTO 的决议，它所管辖的框架协议对其成员有法律约束力。WTO 成立后取代了 GATT 这个临时的非正式组织的地位，GATT 作为一个组织已于 1996 年正式终结，WTO 成了唯一的调整多边贸易关系的国际组织。但是，WTO 与国际货币基金组织和世界银行不同，它不是联合国的下属机构，它将与这两个机构有效合作，共同协调国际经济关系。

WTO 改变了 GATT 仅仅调整一部分货物贸易的局限性，调整更广泛的经贸关系领域。WTO 把农产品、纺织品服装纳入了管辖范围，除此以外，还调整与贸易有关的知识产权保护、国际投资措施、服务贸易、环境政策和竞争政策等，必将为成员间多领域的经济合作和可持续发展起促进作用。

WTO是统一的多边贸易管理机构，它将谈判达成的所有协议文件都纳入了管辖范围。除几个诸边协议外，所有多边协议都要求成员一揽子接受，服从WTO一体化争议解决，改变了GATT东京回合谈判达成的某些守则既可接受也可不接受，它的管理和争议解决脱离多边贸易体制的"分散化"的趋势，有助于建立规范统一的国际经济秩序。

WTO具有健全的机构体系和更广泛的代表性。以部长会议为核心，总理事会为主干的伞形机构体系将有效保证协议的贯彻和职能活动的开展，特别是争端解决机构和贸易政策评审机构对其成员有实质上的约束作用，前者通过准司法性的争端解决程序和交叉报复手段保证所管辖的争议及时解决，所作出的裁决和建议有效执行；后者监督其成员贸易政策和法律的制定情况，保证其透明度与WTO原则和规则相符合。

WTO与GATT也存在组织上的联系。WTO成立后，GATT作为独立的组织机构已不存在，但是这个实体并没有解散，而是转变成WTO的下属机构——货物贸易理事会，负责监督多边货物贸易规则的实施，GATT所有工作人员也被WTO雇用；在组织构成上，WTO成员以原GATT成员为主体，125个GATT缔约方已成为WTO创始成员；更重要的是，GATT组织活动原则、程序规则和习惯做法也被WTO接受。《建立世界贸易组织协议》第16条规定："除非本协议或复边贸易协议另有规定，WTO将接受GATT1947缔约方和在GATT1947法律框架内建立起的机构所遵循的GATT的决定、程序、习惯做法的指引。"

## ■第二节　WTO多边贸易法律体系

### 一、WTO管辖的框架协议

乌拉圭回合通过的最后文件构成了调整多边国际经贸关系的法律框架。最后文件分为两部分：第一部分为《建立世界贸易组织协议》及其涵盖的多边和诸边贸易协议，它们构成多边贸易法律框架的主体；另一部分为乌拉圭回合部长级会议通过的宣言和决定，其内容主要是对第一部分多边贸易协定涉及的细节问题作补充性规定。乌拉圭回合达成的最后文件如下：

第一部分：《建立世界贸易组织协议》及其如下附件：

附件1A：各项货物贸易多边协议。这些协议包括：

1. 1994年《关税与贸易总协定》，包括如下部分：

（1）经修订的GATT1947文本的各项条款。

（2）在 WTO 协议生效前，依据 GATT1947 生效的下列文件的各条款：①关税减让的议定书和证明；②加入议定书（关于临时适用，临时适用的撤销，"祖父条款"除外）；③根据 GATT1947 第 25 条授权作出的，在 1995 年 1 月 1 日仍有效的关于解除缔约方义务的决定；④GATT1947 缔约方的其他决定。

（3）下列关于 GATT 条款的谅解：①关于 GATT1994 第 2 条 1（b）的解释；②关于 GATT1994 第 17 条的解释；③关于 GATT1994 国际收支平衡条款；④关于 GATT1994 第 24 条的解释；⑤关于 GATT1994 免除义务的规定；⑥关于 GATT1994 第 28 条的解释。

（4）GATT1994 马拉喀什议定书关于 GATT1994 的解释性说明。

2.《农产品协议》。

3.《实施卫生与植物卫生措施协议》。

4.《纺织品与服装协议》。

5.《技术性贸易壁垒协议》。

6.《与贸易有关的投资措施协议》。

7.《关于实施 GATT1994 第 6 条的协议》。

8.《关于实施 GATT1994 第 7 条的协议》。

9.《装运前检验协议》。

10.《原产地规则协议》。

11.《进口许可程序协议》。

12.《补贴与反补贴措施协议》。

13.《保障措施协议》。

附件 1B：《服务贸易总协定》（以下简称 GATS）及其附件。这些附件包括：①GATS 第二议定书（金融服务）；②GATS 第三议定书（自然人流动）；③GATS 第四议定书（基础电信）；④GATS 第五议定书（金融服务）。

附件 1C：《与贸易有关的知识产权协议》。

附件 2：《关于争端解决规则与程序的谅解》。

附件 3：《贸易政策审议机制》。

附件 4：诸边贸易协定。协定包括：①《民用航空器协定》；②《政府采购协定》。

第二部分：部长会议宣言和决议。

在第一部分中，《建立世界贸易组织协议》是主协议，是多边贸易法律框架的核心。该协议兼具契约性和法规性。协议本身极少直接规范管理多边贸易关系的实质规则，主要内容是对 WTO 的成立、宗旨、职能、机构设置、决策方

第八章

式、成员权利义务（组织方面）作出约定（契约性）。[1]调整多边贸易关系，规范国际贸易竞争规则的实质规定体现在附属的多边和诸边协议以及其他谅解和决定中，它们作为《建立世界贸易组织协议》的附件列入其后（法规性）。附件中的协议文件既有实体法，也有程序法，按内容可分为五个部分：①货物贸易多边协定，包括 13 项独立协议，由 GATT1994 和乌拉圭回合谈判达成的新协议组成（附件 1A）；②《服务贸易总协定》（附件 1B）；③《与贸易有关的知识产权协议》（附件 1C）；④《关于争端解决规则与程序的谅解》（附件 2）、《贸易政策评审机制》（附件 3）；⑤ 4 项诸边贸易协定（附件 4）。[2]

从整体上看，WTO 规则仍然秉承了 GATT 自由贸易与市场开放原则、公平贸易（非歧视）原则和权利义务平衡可预见性原则的制度基础。[3]只不过非歧视原则被创造性地引入《服务贸易总协定》和《与贸易有关的知识产权协议》，各自适用于不同的调整范围。自由贸易和利益平衡已扩大适用于包括农产品、纺织品服装贸易、服务贸易等更广泛领域。WTO 规则保持了 GATT 高度灵活性的特征，一般规则与具体承诺相结合，严格法律义务与道义义务相结合，基本原则和例外规定的有机结合在新协议及新的市场准入谈判结果中都有所体现。

但是，WTO 规则是正式的国际协议，通过健全的组织体系和准司法性的争端解决机制，WTO 法获得了比 GATT 更大的强制性和约束力。实践证明，这一特点使 WTO 法在当今全球治理中发挥着独特作用。首先，WTO 法已变成全球法的核心成分，WTO 法正在整合全球法，共同实现全球治理，共同解决经济全球化条件下产生的贸易及与贸易有关的社会问题。"全球法"[4]是比传统国际法更广义的概念，它是指所有为实现全球治理而从外部影响国内法、国家各项管理制度和私人行为的国际规范。在法律渊源上，全球法不仅包括传统国际公法中的条约惯例，还包括大量非正式的国际规范（原则、指引、标准、准则和建议等）。在全球法中存在一种"借力机制"（Borrowing Regime）或整合作用，一方面，WTO 法利用这些正式或非正式的国际规范确立公平的国际标准来管理贸易；另一方面，这些标准和规范因为 WTO 规则和争端解决机制的采用而增强了约束力。其次，WTO 法在实现国家内部"良好治理"中也发挥着积极作用。接受

---

[1] 《建立世界贸易组织协议》中对多边贸易关系有直接影响的规则是第 9 条关于附件 1 多边贸易协定义务的豁免，第 13 条关于 WTO 成员间互不适用多边协定的规定。

[2] 随着《农产品协议》的生效和实施，1997 年 WTO 成员同意在当年年底废止《牛肉协议》和《奶制品协议》，诸边协议仅剩 2 个。

[3] 参见世界贸易组织秘书处编，张江波、索必成译：《贸易走向未来——世界贸易组织概要》，法律出版社 1999 年版，第 3 页。

[4] 关于全球法类型，参见 Benedict Kingsbury, Nico Krisch & Richard B. Stewart, "The Emergence of Global Administrative Law", *Law and Contemporary Problems*, Vol. 68, Summer/Autumn 2005, p. 20.

WTO 法意味着接受市场化、法治、透明度以及责任政府、非歧视、保护个人权利等民主的价值目标，这将促进成员的改革开放和民主化进程。

WTO 成员对 WTO 多边贸易协定采取"一揽子接受"方式，除 4 个诸边贸易协定可有选择地自愿参加外，WTO 协议与其所涵盖的全部多边贸易协议、谅解是不可分割的组成部分，应一并加入，WTO 成员不得把其中任何单一的协议文件排除在外，拒绝接受。但是，在接受有关的多边协议时，经其他成员同意并在协议允许的范围内，可以对协议中某些条款作出保留。多边贸易协定的效力关系是，当《建立世界贸易组织协议》与其涵盖的多边贸易协议不符时，在不符的范围内，前者优先适用；当 GATT1994 与其他多边协议不符时，后者优先适用。这种制度安排比原 GATT 规则体系更具有协调统一性。

## 二、WTO 协议与 GATT1947 和 GATT1994 的关系

在法律制度上，WTO 多边贸易规则是对 GATT1947 原则和规则的继承和发展。一方面，从继承关系来看，首先，WTO 规则全面接受了 GATT1947 确立的宗旨，即在处理经贸关系方面，加强各国之间的合作，通过互惠互利的安排，减少关税和非关税贸易障碍，促进各国经济增长，提高人民生活水平。其次，WTO 规则继承了 GATT1947 的基本原则，如最惠国待遇、国民待遇、关税减让和约束、禁止数量限制、开放市场、透明度、多边主义、发展中国家的差别的优惠待遇，这些原则仍然是 WTO 处理多边货物贸易关系的准则。最后，WTO 接受了 GATT1947 的基本规则，除导致 GATT1947 临时生效的《临时适用议定书》外，GATT1947 以及后续发展起来的进一步阐述 GATT 规则的协议和守则，经过乌拉圭回合谈判进一步修订，演变成 GATT1994 和若干单独协议，被纳入 WTO 附件 1A 货物贸易规则框架内，成为调整多边贸易关系的四方面基本实体法之一。

另一方面，WTO 又从整体上发展了 GATT1947 的原则和规则。首先，WTO 除坚持 GATT 原有宗旨外，将发展服务贸易、保护环境和资源以使经济可持续发展、确保发展中国家国际贸易增长作为多边贸易体制的新目标。其次，GATT1947 的基本原则被引入服务贸易、与贸易有关的知识产权保护、与贸易有关的投资措施等多边贸易关系的其他领域，并被相应地赋予了新的含义，促进这些领域内各国经贸关系健康发展。最后，在 GATT 以调整货物贸易关系为主的规则基础上，WTO 充实了一些重要新规则，一是增加了调整经贸关系新领域的三个协议，二是增加了有利于多边贸易体制健康发展的争议解决规则和贸易政策评审制度。

新的货物贸易规则与 GATT1947 也有很大不同，一个是正式的国际协议，一个是非正式的文本，而且 WTO 货物贸易规则是由 GATT1994 以及其他调整非关

税措施的单独协议构成的。GATT1994 的内容也不同于 GATT1947，WTO 成立后，GATT 1947 文本已经不复存在，其全部条款被并入 GATT1994。GATT1994 正文仅 3 条：第 1 条宣布将 GATT1947 全部条款纳入本协定，但是不包括《临时适用议定书》；第 2 条为解释性说明条款，对纳入后的 GATT1947 条款中的重要提法作修改，将缔约方改为成员，执行秘书改为总干事，缔约方全体改为 WTO，宣布英文、法文、西班牙文为 GATT 正式文本；第 3 条允许美国维持《琼斯法案》（Jones Act）中的"祖父条款"，沿海地区航运不得使用外国船。除正文外还包括 6 个谅解条款和 1 个议定书。从法理上看，GATT1994 包含的不是确定性规范，而是准用性规范，没有直接规定调整成员货物贸易的具体规则，而是规定采用其他文件中的具体规则调整权利义务。GATT1994 被定义为包含以下内容：①GATT1947 各项条款，WTO 各协议生效前对 GATT1947 文本的历次修改补充，但不包括加入议定书。②在 WTO 成立前各缔约方的关税减让表，加入议定书，WTO 成立后仍有效的豁免义务规定（根据 GATT 第 25 条）。③乌拉圭回合谈判达成的解释 GATT 条款的 6 项谅解协议，以及宣布将乌拉圭回合谈判达成的减让表纳入 GATT1994 的《马拉喀什议定书》。

### 三、WTO 多哈回合谈判早期收获的成果

#### （一）WTO 多哈回合谈判

2001 年 11 月在卡塔尔首都多哈举行的 WTO 第四次部长会议上，成员代表决定开启新的 WTO 多哈回合谈判。该轮谈判确定了 8 个谈判领域，即农业、非农产品的市场准入、服务贸易、知识产权、贸易救济规则谈判、争端解决、贸易与环境以及贸易和发展问题，这些领域又被划分为 19 个议题。其中农业国内支持、农产品和非农产品市场准入是谈判焦点。2003 年 9 月，在墨西哥坎昆第五次部长会议上，谈判各方固守立场，围绕这些敏感议题没能达成一致意见，导致多哈回合谈判在第一阶段就遭遇严重挫折，使谈判开始确立的 2005 年如期完成谈判的目标未能实现。之后，一些不愿放弃的国家代表调整谈判策略，转向在较低级别的总理事会取得一致意见，寻求突破。2004 年在日内瓦 WTO 总理事会上各方达成《多哈发展议程框架协议》（七月一揽子文件），确定将农业和非农产品市场准入、贸易与发展、服务贸易、贸易便利化这些议题作为未来谈判方向。发达成员方同意在具体时限内取消所有形式的农业出口补贴，对扭曲农业贸易的国内支持方面进行实质性的削减。作为补偿，发展中成员方同意降低工业品的进口关税和其他壁垒，进一步开放非农业产品市场，降低市场准入门槛；对一些极度贫穷的成员方，协议允许他们继续在一些关键领域实行贸易保护政策。框架协议通过之后，成员通过小型部长会议推动谈判，在 2005 年的达沃斯部长会议、肯尼亚部长会议和大连 WTO 部长会议上，达成了一定的共

第八章

识，2005 年在香港 WTO 第六次部长会议上通过的《香港宣言》，在农业议题上取得进展，各方计划在 2006 年底达成协议，结束多哈回合谈判。2006 年 6 月，60 个成员部长在日内瓦进行谈判，由于在农业市场准入、农业补贴、非农产品市场准入这"三角谈判"上分歧严重，谈判陷入僵局。7 月 24 日，WTO 总干事拉米宣布无限期中止多哈回合谈判。2008 年召开的达沃斯非正式部长会议和同年的 20 国集团峰会上，代表们尝试达成合意也没能成功。由于美国总统"快车道程序"授权于 2007 年过期，这一时期，美国等发达国家对多哈回合谈判失去耐心，重点转向地区贸易集团谈判，主要是《跨太平洋战略经济伙伴关系协定》（TPP）、《跨大西洋贸易与投资伙伴关系协定》（TTIP）、《反假冒贸易协定》（ACTA）、《诸边服务协定》（PSA）。

　　2013 年 9 月，巴西人罗伯特·阿泽维多继任总干事，使多哈回合谈判出现转机。他认为地区贸易协定应建立在 WTO 多边规则的基础上，应强化多边机制，当务之急是重启多哈回合谈判。此前在 2011 年 12 月 WTO 第八次日内瓦部长会议上，代表们意识到原有的"要么所有问题达成协议，要么没有任何协议"这种一揽子承担的方式不现实，各方同意从原有议题中剥离出比较容易达成协议的问题进行谈判，取得早期收获。到 2012 年底，早期收获范围确定，这就是贸易便利化、某些农业议题、贸易与发展和后来"棉花四国"（贝宁、马里、乍得、布基纳法索）提出的棉花议题。2013 年 12 月 3 日~7 日，世界贸易组织（WTO）第九届部长级会议在印度尼西亚巴厘岛举行，会议结束时发表了《巴厘部长宣言》，就上述早期收获的议题达成"巴厘一揽子协定"，多哈回合谈判 12 年僵局终获历史性突破。"巴厘一揽子协定"是本次会议上最甘美的果实，这份世贸组织成立 18 年来的首个全球贸易协定，共包括 10 份文件，其中涵盖简化海关及口岸通关程序、扩大发展中国家在农业支持和农产品出口方面的某些权利、协助最不发达国家发展贸易等内容，这些协议文件如果能如期获得批准生效，将为全球经济和贸易创造巨大效益。

　　（二）WTO 第九次巴厘岛部长会议谈判成果（多哈回合早期收获）

　　2013 年 12 月 7 日，WTO 第九次巴厘岛部长会议通过了以下决议和谅解调整有关领域的贸易问题。

　　1. 农业议题。《一般服务的部长会议决议》接受非洲国家和 33 国集团建议，将一些农业补贴项目纳入《农业协定》附件 2 作为绿箱补贴，不需要削减。这些补贴项目包括土地休耕、土壤保护和资源管理、旱灾管理和水灾控制、乡村就业项目、土地所有权确权和安置项目。

　　《出口竞争部长宣言》体现了发展中国家希望通过贸易便利承诺换取发达国家减少农产品出口补贴承诺的意愿。部长会议没有就取消出口补贴达成有约束力的协议和承诺，《出口竞争部长宣言》对早先作出的有关决议作出强烈宣示，承认出口补贴和类似的出口措施对农产品贸易的扭曲作用，出口竞争问题仍是多哈谈判的优先议题。虽然 2005 年香港部长会议后没有实现会议确立的到 2013 年底取消所有形式的出口补贴的目标，但该"宣言"表示部长会议将铭记香港部长会议就农产品竞争设定的最后承诺，维持现有削减农业支出的成果和积极态势，决定对于诉诸所有形式的出口补贴和具有同等效果的所有出口措施实行最大程度的克制，确保在均衡取消所有出口补贴方面和对有同等效果的措施实行约束方面取得进展，确保出口补贴水平维持在成员所作补贴承诺的下限。部长一致同意实施香港部长会议关于农产品出口竞争的宣言是后巴厘会议工作的优先议题。

《关于〈农业协定〉第 2 条定义的农产品关税配额管理规定的谅解》（关税配额谅解）处理的是农产品进口国实行关税配额调整的问题，目的是保障实施已经达成的市场准入承诺。《农业协定》允许进口国实行关税配额调整农产品进口，即使超过配额限制的农产品也可以在征收较高关税条件下允许进口。但是许多进口国因配额分配不合理导致一些产品配额不能用尽，一些出口成员担心这样的关税配额会形成贸易壁垒，要求采取措施增加透明度，分享配额信息，监督其使用。关税配额谅解确认成员管理关税配额的措施属于 WTO《进口许可协议》规定的进口许可，应符合该协议的规定。同时，在符合《农业协定》的条件下就农产品关税配额信息公布、许可申请人权利、许可批准和配额调整等事项增加了义务性规定。其核心是要求成员公布和向进口许可程序委员会通知关税配额使用率（fill rate），建立符合本谅解的配额再分配体制。根据附件 A，如果一进口成员没有向进口许可程序委员会通知配额使用率，或使用率低于 65%，其他成员可以就有关的关税配额承诺向 WTO 农业委员会提出特别关切，由秘书处记录在案，进口成员应该与有关的成员讨论关税配额管理，以求得谅解。如果协商无果，并且进口成员配额使用率低于 65% 累计 3 年，或者累计 3 年没有通知使用率，一成员可以通过农业委员会请求进口成员采取特别行动调整有关的关税配额管理；或者（在进口港）按"先申请先得"原则就地发放申请，直到配额用完；或者按照"自动进口许可"发放要求，向每一个申请者发放进口许可，直到配额用完。

《为粮食安全目的公共储备部长决议》决定建立临时机制，保证有关成员对一些国家实行的特定农业补贴暂时克制采取反措施。根据《农业协定》，政府用保护价格直接从农民那里收购粮食建立库存属于黄箱国内支持措施，应该进行约束和削减，协定第 6.4 条规定发展中国家成员提供这类支持只有在微量水平（不超过农业生产总值 10%）时才免除削减义务。33 国集团于 2012 年提出修改

《农业协定》的建议，将为建立粮食库存这种有利于低收入农民的措施纳入绿箱补贴，不需要限制，另一些成员认为这样做将整体上削弱 WTO 对农业支持的纪律。作为妥协，部长会议决议达成临时机制：如果一发展中国家成员为实施保证粮食安全的公共储备计划，对主要粮食作物安全提供支持，其结果突破《农业协定》黄箱上限，有关的成员应该暂时克制向 WTO 争端解决机构提起申诉，在部长会议结束后为寻求永久解决方案继续工作。这一安排是与《农业协定》第 13 条类似的"和平条款"。

2. 贸易与发展议题。2013 年 12 月 7 日 WTO 第 9 次巴厘岛部长会议通过了 4 项决议，调整发展中国家和最不发达国家贸易与发展的问题。

《最不发达国家优惠原产地规则部长决议》规定了适用于对最不发达国家给予单方面优惠项目的原产地规则，是给惠国制定这方面原产地规则的原则指引，这一制度确保只有原产于最不发达国家的产品才享有进口国给予的优惠。

《对最不发达国家服务和服务提供者提供优惠待遇的免责操作的部长决议》允许 WTO 成员对最不发达国家的服务和服务提供者给予差别的和更优惠的待遇，以促进最不发达国家参与国际服务贸易，提高国际服务能力。这一安排弥补了现有 GATT1994 第四部分及授权条款的不足，使最不发达国家依据 GATT 第四部分在货物贸易领域享有的单方面差别和更优惠待遇扩大适用到服务贸易领域。目前最不发达国家在国际服务贸易进出口中的份额分别仅占 1.7% 和 0.6%。

2005 年 WTO 香港部长会议通过了《关于优惠最不发达国家措施的决议》，根据决议，发达国家和部分发展中国家同意对原产于最不发达国家（LDC）的产品进口实行免关税和免进口配额待遇，会议之后这一决定得到一定的实施。巴厘部长会议通过了《对最不发达国家产品市场准入免税和免配额限制的部长决议》，表明 WTO 成员帮助最不发达国家成员融入全球贸易体制的政治承诺：承认香港部长会议之后各成员在这方面的进展，同时要求尚没有对原产于最不发达成员至少 97% 的商品实行免关税和免配额待遇的发达国家成员改善进口制度，在下次部长会议召开前给最不发达国家提供更多市场准入。

《特殊和差别待遇监督机制部长决议》规定了对发展中国家特殊和差别待遇机制的范围、功能、运作和参考条件。决定在贸易与发展委员会设立专门机制负责监督发展中国家的特殊和差别待遇问题。该机制的监督范围包含在 WTO 多边协议中以及部长会议、总理事会决议中所有关于发展中国家特殊和差别待遇的规定。该机制应作为 WTO 机构内部的活动中心，分析、审查 S&D 条款实施情况，目的是查明 S&D 条款实施问题的原因，是条款本身问题还是实施问题。该机制在适当时间向有关 WTO 机构提出报告，建议考虑采取行动或发起谈判，完善 S&D 条款或改善其实施。监督以成员提交的书面信息或文件为基础，或以相

第八章

关 WTO 机构提交的报告为基础。

3. 棉花议题。在巴厘部长会议期间，非洲撒哈拉"棉花四国"提出最新建议，要求分两个阶段改革棉花贸易：①原产于最不发达国家的棉花进入发达国家市场和同意这项待遇的发展中国家市场时进口国应给予免关税和免配额待遇，不同意此项待遇的发展中国家成员应寻求改善这些产品的市场准入；②发达国家任何仍维持的对棉花的出口补贴应该立即取消。上述建议要求巴厘部长会议通过决议实施。最终的结果是部长会议通过了《棉花部长会议决议》，强调棉花对许多发展中国家，特别是最不发达国家经济的重要性，再次确认之前部长会议、总理事会通过的决议承诺和谈判成果，在农业谈判中努力地、迅速地、专门地处理棉花问题。

巴厘部长会议没有就棉花问题达成有约束力的协议，《棉花部长会议决议》仅仅是部长们的宣示和妥协，棉花贸易的最终改革应与整体上的多哈回合农业谈判挂钩。

（三）《贸易便利化协议》

1. 谈判背景以及协议的形成。2013 年 12 月 7 日，WTO 巴厘第九次部长会议以"意思一致"的方式通过了《关于〈贸易便利化协议〉部长决议》，《贸易便利化协议》（TF 协议）作为附件被列入其中，这是巴厘部长会议达成的"巴厘一揽子协定"中唯一在其生效后具有多边条约约束力的国际协议，也是 WTO 建立 18 年以来通过的唯一的多边协议。贸易便利是指通过简化海关手续和其他贸易程序促进货物更有效率地跨境流动。长期以来，不论发达国家还是发展中国家的对外贸易经营者都遭受着大量贸易程序的"繁文缛节"的困扰，即使信息技术有了进步，自动文件提交也并不常见，大量文件提交是重复性的或不能预知的。这些问题由于各国海关之间，经营者与政府之间缺乏合作而加重。联合国贸发会统计，海关业务平均涉及 20~30 个不同部门的 40 个文件、200 个数据组合，其中 30% 的数据要求重复率至少达到 30 次，这些数据中的 60%~70% 至少要重新输入一次。[1] 在现代制造业实行"及时生产，及时交货"（just-in-time）的零库存环境下，贸易商需要对货物进行迅速的可预见的海关放行，随着全球关税削减，与海关手续相符的成本在许多情况下超过了需支付的关税成本，大量中小企业其整体产值经常占 GDP 的 60%，却不能参与国际贸易，根源在于贸易中的"繁文缛节"而不是关税壁垒。许多发展中国家海关、交通运输、信息技术等基础设施的低效率严重阻碍货物贸易和外国直接投资。

第八章

---

[1] 参见 qth Ministerial Conference, Bali 2013, Brief Note: Trade Facilitation-Cutting "red-tape" at the border, at http://nto. -org/english/thewto_e/minist_e/mcq_e/brief_tradfa_e. htm.

GATT 和 WTO 长期致力于解决贸易便利问题，许多 WTO 协议条款的目的在于取消货物贸易关税和非关税贸易壁垒，提高法规和行政措施透明度，实现贸易自由。其中与减少贸易繁文缛节，提高贸易便利有关的条款是 GATT 第 5 条（过境自由）、第 8 条（进出口规费和手续）、第 10 条（贸易法规的公布和实施）。就简化贸易手续而言，这些规则是零散和不全面的，其内容需要扩展和澄清；世界海关组织制定了一些简化海关手续和国家之间加强海关合作的条约，其中主要是 1974 年《简化和协调海关程序国际公约》（又称《京都公约》），其内容有助于澄清上述 GATT 条款，但需要将某些海关技术规范纳入 WTO 体制以增强其效力。因此，有必要在 WTO 法律框架内制定调整贸易便利的专项协定，补充货物贸易规则的不足。

在 1996 年 12 月召开的 WTO 新加坡部长会议上，贸易便利被正式列入多哈谈判议题，部长会议决议第 21 段指定货物贸易理事会"就简化货物贸易手续进行试探性的分析工作，以便评估 WTO 规则在这一领域的调整范围"。[1]2004 年在日内瓦召开的 WTO 总理事会上，各方以意思一致方式达成《多哈发展议程框架协议》（七月一揽子文件），其中附件 D 规定了《贸易便利化协议》的谈判步骤和授权范围，即谈判应先澄清和完善 GATT 第 5 条、第 8 条和第 10 条有关内容，目的是促进货物包括转运的货物加速流动、清关和放行；谈判还处理这一领域的能力建设、技术援助和支持；谈判目的还在于为海关之间或适当的当局之间就贸易便利、与海关手续相符问题提供有效合作。据此，贸易便利协议谈判工作组于 2004 年 11 月 15 日召开会议拟定工作计划，通过之后的细节谈判形成草案，最后文本在巴厘部长会议获得通过。根据部长会议决议，TF 协议生效的进程是：总理事会于 2014 年 7 月 31 日之前召开会议，将 A 类国家承诺的清单列入 TF 协议附件；通过《修改议定书草案》并将 TF 协议纳入 WTO 框架协议附件 1A。[2]《修改议定书》通过之后，在 2015 年 7 月 31 日之前，供成员开放接受，并且根据《建立世界贸易组织协议》第 10 条第 3 款的程序批准生效。遗憾的是，由于印度、古巴、玻利维亚、阿根廷、南非等国的反对，WTO 总理事会未能如期在 2014 年 7 月 31 前通过《贸易便利化协议》，其结局目前尚不确定。

2. 协议主要内容。协议分为两部分：第一部分共 13 条，规定了成员在透明度和便利海关和其他边境贸易程序方面的实质义务；第二部分共 10 节加上最后

〔1〕 Singapore Ministerial Declaration. WT/MIN（96）/DEC, paragraph, 21.

〔2〕《贸易便利化协议》将以《修改议定书》这样的案文形式批准生效，这是指对 GATT 第 5 条、第 8 条和第 10 条的修改，根据《建立世界贸易组织协议》第 10 条第 3 款，对附件 1A 和附件 1C 所列多边协定条款的修正，如其具有改变各成员权利义务性质，则经成员 2/3 多数接受后，应对接受修正的成员生效，并在此后对接受修正的每一其他成员自接受时起生效。

一个条款，规定了发展中国家和最不发达国家的差别待遇，他们实施协定义务的灵活性。协议的义务有三类：第一类是协议生效后即对成员具有充分强制性约束力的义务；第二类是在某些进一步的条件或承诺实现后即具有强制性的义务；第三类原本就是强烈期待实现的义务，属于"软法"。

（1）目的和宗旨。协议序言再次确认多哈部长会议宣言和总理事会关于制定 TF 协议的授权，协议的目的是澄清和完善 GATT 第 5 条、第 8 条和第 10 条有关内容，促进货物包括转运的货物加速流动、清关和放行；承认发展中国家和最不发达国家在该领域能力建设方面需要援助和支持；承认成员之间在贸易便利和海关程序相符方面需要有效合作。

（2）透明度。第 1 ~ 5 条解释和补充了 GATT 第 10 条，规定了类似于其他 WTO 协议的管理透明度要求，包括：迅速公布一般适用的法律法规和行政裁决；建立咨询点，答复政府、贸易商和其他有关当事人的问题；通知贸易便利委员会成员可获得上述信息的成员官方地址和互联网标准网址（URL）等。除此之外，还提出了以下更高的要求：①要求公布更广泛的与进出口手续和要求有关的信息，例如表格、文件、关税和规费、原产地规则、罚则等。②成员有义务将进出口程序的说明、表格文件要求、联系地址在互联网公布使之能获取和适时更新，在可行时，应以一种 WTO 正式语言公布进出口程序的说明。③成员与货物流通、清关放行有关的法律应在实行前尽早公布，并且给有关当事方适当机会评论这类拟适用的法律，成员应在适当时规定境内边境机构与贸易商和相关经营者之间的定期协商。④成员应一次性对提交书面请求的申请者作出预裁决（advance ruling），[1] 该预裁决应在作出后的合理时间内对成员和申请人有约束。⑤进口货物如因为海关或其他当局检验被扣押，成员应迅速通知承运人和进口商。

（3）进出口规费。第 6 ~ 10 条对应解释和补充了 GATT 第 8 条，规定了简化海关手续和限制边境费用和收费（除进出口关税、国内税以外的）的规则。关于费用和规费作出以下规定：①成员应按照前述透明度要求公布这类费用和收费信息，成员应在公布和实施这类收费之间给予足够时间，在信息公布前不得收取这类费用。②重申所有规费和费用应限制在等于提供服务所需近似成本以内或与专门进出口业务有关；如果费用仅对于与海关查验货物密切相关的服务收取，不得要求将这类收费与专门的进出口业务收费挂钩收取。③海关当局对违反海关法律的处罚应该依据事实和案情，做到"罚责相当"

---

〔1〕 TF 协议第 3.9 条定义：预裁决是一成员向申请人（进出口商或其代表）在申请的货物进口前提供的书面决定，该决定规定了货物进口时有关关税分类和原产地和其他事项的处理。

（第6.3.3条），对主动坦白违法事实成员应考虑减轻处罚。成员确保采取措施避免在核定与收取罚金、税款中产生利益冲突，避免产生对不适当核定与收取罚金的激励。

（4）清关与放行。第7条规定下列具体的便利通关放行的措施：在货物到达前对进口文件和其他手续预审查以便货物到达后加速放行；建立电子支付关税和费用的程序；将货物放行与海关收费分开，允许在关税和海关费用最终确定前放行货物，只要符合相关法律要求和提供适当担保；风险管理制度应将海关监控重点放在高风险货物，加速放行低风险货物，有选择地对人员和货物进行清关后的稽核；利用世界海关组织的标准定期公布平均货物放行时间；成员应对于符合标准的（如良好守法记录、内部管控记录和担保）授权运营商提供补充贸易便利措施；根据符合条件的申请，至少对于空运货物通关（与快递运营商有关）允许加速放行；对易腐烂货物优先检验，在可行最短时间放行。

（5）简化进出口手续。第10条规定下列原则和具体措施，简化进出口手续和文件要求：①为最低限减少进出口和过境手续的发生和复杂性，简化进出口和过境文件要求，考虑合法的政策目标和其他因素（诸如情况变化、有关的新信息和新商业做法、工艺技术的可获得性、国际最佳做法和相关方的投入），每一成员应审查这些手续和文件要求，确保其对于货物，特别是易腐货物的迅速清关和放行是适当的；对于减少贸易商的时间消耗和相符成本是适当的；确保其所选择的措施在两个或更多可供选择的实施政策目标的措施中是最少贸易限制的措施；如属于不必要的，应确保其不再维持。②成员应尽力接受为履行进出口和过境手续要求的能确证的纸质或电子复印件。③鼓励成员采用国际标准作为制定货物进出口手续和过境手续的基础。④成员应努力建立和维持单一窗口，使贸易商能通过单一的报关点将货物进出口和过境所要求的文件提交受理的当局和机构。⑤成员不得要求使用与关税分类和海关估价有关的装船前检验。⑥自协议生效时起，成员不得在进出口或过境业务中推行强制性的使用海关经纪人。⑦成员应在其领土内实行共同的海关程序和统一的为货物清关放行目的的文件要求，但这并不阻止成员基于货物类型或性质、风险管理要求、进口免税、使用电子文档和监管以及符合SPS协议的方式实行有区别的海关程序和文件要求。⑧如果一成员进口当局因货物不符合进口国卫生法规或技术法规而拒绝其进口，该成员应在符合法律要求条件下，允许进口商将货物再发运或退回出口商或其指定人。如果进口商在合理时间不这样做，有权当局可以采取其他措施处理不符货物。⑨成员应允许货物暂时免税进入关税领土，如果符合特殊目的并且在特定期间复出口，包括由外部或内部加工的货物免税进口和复出口。

第八章

（6）边境机构合作。第 8 条授权成员确保海关和其他边境机构相互合作，协调行动以便利贸易。对有共同边境的成员之间，协调包括工作日和工作时间；海关手续；共用设施的开发与共享；联合监控等方面。

（7）过境自由。第 11 条题为过境自由，澄清和补充了 GATT 第 5 条，提出以下便利货物过境的原则和要求：①成员实施的任何与过境运输有关的法规和程序不得继续维持，如果引起采纳这些法规和措施的情况和目标不复存在，或者已经变化的情况和目标能以更少贸易限制的方式处理；成员不得以对货物过境运输构成隐蔽限制的方式适用这些法规和程序。②过境运输不应以收取任何与过境相关征收的规费为条件，除非对运输收费或其他收费与必要的过境管理费用或提供服务的成本相当。③成员不得寻求、采取或维持对过境运输的任何自愿性的克制或任何其他类似的措施，但这不损害与规制运输相关的并与 WTO 相符的现存和未来的国内法规、双边或多边安排。④每一成员给予经其他成员领土过境的产品的待遇不得低于其给予自其原产地直接运输到目的地而不需经过其他成员领土的产品的待遇。⑤如果可行，鼓励成员为货物过境运输提供单独的基础设施（如车道和泊位）。⑥与过境运输有关的手续和文件要求相对于查验货物和确保实施过境要求的必要性而言不得过于繁重。⑦一旦货物进入过境程序，并且被允许自一成员境内的发运地前行，不得使货物服从任何海关收费，也不得有不必要的延误和限制，直到货物在成员境内的目的地终结过境。⑧对转运货物，成员不得适用 TBT 协议中的技术法规和相符评估。⑨成员应允许和规定在货物到达前预先提交和审核过境文件和数据。⑩一旦货物过境运输抵达成员境内存在的海关办事处，在符合过境要求时应迅速办结过境业务。⑪如果一成员要求对过境运输货物以保证金或非现金的文件形式提供担保，该担保应仅限于保证对过境运输货物的要求得以实施；如该成员确定过境要求已经满足，担保应无延迟地发还。⑫成员应努力相互配合与合作提高过境自由，这种配合与合作包括但不限于对收费、手续和法律要求、实际的过境业务制度方面的谅解。⑬每一成员应努力任命一国家过境协调人，使其他成员提出的所有有关过境业务良好运作的问题和建议得到处理。

（8）发展中国家差别待遇。TF 协议第二部分用新的措施强化了发展中国家差别待遇，协议改变过去对发展中成员实施相关协议困难的敷衍态度，差别待遇不再简单地表现为给予发展中国家成员履行宽限期和执行协议的灵活性，而是要求发达成员给予发展中国家和最不发达国家成员强制性的整体结构性的关于贸易能力建设的支持，将发展中国家成员的协议实施义务改为附条件义务的方式，只有当所附加的能力建设的条件满足，相关的协议义务才具有强制性。差别待遇不是一概授予发展中国家成员群体，而是以国家和国家，措施与措施都不同的个别承诺方式体现。在立法上，实施问题不再是协议完成后考虑的事项，而是作为成员承担的整体协议义务的一部分的事先考虑的事项。协议第二部分对发展中国家和最不发达国家成员差别待遇的主要内容是：

第一，根据第二部分第二至四节，对于发展中国家和最不发达国家成员，TF 协议条款分为 A、B、C 三类，由成员自行指定，不同类别的条款实施的时间和条件不同。对于 A 类条款，发展中国家成员在 TF 协议生效后应立即实施；最不发达国家成员在协议生效满 1 年后实施。对于 B 类条款，发展中国家和最不发达国家成员在协议生效后经过一段过渡期才实施，在协议生效后 1 年内（允许延期），每一发展中国家成员和最不发达成员应通知贸易便利委员会其指定的 B 类条款和相应标示的实施过渡期。对于 C 类条款，发展中国家和最不发达国家成员在协议生效后经过一段过渡期才实施，并且要求发达国家成员提供关于能力建设的援助和支持，[1]在获得实施能力后才实施。在协议生效后 1 年内，每一发展中国家成员和最不发达国家成员应通知贸易便利委员会其指定的 C 类条款（发展中国家成员在通知中应标示实施过渡期），通知还包括其所要求的为实施能力建设所需的援助和支持信息。在完成上述通知后 18 个月内，提供援助的成员和发展中国家成员、最不发达国家成员应通知贸易便利委员会有关提供援助和支持的进展和确定的实施日期。

第二，关于延长 B 类和 C 类条款实施期的早期警示机制。根据第二部分第五节，如果一发展中国家或最不发达国家成员考虑到在指定期限内实施其列明的 B 类和 C 类条款有困难而希望延长实施期限，它应通知贸易便利委员会，如果委员会没有准许延期或该成员自我评估其不能实施 C 类条款，该发展中国家或最不发达国家成员应通知贸易便利委员会，委员会应成立由贸易便利和能力建设专家组成的专家组，专家组在成立后 120 天内审查存在问题，向委员会提出建议。

第三，对发展中国家实施 TF 协议的措施可能引起的争议，协议规定了适用 WTO 争端解决的宽限期。根据第二部分第八节，GATT1994 第 22 条和第 23 条和详细阐述、适用这两条的《关于争端解决规则和程序的谅解》在 TF 协议实施后 2 年宽限期内，不适用于针对一个发展中国家成员涉及任何其指定的 A 类条款的争议解决；在 TF 协议实施后 6 年宽限期内，不适用于对一个最不发达国家成员涉及任何其指定的 A 类条款的争议解决。对于一个最不发达国家成员实施的 B 类和 C 类条款，其实施后 8 年的宽限期内，GATT1994 第 22 条和第 23 条、详细阐述和适用这两条的《关于争端解决规则和程序的谅解》不适用于针对该最不发达国家成员

---

〔1〕 根据 TF 协议注释，"能力建设的援助和支持"可采取技术、资金以及任何其他相互同意的援助方式提供。

有关这些条款的争端解决。尽管有以上宽限期规定，一成员在根据 GATT1994 第 22 条和第 23 条对一最不发达国家成员提出协商请求前和争端解决各阶段，应对最不发达国家成员特殊情况给予特别考虑，成员对于涉及最不发达国家成员根据《关于争端解决规则和程序的谅解》提起争议解决实行适当克制。

### 四、WTO 多边贸易规则的国内实施

#### （一）WTO 多边贸易规则的法律效力

在地域范围上，WTO 规则适用于各成员的全部关税领土。正如中国加入 WTO 议定书所规定的，WTO 协议和中国加入 WTO 的法律文件（议定书、报告书、加入决定）适用于中国的全部关税领土，包括边境贸易区、民族自治地方、经济特区、沿海开放城市、经济技术开发区及其他经济特区。[1]

WTO 多边贸易规则对于其成员的中央政府有直接的约束力。这种约束力的表现和基本要求是：中央政府应保证其贸易政策、法律、法规和行政措施的透明度；应保证其贸易政策、法律和行政措施与多边贸易规则及该成员承担的 WTO 义务相符；如果出现不符情况，应通过国内程序改正。[2]但是，WTO 法并没有规定各成员应以何种国内措施履行其在 WTO 中的义务，各成员可以采取与其传统和政治体制相适应的方式实施协议。从中国履行义务的实践看，中国是以"转化"的方式，即将 WTO 协议及中国加入 WTO 承诺转化为国内政策、法律和措施，通过立法、行政和司法等方式执行该协议。另一突出特点是，中国的党和国家政策在执行 WTO 协议中发挥独特作用。

《建立世界贸易组织协议》没有关于各成员对成员境内其他地方政府或非政府组织的行为承担责任的一般规定，某些具体协议，其中主要是 GATT1994 及《服务贸易总协定》规定了地方政府应承担的遵守协定义务。GATT1994 第 24 条第 12 款规定："缔约方应采取一切可能采取的合理措施，保证在它领土内的地区政府和当局及地方政府和当局能遵守本协定的各项规定。"《GATT1994 第 24 条的解释谅解》进一步强调："各成员对 GATT1994 所有条款的遵守依据该协定负全部责任，各成员应采取可行的一切合理措施确保其领域内各地区、地方政府和当局遵守该协定。"根据 GATT 专家小组的解释，GATT 第 24 条第 12 款的规定同样适用于其他属于 GATT 范围（广义）的单独协议的遵守，只不过把各成员地方政府的义务变成了遵守这些单独协议的义务。这意味着一成员境内地方当局采取的影响 GATT 及其他单独货物贸易协议实施的措施同样可以成为有利害关系的另一成员向 WTO 提出争议解决的理由，一旦作出肯定裁决，中央政府

第<br>八<br>章

---

〔1〕　参见《中华人民共和国加入世贸组织议定书》第 2 条 A 项第 1 款。
〔2〕　参见《建立世界贸易组织协议》第 16 条及《关于争端解决规则与程序的谅解》第 3 条规定。

有责任尽一切努力取消地方当局采取的与 GATT 不符的措施，否则将引起另一成员的报复制裁。类似的规定也见于《服务贸易总协定》，GATS 第 1 条指出，该协定适用于其成员影响服务贸易所采取的措施，这些措施是指中央、地区、地方政府和当局所采取的措施以及代表中央、地区、地方政府和当局实施权力的非政府组织采取的措施。还规定："为履行本协定下的责任和义务，各成员应采取一切可能的适当措施确保其境内的地区地方政府和当局及非政府组织履行其责任与义务。"这里特别强调各成员对境内非政府组织（指代表政府行使权力的组织）的行为也要负责。

依据国际条约法原则，缔约方不得援用国内法条款作为其不能履行条约义务的辩解理由，主权国家签署了条约，该条约经过转化或直接采纳而具有国内法效力，中央和地方当局都应遵守。中国加入 WTO 后履行 WTO 义务的实践说明中国主要以转化的方式执行 WTO 法，但是不排除今后在法无明文规定时直接采纳 WTO 法。地方政府不履行条约义务在地方享有较少自治权的单一制国家较少发生，上述 GATT 第 24 条第 12 款及《服务贸易总协定》的规定实际上是针对地方享有较大自治权的联邦制国家的特殊规定，当联邦制国家的联邦政府对州、省政府采取的与多边规则有关的措施无管辖权或管辖权不明时，依据 GATT 专家小组报告，联邦政府有责任采取"严肃的、持久的、令人信服的努力"确保地方当局遵守 GATT 条款。[1]

（二）WTO 多边贸易规则与成员境内公民和企业的关系

一般情况下，WTO 规则对各成员境内的自然人、法人没有直接的约束力，自然人和法人既不能直接参加 WTO 的活动，也不得参与 WTO 的争议解决，因为他们不是条约这种国际法的主体。更重要的是 WTO 规则创设的权利义务基本上是由政府承担的，所调整的法律关系主体是各成员的政府，尽管政府实施 WTO 规则的结果可以产生私人的权利义务，但这些权利义务是国内法的权利义务，它不是 WTO 规则直接授予个人的，而是间接地经由各成员政府履行条约义务创立的。

WTO 规则是成员境内私人某些经济权利的重要来源。并且不排除在某些国家，WTO 规则具有直接效力，公民可以直接援用 WTO 规则起诉成员政府，主张依据 WTO 规则应享有的权利。[2]这些权利蕴涵在 WTO 协议及其涵盖的多边协

第八章

〔1〕 参见 GATT 专家小组对"加拿大省交易局关于进口酒类销售的规定争议案"裁决（1989）。

〔2〕 1973 年，意大利 Manifattura Lane Marzotto 公司起诉意大利财政部，认为其收取的"行政服务费"违反了 GATT 第 3 条第 1 款 B 项，被告辩称 GATT 规则无直接效力，因意大利议会没有通过实施立法，米兰初审法院判决支持被告。但上诉法院推翻初审判决，裁决被告的行为非法。该案见于［美］奥古斯特（Ray August）:《国际商法》，高等教育出版社 2002 年版，第 370 页。

议条款中，有些可以从出口国政府获得，有些可以从进口其产品或服务的进口国当局获得。如进口商有权要求政府在规定时间内发放进口许可证；要求海关接受其正确的申报货价；向政府主管当局申诉，就外国倾销产品展开调查；出口商有权获得出口产品间接税的退还，有权要求进口国非歧视地对待其出口商品。WTO 规则因其所属国家和地区的政府接受，成为国内法的一部分，是相互开展经贸活动的准则，也改善了市场准入条件，提高了工商企业市场准入的安全性和稳定性。经营者可以合理期待：WTO 成员大部分商品的关税已经减少和被约束，进出口贸易不会受到突然的高关税或国内税的限制干扰，也不会对服务或服务提供者的市场准入施加超过义务承诺表中规定的限制条件；每一成员确保其海关估价、商品检验、发放进出口许可证方面符合 WTO 统一规则。

WTO 成员的公民、工商企业也会积极影响多边贸易规则的制定、运行和完善。参与 WTO 规则制定的成员政府代表通常要反映本国对外贸易政策和对外贸易利益，而这种利益要求和政策取向可以从本国公民、企业的意见和建议中得出，他们间接地影响 WTO 决策。[1]虽然 WTO 成员的政府才有资格代表本国申请 WTO 争端解决机构解决争议，而政府通常是根据国内工商企业利益遭受损害的事实或应企业的要求才提起申诉，诉诸 WTO 争议解决的行动应该获得国内企业支持，国内企业间接影响 WTO 争议解决。多边贸易规则的遵守主要依靠 WTO 的垂直监督以及成员之间相互监督，其中成员国内的公民企业组织也是重要监督力量，他们是开放公平的贸易体制的最主要支持者。

# ■第三节　世界贸易组织争端解决机制

## 一、GATT 争端解决模式

国际法理论将国际争议分为政治争议、法律争议和事实争议。政治争议是涉及国家及领土主权和尊严的重要政治、经济利益冲突；法律争议涉及条约的遵守等国际法上的权利义务问题；事实争议涉及某项国际争端事实的确认。[2]这种理论上的界限在实际国际交往中有时不加严格区分，比如政治利益冲突常

---

〔1〕《与贸易有关的知识产权协议》谈判过程中，西方跨国公司和行业协会对协议达成起了主要推动作用。具有影响的三个商业组织——欧洲工业和雇主同盟、日本经济组织联合会、美国知识产权委员会，于 1988 年提出了《GATT 知识产权条款基本框架》，并极力说服不同类型的 GATT 缔约方代表通过 TRIPS 协议。参见 Gail E. Evans, "Intellectual Property as a Trade Issue: The Making of the Agreement on Trade-related Aspects of Intellectual Property", *World Competition: Law and Economics Review*, 1994, p. 165.

〔2〕周鲠生："国际争议及其解决方法"，载《北京大学社会科学季刊》1923 年版，第 235 页。

以法律争议形式出现，法律争议、事实争议也可能演变为政治冲突。解决国际争端的办法有两类：一类是谈判、磋商、斡旋、调解、调停等外交手段；另一类是仲裁、专家小组裁决、国际法院判决这些法律手段。其中谈判与磋商是对各种争议解决普遍适用的，也是最简单的方式，除此以外的其他外交手段适用于解决政治纠纷，是政治解决方式，法律手段适用于解决法律争议。

GATT 所管辖的争议基本属于因条约遵守引起的法律争议，这类争议频繁发生，有明确的管辖机构，应采用判决性的法律方式解决，其好处是：①以规则为根据，有严格程序保证的判决方式，可以使争议迅速有效解决，避免久拖不决，也具有确定性和可预见性，能充分发挥规则的指引作用；②判决性使裁量标准协调统一，可减少同样案件审理结果的差异，减轻政治强权的压力，使裁判相对公正；③判决性意味着规则的严格实施，这对于维持 GATT 多边贸易体制的生存发展、抵制某些国家或地区性贸易保护主义的侵蚀至关重要。

在 GATT 历史上，美国一直主张这种法制主义的争端解决模式，它希望发挥 GATT 专家小组的作用，使之具有审判职能，通过协议和规则的严格适用，作出有约束力的裁决，并采取有效措施保证其执行。相反，欧盟各国倾向于以平等协商的弹性外交方式解决 GATT 争议，它们从一般国际法理论和 GATT 规则的不同角度，强调 GATT 争议的特殊性；认为 GATT 贸易规则的宗旨是协调不同竞争利益之间的复杂的贸易平衡，争议解决的目的是通过协商谈判使缔约方依协议应获得的权利不因其他缔约方采取的措施受到抵消或损害，并不侧重于判明是非及严格与规则相符。根据 GATT 第 23 条第 1 款规定，缔约方有权提起所谓"非违法之诉"，即使缔约方采取的措施未违反 GATT 协议，但如果给其他缔约方的合理期待利益造成损害，影响了固有的权利义务平衡，仍构成提起争议解决的理由，所以 GATT 争议不能套用严格适用法律的审判方式解决，GATT 规则的含糊性也不利于裁判操作。从国际法理论看，GATT 争议的主体是主权国家和单独关税领土，其组织机构不同于欧盟，它仅仅是为缔约方提供谈判、论坛场所的临时机构，不具有类似欧洲议会、欧洲法院那种超国家的立法和司法职能，不可作出有法律效力的判决。另外，贸易争端虽属商业利益之争，但是重大贸易争端有很强的政治敏锐性，应以谈判协商等外交手段解决。[1]

乌拉圭回合谈判以前，欧盟各国的观点一直是左右 GATT 争端解决制度的观点。GATT1947 第 22、23 条规定集中体现了以协商为主的争议解决模式。这种争端解决模式暴露出的主要问题是：①争端解决规则不明确，缺乏连贯性、系

第八章

---

[1] See Michael K. Young, "Dispute Resolution in the Uruguay Round: Lawyers Triumph over Diplomats", *The International Lawyer*, 1995, No. 2.

统性，也缺乏完善的机构解决争议；②由于没有时间限制，争端方以协商未尽为由拖延，使争端解决往往陷入困境；③关于专家组的组成和职能不清；④由于采用"意思一致"的原则，专家组报告一般不能顺利获得批准。在东京回合谈判后和乌拉圭回合谈判中期，GATT 缔约方通过文件对争端解决做了改进，但以协商为主的主导精神没变。直到乌拉圭回合谈判结束，通过了《关于争端解决规则与程序的谅解》，带有法制化革新的新的争端解决机制最后形成。

**二、WTO 争端解决机制**

《关于争端解决规则与程序的谅解》（以下简称 DSU）具体规定了 WTO 争端解决模式。该协定由 27 条正文和 4 个附录组成，全面阐述了 WTO 争端解决的范围、原则和程序。新规则既保留并继承了体现于 GATT 第 22、23 条中的原有的争端解决的核心内容，又对 GATT 争端解决制度进行了全面修改、完善与更新。

（一）DSU 规则、程序适用的范围

DSU 第 1 条规定："本谅解的规则和程序应适用于按照本谅解附录 1 所列各项协定的磋商和争端解决规定所提出的争议。本谅解的规则和程序还应适用于各成员间有关它们在《建立世界贸易组织协定》（WTO 协定）规定和本谅解规定下的权利和义务的磋商和争端解决，此类磋商和争端解决可单独进行，也可与任何其他适用的协定结合进行。"这说明 DSU 的规则和程序适用于除《贸易政策评审机制》以外的包括《建立世界贸易组织协议》以及 DSU 本身在内的所有 WTO 框架协议实施引起的争议解决。其具体包括成员方根据以下协议中的争议解决规定提出的争议解决：①《建立世界贸易组织协定》；②多边贸易协定，包括：附件 1A《多国货物贸易协定》、附件 1B《服务贸易总协定》、附件 1C《与贸易有关的知识产权协议》、附件 2《关于争端解决规则与程序的谅解》；③诸边贸易协定，包括附件 4《民用航空器协议》、《政府采购协议》。

除 DSU 规定的争议解决规则和程序以外，WTO 框架协议中许多单独协议本身也规定了争议解决程序，这些单独协议的争议解决条款已经列入 DSU 附录 2，在处理 DSU 争端解决程序与单独协议中的争议解决程序关系问题上，DSU 实行特别程序优先，强调 DSU 程序的适用应遵守附录 2 中单独协议所含的特殊或附加的规则程序，两者发生冲突时，应以附录 2 中特殊或附加的规则和程序为准。当一个争端解决涉及多个协定或协议，且这些协定或协议的争端解决规则和程序相互冲突时，当事方应在专家小组成立后 20 天内就适用的规则程序达成一致，如不能达成一致，由争端解决机构主席按"尽可能采用特别规则和程序"的原则决定应遵循的规则和程序。DSU 附录 2 限定性列举的含有特别争端解决规则程序的协议如下：①《实施卫生与植物卫生措施协议》；②《纺织品与服装协议》；③《技术性贸易壁垒协议》；④《实施 GATT1994 第 6 条的协议》；⑤《关于实施 GATT1994 第 7 条的协议》；⑥《补贴与反补贴措施协议》；⑦《服务贸易总协定》；⑧《关于金融服务的附件》；⑨《关于航空运输服务的附件》；⑩《关于 GATS 部分争端解决程序的决定》。

DSU 明确规定其适用于"成员之间"在 WTO 框架协议下的争端解决，争议解决的当事人或主体是 WTO 成员（包括主权国家成员和单独关税领土成员）。[1]只有经 WTO 成员中央政府合法授权的代表才有资格作为 WTO 争端解决的当事人，提起和被提起 WTO 争议解决。WTO 成员代表资格涉及两个方面的问题：①一国可否通过私人执业律师在专家组或者上诉机构面前陈述案件；②一国是否有权自主决定其代表成员资格。在欧共体关于香蕉进口和分销体制案中，上诉机构裁定批准被申诉方圣露西亚政府的请求，允许 2 名非圣露西亚政府雇员作为法律顾问参加听证会，认为 WTO 成员有权决定其代表团成员资格。[2]另外，DSU 的某些条款中还使用了"起诉方（Complainant）"、"被诉方（Respondent）"、"争端方（Disputant）"等概念，都是指作为 WTO 争端解决当事人的有关 WTO 成员。

（二）WTO 争端解决机制的原则和目标

WTO 争端解决机制遵循以下原则：

1. 保护权利义务原则。根据 DSU 第 3 条第 2～5 款的规定，WTO 争端解决机制是为多边贸易体制提供可靠性和可预见性的重要因素。争端解决机制用于保护 DSU 适用范围内所有 WTO 框架协议项下的权利义务，依据国际公法和惯例解释澄清这些协定项下的权利义务，争端解决机构的裁决不得增加或减少或修改这些权利义务。争端解决是为了保护 WTO 的有效运转以及保持各成员之间根据 DSU 适用协定达成的权利义务平衡。

2. 一体化争议解决原则。DSU 第 23 条规定，WTO 成员在纠正违反协定义务和纠正造成协定项下利益丧失或减损的情况时，应该援用并遵守 DSU 的规则和程序。除非通过依照 DSU 规则和程序进行的争议解决，各成员不得对违反义务已经发生、利益已经丧失或减损或适用协定的任何目标实现已受到妨碍作出

---

〔1〕《建立世界贸易组织协议》解释性说明指出："本协议和多边贸易协定中使用的'国家'一词应理解为包括任何 WTO 单独关税区成员。对于 WTO 单独关税区成员，如本协定和多边贸易协定中的措辞被冠以'国家（的）'一词，则该措辞应理解为与该单独关税区有关，除非另有规定。"

〔2〕这一要求遭申诉方欧盟反对。圣露西亚政府提出，根据国际惯例，国际组织无权干涉一国政府任命其代表团官员和成员的主权。此外，DSU 及上诉机构工作程序都不涉及主权国家委派代表的资格问题。加拿大和牙买加政府也支持圣露西亚政府的请求，认为成员代表团组成是成员内部的事务，专家组和上诉机构对成员授权代表人选进行审查是不恰当的。参见黄东黎：《国际贸易法学》，法律出版社 2004 年版，第 91～93 页。

确定。DSU 第 23 条规定事实上确立了 WTO 争端解决机构对于成员之间因 DSU 适用范围内框架协议引起的争议解决实行强制管辖。属于适用协议项下的争议，WTO 成员不得诉诸任何单边或未经授权的多边贸易体制以外的双边争议解决和报复制裁，只有经过 WTO 的争议解决才可以最终确定某一成员违反了协议项下的义务。

3. 协商原则。WTO 成员"确认遵守迄今为止根据 GATT1947 第 22 条和第 23 条实施的管理争端的原则，及在此进一步详述和修改的规则和程序"（DSU 第 3.1 条）。协商原则作为 GATT 争端解决的基本原则为 WTO 争议解决所接受和继承，贯穿 WTO 争端解决始终。当事方可以在争端解决的任何一个程序阶段寻求磋商或第三方的斡旋、调解和调停；DSU 强调在专家小组审理以前争议方必须经过协商，协商是争端解决的必经程序。WTO 鼓励当事方通过协商达成相互满意的解决方案，务实的政治解决的优势为：①通过让步有可能迅速达成妥协，及时解除贸易制裁或制裁威胁，这对于讲求时效的进出口贸易尤为重要；②避免诉诸 WTO 争端解决的负面作用，包括控辩双方所需的巨大人力和经济成本，时间耗费，WTO 争议解决机构（Dispute Settlement Body，以下简称 DSB）审理期间的现状锁定（Locks-in States）效应造成的贸易利益持续损失；③避免 DSB 裁决结果挑战更广泛的国内政策问题。[1]

4. 公平合法性原则。DSU 试图确保争端解决的结果符合 WTO 规则，为了防止有实力的成员强迫弱小成员接受不公平的争议解决条件，DSU 要求磋商、争议解决中正式提出的所有事项和解决办法，包括仲裁裁决，均与所适用的协定相一致，且不得使任何成员根据这些协定获得的利益丧失或减损，也不得妨碍这些适用协定任何目标的实现（第 3 条第 5 款）。

WTO 争端解决机制的首要目的是积极解决争议。争端各方均可接受的且与适用协定相一致的解决办法无疑是首选办法（DSU 第 3 条第 7 款），如不能达成双方同意的解决办法，争端解决机制尽可能依次实现下述目标：①争端解决机制的首要目标通常是保证撤销被认为与任何适用协定的规定不一致的有关措施。②违反协议的一方给受损害方提供补偿。提供补偿只能在立即撤销有关措施不可行时方可采取，并且是作为在撤销与协定不一致措施前可采取的临时措施。③争端解决机制的最后手段是允许一成员在歧视性的基础上针对另一成员中止实施适用协定项下的减让或其他义务，但是需经争端解决机构授权。争端解决的另一目的是通过解释现存 WTO 规则明确成员的权利义务，保护这些权利义务

第八章

---

〔1〕 See Gavin Goh, "Tipping the Apple Cart: The Limits of Science and Law in the SPS Agreement after Japan-Apples", *Journal of World Trade*, 40 (4), 2006, pp. 678~679.

和预期利益。

（三）WTO 争端解决程序

WTO 争端解决的基本程序包括磋商、专家小组审理、上诉机构审理、裁决的执行及监督。除基本程序外，当事方在自愿基础上，也可以采取磋商，斡旋、调解和调停，以及仲裁的方式解决争端。

1. 磋商；斡旋、调解和调停；仲裁。

（1）磋商。磋商是争端解决的必经程序。DSU 第 4 条指出："每一成员对另一成员提出的有关在前者领土内采取的影响任何适用协定实施的措施的交涉给予积极考虑并给予磋商机会。"被提出协商请求的成员应在 10 天内作出答复。如同意磋商，则磋商应在接到请求后 30 天内开始。如果被要求方在接到磋商请求后 10 天内没有作出回应，或在 30 天内或相互同意的其他时间内未进行磋商，则要求进行磋商的成员可以直接向争端解决机构请求成立专家小组。如果在接到磋商请求之日后 60 天内磋商未能解决争端，要求磋商方也可以请求设立专家小组。在紧急情况下，有关成员应在接到请求之日后 10 天内进行磋商。如果在接到请求之日后 20 天内磋商未成，则申诉方可以请求成立专家小组。要求磋商的成员应向争端解决机构、有关理事会和委员会通知其磋商请求。磋商应保护且不得损害任何一方在争端解决后续程序中的权利。

如果第三方认为其与拟举行的磋商有实质性贸易利益关系，可在争端解决机构散发该磋商请求后 10 天内，将加入磋商的意愿通知各磋商成员和争端解决机构。若磋商成员认为该第三方要求参与磋商的理由充分，应允许其参加磋商。如加入磋商请求被拒绝，则第三方可向有关成员另行提出磋商要求。

（2）斡旋、调解和调停。斡旋、调解或调停是争端方经协商自愿采取的争议解决方式。争端方可随时请求进行斡旋、调解和调停，随时开始和终止。如争端当事方均认为已经开始的斡旋、调解和调停不能解决争端，则申诉方可以在该 60 天内请求设立专家组。如争端方同意，斡旋、调解和调停可在专家组程序进行的同时继续进行。当事方在斡旋、调解或调停中所持立场应予保密，且任何一方在争端解决后续程序中的权利不得受到损害。

（3）仲裁。DSU 第 25 条规定，仲裁可以作为争端解决的另一种方式，适用于"解决涉及有关双方已明确界定的问题引起的争议"。如果争端当事方同意以仲裁方式解决争议，则可在共同指定仲裁员并议定相应的程序后，由仲裁员审理当事方提出的争端。经诉诸仲裁的各方同意，其他成员方可成为仲裁程序的一方。争端方应执行仲裁裁决。DSU 第 21 条对执行建议和裁决的监督程序，第 22 条补偿和中止减让程序在细节上做必要修改后应适用于仲裁裁决。

2. 专家小组审理。

（1）专家小组成立。争议方向争端解决机构请求成立专家小组后，一旦此项请求被列入争端解决机构会议议程，专家组最迟应在这次会后的下一次争端解决机构会议上予以设立，除非在该会议上争端解决机构以"反向意思一致"的表决方式决定不设立专家组。争端解决机构应在当事方提出设立专家小组请求后 15 日内为此目的召开会议。专家小组被批准设立后，最迟应在此日后 30 天内确定全部组成人员。

（2）专家小组的组成及职权。专家小组一般由 3 人组成，除非争端当事方同意专家小组改由 5 人组成。专家小组成员由秘书处根据其掌握的政府与非政府专家名单提出，除非由于无法控制的原因，争端方不得反对秘书处提名的专家小组人选。如果自决定设立专家组之日起 20 天内，争议当事方未能就专家小组人员组成达成一致，应争议方请求，WTO 总干事在与有关方面磋商后任命合适的人选。如果争议涉及一发展中国家，如该发展中国家提出请求，专家小组中至少应有 1 名来自发展中国家的 WTO 成员。专家小组的职权是：根据争议方所援用的协定或协议的规定，对争议方请求审议的事项做出评估，包括对案件事实、所援用协议的适当性和与适用协定的相符情况作出客观评估；协助争端解决机构提出建议或其他调查结果。专家小组应定期与争端各方协商，给它们充分的机会以形成双方满意的解决方案。

（3）专家小组工作程序。专家小组一旦设立，一般应在 6 个月内（紧急情况下 3 个月内）完成工作，并提交最终报告。特殊情况下通知争端解决机构，可以延长至 9 个月内提交最终报告。专家小组报告交争端解决机构散发给各成员 20 天后，争端解决机构才可考虑审议通过最后报告。在最后报告散发给各成员后 60 天内，除非争端当事方正式通知争端解决机构其上诉决定，或争端解决机构协商一致决定不通过该报告，否则，该报告应在争端解决机构的会议上通过。

3. 上诉机构审理。DSU 第 17 条规定，争端解决机构设立常设上诉机构，受理对专家组最终报告的上诉。常设上诉机构由 7 人组成，通常由其中 3 人共同审理上诉案件。上诉机构成员由争端解决机构任命，任期 4 年，可连任 1 次。上诉机构只审理专家组报告所涉及的法律问题和专家组所作的法律解释。上诉机构可以维持、修改或撤销专家组的结论。上诉机构审理期限为自上诉之日起到上诉机构散发其报告日为止，一般不超过 60 天，特殊情况下最长不超过 90 天。争端解决机构应在上诉机构散发报告后 30 天内通过该报告，除非争端解决机构经协商一致决定不通过该报告。

4. 争端解决机构裁决的执行及其监督。专家组或上诉机构如认定争议方的某项措施与相关协议不符，应在专家小组报告或上诉机构报告中要求有关成员使其措施与相关协议相符，还可提出如何执行报告中建议的办法，专家组报告或上诉机构报告一经通过，其建议和裁决对当事各方有约束力，争端方应无条件接受。争端解决程序规定了以下三种执行报告的方式：

（1）实际履行。在专家小组或上诉机构报告通过后 30 天内举行的争端解决机构会议上，有关成员应将执行争端解决机构建议和裁决的意愿通知该机构。该建议和裁决应迅速执行，如不能迅速执行，则应确定一个合理的执行期限。合理期限由争端解决机构批准，当事方协商确定或由仲裁裁决确定。

根据 DSU 第 21.5 条，如果有关成员就被诉方是否执行了专家组报告中的建议和裁决以及此类执行措施是否与适用的协议相一致的问题存在分歧，当事方可以求助于原专家组，专家组应在 90 天内审理完毕，散发其报告。在日本对美国苹果进口限制案中，专家小组认定日本针对原产于美国的评估检疫和进口限制措施不符合 SPS 协议。作为执行专家组报告的行动，日本修改了检疫限制措施，美国又援用 DSU 第 21.5 条程序，请求专家组认定日本经修改的检疫限制措施仍不符合 SPS 协议。2005 年 7 月 20 日，专家组裁定支持美国的诉求。[1]

（2）补偿。如果被诉方的措施违反了 WTO 规则，而且没有在合理的期限内执行争端解决机构的建议和裁决，则被诉方应申诉方请求，必须在合理期限届满前与申诉方进行贸易补偿谈判。补偿是指被诉方在贸易机会、市场准入等方面给予申诉方相当于其所受损失的减让。补偿是临时措施，只在被诉方未能实际履行争端解决机构建议裁决时适用，且应与 WTO 有关协议保持一致。

（3）授权报复。如果争议方未能在合理期限届满后 20 天内就补偿问题达成一致，申诉方可以要求争端解决机构授权对被诉方进行报复，即中止履行应承担的给予被诉方的贸易减让义务或其他义务。报复可分为同部门报复、跨部门报复和跨协议报复三种。争端解决机构应在合理期限届满后 30 天内给予相应授权，除非争端解决机构经协商一致拒绝授权。被诉方可以就报复水平的适当性提请 WTO 争端解决机构进行仲裁。报复措施是临时性的，只要出现以下任何一种情况，报复措施应终止：①被认定违反 WTO 协议的有关措施已被取消；②被诉方对申诉方所受的利益损失提供了解决方法；③争端当事方达成了相互满意的解决办法。

争端解决机构应监督已通过的建议和裁决的执行情况。在建议和裁决通过后，任何成员可随时向争端解决机构提出与执行有关的问题，以监督建议和裁

---

〔1〕　See Gavin Goh, "Tipping the Apple Cart: The Limits of Science and Law in the SPS Agreement after Japan - Apples", *Journal of World Trade*, 40 (4), 2006, pp. 655 ~ 686.

决的执行。在确定了执行的合理期限 6 个月后，争端解决机构应将建议和裁决的执行问题列入会议议程进行审议，直至该问题解决。

（四）非违法之诉

GATT 条款与一般国际条约的重要不同点是，它并不是把表面上与规则相符作为协议实施的根本目的和出发点，而是把协定项下的利益是否受到"抵消或损害"，是否妨碍条约目的的实现作为出发点。"GATT 争端解决机制的核心概念不是从违反总协定或其规定的义务出发，而是从更广泛意义上以剥夺了来自协定的利益，或损害了该协定总体或个别条款所追逐的目标为准。"[1] 按照 GATT 第 23 条第 1 款的规定，导致一成员在该协定项下的利益丧失或减损以及导致该协定任何目标的实现受到阻碍的情况有三种：①另一成员未能履行其在本协定项下的义务（即存在着违反协定义务的行为）；②另一成员实施的任何措施，不论该措施是否违该协定；③存在任何其他情况。

其中，第二种情况是指某成员并不违反协定规则或义务的行为引起另一成员协定利益丧失或减损，另一成员也可以据此提出争议解决，这就是所谓"非违法之诉"。绝大部分 WTO 审理的争议属于第一和第二种情况引发的争议。非违法之诉的规则为 GATT1994 所保留，直接适用于该协定实施引发的此类争议解决。此外，DSU 第 26 条第 1 款规定了 WTO 成员提起 GATT 第 23 条第 1 款第 6 项"非违法之诉"应遵守的以下规则：①起诉方应提供详细的正当理由，以支持任何就一项不与适用协定相抵触的措施而提出的起诉。②如一措施被认定造成有关适用协定项下的利益丧失或减损，或此项措施妨碍协定目标的实现，但并未违反该协定，则无义务撤销该措施。但在此种情况下，专家小组或上诉机构应建议有关成员作出使双方满意的调整。③尽管有第 21 条规定，但是应双方中任何一方的请求，第 21 条第 3 款所规定的仲裁可包括对利益丧失或减损程度的确定，也可建议达成双方满意的调整方法。此类建议不对争端各方有约束力。④尽管有第 22 条第 1 款的规定，但是补偿可以成为作为争端最后解决办法的令双方满意的调整的一部分。

"非违法之诉"也扩大适用于 WTO 管辖范围的某些其他协议，主要有《反倾销协议》第 17.3 条；《海关估价协议》第 19 条第 2 款；《服务贸易总协定》第 23 条第 3 款。但《与贸易有关的知识产权协议》第 64 条第 2 款规定，自 WTO 协议生效之日起 5 年内，GATT1994 第 23 条第 1 款（b）项和（c）项不得适用于本协定项下的争议解决。

---

[1]　赵维田：《世贸组织（WTO）的法律制度》，吉林人民出版社 2000 年版，第 437 页。

### 三、对 WTO 争端解决机制的评价

WTO 争端解决机制继承了 GATT 第 22、23 条体现的以协商为主的争端解决原则，同时对 GATT 争端解决规则作了带有明显法制主义倾向的革新，这使得在 DSU 规则程序下的协商调解过程变成进入更具强制性和判决性的严格程序的"入门"，大大提高了争议解决的效率。DSU 的法制主义倾向表现在如下几方面：

1. 强化了争议解决机构。机构的强化首先表现在第 2 条声明设立专职的争议解决机构（即 DSB）。其职责是：①根据 WTO 总理事会授权，管理和实施新谅解中的程序规则；②应争议方请求，设立专家小组，批准专家小组和上诉机构的报告；③监督专家小组报告建议或裁决的执行；④授权成员国中止根据协议的关税减让和其他义务。DSB 与贸易政策评审机构一样，都是属于 WTO 总理事会的相对独立的机构，由 WTO 成员国代表组成，由各自的主席负责。其次，根据 DSU，在专家小组的审理基础上，增设独特的上诉机构，受理争议方（不包括第三方）不服专家小组裁决或建议的上诉。上诉请求仅限于专家小组报告范围内的法律问题和法律解释问题的争议。上诉机构审查每项请求后作出报告，表明维持、修改、撤销初审专家小组的裁决或建议。上诉机构的报告经 DSB 批准后，争议方应无条件接受。上诉机构的设立使争议解决更带有司法裁判色彩，也形成了初审专家小组、复审机构、DSB 三层次的完整系统的争议解决体制。

2. 实现了争端解决的一体化。WTO 争端解决机制体现了争端解决一体化的模式，表现在：

（1）明确规定其规则和程序适用的范围，它适用于除贸易政策审议机制以外，WTO 管辖的全部框架协议引起的争议解决，包括建立世界贸易组织协议、多边贸易协定（《货物贸易总协定》、《服务贸易总协定》、《与贸易有关的知识产权协定》）、4 个诸边贸易协定以及 DSU 本身。如此广泛的管辖范围确立了 DSU 的程序规则在 WTO 争议解决中的基本法地位。

（2）DSU 将东京回合的守则和协议纳入管辖范围，其规则和原则也适用于这些守则协议范围的争议解决。对于可能引起的矛盾，DSU 采纳特别法优于一般法原则，允许争议方优先适用这些协议中关于争议解决的某些特殊的或补充的程序规则，并在附录 2 中列明这些特殊的补充规则。

（3）为了强化多边贸易体制，DSU 强调其规则和程序在 WTO 争议解决中的排他性地位。第 23 条规定，在寻求违反协议或造成协议利益丧失或损害的解决办法时，各成员应诉诸并遵守本谅解的规则和程序。除非通过诉诸本谅解规则和程序相符合的争议解决，各成员不得做出大意是某项协议违反已经发生，利益已丧失或减损的决定。这表明 WTO 不接受体制以外的独立的单边甚至未经授权的双边争议解决，以尽可能地限制争议解决中实体法和程序法适用的扭曲。

3. 增强了判决性。DSU 争议解决制度在许多方面都带有判决性。关于各争议解决环节的时间限制和时效规则；上诉程序设立、允许第三方介入；在审理中专家组和上诉机构运用法律技巧和推理方法，及条约法的解释方法，这都是判决性的表现。更重要的是其改变了原来专家小组报告批准生效的方式。在原GATT 体制内，专家小组报告的批准采取"作为"方式，由理事会以正向"意思一致"原则作出决定，结果是有的专家小组报告因为一个缔约方反对就多年不获批准，专家小组报告被贬为"一种有争议的观点"，而不是有约束力的裁决。新规则采取"不作为"方式（或称"反向意思一致"原则），即 DSB 通过专家小组报告时，如果争议当事方不提出上诉或 DSB 未以意思一致方式拒绝批准该报告，则该报告自被提交 DSB 60 天内，在 DSB 召开的一次会议上获得批准。这一举措将使专家小组报告类似于司法判决，在一定的时间内自动批准生效，虽然个别成员可以在 DSB 会议上提出反对意见，但已不能阻止报告的批准。

4. 加强了实施监督措施。DSU 提出了三种履行专家小组报告或上诉机构建议的方式：实际履行、提供补偿和授权报复。DSU 首次允许"交叉报复"，即受损害的一方中止给另一方其他领域的贸易利益而补偿其受损害领域的贸易利益。

WTO 争端解决机制在保留原 GATT 争议解决的重要原则和规则基础上实现了法制化的更新。除了法律解决的天然缺陷外，现有的一些难题并没有根本解决，最主要的是 DSB 批准的专家小组报告（包括初审和复审）的法律地位不明确。DSU 及有关文件并没有对专家小组报告的法律地位及它与体制内仲裁裁决关系作直接的明确的规定，学术界的认识也不统一，其在国内法上的执行力令人疑虑。可以预见，专家小组裁决能否成为有效的第三种法律解决方式，既取决于今后国际社会法理上的普遍认同，更取决于裁决本身的高质量、说服力和可接受程度，这两方面又是互为因果的。与裁决效力相关的是保证裁决执行的制裁措施，这方面 WTO 争端解决制度除了充实一些程序规则外没有新举措，仍沿用原来授权受害方对侵害方使用自助式中止实施关税减让义务的报复甚至交叉报复手段。这种做法从经济学角度看不可取，因为对于实施制裁的国家，当它是小国或弱国时，制裁的结果常常是它本身所受损害更甚于对方，那些政治经济上的强国有制裁能力，即使受到一点损害，也与小国弱国不成比例。这种制裁是实力的较量而非法律上公平正义的较量，本质上是政治解决而非法律解决。国际上有学者建议对拒不执行 DSB 建议和裁决的成员，应以适当决议停止其参与 WTO 活动，甚至驱逐出 WTO，类似措施比 WTO 机构本身采取的制裁总要好一些。最后，新程序规则也有漏洞。比如新的上诉机构借鉴美国司法制度模式，只负责法律审而非事实审，可实践中常发生的如反倾销、反补贴案件，争议最多的就是事实认定问题，当事方不能就此上诉显然不公平。还有如果上诉机构受理案件后发现原审专家小组报告有事实认定错误，结果既不能驳回重审，也不能纠正，则将陷入僵局。又如新规则严格了程序步骤，增强了时效，这就产生了违反程序规则（包括国内法程序和 WTO 程序）如何纠正，是否影响实体裁决的效力问题，还需要今后通过审理实践解决。

## ■第四节　WTO 货物贸易规则

### 一、GATT1994

WTO 货物贸易规则体系是建立在为实现其目标规定的基本原则基础上的，这些原则体现在 GATT1994 中关于最惠国待遇、国民待遇、关税约束与关税保护、利益平衡与合理期待、禁止数量限制的规定。此外还有透明度、多边主义（实行多边互惠，由多边机构解决争议）等。GATT 基本原则也是可直接援用的具体规则。

#### （一）GATT1994 的基本原则

1. 最惠国待遇原则。GATT 最惠国待遇原则（the Most-favoured-nation Treatment，MFN）在调整范围和适用范围上不同于国际经济交往中一般最惠国待遇原则，也不同于 WTO《服务贸易总协定》和《与贸易有关的知识产权协议》阐述的最惠国待遇原则。GATT 第 1 条规定："在对进出口货物征收的关税和费用方面或与进出口有关的关税和费用方面；在对进出口货物国际支付转移所征收的关税和费用方面；在征收上述关税和费用的方法方面；在与进出口货物相联系的规章手续方面以及在本协定第 3 条第 2 款及第 4 款所述事项方面，缔约方给予原产于或运往任何其他国家的任何产品的利益、优惠、特权或豁免应当立即无条件地给予原产于或运往所有其他缔约方领土的类似的产品。"

最惠国待遇并不像字面所说给某国家最好待遇，恰恰相反，它要求对所有其他国家的待遇一视同仁。GATT 最惠国待遇原则的本质是要求一成员给予另一国家（包括 GATT 成员和非成员）[1]在进出口货物方面的好处应该相应地给予所有其他成员类似的进出口货物，不得在贸易伙伴之间造成对进出口货物的歧视待遇。给惠对象是"原产于或运往所有其他成员领土的类似产品"。由于GATT 最惠国待遇是给予原产于和运往所有其他成员的进出口货物，原产地规则对于执行这一原则有重要作用。给惠标准是等同于给其他国家的相应产品的待

第八章

---

〔1〕《建立世界贸易组织协议》解释性说明指出，本协定和多边贸易协定中使用的"国家"一词应理解为包括任何 WTO 单独关税区成员。对单独关税区成员，本协定和多边贸易协定中的"国家"一词应理解为与它们有关。

遇。给惠方面包括：①在征收进出口关税方面；②在征收与进出口有关的各种费用方面；③征收上述税费的方法；④与进出口有关的规章手续；⑤进口货物的国内税费，影响进口货物销售的法律、规章和要求；⑥例外条款中允许实施数量限制的行政管理措施（如配额分配方式）。根据 GATT 第 1 条的表述，最惠国待遇原则既适用于影响货物进出口的边境措施，也适用于影响货物在进口国销售的进口国当局执行国内税和国内规章方面的措施。

GATT 最惠国待遇原则和以下谈到的国民待遇原则合并构成非歧视原则（后者要求不得在进口产品和国内产品之间造成歧视），它是多边贸易体制的基石，实际上是 WTO 协调成员之间经贸关系的基本原则。非歧视原则可以引申出公平贸易原则，WTO 就是要建立公开、公正、无扭曲的贸易竞争条件，非歧视原则是为了保证这样的条件。关于反倾销、反补贴的规则，《与贸易有关的知识产权协议》、《农产品协议》、《政府采购协议》都是要创造这样的条件，支持公平竞争，反对不公平竞争。这些协议规则还允许受不公平竞争损害的成员用征收额外关税（反倾销、反补贴税）和采取贸易报复的办法补偿所受损失。

除前述适用范围的特点外，GATT 最惠国待遇原则还具有多边化、制度化、无条件的特点。"多边化"是指 WTO 某成员给予另一国家（或地区）在货物贸易方面的优惠、特权和豁免都必须同样给予所有其他成员，不应歧视其中任何一个成员，不应存在规则允许以外的特殊的双边互惠关系。"制度化"有两层含义：①WTO 成员给予另一成员的最惠国待遇以谈判达成的关税减让表为依据，在 GATT 规则的约束范围内实施。减让表提供了实行关税优惠的水平和据以区别相同产品的分类标准。GATT 规则及其例外规定为实施最惠国待遇原则提供具体指引。②WTO 部长会议、总理事会及相关机构负责监督这项原则在成员之间实施。"无条件"是指 WTO 成员在给惠时不应在多边贸易规则以外附加限制条件。最惠国待遇本质上具有自动给惠功能，一成员与另一成员达成的贸易优惠安排自动适用于其他所有成员，从而省去了再与其他成员建立类似安排的麻烦，提高了缔约效率。有条件最惠国待遇违背了这一原则的本意，是对有关成员的歧视。

2. 国民待遇原则。GATT 第 3 条国民待遇原则（National Treatment，NT）在调整范围和适用范围上不同于国际经济交往中的一般的国民待遇，也不同于 WTO《服务贸易总协定》、《与贸易有关的知识产权协议》规定的国民待遇，其含义是：一成员的产品输入到另一成员境内时，进口方不应直接或间接地对该产品征收高于本国相同或类似产品的国内税和国内费用，以及在执行国内规章方面实行差别待遇。国民待遇原则是 GATT 非歧视原则的重要组成部分，它强调一旦外国产品进口后，进口国不应在国内税和国内规章的执行上内外有别，歧视外国产品。

GATT 第 3 条包含了三条基本规则：①一成员领土的产品输入到另一成员时，不能以任何直接或间接的方式对进口产品征收高于对本国同类产品征收的国内税和国内费用（第 2 款）。②一成员领土的产品输入到另一成员领土时，在关于产品的国内销售、标价出售、分销、购买、运输、分配或使用的全部法令、条例、规章方面所享有的待遇，不应低于同类的本国产品所享有的待遇（第 4 款）。③国内税和国内费用，影响产品在国内销售、标价出售、分销、购买、运输、分配或使用的法令、条例和规定，以及对产品的混合、加工或使用的国内数量限制条例，在对进口产品或本国产品实施时，不应用来对国内生产提供保护（第 1、2 款）。

从适用范围看，GATT 国民待遇原则的给惠对象是在进口国销售的原产于另一成员的类似产品；给惠标准是在征税方面"不高于"对本国相同或类似产品征收的国内税费，在执法方面不歧视外国类似产品，不保护本国类似产品；给惠方面仅适用于进口国对进口产品采取的不合理的国内税和国内规章方面的措施，要求进口产品一旦被征收关税和其他通关费用入境后，就应与国内产品享有同等待遇，否则就会抵消关税减让的好处，使之在进口国国内市场处于不利的竞争地位。国内税是与产品进口无关的税费，它既对国内产品征收，也对进口产品征收，如增值税、销售税、消费税等；国内规章方面的措施是指可能影响产品在进口国销售的涉及产品标准（技术、安全、卫生、质量、环境标准）的法律和对侵权产品、违禁产品管制方面的法律以及税收法律实施中所采取的措施。

国民待遇原则不适用于边境措施（如海关对进出境货物征收关税、海关估价和征税手续、进出口商品检验、许可证手续），有关边境措施的不歧视规则体现在 GATT 第 13 条非歧视地实施数量限制规则中，国民待遇原则只有在产品进入进口国市场后才可适用。但这并不意味着违反国民待遇原则对尚未进口的产品就没有影响，对进入国内市场的外国产品的销售实行限制也间接地限制了该产品进口量。GATT 国民待遇原则不适用于出口产品，如果本国境内的外国企业或其他企业出口某种产品，有关部门在征收出口关税外，又实行歧视性收费，这个问题不属于 GATT 国民待遇原则调整，而应由第 11 条数量限制的一般取消或第 13 条非歧视地实施数量限制调整。作为一项货物贸易规则，国民待遇原则仅适用于少数对货物贸易起扭曲和限制作用的投资措施，即《与贸易有关的投资措施协议》明令禁止的范围，除此以外的与外国投资市场准入相联系的一些投资限制，GATT 国民待遇原则不适用，如投资者资格要求、当地股权要求、最低注册资本要求、投资期限要求、经营权和经营活动限制、严格的审批制度等。

第八章

涉及 GATT 国民待遇原则的争议是 GATT 历史和 WTO 成立以来，成员之间发生最多的争议。专家小组在"日本酒精饮料案"中的裁决显示，国民待遇原则的第一项规则和第二项规则的适用应严格限于相同或类似产品，即只有当进口国在相同或类似的进口产品和国内产品之间实行了对进口产品国内税和国内规章的歧视待遇时，才可适用这两项规则。比如同样的农用拖拉机，对国内产品实行补贴而对进口产品不给补贴；同样是烧酒，对进口烧酒征收更高的消费税就违反了第一项规则。同样是汽油，对进口汽油规定了比国产汽油更高的质量标准和环境标准就违反了第二项规则。GATT 并没有提出确定"相同或类似产品"的统一标准，大多数专家小组的裁决援用 1970 年 GATT 工作组关于"边境税收调整案"报告中提出的标准，主要考虑产品在海关税则目录或关税分类表中是否属同一类，除此以外还可考虑以下因素：①它们在物理上的相似性；②在市场上消费者品味和习惯（是否认为它们在商业上是可以替换的）；③它们的最终用途是否相同。GATT 专家小组坚持在个案基础上确定相同性，而不是提出普遍适用的统一标准。国民待遇原则的第三项规则广泛适用于与进口产品相互竞争的产品和替代产品，这意味着即使国内产品与争议中的进口产品属于不同的产品，但属于与进口产品"直接竞争"的类似产品或"替代"产品；如果对该进口产品征收了高于这种国内产品的国内税费或者在国内规章方面的措施歧视了进口产品而对国内产品提供保护，则违反了国民待遇原则第三项规则。[1]

进口国对进口产品采取的措施有些是明显的法律上的歧视，带有明确的保护目的，这在实务中容易辨别；而那种界限不清的事实上的歧视用传统的"相同产品"标准较难认定，对此 WTO 专家小组借用所谓"目的效果方法"（Aim and Effects Approach）作出裁决，比如有的国家对相同产品进行征税管理时又进行细分，这就要看区分的理由是否正当和善意，是否有保护目的或效果。在"日本酒精饮料案"中，专家小组发现《日本酒税法》把酒类饮料分为十大类：日本米酒、日本米酒混合物、烧酒、甜料酒、啤酒、葡萄酒、威士忌、烈酒、甜露酒、杂类酒，适用不同的税率，认定日本烧酒与伏特加是相同产品，日本

---

[1] 1997 年 6 月，WTO 上诉机构作出支持专家小组关于"加拿大对进口的分版期刊税费规定违反了 GATT 第 3 条"的裁决。分版期刊（Split-run）是指内容上与本国版本相同，但在某外国出版发行时，刊登该国商业广告或商业宣传内容的期刊。本案中，美国指控加拿大对在加国发行的美国分版期刊适用较高的消费税和邮政费率，违反了 GATT 第 3 条第 2 款第 1 句规则。而专家小组认为加拿大的做法违反了 GATT 第 3 条第 2 款第 2 句（即正文所述国民待遇第三项规则），因为分版期刊是与加国内期刊不同的产品，属于与加国内期刊直接竞争或相互替代的产品。《加拿大消费税法》对分版期刊税费的规定和邮政当局资费规定违反 GATT 第 3 条第 2 款和第 4 款，是对国内生产者提供保护。

对后者征税额超过前者，违反了 GATT 第 3 条第 2 款规定；日本烧酒与威士忌、白兰地、朗姆酒、杜松子酒、甜露酒是"直接竞争或替代性产品"，日本未同等征税，违反了 GATT 第 3 条第 2 款规定。

3. 逐步消减关税和约束关税原则。历史上，关税一直是影响国际贸易正常进行的主要障碍，20 世纪 40 年代 GATT 产生时，关税作为贸易政策的工具作用尤为突出，也更为人们所关注。因此 GATT 把"切望达成互惠互利协议，导致大幅度地削减关税和其他贸易障碍"作为其基本目标，逐步削减关税和约束关税亦成为 GATT 一项重要原则和规则。这项原则与 GATT 一般取消数量限制原则一起亦构成 GATT 市场开放或自由贸易原则。

根据 GATT 第 28 条附加的阐述，逐步削减关税是指通过互惠互利的谈判，大幅度降低关税和进出口其他费用水平，特别是降低使少量进口都受阻碍的高关税，以发展国际贸易。GATT 本身并没有强制要求其成员把关税降到某水平或约束在某水平，而是要求缔约方之间通过谈判达成相互满意的削减关税和非关税障碍的协议（包括关税减让表等文件），以此达到降低关税和其他贸易障碍的目的。支配减让谈判的基本原则是互惠互利的原则，一成员欲通过减让关税和取消其他贸易限制以改善进入另一成员市场的状况，它就必须使另一成员认识到其所作出的关税减让或让步使它有利可图，或与它们作出的关税减让和让步的价值相当。GATT 前 5 轮谈判采取"双边谈判，多边适用"的方式，当某产品的主要供应者向进口国提出减让要求，双边谈判即可形成，谈判是针对有选择的某几种产品进行，谈判达成的减让结果按 MFN 原则自动适用于其他成员；这是初级关税减让方式，亦称"产品减让法"。自肯尼迪回合谈判开始（包括乌拉圭回合），GATT 缔约方改为"线性减让方式"，它是大部分商品的全面减让，具体做法是根据缔约方议定的百分点，对选定的商品作出统一幅度的减让，减让结果按议定的时间表分阶段实施。

关税约束是指每一成员通过谈判达成的削减关税和其他贸易障碍的承诺载入减让表中，形成有法律约束力的义务，各成员不得随意实施超过减让表水平的关税率或增加其他税费。GATT 关税约束方式有三种：①削减后约束，即将现行税率减至较低水平，如从 10% 降至 5%，这一较低水平（5%）就是约束税率，不得超越；②现状约束，它并不削减现行税率，而是承诺把关税约束在现行水平上不再提高；③上限约束方式，GATT 规则主张用关税调节进出口，一成员可以规定一个今后调整关税的上限，承诺即使调整关税也不会突破这个上限，比如将关税由 10% 降为 5% 的成员可以表明：进口货物普遍适用削减后的税率，而约束税率为 8%，在此情况下，该成员在任何时候将某产品关税升为 8% 并不违反 GATT 义务。从乌拉圭回合谈判情况看，大多数发达国家实行削减后约束，而发展中国家普遍实行上限约束。

关税约束具有两方面重要意义：①可以实现 GATT 成员在货物贸易领域的权利和义务平衡，这是 GATT 尤其重视和强调的；②为货物贸易市场准入提供安全稳定的条件，出口企业不必担心突发的高关税阻碍正常贸易和经营计划。作为 GATT 允许的一项例外，某成员若要背离约束水平提高关税，它就必须就关税减让表修改与最初进行减让谈判的成员、主要供应成员及其他从减让中获益的成员重新进行谈判。GATT 第 28 条规定关税减让表有效期一般为 3 年，3 年届满时可就修改或撤销减让重新谈判。特殊情况下，经缔约方批准，可在任何时候谈判修改减让。如果谈判达成协议，要求背离约束水平的成员可以修改关税减让表，背离约束水平，但是应给予受关税调整影响导致利益受损的有关成员大体相等的利益补偿。如果谈判未达成协议而要求背离约束水平的成员坚持这样做，有利害关系的成员在取得 WTO 有关机构授权情况下可采取贸易报复，暂停履行对这一成员的 GATT 义务。

4. 一般禁止实行数量限制原则。数量限制是国家对允许进出口的商品数额采取的限制措施，它通过配额、许可制度和其他方式来实施。与关税、政府补贴等措施相比，数量限制是政府直接干预对外贸易的形式，其后果与关税措施一样，都阻碍正常国际贸易，违背公平贸易原则。具体表现在：数量限制扭曲了国内市场竞争态势，形成相关产品的封闭的垄断性高价，保护了少数人的利益，相关产品的国内生产商、经销商、外国出口商获取不合理的利润，广大消费者和依赖公平竞争的其他企业受到损害；数量限制阻碍了有竞争力的企业，通过产品价格、品质、营销优势扩大进出口，参与正常竞争的可能性，排斥了市场机制在合理配置资源、实现合理社会分工中所起的基础性作用，阻碍生产发展；数量限制涉及进出口权和其他权利的行政性分配，享有分配权的官员不需付出任何生产上的努力，就可能通过"变卖"权力，获取非法收入，诱发腐败。

GATT 一般禁止实行数量限制原则由第 11、13 条组成。第 11 条体现了普遍禁止实行数量限制的原则精神，要求除关税、国内税和反倾销、反补贴税及其他合法税费外，一切对进出口的数量限制形式，包括经由国家垄断或专控商品贸易的限制都应该普遍禁止。第 13 条体现了非歧视地实行数量限制。强调各成员在 WTO 规则允许的例外情况下，对进出口贸易实行禁止或限制时，也必须遵守最惠国待遇原则和国民待遇原则，"力争使该产品的贸易分配尽可能接近于若无该限制时各缔约方预期可得到的份额"。GATT 一般禁止数量限制原则概括如下：①普遍禁止数量限制，任何成员不得对其他成员产品进口和本国产品出口实行禁止或限制，不论是采取配额、许可证还是其他措施；②允许各成员采取一定的保护本国工业或其他产业的措施，这种保护应运用关税和国内税措施，并尽可能维持在较低的合理的水平，而不应采取数量限制；③在 GATT 允许的特定情况下，各成员可以对某些产品进出口实行一定数量限制，但是这样的限制应在非歧视的基础上实施，使相关产品的贸易分配与若无此限制时其他成员预期可得到的配额接近。

一般禁止实行数量限制原则是通过边境措施实施的，它要求取消对尚未进出口的货物以明显的或隐蔽的方式实行的禁止或限制，对已经进口的货物实行歧视性禁止或销售限制属于国民待遇原则调整范围，不属于一般禁止数量限制原则调整。然而，对已经进口的货物采取歧视性限制措施也能起到限制进口数量的作用。政府采用进出口许可证和配额方式是明显的数量限制，数量限制还可采取"其他的"隐蔽的方式实行，如对进口货物适用歧视性产品质量标准、卫生标准和环境标准，对货物通关设置阻碍等。

GATT 创始人倡导自由贸易，希望减少直至取消国际贸易障碍。但是，他们也认识到这个目标的实现不能一蹴而就，在相当长时期内，允许缔约方采取一些保护措施是一种现实的选择。在可行的各种保护措施中（关税、海关手续、数量限制、补贴），GATT 更倾向于关税措施。因为关税是透明的、相对稳定，执行时易于监督，而数量限制具有隐蔽性、随机性，防不胜防。关税措施在最惠国待遇原则指导下可保证非歧视地适用，数量限制因行政自由裁量很容易被歧视地适用。因此，GATT 主要缔约方坚决反对数量限制，[1]为此不断完善相关制度。乌拉圭回合谈判达成的《纺织品与服装协议》和《农产品协议》反映了谈判各方在逐步实现敏感商品贸易自由步骤上，先以关税保护取代数量限制的思路。

（二）GATT1994 的例外

GATT 例外条款是关于在特定情况下，允许 WTO 成员背离 GATT 一般原则和规则的某些规定。从允许背离 GATT 规则的范围看，有的属于 GATT 所有原则的例外，引用此项例外采取行动可以不受所有 GATT 原则约束；有的属于 GATT 具体原则的例外，引用此项例外采取行动可以背离某项原则；还有的属于 GATT 具体规则的例外。从主体看，有的例外规定适于所有成员，有些例外只适于一部分成员。在实施方式上，有的例外需经批准方可实施，有的可自行实施，不需审查批准。WTO 规则中设置的例外条款服务于以下目的：①在解除贸易限制

---

〔1〕　为筹备国际贸易组织宪章，1946 年在伦敦召开了联合国贸易就业会议，会上美国代表表明了其对数量限制憎恶的立场，认为它是"国际商业罪恶的典型"（the Incarnation of International Commercial Evil）。

与保护国内市场两个目标上进行协调与平衡；②使 WTO 法适应不断变化的复杂的社会情况；③使 WTO 成员不必采取粗暴的破坏 WTO 体制的方式缓解、解除贸易限制带来的压力，以及实现其他与 WTO 不抵触的政策目标，保持 WTO 的有效性、多边性、普遍性。

1. 属于整个 GATT 的例外。

（1）WTO 成员保留是否接受新义务的权利。WTO 协议第 10 条作出了类似于 GATT 第 30 条的规定，即 WTO 成员保留接受 WTO 批准的新义务的权利。第 10 条规定了多边贸易协议修改的程序，同时申明：WTO 协议和多边贸易协议的实质修改（指具有改变成员权利义务性质），仅对在 WTO 成员在 2/3 多数批准此修改时同意此修改的那些成员和成员之间有效。

（2）成员国互不适用 WTO 协议和多边贸易协议。WTO 协议第 13 条第 1 款规定：如果一成员在另一方成为成员时不同意对其实施本协定和附件 1、附件 2 中的多边贸易协定，则本协定和附件 1、附件 2 中的多边贸易协定在两个成员间互不适用。第 13 条第 3 款还规定，如果成员的一方在另一方根据第 12 条加入时不同意对它实施本协议，并且在部长会议批准关于另一方加入条件的协议之前通知部长会议，那么，这两个成员之间应适用第 1 款。WTO 协议第 13 条的规定适用于两种情况：①原 GATT 缔约方成为 WTO 创始成员时可以宣布互不适用 WTO 协议和附属的多边贸易协议；②原有 WTO 成员对新加入的成员宣布互不适用上述协议，条件是原有成员在新加入成员的加入议定书被部长会议批准前，将此项安排通知部长会议。WTO 协议第 13 条的规定与 GATT 第 35 条精神是一致的，它体现了成员之间契约自由原则，这种做法与协议的"一揽子"接受要求并不矛盾。互不适用既可以是多边协议的整体，也可以是其中的一项原则。

（3）一般例外。一般例外是适用于整个 GATT 原则和规则的例外，属于公共安全秩序的保留，也是 GATT 与人权保护相联系的条款。这类保留也见于《服务贸易总协定》、《与贸易有关的知识产权协议》之中。此外《技术性贸易壁垒协议》与《实施卫生与植物卫生措施协议》是 GATT 第 20 条一般例外的进一步阐述补充，应结合起来理解。

GATT 第 20 条第 1 款规定：缔约方采取的为维护公共道德所必需的措施（a 项）；为保障人类、动植物生命健康所必需的措施（b 项）；有关输出或输入黄金或白银的措施（c 项）；为保证与本协定无抵触的法规、条例（指关于海关监管、知识产权保护、反垄断反欺诈方面法律法令）的执行所必需的措施（d 项）；有关监狱劳动产品的措施（e 项）；为保护本国具有艺术、历史或考古价值的文物而采取的措施（f 项）；为保护可能用竭的天然资源的有关措施（g 项）；为履行国际商品协定所承担的义务而采取的措施（h 项）等（共 10 项），不受 GATT 的阻碍。但是在采取这些措施时，对情况相同的各国不得构成武断的或不合理的差别待遇，或构成对国际贸易的变相限制。

在 WTO 争议解决中，涉及 GATT 第 20 条的争议案有相当数量，它的表述简单概括，不够明确。直到 20 世纪 90 年代 GATT 专家小组对"泰国香烟案"和"墨西哥金枪鱼案"作出裁决后，在一定程度上澄清了其适用范围。[1] 综合这两起案件专家小组的裁决得出以下结论：①第 20 条中（b）项仅适用于进口国采取的卫生措施，即在进口产品不符合进口国人类、动植物卫生标准时，该国可援用此项规定阻止产品进口。它不适用于产品本身合格，只是其加工方法违反进口国某些标准的进口产品，不能因为某一产品的生产方式不符合进口国规则就加以进口限制，这就是"产品与加工标准问题"的争论（参考"墨西哥金枪鱼案"）。②第 20 条中（g）项为保护可能用竭的天然资源采取的措施与（b）项一样不可域外适用，一国只能以保护本国资源环境为理由限制产品进出口，不能以保护别国或全球资源环境为由限制进出口。在"墨西哥金枪鱼案"中，专家小组强调 GATT 规则不允许为了将国内法强加于另一国而采取贸易限制，这样做会损害多边贸易体制的生存，不仅国内可以运用环境、健康和社会政策理由任意限制进口，而且还要将自己的标准强加于别国。③第 20 条中所述"为……必需的措施"是最少贸易限制的措施，如果存在任何可替代的方式，进口国就不得采取贸易限制。"泰国香烟案"专家小组认为，有各种与 GATT 相符的措施可以为泰国政府采用来实施其控制吸烟计划，泰国准许国内香烟销售却禁止外国香烟进口与 GATT 不符，不在"必需措施"之列。同时，"必需措施"也是依据有关人类动植物卫生国际标准或科学证据所采取的措施。④第 20 条既适用于影响货物进出口的边境措施，也适用于影响货物在进口国销售的进口国执行国内规章方面的措施。

但是在 DSB 上诉机构审理的"美国虾及虾制品进口禁令案"中，对 GATT 第 20 条做出了有利于环境的解释，认为海龟属于"可用竭的自然资源"（不限于矿物、无生命物）；《美国环境法》第 609 条服务于 GATT 第 20 条（g）项的目的（环境法可域外适用）；但美国的措施构成不合理歧视。该案证明在 WTO

第八章

───────────

〔1〕 GATT1991 年作出裁决的"墨西哥金枪鱼案"起因于美国依据本国《海洋哺乳动物保护法》，以保护可能被误杀的海豚为名，禁止墨西哥在东太平洋用围网捕捞的金枪鱼进口，这项禁令同样适用于为墨西哥捕捞的金枪鱼从事中间加工装罐服务的有关其他国家，除非他们能证明达到了美国法律规定的海豚保护标准。墨西哥认为美国违反了 GATT 第 1、3、11 条，因为从其他地区捕获的金枪鱼可以在美国市场销售；美方则以 GATT 第 20 条（b）项和（g）项作辩解。"泰国香烟案"起因于泰国以美国香烟含有不明化学物和致癌物，使泰国政府控制吸烟危害的努力受挫为由，禁止美国香烟进口，泰国也以 GATT 第 20 条第 1 款（b）项辩解。

框架内贸易与环境可以协调。[1]

在 WTO 争端解决机构审理的涉及 GATT 第 20 条的案件中，援用这一例外的成员鲜有成功的范例。诸多判例形成了这一例外规则适用时的具体要求：①援引例外的成员应本着最大善意，说明其采取的贸易措施属于 GATT 第 20 条列举的例外政策目标范围，争议的贸易措施与声称的政策目标有直接因果联系；②该成员应证明其贸易限制对于取得第 20 条例外某项政策目标是"必需的"，必需性测试是第 20 条（a）（b）（d）（j）项辩解的特殊要求，对于争议的贸易措施与这些例外中规定的政策目标之间提出了更高的联系和更细致的评估要求，提出辩解的成员不仅要说明贸易措施与政策目标有直接关系，还要证明这些措施对于取得例外中的政策目标是不可缺少的，并且在实质上是有效的；③最少贸易限制原则，这是必需性测试的进一步要求，要考虑是否有可获得的替代措施能够实现相应的政策目标，并且这类措施与 WTO 抵触较少，贸易限制较少，如果有替代措施而没有采用，就说明争议的贸易措施不是必需的；④应符合第 20 条引言中的非歧视要求。以上标准按次序适用，如果成员方的抗辩没能通过前三项测试，就没有必要再考虑是否满足最后一项测试要求。

（4）安全例外。WTO 安全例外条款是允许成员为维护国家基本安全利益而采取行动，免除 WTO 相关协议义务的"免责条款"。援用这类条款的成员可以背离 WTO 相关协议，暂停履行其根据条约所承担的某些义务。一旦特定情形消失或暂停施行期间届满，将自动恢复履行。安全例外规定能够使缔约国在履行条约义务的同时，保留维护本国重大安全利益的权利，在条约制定和履行中发挥着"安全阀"作用，对条约的履行和广泛参加有重要意义。安全例外的目标是维护成员基本安全利益，多边贸易体制的目标是实现贸易自由和管控贸易壁垒，这两方面价值目标和相应的制度安排都很宝贵，并且相互纠缠、相互依赖。从长远来看贸易自由是国家安全的根本保障，经济繁荣和国民福祉永远是防止国家基本安全利益受外来威胁的稳定机制，这又与成员间自由、开放、和谐的贸易关系紧密相连，约翰·杰克逊已经提醒我们"重要的是牢记第二次世界大战后布雷顿体系及其暗含的经济构架核心的政策目标是制止战争和军事冲突"[2]，正是 WTO 能使我们用法庭上的沉闷法律而非战争来和平解决贸易争端。另一方面，自由贸易带来的各国经济上的相互依赖使国家自身安全更脆弱，所以需要设置安全例外。合理运用这一贸易工具应该注意寻求这两个目标之间的平衡。

---

[1]　朱榄叶编著：《世界贸易组织国际贸易纠纷案例评析》，法律出版社 2000 年版，第 183～190 页。

[2]　参见［美］詹姆斯·巴克斯著，黄鹏等译：《贸易与自由》，上海人民出版社 2013 年版，第 118 页。

GATT 中的安全例外条款是其中的第 21 条，这一条款规定："本协议的任何规定不得解释为：（a）要求任何成员提供其认为如披露则会违背其基本安全利益的任何信息；或（b）阻止任何成员采取其认为对保护其基本安全利益所必需的任何行动：（i）与裂变和聚变物质或衍生这些物质的物质有关的行动；（ii）与武器、弹药和作战物资的贸易有关的行动，以及与此类贸易所运输的直接或间接供应军事机构的其他货物或物资有关的行动；（iii）战时或国际关系中的其他紧急情况下采取的行动；或（c）阻止任何成员为履行其在《联合国宪章》项下的维护国际和平与安全的义务而采取的任何行动。"除此之外，WTO 其他专项协定也有与之类似的规定，它们是 GATS 第 14 条之二、TRIPS 协议第 73 条、TRIMS 协议第 3 条、TBT 协议第 2 条、《政府采购协议》（2012 年）第 3.1 条。

GATT 第 21 条安全例外条款授予成员更大的免责自由，与 GATT 第 20 条一般例外条款相比，适用安全例外条款不需要受类似 GATT 第 20 条一般例外条款中引言的非歧视原则限制。更重要的是，第 20 条中有多处"必需的"限制，确立和适用更客观的可测试、可审查的标准；而在第 21 条中有两处"其认为……必需的"提法，设定了可以由引用者一方进行主观判断和决策的权利。"其认为……必需的"的提法被理解为授予成员为维护基本安全利益采取行动的"自决权"，一旦成员满足采取行动的基本条件，就不再进一步限制成员为维护基本安全利益采取行动的选择权。

在 GATT 和 WTO 历史上，仅有少量涉及 GATT 第 21 条安全例外的争议案件发生，而在这较少的案例中，只有 4 例进入 GATT 争端解决层面，提请专家组解决。目前没有 1 例形成有约束力的 GATT 或 WTO 专家组裁决，[1]这给解释安全例外的含义带来了困难。

但是现有的学术成果就安全例外适用范围已经形成以下共识：①第 21 条授予成员的自决权不是任意性的和不受限制的，援用第 21 条首先要受约文本身规定的适用范围的限制。截至目前，几乎所有涉及 GATT 第 21 条的争议案件，都是由损害成员基本安全利益的事由引发的，这提供了界定安全例外适用范围的

---

[1] 在 1995 年 WTO 成立之前，共有 8 例有影响的此类案件：捷克斯洛伐克诉美国出口限制案（1949）、加纳对新入关的葡萄牙贸易限制案（1961）、美国对古巴贸易禁运案（1968）、联邦德国对冰岛鲜鱼进口限制案（1974）、瑞典对鞋类进口配额案（1975）、欧共体及其伙伴国对阿根廷贸易制裁案（1982）、美国对尼加拉瓜贸易禁运案（1985）、欧共体对南斯拉夫贸易制裁取消 GSP 案（1991）。WTO 成立后发生 2 例此类案件：欧共体与美国关于对古巴制裁法案（霍尔姆斯伯顿法）的争议（1996）、沙特入世谈判中维持某些产品贸易限制案（1995）。其中没有 1 例被提请 WTO 争端解决。目前发生的因俄罗斯入侵克里米亚半岛引起欧美对俄贸易制裁和反报也涉及安全例外。See, World Trade Organization, Guide to GATT law and Practice: Analytical Index, 600 ~ 605（1994），available at http://www.wto.org/english/res_e/booksp_e/gatt_ai_e/art21_e.doc.

最重要的尺度。即它仅仅是对成员在面临实际的政治安全、国防安全、领土安全、境内国民安全和国际和平安全危机情况下提供的救济，而不是对经济上的困难或国内产业危机提供救济。因此，应该将安全例外条款与WTO相关协议规定的商业上的免责条款相互区别。②援用第21条要受约文本身规定的客观情况和条件的限制。第21条内容共三项，其中a项较少限制条件；c项因为规定明确，较少争议；b项授权成员采取其认为对保护其基本安全利益所必需的任何行动，是主动行为权，因此没有复制a项充分自决的表述，而是提出三方面客观条件加以限制。援用第21条，需要符合这些条件，要受"基本安全利益"、"战时"或"国际关系中的其他紧急情况"这些关键词限定的情况的约束。③援用第21条应该受过去六十多年WTO成员形成的适用惯例的限制，实践表明：成员同意安全例外条款应当被善意地用于维护成员基本安全利益，而不是被用于经济目的和贸易保护，表明成员对运用这一特权保持克制。④安全例外引起的争议具有WTO可诉性，争端解决机构有权接受成员请求，就争议是否属于安全例外的范围作出裁决。

（5）边境贸易的例外。GATT第24条第3款（a）项规定，本协定的规定不得解释为阻止任何缔约方为便利边境贸易而给予毗连国家的优惠。

2. 最惠国待遇的例外。

（1）关税同盟和自由贸易区的规定。GATT第24条规定，本协定的各项规定不得阻止各成员在其领土之间建立关税同盟或自由贸易区，或阻止为形成关税同盟和自由贸易区所必需的临时协定。这意味着WTO成员之间如果建立了关税同盟或自由贸易区，或为此达成临时协定，其内部成员之间相互给予的优惠不必按照最惠国待遇原则给予关税同盟或自由贸易区以外的其他成员，而只能适用最惠国税率。

自由贸易区、关税同盟等是国际经济一体化由低级向高级发展的不同组织形式。自由贸易区是两个以上的关税领土组成的贸易集团，其内部实现了货物、服务等方面贸易自由，但集团对外没有共同的关税和贸易政策，其成员在与第三国的关系上保持独立。关税同盟是以一个关税领土代替两个以上的关税领土，同盟内部实现货物等方面贸易自由，对外实行单一关税和贸易政策。目前主要的地区贸易集团是北美自由贸易区、东盟自由贸易区、欧盟等。第24条例外规则还适用于第三类型的临时协定，它属于向自由贸易区或关税同盟的过渡阶段。

GATT允许建立地区一体化安排是考虑这种安排有利于促进贸易自由和贸易增长。尽管在制度设计之初预见到可能的"贸易转移"等消极后果，但在自由贸易区、关税同盟内"实质所有贸易上取消关税和其他贸易法规限制"（第24条第8款）情况下，贸易自由和增长带来的好处应该大于可能的消极后果。为防止产生这样结果，GATT 第 24 条对地区性自由贸易安排作出重要限制：①地区安排的成员间必须取消实质上所有产品贸易的关税和其他限制性贸易法规；②参与同盟或自由贸易区或临时协定的成员对贸易集团以外的其他 WTO 成员实施的关税和贸易法规措施不得高于或严于地区集团成立以前的水平；③一成员决定加入关税同盟或自由贸易区，或缔结临时协定，应迅速通知货物贸易理事会，由其进行审议。如经审议认为临时协定不可能在合理期限内形成自由贸易区，应不得维持临时协定。

在 WTO 成立时，地区贸易集团的数量达 80 多个，[1] 其成员加入的动机也多样化，包括为减轻美国单边贸易措施的压力等；地区贸易集团的功能也向贸易以外的方面延伸（形成政治军事伙伴）。尽管有 GATT 第 24 条中限制性规定，GATT 从来没有拒绝一个类似的自由化安排。有鉴于此，乌拉圭回合谈判达成《关于 GATT 第 24 条解释谅解》，主要内容是：重申关税同盟、自由贸易区成立必须与 GATT 第 24 条规定保持一致，货物贸易理事会有权审议加入此类地区集团的报告，并提出建议；在实施第 24 条过程中产生的任何事项可以寻求 WTO 争端解决机构解决；临时协定的合理持续时间是 10 年。

（2）其他 MFN 例外安排。GATT 最惠国待遇原则并不阻止各成员依据相关协议采取反倾销和反补贴措施；也不阻止各成员依据一般例外和安全例外规则采取行动。属于 GATT 允许的优惠安排和南南合作计划如普惠制、洛美协定、加勒比盆地安排也属于最惠国待遇的例外。

3. 国民待遇的例外。GATT 国民待遇原则不适用于政府采购。一成员可以要求本国中央和地方政府从事公共采购时在本国货与外国货，本国供应商与外国供应商的选择上实行差别待遇，即使外国供应商提供了较优惠产品，该成员政府也可优先从本国供应商处购买。但是 GATT 没有明确规定最惠国待遇原则不适用于政府采购，GATT 第 17 条第 1、2 款的规定仅限于国营贸易企业从事为政府采购目的的进口时不受最惠国待遇约束。一国不应允许国内采购实体在从事政府采购时对外国相同产品及供应商实行差别待遇。现实是重要的政府采购由 WTO《政府采购协议》调整，它使这个诸边协议成员之间在政府采购方面相互给予的待遇优于非成员。

另外，国民待遇原则不妨碍政府对国内生产者给予特殊补贴，这项例外应在 WTO《补贴与反补贴措施协议》约束之下实施。

4. 一般禁止数量限制的例外。GATT 并非绝对地禁止实行数量限制，而允许

---

[1] [美] 约翰·杰克逊（John H. Jackson）：《关贸总协定和世贸组织的法理》，高等教育出版社 2002 年版，第 106 页。

各成员适当地保留一些限制。事实证明，像美国谈判代表主张的绝对禁止数量限制，不仅缺乏现实可行性，而且其经济和社会后果也不尽合理。数量限制是政府宏观调控经济的手段，是贫弱国家保护本国经济的必要措施，如运用得当会有利于各国经济健康发展以及国际贸易实质增长。总之，法律禁止滥用数量限制，允许法律范围内的适当数量限制。这个范围体现在某些例外规定中。

（1）普遍禁止的例外。根据 GATT 第 11 条规定，为下列目的实行的数量限制不在普遍禁止之列：①为防止或减轻出口国食品或其他必需品的紧急匮乏而采取的暂时禁止或限制出口。②进出口的禁止与限制是为了实施国际贸易中初级产品分类定级和市场销售标准或规章所必需者。③对任何形式的农渔产品实行进口限制，如果这种限制是为执行政府下列措施必需者：一是限制相同国内产品允许产销的数量，或者如果相同国内产品产量不大，限制能直接代替进口产品的本国产品允许产销数量；二是以无偿或低于市场价格的办法将过剩产品给国内一些消费团体，以消除国内相同产品的暂时过剩；三是限制生产全部或主要直接依赖进口原料而生产的动物产品的数量，如果本国生产的那种原料微不足道。

上述第一种例外所指的"紧急匮乏"，包括季节性食品因国外售价暴涨引起国内供货短缺，或由于可能用竭的资源紧急短缺。第二种例外是为了配合国际初级产品协定的实施。事实上，国际初级产品（指农、林、渔产品及未经加工的矿产原料）交易长期受 GATT 以外的初级产品协定调整，如咖啡协定、锡协定、天然橡胶协定等，这些协定把有关初级产品分为不同等级，不同等级的产品实行不同的配额和交易限制。目前国际社会存在的十多个初级产品协定是根据联合国贸发会制定的"商品综合方案"的原则和目标制定的，目的是稳定这些商品的国际市场价格，保证正常的均衡生产供应，保证发展中国家出口收入和发达国家消费需求。第三项例外是被经常引用、争议较大的部分，目的是解决农业生产过剩以及对进口国农业部门实行保护，以抵御外来竞争。这项例外规定成了后来主要农产品大国实行农产品保护政策的 GATT 合法性根据。这项例外中所指的"农渔产品"是未经加工过的鲜品，实施这个允许的例外需遵守以下限制条件，即必须有政府对相同产品国内生产和销售的限制措施；对进口的限制是对国内供货限制所必需；实际限制时必须公布限制的总量或总价值，必须以同样比例限制进口产品和国内产品的规模，避免损害进口产品与国内产品之间的竞争关系。乌拉圭回合谈判达成的《农产品协议》实施后，对农产品进口数量限制应大部分取消，这项例外的适用将大大减少，农产品贸易主要由《农产品协议》调整。

（2）为保障国际收支实施的进口数量限制。GATT 第 12 条第 1 款规定："虽有第 11 条第 1 款的规定，任何缔约方得为保障其对外金融地位和国际收支，限制进口商品的数量或价格。"此外，GATT 第 18 条专门授权发展中国家在面临国际收支困难条件下可以实施数量限制。为防止缔约方不适当地运用这项例外实行贸易保护，第 12 条其他款项规定了援用这项例外的规则程序、限制条件；后来，东京回合谈判通过《关于为国际收支目的而采取贸易措施的宣言》，乌拉圭回合谈判又通过《关于为国际收支目的而采取贸易措施的宣言》，通过了《关于GATT1994 国际收支平衡条款的谅解》，进一步完善了实行这项例外措施的程序。归纳这些文件精神，援引第 12 条以保障国际收支为由实施数量限制应符合以下条件：①只能为防止货币储备严重下降的急迫威胁或制止货币储备严重下降；对于货币储备很低的成员，为使货币储备合理增长而实行数量限制。②实行数量限制的成员不得对其他成员贸易经济利益造成不必要的伤害，为此应优先使用对贸易有最少破坏作用的从价限制措施（如征收进口附加税、保证金、增加关税等影响货物价格的措施），只有在从价措施不足以应付国际收支紧急困难时，才可以采取新的数量限制。③为国际收支目的实行的进口限制是暂时的，不应超过为解决国际收支恶化状况所需要的水平，为此应以透明的方式管理此种限制，实施限制的成员应公布消除限制措施的时间表。④援引第 12 条第 1 款的成员，一方面，应与 GATT 国际收支限制委员会进行磋商，接受其审查，委员会将审查结果报告货物贸易理事会后，由其作出结论，有关成员必须执行；另一方面，实行进口限制的成员应与国际货币基金组织进行磋商，由该组织判定其是否面临货币储备严重下降或货币储备很低的困难，接受其监督。

与第 18 条规则相比，第 12 条第 1 款的限制较多，GATT 成员较少适用。

（3）保障条款及 WTO《保障措施协议》（见本书有关章节）。

（三）关于发展中国家特殊待遇的规定

1. GATT 第 18 条。GATT 产生初期仅有第 18 条针对后来被称为"发展中国家的特殊规定"。第 18 条允许那些只维持低生活水平，经济上处在发展初期的成员，必要时为建立特定国内工业和为解决收支平衡，可以修改关税减让表和实行进口限制等保护措施，但须按一定程序进行。由于 GATT 第 18 条规定的适用受到严格的程序限制，对发展中国家的优惠也不大，历史上很少被援用。

2. GATT 第四部分及授权条款。GATT 第四部分题为贸易与发展，由第 36 条至 38 条构成，总的目的是：通过采取缔约方联合行动和发达国家缔约方单独行动，促进发展中国家经济发展，保证发展中国家在国际贸易中占有适当份额，尽可能为发展中国家初级产品、加工品和制成品进入世界市场创造有利条件。为实现此目标要求发达国家承担下述义务：①发达国家对其在贸易谈判中向发展中国家成员所承诺减少和撤销关税及其他壁垒的义务，不能希望得到互惠；

②优先降低和消除与发展中国家成员出口利益相关的初级产品和加工品的贸易壁垒；③在调整财政措施时，优先放宽或撤除有可能影响发展中国家初级产品出口的财政措施；④在考虑 GATT 许可的其他措施解决某项特殊问题时，应特别注意发展中缔约方的贸易利益。如果所采取的措施影响其根本利益，在实施前研究纠正办法（第 37 条第 3 款）。

首先，第四部分最重要的影响就是首次承认经济上处于不同发展水平的发达国家和发展中国家的划分，提出了发展中国家在与发达国家的贸易谈判中可以享有某些"非互惠"的待遇，即发达国家给予发展中国家关税减让时他们不应期望发展中国家作出同样减让，为以后发达国家单方面实施普惠制和在贸易谈判中单方面减让关税提供了法律依据。其次，第四部分要求在解决 GATT 某项特殊问题时，特别注意发展中国家贸易利益和根本利益，这影响到后来对发展中国家差别优惠待遇扩展到多边贸易规则调整的广泛领域。再次，第四部分的另一后果是扩大发展中国家初级产品和工业品的市场准入机会。最后，根据第四部分安排还设立了新的常设机构，即贸易和发展委员会，负责这一部分的实施。但是第四部分没有解决是否应给予发展中国家特别的、更优惠待遇问题。第四部分生效后，不论是发达国家给某些发展中国家的特殊优惠还是发展中国家之间相互给予优惠都需要履行 GATT 第 25 条第 5 款豁免义务程序，免除根据 GATT 第 1 条应履行的给予其他缔约方最惠国待遇义务。

1979 年东京回合谈判结束时，GATT 缔约方通过一项决议，题为《对发展中国家差别和更优惠待遇、互惠和更全面参与的决定》，因为其内容主要是授权发达国家可以背离最惠国待遇原则，给予发展中国家缔约方差别的和更优惠待遇，也因为它不是一项强制性义务，该项决议通称"授权条款"。其具体内容是：①授权发达国家缔约方可以背离最惠国待遇原则，给予发展中国家差别和更优惠待遇，而不必将这种待遇给予其他缔约方。②给予发展中国家缔约方差别的更优惠待遇适用于以下领域：一是按普惠制给予发展中国家产品优惠关税待遇；二是在多边贸易谈判中达成的非关税壁垒协议中规定差别的更优惠待遇；三是发展中国家之间缔结的相互给予优惠关税或减免非关税措施的区域性或全球性安排；四是对最不发达国家的特殊待遇。③确定普惠制"毕业"原则，随着发展中国家经济逐步发展和贸易状况改善，它们做出贡献和提供减让的能力也将提高，它们应更充分参与 GATT 权利和义务体制。

授权条款的主要作用是在第四部分基础上，进一步确立了发展中国家在多边贸易体制中应享有特殊的、差别的、更优惠的待遇和法律地位，把这种优惠待遇的范围、实施方式明确化、具体化；授权条款还正式承认此前由联合国贸发会议安排实施的普惠制在 GATT 体制中的合法地位，使之成为 GATT 管辖的一

第八章

项法律制度；依据授权条款，发展中国家享有的差别的、更优惠待遇不需经过GATT豁免义务程序，弥补了GATT第四部分的不足。但是GATT第四部分和授权条款的规定主要是授予权利和承认发展中国家的特殊地位，它们并不是有约束力的法律义务，不能强制施行，由此引发的争议也不能通过WTO争端解决机构来解决，因为发达国家给予的优惠是基于"自觉和有目的的努力"（GATT第36条第9款），而不是应尽义务。

3. 普惠制。普惠制即普遍优惠制（Generalized System of Preferences），是发达国家对于来自发展中国家的某些产品给予的普遍的、非歧视的、非互惠的关税优惠制度。自20世纪60年代以后，随着发展中国家崛起，它们对多边贸易关系中严格的互惠原则和最惠国待遇原则产生异议，认为经济实力悬殊的国家之间实行这样的原则使发展中国家负担加重，经济更困难。1964年在日内瓦召开的联合国贸易和发展会议第一届会议上，77国集团发表联合宣言，提出发达国家应给予发展中国家制成品和半制成品出口普通关税优惠待遇。这次会议虽因发达国家反对这一要求而未能达成协议，却导致GATT增加了关于贸易和发展的第四部分。1968年在新德里召开的联合国第二届贸发会议上以第21（Ⅱ）号决议形式，通过了"给予发展中国家的制成品和半制成品出口以非互惠非歧视的普遍优惠制"原则。1970年贸发会议优惠特别委员会通过一项决定，将普惠制方案具体化。1979年GATT东京回合谈判达成授权条款，使普惠制成为GATT体制中的一项制度。

普惠制通过发达国家制定的给惠方案来实施，给惠方案中包括受惠国地区、给惠产品、减税幅度、保护措施、原产地规则等。①给惠国。经合组织和经济互助理事会的所有发达国家都被邀请参加普惠制。②受惠国。根据"自选"原则，优惠给予那些自称为发展中国家的国家，给惠国可以某种理由拒绝给某一发展中国家优惠。③给惠商品。给惠方案列有给惠产品清单，主要是工业制成品和原料，某些敏感商品除外。④减税幅度。普惠制税率是在最惠国待遇基础上的减免，减税幅度是普惠制税率与最惠国税率之间的差额，这意味着只有享受最惠国待遇的国家才享有普惠制。⑤保护措施。给惠国为保护本国经济在普惠制实施中设置保护措施，主要有下列例外条款：一是如果从受惠国进口某种产品的数量增加对给惠国工业造成损害，给惠国可以取消优惠；二是预定限额：给惠国对受惠国产品进口实行限额，包括最高限额和国别配额；三是普惠制"毕业"：给惠国如认为受惠国经济发展，产品有了较强竞争力，可以取消优惠。

普惠制为广大发展中国家产品出口，进而发展本国经济创造了有利条件，同时也应看到，由于普惠制不具有法律上的强制性，不是必须履行的义务，其实施带有任意性和歧视性，特别表现在受惠国的选择和普惠制"毕业"的施行上，如包括美国在内的一些发达国家至今未给我国普惠制待遇。通过 GATT 历次多边谈判，成员之间的关税水平已经很低，普惠制的作用降低。

## 二、WTO 贸易救济措施协议

（一）《反倾销协议》

1. 范围和法律渊源。倾销是出口商以低于正常价格向进口国出口和销售产品。它分为长期倾销、短期倾销和偶然性倾销，其中前两种具有不正当竞争性，扭曲了产品价格和正常竞争机制，给进口国相关产业造成影响损害，对此，各国通常依据国内反倾销法和救济程序采取反倾销措施。由于各国反倾销制度不同，采取反倾销的条件程序也不同。反倾销措施的滥用成为贸易保护主义工具。WTO 反倾销规则来源于两个基本文件：GATT1994 第 6 条规定和《关于实施 GATT1994 第 6 条的决定》（反倾销协议），这两个文件主要规范 WTO 成员对倾销产品进口的反应，使这种被允许的进口限制和管制措施在公平合理的基础上实施，不至于构成对正常国际贸易的障碍。但是协议并不直接约束外国企业的出口倾销产品行为，没有任何约束企业倾销的规则，也没有禁止企业倾销，只是说这类行为应该"谴责"。协议生效后，各成员的国内反倾销法和反倾销措施不得与之相抵触，否则受损害的一方可以提请 WTO 争端解决机构解决争议。

2. 倾销的构成要件。GATT 第 6 条规定，缔约方认识到，用倾销手段将一国产品以低于正常价格办法引入另一国商业，如果因此对另一缔约方领土内已经建立的产业造成实质性损害或实质损害威胁，或实质上阻碍某一国内产业新建，则该倾销应予以谴责。这说明 WTO 协议允许各成员采取限制措施的倾销行为应具备以下构成要件：①产品以低于正常价格或低于成本出口销售；②该倾销产品给进口国生产相同或类似产品的生产部门造成实质性损害或实质损害威胁，或者阻碍国内工业的新建；③国内损害与倾销产品进口有因果关系。只有符合以上条件的倾销行为，协议允许 WTO 成员采取反倾销措施。

3. 倾销及损害的认定。

（1）确定被调查产品正常价格。认定正常价格的标准应依次参考：正常贸易中某产品在出口国供消费的可比价格（国内价格）；如果某产品没有在出口国销售或销售量低，应参考与该产品同类产品出口到一适当第三国的可比价格（第三国价格）；如果该价格不具有代表性，应比较某产品在原产国的生产成本，加合理的管理成本、销售费用和利润确定（结构价格）。

（2）确定出口价格。这是正常贸易中进口商购买倾销商品实际支付的价格。

（3）出口价格与正常价格比较。协议规定出口价格与正常价格应进行公平比较的原则，即应基于相同价格水平（通常为出厂价水平），用尽可能相同时间内发生的交易进行比较，并考虑每一个具体案件影响价格可比性的差异。比较方法是：用加权平均的正常价格与所有可比交易的加权平均出口价格比较；用每笔交易的正常价格与每笔交易的出口价格进行比较。经比较后如发现产品出口价格低于正常价格即存在倾销。两者的差额为倾销幅度。

（4）损害及其因果关系。确定倾销产品给进口国相关工业造成实质性损害或实质性损害威胁应考虑以下因素：倾销产品进口数量；倾销产品的进口价格以及对国内相同或类似产品价格的影响；对国内工业和国内生产者的影响，如生产、销售，或价格下降、库存增加、亏损情况、失业率等。在确定损害与倾销产品进口的因果关系时应特别注意非倾销因素对国内产业损害的影响。

4. 立案调查。这一阶段涉及以下义务：①立案标准。协议要求立案时，进口国主管当局严格审查申诉人的资格，了解国内生产商对一项申诉的支持或反对的程度，符合协议的立案标准是支持申诉的生产商必须占提出支持或反对的生产商所代表的产品总量的50%以上；无论如何，支持申诉的生产商所代表的产量至少应占该产业总量的25%。②公告通知义务。一旦决定立案调查时，进口国主管当局应立即公告与调查有关事项，通知有利害关系的进出口厂商和出口国政府，调查采用问卷调查和实地考察方式。③证据，辩护协商。被诉方收到调查通知后，至少应给予30天时间准备回答，主管机关应给所有各方见面和答辩机会。主管当局有权要求各方提供资料和证据，拒不提供资料，可依据最佳可得信息制度，在现有可获得资料基础上作出初裁或终裁。④期限及微量倾销处理。调查应在1年内完成，无论如何调查发起后至作出终裁的期间不应超过18个月。如果主管当局不足以认定存在倾销或虽有倾销，但倾销幅度不超过2%，或者来自某一国家倾销产品进口量不超过进口国相同产品进口总量的3%，则应该停止调查。[1]

5. 初裁，临时措施与价格承诺。《反倾销协议》没有规定作出初裁的时限，应理解为自立案调查之日起1年内的一个合理时间。如果主管当局做出出口商倾销商品的肯定性初裁，它应该公告初裁决定，并可以采取临时性反倾销措施，即向进口商征收临时附加税或保证金。采取临时措施的条件是：①应在不早于公告立案后60天后采取；②进口国主管当局已作出关于倾销和损害存在的肯定性初裁；③主管当局认为采取临时措施对防止在调查期间发生损害是必要的。临时措施最长适用期间不超过6个月。肯定性初裁作出后，被控倾销的出口商与进口国主管当局可以在双方自愿基础上签订价格承诺协议，由出口商承诺修订出口商品价格和消除工业损害；进口国主管当局接受了承诺，应停止调查。

第八章

---

〔1〕　除非倾销产品进口量不足3%的成员合计超过该进口成员同类进口产品总量的7%（《反倾销协议》第5.8条）。

6. 终裁，征收反倾销税。进口国若作出出口商对其倾销产品的肯定性终裁，它应该公告并可以采取征收反倾销税的措施。反倾销税是进口国对于来自外国的倾销产品征收的一种进口附加税，目的是阻止倾销产品进口和消除倾销造成的损害。反倾销税应在非歧视基础上针对所有经查明倾销并造成损害的某税号的进口产品征收，纳税人是进口倾销产品的进口商，出口商不得直接、间接代替进口商缴纳。在执行税率时应采用经调查认定的个别出口企业的个别税率。反倾销税率不得高于倾销幅度，倾销幅度是被控产品的正常价格与实际进口价格之间的差额，差额越大，倾销幅度越大。反倾销税应自作出终裁之日起对进入消费领域的被控倾销进口产品征收，必要时也可以自采取临时措施起征收（追溯征收），征税期限通常是 5 年。到期后应进行复审以决定是否继续征收。GATT1994 第 6 条第 5 款特别强调，在任何成员领土的产品进口至任何其他成员领土时，不得同时征收反倾销税和反补贴税以补偿倾销或出口补贴所造成的相同情况。

WTO《反倾销协议》重申 GATT1947 第 6 条注释及补充规定："在进口产品来自贸易被完全或实质垄断的国家，且所有国内价格均由国家确定的情况下，进行价格比较可能存在特殊困难，这时进口方可能认为与此类国家的国内价格进行严格比较不一定适当。"据此，一些国家针对原产于"非市场经济体制国家"的进口产品采取了歧视性的反倾销措施，表现在：①选用所谓"替代国价格"作为认定正常价格的依据；②在确定反倾销税额时实行所有被控企业单一税率，而不是按这些企业的出口价格分别裁定。中国加入 WTO 议定书第 15 条规定，某一 WTO 成员在中国加入 WTO 15 年的过渡时期内，仍可对原产于中国的被调查产品采用替代国价格作为认定正常价格的标准。然而，只要中国被调查企业提出足够证据证明其产品是在市场条件下生产和销售，该 WTO 成员在进行价格比较时应采用中国企业提供的价格或成本。在中国加入 WTO 的 15 年过渡时期后，WTO 成员不得对原产于中国的产品采用替代国标准。

（二）《补贴与反补贴措施协议》

补贴是政府向境内的补贴接受者提供任何形式的财政资助、奖励或价格支持。补贴是政府行为，这一点与倾销有着实质上的不同。接受补贴的实体，通常是生产企业或销售公司，并且在国际贸易中受到责难的补贴具有专项性，补贴接受者是个别企业和行业。虽然一些国家将补贴作为政府实现其经济政策的工具，但是在国际贸易中，补贴被认为是一种不公平竞争行为。因为，一方面，补贴使受补贴的生产者享受了不公平竞争优势，扭曲了它的真实竞争地位；另一方面，补贴也扭曲了国际贸易。农产品的补贴和进口壁垒抬高了国内产品价格，刺激了过量生产，过剩的农产品在补贴刺激下，低价向国际市场出售，造成国际市场过剩。而没有能力进行补贴的国家的农民深受其害。

当代各国国内法和 WTO 规则都普遍地管制对贸易有扭曲限制作用的补贴行为,这种管制分两个途径:①依据国内贸易法,对来源于另一国家的补贴产品进口进行立案调查,在查明补贴产品进口及损害后果的基础上,采取征收反补贴税的贸易救济措施;②运用 WTO 争端解决机制,受补贴产品损害的成员可以请求与补贴成员政府寻求协商及 DSB 的裁决,以消除补贴及其影响。

反补贴的国际规范主要集中于 WTO 反补贴法中。WTO 反补贴法由两个部分组成:①来源于 GATT1994 第 6 条和第 16 条的规定;②GATT 乌拉圭回合谈判达成的《补贴与反补贴措施协议》(SCM 协议),它作为货物贸易多边协议要求所有 WTO 成员遵守。SCM 协议对东京回合守则作了较大的修改和补充,协议进一步明确了补贴的定义、范围和界限,首次对补贴进行了分类,严格补贴的纪律。WTO《补贴与反补贴措施协议》(SCM 协议)主要内容如下:

1. 协议的适用范围。WTO《补贴与反补贴措施协议》(以下简称《反补贴协议》)是对 GATT1994 第 6、16 条关于反补贴协议规定的统一解释,进一步阐述和补充。《反补贴协议》规定了一成员依据国内法采取反补贴措施或者依据WTO 法针对另一成员发起反补贴争议解决应遵守的实体法规则和程序法规则,要求各成员一律遵守。协议与 GATT1994 相关规定都是调整 WTO 成员采取补贴与反补贴措施的有约束力的规则;根据《建立世界贸易组织协定》附件 1A 的解释性说明,当《反补贴协议》与 GATT 相关规定冲突时,前者优先适用。但是关于农产品的补贴和支持问题由 WTO《农产品协议》调整,《反补贴协议》中的某些重要实体法规则(第 3 条关于禁止性补贴的规定,第 5 条关于可申诉补贴的规定)和程序法规则(第 4、6、7 条)不适用于农产品补贴和成员间的争端解决;其他一些规则,主要是第 1、2 条定义,专项性的标准以及第五部分反补贴措施应该同样适用于农产品补贴以及依据国内法发起的贸易救济程序。与《反倾销协议》不同,《反补贴协议》既约束 WTO 成员政府的补贴行为,也约束成员政府对另一成员补贴产品进口的反应。协议规定了控制成员政府采取补贴做法的多边纪律,也规范一成员政府针对另一成员补贴产品进口采取的单边行动。

2. 补贴的定义。《反补贴协议》共 11 个部分、32 个条款和 7 个附件。新协议远远超出了 GATT 第 6、16 条的规定,后两者仅对非初级产品出口补贴规定了有效的纪律。反补贴协议首次在多边体制内界定了补贴的定义和构成要件,运用交通信号灯的方法区分了不同类型的补贴。协议第 1 条将补贴定义为:一成员领土内存在的由政府或任何公共机构提供的财政资助或者任何形式的收入或价格支持以及因此授予补贴接受者一项利益。第 1 条第 2 款还规定,以上定义的

第八章

补贴只有在属于专项性补贴时，才应受到本协议有关规定的约束。协议第1条列举了政府或公共机构提供财政资助的表现：①涉及资金的直接转移（如赠款、贷款和投股）、潜在的资金或债务的直接转移（如贷款担保）的政府做法；②放弃或未征收在其他情况下应征收的政府税收（如税收抵免之类的财政鼓励）；③政府提供除一般基础设施外的货物和服务，或购买货物；④政府向一筹资机构付款，或委托或指示一私营机构履行以上第①～③项列举的一种或多种通常应属于政府的职能，且此种做法与政府通常采用的做法并无实质差别。

协议在上述第2项注释中特别指出，按照GATT第16条注释和本协议附件1至附件3的规定，对出口产品免征其同类产品供国内消费时所负担的关税或国内税，或免除此类关税或国内税不超过增加的数量不得视为一种补贴。

以上定义说明，GATT及《反补贴协议》管制的补贴做法应具备以下要件：

（1）补贴是政府或任何公共机构提供的财政资助或收入和价格支持，用于鼓励某类产品的生产和销售。实施补贴的主体是成员政府，包括中央政府或地方政府，主体也包括政府委托其代行政府职能的私人或公共机构。与政府无关的其他私人或团体（如环境组织等）提供的资助不属于补贴。补贴接受者应为实行补贴的政府管辖范围内的企业、产业或特定地区（第2.1条）。补贴的方式是提供不同形式的财政资助或收入和价格支持。财政资助是资金直接或间接地授予或转移给补贴接受者；收入和价格支持并不涉及政府转让资金，而是通过政府实行政策性的价格管制调控，使消费者支付超过正常市场价格的垄断性高价，达到政府补贴生产者的目的。

（2）补贴应该使补贴接受者获得某种利益（Benefit），这是衡量补贴存在的另一个重要的测试标准。不论政府资助或价格支持都要使补贴接受者获得在正常的商业条件或生产条件下不能获得的实际利益，如果虽然有政府提供的贷款或对贷款的担保，接受贷款或担保的实体并没有获得超出一般商业条件的利益，这也不能算是补贴。

（3）补贴在法律上或事实上具有专向性（Specificity）。多边规则管制的补贴是在一国资源分配中造成扭曲的补贴，普遍性的非专向性的补贴被认为不会造成这种扭曲，不应该加以限制。协议第2条认定以下四种类型的专项性补贴：①企业专向性；②产业专向性；③地区专向性；④禁止性补贴。凡法律、法规或政策规定给予上述专门企业、行业、地区的补贴具有法律上的专向性；如果没有法律规定，但实施中具有专向性，这是事实上专向性。

3. 补贴分类。《反补贴协议》用信号灯办法，将补贴分为禁止性补贴（红灯），可申诉的补贴（黄灯）和不可申诉的补贴（绿灯）。属于禁止性补贴在法律上被禁止；属于可申诉的补贴通常被允许实施，但在某种情况下是可申诉的，即有利害关系的成员可以采取反措施；属于不可申诉的补贴不仅被允许实施，通常也不应该采取反措施。

（1）禁止性补贴。协议第3条第1款规定了以下属于第1条补贴定义范围的补贴应予禁止。一成员不得给予或维持以下补贴：①在法律上或事实上视出口实绩为唯一条件或其他条件之一而给予的补贴，包括附件1所列举的补贴；②视使用国产货物为进口货物唯一条件或其他条件之一而给予的补贴，包括附件1所列举的补贴。上述第一类补贴属于出口补贴，既可以是法律上的，基于法律或其他规范性文件的规定判断；也可以是事实上的，根据事实情况判断。但是将补贴给予出口企业这一事实本身并不构成出口补贴，还要符合第1条补贴定义所规定的要件，补贴应该是政府给予的财政资助，是根据出口实绩给予的资助，并且使受补贴者获得利益，而出口补贴本身就是专向性的，符合专向性标准。

（2）可申诉的补贴。可申诉补贴又称"黄灯补贴"，它是那些不是一律被禁止实施，却又不能自动免除被质疑或申诉的补贴，是否属于这类补贴不仅要依据补贴的定义来判定，还要根据补贴所造成的损害后果来判定。根据《反补贴协议》第5条规定，可申诉的补贴是协议第1条规定和列举的任何种类的补贴，并且对其他成员利益造成以下不利影响（Adverse Effect）：①损害另一成员国内产业；②使其他成员在GATT1994第2条下直接或间接获得的利益丧失或减损，特别是在GATT1994第2条下约束减让的利益丧失或减损；③严重侵害（Prejudice）另一成员的利益。

（3）不可申诉的补贴。不可申诉的补贴是"绿灯补贴"，反补贴协议第8条规定了两大类不可申诉的补贴：①不具专向性的补贴；②符合特定要求的专向性补贴，包括企业研究和开发补贴，贫困地区补贴和环保补贴。企业研究开发补贴是指对公司进行研究开发活动的援助，或对高等教育机构、研究机构与公司签约进行研究开发活动的援助；贫困地区补贴是指按照一项总体地区发展规划给予贫困地区的援助；环保补贴是指为促进现有设施适应法律、法规规定的新的环保要求而提供的援助。协议第9条规定了针对不可申诉补贴的争端解决程序，要求一成员只有在有理由认为该项补贴对其国内产业造成严重不利影响时，例如造成难以补救的损害，该成员才可请求与维持该项补贴的成员磋商。

根据协议规定，第8条和第9条关于不可申诉补贴的规定只在反补贴协议生效之日起5年内适用，5年期满前180天由反补贴委员会审议该项规定适用的情况，以决定是否继续适用。当此事项在1999年被审议时，委员会没有一致同意其恢复使用，因此，协议第8条和第9条关于不可申诉补贴的规定自1999年12月31日起停止适用。不过考虑反补贴协议的定义和分类，许多原属于不可申诉

第八章

的补贴仍然是不应被责难和采取反措施的。比如非专向性补贴仍不属于协议管制的补贴；为改进环保设施的补贴有积极的外部效应，而较少有贸易扭曲效果。

4. 成员间反补贴多边争端解决程序。针对一成员禁止性和可申诉补贴做法，《反补贴协议》第 4 条和第 7 条规定了另一成员采取 WTO 多边争端解决的特殊程序，《关于争端解决规则与程序的谅解》作为一般法同时适用，两者冲突时以前者为准。其中针对禁止性补贴（第 7 条关于可申诉补贴程序略）除了适用DSU 一般程序外，其多边争端解决程序有以下特点：①在磋商阶段，一成员只要有理由认为另一成员正在给予或维持一禁止性补贴，即可请求与另一成员协商。申诉方不需要证明有国内损害，只要提交说明，列出补贴证据即可。②在专家组审理阶段，设立常设专家组（PGE），由其审议和决定所涉补贴是否属于禁止性补贴，向专家报告其结论；常设专家组报告有强制性，专家小组必须接受。③在执行阶段，如所涉补贴属于禁止性补贴，专家组应建议实行补贴成员立即撤销该补贴。如在指定时间内 DSB 建议未被遵守，DSB 应授权起诉方采取反措施。④加速时限安排，第 4 条规定协商阶段的时限是 30 天（DSU 为 60天）；专家组审理时限为 90 天；上诉机构审理时限为 30~60 天。

5. 反补贴国内救济程序。除前述关于多边争端解决程序外，《反补贴协议》第五部分规定了一成员针对另一成员补贴行为采取单边国内救济措施的规则，虽然这两种程序可平行适用，但最终采取的反措施只能是一种。第五部分程序与反倾销协议规定的立案调查、初裁和终裁程序类似，但有以下特点：①不论另一成员采取何种补贴，只有所涉补贴产品进口并造成国内类似产业损害才可发起国内救济程序。②邀请磋商是发起调查方的重要义务，主管当局在接受国内企业申请后，最迟应在调查前邀请可能的被调查成员进行磋商，以澄清事实，寻求满意解决。③此项救济程序中，价格承诺有两种形式：一是出口商同意修改价格；二是出口方政府同意采取取消补贴或消除其他不利影响措施。

反补贴税是为抵消对产品的补贴而征收的特别关税。应按照补贴接受者所获得的补贴利益计算补贴金额和反补贴税额。反补贴税不得超过经认定存在的补贴金额。

6. 发展中国家特殊待遇。协议将发展中国家分为三类：①由联合国确定的48 个最不发达国家；②附件 7 列举的 20 个（不包括中国）人均 GDP 不足 1000美元的发展中国家；③其他发展中国家。协议还规定：第一类国家可无限期使用出口补贴，在 WTO 成立 8 年内可保留进口替代补贴；第二类国家在人均 GDP达到 1000 美元前可继续使用出口补贴，在 WTO 成立 5 年内可保留进口替代补贴；第三类国家在 WTO 成立 8 年内可保留出口补贴，5 年内可保留进口替代补贴，这期间内应逐步取消。上述允许维持的补贴仍是可申诉的。

第八章

（三）《保障措施协议》

1. 定义及法律渊源。保障措施是指：当一成员发生了不能预见的情况以及因承担关税减让义务造成进口产品大量增加，以致对该成员境内生产同类产品的产业造成严重损害或严重损害威胁，该成员可以实施临时性进口限制措施，以保护国内相关产业。这项授权来源于 GATT 第 19 条规定，该条款被称为保障条款。

保障措施是自由贸易的"安全阀"，"如果没有自由贸易，我们就无须保障措施"。[1] GATT 规则承认，因为关税减让等市场准入条件分阶段实施，某些国家可能在短期内难以适应新的进口竞争环境，在自由竞争导致大量增加的进口货物有可能摧毁国内产业的情况下，必须给进口成员中止实施减让的调整、缓冲机会，实现产业结构合理化和技术创新以适应新的竞争环境，这样自由贸易才符合国内利益，也有助于缓和国内保护主义压力。同时，保障条款的设立也有助于多边贸易体制健康发展，使 WTO 成员以合法的、柔和的方式缓解因市场开放带来的竞争压力。从法律性质看，首先，保障措施是在国内产业遭受严重损害的紧急情况下允许采取的例外救济措施，"保障措施是只有在紧急情况下可采取的特殊（Extraordinary）救济措施"；[2] 其次，保障措施是针对正常的公平进口采取的措施，这与反倾销和反补贴措施有实质不同；最后，援用第 19 条实施的保障措施既可以提高关税也可以实行数量限制，它属于关税减让和禁止实行数量限制的例外，是自由贸易原则的例外。

GATT 保障条款实施的初期产生以下问题：①一些国家采取"选择性保障措施"，进口限制有选择地针对来自某国的应该设限商品，而不是来自所有国家的设限商品，认为这样做可以减轻对自由贸易原则的破坏作用。②某些进口国抛开 GATT 而与出口国进行双边谈判，说服其签订"自愿出口限制"和"有秩序的销售安排"协议，要求出口国把某些产品（主要是汽车、电器、农产品等敏感商品）的出口限制在协议规定的配额内，名义上双方自愿，实际上出口国迫不得已，这些都是歧视性进口限制的灰色区域措施，违背 GATT 最惠国待遇原则和禁止实施数量限制原则。历史上引用 GATT 第 19 条保障条款限制进口的情况不多见，一些国家更愿意采取"灰色区域"措施保护国内产业。③GATT 第 19 条仅有 3 款模糊规定，不能有效规范这一例外措施的实施。为解决这些问题，乌拉圭回合谈判达成《保障措施协议》，明确了采取保障措施的条件和程序规

第八章

---

[1] See John H. Jackson, *The World Trading System：Law and Policy of International Economic Relations*, London：The MIT Press, 1989, p. 153.

[2] See US-Line Pipe, Appellate Body Report, WT/DS202/AB/R, Doc. Num 02 – 0717, pp. 80 ~ 85.

则。关于 GATT1994 与 WTO《保障措施协议》的关系，有成员曾认为后者替代了前者，因此 GATT 第 19 条中规定的采取保障措施的条件（指关于"因不能预见的情况……"）不适用。但是在 DSB 上诉机构审理的"阿根廷对鞋类进口产品采取保障措施案"中，上诉机构明确指出，GATT 第 19 条与《保障措施协议》都是货物贸易协议有机组成部分，"它们平等适用并对所有成员有平等的效力"。[1]以下问题结合这两个文件阐述。

2. 采取保障措施的条件。GATT 第 19 条题为"对某些产品进口的紧急措施"，其第 1 款（a）项规定："如因不能预见的情况和缔约方在本协定项下负担包括关税减让在内的义务影响，进口至该缔约方领土的产品数量增加如此之大，以至于对该领土内同类产品或直接竞争产品的国内生产者造成严重损害或严重损害威胁，则该缔约方有权在防止或补救此种损害所必需的时间和限度内，对该产品全部或部分中止义务或撤销或修改减让。"《保障措施协议》第 2 条第 1 款规定："一成员只有在根据下列规定确定正在进口至其领土的一产品的数量与国内生产相比绝对或相对增加，且对生产同类或直接竞争产品的产业造成严重损害或严重损害威胁，方可对该产品实施保障措施。"综上所述，一成员采取保障措施应符合以下要求：

（1）发生了不能预见的情况。这是指突然增加的进口量之大以及对国内造成的损害后果是关税减让谈判时无法合理预见的；也意味着因为出现了关税减让谈判时无法预见的新情况使进口大量增加。

（2）进口产品数量近期内急剧增加。在上诉机构审理的"阿根廷对鞋类进口产品采取保障措施案"中，上诉机构指出，一项调查仅仅证明今年的进口产品多于去年或者 5 年前是不够的，"正在进口"意味增加的进口必须是突然的和最近的。"《保障措施协议》第 2.1 条和 GATT 第 19.1 条（a）项规定的措辞共同要求增加的进口必须是足够近期、足够突然、足够急剧和足够大，无论是质还是量的方面，将导致严重损害或严重损害威胁。"[2]进口增加包括绝对增加和相对增加（相对于进口国国内产量）。

（3）严重损害或严重损害威胁。这是指大量增加的进口给国内生产类似产品或直接竞争性产品的生产企业造成严重损害或严重损害威胁。"严重损害"是指对某一国内产业状况的整体的重大减损［《保障措施协议》第 4.1 条（a）项］，"严重损害威胁"是指相关的事实表明前述的实质损害状况明显迫近，即将发生。应考虑销售水平、产量、生产率、设备利用率、利润和亏损及就业的

〔1〕　黄东黎：《国际贸易法学》，法律出版社 2004 年版，第 456 页。
〔2〕　黄东黎：《国际贸易法学》，法律出版社 2004 年版，第 450～451 页。

第
八
章

变化。

（4）进口数量增加与国内相关产业的损害有因果关系。属于其他因素造成的国内产业损害，不得归因于增加了进口。

3. 保障措施的实施。

（1）救济方式。保障措施可以是增加关税和实行数量限制，临时保障措施应为增加关税。不论何种方式都不应超过防止严重损害必要的程度。如实行数量限制，该限制不应低于有代表性的最近 3 年平均进口水平；如实行国别配额，应与有关国家就配额分配达成协议，否则按这些国家最近一段时间在进口国进口总量中所占比例分配。

（2）时间限制。保障措施是临时性的，不应超过弥补损失所需的合理时间限度，协定规定一般期限是 4 年，延长后不超过 8 年（发展中国家为 10 年），期满后应恢复到原来的水平。协定禁止对同一产品间隔不足 2 年重新采取保障措施。

（3）非歧视地实施保障措施。协定规定"保障措施应针对正在进口的产品实施，而不考虑其来源"（第 2.2 条），WTO 成员应遵守最惠国待遇原则，非歧视地实施保障措施，它适用于来自所有国家的同类进口产品，而不应带有选择性。在特殊情况下，允许成员背离最惠国待遇原则，对一个或几个供应国采取保障行动，但进口国应与保障委员会协商，经批准后方可实施。协议要求现有的"灰色区域"措施必须在 4 年内（1999 年 1 月 1 日前）逐步取消（纺织品除外），成员政府承诺不寻求采取或维持任何自愿出口限制、有秩序地销售安排或其他类似措施，不得鼓励或支持非政府机构的公私企业采取类似措施。

（4）贸易损失补偿。采取保障措施的成员应给予那些利益受到保障措施不利影响的出口成员充分补偿，它可以在其他产品进口或贸易方面作出与出口成员所受损失相当的减让。若进口成员与遭受不利影响的出口成员不能就补偿达成协议，后者可采取相应的报复措施。但协定第 8.3 条规定，如果保障措施符合协议规定，而且保障措施是由于来自出口方产品进口数量的绝对增长引起的，出口方需要在进口国采取保障措施 3 年后才能采取同样的报复措施。

（5）发展中国家特殊待遇。协议要求进口国对来自发展中国家的产品采取保障措施应符合以下条件：来自一发展中国家某产品的进口量超过进口国该产品进口总量的 3%，或进口份额低于 3% 的（若干）发展中国家进口量之和超过进口国该产品进口总量的 9%。

4. 采取保障措施的程序。

（1）立案和调查。《保障措施协议》第 3.1 条概括地规定，进口国当局采取保障措施应根据以往制定的程序进行调查和公开后方可实施保障措施。主管当局必须公布一份报告把调查结果公布于众，并安排听证会，使进出口商和其他利害关系方有机会提供证据，陈述意见，进口国主管当局必须提出证据，说明保障措施是否符合公共利益。但这方面程序规定很概括，也没有关于立案标准要求。

（2）通知。拟采取保障措施的进口成员应通知保障措施委员会对某种产品发起调查的程序和理由，主管部门作出的关于进口造成严重损害或严重损害威胁的调查结果，关于采取或延长实施保障措施的决定，同时应提交有关证据材料。

（3）协商。拟采取保障措施的成员应提供适当机会与有利害关系的成员进行协商，共同审议有关证据和事实材料，对拟采取的措施交换看法，尽可能达成协议，避免采取保障措施。因采取保障措施引起争议，有关成员可以提请WTO争端解决机构裁决。

（4）临时措施。在紧急情况下，如果迟延会造成难以弥补的损失，进口成员可不经磋商采取临时保障措施，主管机构只能在有明确证据表明进口激增已经或正在造成严重损害或严重损害威胁情况下才可采取临时保障措施，临时措施只能增加关税，期限不得超过200天，此期限计入总的保障措施期限。

中国加入WTO议定书第16条关于一般产品特殊保障条款规定：在中国加入WTO之后12年的过渡期内，如果原产于中国的某些产品进入任何其他成员领土，其增长的数量对该成员国内同类产品或直接竞争产品造成威胁或市场扰乱，该成员可与中国协商要求限制该产品进口；如协商不成，该成员可单独对原产于中国的某进口产品在必需的范围内进行限制。中国加入WTO报告书第241～242段关于纺织品特殊保障条款规定：2005～2008年，如果原产于中国某一类纺织品对其他进口成员造成市场扰乱，该成员可请求与中国进行协商；如果协商不成，该进口成员实行临时限制。但4年内对一种产品只能限制一次，一次只能够限制1年。

三、WTO与标准有关的措施协议

（一）标准、技术法规对贸易的影响及WTO规则

各国为了提高产品质量，保护本国消费者利益，保护人类、动植物的生命安全和健康，都要制定和实施某些技术法规和产品标准。随着人民生活水平的提高和相关技术进步，各国采纳的技术规章和产品标准越来越复杂，这些规章和产品标准的不适当运用正在背离合法目的，变成阻止进口、保护国内企业的工具。[1]除了它的积极作用外，标准、技术法规对贸易可能的不利影响表现在：

第八章

--------

〔1〕据经合组织统计，不同的国内市场制定的不同技术标准和规章要求，加上为与之相符支出的检验和证书成本占企业总生产成本的2%～10%之间。参见 Sherry M. Stephenson，"Mutual Recognition and its Role in Trade Facilitation"，*Journal of World Trade*，33（2），1999，p. 144.

①没有经过进口国评估程序的外国产品可能被认为不符合进口国强制性技术标准或卫生标准而阻止进口；②对有些企业而言，执行不同的自愿性标准体系不仅要支付同样的相符成本，而且有的标准难以达到，这样的产品即使进口也不会有好的销售业绩；③由于各国的经济发展水平和自然环境不同，其技术法规和产品标准的要求，合格评定程序也不同。任何外国产品进入进口国市场都需要重复评估和检测，需要满足相关的包装说明和标签要求以及标准和证书要求，这会给制造商和销售商带来巨大的评估成本，包括需要了解产品标准的信息成本（翻译解释和咨询成本），检测证明和检验证书成本，履行手续的办公成本和时间消耗。因此，多边贸易体制一直把上述标准带来的问题作为重要的非关税壁垒加以调控。

GATT 不包含专门调整缔约方采取与标准有关措施的规范，GATT 第 3、11、20 条中的个别规定涉及技术法规和标准的实施。1979 年 GATT 东京回合谈判通过了《技术性贸易壁垒协议》，作为诸边贸易协议，规范缔约方与标准有关的措施。乌拉圭回合谈判制定了新的《技术性贸易壁垒协议》（以下简称"TBT 协议"）对原协议做了重要修改补充，表现在：①将动植物卫生检疫措施从一般的技术标准措施中分离出来，订立专门的《实施卫生与植物卫生措施协议》（以下简称"SPS 协议"），这两个协议都成为多边协议，增强了约束力；②TBT 协议既规范产品标准，也适用于某些加工和生产方法，从主体看，既规范成员政府行为，也约束非政府的或私人的标准化机构，扩大了适用范围；③取消了原协议中的"证书"制度，增加了"合格评定和相互承认"制度，使相互承认作为贸易便利的重要方式得以确立；④规定了标准制定、采纳和适用的良好行为守则，第一次在多边水平为各成员采取合理的与标准有关的措施提供了一般的原则和准则，特别是这个守则扩大适用于私人的非政府标准化机构以及各成员地方政府的标准化机构；⑤依据新协议，各成员之间与标准有关的措施引起的争议都应服从 WTO 争议解决机构的裁决，将为各成员消除与 TBT 协议不符的措施，协调产品标准与贸易竞争的关系提供保证。

目前，WTO 调整与标准有关的措施协议有三个：GATT1994、TBT 协议和SPS 协议，协议本身并不提供任何产品标准，而是提供了各成员在采取与标准相关的措施方面应遵守的纪律。其中后两个协议是 GATT 相关规则的进一步阐述和补充。不同的是，TBT 协议规范各成员采取产品标准、技术法规方面的措施，SPS 协议规范各成员采取卫生标准和法规方面的措施。一项与标准有关的措施应首先考虑是否属于 SPS 协议调整范围，如不属于其范围，应由 TBT 协议调整。

（二）《技术性贸易壁垒协议》

1. 宗旨、定义和范围。协议的主要目的是确保技术法规和产品标准的实施不会给国际贸易造成不必要的障碍，不会对情况相同的国家造成不合理的歧视；不得阻止其他成员在适当程度内采用技术规章和标准措施，以保护人民、动植物生命健康，保护环境，保证出口产品质量，防止欺诈行为；鼓励采纳国际标准和合格评定程序。这三方面基本目标体现了采取适当的与标准有关的措施与促进贸易便利的平衡。

协议适用于各成员可能影响国际贸易的关于技术法规、产品标准的制定和实施方面的权利和义务。TBT 协议附件 1 规定："技术法规是规定产品性能或与之相关的工艺和生产方法，包括适用的管理规定在内的要求强制遵守的文件。该文件也包括或专门适用于产品、产品工艺或生产方法的专门术语、符号、包装、标记或标签要求。""产品标准是指经公认的机构批准的，规定供通用或反复使用的规则、指南或规定产品性能，或与之有关的工艺和生产方法的不要求强制遵守的文件。标准也包括或专门适用于产品、产品的工艺或生产方法的专门术语、符号、包装、标记或标签要求。"附件 1 给出的定义说明，技术法规和产品标准这两类文件有所区别：①在制定文件的主体方面，前者由国家授权机构颁布；后者由公认的标准化机构批准和认可。②从内容看，前者是规定产品性能或与产品性能相关的工艺和生产方法，显然，非与产品性能相关的工艺和生产方法要求（Non-product Related Process and Production Methods，以下简称"NPR-PPMs 标准"），包括包装、标签和标志要求不属于 TBT 协议调整的技术法规范围；而对于后者，虽然许多评论认为也 排除 NPR-PPMS 标准，但至少从字面上解释似乎没有完全排除。③前者具有强制性，后者不具有强制性。

明确区分技术法规与标准有重要意义，因为 TBT 协议关于各成员在采纳和实施技术法规方面应承担义务严于采纳标准方面措施的义务。在采纳技术法规方面要受"最少贸易限制"和依据国际标准的双重测试，而采纳志愿性标准仅要求成员政府符合附件 3 良好行为规范。还应看到，目前广泛存在的由民间机构推行的生态标志计划（Eco-labelling Scheme）因不属于技术法规，不受协议严格管辖。但是这并不意味着非与产品性能有关的生产或工艺方法要求或标签要求不受 WTO 协议调整，如果志愿性的表明非与产品性能有关的生产或加工方法的生态标志制度由政府管理，或虽由私人管理而由政府干预，这种制度实行的结果可能违反 GATT 第 1、11 条、第 3 条第 4 款或可能引起非违法之诉。笔者认为，许多这类生态标志计划应纳入产品标准范围由 TBT 协议调整。

协议第 1.3 条规定，所有产品，包括工业产品和农产品均应遵守本协定的规定。但是为政府采购目的所提出的采购规格不受 TBT 协议约束而受政府采购协议约束。属于 SPS 协议附件 1 定义的卫生与植物卫生措施也不由 TBT 协议调整。

2. 成员政府在制定、采用、实施技术法规方面的主要义务。

（1）TBT 协议第 2 条第 1 款规定，各成员在技术法规的制定和实施方面给予从任一成员领土进口的产品的优惠待遇不低于给予国内类似产品和其他国家类似产品的优惠待遇（国民待遇和最惠国待遇）。国民待遇和非歧视待遇义务已经扩大适用于合格评定程序（第 5 条）。

（2）各成员确保技术法规的制定、采纳和实施不应给国际贸易带来不必要的障碍。为此，技术规章对贸易的限制不应超过为实现合理目标必需的范围，并考虑这些合理目标未实现所带来的风险。如果技术法规采用的有关情况或目标不存在，则不应维持此类技术法规。这些目标是指国家安全要求；防止欺诈行为；保护人类、动植物生命健康；保护环境（第 2 条第 2 款）。这里提到的"必需范围"和"不必要的障碍"与 GATT 第 20 条相关要求是一致的，即该技术法规措施是为实现合法目的必需的；该技术法规措施是最少贸易限制的；该技术法规措施一般情况下不能超过国际标准所要求的（第 2 条第 3 款）；以上要求也适用于与技术法规相符的合格评定程序。而不符合这些要求的技术法规措施就不是必需的，可能构成对国际贸易不必要的障碍。

（3）只要适当，各成员应按照产品性能而不是按照其设计或描述特征来制定技术法规（第 2.8 条）。这也是为防止技术法规措施构成不必要障碍。

（4）如果有关的国际标准已经存在或即将拟就，各成员应以国际标准为基础制定技术法规，除非由于环境、气候及其他方面的原因不适宜采用国际标准。一成员在制定、采用和实施技术法规可能对另一成员产生重要影响时，应另一成员请求，须说明该技术法规的合理性（第 2 条第 5 款）。基于合法目的并与国际标准相符的技术法规应初步推定未对国际贸易构成不必要的障碍。各成员应积极参与国际标准化组织和其他国际标准化组织的工作（第 2 条第 4 款）。[1]

（5）透明度。各成员应确保立即公布已经采用的所有技术法规或以其他方式使有关成员获得这些技术法规，并熟悉它们。若拟议中的技术法规与国际标准有实质不同，并对其他成员有重大影响，该成员应提前公布技术法规的内容，使其他成员熟悉（第 2 条）。各成员应建立关于技术规章和产品标准方面的信息中心或咨询点（Enquiry Point），接受其他成员有关的咨询，对其他成员关于技术规章、产品标准、合格评定程序方面的询问应依据协议作出满意答复（第 10 条第 1、3 款）。在与标准有关活动方面，各成员保持其法规、批准程序的透明

第八章

---

〔1〕 目前最重要的国际标准化组织是国际电工委员会（IEC）、国际电信联盟（ITU）和国际标准化组织（ISO），前两个是专业化组织，ISO 是综合的标准化组织，有 115 个成员国。ISO 与 IEC 是私人的非政府组织，成员由缔约国的标准化机构组成。

度至关重要，国际贸易中的许多问题是由于缺少这方面信息沟通造成的。

（6）为了促进贸易便利，协议还要求各成员应积极考虑接受与其等同的其他成员的技术法规，尽管这些法规与他们自己的不同，只要这些法规能充分满足自己的规章目标（第2条第7款）。

3. 地方政府、非政府机构在制定、采用和实施技术法规方面的义务。根据TBT协议第3条的规定，协议第2条要求中央政府履行的在制定、采纳和实施技术法规方面的各项义务，除个别应由中央政府履行的通知义务外都适用于成员领土内的地方政府和有关的非政府组织。各成员不得要求或鼓励其领土内的地方政府或非政府组织以与第2条义务不一致的方式行事的措施（第3.4条）。在本协定下，各成员对遵守第2条的规定负全责（第3.5条）。

4. 关于标准的制定、采纳和适用的《良好行为守则》。TBT协议第4条规定了各成员制定、采纳产品标准方面的义务，主要是为成员各类标准化机构特别是第一次为私人的标准机构制定了《良好行为守则》，使它们的活动与多边贸易法律相符合。该守则向各成员的各类标准机构开放，这些标准化机构应就它们已经接受或退出该守则的事实通告日内瓦国际标准化组织和国际电工委员会情报中心。根据TBT协议第4条的规定，中央政府的标准化机构有义务接受和遵守《良好行为守则》，即该守则对其有强制实施的效力；但是对非政府的标准化机构以及地方政府的标准化机构，守则不要求强制执行，这些机构可以自愿采纳，尽管协议要求WTO成员采取合理措施确保这些机构接受和遵守该守则。

《良好行为守则》规定的主要义务是：①在标准要求方面，一标准机构给予来自WTO任何其他成员产品的待遇不得低于给予国内同类产品或其他国家同类产品的待遇；②标准化机构应确保标准的制定、采纳或实施，不给国际贸易造成不必要的障碍；③成员国内标准化机构应尽可能参加国际标准化组织的活动，以国际标准作为其制定标准的基础；④标准化机构每隔6个月发表和公布其有关标准工作的情况。在采纳某标准前至少应提前60日公布，以便于有关当事方发表意见。

5. 合格评定制度。为保护消费者利益，各国都制定了复杂的产品标准和技术法规，外国产品要进入这些国家市场通常要履行一定的表明符合某种产品标准要求的合格评定程序（Conformity Assessment Procedures）。合格评估通常由制造商依据其企业内部质量体系，或应制造商要求由独立的试验室以及中立的第三方检验机构进行，这些评估活动以及相关的检验、证书要求往往背离其合法目的，成为阻止外国产品进口，保护国内企业的手段。TBT协议将各类合理评估活动纳入其管辖范围。协议第5、6条规定了中央政府对其境内主管的各标准机构实行的合格评估活动应履行的义务，核心义务是要求国内合格评估程序的制定、采纳和适用方面给予外国供应商类似产品的市场准入条件不得低于国内同类产品或其他国家同类产品及供应商的条件。此外，还包括与前述良好行为守则和政府一般义务规定类似的透明度，与国际标准相符，尽量减少贸易限制等义务规定。这些义务规定对中央政府的评定机构是强制性的，对于地方政府和非政府评定机构无法律约束力。但中央政府有义务确保地方政府和非政府的合格评定机构遵守协议第5、6条规定的各项义务。

关于合格评定程序的另一重要内容是协议第6条鼓励各成员之间通过事先谈判和磋商，建立多边相互承认或双边相互承认合格评定程序、评定结果的机制，使进口产品在经过出口国合格评定程序检验和评定后，其结果得到进口国的自动承认，不需要重新评定，这是实现各成员之间贸易便利的重要途径。协议第6条第1款规定："各成员保证在可能时接受其他成员合格评定程序的评定结果，即使那些程序与自己的不同，只要那些程序提供的符合相应技术法规或标准的保证与自己的相当。"第6条第3款规定："鼓励各成员应其他成员请求参加谈判，以达成双边承认合格评定程序评定结果的协议。各成员可以要求此类协议满足第6条第1款的标准要求，并使之因可能方便有关产品贸易而令双方满意。"1997年12月，在每3年一次举行的技术贸易壁垒协议实施活动评审会上，在讨论合格评定程序时代表们提出了相互承认问题，委员会成员表示关注重复检测、重复评估对贸易的限制作用，表示"一个标准，一个检验，一个证书"应成为实现贸易便利，减少成本的目标。

（三）《实施卫生与植物卫生措施协议》（SPS协议）

SPS协议的产生是乌拉圭回合谈判的重要成就，它第一次把传统的动植物卫生检疫措施这种纯技术问题与国际贸易问题联系起来加以规范。GATT第20条第1款（b）项允许各成员为保护人类、动植物的生命和健康采取与GATT不符的措施，这一例外规定往往被滥用以阻止外国产品，特别是农产品的进口，保护本国的农业。制定SPS协议的目的首先是进一步阐述GATT相关条款，对GATT第20条一般例外的适用加以限制，防止各成员滥用国内涉及人类、动植物卫生安全方面的法律限制进口，使有关措施的实施建立在科学基础上；另一目的就是为了配合《农产品协议》的实施，促进各成员开放农产品贸易市场。

1. 定义和范围。SPS协议适用于可能直接、间接影响国际贸易的卫生与植物卫生措施，各成员应依据本协议的规定制定和适用这些措施（第1.1条）。符合本协议的措施应被视为符合GATT有关规定的措施（第2.4条）。但协议不影响各成员在TBT协议下的权利。根据SPS协议附件1的规定，卫生与植物卫生措施是指各成员用于以下目的的措施：①保护成员领土内的动植物生命或健康免受虫害、病害、带病有机体（Organisms）或致病有机体侵入、生长或传播的风险；②保护成员领土内的人类、动植物生命或健康免受食品、饮料、饲料中的添加剂、污染物、霉素、致病有机体产生的风险；③保护成员领土内的人类生命或健康免受由动植物或其产品携带的病害或虫害侵入、生长、传播的风险；④防止或控制成员领土内因虫害侵入、生长、传播造成的其他损害。

上述措施可表现为：食品生产加工方法；用于食品生产的使用、包装和标签要求；杀虫剂、除草剂、肥料的使用要求；关于动物饲养的规则。还包括所有相关法律法规和规章要求和程序，特别是最终产品标准、加工和生产方法；检测、检验、证书和批准程序；检疫处理（包括运输动植物的相关要求）；统计方法、取样程序、风险评估方法、直接与食品安全有关的包装和标签要求等规定。

2. 基本权利义务。

（1）各成员采取适宜卫生措施的权利。协议第2条规定了各成员采取卫生措施方面的基本权利义务，其他条款又对这些权利义务作了详细说明，总的意图是在允许政府采取合法措施保护公共健康与阻止隐蔽的贸易保护之间建立一种平衡。协议规定各成员在不与本协议相抵触的情况下，有权采取为保护人类、动植物生命健康所必需的卫生措施（第2条第1款）。如有科学理由和经过风险评估，也可采取比国际标准更高的"适宜的"保护措施（第3条第3款）。在相关的科学证据不充分的情况下，一成员还可以根据可得到的有关国际组织和其他成员采取卫生措施的信息采取临时的卫生措施（第5条第7款）。

（2）卫生措施的科学性原则。协议第2条第2款要求："各成员应保证其卫生措施仅在为保护人类、动植物生命健康所必需的限度内实施，并且根据科学原理，如无充分科学依据则不应再维持。"这项规定是检验一项卫生措施是否符合 WTO 法的根本标准。它意味着任何卫生措施都应有科学依据，除5.7条规定的情况外，没有科学依据的卫生措施是不适当的措施；如果出现异议，采取卫生措施的成员负举证责任，证明其卫生措施的科学合理性；而符合国际标准的卫生措施是符合科学性的初步证明。这里所指的"必需措施"是"符合国际标准、准则或建议"的措施或者是经过风险评估与科学证据证明为"适宜的"措施（第3条第2款、第5条）。

（3）非歧视地实施卫生措施。各成员确保他们的卫生措施的适用不得构成在情况相同或类似的成员之间，包括他们自己的领土和其他成员之间的武断的不合理的歧视以及对国际贸易的隐蔽限制（第2条第3款）。旨在获得适宜的卫生保护水平，防止对人类、动植物生命健康的威胁，各成员应避免武断地或无正当理由地区别他认为在不同情况下的保护水平，如果这种区别导致歧视或对国际贸易的隐蔽限制（第5条第5款）。SPS 协议没有像 TBT 协议那样正面阐述国民待遇原则和最惠国待遇原则，这意味着只要不在情况相同的成员间构成不合理歧视就允许实行差别待遇，由于气候、病虫害状况在成员间有很大不同，对来自不同成员产品实行相同的卫生措施不总是适宜的。

3. 卫生措施的协调。卫生措施的协调包括与国际标准的协调和成员间标准的协调。

（1）符合国际标准。协议规定：为尽可能在广泛的基础上协调卫生措施，各成员应将其卫生措施基于现存国际标准、准则或建议来订立，只要存在这些国际标准。卫生措施符合国际标准、准则或建议应被视为保护人类、动植物生命健康所必需的，并被推定为与本协议及 GATT 有关条款相符合（第 3 条第 1、2 款）。这意味着符合国际标准的产品取得了 GATT 合法性的初步证据，进口方若否定国际标准的有效性，以更高的标准来阻止该产品进口，应当证明其高标准的合理性，即要提出科学证据或经过风险评估（第 5 条第 8 款）。协议确定的国际标准是营养标准委员会、动物流行病国际局、国际植物保护公约框架规定的标准。

（2）国际标准的例外。协议规定：如果有科学理由或根据第 5 条风险评估程序，某成员认为其确立的保护水平是适当的，该成员可以采纳和维持比依据国际标准应取得的更高水平的卫生保护措施。尽管这样，所采取的措施不应与本协议其他条款相抵触（第 3 条第 3 款）。此外，协议关于风险评估的规定主要针对没有采纳国际标准的措施。

（3）接受"等同（Equivalence）"卫生措施。协议第 3 条第 1 款要求各成员接受其他成员"等同"的卫生保护措施，如果这种措施取得了相同的保护水平，尽管这些措施与自己的或其他成员的措施不同。但出口成员对"等同"措施有证明责任，它应该给进口方检验、测试、审查机会。这项规定与透明度一样，体现了贸易便利原则，其重要意义是承认不同的产品标准、生产方式和检验程序可以取得相同的卫生保护水平，对于进口国因为某出口国卫生标准与其存在微小差异而拒绝其农产品进口的情况不失为一种补救。

4. 风险评估和适当的保护水平。

（1）风险评估。协议第 5.1 条规定，各成员应确保其采取的卫生措施基于一种与其所处环境相适应的对人类、动植物生命健康风险的评估，并参考有关国际组织发展的评估技术。根据附件 1 定义，风险评估是指评估按照可能适用的卫生措施，虫害、病害在进口成员领土内侵入、生长、传播的可能性，以及相关的生物学后果；或评估食品、饮料、饲料中存在的添加剂、污染物、毒素、致病有机体对人类或动物健康所产生的潜在不利影响。协议没有就具体的评估技术和方法作出说明，仅要求考虑以下因素：可获得的科学证据；相关的加工生产方法；有关的检测、检验，取样方法；特殊的疾病、虫害蔓延流行的情况；无疾病虫害区的存在；相关的生态和环境条件；检疫处理或其他处理方式。

协议实施的实践表明：①风险评估的实质是评价病虫害、有毒物进入、生长、传播的现实可能性和所采取卫生措施的必要性，这两方面都应符合第 2.2 条的科学性原则，否则所做的评估不符合附件 1 定义要求；②任何卫生措施的采用都应经过风险评估，特别是那些与国际标准不符的措施；③风险评估既是程序要求，也是实体要求，未经风险评估的卫生措施其 WTO 合法性难以成立，而虽经风险评估，却没有满足"最低限的科学客观性标准"的卫生措施，其 WTO 合法性也不能成立。[1]

（2）承认无病疫区和低病疫区。各成员应确保其卫生措施适应某一地区的卫生特点，这个地区可以是货物原产地或目的地的一个国家、一国的一部分或几个国家组成的地区。在评估该地区卫生特点时要特别考虑病疫或虫害流行程度，消除或控制这些病害的计划存在。各成员应承认无虫害或病疫区的概念，以及低虫害或病疫区的概念，确定这种地区应考虑诸如地理生态以及疫病监管的情况和卫生控制措施的有效性（第 6 条第 1、2 款）。有了这一规定，只要出口方提供其产品产地仍处于无病疫区的证据，进口国不应再阻止来自无病害区的产品进口。

（3）临时措施。协议允许 WTO 成员在科学证据不充分的情况下，有条件地对货物进出口采取临时措施，这是基于环境法中的"预防原则"授予各成员的权利。根据协议第 5 条第 7 款的规定，采取这种临时卫生措施的条件是存在着进口产品可能危害人类、动植物生命安全的科学信息；这些信息提供的证据尚不充分；应根据现有措施采取适当的卫生措施；应在合理时间内审查临时措施的必要性。

（4）控制、检查、检验和批准程序。SPS 协议要求各成员在进行控制、检查和批准程序方面遵守附件 3 的各项规定，主要是在履行手续、交纳费用方面实行国民待遇和最惠国待遇（第 8 条）。

5. 透明度。协议要求按照附件 2 的条款，各成员通知他们卫生措施的变化，提供有关他们卫生措施的情况。附件 2 规定了与 TBT 协议类似的透明度要求，包括及时公布有关的卫生标准方面的法规；建立咨询点，及时答复其他成员的咨询；采取与国际标准不同的标准时应及时通知其他成员。

第八章

---

〔1〕 See Gavin Goh, "Tipping the Apple Cart：The Limits of Science and Law in the SPS Agreement after Japan-Apples", *Jounal of World Trade*, Vol. 40（4）, 2006, p. 664.

### 四、WTO 与海关管理有关的措施协议

（一）《海关估价协议》

按从价税征收关税时，实际征收的关税额不仅依赖税率标准，也依赖海关当局如何计算完税价格，如果这方面缺乏规范管理，也会构成贸易障碍，抵消关税减让的好处。《海关估价协议》（全称为《关于实施 GATT1994 第 7 条的协议》）的目的就是约束海关当局的估价行为，避免随意性，维护货方的正当权利。

1. 海关估价标准。协议规定海关估价应以有关货物的成交价格，即货物进口时由进口商实付或应付的价格（通常表现为发票价格）作为完税价格。在计算成交价格时，大多数国家都是以 CIF 条件作为估价基础，此时货物运往进口国的运费和保险费应计入完税价格，而美国等少数国家以 FOB 条件作为估价基础，在完税价格中应排除上述费用。《海关估价协议》要求各成员立法应明确规定以何种价格条件作为估价基础，是否将运费、保险费、装卸费计入完税价格。根据海关合作理事会解释性说明，海关估价的有关货物是指进口时的质量和数量状态下的货物，如果货物与合同不符遭买方拒收或复出口，任何关税都应予退还或免除；如果有缺陷的货物被买方接受，买方获得了降价的权利，实际交运和收到货物的成交价格则以这一降低的价格为基础；如买方因卖方交货延迟获得调价的权利，应以调整的价格作为完税价格依据。总之，对于有缺陷的货物不能以原始合同价格作为成交价格。

协议规定，为取得成交价格，下列费用可以计入成交价格中：①除买货佣金以外的佣金和经纪费。②货物的含劳动力、材料价格的包装和集装箱费用。③为使货物进口，由买方免费或减价提供给卖方的与进口货物生产和销售有关的辅助工作费用，包括装置在进口货物中的材料、部件、零件和类似物品；在生产进口货物中所使用的工具、冲模、模具和类似物品；在生产进口货物过程中消费的材料；在进口国以外的其他地方从事的并为进口货物生产所需的工程、开发、工艺设计、计划及草图。④买方必须支付的与所估价货物有关的并且作为所估价货物销售条件的专利权和许可费。⑤进口货物的转售、处置或使用给卖方带来的收益。⑥以到岸价格估价涉及的运输、保险费用。

上述第①项中所指的"买货佣金"是指进口商向其代理人因其在国外为他购买所估价货物而支付的佣金，这是买主自己的经营成本，与进口货物的价格无关，应排除在完税价格之外。但是卖方代理为找到买主促成交易而获得的酬金（通常由卖方支付且打入货价中）属于销售佣金，应计入完税价格。第③项中的辅助费用是指符合买方以直接或间接（通过向第三者支付）方式或免费方式提供给卖方，辅助用于进口货物的出口生产和销售，并且辅助价值尚未包括

在有关货物价格中，符合这些条件才可将其计入完税价格。第④项中所指"与进口货物销售使用"有关的专利权、许可费是广义的，包括使用卖方商标权、专利权、商业秘密权、营销权、版权另支付的费用，如果这些费用与所估价货物有关并作为所估价货物销售条件但还未计入货价中（与货价分开），则可以将其计入成交价中。第⑤项中的转售、处置或使用收益是出口商约定而进口商收取的费用，如提成费等。

如果在协议规定的特殊情况下不能依据成交价格估价，应依次采用以下五种方法计算完税价格：①相同货物成交价格，即同一出口国出口到同一进口国相同货物的成交价格；②类似货物成交价格，即同一出口国出口到同一进口国类似货物的成交价格；③倒扣价格，即应税进口商品或与其相同、类似的进口商品在国内市场的销售价格，扣除相关利润、关税、国内税、国内运输费用和保险费所得价格；④推定价格，被估价货物的生产成本加上利润，由出口国向进口国出口的一般费用；⑤合理确定的价格，在上述方法都不适用时，海关可以以合理方法估价。

根据协议第7条第2款规定，无论如何，海关不得根据下列内容来确定完税价格：①进口国生产的货物在该国的销售价格；②规定为估价目的而采用两种备选价格中的较高价格作为完税价格的估价制度；③出口国国内市场的价格；④除按第6条规定为相同或类似货物确定的估算价格之外的生产成本；⑤出口到进口国以外国家的货物价格；⑥最低海关限价；⑦任意的或虚构的完税价格。

第1项和第3项禁止采用的估价方法曾经是美国和加拿大的估价制度，这一估价方法有悖于协议序言中宣称的"估价程序不得用来对付倾销"的精神，根除这种估价方法是谈判的主要目标。第②、⑤、⑥项禁止反映了《海关估价协议》的主要宗旨，即海关估价应公平、统一、中性，并且"节俭买主"，如果存在两种可选择的价格，应选择买主同意的较低价格；海关估价不应成为贸易保护主义工具或者作为增加财政收入的工具。第④项禁止是对协议第6条允许采用的以推定价格作为完税价格方法和第7条允许的以合理价格作为完税价格方法的说明，即推定价格和合理价格的估算应以进口国的现有价格资料为依据，而不应超出第6条规定的合理范围。

2. 海关与进口商的权利义务。海关在获得有关价格和数据的基础上，如有理由怀疑进口商申报材料的真实性或准确性，可以拒绝其申报的价格。同时，海关应给进口商解释其成交价格的机会，如该解释未能接受，海关应以书面形式通知进口商，说明不接受其申报价格而采用其他方法估价的理由。根据乌拉圭回合谈判通过的《关于转移举证责任的决定》，进口商对完税价格的真实性和准确性负举证责任。进口商有权在海关计算完税价格发生迟疑时，向海关提供足额担保或押金，以撤回进口商品；有权要求海关对其获得的机密资料保密；有权就海关作出的决定向海关内部的独立机构以及司法机构上诉。上述海关和进口商的权利，各成员立法应作出规定（协议第11条）。

（二）《进口许可程序协议》

《进口许可程序协议》指出，进口许可是实施进口许可制度的行政程序。该制度要求申请者向有关管理机构递交申请书或其他文件（报关目的需要的单证除外），作为货物进口到进口成员海关管辖区的先决条件。政府要求进口商取得进口许可的目的是为了实施在特殊情况下的进口数量限制以及对进口贸易进行统计和监督。根据协议的序言要求，应简化国际贸易中采用的各种行政管理手续及惯例，并使之公布于众和保证其公平适用；应以公开的可预见的方式实施进口许可，尤其是非自动进口许可；GATT 各项规定同样适用于进口许可程序，确保许可手续的实施不得违反 GATT 各项原则和义务，不得阻碍国际贸易。协议提出了发放进口许可应遵守的规则，内容有：

1. 进口许可程序是政府管理进口贸易的方式，它要求进口商向主管部门申领进口许可作为进口货物的先决条件。进口许可的基本分类是自动进口许可和非自动进口许可。自动进口许可是在所有情况下对申请均需批准，并且保证对进口没有限制作用的许可（第2.1条）。除此之外的许可是非自动进口许可，发放非自动进口许可是为了对配额和其他进口限制进行管理（第3.1条）。实施自动进口许可程序不得使属于该许可管辖的货物进口受到限制性影响，符合进口国法律要求的，从事属于自动进口许可项下产品进口业务的任何个人、商号或机构都同样有资格申请和取得进口许可；在海关放行前的任何 1 个工作日内，进口商都有权递交进口许可申请书，如果递交的申请书的手续是完备的，签证当局应在可行的范围内立即予以核准，如果拖延，最多不超过自收到申请以后的 10 个工作日。

2. 除由于实行限制所造成的影响外，非自动许可不应对进口产生其他贸易限制或扭曲作用。此外，各成员还应做到：①在与有关产品贸易有利害关系的其他成员的要求下应提供与许可管理有关的资料。②实行限制的成员应尽快将最近分配给供应国的配额按数量或价值通知感兴趣的成员，并应发布公告，公布配额总量和国别配额量，配额开放和截止的日期，使有关各方获得充分信息。③凡符合进口成员法律要求的个人、商号和机构，应具有申请和获得许可证的同样资格，如果许可证申请未获批准，应将其原因通知申请人，申请人有权根据进口成员的国内立法或程序进行上诉。④发放许可应考虑到申请者的进口实绩以及过去发给该申请人许可利用的情况；考虑到保证给新的进口商的合理份额；特别考虑那些进口来自发展中国家，尤其是最不发达国家产品的进口商的要求。⑤许可证规定的有效期应该合理，不致影响进口，签证当局在收到申请之日起 30 日内，以"先来先办"原则签发进口许可，如同时一并办理，必须在收到申请之日起 60 日内签发。

3. WTO 成员有义务出版公布关于进口许可程序的所有信息，使进口商和出口商及其政府充分了解提出申请的个人、公司和机构的合法性要求；公布负责签发许可的管理机构及许可管理的产品范围。

4. 申请表格和程序应尽可能简单，不应因文件中的微小错误而拒绝其申请，除非是故意欺诈或严重疏忽，对该差错的处罚不应超过警告程度；如进口货物与许可证标明的有少许出入，只要这种差异符合商业惯例就不应拒绝货物进口。

（三）《原产地规则协议》

1. 原产地规则的定义、分类及适用范围。原产地规则是各成员为确定货物的原产地而普遍适用的法律、法规和行政决定。各国依据国内法或地区性条约确定货物的原产地，目前还没有世界范围内统一的原产地规则。关于原产地规则的最重要的分类是优惠原产地规则和非优惠原产地规则。非优惠原产地规则适用于原产于或运往所有其他国家（WTO 成员或非成员）的进出口货物的非优惠贸易措施的实施，而优惠原产地规则仅适用于协议性或非协议性贸易优惠计划的实施。

《原产地规则协议》适用于约束各成员非优惠的原产地规则。协议第 1 条规定，它适用于各成员实施 GATT1994 第 1～3 条、第 11 条和第 13 条下的最惠国待遇；GATT1994 第 6 条下的反倾销税和反补贴税；GATT1994 第 19 条下的保障措施；GATT1994 第 19 条下的原产地标记要求，以及任何歧视性数量限制或关税配额等，还适用于政府采购和贸易统计。但是协议并没有提供一套统一的确定原产地的标准，而仅仅提供一个协调各成员原产地规则的计划纲要，以及在协调计划完成前的过渡期各成员实施原产地规则的纪律。

协调原产地规则的目标和原则如下：①原产地规则应平等适用于第 1 条所列目的。②原产地规则应规定，一特定货物的原产地为完全获得该货物的国家；或该货物生产涉及一个以上国家，则为最后实质性改变的国家。③原产地规则应是客观的、可理解的、可预测的。④原产地规则不得用作直接或间接实现贸易政策的工具，不得对国际贸易产生限制、扭曲和破坏作用。⑤原产地规则应以一致、公平、合理的方式管理。⑥原产地规则应依据肯定标准。否定标准可用于澄清肯定标准。

2. 过渡期内的纪律。在原产地规则协调工作计划完成之前，各成员应保证：①在适用税则归类改变标准、从价百分比标准、加工工序标准时应分别明确规定税则目录中的子目或品目、计算百分比、有关货物原产地工序；②原产地规则不得用作实现贸易政策的工具，不得对国际贸易产生扭曲限制作用；③适用于进出口货物的原产地规则不得严于用于确定货物是否属于国产货物的原产地规则，且不得在其他国家间造成歧视；④原产地规则应以一致、统一、公平合理的方式管理；⑤原产地规则应以肯定性标准为依据，否定性标准是为澄清肯定性标准；⑥与原产地有关的法律法规裁决应公布；⑦应出口商、进口商或任何人请求，各成员应在不迟于 150 天内公布对有关货物原产地的评定意见；⑧如对原产地规则修改或采用新的原产地规则，此类修改不得追溯实施；⑨任何确定原产地的行政行为可由独立的司法、行政、仲裁程序审查；⑩主管部门的保密义务。

### 五、《政府采购协议》

（一）经修订的 2012《政府采购协议》

政府采购是全球最重要的经济贸易份额，几乎所有国家的政府及其控制的机构都是货物与服务的大买主，其采购供自用的货物和服务量约占国民生产总值的 10% ~ 15%。长期以来，政府采购的公开竞争仅限于国内范围，不对外国开放，在严格的贸易保护政策下，外国供应商欲进入一国政府采购市场将受到该国歧视性政策措施的阻碍，目的是使政府采购的货物与服务由本国供应商供应。如购买本国货政策、国内含量要求、不适当地排除外国投标、对外国投标者实行差别待遇、采购惯例缺乏透明度等。

GATT1947 将政府采购货物排除在外，第 3 条明确规定国民待遇义务不适用于政府采购。从 20 世纪 60 年代起，经合组织发起制定多边政府采购协议，以保证外国供应商公平进入他国政府采购市场，其结果是在 GATT 东京回合谈判中达成了《政府采购协议》（GPA）。1988 年缔约方又对此作了修改。该协议属于诸边贸易协议，其确立的国民待遇、非歧视和透明度原则仅适用于 13 个缔约方，在约束范围上也仅适用于中央政府货物及其附属服务采购，市场份额较大的公用事业和省级政府采购不在其之内，且受约束的采购量是政府采购量中很少的部分，比如美国仅将联邦政府采购总量中的 15%（12 亿美元）纳入约束范围。签字方之间市场准入水平也不均衡，美国提供了依据《政府采购协议》可以获得的占市场准入总额 80% 的政府采购量，其他国家仅占 20%。因此美国和协议其他签字方日本、韩国、以色列、欧盟、加拿大、墨西哥在互惠基础上签订了双边和地区性政府采购协议。GATT 乌拉圭回合谈判最终达成了列入附件 4 的新《政府采购协议》（GPA1994）。包括原有成员在内的 27 个成员参加了该协议。新协议的结构类似于《服务贸易总协定》，在一般规则之外把各成员具体承诺作为附件列入其后，以 5 个附件代替原有的 1 个附件，前三个附件分别列入各成员受协议约束的三类采购实体（中央政府机构；州、省级政府机构；政府企业）

清单，以及这些实体受约束的政府采购合同起点金额（门槛价）；附件4列入各成员三类实体受约束的非建筑类服务采购范围；附件5列入建筑服务采购范围。GPA1994在三方面改进了原协议：一是扩大了协议约束范围，使主体范围包括了次中央政府和公用事业实体；而客体上除货物采购之外，将非建筑服务和建筑服务采购纳入约束范围。二是规定了禁止补偿（offsets）要求（第16条）。三是改善了竞标程序，规定了对缔约方采购过程的质疑程序（第20条）。协议第24.7条规定了既定承诺（built-in commitment），在协议生效3年后，成员将就改善协议、扩大适用范围进行定期谈判。

根据这一既定安排，GPA成员于1999年发起修改协议谈判，WTO政府采购委员会规定谈判目的是扩大协议适用范围、取消歧视性措施和做法、制定电子采购程序和规则。此次GPA修订单独进行，不属于多哈谈判议程。2006年各方就修订文本达成初步协议。2012年3月30日，成员部长正式通过了新修订的《政府采购协议》（新GPA），2014年4月6日，新GPA正式生效。[1]与原有协议相比，新GPA在以下方面有所改善：一是提高了市场准入水平，特别是将部分国防货物和服务纳入约束；二是强化了对采购腐败的规制，增加了关于"防止腐败"的规定和"廉正（integrity）可预见性"要求；三是完善了透明度要求；四是采购技术的现代化，包括电子采购的规则；五是为便于发展中国家参与，规定了完善的灵活的过渡措施。

新GPA主协议规定了调整所有参加方政府采购待遇的一般原则和规则。另有4个按国别列表的附录是主协议的组成部分：附录1含7个按国别列表的附件，以正面列举的方式，规定了每一参加方中央、次中央、采购实体、采购门槛价、某些采购标的范围，以特别说明（note）的方式规定的例外条件。附录2以国别列表的方式列明参加方用来公布政府采购法律、司法和行政裁决和其他采购程序要求信息的电子媒体和纸质媒体的清单。附录3列明参加方用来公布政府采购的通知、每年采购计划、合格供应商清单和授予合同通知的电子媒体和纸质媒体的清单。[2]附录4列明每一参加方公布每年政府采购统计的官方网址。

---

〔1〕　新GPA生效的条件是2/3签署文件的成员批准修改议定书。当以色列于2014年3月7日批准了修改议定书之后，协议符合生效条件。协议对先批准议定书的10个成员生效，它们是列兹敦士登、挪威、加拿大、中国台北、美国、中国香港、欧盟、冰岛、新加坡、以色列。新协议于2014年4月16日对日本生效。这些成员之间适用已经提交的新的采购承诺表，对于尚没有批准新协议的成员，仍适用原有采购承诺清单。原GPA共43个成员（包括欧盟28个成员），另有包括中国在内的10个成员已经申请加入。

〔2〕　见新GPA第7条。

（二）新 GPA 的主要内容

1. 协议宗旨。根据序言，制定政府采购协议需考虑以下目标和宗旨：①为政府采购建立多边框架，扩大国际贸易自由；②政府采购货物、服务的措施不得具有歧视性，或保护国内供应商及其货物或服务；③政府采购制度的廉正和可预见性对成员资源管理、经济有效运行、多边体制发挥作用至关重要性；④政府采购措施透明度以及以透明公正的方式实施采购行为的重要性；⑤鼓励使用电子工具；⑥鼓励成员特别是发展中国家成员加入本协议。

2. 市场准入。原协议虽然将中央、次中央政府（州、省）和公用事业实体纳入协议约束范围，但各方受协议约束的水平不同，唯一实现所有协议成员全面互惠待遇的领域是中央一级货物、服务和建筑服务采购，其中货物和非建筑类服务采购的单个合同约束起点是 13 万特别提款权（约合 18 万美元）以上，建筑服务的约束起点是 500 万元特别提款权以上。在州和省一级政府采购、公用事业实体采购方面，美国 37 个州与欧盟成员、韩国和以色列在互惠基础上适用协议中的义务，但不适用于其他协议成员。新 GPA 在以下几方面改善和扩大了市场准入：

（1）明确了义务范围。协议仅仅适用于附件中列明的政府实体的采购、适用列明的货物和服务，对没有列出的实体和某些货物、服务不适用。为此，所有成员都以正面列举方式列明受约束的采购实体和门槛价，附录 1 中前三个附件分别列明成员受约束的中央采购实体、次中央采购实体、公用事业实体（其他政府实体）的详细清单和采购合同门槛价。其中中央采购实体货物和服务采购门槛价为 13 万特别提款权，建筑服务为 500 万特别提款权；次中央政府和公用事业实体采购门槛价也大体统一，其中建筑服务门槛价一般为 500 万特别提款权，比原协议的 700 万特别提款权有所降低。[1] 附件 4 和附件 5 分别列明各成员受约束的货物和服务范围，附件 6 列明成员建筑服务约束范围。

（2）参加方普遍增加了受约束的政府采购实体和公用事业实体，特别是次中央实体，实现了统一的约束水平。[2] 如前述，三级采购实体的门槛价大体统

---

[1]　次中央政府货物和服务采购门槛价：加拿大、美国 35.5 万特别提款权；欧盟、挪威、亚美尼亚、日本、韩国、中国台北为 20 万特别提款权以上。实体建筑服务门槛价：加拿大、欧盟、挪威、美国、中国台北、新加坡、日本为 500 万特别提款权，但韩国为 1500 万特别提款权，以色列规定在协议生效前 6 年为 850 万特别提款权，之后为 500 万特别提款权。其他实体货物和服务采购门槛价一般为 40 万特别提款权（美国部分机构为 25 万特别提款权），加拿大为 35.5 万特别提款权，以色列 35 万特别提款权。建筑服务一般为 500 万特别提款权（日本、韩国为 1500 万特别提款权）。

[2]　据统计，修订后的 GPA 成员预计每年获得 800 亿到 1000 亿美元商业价值的市场准入，增加的市场准入机会源于更多采购实体纳入协议约束，以及新的服务和国防领域采购活动被纳入约束。See, WTO News Items 7 April 2014, Revised WTO Agreement on Government Procurement Enters into Force. http://www.wto.org/english/news_e/news14_e/gpro_07apr14_e.htm

一，协定义务在主要的 10 个成员中统一适用，实现了全面的互惠和非歧视待遇。[1]

（3）成员首次将国防部门某些受约束的货物和服务采购清单正面列明，扩大了约束范围。

3. 透明度。公共采购资源有稀缺性，采购程序的效率性是每项采购制度首要考虑的因素。公开、透明、非歧视的采购是实现采购价值的最佳工具，也是实现新协议防止腐败目标的保证，它可以充分利用供应商之间的竞争。透明度原则是许多 WTO 协议规定的基本原则，也是新 GPA 的核心原则。第 4.4 条指出，一采购实体应该以透明和公正方式实施协议涵盖的采购。狭义上，GPA 协议的透明度原则要求成员公布政府采购法律和程序，使其他成员能公开获得政府采购招投标信息和关于中标结果的信息。这是政府采购市场开放的要求，也是另一成员供应商进入成员采购市场的保证。因此，透明度是市场准入的首要支撑，政府采购缺乏透明度本身就是贸易壁垒。同时透明度也是落实非歧视原则、消除采购歧视的重要工具，因为不透明总会掩盖歧视行为。新 GPA 还将透明度义务与反腐败和避免利益冲突联系起来（见下述），提出以下透明度要求：

（1）协议成员应迅速公布影响政府采购的任何法律、规章、司法判决、行政裁决、标准的采购合同条款和有关的采购程序，应其他成员请求对以上文件给予解释；成员应通过附录 1 ~ 附录 4，公开可获得以上信息的电子或文件媒体、网址（第 6 条）。

（2）采购实体招标活动符合透明度要求，对协议包括的采购，采购实体应通过附录 3 列明的适合纸质和电子媒体公布意图采购的通知，该通知应以一种 WTO 正式语言公布，使之可以免费获得。

（3）第 9 条要求成员公开一项采购对供应商的资格要求，对被拒绝参与采购的供应商应说明拒绝理由。

（4）第 16 条要求迅速公布中标信息，通知供应商授予合同决定；如有请求，应向没有中标的供应商说明没有选择它的原因、中标方投标的相对优势。在不迟于授予合同后 72 天，在附录 3 列出的媒体中公布有关中标供应商的信息，申明合同项下产品或服务的性质、数量；采购实体和合同中标者的名称、地址；所授予合同的价值；应其他成员请求，采购实体应迅速提供对于确定其采购行为是否公平公正所必需的信息，包括成功投标的优势和特征。

4. 防止腐败。新 GPA 首次将防止腐败、廉政与可预见性作为重要目标和宗

---

〔1〕　这 10 个成员是美国、欧盟、加拿大、日本、新加坡、韩国、中国香港、台湾（台、澎、马祖、金门单独关税区）、亚美尼亚、以色列。

旨，通过规范政府采购制度，服务于更广泛地维护社会公共利益，实现良好国家治理的目的。协议两次提到"防止腐败"，即承认良好的腐败治理与良好运作的采购制度密切相关。序言第 6 段强调保持政府采购制度、措施的透明度，遵守《联合国反腐败公约》等国际文件，"以公正、透明、避免利益冲突和腐败做法的方式实施采购"的重要性。协议第 4.4（c）条作为一般原则指出："一采购实体应该以透明和公正方式实施协议涵盖的采购，在采用诸如公开招标、选择性招标、有限招标的方法时应与本协议相符；应避免利益冲突；防止腐败做法。"另外在招投标运作中也有防止腐败的要求。第 8.4 条允许一成员（包括其采购实体）如有足够证据，可以供应商有职业不端行为或商业廉政（integrity）上有不良表现为由，拒绝其参与投标。第 15 条关于标书处理和授予合同，规定"一采购实体应该依据能保证采购过程公平、公正，并对投标保密的程序接收、开启和处理投标书"。

5. 非歧视原则（最惠国待遇和国民待遇）。非歧视原则有宏观和微观两方面的规范要求：协议第 4.1 条规定："对于与本协议包括的政府采购活动有关的任何措施，每一成员，包括其采购实体，应立即无条件地给予任何其他成员的货物、服务以及提供任何成员货物和服务的其他成员的供应商不低于该成员（包括其采购实体）的待遇：（a）给予本国货物、服务和供应商的待遇；（b）给予任何其他成员货物、服务和供应商的待遇。"这是国民待遇原则和最惠国待遇原则在政府采购领域的具体表述，是宏观的非歧视待遇。协议还禁止基于股权成分或供货来源的不同在国内供应商和国外供应商之间造成歧视，第 4.2 条规定："对于本协议包括的政府采购活动有关的任何措施，一成员，包括其采购实体：（a）不得基于与外国公司的附属关系程度或外国拥有所有权的程度给予在当地设立的供应商低于其给予在另一地方设立的供应商的待遇；（b）不得因在当地设立的供应商为特定采购所供应的货物或服务是任何其他成员的货物或服务而歧视该供应商。"依据上述原则，除非美国在承诺清单中作出保留，否则《购买美国货法》中的对外国供应商的歧视性"优惠差价"制度将违反新 GPA，该制度允许政府采购遇有本国产品与外国产品竞争时给美国货以 6% ~ 12% 的优惠差价（即在外国供应商报价上加计 6% 的差价）。以上规定对于《购买美国货法》中关于联邦机构不得把采购合同给外国公民或外国公民控制的公司的歧视性做法也具有针对性。

协议中许多关于公平、公正的具体要求将非歧视原则扩展到微观水平和技术方面。主要有：①一成员及其采购实体不得寻求、考虑、强加任何补偿要求（offsets）。原协议中第 16 条的这项规定仅约束采购实体的具体采购行为，新GPA 第 4.6 条中的这项禁令作为一般原则，对协议所有成员及其采购实体都有约束（宏观和微观方面）力。②如使用电子方式，采购实体应确保使用的信息技术系统和软件容易获得并与其他一般可得的技术系统兼容，同时应维护该系统确保其对请求参与和投标完好（第4.3条）。③确定供应商参与投标资格时，不得要求供应商之前已经被成员采购实体授予过合同（第8.2条）。④鼓励成员间在采购资格审查和程序方面进行协调，减少差异；如实行供应商在册登记制度，应协调登记标准（第9.2条）。⑤对欲采购货物技术规格的要求应依据功能和效用而非设计或描述特征（第10.2条）。⑥如给予投标人更正表格中非故意错误机会，采购实体应给予所有参加投标供应商相同机会（第15.3条）。

6. 运作条款。协议第9~13条规定了为保证政府采购公平、高效和便利的程序规则，协议在第1条定义中规定了三种招标采购方式，即公开招标、选择性招标和限制性招标。公开招标是任何有兴趣的供应商均可参加投标；选择性招标要对潜在供应商进行挑选，只有被确认为具备必要资格的供应商才被采购实体邀请投标；限制性招标是指在特殊情况下，仅与确定好的某家供应商谈判和签订合同。协议第9条规定了实行选择性招标的规则，要求采购实体维持供应商登记制度，须持有一份可多次利用（multi-use）的合格供应商名单，定期公布。限制性招标容易造成不公平竞争，其适用受严格限制，协议规定只有在符合列明的8个方面的限制条件下可以实行限制性招标（第13条）。

7. 国内审查程序质疑程序。新GPA将原协议第20条规定的"投标质疑程序"扩展为更完善的"国内审查程序"，第18.4条要求每一成员应建立或指定至少一个独立于供应商的行政或司法机构接受和审查源于本协议采购的质疑。确保审查机构的决定服从于司法审查。第18.7条还要求成员建立能提供迅速临时措施的程序，该临时措施可以中止采购程序。通过该机构和程序，供应商可以质疑一项违反协议的行为；或在其根据国内法无权提出直接质疑时，对该成员不符合实施本协议的措施提出质疑。如经过审查认定采购实体违反协议义务时，审查机构应作出决定，包括中止采购过程，以及时纠正违反采购规则和程序的做法，赔偿受损失供应商。对供应商所受损失的补偿限于其准备投标和提出质疑的成本。国内审查程序是受影响的供应商对采购实体违反GPA协议（主要是微观的歧视）寻求救济的行政或准司法程序。对于成员政府实施的违反GPA行为（宏观的立法上的歧视），受影响成员可诉诸WTO争端解决。

8. 争议解决程序。第20条规定了成员间因实施新GPA引起的多边争议解决程序。一成员就另一成员不能履行新GPA义务的措施造成利益丧失或减损，可以请求与之协商，直至请求WTO争端解决机构裁决；另一成员实施的措施即使与新GPA不抵触，如果仍造成某成员的利益损伤，该成员也可以请求WTO争端解决机构审理和解决。《关于争端解决的规则和程序的谅解》适用新GPA协议下的争议解决，但是该《谅解》第 22 条第 3 款关于授权胜诉方中止减让，实行交叉报复的规定不适用于新 GPA。GPA 作为诸边协议，其争议解决有独立性，任何 GPA 范围内的争议解决不得导致中止其他 WTO 协议的市场准入和减让义务；反过来，成员间因 WTO 货物或服务贸易协议引起的争议也不得导致中止履行在新 GPA 下的减让义务。

## ■第五节　WTO 调整贸易的新领域

### 一、《服务贸易总协定》

（一）国际服务贸易概述

GATS 没有提供"服务"的定义。笔者认为，服务是活的劳动，它是由服务提供者凭借体力、智力和技能，借助一定的工具、设施和手段，在服务接受者参与下完成某种活动，以直接满足其需要的过程。这与制造产品，最终凝结在产品中的物化劳动有实质区别。货物交易是实物交易，其价值和归属都是确定的和透明的。"而服务交易本质是无形利益的授予。"[1]许多服务是无形的，像数据处理、旅游、诊疗、娱乐、法律咨询等服务，就其纯粹的形态看，这类服务的提供不涉及实物，对于服务的支付也不伴随相应的实物的交付。但是以下两类服务提供涉及实物，可称之为有形的服务：一类是无形的服务并入实物，以实物为依托或媒介，比如娱乐服务或咨询服务可能涉及软盘或光盘磁带的提供，后者还涉及报告资料的提供，服务价值包含在这类实物中，而实物本身有较少价值。由于涉及实物的交付，这类服务也受货物贸易规则管辖。比如 GATT 第 4 条就规范电影片的国际交易。另一类是无形服务依附于实物交易，如汽车消音器和空调的安装服务，电站的建设服务。此类服务中实物交易有独立价值，但购买者支付的价值中也包含服务价值，只要这类实物是跨境交付就属于国际货物贸易，但电站建设属于投资活动。

国际服务贸易是各种类型服务的跨国交易，GATT 秘书处曾列出当今国际服务贸易达 150 多种，WTO 秘书处提供以下 12 类服务部门和分部门，这也是国家具体承诺表中的部门划分：①商业服务（包括法律、会计师等职业服务、计算机有关的服务、研发服务、租赁服务等分部门）；②通讯服务（包括邮递、电信、视听传播等分部门）；③建筑及相关工程师服务；④分销服务（批发、零售、佣金代理等）；⑤教育服务（包括小学、中学、大学各类教育）；⑥环境服

---

[1] See Thomas L. Brewer & Philip Raworth, *International Regulation of Trade in Services*, Oceana Publication, 2006, p. 1.

务（污水处理、垃圾处理等）；⑦金融服务（保险、银行及其他金融服务）；⑧健康和相关的社会服务（医院及其他的健康服务）；⑨旅游或与之相关的服务（酒店、餐饮、旅行社服务）；⑩健身、文化、体育服务（包括图书馆、剧院、马戏团、博物馆等服务）；⑪运输服务（海运、内河运输、空运、公路运输、铁路运输、管道运输）；⑫其他服务。以上是按部门划分的国际服务贸易类别。

　　国际服务贸易同传统的货物贸易相比有许多独特之处，引起了服务贸易统计、监督、管理方式的变化，也给国际服务贸易市场准入带来了新问题：①服务贸易是无形的，不可储存的，服务提供者与接受者以某种活动的方式完成服务交换过程，有的在瞬间完成；许多服务产品具有公共产品性质，服务提供者提供一项服务可同时为许多人享用，这使各国很难统计出真实的服务交易量。②服务贸易具有人身性，虽然服务提供受一定设施、工具手段影响，但多数服务在服务提供者和接受者的互动沟通中完成，服务产品状况更多取决于服务提供者的素质，对服务贸易的调整包括对服务提供者的调整。③服务贸易具有非单一性，某些服务提供需要商业存在以及采取面对面的方式，有的服务提供依赖提供者所处自然、人文和社会环境，由此牵涉更广泛的国家和社会政策问题，如商业存在涉及开业权、外国直接投资政策，人员流动涉及移民政策，教育文化交流服务涉及道德和意识形态政策，这使服务贸易的监督管理更为复杂。④某些服务贸易的发生不需要跨越国境，不能通过边境措施来管制，而主要依靠国家政策、法规、行政措施来管理。管理对象包括提供服务的活动、服务设施机构、服务提供者等各方面。服务贸易的市场准入不是关税问题，而是国家政策、法规措施的限制问题，即能否允许外国服务业进入本国服务市场，能否给予他们国民待遇和最惠国待遇。由于放宽某些服务业限制直接影响国家安全、主权、国家经济的宏观调控，因此服务业市场准入面临着更多的困难。

　　为维护本国经济利益，各国不同程度地实行限制外国服务业进入的政策、法律和做法。以下是对外国服务提供的市场准入限制：①禁止或限制外国服务提供者提供服务（通过许可、授权或要求其为行业协会成员的方式）；②禁止或限制服务接受者使用外国提供的服务；③禁止或限制外国服务业直接投资，包括当地股权要求、资本转移限制、外汇限制；④禁止或限制外国服务提供者在东道国建立永久性商业存在；⑤禁止或限制外国服务提供者进入或暂时进入东道国；⑥禁止或限制外国服务提供者进入电信、交通、银行、销售渠道、证券市场等公共服务网络；⑦要求服务提供者为东道国居民或在东道国有商业存在；⑧禁止或限制提供服务必需的物资进口。

　　以下是对外国服务提供者法律上的歧视待遇：①经营歧视，包括禁止或限制在东道国获得固定资产；进入公共服务网络高难度、高消费；限制进入职业协会；许可审批的障碍；禁止和限制分销以及交易他的服务。②资金歧视，包括对于收入的高赋税；限制获得补贴、贷款或贷款担保；限制获得保险。③数量限制，限制服务提供者的数量，包括雇员数量；限制服务交易额、资产额以及服务交易的总量。④实绩要求的歧视，包括出口水平、当地含量、强制性技术转让以及培训要求。

以下是事实上的歧视待遇：①要求在东道国采用特殊的公司形式；②禁止或限制使用母国或东道国的专业职称；③禁止或限制使用母国的名称；④禁止或限制雇佣母国国民；⑤要求大多数董事成员为东道国国民；⑥非歧视性的实绩要求；⑦资格证书要求。

**（二）《服务贸易总协定》的基本内容**

GATS 是与 GATT 平行的独立的多边贸易协定，是调整四种类型的国际服务贸易。其全部内容可分为三部分：①框架协议，它规定了国际服务贸易一般概念、原则和规则、成员国基本权利和义务，是 GATS 的主体和实质部分；②各成员提交的服务贸易国家具体承诺表，具有法律上的约束力；③框架协议的 8 个附件，规定了某些重要服务贸易部门的多边自由化规则，它们是 GATS 不可分割的组成部分。GATS 已被列入 WTO 所管辖的框架协议的附件 1，要求 WTO 成员一体接受。

GATS 框架协议由六个部分共 39 条组成，规定适用于影响服务贸易所有措施的一般概念、原则和规则。框架协议所规定的义务分为两类：①一般性义务，适用于各成员所有服务贸易部门及国际服务贸易做法，不论其是否属于各成员在国家具体承诺表中列出的范围；②具体承诺的义务，主要是国民待遇和市场准入，这类义务性规定仅适用于各成员在国家具体承诺表中列出的项目和领域，并在所列明的条件范围内适用，对于未列明的服务贸易部门和服务贸易做法不适用，这是 GATS 的一个重要特点。

GATS 还体现了多边服务贸易渐进自由化的特点，其序言、第四部分第 19 条规定和其他关于具体承诺、后续谈判安排的规定都体现了这一点，具体表现在：不要求各成员在批准协议时按照统一的标准立即全面开放市场，而允许成员通过具体承诺自主决定市场开放水平；通过既定议程（built-in agenda）条款（如第 13.2 条，第 15 条）安排后续的专门服务领域的谈判，继续扩大市场开放；尊重成员间服务贸易的不同发展水平，给予发展中国家服务市场开放更大灵活性；规定了较多不同类型的例外条款。但 GATS 渐进自由化安排是为了实现整体上更高水平的市场开放。

1. 范围与定义。GATS 第 1 条规定："本协定适用于各成员影响服务贸易所采取的措施。""服务"包括任何部门的任何服务，但是行使政府职权所提供的

第八章

服务除外。协议第 1 条第 3 款进一步解释"政府行使职权的服务"是指"不以商业为基础，也不与一个或多个服务提供者相互竞争"的服务提供。前者是指服务提供者不考虑盈利和资金回报；关于是否存在相互竞争的其他服务提供者，应分析特定地区的市场态势，看有无相同或类似的以及可替代的服务提供。WTO 没有指定哪些服务部门属于这类服务，应依据个案分析确定。不过前述服务业的部门划分显然排除公用事业服务（水、电、气的供应），又考虑到 GATS 第 8 条关于垄断和专营服务提供的规定，至少某些政府和公共机构提供的垄断服务不在例外范围。依据 GATS 空运服务附件，GATS 不适用于航空运输开业权和与开业权有关的服务。开业权是指以有偿或租用等方式往返于一成员领土或在该领土上经营运载乘客、货物和邮件的定期和不定期服务的权利。但是 GATS 适用于航空器的修理和保养服务，空运服务的销售和营销，计算机预订系统服务。依据 GATS 自然人流动附件第 2 条，本协定不适用于影响寻求进入一成员就业市场的自然人的措施，不适用于涉及公民身份、永久居住或就业的措施，不得阻止一成员对自然人进入其领土或暂住进行管理的措施。

各成员影响服务贸易的措施是指影响服务贸易的法律、法规、行政行为、行政程序等任何措施。[1]其包括中央、地区、地方政府和当局所采取的措施；代表中央、地区、地方政府和当局行使权力的非政府组织所采取的措施。协定强调："为了履行本协定项下的责任与义务，各成员应采取一切可能的适当措施确保其境内的地区、地方政府和当局及非政府团体履行其责任与义务。"

GATS 第 1 条按照提供服务时服务提供者和消费者所在的领土界线，提出了协定适用的四种服务贸易类型：过境交付、境外消费、商业存在、自然人存在。[2]

（1）过境交付。这是指服务提供者自一成员领土向任何其他成员领土提供服务。在此模式下，服务在一国生产或提供，在另一国被消费。这种隔地交易没有服务交易参加者的流动，但是有资金、物资或信息的流动。过去唯一的这种服务提供方式是国际货物运输。当代由于技术进步，出现了 IT 和商业方法跨境外包服务、跨境高等教育服务、保险金融服务、咨询服务等新兴产业，许多曾经需要面对面才能提供的服务已经被这种服务提供方式取代。

（2）境外消费。这是指在一成员领土内的服务提供者向任何其他成员的服务消费者提供服务。在此模式下，服务接受者访问服务提供者的国家并接受其提供的服务，然后再返回母国，包括跨境旅游、就医，也包括运输工具境外维修保养。

---

〔1〕　参见 GATS 第 28 条 c 项的解释。
〔2〕　这四种类型的提法源于 GATS 国家具体承诺表。

（3）商业存在。这是指一国服务提供者通过在任何其他成员领土内设立的商业存在提供服务。在此模式下，服务提供者将其设在外国商业存在的服务提供给外国或第三国的服务接受者。如服务提供者在境外设立的银行、保险公司、运输公司或咨询公司等分支机构。美国曾经不承认美国公司在国外的附属机构提供的服务是国际服务交易，但GATS将此类服务作为国际服务模式加以规范。不过如甲国个人或公司永久性地离开所属国到乙国另立商业实体，这属于母国基地改变，在乙国提供服务是国内服务交易。

（4）自然人存在。这是指一成员服务提供者通过在任何其他成员领土内的自然人存在提供服务，即服务提供者以自然人入境方式在服务接受者所在地国家或第三国向服务接受者提供服务。如教师、工程师、医生等职业工作者单独或受雇于母国服务提供者，向境外接受者提供服务。

以上第一种类型服务提供者和接受者均在各自领土；第二种类型是服务消费者进入服务提供者领土接受后者的服务，这两种是简单的服务提供；第三种和第四种是服务提供者进入服务接受者的领土，通过商业存在或自然人存在提供服务。有的服务只能采用一种特定模式，如旅游服务；而医疗、顾问服务等可选择多种服务提供模式。

实施GATS同样需要确定一项服务的来源地，这与货物贸易的原产地问题同等重要。基于服务贸易的特殊性，GATS按照服务贸易的不同类型提供了确定一项服务来源的不同标准。根据协议第28条定义中对"另一成员的服务"的解释，属于跨境交付和境外消费两种模式，另一成员的服务是指"自另一成员领土内或在另一成员领土内提供的服务"。对于海运服务是指船旗国和船东所属国提供的服务。上述两种服务提供模式中的服务来源地依据服务提供者提供服务时所处的领土界限判定，实质是服务提供者所处的地理方位因素判断问题。而对于商业存在和自然人存在模式，另一成员的服务是指"另一成员服务提供者所提供的服务"。服务的来源地按服务提供者身份归属来判定，实质上是服务提供者身份判断问题，就是看服务提供者是否属于另一成员的自然人、法人，或另一成员的商业存在。根据第28条m项规定，另一成员的自然人是指具有另一成员国民（国籍）身份或（在涉及单独关税区时）具有另一成员永久居民身份的人。另一成员的法人是指根据另一成员法律设立的任何经营实体（包括各类公司、基金、合伙或协会）并且在另一成员或其他成员领土内从事实质性业务活动。了解认定另一成员法人的标准有助于我们确认属于另一成员法人的商业存在。在通过商业存在提供服务的条件下，另一成员的商业存在是指由另一成员自然人或法人拥有或控制的商业存在。此处的"拥有"是指实际拥有股本超过50%，此处的"控制"是指拥有任命大多数董事或以其他合法方式指导其活动的权利。

2. 最惠国待遇（MFN）。GATS第2条规定："每一成员应该立即地、无条件地给予任何其他成员的服务和服务提供者不低于它给予任何其他国家类似的服务和服务提供者的待遇。"最惠国待遇是适用于所有成员的一般义务，既适用于各成员具体承诺的领域，也适用于没有承诺的领域（GATS不适用的范围除外）。但是与GATT最惠国待遇相比，GATS这一原则有如下特点：

（1）从适用范围看，给惠对象是"其他成员的服务和服务提供者"；给惠的标准是"不低于"给予其他国家（包括WTO成员和非成员）类似服务和提供者的待遇，而不是"同等"待遇。这体现了GATS为了实现渐进自由化，允许某成员就具体服务领域市场开放作出最惠国待遇的保留，即允许该成员在互惠基础上给另一成员比给予其他国家更优惠的待遇，这种待遇可能超出了该成员在具体承诺表中承诺的水平或普遍给予其他国家（包括WTO成员和非成员）的待遇水平。但是，作出MFN保留的成员不得援用这项例外给予另一成员低于其在国家具体承诺表中承诺给予的待遇水平（第16条及注释），即不得免除其在市场准入和国民待遇方面承诺履行的义务。

（2）GATS最惠国待遇具有普遍性，它意味着：①每一成员应把它在国家具体承诺表中承诺的待遇水平非歧视地适用于所有其他成员，应给予其他成员的服务和服务提供者不低于其在国家承诺表中承诺的待遇标准；②对于未作出具体承诺的领域，每一成员应把它给予其他国家服务和服务提供者的优惠待遇及豁免立即、无条件地给予任何其他成员类似的服务及服务提供者。

（3）GATS最惠国待遇具有实质意义，因为它与各成员关于市场准入、国民待遇的具体承诺挂钩，结果形成了一套受到约束的最低市场准入标准，并且在最惠国待遇基础上普遍实施，这使MFN不至于空洞无物。

（4）GATS最惠国待遇原则有更大的灵活性，它允许各成员采取三种类型的例外措施：第一类是自选的例外（Self Selective Eremptions），成员可以援引第2条第2款的规定，就国家具体承诺表中某一部门的市场开放作出最惠国待遇的保留（祖父条款保留），条件是作为创始成员应在GATS生效前将这种保留列入GATS第2条例外附件，同时经过WTO的审查和批准。[1]按附件规定，各方作出的保留原则上不得维持自协定生效起超过10年，但事实上各方列出的保留许多是无限期的。第二类是普遍的永久性的例外，经过一定的通知、批准程序，

---

〔1〕　在WTO协议生效前，世界贸易组织收到61份这样的例外清单，其中美国在海运、民用航空服务、基础电信、金融服务领域都作了保留，事实上对于这些核心领域，美国在具体承诺表中未作任何承诺。欧盟、加拿大、澳大利亚在文化工业部门未作任何承诺，作了广泛的MFN保留。

成员可以在特定情况下引用，这类例外不仅对最惠国待遇条款适用，对所有其他条款也都适用。具体包括：①GATS 不得解释为阻止任何成员对相邻国家授予或给予优惠，以便利仅限于毗连边境地区的当地生产和消费的服务交换（第2.3条）。②GATS 不得阻碍各成员间签订双边或多边经济一体化协议，条件是这种协议涵盖大多数重要部门，并且在成员之间取消了所有违反 GATS 第 17 条意义的国民待遇的歧视，不得对一体化协定以外的成员提高相应的服务贸易壁垒（第5条）。③GATS 关于自然人流动的附件规定，其不适用于影响自然人进入另一成员就业市场的措施，不适用于涉及永久性的公民身份、居住和就业的措施；不得阻止一成员实施对自然人进入其领土或暂住进行管理的措施，包括保护其边境完整和保证自然人有序跨境流动必需的措施，只要此类措施不至于使成员根据具体承诺条件所获利益丧失或减损。④一般例外，第 14 条规定，在此类措施的实施不在情况相同的国家之间构成任意或不合理歧视手段或构成对国际贸易的变相限制要求的前提下，GATS 不得解释为阻止各成员采取为保护公共道德和社会秩序所必需的措施；[1]为保护人类、动植物生命健康所必需的措施；为使与本协定不抵触的法律法规得到遵守所必需的措施；为公平有效征收直接税采取的与第 17 条不一致的措施；为避免双重征税所采取的与第 2 条不一致的措施。⑤安全例外，内容与 GATT 第 21 条规定相同，但增加的第 2 款要求根据第 1 款 b 项和 c 项采取的措施应该通知服务贸易理事会。⑥航空运输开业权例外，本协定不适用航空运输开业权及与行使开业权直接有关的服务（关于航空服务附件）。第三类是针对某些具体条款的例外规定，如第 2 条（最惠国待遇）、第 13 条、第 16 条（市场准入）、第 17 条（国民待遇）的规定都不适用于政府采购。

3. 透明度。作为一般性义务，GATS 第 3 条规定各成员应迅速（至少在措施实施前）公布影响本协定实施的所有法律、法规和做法，包括国际协议。每年应把所采用的新法规或对现有法律的修改通知其他成员。每一成员应设立一个或更多的咨询点，应其他成员的请求回答有关询问。第 3 条附则还对可能损害公共利益或合法商业利益的秘密资料的公布作出了限制，规定不得要求成员披露秘密信息，如果这种披露阻碍法律实施或对公共利益有不利影响的除外。

4. 国内管制。GATS 承认各成员政府对本国服务贸易的管理权，允许各成员实施有关的国内法规和措施，履行其 GATS 义务。这些法规涉及许可和授权程序、基于审慎原则的资本要求、技术法规和税法要求、资格和证书要求等，这些管理措施带有公共政策性。GATS 第 6 条要求各成员对已作出具体承诺的部

第八章

---

〔1〕 第 14 条注释指出，只有在社会的某些根本利益受到真正和足够严重的威胁时，方可援引公共秩序例外。

门，应确保影响服务贸易的法规和措施以合理、客观公正的方式实施，使之在确保市场准入的适当条件下适用，不致构成对服务贸易不必要的障碍，或事实上导致取消其作出的具体承诺。在受影响的服务提供者请求下，成员应提供切实可行的司法、仲裁或行政手段或程序，迅速审查这些措施，并作出公正决定和适当补偿。但是这并不要求一成员以不符合宪法的方式来实行。

5. 资格承认与协调。GATS 第 6.4 条规定，服务贸易理事会应通过其适当设立的机构，制定必要纪律，保证有关资格要求和程序、技术标准和许可要求的各项措施不致构成不必要的服务贸易障碍；保证前述资格要求和程序、技术标准和许可要求依据的是客观的、透明的标准；关于提供服务能力和资格要求，不得超出为保证服务质量所必须的限度；许可程序本身不构成对服务提供的限制。关于资格承认，第 7 条规定一成员可以承认另一成员就教育程度、经验、任职资格条件所颁发的许可证或证明。这种承认不要求按最惠国待遇原则自动给予其他成员，这是 GATS 最惠国待遇适用的较温和的领域。但协定要求不论是通过协定安排承认还是自动承认，一成员应给予其他有利害关系的成员充分机会，以谈判加入此类协定或安排；或证明其国内的资格许可应得到承认。在采用标准和准则方面或承认许可证、证明方面，不应造成国家间歧视或限制服务贸易。资格承认涉及职业服务提供，这方面 GATS 允许各成员对境内职业服务提供者保留本国公民资格这一条件限制。

6. 垄断及限制性商业惯例。GATS 第 8 条题为"垄断及专项服务提供者"，规范各成员政府所有的或实行垄断服务的企业，核心内容是允许各成员建立和维持国家垄断服务，但是特别要求各成员确保其境内垄断服务提供者在提供垄断服务方面，不得采取与无条件最惠国待遇要求和透明度要求不相一致的行动。第 9 条题为"限制性商业惯例"，约束除政府垄断以外的民间企业之间存在的限制性商业惯例，规定一成员就另一成员要求取消这类限制性商业惯例请求磋商应给予同情和考虑。GATS 体制的重要漏洞是缺乏关于反竞争行为的控制措施。GATS 既没有针对服务贸易的反倾销规定，也没有对政府补贴作出限制，一成员如果遭受来自外国政府补贴的伤害，只能与该国政府协商，请求给予"同情或考虑"。迄今为止，GATS 仍缺乏保障条款，一国由于服务贸易市场开放造成国内有关行业损害，只能援引第 12 条国际收支平衡的例外或在金融领域援用审慎例外进行限制。

各成员不同国内竞争规则影响服务贸易的开放水平，有关方面呼吁在 WTO 框架内制定统一的多边反垄断法（包括反对限制性商业惯例）。目前这方面的重要进展是一个私人工作组于 1993 年 7 月向 GATT 递交了一份《〈国际反垄断法〉草案》（DIAT），设想把它作为 GATT 或 WTO 的诸边贸易协定。从历史上看，

GATT1947 缺乏这方面规定是因为起草者假定各国已具备了这些制度，而《哈瓦那宪章》第五章也有这方面的规定，由于该宪章的夭折才形成了今天的缺陷。

7. 市场准入。国际服务贸易中，市场准入本身就是需要谈判才能取得的权利。GATS 实行逐步的、有保留的市场准入，该项义务属具体承诺义务，各成员采用列明的方式确定一国开放服务业的范围，各自仅对承诺清单中列明的部门、分部门并根据其中列明的限制条件承担市场准入义务，除此以外无开放市场义务。

GATS 第 16 条规定：各成员给予其他成员的服务和服务提供者的待遇不应低于根据其国家具体承诺表中所同意和详细规定的期限、限制和条件所提供的待遇。一成员除了在具体承诺表中确定的以外，不得在境内维持或采用各种对服务业进入的数量限制措施。[1] GATS 国家具体承诺表（National Schedule of Specific Commitments）把各成员服务贸易具体承诺分为两大类：一类是总体承诺（Horizontal Commitments），亦称"水平承诺"，涵盖所有服务贸易部门；另一类是部门承诺（Sector-specific Commitments），仅涉及个别部门或分部门。两类承诺表都记录了各成员对市场准入的限制和对国民待遇原则的限制，并且各项限制都是按服务贸易四种提供方式作了区分。各成员的承诺分为无条件限制（None）、有条件限制和非约束（Unbound）三种。第一种属于充分承诺，成员承担了相关服务领域市场准入或国民待遇的约束性义务，不得采取任何与市场准入和国民待遇义务不符的限制；第二种属于有限承诺，该成员应详细说明某服务领域将保留哪些与市场准入、国民待遇不符的措施，它只能采取列明的限制条件；第三种属于无承诺，表明该成员保留原有的与市场准入国民待遇不符的措施，也保留采取新的限制的权利。限制条件既可以是非歧视性的，也可以是歧视性的，比如规定"许可只授予 5 家新进入的外国银行"或"只有 10 家新建的本地或外国银行被授予许可"。不论如何，这些限制表明各成员在市场准入与国民待遇方面的最低保证，而不是最高配额，一国准许设立 5 家外国银行意味着它可以发给超过 5 家的许可，但不能低于这个标准。

各成员关于市场准入和国民待遇的具体承诺是 GATS 的核心内容，总协定的影响很大程度上取决于各方所作的承诺。在总体承诺中，发达国家没有对外国服务提供者建立商业存在加以特别限制而由较宽松的一般投资政策法律调整，

第八章

---

[1] 市场准入限制实质上是限制外国服务提供者在东道国提供服务的能力。GATS 第 16 条列举了六种数量限制方式，包括限制服务提供者的数量；限制服务交易额和资产额；限制服务业务总数或产出量；限制服务提供者雇员数量；对服务提供者公司形式要求；对外国服务提供者实行股权限制。

但是对于自然人流动加以严格限制，承诺允许的自然人进入仅限于与东道国商业存在有关的人员在公司内部调动和短期商业访问。

还应注意到，前述 GATS 规定的某些普遍的永久性例外条款同样适用于市场准入与国民待遇这两项具体承诺义务。而国际收支平衡的例外适用于具体承诺的义务，GATS 第 12 条指出，如发生严重国际收支和对外财政困难或其威胁，一成员可对其已经作出具体承诺的服务贸易，包括与此类承诺有关的交易的支付和转移采取或维持限制。在实施此类限制时不得在成员之间造成歧视。程序上应通知理事会，并与国际收支限制委员会进行磋商，接受国际货币基金组织对磋商成员国际收支状况评估，评估结果应作为是否允许援用该例外的依据。

8. 国民待遇。GATS 第 17 条规定，各成员应在国家承诺表所列的服务部门或分部门中，并且在遵守其中所列的任何条件和资格前提下，给予其他成员的服务和服务提供者不低于它给予本国同类服务和服务提供者的待遇。同市场准入义务一样，国民待遇也是各成员具体承诺的义务，要求各成员按具体承诺表列举的部门范围、限制条件给外国服务和服务提供者国民待遇，确保其不受服务进口国国内法、国内措施的歧视待遇。对具体承诺表没有列明的部门、分部门或有关成员明确表示非约束的部门，该成员无义务给予其他成员这类服务和服务提供者国民待遇。

国民待遇的标准也是"不低于"给予本国国民的待遇。这里没有采纳"相同待遇"要求，是因为与货物贸易相比，服务贸易具有"名实不符"的特殊性，有时法律上给予外国服务提供者与本国服务提供者相同的待遇，其结果恰恰造成事实上的不公平。相反，有时法律上的区别对待，恰恰在事实上是公平的。法律上的国民待遇仅仅要求外国服务提供者服从于与东道国国民一样待遇的法律管辖。取消针对外国服务提供者基于外国人身份的法律上的歧视措施。而一旦发生这样的歧视，GATS 的全部要求就是改变这些法律或行政措施，使得在法律上外国人的待遇与本国国民待遇等同。但是法律上的国民待遇不能保证对外国服务或服务提供者的公平待遇，某些非歧视性法律适用的结果恰恰造成事实上的歧视待遇。比如东道国关于银行最低注册资本的要求，对本国银行没有什么问题，而对那些欲进入东道国开业的外资银行则意味着要双重出资（除母国基地出资外的又一份出资）；类似问题还有要求外国保险公司提供保险准备金，要求外国服务提供者必须取得和东道国国民一样的学历资格证书、培训经验等。而要取消事实上的歧视待遇相当困难，这意味着允许外国服务提供者拒绝接受非歧视性的东道国法律，这涉及更重要的公共政策问题。因此，除非明确规定，否则 GATS 国民待遇原则并不意味着扩大适用于取消事实上的歧视待遇。[1]正是考虑到这些情况，GATS 第 17.2 条规定一成员可以通过给予其他成员的服务或服务提供者形式上相同或不同于本国类似服务或服务提供者的待遇，来满足第 17.1 条规定的国民待遇要求。即允许成员给予外国服务和服务提供者的国民待遇形式上可以不同，但实际上不低于本国国民待遇，或对外国服务及服务提供者更好的待遇。第 17.3 条规定，如果一成员对外国服务或服务提供者采取形式上相同或不同待遇改变了竞争条件，使之更有利于该成员的服务或服务提供者，则此类待遇应视为较不利待遇。

国民待遇义务与市场准入义务是紧密联系的，GATS 国民待遇是进入东道国后的国民待遇，进入前的待遇是市场准入问题。市场准入意在给外国服务提供者进入东道国提供保证，而不考虑在东道国的处境；国民待遇旨在给已进入的外国服务业不低于本国的待遇。相对地，市场准入义务更重要，假如一成员在国民待遇一栏作了充分承诺（无限制），而在市场准入方面未作任何承诺（非约束），则国民待遇承诺没什么意义；反过来一成员在某一服务部门市场准入方面作了实质承诺，即使它在国民待遇一栏未作承诺，也可能给外国服务提供者参与本国服务竞争的机会。

9. 对发展中国家的优惠及差别待遇。GATS 序言、第 4 条和第 19 条对此作了重要规定。第 4 条体现了通过优惠及差别待遇促进发展中国家服务贸易增长的精神，内容是：①通过各成员协商具体承担的义务，使发展中国家能在世界服务贸易中更多地参与，目的是加强发展中国家国内服务业，提高效率和竞争力；促进其销售渠道和信息网络的改善；促进对于发展中国家具有出口利益的服务业出口和市场准入。②发达国家成员应在协定生效 2 年内建立联系点，以便于发展中国家服务提供者获得下列有关资料：提供服务的商业和技术情况；登记、认可和获得服务的专业条件；获得服务技术的可能性。第 19 条确立了发展中国家成员逐步实现服务贸易自由化原则。其内容是允许个别发展中国家成员在自由化方面采取适当灵活性，允许开放较少的服务部门和较少类型的服务交易，逐步实现市场准入，以符合其经济发展情况；外国服务提供者进入这些发展中国家市场时，这些国家可以附加旨在达到第 4 条目的的准入条件。

在其他条文中也有一些关于发展中国家特殊待遇的规定：①在经济一体化安排中，应给予发展中国家成员在消除服务贸易歧视性措施方面的灵活性，以

第八章

---

[1] 但是也有学者认为，GATS 非歧视原则（最惠国待遇和国民待遇）既禁止法律上的歧视，也禁止事实上的歧视。See Apostolos Gkoutzinis, "International Trade in Banking Services and the Role of the WTO: Discussing the Legal Framework and Policy Objectives of the General Agreement on Trade in Services and the Current State of Play in the Doha Round of Trade Negotiations", *The International Lawyer*, Vol. 39, No. 4, 2005, pp. 899~900.

符合这些国家服务部门发展水平；②在国际收支发生困难情况下，发展中国家可以在承担的义务中实行或维持限制措施，包括对支付转移的限制，以确保为完成其经济发展和经济过渡计划保持一个适当的财政储蓄水平；③WTO 成员应举行谈判，制定一项必要的纪律，避免补贴对服务贸易的扭曲影响。这种谈判应确认补贴在发展中国家发展计划中的作用，并考虑发展中国家成员在这方面的灵活需要。

10. 争端解决及例外条款。服务贸易争端由服务贸易理事会负责，按 WTO 争端解决的规则和程序处理。GATS 第 23 条允许各成员提起"非违法之诉"，允许使用交叉报复手段制裁不执行裁决方。

（三）《服务贸易总协定》的附件

GATS 共包含 8 个附件，除前 2 个附件外（指《免除成员最惠国待遇义务附件》和《关于提供服务的自然人移动的附件》），其他 6 个附件都是关于具体服务部门的贸易自由规则或进一步谈判的规定。它们是：《航空运输服务附件》、《金融服务附件 1》、《金融服务附件 2》、《关于海上运输服务谈判附件》、《电信服务附件》、《关于基本电信服务谈判附件》。这些附件是 GATS 协议的组成部分，对于主要服务部门如何实施 GATS 框架协议作出更具体的规定。以下仅就其中的金融服务贸易规则展开说明。

1. 金融服务业的市场开放问题。金融服务是银行、证券、保险机构管理金融资产，为客户提供资金融通和周转，以实现资产增值的业务活动。GATS 金融服务附件把它所调整的金融服务定义为"所有保险和与保险有关的服务"，"所有银行和其他的金融服务"。其中"银行和其他的金融服务"包括：货币市场工具（如支票、汇票、存款单和现金业务）；外汇业务；衍生产品，包括远期和期权交易；汇率和利率工具，包括汇率的和远期利率的证券产品；可转让证券；其他议付工具和金融资产，包括金银。GATS 第 1 条规定其不适用于政府履行职能活动所提供的服务，在金融方面是指"中央银行或货币发行机构或社会实体按货币或汇率政策进行的活动；作为法定社会保障制度或退休计划组成部分的活动；公共实体为政府代销、由政府担保或用政府财力进行的活动"。金融服务提供者是一成员将要或正在提供金融服务的任何自然人或法人，但是不包括公共机构，即履行货币政策职能的中央银行和货币发行机构。

金融服务具有类似于电信业的外化性和双重作用：一方面，金融企业是独立的经济部门，其业务活动本身可以盈利和创造巨额收入；另一方面，金融又是国民经济的中枢，所有其他经济部门都要依赖和使用金融服务。金融业的外化性还表现为外部效应。金融业掌管着全社会的金融资产，重要金融机构的经营状况已不单是该企业自身的事。一旦经营失败可能引起连锁反应，牵动相当

第八章

广泛的企业、公众利益，导致其他同业机构倒闭、威胁国家经济安全稳定，甚至引起国际金融风暴。与金融机构在国民经济中的中枢作用相比较，金融服务业本身在经济总量中所创造的收入显得无足轻重。所以各国经济工作的重要政策目标就是严格监管金融机构运行，维护金融稳定，保证银行的资本充足性、流动性。金融机构资本充足性和流动性监督是金融审慎监管的主要方面。资本充足性是指银行应保持适当的实有资本水平，使之既能经受坏账损失风险，又能正常运营实现盈利。巴塞尔协议确定的标准是银行自有资本与加权风险资产最低比率为8%。资本流动性是银行以适当价格获取资金应付客户提存和满足随时可能发生的资金需要的能力，通常以银行资产负债率衡量。

金融服务业的市场开放首先面临复杂的监管问题。以银行为例，跨国银行分支机构进入东道国开业将受双重管辖：根据属人主义管辖权原则受依法成立地和资本来源地的母国管辖，母国监管是防止海外分支机构经营不善的风险转移到国内；根据属地主义管辖权原则要受东道国监管，防止外国银行经营不善损害本国居民利益。由于各国金融监管体制、标准和规范要求不同，不同国家金融服务提供者付出的与监管规范相符的成本也不同，这本来就会造成跨国金融交易的不公平竞争，若要服从双重监管，更增加了交易成本，阻碍金融服务的跨国交易。另一种可能发生的情况是投资母国为了提高跨国银行的竞争力，倾向于放宽对本国银行在海外分行的监管，而东道国管理外资银行会遇到诸多困难：①管辖权的疑虑。由于存在双重管辖，在没有双边或多边国际协议加以协调时，分不清责任，外国银行的资本充足性、流动性的日常监管、发生风险后的清偿责任都可能引起争议。②信息收集的困难。如果外国分行不主动配合东道国监管，后者很难查清外国分行的经营状况及其与总行的关系。这些困难都可能使东道国与母国相互推诿，造成监督上的盲点和漏洞，甚至酿成金融风险。[1]

目前在跨国银行机构监管方面取得的最重要的国际协调是发达国家之间建

---

〔1〕 这类监管失误的典型案例较多，如1974年德国苟施塔克银行倒闭，与其进行外汇交易的多国银行受损；1982年意大利安布鲁西亚诺银行卢森堡子银行倒闭，200多家外国银行总共蒙受45亿美元损失；1991年总部设在卢森堡的国际商业信贷银行利用下设海外的子公司从事欺诈和大规模洗钱活动，造成恶劣的国际影响；国际商业信贷银行集团（BCCI）总部注册于卢森堡，下设两个子公司分别注册于卢森堡和开曼群岛，经营决策是通过设在其他国家的分支机构进行，难以确定由哪个国家对该银行集团承担监管责任。1982年意大利安布鲁西亚诺银行在卢森堡的子银行倒闭时，意大利当局认为该行在卢森堡注册，不由其监管，卢森堡当局认为该行以持股公司而不是以银行注册，应由投资母国承担救助责任。最新的监管失误的实例就是自2008年开始的美国"次贷危机"。危机导致美国多家投资银行倒闭（贝尔斯登、雷曼兄弟、房利美和房地美），并且进一步波及整个西方世界，酿成至今仍未结束的全球金融危机，重创世界经济。

立的巴塞尔协议体系。1975年，经合组织12个发达国家在瑞士巴塞尔建立了国际银行业管制和监督委员会，签订了《对外国银行机构监督协定》（该协定及后来陆续颁布的关于银行监管的文件统称《巴塞尔协议》）。该协定及修订本（1983）提出了跨国银行的东道国分支机构由投资母国实行综合监管，东道国负一定监管责任的原则。

东道国开放金融服务市场还面临来自外国金融服务的激烈竞争，可能引发国内投资转移、损害国内金融稳定的风险。为实现政府对经济的宏观控制和对金融业的审慎监管，当今各国在不同程度地开放本国金融服务市场的同时，都保留了对外国金融业市场准入的经营范围和数量限制，即使是开放程度较高的国家和地区，如新加坡、北美自由贸易区成员国也不能例外。这些限制有：①机构和组织形式限制。加拿大只允许外国银行在其境内设立子公司，子公司是加拿大注册的法人，有独立于母公司的资本，独立承担风险，便于监管，澳大利亚、荷兰也有类似规定；日本、新加坡、中国香港地区倾向于外国银行以分行形式在其境内开业。在法律上，分行从属于母国总行控制，在东道国不具有独立法人地位，东道国难以实施有效监督。有利的方面是分行有总行强大的资金支持，发生风险由总行负责救助，东道国存款人有较好的安全保障。②开业条件限制。东道国实施严格的审批程序，通常要求外国银行在其母国已经营同类业务，有良好的资信状况以及投资母国实行令人满意的监管，缴纳高额注册资本。③业务范围限制。大多数发展中国家都禁止或限制外国银行经营本币业务，如金融服务较为开放的新加坡规定外国银行不准吸收25万新元以下的居民定期存款；墨西哥规定，每个金融业外国投资者只能在墨西哥境内设立同种类型的一家金融机构，在墨西哥境内的外国金融机构不得在境外设立办事处、分支机构。④经营规模限制。各国普遍地依法控制外国金融机构的规模，典型的做法是限制外国金融机构累积资本占东道国同业金融机构总资本的比重，根据《北美自由贸易区协定》，自2000年起，美国、加拿大投资者可以拥有现存墨西哥银行的全部资本，但是美国、加拿大在墨西哥银行（包括对墨西哥银行的控股）拥有的累积资本不得超过墨西哥所有银行总资本的4%；加拿大法律规定，美国和墨西哥以外的外国投资者拥有的可公开持股的加拿大金融机构的累积资本不得超过同类金融机构总资本的25%。

2. GATS金融服务贸易规则框架。在乌拉圭回合关于金融服务贸易谈判中，某些国家的代表考虑到金融服务重要性，要求制定一个单独的不受其他规则（包括GATS）影响的金融服务贸易协议，所有成员就实施协议确定的金融服务开放计划立即作出承诺。这个要求遭到广大发展中国家代表反对，最终使金融服务贸易谈判回归到GATS框架，成为由GATS调整的一个具体服务部门，各成员可以根据国情作出不同水平的变通承诺。

GATS 金融服务贸易规则框架由以下文件构成：

（1）《服务贸易总协定》（GATS），它是调整所有国际服务贸易的一般规则，对金融服务有重要规范作用。

（2）GATS《金融服务附件 1》，是 GATS 的组成部分，要求各成员一律遵守。①它包含了调整金融服务的重要原则，并对 GATS 在金融服务领域适用涉及的重要概念、规则作出符合该部门特点的解释；②它确定了 GATS 所调整的金融服务范围，将银行、证券、保险服务都纳入了多边贸易规则管辖；③它规定允许各成员为维护国内金融稳定而采取审慎措施。

（3）《关于金融服务承诺的谅解》（以下简称《谅解协议》），是由美国、欧共体、日本等主要发达国家（OECD 国家）达成的专门适用于金融服务贸易自由的一般规则，它提出了有利害关系的各方应遵守的影响外国金融服务市场准入的指导方针和一般原则。《谅解协议》不同于 GATS 的 8 个附件，后者是 GATS 的组成部分，与之有同等效力。而《谅解协议》是谈判各方同意接受的作为具体承诺的"变通方案"，对多数缔约方无严格法律效力。[1] 该文件序言规定，其实施不得与 GATS 条款相冲突，不得损害乌拉圭回合谈判各方以 GATS 第三部分的方式作出具体承诺的权利，即各成员有权选择以 GATS 第三部分而不是以《谅解协议》为基础作出具体承诺，不必承担更高水平的市场开放义务，这说明《谅解协议》也是解释各方金融服务具体承诺的法律依据。

（4）GATS《金融服务附件 2》是不具有一般行为规则性质的技术性规定。1993 年乌拉圭回合部长会议通过了《关于金融服务的决定》（定名为《金融服务附件 2》），实质内容是授权谈判各方在 WTO 协议生效后第四个月至第六个月的两个月期间继续谈判，修改、完善或撤销原来作出的金融服务具体承诺。

（5）GATS《第二议定书》是欧盟等除美国以外的 90 个 WTO 成员谈判达成的关于金融服务具体承诺的临时协议。

（6）GATS《第五议定书》，即由 70 个成员（欧盟 15 国计为 1 成员）于 1997 年 12 月 12 日达成的正式的《金融服务贸易协定》，包括美国、欧盟在内的 56 个国家提交的经过改善的金融服务具体承诺表和 16 份 GATS 最惠国待遇保留

第八章

---

〔1〕 对于《谅解协议》签字方是否有义务专门适用谅解，学界有不同看法。许多签字方根据谅解序言规定，认为不必专门适用谅解，欧盟就是用 GATS 方式就自然人存在方式的金融服务提供作出具体承诺。但日本将谅解下的承诺直接并入 GATS 具体承诺，声称其是具体承诺的一部分，这种方式有更大确定性和可取性。参见 Thomas L. Brewer & Philip Raworth, *International Regulation of Trade in Services*, Oceana Publication, 2006, Section. IV, pp. 1, 6.

清单是协议的实质部分。该议定书已于 1999 年 3 月 1 日生效。[1]

上述 WTO 调整金融服务的文件中带有一般行为规则性质的文件是前三项，这三个文件规定了 WTO 成员在金融服务贸易方面应享有的基本权利和应承担的基本义务。

3. 最惠国待遇。GATS 第 2 条规定了最惠国待遇原则，它要求每一成员立即、无条件地给予另一成员服务和服务提供者不低于给予其他国家类似服务和服务提供者的待遇。GATS 最惠国待遇是各成员应遵守的一般义务，具有实质重要意义。在金融服务领域作出具体承诺的成员有两类：一类是根据 GATS 第三部分要求，以国家具体承诺表（National Schedule of Specific Commitments）的方式作出承诺，直接在其中的金融部门或分部门列入国民待遇和市场准入方面限制条件；这类成员有 55 个，他们在国际金融服务市场不占有重要地位。另一类成员以谅解协议的方式作出承诺，它们在金融服务方面有较强竞争力，参加了 WTO 成立后进一步开放金融市场的谈判，签署了《谅解协议》、《第二议定书》或《第五议定书》，提交了金融服务具体承诺表（Schedule of Specific Commitments on Financial Services）和 GATS 第 2 条最惠国待遇例外清单，附于《第五议定书》之后。虽然这两类成员作出承诺的方式和水平不同，所有成员均应做到：①把各自在国家具体承诺表或金融服务具体承诺表中作出的金融服务承诺非歧视地适用于所有其他成员。《谅解协议》各方承担的较高水平义务非歧视地适用于所有其他成员，使作出较低承诺的成员可以从中获得好处。②对于未作出具体承诺的领域，每一成员应把它给予另一成员或非成员金融服务方面的优惠待遇或豁免立即无条件地给予所有其他成员。金融服务领域最惠国待遇的适用同样服从 GATS 普遍的永久性例外，主要是毗邻边境地区交易的例外、经济一体化组织例外、一般例外、安全例外、保障国际收支平衡例外；也要服从各成员作出的最惠国待遇的保留。[2]

4. 国民待遇。GATS 国民待遇原则是具体承诺的义务，各成员可自行确定承诺范围，除此之外不承担义务。但是《谅解协议》提出了适用于金融服务的两项基本义务：①有关成员应允许在其境内设立金融机构的外国金融服务提供者进入该成员境内由公共机构经营的结算和清算系统，获取在正常商业途径应获得的官方基金和资金再筹集的便利。②在外国金融服务提供者进入成员境内自律性机构、证券或期货交易市场、清算机构和其他协会组织方面，有关成员应

---

[1] 从 1994 年乌拉圭回合谈判结束至《第五议定书》生效，在金融服务领域作出具体承诺的成员已达 104 个。

[2] 在乌拉圭回合谈判结束时，有 28 个成员（欧盟计为 1 成员）作出金融服务最惠国待遇保留，其中美国、印度、印度尼西亚、泰国、哥伦比亚后来基本撤回了保留。

给予外国金融服务提供者国民待遇；当一成员给予本国金融机构直接或间接的金融服务特权时，其境内外国金融机构也应享有。金融服务清算系统相当于电信服务中的公共电信网，阻止进入该系统，金融往来业务无法实现交割。在有些国家，银行、证券协会及委员会等自律性组织承担了大部分政府管理职能，进入这些组织是从事金融业的必备条件或资格，《谅解协议》规定的这两项义务是成员之间履行具体承诺义务、实现金融服务商业存在市场准入的保障。

5. 市场准入。《谅解协议》提出以下超出 GATS 框架协议要求的市场准入义务：

（1）现状约束。各成员在具体承诺表中列出的任何条件、限制应仅限于其现存的不符措施（A 节），即有关成员对外国金融服务市场准入不得施加超出现有水平的限制。这一条款意义重大，它使有关成员政府在金融服务方面的决策更加稳定和有预见性；它还弥补了 GATS 不足，GATS 框架协议没有现状约束要求，有关服务贸易市场准入采取正面列举（Positive List），各方承担的义务仅限于具体承诺范围，对未作承诺的领域不受国民待遇和市场准入义务约束（但受 GATS 其他一般性义务约束），这难以避免某些成员在服务贸易市场开放政策上出现倒退和随机变动。

（2）垄断权。每一成员应在承担义务的具体承诺表中注明有关金融服务中现存的垄断权，并努力削减它们的范围或取消这些权力（B 节第一段）。此规定比 GATS 第 8 条前进了一步，后者并不要求 WTO 成员在具体承诺表中列明垄断权，只是原则上要求不得滥用垄断权。

（3）公共采购金融服务。每一成员应确保其领域内的其他成员金融服务提供者在由该成员的公共机构购买或获得金融服务方面，享有最惠国待遇和国民待遇（B 节第二段）。此项要求超出了 GATS 第 13 条关于其不适用于政府采购公共服务的限制，使相当重要的金融服务份额纳入 GATS 管辖，对于以吸收批发性金融业务为主的外国金融服务提供者非常有利。

（4）服务贸易跨境提供和跨境消费。协议允许非居民的外国金融服务提供者跨境提供运输类保险、再保险服务，有关成员应给予其国民待遇和最惠国待遇。允许其居民购买任何其他成员境内的金融服务（B 节第三段）。跨境金融服务包括跨境提供和跨境消费两个方面，前者是一国服务提供者在其没有设立经营机构的另一国家提供金融服务，它体现了服务提供的流动性和提供能力；后者是指消费者在本国或在境外购买外国金融服务提供者提供的服务，它体现了服务消费的流动性和消费能力。《谅解协议》要求有关成员接受的跨境提供金融服务仅限于涉及跨国运输类的保险、再保险和辅助性信息服务，不包括其他类保险和较重要的银行证券服务。这后一类服务的跨境提供将给东道国带来监管困难和较大的市场竞争压力，难以成为普遍接受的义务。而跨境消费包含了《金融服务附件1》第5条涉及的广泛领域，如储蓄、证券、外汇、贷款等各类银行服务。居民过境消费金融服务事实上将受两方面限制：①各成员所作具体承诺限制，如仅允许外国银行提供面向东道国居民的批发性存贷款服务；②服从于东道国金融审慎监管要求。《谅解协议》不得损害各成员作出不同具体承诺的权利，也不得与GATS框架协议（包括《金融服务附件1》）相抵触。

（5）商业存在。应允许其他成员金融服务提供者在其境内设立和扩展金融机构；允许其境内的外国金融机构提供新的金融服务；允许金融服务专家、管理人员暂时入境（第5、7、9段）。商业存在的市场准入本应属于经过谈判确定的具体承诺义务，此处《谅解协议》把它作为一项普遍性义务，说明跨国金融服务更依赖商业存在模式。

6. 非歧视性措施。各成员应消除或限制某些非歧视措施的不利影响（B节第10条），这些措施是指以审慎监管名义出台的国内管制措施，在法律上是非歧视性的，但可能造成事实上的歧视或对外国金融服务提供造成严重不利影响。其包括阻止金融服务提供者在该成员境内以该成员决定的方式提供所允许的服务、限制金融服务提供者进入该成员境内扩展服务的非歧视措施、影响以提供证券服务为主的提供者的某些共同遵守的银行证券措施及其他措施。

7. 支付和转移。GATS第11条规定，除本协定第12条规定的情况外（指国际收支平衡例外），各成员不得限制与其具体承诺义务相关的经常项目交易的资金转移和支付（第1款）。各成员不得对任何交易施加与其具体承诺不相符的限制，除非根据本协定第12条规定或应国际货币基金组织请求（第2款）。第11条规定的目的是防止有关成员动用外汇管制手段限制外国服务提供者提供金融服务。如果一成员承诺允许外国服务提供者在境内设立机构或跨境提供金融服务，同时又对经常项目收支转移实行外汇方面的管制和限制，其金融服务具体承诺就会落空，但是第11条第1款不涉及资本账户的自由兑换和转移。第11条第2款还规定本协定不影响国际货币基金组织成员根据该组织协议条款应享有的权利和义务，包括使用与该组织协议条款相符的外汇行动。这是指国际货币基金组织成员在国际收支发生严重困难时，经该组织批准，同样可以对经常项目外汇转移实行限制，GATS不影响这项权利。

8. 例外措施。金融服务市场准入同样服从GATS例外规则调整，GATS一般例外和安全例外与GATT基本相同，援用这些例外不得在情况相同的成员之间造成不合理的歧视，或对服务贸易构成变相限制。GATS第12条允许面临严重收支困难的成员为保障国际收支平衡采取限制服务贸易的措施，条件是经过国际货币基金组织和WTO国际收支平衡限制委员会审查批准。GATS建立保障措施的谈判正在进行。

GATS《金融服务附件1》允许有关成员在金融业国内管理中采取审慎措施，这是针对各成员金融市场开放可能产生的风险，正确处理开放与风险防范关系所作出的一项重要授权。附件1是GATS框架协议一部分，其效力高于《谅解协议》。第2条规定："不应阻止某一成员基于审慎原因所采取的措施，包括为保护投资人、存款人、投保人、金融服务提供者对之有托管责任的人，或者为确保金融体系的完整性和稳定性采取的措施。这些措施凡不符合本协定规定者，不得用作逃避该成员依本协定规定应承担的责任或义务。"目前WTO没有就何种措施属于这种审慎措施达成一致，也不要求各成员将这些与GATS第16、17条不符的审慎措施列入具体承诺表。目前，这些审慎措施一般是指政府采取的货币政策、信用政策和外汇政策措施，它们关系到整个金融体系的安全稳定，关系到金融机构资本充足性及履行义务的能力。这些措施只要客观上符合审慎监管目的，在采取措施时与有关成员进行协商取得对方认可，并且在非歧视基础上实施，就是WTO所允许的。

**二、《与贸易有关的投资措施协议》**

《与贸易有关的投资措施协议》（以下简称TRIMs）属于WTO货物多边协议，协议正文共9条，外加一个序言和附录。

（一）协议的宗旨和范围

根据序言规定，协议的宗旨是：避免和取消那些可能引起贸易限制和扭曲作用的投资措施；促进世界贸易的发展和进步，以利于国际投资，实现所有国家特别是发展中国家的经济增长，并确保自由竞争；考虑发展中国家，尤其是最不发达国家贸易发展和金融的需要。总结协议第1条及上述规定可以看出：①协议仅适用于与贸易有关的投资措施，意在约束各成员对贸易有扭曲和限制作用的投资措施；②协议并不解决多边投资待遇、投资自由化等更广泛的与货物贸易无直接关系的投资措施问题；③协议不适用于与服务贸易有关的投资措施，因对服务贸易及相关投资的限制导致货物贸易减少不在约束之内，而应由《服务贸易总协定》调整。

TRIMs第3条规定，GATT1994年的所有例外相应地适用于该协议条款中。这意味着WTO成员在适当情况下可以援用GATT所有例外条款，暂停履行TRIMs义务。这些例外条款主要有：①GATT1994第20条一般例外，各成员为维护公共道德，为保护人类、动植物生命或健康等所采取的措施不受本协议约束；②GATT1994第21条安全例外，各成员可以维护国家安全的理由实施某些TRIMs；③GATT1994第19条保障措施例外，成员因履行本协议规定的义务导致进口急剧增加，给国内工业造成损害或损害威胁，可以暂停履行TRIMs，恢复实施某些 TRIMs；④GATT1994 第 18 条收支平衡例外，发展中国家为保护幼稚工业，维护国家金融地位和收支平衡，在一定情况下可以暂时背离本协议义务，维护某些 TRIMs。

（二）一般义务

协议第 2 条第 1 款规定："无损于依据 GATT（1994 年）产生的其他权利义务，各成员不得适用与 GATT 第 3 条（国民待遇）和第 11 条（一般取消数量限制）不符合的任何 TRIMs。"协议谈判期间，各国代表根据投资措施对贸易影响的程度将其分为两类：一类是明显地直接针对贸易本身的，如在协议附录中列明的五种；另一类是那些有可能在个案中发现有限制和扭曲贸易作用的 TRIMs，如当地股份要求、当地生产要求、外汇汇出限制、技术转让要求、当地生产限制等。不同的 TRIMs 应采取不同的约束层次：对于第一类应该明令禁止，而不需要证明这些投资措施属于第 2 条第 1 款管制的范围，构成对该条款的违反；对于后一类应该区分具体情况，不是一概禁止，只有在个案分析中发现明显地违反 GATT 国民待遇和一般取消数量限制义务，构成对协议第 2 条第 1 款的违反，并且给其他成员造成严重损害，引起争议，才可通过 WTO 争端解决机构解决和加以禁止。协议最终采纳了美国提出的规范模式，分别采用了概括式和列举式相结合的方法约束这两类 TRIMs：第 2 条第 1 款的规定是概括式的，要求各成员不得实施与 GATT 第 3、11 条不符的任何 TRIMs；第 2 条第 2 款及附录中的注释说明是列举式的，两者相互补充，共同管制违反 GATT 这两项原则的投资措施。

（三）禁止实施的 TRIMs

协议第 2 条第 2 款规定：各成员不得适用与 GATT 第 3 条第 4 款和第 11 条第 1 款规定不符的任何 TRIMs。对照这两个条款可以看出，协议明令禁止的 TRIMs 都与货物进出口有直接关系，其中一类是违反 GATT 国民待遇原则，即在产品销售、购买、运输、分配、使用等有关国内法律和措施方面（包括投资措施）歧视外国进口产品；另一类是违反 GATT 一般取消数量限制原则，即有关的投资措施限制外国产品进口或本国产品出口。

关于第一类应禁止的 TRIMs，协议附录中列出两种：①要求企业购买或使用原产于本国的产品或用本国原料生产的产品，不管这种要求是指特定产品、产品的一定数量或价值，还是指含有一定数量、价值比例的本地产品；②限制企业购买或使用进口产品的数量，并把这一数量与该企业出口本地产品的价值或数量联系在一起。上面第一种 TRIMs 是当地成分要求；第二种是出口实绩要求，它们明显地歧视或限制外国产品进口销售，而为本国产品出口提供便利，使外国产品处于不利的竞争地位。

第
八
章

第二类协议禁止的投资措施有三种：①限制企业用于当地生产或与当地生产有关的产品进口，或把这种产品进口限制在一定数量上，该数量与企业出口本地产品的价值或数量相联系；②通过限制企业获得外汇来限制企业用于当地生产或与当地生产有关的产品进口，或把这种产品进口限制在一定数量上，该数量与属于该企业的外汇收入相联系；③限制企业产品出口或为出口的销售，不论这种限制具体是指特定产品、产品的价值或数量，或是指含有一定价值或数量比例的当地产品。上述第一种是贸易平衡要求；第二种是外汇平衡要求，其共同特点是限制企业用于当地生产的进口产品数量或价值，强迫企业出口一定比例的本地产品；第三种 TRIMs 是国内销售要求，即限制企业产品出口的数量，有的国家要求外资企业以低于国际市场价格将本应出口的产品在本地销售，这也是扭曲贸易。

上述五种 TRIMs 已在 TRIMs 附录中列明，是协议明确禁止的；不管采取这些措施是否造成损害后果，也不管外国投资者是否接受了这些措施，都不允许在成员间实行。

**（四）其他条款**

协议规定，在 WTO 协议生效后 90 天内，各成员应向货物贸易理事会通报其与本协议不符的所有 TRIMs。发达国家成员在协议生效后 2 年内取消这些 TRIMs，发展中国家在 5 年内，最不发达国家在 7 年内取消所通报的 TRIMs。在过渡期内，各成员不得修改已通报的 TRIMs，以增加其与本协议不符的程度。最不发达国家享有的过渡期限经货物贸易理事会批准可以延长。根据 GATT 透明度原则，每一成员应向秘书处通报其可能含有 TRIMs 的出版物（包括地方的）。根据协议设立与贸易有关的投资措施委员会，履行由货物贸易理事会授予的权力。WTO 争端解决的规则与程序适用本协议项下的争议解决。

《与贸易有关的投资措施协议》首次在多边贸易体制内建立了约束各成员投资措施的规则，它的实施有助于排除 TRIMs 造成的贸易障碍和扭曲作用，推动货物贸易自由，也将对各成员投资措施产生一定影响。但是 TRIMs 还不是一个综合性的关于多边投资自由的协议，它所要解决的问题实质是贸易方面而不是国际投资本身，它对于国际投资的作用是有限的。

**三、《与贸易有关的知识产权协议》**

GATT 乌拉圭回合谈判所取得的重要成就之一就是通过了《与贸易有关的知识产权协议》（以下简称 TRIPS 协议），它作为 WTO 所管辖的框架协议中的重要组成部分已经生效。国际知识产权保护本来不属于多边贸易体制管辖范围，一些重要的国际知识产权保护组织已经主持制定了许多这方面的国际公约解决这类问题，较早的如《巴黎公约》（1883 年）已有 100 多年历史。但是，由 124 个国家签署了 TRIPS 协议这一事实说明，当今世界各国的知识产权保护政策已经与国际贸易政策密切联系在一起，知识产权保护已经成为严重影响国际贸易，并需要在贸易体制内加以解决的现实问题。形成这种局面的主要原因是发生在一些国家和地区的猖狂盗版侵权和冒牌货交易严重扭曲了国际贸易。各国采取不同的知识产权保护政策和法律，针对冒牌货采取不同的管制措施和单边行动，引起一些贸易争端，形成新的非关税贸易障碍，违反了 GATT 一体化争端解决原则。为防止这类争端，有必要重新协调各国知识产权保护政策和争议解决方式。还应看到，世界知识产权组织及其所管辖的知识产权保护国际公约有明显不足，这也促成主要知识产权大国转向在多边贸易体制内解决知识产权保护及遏制盗版、侵权问题。

以下是 TRIPS 协议的主要内容：

（一）宗旨和基本原则

序言规定"各成员期望减少国际贸易的扭曲和阻碍，考虑到有必要保护知识产权，确保实施知识产权的措施和程序不构成对合法贸易的障碍"，而制定有关规则和原则。序言还承认，知识产权保护的新的规则和纪律是必要的，它必须包括在多边框架之内，有关争议也应在多边程序中加以解决。TRIPS 协议第 7 条规定，知识产权保护的目标是为推动技术革新和技术传播、转让作出贡献，增进社会福利，使技术知识的使用者和发明者都受益，也有助于权利义务的平衡。协议序言还指出，"承认知识产权是私有权"，"承认各国知识产权保护制度基础的公共政策目标，包括发展和技术目标"。上述内容的一个很重要的方面是强调协议的多边性，排除各成员采取单边措施和行动；这也表明协议在维护知识产权的专有性与促进知识技术的合理与利用传播之间寻求适当的协调。知识产权具有公共性，它最终要公开和传播，成为国家整体的知识存量，为经济建设服务；知识产权又具有专有性和私有性，保护私有性为知识生产者提供必要的利益激励。

（二）知识产权保护范围

协议第 2 条规定，关于本协议第二部分、第三部分和第四部分，各成员必须遵守《巴黎公约》第 1 条至第 12 条，以及第 19 条的规定。这相当于把《巴黎公约》的实质规则都并入 TRIPS 协议，要求 WTO 成员遵守。除《巴黎公约》外，协议其他相关部分还引入了《保护文学作品伯尔尼公约》、《保护表演者、录音制品制作者与广播组织公约》（《罗马公约》）、《集成电路知识产权条约》的主要条款，形成 TRIPS 协议确定的最低限度知识产权保护标准（见下文提到的七个方面主题），也使某些原来少数国家接受的知识产权保护要求变成 WTO

第八章

规则确认的普遍性的知识产权保护义务。[1]

第 2 条还规定，本协议的实质规则不应减损成员之间依据《巴黎公约》、《伯尔尼公约》、《罗马公约》和《集成电路知识产权公约》所承担的现存义务，即 TRIPS 协议的义务要求不应被解释为各成员应履行的最终义务，因为协议规定的义务与上述公约义务不尽相同，某些成员参加了上述公约，据此承担了较高义务，它们要履行这些现存义务。例如，TRIPS 协议虽然承认《罗马公约》中保护音像制作者、广播组织、表演者的权利，但是没有授予录音制作者公开演奏、播放其录音作品的专有权，也没有规定对二次使用商业性录制作品进行补偿，这些都是《罗马公约》肯定的权利（第 12 条）。另外，欧盟发出指令建议成员国保护电子数据库以及如同法国那样对私人翻录音像作品收取提成费，有的欧洲国家把版权保护期定为 70 年，这种高水平保护不应因 TRIPS 协议影响而降低。

（三）国民待遇和最惠国待遇

关于国民待遇，TRIPS 协议第 3 条第 1 款规定，各成员在知识产权保护方面，应给予另一成员国民的待遇不低于其给予本国国民的待遇，但凡是《巴黎公约》、《伯尔尼公约》（1971 年）、《罗马公约》或《集成电路知识产权公约》已另有规定者除外。[2]对表演者、唱片制作者和广播组织，国民待遇和最惠国待遇义务仅限于本协议规定的权利。[3]伯尔尼公约分别以人身标准和首次出版地点标准作为适用国民待遇原则的标准，这样非缔约国国民只要其作品首次在缔约国发表，该缔约国也要按照国民待遇原则给予和本国国民同样的版权保护，而缔约国国民的作品在非缔约国却不一定得到合理保护，所以《伯尔尼公约》第 6 条允许成员国针对未能给缔约国国民作品版权充分保护的非缔约国国民的作品在适用国民待遇时加以限制和保留，《罗马公约》第 16 条第 1 款（b）项也有类似的规定。

与 GATT 国民待遇原则不同的是，TRIPS 国民待遇原则是给予另一成员国国民的，而不是针对货物，不需要考虑货物原产地。享有国民待遇者不限于具有 WTO 成员国籍的自然人和法人，而应依据被保护的主题所涉及的上述 3 个国

第八章

---

〔1〕《巴黎公约》（129 个签字国）与《伯尔尼公约》（111 个签字国）虽被普遍接受，但在重要问题上的修订不能达成一致。而《罗马公约》仅 47 个签字国，《集成电路知识产权公约》一直未能生效。

〔2〕例如，《巴黎公约》第 2 条第 3 款允许成员国在工业产权保护涉及的司法和行政程序，指定送达地址和委派代理人等规定方面作出国民待遇保留。

〔3〕即成员国根据其参加的《罗马公约》给本国国民超过 TRIPS 协议范围的邻接权保护，无义务扩大适用于其他 WTO 成员。——作者注

际公约来确定国民范围，例如，《伯尔尼公约》就依据所谓"人身标准"、"发表地点标准"、"住所地标准"等给予与成员国有某种连接因素的权利人国民待遇。"知识产权保护方面"是指影响知识产权的获得、取得、范围、维持，权利的实施和使用等相关事项，即在处理这些事项时应符合国民待遇（第3条）和最惠国待遇（第4条）。TRIPS协议这方面的规定超越了《巴黎公约》的局限，后者所定义的国民待遇并不包括知识产权的实施和使用，《巴黎公约》、《伯尔尼公约》都没有规定最惠国待遇。但是协议第5条规定国民待遇和最惠国待遇不适用于在世界知识产权组织主持下缔结的多边国际协议中规定的与知识产权的取得、维持相关的程序。结果是世界知识产权组织制定的其他（除上述3个公约以外）知识产权国际保护公约的一些程序安排，如《专利合作公约》等排除了非歧视原则的适用。所保护的知识产权是协议第二部分第一节至第七节规定的七大类，即版权及相关权利（包括计算机软件和数据编辑作品、连接权）；商标；地理原产地标识；工业品外观设计；专利（包括植物新品种）；集成电路（包括半导体芯片）布图设计；未泄露的秘密信息。除了协议本身规定的例外情况，各成员应把这七个知识产权保护方面给予本国国民的待遇给予其他成员的国民，即使本国的保护水平高于协议规定（如规定版权保护期为60年）亦应如此。

协议第4条规定了最惠国待遇原则："在知识产权保护方面，一成员给予任何其他国家国民的任何利益、优惠、特权或豁免，应该立即、无条件地给予所有其他成员的国民。"协议关于最惠国待遇的规定意义重大，因为这是第一个规定最惠国待遇原则的知识产权国际协议；考虑到最惠国待遇与100多个WTO成员承诺接受的知识产权保护最低标准挂钩，将极大推动知识产权保护标准的普遍实施。协议第4条同时规定了两项例外（加上前述2项共4项）：①最惠国待遇不适用于根据一般性而非专为知识产权保护规定的源于司法援助和法律实施国际协议的那些利益、优惠、特权和豁免；②最惠国待遇不适用于根据1995年以前生效的关于知识产权保护国际协议给予的利益、优惠、特权和豁免，条件是有关成员将这一保留通知TRIPS协议理事会，并且不得构成武断的或不合理的对其他成员国民的歧视。第②项例外意味着在TRIPS协议生效前，各成员在执行各种知识产权保护国际协议中给予其他成员之间的差别待遇还可继续保留，这属于祖父条款的保留。一个重要问题是，根据欧盟、北美自由贸易区等地区贸易集团协议安排的知识产权保护方面的优惠（指超过TRIPS协议范围者），对该贸易集团成员而言，是否可免除把这种优惠给予非贸易集团成员（但属于WTO成员）的义务，TRIPS协议未作规定，按照GATT1994和GATS有关条款形成的国际惯例，这些地区贸易集团成员应享有这种义务免除。

（四）权利用尽原则

权利用尽是指受特殊保护的带有合法知识产权的批量产品，一经权利人直接或间接地授权投放某一市场，他就不能再对这批货物实施知识产权（独占权），即对这批货物而言权利已经用尽。它不是指某项知识产权由于超过有效期而使权利人自动失去某方面独占权的情况。在国际背景中，权利用尽是指这样一种典型情况，即 A 国专利权人甲授权 B 国乙厂商生产和销售甲的某项专利产品（该专利在 A 国和 B 国都获准给予保护），一旦乙获准生产该产品并首次投放 B 国市场，或甲本身将其在 A 国授权生产的专利产品投放 B 国市场，甲对 B 国市场上销售的这些产品就失去了知识产权方面的专有权（权利用尽），A 国甲无权阻止在 B 国销售的这些专利产品从 B 国进口到 A 国（即平行进口或灰色进口），甲失去了利用知识产权保护法来分割 A 国和 B 国这两个专利产品销售市场的能力。可见权利用尽可以预防在不同国家市场之间的价格歧视。

TRIPS 协议第 6 条规定："以依据本协议的争议解决为目的，并符合本协议第 3 条和第 4 条的规定，本协议规则不得用于解决知识产权的权利用尽问题。"这意味着协议已将权利用尽问题排除其适用范围，这是对知识产权保护的一种限制。有学者解释协议采取这一立场的因素之一是"均衡原则"，即在知识产权保护与促进国际贸易两者之间实现平衡，拒绝接受权利用尽原则给国际贸易造成的伤害可能大于其对知识产权保护带来的好处；另一因素是防止知识产权所有者滥用其权利限制货物进出口。[1] 权利用尽问题归各成员国内法调整，对于不承认知识产权国际权利用尽的成员在对"平行进口"产品依据本国法实行进口限制时，可以援用 GATT 第 20 条第 1 款（d）项来辩解。

（五）知识产权保护标准

1. 版权及相关权利。协议第 9 条规定：各成员必须遵守 1971 年《伯尔尼公约》第 1 条至第 21 条及其附件的规定。据此《伯尔尼公约》所定义的文学作品都纳入 TRIPS 协议保护范围。协议提出了各国版权保护法的一般原则，即版权保护"应延伸于作品的表述，它不包括思想、程序、操作方法以及数理概念本身"。概括起来，协议保护的版权作品包括：①《伯尔尼公约》第 2 条定义的文学作品，包括文学、科学和艺术领域的一切作品，不论书面或口述形式；戏剧、音乐、舞蹈艺术作品；电影和摄影作品；油画雕塑和实用美术作品；地图、设计图和立体作品。②翻译、改编、音乐及其他文学艺术作品的改编和编辑作品（演绎作品），如百科全书或作品选集，只要经过编排和筛选，构成知识创新。

---

〔1〕 See Edmond McGovern, *International Trade Regulation*, Globefield Press: Exeter, 2002, para. 2. 2327, Issue12, p. 21.

但时事新闻、报刊消息性的社会新闻不受保护（《伯尔尼公约》第2.8条），此外各成员可以把政治演讲、诉讼中发表的言论、公开演讲和讲话、立法和行政性的法律文本排除出保护范围。③协议首次将计算机软件和数据编辑作品（数据库）作为《伯尔尼公约》的文学作品来保护，补充了《伯尔尼公约》的不足，有助于打击盗版侵权。同时，协议又允许各成员自主决定是否以专利和其他形式保护计算机程序，其结果是对软件实行专利保护的国家不能阻止未实行专利保护国家生产销售软件专利产品，也使不实行专利保护国家的软件发明人向实行专利保护的国家申请专利。协议规定文学作品的保护期为作者有生之年加上死后50年。

协议排除了《伯尔尼公约》第6条关于作者精神权利的保护，如发表权、署名权、修改权、保护作品完整权。除此以外，版权享有者拥有以下专有权：①复制其作品的权利。但是以私人研究、评论某作品、对作品进行学术比较等为目的的复制是允许的。②翻译其作品的权利。③广播和向公众传播或通过原广播机构以外的另一广播机构以有线或无线电向公众广播其作品。④文学作品原作者享有改编权、修改权、改编成电影作品并向公众表演、传播的权利（演绎权）。戏剧音乐和文学作品作者同样享有上述翻译权和向公众表演[1]其作品权。⑤协议规定计算机软件和电影作品的作者、录音录像作品的作者享有租借权，即允许或禁止他人向公众出租其原作或复制作品的权利，这是多边国际公约首次承认租借权。这项权利也不是绝对的。对于电影作品，只有当作品的出租可能导致大范围内复制，损害作者的复制权时才可行使出租权。对计算机软件作品行使租借权的条件是软件程序本身成为实质上的租借标的（计算机的出租不在此列，尽管计算机本身就包含微处理程序）。

关于邻接权，协议将《罗马公约》规定的表演者、唱片制作者及广播组织的权利列入保护范围。表演者有权阻止他人将其未曾被录制的表演录制在某一载体上，有权禁止他人复制该录制的作品；有权禁止他人未经授权以无线电广播向公众传播其现场表演；[2]有权授权他人直接或间接地复制其作品。广播组织有权禁止他人未经授权录制、复制，以无线电广播向公众传播其广播和电视作品。表演者、唱片制作者的权利保护期是50年，自表演发生和唱片录制完成时起算（《罗马公约》规定的保护期是20年）。广播权保护期为20年，自播出

---

〔1〕 表演权与以下提到的表演者权利是两个不同概念。前者是作品（主要是音乐戏剧作品）权利人授权或禁止他人以表演方式展示其作品的权利，这种展示与公开发表广播、展出、朗诵其作品的性质类似。后者是表演者对其立体表演形象享有的控制权。

〔2〕 唱片制作者（Phonogram Producer）应作广义理解，"唱片"是指任何可以记录、保存音像的有形媒介（Tangible Medium）。

之年的年底算起。

总之，在版权保护方面，TRIPS 协议的贡献是以《伯尔尼公约》为准统一了版权保护标准；首次实现了邻接权保护的国际协调以及增加保护某些作品（计算机软件）和某些权利（租借权）。

2. 专利及植物新品种。关于专利保护，TRIPS 协议的最大成就是在吸收了当今各国普遍承认的专利保护一般原则和规则基础上，首次建立了国际专利保护的最低标准，提出了授予专利的资格和专利保护期限，这是《巴黎公约》未作规定，也未能统一的问题。

TRIPS 协议第 27 条第 1 款规定："所有技术领域里的任何新的发明，不论是产品还是加工方法，只要它是新颖的，涉及创造性进步，能在工业上利用，都应获得专利。专利的获得和享有不应因为发明地点、发明技术领域、本地产品或进口产品而受到歧视。"其中的新颖性、涉及创造性进步相当于美国法中的非显见性（Non-obvious）。第 27 条还规定了授予专利的限制：必要时，为保护公共秩序和公共道德，保护人类、动植物的生命和健康，或为了阻止严重的环境危害，各成员一般可以拒绝授予某些发明的专利权。此外各成员还可以"防止知识产权的滥用，包括防止对国际技术转让施加不合理贸易限制和做法"（第 8 条第 2 款），为了促进经济和技术发展（第 8 条第 1 款），为了促进成员之间有效的技术转让和传播，维护社会经济和福利（第 7 条）等理由限制专利权的授予。第 27 条还允许各成员对以下主题不授予专利权：①人或动物的诊断治疗方法；[1] ②任何动植物（微生物除外）；③用于生产动植物的实质上的生物方法（非生物的和微生物的方法除外）。但是不对植物授予专利的国家必须通过特定法律制度保护植物新品种（第 27 条第 3 款），协议的意图是那些拒绝承认植物专利的国家至少应符合 1961 年制定的《保护植物新品种国际公约》的标准。协议没有直接说明是否给人用药品和农药以专利保护，但是从第 27 条及第 70 条第8 款的规定看（见下文），应包括在内。

协议第 28 条规定了专利独占权的范围：①凡授予专利的标的是某产品，权利所有者有权禁止第三人未经同意制造、使用、提供销售或出售，或为此目的而进口该产品；②凡授予专利的标的是加工方法，协议允许权利人禁止第三方未经其同意使用该专利方法，使用、提供销售或出售以及进口以该方法生产的产品；③专利权人有权通过继承转让或转移专利权，有权签订许可合同；④协议第 2.1 条并入了《巴黎公约》第 4 条优先权制度，即在一成员国内的先申请

---

〔1〕 避孕方法、孕期检查和终止妊娠、外科整容、减肥方法等是否属于疾病治疗方法值得讨论，不过可以保护公共道德的理由排除授予其专利。

者就同一项发明随后在另一成员国内提出申请时，另一成员国应承认先申请的日期为在本国的申请日期，条件是后申请在第一次申请后 12 个月（工业品外观设计和商标为 6 个月）内提出。在 TRIPS 框架内实施《巴黎公约》第 4 条优先权将使非巴黎公约缔约国的 WTO 成员受益。

协议第 34 条要求各成员的国内法在以下情况规定由被告承担举证责任，证明其与用专利方法生产的产品相同的产品不构成侵权：①如果用专利方法生产的产品是新颖的；②被告具有利用专利方法生产其产品的实质可能性，而专利权人一直不能通过合理努力确定其专利方法已被利用。协议第 33 条规定，专利保护期至少 20 年，自申请之日起算。

协议规定不要求成员采纳强制许可制度，如若建立强制许可制度，必须受以下限制条件约束：强制许可必须个案处理（一事一议）；申请或批准强制许可时应参照《伯尔尼公约》附件的规定；范围和期限应符合授权目的，若属半导体技术强制许可限于非商业性使用；许可是非独占的；许可一般不得转让；许可制造的产品只能供应国内市场；一旦强制许可条件丧失，停止授权；按被强制许可的专利价值支付足够报酬；强制许可决定应进行司法审查或主管部门审查；若强制许可救济的措施被司法程序认定为反竞争者，第 2 项至第 5 项条件不适用。

就发展中国家履行 TRIPS 协议规定的专利保护义务，协议给予宽限期的特殊待遇。发展中国家可以延期 5 年，最不发达国家可以延期 10 年实施协议规定的专利保护义务，使本国法与协议的规定相符合。对于协议生效前本国专利法不予保护的主题，发展中国家可以推迟 10 年依照协议给予保护。协议第 70.8 条要求所有原来将人用药品、农药排除专利保护的成员在 1994 年后开始接受所提交的保护这方面专利的申请，自 1996 年（发展中国家为 2005 年）开始将协议标准适用于这两类主题的保护。对于其他根据协议应保护而原来不予保护的主题，应自 1996 年起（发展中国家为 2005 年）向合格的申请人授予专利。但是协议向发展中国家提出给药品和农药以"管道保护"的要求。第 70.9 条指出：在某产品需要销售许可的情况下，如果当事人在另一成员国提交了某产品的专利申请（指药品和农药）并且在 1994 年以后获得专利权和产品销售权，任何接受同样专利申请的成员应在授予该产品销售许可后立即给予 5 年的在其境内专有销售权，或者直到该专利被授予或被拒绝为止的专有销售权。这样，即使某发展中国家成员推迟保护药品和农药，如果在其他成员国已获专利的这类产品权利人向这个发展中国家请求销售许可并获准，该成员应给予至少 5 年的相当于专利权人的专有销售权。

3. 商标、地理原产地标识。协议除了要求各成员遵守《巴黎公约》关于商标权保护的最低标准外，首次在多边公约中提出了商标的法律定义：任何标志、标志的组合，只要它能将某一企业的商品或服务与其他企业的商品或服务区别开来，就构成一个商标。这些标志具体说，包括人名、字母、数字、形象组合、颜色（非单一颜色）的组合以及任何标志的组合都可以作为商标注册登记。如果标志本来不能区别相关的货物或服务，成员国可以把通过使用而获得显著性作为可注册登记的条件，可以把在视觉上可感知作为登记条件（第15条）。

商标权的授予历来有"使用在先"和"注册在先"的区别，前者如美国商标法（Lan Ham Act）允许把商标权授予先使用者，只要其通过使用具备显著性（二次含义）；而大多数国家实行注册在先，把商标权授予先注册者，对未注册者不予保护。TRIPS协议允许各成员采取不同的制度，特别允许成员把通过使用获得显著性作为授予商标权条件，即承认"使用在先"（第15.3条）。但是第15.3条又规定，实际使用不应作为提出商标注册申请的条件。注册商标的有效期至少7年，允许无限期续展。注册商标不间断地连续3年不使用可以注销。成员国可以决定准予注册的条件，但是禁止商标的强制许可转让（第21条）。成员国在贸易中不得再要求外国商标权所有者把他们的商标与本国公司的本地标识结合在一起使用，或以特殊方式使用，以至于损害权利人用商标区分不同产品或服务的能力（第20条）。成员国应允许商标权人自行决定是否将商标连同从属的实体一起转让（第21条）。

协议要求各成员对国徽、国旗、官方标志不予作为商标注册登记，此外采纳了《巴黎公约》关于商标权授予的条件。根据公约，商标在原属国登记注册，其他国家也应对该注册商标接受申请和给予保护，除非：①商标有侵犯第三人权利的性质；②商标不具有显著性，或者完全用商业中用以表示商品种类、质量、数量、用途、价值、原产地或生产时间的标记组成，或者在被请求保护国家已成为通用；③商标具有违反公共道德或公共秩序，具有欺骗公众性质（《巴黎公约》第6条之五）。这意味着如果商标没有改变显著性和与原属国的同一性，商标不应该仅仅因为与原属国商标的微小差异而在另一国家被拒绝注册。

协议第16条授予商标所有者独占权，有权禁止第三人未经同意在贸易中的货物或服务上使用有可能产生混淆的与注册商标相同或类似的商标。协议第51条还规定了对冒牌货的边境控制措施。《巴黎公约》第4条规定的优先权制度适用于商标注册，享有优先权的有效期为6个月内。

《巴黎公约》第6条之二关于驰名商标作了原则规定，TRIPS协议从两方面发展了这一规则：①将驰名商标保护扩大到服务领域；②将驰名商标保护扩大到不相类似的商品或服务，只要这类商品或服务上的商标与驰名商标产生某种联系，损害驰名商标人的利益，也应禁止注册和使用。

第八章

TRIPS 协议在协调和统一保护地理原产地标识方面迈出重要一步。根据协议第 22 条规定，地理原产地标识表明某种货物原产于成员国领土或其中的某地区，并且该货物的质量、商誉、特性实质上归因于它的地理原产地。对地理原产地标识的保护主要针对在产品的标识和外观使用中明示或暗示表明了该产品原产于某地理区域而该区域非其真实的地理原产地，使公众对该产品地理原产地形成误解。协议要求其成员禁止在贸易中使用假冒的地理原产地标识，禁止在商品说明书中和标志中以非真实的地理原产地名称作为原产地标记使用，误导消费者，构成《巴黎公约》第 10 条之二的不公平竞争。协议对酒类标识规定更严格保护，[1] 要求各成员驳回把非真实的原产地名称作为酒类商标注册的申请，但是从属于几项"祖父条款"的保留：①该原产地标识用于葡萄酒和酒类产品上至少 10 年（在 1994 年 4 月 15 日前）；②在本协议适用于某成员以前或在该标识在原产地国保护以前，某标识在成员国通过善意使用或经过登记注册取得使用权；③地理标识在某成员国领域已成为通用的和惯常用语（第 24 条第 4 ~ 6 款）。如果某原产地标识在来源国没有被使用或被保护，各成员也无须给予保护（第 24 条）。酒类原产地标识祖父条款的规定带有妥协性，意在调和法国葡萄酒生产者和美国葡萄酒生产者的矛盾，后者仍在使用一些法国地理标识作为他们葡萄酒产品的标记，如勃艮第（产于法国东部勃艮第地区的红酒或白酒）等。[2]

4. 其他应保护的主题。协议要求各成员遵守《集成电路知识产权公约》（1989 年）第 2 ~ 7 条，第 12、16 条的实质规则，保护集成电路布图设计（Integrated Circuit Layout Designs）。[3] 禁止非法复制受保护的布图设计，不论是否把该设计并入集成电路。禁止未经授权的进口、销售受保护的布图设计，或含有这种布图设计的集成电路，或含有这种集成电路的产品。其保护期为 10 年，从布图设计提交登记时起算。善意从事上述行为不属违法，但有责任向权利人提供一笔提成费；允许为私人目的或为了估价、分析、研究、教学目的的复制；受保护的权利人不能对抗与其布图设计相同的原作，只要它是被独立制作的。

协议要求各成员以专门法或版权法保护新的独创性的工业品外观设计（In-

---

〔1〕 这方面 TRIPS 协议引入了 1958 年《保护原产地名称及其国际注册里斯本协定》的一般原则，该协议有 16 个成员参加。

〔2〕 See J. H. Reichman: "Universal Minimum Standards of Intellectual Property Protection Under the TRIPS Component of the WTO Agreement", *The International Lawyer*, 1995, Summer, note 137, p. 36.

〔3〕 集成电路布图设计是被掩膜的三维立体集成电路原件布局图，其设计复杂，投资大，但是可轻易地以拍照等手段复制。

dustrial Designs)，权利人有权禁止第三方未经许可而为商业目的制造、销售、进口带有或含有受保护的外观设计（实质上是受保护的外观设计复制品）的产品。外观设计保护期为 10 年。

TRIPS 协议是第一个明确要求各成员保护未泄露的信息的国际协议，它充实了《巴黎公约》关于反不公平竞争的一般规则，反映出商业秘密已成为专利、商标、版权之外第四知识产权的重要地位。协议参考《美国统一商业秘密法》原则规定：成员必须阻止他人未经权利人同意，以违反诚实商业做法的方式取得和使用权利人控制的未经泄露的信息，只要这种信息是秘密的，具有商业价值，并且权利人采取了合理的保密措施。协议所保护的秘密信息显然包括所谓的"技术秘密"（Know-how）和商业秘密（Trade Secrets）。"违反诚实商业的做法至少包括违反合同，违反信任关系或引诱违反信任关系。"但是第三人以反向工程方式（Reverse Engineering）解析含有商业秘密的产品，作出进一步改进是否属于"诚实的商业做法"则不得而知。

5. 许可协议中反竞争行为的控制。TRIPS 协议的基本原则之一是要求各成员采取适当措施防止权利人滥用知识产权，或采取不合理限制贸易以及对国际技术转让产生不正当影响的做法。协议还强化了《巴黎公约》中反不正当竞争法律原则，这在专利、商标保护中限制强制许可的有关规定已有所体现，它还体现在对许可合同中反竞争惯例的控制。协议第 40 条承认某些与知识产权有关的许可条件或做法限制竞争，影响正常贸易，阻碍技术的转让和传播，要求成员国采取适当的立法措施禁止和控制这些条件或做法，包括单方面回授、不异议、强制性一揽子许可。协议仅提出三种应该禁止的限制性商业做法，说明成员国在此问题上不一致。作为一种妥协，协议规定成员国民之间因违反上述规定发生争议，应通过政府间友好协商解决。

（六）知识产权的实施及争议解决

1. 国内实施措施。TRIPS 协议不仅规定应保护的权利，还规定了包括边境措施在内的司法和行政、民事措施，以保证协议的贯彻执行，有效阻止冒牌货以及盗版侵权产品的国际交易，这是协议的重要目标和特色。协议第 41 条规定了各成员一般性的实施义务和标准：各成员必须依据国内法建立必要的对依据协议产生的知识产权的侵权行为允许采取有效法律行动的程序，这些程序必须满足正当法律程序的一些基本要求，应公平和公正，避免不必要的复杂和昂贵，不应对合法贸易构成障碍，其运作不应有不合理的拖延。各成员必须建立对行政性最终裁决和初审司法判决的司法审查制度。这一实施程序不必与该成员一般法律制度相分离。为此，各成员应提供包括通知、提起申诉、证据提供和披露、保密义务、临时禁令和最后禁令、损害赔偿、侵权物品的处理销毁等一切

第八章

必要的民事程序，使侵权受害人获得救济。对于商业领域中故意假冒商标和盗版行为，各成员应规定刑事程序和有威慑力的刑罚，并且采取必要的罚金、没收销毁侵权物品等措施。为保全证据，阻止侵权物品进入商业渠道，司法当局有权采取临时措施，迅速行动，不经审讯阻止正在发生的侵权。协议要求成员国制定程序，授权海关当局根据权利人请求堵截被控的仿冒商标的冒牌货或盗版侵权货物进口，但权利人应提供担保。协议允许成员国将边境保护措施扩大适用于除冒牌货和盗版货以外的其他侵权货物进口或侵权产品出口。但边境措施不适用于关税同盟国之间货物流动；经权利人同意已经投放到另一国市场的货物进口或过境货物也可不适用边境措施。通过法律程序制裁侵权货物的最后结果是处理和销毁这些货物，在任何情况下都不允许成员把未经过改变的冒牌货复出口。

2. 争议防止与解决。为了防止发生争议，成员国应按照 GATT 透明度原则，对涉及知识产权效力、范围、取得和实施所制定的法律、条例和司法判决、行政裁决及时公布，成员国政府间达成的知识产权保护协定也应公开。GATT 第 64 条规定：成员国之间在 TRIPS 协议下的争议解决，适用 GATT 第 22 条和第 23 条规定，以及在 WTO《关于争端解决规则与程序的谅解》中详细的规则和程序，而不应诉诸任何单方面措施。经 WTO 争端解决机构授权，成员国对于另一方违反 TRIPS 协议，使之根据协议的利益受到损害的做法，可以采取交叉报复，中止履行其根据货物贸易协定、服务贸易协定应给予对方的利益。

TRIPS 协议是第一个在多边自由贸易框架内达成的知识产权保护协议，它的产生对于促进全球知识产权保护和技术开发利用，对于国际经济秩序都将产生深远影响。TRIPS 协议最重要的成果无疑是在全球绝大多数国家间建立了普遍适用的知识产权保护标准。这个标准是不低的，几乎包括所有一般应保护的主题。协议规定了严格的国内实施措施和多边争议解决机制，这就为履行协议义务提供了保障，在很大程度上弥补了当今国际知识产权组织及其管辖的国际公约的不足。总的来看，协议使发展中国家为履行义务付出沉重代价，增加了发展中国家在国际竞争中的压力，也影响发展中国家利用新技术发展本国经济、改善人民生活条件的能力。有鉴于此，WTO 第四次部长级会议于 2001 年 12 月通过了《TRIPS 与公共健康多哈部长会议宣言》，承认 TRIPS 协议的解释与实施应有助于各成员实现保护公共健康，获得药品的权利。2003 年 8 月 30 日，WTO 总理事会一致通过了为解决公共健康问题放松对某些成员实施 TRIPS 协议关于专利强制许可的限制的决议，使贫穷国家更便利地获得专利药品和非专利复制品，处理紧急的公共健康问题。

## 【思考题】

1. 简述 WTO 的法律体系。
2. 简述 WTO 争议解决机制的程序。
3. 简述 GATT1994 基本原则及其例外。
4. 简述 GATT1994 的一般例外。
5. 简述采取反倾销措施、反补贴措施和保障措施的前提条件。
6. 简述《服务贸易总协定》的适用范围及主要规定。
7. 简述《与贸易有关的投资措施协议》的适用范围和要求。
8. 简述《与贸易有关的知识产权措施协议》的适用范围和要求。
9. WTO 成员采取的卫生措施具备哪些条件才符合 WTO 规则?
10. 简述 WTO 成员在采取与标准有关措施方面实现贸易便利的途径。

## 【必读法规】

1. GATT1994
2. 《与贸易有关的知识产权协议》
3. 《关于争端解决规则与程序的谅解》
4. 《服务贸易总协定》

第八章

**第九章**

# 区域贸易协定

## ■ 第一节 区域贸易协定概述

### 一、区域贸易协定的合法性

区域贸易协定（Regional Trade Agreements，RTAs）[1]相对于 WTO 全球多边贸易协定而言，指两个或两个以上的主权国家（单独关税区）之间为实现区域内贸易自由化而缔结的条约，包括双边贸易协定和区域多边贸易协定。

有些区域贸易协定伴随有相应的组织机构支持，朝着贸易、经济一体化甚至更高层次的超国家组织形式发展，如欧共体（欧盟）等。因此，按照一体化程度，在名称上，有的称自由贸易协定（FTA）、框架协议（framework）、安排（arrangement）等，有的称联盟或共同体等。在 GATT/WTO 协定中，只提到关税同盟和自由贸易区协定。

区域性贸易协定或区域经济一体化的合法性来自《关税与贸易总协定》（以下简称 GATT）第 24 条的权利。第 24 条规定，GATT 不妨碍关税联盟或自由贸易区或为成立关税联盟或自由贸易区而订立的临时协议的安排。按照第 24 条的解释，关税联盟是指联盟各组成之间大体上所有贸易或者原产于各该区产品的大体上所有贸易，取消了关税及其他限制性贸易规章（于必要时，为第 11～15、20 条所准许者除外），该联盟每个成员对非该联盟区的贸易，适用大体相同的关税及其他贸易规章。自由贸易区则指两个以上关税区的群体，其组成区域

---

[1] 区域贸易协定的含义有广义和狭义之分：广义上的区域贸易协定是相对于 WTO 多边贸易协定而言的，泛指两个或两个以上的国家（单独关税领土或国家集团）之间签订的自由贸易协定，包括双边与多边区域贸易协定；狭义上的区域贸易协定是指按照 WTO 对全球进行的 11 个区域的划分，区域贸易协定包括区域内自由贸易协定与跨区域自由贸易协定。前者是指某一区域内国家（或 WTO 成员）之间签订的贸易协定；后者是指区域内成员与区域外成员签订的自由贸易协定。根据 WTO 的分类标准，全球被分为北美地区、中美地区、南美地区、加勒比地区、欧洲地区、独联体地区、非洲地区、中东地区、西亚地区、东亚地区和大洋洲地区共 11 个经济地理区域。为了方便阐述问题，本章采用广义上的区域贸易协定。

第九章

的各方对原产于各该区产品的贸易，大体上取消了关税及其他限制性贸易规章（于必要时，为第 11～15、20 条所准许者除外）。

　　1947 年 10 月 GATT 签署时，美英之间冲突的核心是英国坚持的英联邦帝国特惠制（Imperial Preference System）。这一明显针对美国的歧视性安排，与美国极力推崇的总协定不歧视原则显然是背道而驰的。作为妥协，美国在总协定第 1 条中表达了其对不歧视原则的坚定支持，同时在第 24 条中允许把帝国特惠制作为一个例外存在。美国的退让主要是出于政治上的考虑，即战后美国需要一个稳定的欧洲，而这个目标的实现需要靠欧洲的经济一体化来推动。从经济上看，美国认为关税联盟是和总协定的多边主义、不歧视的目标相一致的。用美国在总协定的谈判官员克莱尔·威尔克柯斯（Clair Wilcox）的话来说："关税联盟创立了一个广泛的贸易领域，取消了竞争的壁垒，使得资源得到更为经济的分配，由此增加了生产，提高了生活水平。……关税联盟在多边主义和不歧视的基础上，有助于扩大贸易。"[1]

　　经济学家从关税联盟的经济理论方面对其合理性进行的探讨，为关税联盟的合法性提供了理论基础。雅克布·维纳（Jacob Winen）在其 1950 年出版的《关税联盟问题》（*The Customs Union Issue*）一书中认为，数个国家或地区在结成关税联盟后，由于取消了内部关税，成员之间的相互进口增加，生产成本减少，产生出资源分配效率提高的生产利得和消费者福利增加的消费利得，从而使社会福利水准提高。这就是关税联盟的贸易创造效果（trade creation effect）。另一方面，在关税联盟成立后，成员国所得关税收入的一部分转给了外国的出口商，如成员国在联盟前是从价格较低的非联盟国进口，联盟后转为从价格较高的成员国进口，则进口总支出增加，社会福利水准下降，这就是关税联盟的贸易转移效果（trade diversion effect）。

　　在不考虑其他因素的情况下，如贸易创造效果大于贸易转移效果，则关税联盟使成员国社会福利增加；反之，则联盟使成员国社会福利减少。因此，从关税联盟静态分析得出的结论是：联盟前，成员间关税水平越高，供需弹性越大，生产效率越高，则联盟后社会福利水准越有可能提高；而联盟与非联盟的进口需求弹性越低，贸易成本差异越小，联盟对外关税越低、参加联盟的国家越多，则贸易转移的损失越小。从关税联盟的动态效果来看，结成联盟后，联盟之间虽竞争程度加强，专业程度加深，但市场加大，投资机会增加，生产规模加大，而风险和不确定性降低，反而吸引更多联盟外国家投资设厂，加速了联盟内的技术进步和经济增长。对发展中国家来说，结成联盟后，通过优惠性

第九章

[1] Jagdish N. Bhagwati, *The World Trading System at Risk*, Princeton University Press, 1991, p. 63.

开放市场，在联盟内形成规模经济，从而减少生产成本，提高竞争力。[1]

总之，无论从关税联盟的静态效果或是动态效果分析，还是从 GATT 第 24 条生效后半个世纪以来的实践证明，关税联盟对于联盟内成员的社会福利的改善作出了巨大贡献。而对于联盟外的国家来说，由于按照第 24 条的规定，对非成员的缔约方征收的关税及实行的其他贸易规章，大体上不得高于联盟成立前的总体水平。[2]因此，至少可以推断，它们原来拥有的福利并未受到侵犯。

尽管就 GATT 第 24 条的本意来说，它所要保留的是在内部实现大体上所有贸易（即 100%）消除关税壁垒的关税联盟；此外，对于临时性安排应有一个时间表，否则等于事实上承认了低于 100% 的优惠安排。然而，由于第 24 条是个妥协的产物，它本身的漏洞和缺陷实际上为不执行第 24 条的规定以及程序上的松弛打开了大门。[3]自此以后，大大小小、形形色色的一体化程度不同的双边与多边区域性安排此消彼长、层出不穷。其中，影响最大的多边区域安排主要有欧洲共同体（欧盟）、北美自由贸易区和亚洲及太平洋经济合作组织。这三个区域性组织的范围还有扩大的趋势。[4]此外，还有国家之间签署的大量双边贸易协定，形成了世纪之交国际经济法发展中最为引人瞩目的现象之一。据 WTO 报告提供的数据表明，截至 2013 年 7 月 31 日，向 GATT/WTO 通报的区域贸易协定已达575 个，其中已生效的有 379 个。其中 1/3 是在 1990 年至 1994 年间建立的。

北美自由贸易区建立后，美国一方面积极推动亚太地区的经济一体化，同时积极扩大其在美洲的势力范围。1994 年 12 月在佛罗里达州的迈阿密召开了 34 个

〔1〕 雅格布·维纳对关税联盟经济理论的分析，参见欧阳勋、黄仁德：《国际贸易理论与政策》，三民书局 2006 年版，第 426～441 页。此外参见 Jagdish N. Bhagwani, *The World Trading System at Risk*, Pinceton Vniversity Press, 1991, pp. 59～63. 该书提出贸易壁垒优先削减的理论。该理论由四套互相联系而又不同的分析方法组成，系统地阐述了关税联盟的合理性。

〔2〕 第 24 条第 5 款 (a)(b) 参见 Murray Kemp 和 Henry Wan 的分析，另参见 Jagdish N. Bhagwani, *The World Trading System at Risk*, Princeton Uniersity Press, 1991, pp. 60～61.

〔3〕 对 GATT 第 24 条的详细分析和评论，请参见赵维田：《最惠国待遇与多边贸易体制》，中国社会科学出版社 1996 年版，第 60～61 页。关于欧洲煤钢联盟以及后来的欧共体罗马条约及其联系协定的合法性问题，在 GATT 成员都发生过争议。有些争议不了了之，有些则以 GATT 的退让而结束。例如 GATT 第 25 条缔约各方的联合行动第 5 款规定，经缔约方全体半数中的 2/3 多数批准，可以免除某一缔约方的义务。参见 Ralph H. Folsom, Michael Wallace Gordon, John A. Spanogle Jr. , *International Business Transactions-A problem Oriented Coursebook*, 3rd edn. , West Publishing Co. , 1995, p. 414. 在 GATT 历史上，理事会仅对 4 个区域贸易协定的审查形成不违反决定，对其他协定的审查或因资料不全、或因问题复杂等种种原因拖延，最终不了了之。

〔4〕 欧共体（欧盟）除最初的 6 国外，1973 年英国加入；1977 年丹麦、爱尔兰加入；1981 年希腊加入；1986 年葡萄牙、西班牙加入；1990 年东德、西德合并；1995 年奥地利、瑞典、芬兰加入；2004 年吸收中欧、东欧、地中海的爱沙尼亚、拉脱维亚、立陶宛、波兰、匈牙利、捷克、斯洛伐克、斯洛文尼亚、马耳他、塞浦路斯 10 国加入，共计 25 国；2007 年保加利亚、罗马尼亚加入，目前成员共计 27 国。

第九章

美洲国家政府元首或代表出席的美洲国家首脑会议，商定在 2005 年建成美洲自由贸易区。但大多数经济基础脆弱、市场不完善、缺乏竞争力的拉美国家心怀疑虑，唯恐陷入灭顶之灾。由于拉美国家所持的谨慎态度，在 1994 年迈阿密会议以后，虽然进行了一系列的会谈，也取得了一定的成就，但至今美洲经济一体化并没有取得实质性的进展。亚太经合组织在拥有了亚洲、太平洋地区 21 个成员之后，印度、巴基斯坦、蒙古、斯里兰卡、哥伦比亚、厄瓜多尔等也提出了加入申请。[1]

世界经济一体化与区域多边、双边经济一体化构成了 20 世纪 90 年代世界经济发展的两大趋势。1995 年 1 月 1 日成立的 WTO 标志着全球贸易以及与贸易有关的其他领域已纳入到全球多边贸易体制的轨道，而与之几乎同时出现的欧盟、北美自由贸易区、亚太经合组织等区域集团以及大量的双边贸易协定则将区域经济纳入了与全球多边贸易体制并驾齐驱的区域性贸易体制的轨道，由此掀起了新一轮全球法律多元化、区域化、双边化发展的高潮。中国积极地投入到这股多边与区域、双边贸易安排的大潮中，为促进全球经济一体化以及亚太区域经济一体化发展做出了贡献。

---

〔1〕 在亚洲，除亚太经合组织外，还有 1967 年成立的东南亚联盟（Association of Southeast Asia Nations）（ASEAN），其前期多为政治合作，1976 年第一次首脑会议后开展经济合作，其成员有新加坡、泰国、马来西亚、印尼、菲律宾、缅甸。1995 年越南、1997 年文莱和老挝、1999 年柬埔寨相继加入东盟，东盟的队伍迅速扩大为 10 国。2001 年 1 月 1 日东盟自由贸易区正式启动。20 世纪 80 年代在世界经济普遍不景气的情况下，东盟创造出东亚奇迹。东盟自由贸易区的目标是实现区域内贸易的零关税。现在东盟成员之间的贸易关税已从 1993 年的 12.7% 下降至目前的 2.4% ~3.5%。到 2010 年东盟老六国将率先实现互免关税，2015 年东盟所有成员实现贸易自由化。南亚区域合作联盟成员有印尼、巴基斯坦、斯里兰卡、尼泊尔、孟加拉国、不丹、马尔代夫。7 国之间的优惠安排已于 1995 年 12 月生效，享受优惠安排的商品达 750 个项目、1000 多种，该集团人口约 12 亿，但贸易额只占世界贸易额的 3.2%。

在非洲，除成立于 20 世纪六七十年代的东非共同体、中非共同体、西非共同体、马哥里布集团外，1991 年 6 月，非洲 32 国领导人签署了成立非洲经济共同体条约，规定在 5 年内建立区域性经济集团。

在美洲，除北美自由贸易区协定外，2011 年 11 月 22 日墨西哥与中美洲萨尔瓦多、洪都拉斯、危地马拉、尼加拉瓜、哥斯达黎加等 5 国在萨尔瓦多首都圣萨尔瓦多签署自由贸易协定，取代了现行的哥、尼、萨、危、洪与墨分别签署的自贸协定。

1991 年 3 月，阿根廷、巴西、巴拉圭、乌拉圭成立南锥共同体市场，1995 年实现 4 国间共同市场关税削减 54%。1993 年 3 月，沙特阿拉伯、科威特、巴林、卡塔尔、阿曼、阿联酋 6 国建立海湾合作委员会国家统一关税，进口货物在 6 国间自由流动的共同市场。

1992 年 6 月，黑海地区沿岸 11 国在伊斯坦布尔签署"黑海经济合作宣言"，正式成立黑海经济合作区，为商品、劳务、资金的自由流动创造条件。

1985 年由伊朗、土耳其、巴基斯坦组成"经济合作组织"，1992 年 11 月正式接纳乌兹别克斯坦、土库曼斯坦、吉尔吉斯斯坦、塔吉克斯坦、阿塞拜疆和阿富汗以及哈萨克斯坦成立穆斯林共同市场，逐步降低关税，消除贸易壁垒。

1995 年俄罗斯、白俄罗斯、哈萨克斯坦、乌克兰、塔吉克斯坦和吉尔吉斯斯坦 6 国签署关税同盟协议，并在此基础上成立了欧亚共同体。2010 年 1 月 1 日，在欧亚共同体框架内成立了俄、白、哈三国关税同盟，并成立了一个超国家的关税同盟委员会。

第九章

**二、区域经济一体化与多边贸易体制的关系**

目前，三大区域贸易集团以及无数双边贸易集团的形成和二战后 GATT1947 签字时存在的关税联盟、自由贸易区的情形已大不相同。主要表现在以下几个方面：

1. 1947 年 GATT 与目前的 WTO 协议相比，前者与后者无论在内容和适用范围上均不可同日而语。同样，目前的区域集团也已不仅仅停留在关税同盟和货物自由贸易区的规模上。各种一体化程度不同的区域集团自身的扩张也早已突破了传统的地理边界的局限，形成了跨洲、跨洋的区域集团。

2. 冷战结束前的各种区域集团多关注国家的政治、军事、安全等因素，目前的区域集团以及双边贸易协定则多以国家之间的经贸关系为主，且由不同层次与不同经济发展水平的国家和地区组成，前者强调的是政治合作，后者强调的是经济上的互惠与互补。

3. 双边与多边区域经济的一体化发展反映了世界朝着多极化、多样化方向发展的大趋势，标志着世界政治、经济力量的重新分化和组合。在关贸总协定实施的近半个世纪里，世界经济飞速发展。WTO 的建立有效地推动了世界贸易的自由化，但是，事实证明 WTO 多边体制固有的局限性不能满足成员经济发展的需要。随着经济全球化发展带来的负面影响日益显现，发达国家与发展中国家之间的分歧日趋严重，WTO 多边谈判屡次受阻。随着各国之间竞争的加剧，保护主义不断加强，多边贸易体制不断遭受挑战。因此，发挥双边与多边区域的人力、资源、经济、技术优势，通过在资金、技术、劳务方面的合作，以取得比较利益，这与关贸总协定以及世界贸易组织的多边贸易体系的宗旨是一致的。

从国家之间相互依赖、共存共荣的观点出发，多边贸易体制与双边及多边区域性经济一体化之间的关系不应是互相排斥，而应是互惠互补、并行不悖的。由于目前双边及多边区域集团内成员多为世界贸易组织成员，如果区域内成员之间贸易自由化程度低于世界贸易组织，则因其违反世贸组织协议而为世贸组织所不容；而如果区域内成员之间贸易自由化程度高于多边贸易体制，由内部的开放推动外部的开放，由小区域的一体化扩展到更大区域的一体化，则最终将推动全球经济一体化进程，最终实现全球贸易的自由化。

当然，我们也应当看到，双边及多边区域安排原始的封闭性、排他性，必将导致区域内与区域外国家之间矛盾的加深、区域集团与区域集团之间矛盾的加深以及各区域集团内部之间矛盾的加深。这种不可避免的发展趋势往往与全球多边贸易体制的发展发生冲突，破坏多边贸易体制的纪律，削弱其宗旨和基本原则。对于区域经济一体化这种起消极、破坏作用的一面，则是我们需要时时提高警惕、予以防范的。

中国入世后，面对着复杂、多变的国际经济贸易形势，需要审时度势，善于

第九章

研究分析和借鉴发达国家和发展中国家的做法，积极投入到双边和区域经济合作中去。以发达国家中的美国为例，区域经济一体化构成了美国全球经济战略的一个重要组成部分。目前三大区域贸易集团不是在战后美国经济发展的鼎盛时期，而是在美国经济地位由强转弱的时期形成的，美国出于难以控制多边贸易体制的情况，转而求助于区域集团中的优势以保住既得利益的考虑。美国擅长于打多边牌、双边牌和区域牌，多样手法相互为用、互为补充，共同完成其称霸世界、继续占据世界经济主导地位的野心。多边牌中，参加游戏国家众多，利益往往相悖，美国时感难于驾驭，不能随心所欲，达成的协议多流于空泛的形式；双边牌中，美国占有绝对优势地位，可谓随心所欲，无所不能。但如遇上像欧盟、日本这样势均力敌的对手，双方如均态度强硬，则游戏往往处于僵持状态，一旦发生冲突，两败俱伤，风险太大；区域牌中，其优劣均处于多边牌与双边牌之间。

区域集团内成员之间虽有利益冲突，但总的目标相对一致，比较容易达成较为务实的协议。因此，美国在关贸总协定乌拉圭回合长达 8 年之久的谈判过程中，一方面先与加拿大、后与墨西哥签订了美加墨自由贸易区协定，并积极致力于亚洲与太平洋经济合作组织的活动，同时不失时机地先后与以色列、约旦、新加坡、智利等签署双边贸易协定。双边及区域性经济一体化是其保住既得利益，且获取新的更为广阔的世界市场的有利工具。[1][2]近年来美国高调推进的 TPP 与 TTIP 谈判，再次印证了上述判断。冷战结束；多哈回合谈判停滞不前；2008 年次贷危机引发的世界性经济危机；中国的和平崛起及其在亚洲经济一体化中日益重要的作用，这一切引起美国的担忧。区域经济一体化越来越被美国娴熟地用来作为实现其全球战略意图的工具。作为美国"重返亚洲"战略的一部分，2009 年美国正式宣布加入并主导了 P4（TPP）谈判。2013 年 6 月，美欧之间正式启动 TTIP 谈判。如果这两个谈判都终能达成协议，则意味着美国将重掌 21 世纪全球经济话语权。美国将通过 TTIP 控制欧洲，通过 TTP 控制太平洋两岸的亚

---

〔1〕 2004 年 2 月 8 日，美国和澳大利亚签署了一项自由贸易协议，展示了两国之间的特殊关系。依据协议，双方将取消从对方进口的大部分工业产品、服务产品的关税。澳大利亚出口到美国的农产品 66% 将免除关税。美国将分阶段逐步增加进口澳大利亚的牛肉和奶制品。美国出口到澳大利亚的价值 4 亿美元的农产品将免除关税。美国的电信、电脑、能源、旅游等行业将在澳大利亚取得更大的市场准入。这是继 1988 年美国和加拿大签署自由贸易协定后，首次与一发达国家签署的自由贸易协定。

〔2〕 2004 年 2 月 8 日，南亚和东南亚 6 国签署了自由贸易框架协议。按照该协议的规定，签字国的产品将分为"快行道"和"普通进度"两种。印度、斯里兰卡、泰国三个发展中国家最迟在 2009 年 6 月 30 日前减免所有属于"快行道"产品的进口关税。缅甸、不丹、尼泊尔三个最不发达国家将在 2011 年 6 月 30 日前对上述产品免除关税。对于列入"普通进度"的产品，印度、斯里兰卡、泰国将在 2012 年 6 月 30 日前免除所有关税，缅甸、不丹、尼泊尔将在 2017 年 6 月 30 日前实现这一目标，从而在该区域实现贸易自由化，这显示出发展中国家、最不发达国家在区域合作中团结一致的决心。

洲、美洲和大洋洲。这些区域内原有的自由贸易协定，例如欧盟、NAFTA、东盟10+1 和 APEC，都将被逐步虚化或成为空壳。TPP 和 TTIP 的所谓高标准将会取 WTO 而代之，成为未来指导国际贸易、国际投资等重要经济活动的法律规则。

总之，自从 WTO 成立以后，在国际贸易领域，WTO 提出了各国贸易政策的最低或基本标准，在此基础上，出现的各种双边贸易协定、区域贸易协定以及各国的国内法不过是国家间继续进行国际合作的不同表现形式，其内容有的单一，有的复杂，其自由化程度有高有低，但其宗旨是一致的。因此，它们之间不再是相互排斥的关系，而是互补和相互促进的关系。事实证明，WTO 无法照顾到各国、各地区的经济发展、产业保护和人民生活水平提高的需要；面对瞬息万变的世界，也无法高效率地在短期内协商出各国共同的行为规则以及对过时的规则及时进行修正。在促进贸易自由的大前提下，各种双边、区域安排的出现是不以人的意志为转移的全球经济一体化发展的必然趋势。

区域经济一体化的出现只要能促进贸易自由化、能实现 WTO 对资源合理配置、提高人民生活水平的宗旨，就是合法的。它们对 WTO 多边贸易体制的发展起着促进和推动作用，而不是一种倒退或阻碍作用。国内立法、双边、区域多边和全球多边协定是世界各国之间存在多元政治、经济、文化等制度、利益和价值观趋同和差异的反映，其中趋同是相对的，而差异是永存的。这是作为自然界一部分的人类社会要符合自然界生物多样化发展的规律所必需的。

### 三、21 世纪高标准区域贸易协定的特征

随着 TPP 与 TTIP 的谈判日益深入，逐步向世界展示出其高标准区域贸易协定的框架和内容。[1]

被称为 21 世纪高标准的区域自贸协定具有哪些特征？下面以 TPP 为例进行

---

〔1〕　目前 TPP 与 TTIP 协议正式文本还处于谈判和保密阶段。本章的介绍、分析和评价限于公开发表的文章和媒体的公开报道。不当之处，以正式公布的文本为准。参考文献：张乃根："论 WTO 体制面临的挑战与中国的应对"，载中国法学会 WTO 法研究会 2013 年年会论文集，第 1 页；张晓君、孙南翔："多哈回合谈判困境与跨区域贸易协定的勃兴"，载中国法学会 WTO 法研究会 2013 年年会论文集，第 69 页；陈胜、沈佩仪："加入跨太平洋伙伴关系协议（TPP）谈判的对我国金融服务业的影响分析及相关建议"，载中国法学会 WTO 法研究会 2013 年年会论文集，第 471 页；高凛："区域贸易协定与 WTO 多边贸易体制的冲突与协调"，载中国法学会 WTO 法研究会 2013 年年会论文集，第 608 页；巩胜利："TPP + TTIP + PSA 中国困笄——中国遭遇欧美日 21 世纪新贸易规则屏蔽台湾香港融入初现端倪"，载中国法学会 WTO 法研究会 2013 年年会论文集，第 628 页；李蕊："TPP 知识产权规则解读——从 TPP 与 TRIPS 相比较的角度来解读 TPP 规则高在何处？"，载中国法学会 WTO 法研究会 2013 年年会论文集，第 649 页；卢月："《跨太平洋战略经济伙伴关系协定（TPP）》对 WTO 的挑战及对中美双边投资协定的影响"，载中国法学会 WTO 法研究会 2013 年年会论文集，第 657 页；黄志瑾："国际投资协定多边化发展的困境"，载中国法学会 WTO 法研究会 2013 年年会论文集，第 709 页；蔡从燕："Trans-Pacific Partnership Negotiations and the Multilateralization of International Investment Law"，载中国法学会 WTO 法研究会 2013 年年会论文集，第 804 页。

第九章

说明。[1]

1. 跨区域性。TPP 与 TTIP 所跨区域空前之广,其谈判方来自欧洲、美洲、亚洲和大洋洲地区。其成员在国际贸易投资方面所拥有的经济实力与拥有 152 个成员的 WTO 相比,毫不逊色。

2. 开放性。所谓"开放性",是指在 FTAs 中包含"开放准入条款"(open accession provisions),规定其他国家加入协定的权利。一般来说,自由贸易协定(FTAs)都带有一定封闭性,不接受其他国家加入。只有少数自贸协定有例外。[2] TPP 继承了 APEC 的传统,包含开放准入条款。

3. 高标准。TPP、TTIP 都被称为史上最广泛、更自由的贸易协定。其高标准体现在两方面:一方面是议题覆盖面广;另一方面是标准设置高。

覆盖面广体现在贸易领域和投资领域的全面覆盖。在贸易领域,除了谈判议题与 WTO 多哈回合谈判基本重合外,[3]还包括多哈回合谈判议题之外的内容,例如投资、环境、竞争政策、服务与金融开放、劳工问题以及所谓 21 世纪的新议题,如新能源与电子商务、视听部门、网络的自由化、文化、食品标准(特别是转基因食品)、政府采购、航空运输等。

标准设置高。如 TPP 协定要求成员提供更多、更深层次的保护与承诺。在货物贸易方面要求至 2015 年全面取消关税,不设置例外;在投资与服务贸易开放方面要求提供市场准入的负面清单以及准入前的国民待遇[4];实现在无差别

---

[1] 除正处在谈判阶段的 TPP、TTIP 之外,2012 年生效的美韩自贸协定以及正在谈判中的《服务贸易协定》,也被称为高标准自贸协定。《服务贸易协定》(Trade in Service Agreement,简称 TISA)是美国和澳大利亚在 2012 年倡议发起,拟在 FTA 框架下就服务贸易市场准入、贸易规则等问题进行谈判并达成高水平规则的国际协定。TISA 如能最终达成,将对 WTO《服务贸易总协定》(GATS)多边服务贸易体系产生重大冲击,对国际服务贸易规则的构建产生重大而深远的影响。目前 TISA 谈判参与方总数已达 22 个,中国尚未参加 TISA 谈判。关于对 TISA 的介绍和分析,参见谢宝朝、宋锡祥:"《服务贸易协定》谈判与我国的应对策略",载中国法学会 WTO 法研究会 2013 年年会论文集,第 436~446 页。

[2] 如北美自由贸易区协定,APEC 成员之间达成的自贸协定等。

[3] 多哈回合谈判包括农业、服务、非农业产品的市场准入、贸易相关知识产权、贸易与投资的关系、贸易与竞争政策的互动、政府采购的透明度、贸易便利化、WTO 规则、争端解决谅解、贸易与环境、电子商务、小经济体、贸易与债务及金融、贸易与技术转让、技术合作与能力建设、最不发达国家、特殊与区别待遇等 18 项议题。

[4] 美国是负面清单的倡导者。在 NAFTA 中首次对服务贸易市场准入和国民待遇采用负面清单,在之后签署的 FTA 中,全部使用这一模式进行承诺。在美国通知 WTO 的 100 多个 FTA 中,一半左右使用了负面清单。采用负面清单模式与美国签署 FTA 的 TISA 谈判方有 10 国:澳大利亚、加拿大、哥伦比亚、哥斯达黎加、以色列、墨西哥、秘鲁、智利、巴拿马和韩国。TISA 其余谈判方如欧盟等对外缔结 FTA 时,一般采用正面清单。2012 年 TISA 参与方就"混合模式"展开讨论,即在国民待遇方面承诺使用负面清单,在市场准入义务方面使用正面清单。参见谢宝朝、宋锡祥:"《服务贸易协定》谈判与我国的应对策略",载中国法学会 WTO 法研究会 2013 年年会论文集,第 437~438 页。

待遇基础上的充分市场准入以及投资各个阶段的全面自由化；在竞争政策领域，强调保证国有企业与私有企业的公平竞争；在知识产权保护方面，扩大知识产权范围并要求提供更为长期严密的保护；在环境保护方面将国际环境公约纳入自贸协定；等等[1]。

4. 美国利益优先。TPP、TTIP 在贸易、投资自由化与便利化水平方面的高标准、全面覆盖，固然有加速全球经济自由化、一体化的积极作用的一面，但在另一方面，不考虑各国的实际情况，特别是在经济和社会发展水平存在巨大差异的情况下，强求按照美国标准和速度实现一体化，则是违背国家经济、社会发展规律和其他成员方意愿的。其消极作用会挫伤一些国家特别是未参加谈判的发展中国家和最不发达国家平等参与国际竞争的积极性，产生事与愿违，欲速则不达的效果。当然，如果 TPP 与 TTIP 成功实施，那么毫无疑问，从大西洋到太平洋两岸，21 世纪的国际经济秩序的话语权将牢牢掌控在美国手中。

5. 引发更多的未决问题。高标准的 TPP 和 TTIP 的实施可能导致 WTO 被边缘化，事实上将被取而代之。发展中国家期盼的多哈发展回合的目标被搁置在一边。继而会引发更多的问题：未来将如何处理 TPP、TTIP 实施后与 WTO 成员之间以及各国之间现有双边贸易协定以及区域安排之间的关系？两者并存还是由前者取代后者？如果并存，会出现两者规定之间存在大量不一致或冲突，如何进行协调？如果取代，包括美国在内的一些国家未必愿意放弃其在现有协定中已经取得的既得利益。[2]目前 TPP 与 TTIP 还处在谈判阶段，利弊兼备，成功与失败的可能性并存。考虑到其成员诉求、利益的多样性、要在短期内达成高标准的一致性，其困难不可小觑。

就 TPP 而言，中国目前尚未加入谈判。作为正在发展中的世界第二大经济体，中国应当审时度势，适时作出自己的贡献。

## ■第二节　双边贸易协定的新发展

全球新一轮双边自由贸易协定高潮是从 20 世纪 80 年代末局部出现，90 年

---

[1]　参见戴云飞、苏喆："TPP 与 WTO 的关系研究——以知识产权相关规定为分析视角"，载中国法学会 WTO 法研究会 2013 年年会论文集，第 636 页。

[2]　例如截至 2011 年 11 月，已通知 WTO 的 FTA 中，有 90 项以上的协议包括服务贸易开放承诺。开放的服务部门数量和承诺远超 GATS，在跨境交付和商业存在两种服务提供模式，WTO 成员方在 FTA 中的平均开放水平超过 GATS 平均开放水平的比例高达 56%。参见谢宝朝、宋锡祥："《服务贸易协定》谈判与我国的应对策略"，载中国法学会 WTO 法研究会 2013 年年会论文集，第 436 页。

代末开始全球盛行。尤其是最近几年，双边贸易协定如雨后春笋般发展起来，以一种新的姿态再度扮演全球自由贸易的主角，并呈现出与以往不同的发展特点和趋势。[1]

**一、双边贸易协定的复兴**

（一）WTO 多边贸易体制面临新挑战

1. WTO 谈判进程受阻。贸易自由化的必然结果是经济全球化进程的加速发展，而全球化带来的负面影响和新问题日益增多。WTO 协调及谈判范围已从过去的关税措施、市场开放准入等，逐渐转向各种非关税措施如各种技术标准、环境要求等，但由于多边贸易体系不易协调，难以达成共识。1999 年，WTO 贸易部长曾在西雅图会议上试图启动新一轮全球多边贸易谈判的计划，但因反全球化组织的强烈阻挠而夭折。反全球化浪潮在全球尤其是发达国家急剧蔓延，直接导致 WTO 多边贸易谈判的难度大大增加。在 WTO 多哈回合坎昆部长会议上，由于发展中国家和发达国家在农产品补贴问题上分歧严重，最终导致谈判破裂。毫无疑问，WTO 多边贸易谈判受阻是双边自由贸易再度盛行的主要原因。

2. WTO 机制本身的弊端。

（1）实体内容方面。首先，GATT/WTO 作为一个自给自足的（self-contained system）封闭的法律体系，[2]不可能包含国际贸易的所有内容。在乌拉圭回合谈判中，虽然对一些相关条款进行了修正，在内容上做出了很大的扩展，但是面对经济全球化带来的贸易中的新问题，WTO 需要与时俱进、不断完善和发展。其次，对于如全球环境的恶化、投资和竞争政策、劳工标准等问题缺乏有效的解决办法，由此限制了 WTO 的作用。

（2）争端解决机制方面。如果遇到有关上述方面的纠纷就会形成无法可依的局面。同时，WTO 程序复杂、繁琐，争端解决期限过长，有成为变相贸易壁垒的可能。[3]而且，WTO 争端解决机制的一个重要特点是它以强硬的经济制裁方式来保证其裁决得到执行，典型的是中止减让和交叉报复。当涉及发达国家对其他发达国家或者针对某些发展中国家实施，这样的经济制裁措施通常是有效的，可以带来很大的威慑力。但是，对于弱小的发展中国家，由于其经济实

---

[1] 郑先武："'双边'：自由贸易的新热点"，载《经济世界》2002 年第 10 期。

[2] 王传丽："WTO——一个自给自足的法律体系"，载陈安主编：《国际经济法学刊》第 11 卷，北京大学出版社 2004 年版。

[3] 例如，美国 201 钢铁保障措施案历时 22 个月。虽然专家小组和上诉机构最终判决美国钢铁保障措施违反 WTO 规则，但美国已完成既定目标，可谓虽败犹胜。

力与发达国家相去甚远，因此，难以真正实行交叉报复。

（二）部分区域性多边自由贸易的进程受阻

经济全球化的发展使得穷国与富国之间的差距拉大。经济发展水平差异及不同利益要求的制约，使得多边贸易体制在区域合作的层面上也不断遇到障碍。特别是在世界经济衰退背景下出现的新贸易保护主义和反全球化浪潮的影响下，区域多边自由贸易区计划在具体实施过程中也面临越来越多的困难。如目前世界第一大自由贸易区——北美自由贸易区，2002 年 5 月 21 日，因双方谈判破裂，美国开始对从加拿大进口的软木征收 27.2% 的反倾销税，从而导致美、加软木贸易争端急剧升级。墨西哥也开始抱怨在加入北美自由贸易区后，其农牧业损失惨重。其他区域性多边自由贸易协定，其中有些因谈判争吵不休而无实质性进展，如前述"美洲自由贸易区协定"；有些则因计划不能推行而脱离原有主题，更有一些因涉及谈判方敏感或核心利益，难以达成一致，如 TPP 与 TTIP 等；欧盟东扩也给欧盟法的适用带来一系列复杂问题等。区域性多边自由贸易区所面临的困难给双边自由贸易再度盛行带来了契机。

（三）各国重新调整自由贸易政策导向

世界贸易组织成立以后，各国加快了调整国内贸易政策的步伐。世贸组织159 个[1]成员中的绝大多数都参加了一个以上的双边自由贸易协定。[2]2002 年国际贸易统计显示，2001 年世界货物贸易总量中有 43% 发生在各种自由贸易区之中。到 2013 年参加双边贸易安排最多的是欧盟（参加了 40 多个）、拉美国家的智利（参加了 20 多个），参加最少的是亚洲国家，如中国、韩国等。

**二、双边贸易协定发展的新特点**

传统双边自由贸易协定大多从地缘政治、经济出发，由主权国家或具有超国家性质的区域集团（如欧盟）缔结，与旷日持久的 WTO 多边贸易谈判相比，它具有时间短、见效快的特点；与程序复杂且缺乏国家强制力的 WTO 多边贸易体制相比，双边自由贸易机制只有两个当事方，因而具有简便、易操作、约束力强的特点。

从 20 世纪末到 21 世纪初，双边贸易协定呈现出如下新特点：

1. 双边贸易协定数量急剧增加。根据世贸组织的统计，至 2013 年 7 月 31日，曾向世界贸易组织通报的自由贸易安排（FTAs）共有 575 个，其中 379 项已经生效，其中双边贸易协定约占 90%。

---

〔1〕　截至 2013 年 3 月。
〔2〕　参见世界贸易组织网站：http://www.wto.org.

从国别情况看，1985 年 4 月，美以自由贸易协定生效；1988 年 1 月，美国和加拿大完成自由贸易协定的签署；2000 年，美国与约旦达成双边自由贸易协定；2002 年，美国国会给予总统谈判新的贸易协议的授权后，布什政府加速了与许多国家签订双边自由贸易协议的步伐；2003 年 5 月，美国与新加坡达成双边自由贸易协定；2003 年 6 月，美国与智利达成双边自由贸易协定；2004 年 3 月，美国与摩洛哥达成双边自由贸易协议；2004 年 4 月，美国与澳大利亚签订了自由贸易协定；2007 年 4 月美国与韩国签署自由贸易协定；目前正与新西兰和埃及就自由贸易协定进行协商。

1997～2001 年，欧盟相继与巴勒斯坦、突尼斯、南非、墨西哥、摩洛哥、以色列和智利分别签署双边自由贸易协定。2002 年 6 月，欧盟和新加坡签署了自由贸易协议。

在东亚地区，首先出现的是日本与新加坡签订的双边自由贸易协定。2002 年，日本政府又先后与新西兰、墨西哥及几个非洲国家政府签署了双边自由贸易协定。近年来，又与欧盟、澳大利亚等签订双边自贸协定。尽管韩国曾经是最反感双边贸易谈判的国家之一，但转变态度后，发展势头很快，除与美国签署自贸协定外，还先后成功与欧盟、墨西哥、加拿大等签署自贸协定。

自 2001 年中国正式加入《曼谷协定》，[1] 2002 年 11 月 4 日，中国和东盟 10 国共同签署了《中华人民共和国与东南亚国家联盟全面经济合作框架协议》，2004 年 4 月 14 日新西兰政府正式承认中国已建立市场经济体系，中新两国签署自由贸易协定，2005 年 11 月 18 日与智利签署《中华人民共和国政府和智利共和国政府自由贸易协定》（以下简称《中智自由贸易协定》），2006 年 10 月 1 日开始实施。2006 年 11 月 24 日与巴基斯坦签署《中华人民共和国政府和巴基斯坦伊斯兰共和国政府自由贸易协定》（以下简称《中巴自由贸易协定》），2007 年 7 月 1 日起开始实施。2008 年 4 月与新西兰签订自由贸易区协定。此后，中国与新加坡、秘鲁、哥斯达黎加、冰岛、瑞士（2013 年 7 月 6 日）签署自贸协定；内地与香港、澳门分别签署了《关于建立更紧密经贸关系的安排（CEPA）》、大陆与台湾签署《海峡两岸经济合作框架协议（ECFA）》（2010 年 6 月 29 日）等属于双边自由贸易协定而非建立关税同盟的协定。目前，中国已签署自贸协定 13 个，[2] 正在谈判的自贸

〔1〕 2005 年更名为《亚太贸易协定》。除中国外，成员国还有孟加拉、印度、老挝、韩国和斯里兰卡。协定的目标是通过持续扩大亚太发展中成员国之间的贸易促进经济发展，采取互利的、与各国现在与将来发展和贸易需求相一致的贸易自由化措施，进一步加强国际经济合作。

〔2〕 其中不包括新西兰—台澎金马单独关税区经济合作协议（2013 年 7 月 10 日）。

协定有 7 个。[1]

2. 双边贸易协定形式的新发展。目前双边贸易协定大体可划分为以下三种类型：①传统的以国家为主体的两个缔约方，大部分双边协定属于此类；②以同一主权国家内的单独关税区为主体的双边贸易协定，如中国内地与香港、澳门分别签署的《更紧密经贸关系安排》（Closer Economic Partner Arrangement，CEPA）；③洲际、区域集团之间或区域集团与一国之间双边自由贸易区协定的出现，如"中国—东盟"、"欧盟—拉美自由贸易区"、"欧盟—地中海自由贸易区"、"跨大西洋自由贸易区协定"（即 TTIP）等。[2]

3. 双边贸易协定的政治情结。一国的对外贸易政策总是和该国的经济利益和外交政策联系在一起的，由此形成了双边贸易协定固有的政治情结。近年来出现的双边贸易协定的政治指向更为明确，而且从传统的地缘政治经济向着点菜单式的选择方式考虑。从美国对其双边自由贸易伙伴的选择中，我们可以看出其出于经济利益之外的考虑更为突出。美国选择的双边贸易伙伴通常都是"经济发达、政治开放"的所谓"民主国家"，如新加坡、智利、澳大利亚等。有分析人士指出，美国实际上是在"两手抓"，一手推进自由贸易，一手推行"美国式的民主"。[3]以美国与新加坡签订的双边自由贸易协定为例，它既是美国打入东亚阵营的策略之一，也是其对新加坡坚定支持美国反恐和倒萨战争的褒奖。[4]与澳大利亚签订的双边贸易协定，其政治意义也大

---

〔1〕 分别是中韩、中国与海湾合作委员会（GCC）、中国—南部非洲关税同盟（包括南非、博茨瓦纳、纳米比亚、莱索托和斯威士兰 5 国）、中国与澳大利亚、中国与挪威、中日韩以及《区域全面经济伙伴关系协定（RCEP）》。2014 年 11 月 10 日，中国与韩国、中国与澳大利亚的自由贸易协定谈判已成功结束。

〔2〕 "跨大西洋自由贸易区协定"（Transatlantic Free Trade Agreement，TFTA），又称"跨大西洋贸易投资伙伴协定"（Transatlantic Trade and Investment Partnership，TTIP）。20 世纪 70 年代美国曾提出在欧、美之间建立一个跨大西洋自由贸易区的设想，后因 GATT 谈判的顺利进行，导致美国的这一提议无疾而终。苏联解体后，如何构筑欧美之间新型伙伴关系成为双方共同关心的问题。1995 年底马德里会议上，美国与欧盟委员会签署了《跨大西洋新纲要》；1998 年初，欧盟委员会提出了关于"新跨大西洋市场计划"，却终因双方分歧较大而被搁置。2013 年，被金融危机困扰下的欧美，决心重启跨大西洋共同市场的谈判。2013 年 7 月 8 日，美国和欧盟正式启动《跨大西洋贸易与投资伙伴协定》谈判，谈判设置了 20 个不同领域，覆盖了大多数行业。TTIP 的达成，将会是全世界规模最大的自由贸易协定，目前，欧美的国内生产总值约占全球的 50%，贸易额约占 30%。尽管 TTIP 谈判刚刚启动，但由于是世界两大经济体（涵盖 28 国）之间进行的谈判，因此 TTIP 谈判达成后将对世界贸易产生巨大的影响。该谈判预计在 2015 年完成。

〔3〕 参见"品品美国的外贸政策"，载经济参考网，http://www.jjckb.com/.

〔4〕 黄海波："超越 GATT/WTO：美国对外贸易法中双边主义的复兴"，载《天津市政法管理干部学院学报》2003 年第 4 期。

第九章

于经济利益。[1]

4. 双边贸易协定调整范围的突破。近年来新签订的双边贸易协定的最大特点就是在调整范围上对 WTO 协议有所突破。许多通过多边贸易谈判难以解决的棘手问题通过双边贸易协定得到了解决。以美国与智利、新加坡的自由贸易协定为例，劳工问题、环境问题、投资问题、竞争政策问题、争端解决问题等都一并纳入双边自由贸易协定，一方面推进了相关国家之间的贸易自由化，另一方面可能为推行国内的贸易保护主义提供了潜在的借口。

### 三、双边贸易协定的新内容

#### （一）贸易与劳工核心标准及社会条款

近年来，发达国家和发展中国家之间争论不休的一个问题是：是否需要就最低劳工标准达成全球性协议并通过 WTO 或其他机制在国际层面上加以强化。

1. 劳工核心标准问题在多边贸易谈判中的困境。劳工问题第一次出现于GATT 时代的 1952 年，针对日本加入 GATT，美国提出在 GATT 中加入禁止不公平劳动的条款。半个世纪以来由于意见分歧，[2] 直到世贸组织成立问题仍未得到解决。发达国家认为发展中国家较低的劳工标准是一种不公平的贸易措施，理由是：发展中国家将比较优势建立在较低的劳工标准上，增强了产品的竞争力，并因此对发达国家国内经济产生了相当的负面影响。发展中国家则认为，利用较为便宜的劳动力发展制造业是完全符合"比较成本说"和"要素禀赋说"的，不公平竞争的指控没有道理。况且发展中国家在其他方面的不利因素已足够抵消其由于劳工标准的差异而得到的优势。此外，发展中国家担心一旦把贸易与劳工标准挂钩，将对其国内经济诸方面产生破坏作用，西方国家会利用这样的标准来达到贸易保护的目的。

1996 年 12 月，在新加坡的 WTO 首届部长级会议上，"劳工核心标准"作为新议题被列入宣言之中。2001 年 11 月，在卡塔尔多哈召开的 WTO 部长会议上，关于多边贸易规则谈判中的主要议题也包括社会条款和劳工标准问题。随着多哈回合谈判的破裂，劳工核心标准问题在多边谈判中未获得任何进展。

2. 劳工核心标准在双边贸易协定中的发展及评述。目前，贸易与劳工关系在双边层面上取得了实质性的进展。2000 年美国和约旦签署双边贸易协定，这是美国签署的第一个包含劳工和环境条款的双边协定。协定规定双方应保障国际认可的劳工权益，如组建工会、适当的工作环境、最低工资等。对于是否以

---

贸易制裁的方式强制执行环境与劳工标准条款的问题，美国贸易代表佐立克与约旦驻美国大使通过换函承诺双方无意以贸易制裁的手段执行该协定。[1]

双边贸易协定的做法得到了行业协会的支持。例如，美国纺织品和服装协会支持美国—柬埔寨达成的纺织品协议，因为该协定中包含了劳工条款。[2]

综上所述，可以看出：①发达国家在双边贸易协定中抛出劳工标准问题，其真正用意是保护其受到发展中国家竞争最为严重、技术含量低的"夕阳产业"，实质上是一种保护"落后"的贸易保护主义，而绝非像其自称的那样——保护人、保护劳动者的权利。[3] 因此把劳工、环境和投资等问题纳入双边自由贸易协定，为美国国内的贸易保护主义者提供了潜在的借口。②双边贸易协定认可由各国国内法确立各自的国内劳工标准，并要求贸易伙伴遵守各自的环境和劳动法，否则有可能遭到经济制裁，同时在双边贸易协定中明确规定为国际社会认可的劳工权利。这样，无论是在国内法优于国际法，还是国际法高于国内法的国家，双边协定所确立的劳工标准都能够得到对方遵守。世贸组织主持的多边贸易谈判实际上是一个努力制定国际贸易规则的博弈过程，短期内在 WTO 内制定统一的劳工标准难以实现。

（二）贸易与环境问题

当前各国为保护环境采取的措施往往牵扯到贸易政策并对国家间的贸易发生直接或间接的影响。许多贸易协议、措施几乎都涉及环保内容。

1. 贸易与环境问题在 WTO 多边贸易谈判中的困境。世贸组织成立后，尽管

---

[1] 2003 年 6 月，美国与智利签订了双边贸易协定，协定第 18 章规定了劳工问题。协定第 1 条规定："双方应确认其作为 ILO 成员所承担的义务，每一方成员都应尽力确保其国内法对这些劳工原则和国际上认可的劳工权利予以保护。"该条第 2 款规定："确认每一方都有权确立其各自的国内劳工标准，修改其国内法律以便使其与国际确认的劳工权利相符。"协定规定了劳工法律的执行，即"双方都认识到通过减弱或减少国内劳工立法保护水平来鼓励贸易或投资的行为是不适当的。"协定规定了"程序保证和公众知晓"。为此成立了"劳工事务委员会"并确立了"劳工合作机制"。协定为劳工问题设立了争端解决机制，规定如果任何一方没能充分、有效地执行劳工和环境标准，可以对其进行罚款或其他惩罚。协定确认的国际社会认可的劳工权利包括：①结社权；②组织和集体议价权；③禁止任何形式的强迫劳动；④雇佣童工的最低年龄及禁止和消除最恶劣形式的雇佣童工；⑤接受最低工资、工作时间、职业安全与健康等工作条件。

[2] 在 2004 年 1 月生效的美国与新加坡签订的自由贸易协定中，允许新加坡生产商在邻国印度尼西亚的特定地区进行劳动密集型生产，以利用该地区的廉价劳动力，其最终产品和中间产品出口美国，被视同为原产于新加坡，从而享受该协定规定下的一切好处。该条款被称作"来源地一体化计划"（Integrated Sourcing Initiative）。尽管该原产地规则作为一种例外，没有违反世贸组织的规定，但事实上却偏离了世贸组织原则，对中国等国家形成了一种歧视。社会条款同样被包括进了韩国和欧盟的框架协议中。

[3] 甘英："论国际贸易与环境规则——兼评区域性国际组织对 WTO 的影响"，载《上海交通大学学报（社会科学版）》2001 年第 4 期。

在贸易与环境问题上自由贸易者和环境主义者之间仍旧存在难以调和的分歧，但 WTO 各成员还是在 2001 年达成了一致，将贸易与环境问题纳入"多哈回合"作为谈判的一个新议题。

冲突主要围绕以下三个问题：自由贸易是否会导致环境恶化？贸易政策是否有助于解决环境问题？多边环境协定（MEAs）中有关贸易的规则与 WTO 规则发生冲突，孰先孰后？发达国家与发展中国家之间的分歧主要在于：国际环保与贸易的公平责任原则如何得到确认和落实、如何妥善处理国际贸易中的"绿色壁垒"以及在环境与贸易之间寻找一个恰当的平衡点。

由于各国对环境保护的管制标准和实施范围不同，不同的环保管制标准和技术要求会对制造业的产品成本产生一些差异。在激烈的国际竞争中，发达国家抛出了所谓的"生态倾销"理论。该理论认为，各国环保管制标准和要求的不同，导致了不公正的成本优势，那些环保管制标准较低国家的产品由于低成本而取得了市场竞争的优势，从而使本国的企业处于不利的市场地位。它们把矛头指向发展中国家及其低成本的环境标准，建议本国政府征收"生态倾销税"，以抵消发展中国家低成本产品的竞争优势；要求政府对国内工业进行补贴，使其在国内市场和国际市场可以低价竞争。这些观点和做法遭到广大发展中国家的异议和不满，发展中国家认为，在相当长的历史时期内，无论从提高生产成本，还是从限制出口潜力来说，执行严格的环境法规和标准都是对发展中国家的严峻挑战，若在WTO 中实施过于严格的环境标准无异将为发达国家高筑绿色贸易壁垒提供借口。

2. 贸易与环境问题在双边贸易协定的发展及评述。2000 年美国与约旦双边贸易协定第一次将环境问题纳入其中。协定明确了两类应予以考虑的影响：第一类是环境执法的影响，如对保护人民健康、安全及保护自然资源等的执法造成的影响；第二类是经济原因造成的影响，即由于贸易协定引起的经济变化可能会造成对环境有利或不利的影响。例如，取消某种会产生有毒副产品的工业产品的关税会造成该产品的产量增加，从而造成有害废物的随之增加。[1]

2004 年 4 月，美国与澳大利亚签署美国—澳大利亚双边贸易协定。协定第十九章对环境问题作了规定。第 1 条规定："双方有权确立本国的环境保护标准和优先次序，采用和修改相应的环境法律与政策。每一方都应确保其法律提供和鼓励高水平的环境保护并且努力改善各自的环境保护水平。""双方承认用削弱或减少各自环境法所提供的保护的方法鼓励贸易或投资是不适当的。"[2]协定还对"环境法的执行"、"程序保证和公众知晓"、"环境合作"、"机构安排"等

〔1〕　Charles W. Schmidt 译自 *Environmental Health Perspectives* 109: A170 ~ 172, 108: A567 ~ A569(2000).

〔2〕　US-Australia Free Trade Agreement ( draft), Article 19.1 ~ 19.2.

第
九
章

问题作了相应规定。

可以看出，在双边贸易谈判中，与劳工标准一样，越来越多的发达国家以在其中加入环境条款为条件达成贸易协定，以换取对发展中国家的市场开放，并以此为跳板，期待把环境与贸易问题纳入 WTO 体制中来。与劳工核心标准问题一样，发展中国家需要认真对待这一问题。

（三）贸易与竞争政策

贸易政策和竞争政策规制的重点不同。贸易政策关注的是边境措施，贸易谈判集中于"边境"措施的自由化，以获得市场准入；而竞争政策则关注入境后的竞争状况。与边境/入境后的区别相对应，贸易政策关注公共行为，即政府措施；而竞争政策则关注企业或私人行为。

1. 贸易与竞争政策问题在 WTO 多边贸易体系下的困境。在当今经济一体化背景下，各国竞争政策的冲突日趋激烈。各国竞争政策的差别使得在一国的市场上，国内的产业要比国外的同类产业较容易形成竞争优势，而各国正是通过不同的竞争政策来扶持本国的战略性产业和保护本国市场。各国竞争政策标准上的差异经常酿成国际经贸纠纷。特别是在经济全球化的背景下，面对拥有全球生产影响力的跨国公司，单个政府很难全面控制其可能出现的反竞争行为，国际合作制定控制跨国公司的有关竞争规则是不可缺少的。

世贸组织现有的竞争规则存在缺陷。首先，世贸组织是在国家层面调整各国贸易政策，限制市场准入的纯私人商业行为不在世贸组织竞争规则的管辖范围之内。其次，世贸组织不涉及成员方国内的竞争政策，更不用说要求达到一定标准了。尽管发达国家声称，发展中国家的竞争政策缺乏公平性，在贸易中除大量使用倾销、补贴手段外，还存在着大量垄断行为，故力主将竞争政策列入多边谈判新议题，并希望达成与贸易有关的竞争政策协议，以有效管制不公平竞争行为。发展中国家由于经济发展水平有限，虽然深受发达国家跨国公司的限制性商业行为之苦，深受发达国家滥用反倾销、反补贴等进口保护措施之害，但由于本国的竞争法尚不完善，因此，极力反对将这一问题塞进多边贸易体系之中。1996 年 12 月世贸组织的部长会议上，成员方一致同意成立一个专门机构来研究贸易与竞争政策之间的关系问题。

2. 贸易与竞争政策问题在双边贸易协定中的发展与评价。美国政府最先尝试在双边贸易协定中解决此问题，为此先后与欧盟、德国、澳大利亚、加拿大、新加坡等主要贸易伙伴签订了双边协议。[1]

---

〔1〕 2003 年 7 月 10 日，欧盟与日本专门签署了一个反垄断协议，该协议于 8 月初生效。加强双方在反垄断方面的信息交流与合作。此前，欧盟和美国、加拿大签署过类似协议。

根据美国—新加坡双边贸易协定的规定，下列内容被纳入竞争政策：①限制竞争的商业行为（anticompetitive business conduct）。其规定"双方都应采取或维持措施禁止限制竞争的商业行为，以推动经济效率和消费者福利，并对这些行为采取适当的行动"。[1]"每一方都应确保任何违反这些措施而接受制裁或救济的人能有机会接受审理和提供证据，并在国内法院或独立的裁决机构寻求对这些制裁和救济的审查。"②指定垄断（designated monopolies）。协定允许各国进行指定性垄断，但是当这种指定性垄断影响到另一成员的利益时，指定方应"在指定时介绍实施垄断的条件，并在尽可能提前的情况下书面通知对方"。[2]此外，协定规定了双方应保证其所指定垄断的企业不得从事本协定所规定的不正当竞争行为。③国营企业（government enterprises）。协定允许各国建立国营企业，但应保证其不得从事与协定的规定相违背的行为。[3]此外，协定规定了双方在竞争政策方面的合作及争端解决机制。

从目前签署的双边贸易协定看，参与订立这种协定的大多是发达的市场经济国家。发展中国家或者因为没有经济实力，发达国家没有兴趣与其进行这方面的谈判；或者因为没有竞争法和竞争政策，发达国家认为与之进行谈判有较大的难度。基于这种考虑，在美国与新加坡双边贸易协定中明确规定："新加坡应在2005年1月前制定全面的竞争法，并且不能基于国营企业的地位而将其从竞争法中排除。"

（四）贸易与投资措施

WTO《服务贸易总协定》（GATS）中关于商业存在的规定虽指向国际直接投资，但《服务贸易总协定》的适用范围有限，仅适用于服务与服务提供者，其提供的服务贸易市场准入与国民待遇均是选择性的，由成员方在具体承诺中确定；WTO《与贸易有关的投资措施协定》（TRIMs）调整的投资措施也十分有限，仅限于与贸易有关的投资措施。[4]因此一个真正意义上的、规范的国际投资的多边投资协定还远远没有建立起来。在这种情况下，通过双边贸易谈判全面规范投资措施成为许多发达国家的选择。

以美国—新加坡双边贸易协定为例，其第十五章对有关的投资措施作了规定，并在以下方面与TRIMs不同：

---

〔1〕　US-Singapore Free Trade Agreement, Chapter12, Article 12. 2.

〔2〕　US-Singapore Free Trade Agreement, Chapter 12, Article 12. 3 – 1(a) 、(b).

〔3〕　US-Singapore Free Trade Agreement, Chapter 12, Article 12. 3 – 2.

〔4〕　近20年来由WTO/DSB处理的涉及贸易与投资关系的争端解决很多，其中，仅TRIMs项下的争端解决就多达37起。被诉方既有发达国家、发展中国家成员，也有转型中的经济成员。所涉法律问题主要是国民待遇和数量限制。

1. 调整目标。TRIMs 的目标是通过制定投资措施规定，促进世界贸易的扩展和逐步自由化并便利跨国投资。在确保自由竞争的同时，促进所有贸易伙伴，尤其是发展中国家的经济增长。而双边谈判的目的是要达成一项广泛、综合的投资协议。该协议将在投资保护、投资自由化和争端解决这三个领域制定高标准的外国直接投资规则。

2. 适用范围。多数双边贸易协定参照《多边投资协议》的谈判文本，将投资的定义扩展至包括"投资者直接或间接拥有的和控制的各类资产，包括企业、股票或其他形式的股份参与、债券、贷款和其他任何形式的有形或无形资产、动产或不动产等"。[1]双边协定所界定的国际直接投资的范围实际上已经涵盖到以间接控制权或控制方式所从事的跨国经营活动。TRIMs 只限于与贸易有关的投资措施，不适用与贸易无关的其他措施。

3. 调整内容。TRIMs 只规定了货物的国民待遇和数量限制，GATs 也只提供服务准入后的国民待遇。美国—新加坡双边贸易协定既规定了投资后的国民待遇和最惠国待遇，同时规定了最低的待遇标准："每一方都应使其投资待遇与习惯国际法相符合，包括公平和公正待遇（fair and equitable treatment）、充分保护和保证（full protection and security）。"[2]GATs 也只规定了服务准入后的国民待遇。2012 年 3 月 15 日生效的美韩自贸协定[3]规定了服务的负面清单与准入前的国民待遇。被认为是新一代自贸协定的代表，具有 21 世纪高标准的自贸协定的特征。

4. 征用（expropriation）。发达国家和发展中国家签订的双边协定中都对征用问题作了规定。美国—新加坡双边贸易协定第 15 条第 6 款规定："任何一方都不得对另一方的投资直接或间接的实行征用或国有化（nationalization）措施。"TRIMs 不涉及这一问题。

5. 禁止实绩要求。与 TRIMs 相比，双边贸易协定规定了更加全面细致的禁止实绩要求（performance requirement）。当今双边贸易协定的发展趋势是将与投资有关的许多方面如垄断行为、业绩要求、国外投资者和与投资有关的关键人员进入、留居和工作等都作出专门规定。

6. 争议解决。TRIMs 成立了与贸易有关的投资措施委员会，但提供的争端解决方法仅限于国与国之间，且局限在涉及影响货物贸易的业绩要求等部分投

---

〔1〕　US-Singapore Free Trade Agreement, Article15. 1 – 13.

〔2〕　US-Singapore Free Trade Agreement, Article15. 5 – 1.

〔3〕　美韩自贸协定签订于 2007 年。此前双方曾签订《美韩牛肉协定》。《美韩牛肉协定》的实施遭到了韩国国内民众强烈反对而导致内阁全体辞职。美韩自贸协定于 2010 年 12 月修订后于 2011 年 2 月签订，共 24 章。

资措施，效率不高。双边贸易协定规定了一个具有法律约束力的争议处理程序，不仅处理国与国之间的争议，而且处理投资者与东道国之间发生的争议，如美国—新加坡双边贸易协定在争端解决方面规定了"磋商和谈判"、"提交仲裁（ICSID）"等方式。[1]

### （五）争端解决机制

1. WTO 争端解决机制之弊端及双边贸易协定的发展。前文已谈到 WTO 争端解决机制方面存在的种种弊端。此外，WTO 争端解决机制致力于协调解决国家间的争议，并未对个体利益进行调整。在这方面，双边贸易协定中的争端解决机制显示出一定的优越性：

（1）双边机制兼顾个体利益。例如，NAFTA 的前身——美加双边自由贸易协定的争端解决机制中，允许个人或企业启动诉讼程序；可以任命争议方的国民组成专家组；并在适当领域内提供两国联合评审机制，取代国内法院的审查机制。

（2）双边磋商作用更为突出。从 1995 年 1 月 1 日到 2013 年 9 月 20 日，DSB 共审结案件 467 余起，其中通过 DSU 第 3 条第 6 款下的双边磋商方式解决的，约占所有案件的 50%。作为 DSU 中具有独立地位并且影响重大的一种争端解决方式，双边磋商可以更为便利地突破传统"国家主权理论"的严格限制，更加直接地考虑贸易纠纷中个体利益冲突的根源。在涉及重大国家利益的场合或国际协作尚未成熟的领域，双边协商机制能有效促进各国利害关系方的直接对话，有助于国际合作的形成和深化。大多数双边贸易协定都将双边磋商作为申请专家小组的强制性前置程序。例如美国—新加坡双边贸易协定第 20 条第 4 款规定："当事方需首先寻求通过第 3 款的磋商解决争端。如果在一方提交磋商的请求后 60 日内双方不能通过磋商解决，则任何一方都可以以书面通知另一方请求联合委员会解决争端。"[2] 又如根据 CE-PA 第 19 条，"双方将本着友好合作的精神，协商解决安排在解释或执行过程中出现的问题。委员会采取协商一致的方式作出决定"。与 WTO 争端解决机制相比，它们更体现了协商合作的精神。

（3）特定领域的争端解决。WTO 争端解决机制不解决有关劳工、环境等方面发生的争议。双边贸易协定对这些领域发生的争议都有特别规定。如美国—智利双边贸易协定第 22 条第 16 款规定了在环境和劳工领域不履行义务时产生争

---

〔1〕 US-Singapore Free Trade Agreement, Article15. 14～15.

〔2〕 US-Singapore Free Trade Agreement, Article 20. 4－2( a).

端的解决办法，规定："如果当事方接到专家组最终报告后的 45 天内未能达成一致，则申诉方可以在任何时候请求专家组重新介入，对另一方当事人施以 1 年的金钱补偿评估。"[1]而在其他领域的争端中，申诉方针对对方不履行义务的行为"可以在任何时候通知对方中止减让。当被诉方认为减让明显过分（manifestly excessive）时，可以请求专家组重新介入。此时，专家组可以作出予以金钱补偿的评估决定"。[2]

（4）机构设置。WTO 分为专家小组和上诉机构。当事人对专家小组裁决不服，可以上诉到上诉机构。双边贸易协定大多取消了两者的区分，代之以专家小组的初始报告和最终报告，争端解决更突出其仲裁性质。例如美国—摩洛哥双边贸易协定（草案）规定，"除非当事方另有约定，专家组将在主席确定后 180 天内作出初始报告，在考虑当事方对初始报告的评论后，在提交初始报告后 45 天内作出最终报告"。[3]

2. 双边贸易协定争端解决机制评价。综上所述，双边贸易协定在争端解决方面对 WTO 争端解决机制有所发展。由于在大多数情况下，当事双方都是 WTO 成员，由此产生当一项争议发生时优先适用哪个规则的问题。在目前签订的双边贸易协定中，大多赋予双方当事人自由选择的权利，且这种选择是排他的。如美国—新加坡双边贸易协定中规定："如果一项争议既属于本协定规定的范围，又属于 WTO 或其他有当事双方参加的协定的范围，则起诉方可以选择一种争端解决机制。""一旦起诉方选择了某一特定的机制，则其具有排斥其他争端解决方式的效力。"[4]

### 四、WTO-plus——CEPA

内地与香港特别行政区代表自 2002 年 1 月 25 日起，经过多轮磋商，于 2003 年 6 月 29 日在香港达成《内地与香港关于建立更紧密经贸关系的安排》（以下简称 CEPA）。2003 年 10 月 17 日，内地与澳门特别行政区签署了《内地与澳门关于建立更紧密经贸关系的安排》。CEPA 是中国在积极缔结与推动双边的自由贸易协定方面取得的一次重大进展。以 CEPA 为契机建立内地港澳自由贸易区，既不是一个关税保护的贸易壁垒，也与加入 WTO 这样的全球贸易组织不相矛盾。它是在整个世界经济领域中进一步加强区域内三方互补功能的重大举措，是一个主权国家内部的单独关税区之间进行经济合作的重要尝试。

---

[1] US-Chile Free Trade Agreement, Article 22.16-1.

[2] US-Chile Free Trade Agreement, Article 22.15-2、3、5.

[3] US-Morocco Free Trade Agreement（draft），Article 20.9-1、3、4.

[4] US-Singapore Free Trade Agreement, Article 20.4-3（a）、（c）.

第九章

（一）CEPA 的法律基础

1. 主体合法。CEPA 的主体，一方是享有主权的中央政府，另一方是该政府管辖下的特别行政区，在 WTO 中二者是各自独立的关税区。根据 1947 年《关税及贸易总协定》（GATT1947）第 26、32、33 条的规定，主权国家并不是 GATT 缔约方资格的必要条件。任何实体，不论是否主权国家，只要构成一个关税区，均可按一定程序成为 GATT 的缔约方。为了将"单独关税区"的法律概念纳入整个 WTO 多边贸易规则中，WTO 协定的"解释性说明"特别指出，"本协定和多边贸易协定中使用的'country or countries'应理解为包括任何 WTO 单独关税区成员。对于 WTO 单独关税区成员，除非另有规定，如本协定和多边贸易协定中用'national'一词表述，该表述也应理解为是指单独关税区"。[1]

2. GATT 第 24 条及《关于第 24 条的谅解》、1979 年东京回合"授权条款"和 GATS 第 5 条构成了 CEPA 的法律基础。根据 GATT 第 24 条第 4、5 款规定，GATT 的规定不得阻止在缔约方领土之间形成关税同盟或自由贸易区，也不得阻止通过形成关税同盟或自由贸易区所必需的临时协定。此类临时协定应包括在一合理持续时间内形成此种关税同盟或自由贸易区的计划和时间表。GATT 第 24 条为此例外设定了一系列的条件。

CEPA 第 1 条规定了其目标。通过采取以下措施，加强内地与香港特别行政区之间的贸易和投资合作，促进双方的共同发展：①逐步减少或取消双方之间实质上所有货物贸易的关税和非关税壁垒；②逐步实现服务贸易自由化，减少或取消双方之间实质上所有歧视性措施；③促进贸易投资便利化。

因此 CEPA 的签署是有其合法依据的，具有形成关税同盟或自由贸易区所必需的临时协定性质。

（二）CEPA 的特点

1. CEPA 是 WTO 成员间、一个主权国家下不同关税区之间的安排。在 WTO 框架下，内地、香港、澳门、中国台北四个成员方的关系在坚持一个中国原则的基础上，从过去单方面自主开放，转为 WTO 成员间的相互开放。一方面，内地、香港、澳门、中国台北四成员方本来就是一国，因此四成员在 WTO 内的关系不是一般的 WTO 成员间的关系，必须尊重"一国两制"这个大的前提，CEPA 是一国内不同单独关税区之间的经贸关系；另一方面，四方又分别是 WTO 的正式成员，是 WTO 成员之间的经贸关系。这种安排在世界上是独一无二的。

----

[1] 参见《马拉喀什建立世界贸易组织协定》，"解释性说明"。

2. 具体安排上有超 WTO 的优惠。随着中国加入 WTO，在内地与香港、澳门之间建立起了一种自由贸易关系。CEPA 使这种关系成为比一般世贸组织成员之间更加紧密的贸易互惠关系，不仅体现内地与港、澳之间一个国家几个关税区存在特殊关系的客观现实，而且更加有利于促进彼此间的贸易往来，有利于密切相互的经济合作：

（1）CEPA 取消了专门针对中国内地的歧视性贸易条款，宣布中国加入世界贸易组织法律文件中特定条款的不适用。根据 CEPA 第 4 条，双方同意《中国加入世界贸易组织议定书》第 15 条和第 16 条，以及《中国加入世界贸易组织工作组报告书》第 242 段的内容不再适用于内地与香港之间的贸易。[1]上述三项规定均是中国在世贸组织中承担的带有歧视性的义务。

（2）不同关税区之间的优惠安排。①零关税措施。香港将继续对原产于内地的所有进口货物实行零关税。同时自 2004 年 1 月 1 日起，内地将对附件 1 中表 1 列明的原产香港的进口货物（273 个税目）实行零关税。不迟于 2006 年 1 月 1 日，内地将对附件 1 中表 1 以外的原产香港的进口货物实行零关税。②反倾销措施。双方承诺一方将不对原产于另一方的进口货物采取反倾销措施。③反补贴措施。双方承诺一方将不对原产于另一方的进口货物采取反补贴措施。④保障措施。如因 CEPA 的实施造成一方对列入附件 1 中的原产于另一方的某项产品的进口激增，并对该方生产同类或直接竞争产品的产业造成严重损害或严重损害威胁，该方可在以书面形式通知对方后临时性地中止该项产品的进口优惠，并尽快应对方的要求，根据 CEPA 第 19 条的规定开始磋商，以达成协议。[2]⑤争端解决。根据 CEPA 第 19 条，"双方将本着友好合作的精神，协商解决《安排》在解释或执行过程中出现的问题。委员会采取协商一致的方式作出决定"。与 WTO 争端解决机制相比，其更体现出协商合作的精神。

**五、中国—东盟（10+1）**

2002 年 11 月 4 日，中国和东盟 10 国共同签署了《中华人民共和国与东南亚国家联盟全面经济合作框架协议》（以下简称《框架协议》[3]），中国—东盟

---

〔1〕　议定书第 15 条是确定补贴和倾销时的价格可比性（即市场经济国家地位问题），第 16 条是特定产品过渡性保障机制；工作组报告书第 242 段是有关纺织品和服装产品保障措施的表述。

〔2〕　WTO《保障措施协定》第 2.2 条规定："保障措施应针对一正在进口的产品实施，而不考虑其来源。"

〔3〕　参见"中国—东盟全面经济合作框架协议简介"，载广西新闻网，http：//www.gxnews.com.cn/staticpages/20091117/newgx 46026b0b-2407521.shtnl.

自由贸易区正式启动（俗称 10 + 1 机制）[1]。这是中国在加入世界贸易组织后，顺应经济全球化和区域经济一体化发展两大趋势所做出的最大举措，是中国对外开放深入发展的重大战略决策。

为落实中国—东盟框架协定，中国与东盟在 2004 年 11 月 29 日签订了《中华人民共和国政府与东南亚国家联盟成员国政府全面经济合作框架协议货物贸易协议》（以下简称《中国东盟货物贸易协议》）、《中华人民共和国政府与东南亚国家联盟成员国政府全面经济合作框架协议争端解决机制协议》（以下简称《中国东盟争端解决协议》）。2007 年 1 月 14 日签署了《中华人民共和国政府与东南亚国家联盟成员国政府全面经济合作框架协议服务贸易协议》（以下简称《中国东盟服务贸易协定》）。

《框架协议》共有 16 个条款，从总体上确定了中国和东盟自由贸易区的基本框架：

1. 中国—东盟自贸区的内容。其主要包括货物贸易、服务贸易、投资和经济合作等内容。其中，货物贸易是自由贸易区的核心内容，除涉及国家安全、人类健康、公共道德、文化艺术保护等 WTO 允许例外的产品以及少数敏感产品外，其他全部产品的关税和贸易限制措施都应逐步取消。

2. 相关领域的谈判时间安排。货物贸易的谈判从 2003 年初开始，2004 年 6 月 30 日前结束。服务贸易和投资的谈判从 2003 年开始，尽快结束。在经济合作方面，双方商定以农业、信息通信技术、人力资源开发、投资促进和湄公河流域开发为重点，并逐步向其他领域拓展。

3. 中国—东盟自贸区的时间框架。中国和东盟从 2005 年起开始正常产品的降税。2010 年中国与东盟的老成员国（指 20 世纪 90 年代之前东盟老成员国，即文莱、印度尼西亚、马来西亚、菲律宾、新加坡和泰国）建成自由贸易区[2]，2015 年和东盟新成员（即越南、老挝、柬埔寨和缅甸）将建成自由贸易区。届时，中国与东盟的绝大多数产品将实行零关税，取消非关税措施，双方

---

[1] 建立中国—东盟自由贸易区的构想起源于 2000 年在新加坡举行的东盟与中国"10 + 1"会议上。当时由朱镕基总理提出了构建中国—东盟自由贸易区的设想。2001 年 11 月在文莱举行的东盟与中、日、韩领导人非正式会议上，东盟 10 国领导人与中国领导人一致同意在 10 年内建成中国—东盟自由贸易区。双方把农业、信息产业、人力资源开发、相互投资和湄公河流域开发作为近期合作重点，由此向纵深发展。中国—东盟自由贸易区作为区域经济一体化和区域经济整合的一种形式，其成立的目的包括：促进中国与东盟货物贸易和服务自由化；促进相互投资，增强中国与东盟对外资的吸引力；扩大市场规模，提高企业生产效率，降低成本，促进资源有效配置，提高企业和产业竞争能力；推进成员国制度化和自由化改革，增强抗风险能力。

[2] 但是，泰国的蔬菜和水果已提前在 2003 年 10 月以零关税进入中国内地，其货值每年达 1.7 亿美元。

的贸易将实现自由化。

4. "早期收获"方案的主要内容。为使中国和东盟双方尽快享受到自由贸易区的好处,双方制定了"早期收获"方案。决定从 2004 年 1 月 1 日起对五百多种产品(主要是《税则》第一章至第八章的农产品)实行降税,到 2006 年这些产品的关税将降到零。

5. 关于给予东盟非 WTO 成员以多边最惠国待遇的承诺。当时东盟中越南、老挝、柬埔寨尚未加入 WTO。为了帮助这些国家的发展,中国同意给予东盟非 WTO 成员以多边最惠国待遇,即将我国加入 WTO 时的承诺适用于这些国家。

6. 有关贸易规则的制定。中国与东盟将制定原产地规则、反倾销、反补贴、保障措施、争端解决机制等一系列贸易规则,以保证未来中国—东盟自由贸易区的正常运转。

《框架协议》是中国—东盟自由贸易区的法律基础。这个"10 + 1"谈判模式的形成使东亚区域经济一体化开始向制度化、体制化的方向发展,标志着中国与东盟的经贸合作进入了一个新的阶段。建立自贸区的谈判自 2003 年开始,2012 年 1 月 1 日自贸区建成。形成了一个拥有 17 亿消费者、近 2 万亿美元国内生产总值、1.2 万亿贸易量的经济区。以人口计算,是世界上最大的贸易区;以贸易额计算,是仅次于欧盟和北美自由贸易区的第三大市场。中国和东盟的双边合作机制为共同抗击起源于发达国家的世界经济危机、为维护东亚地区的繁荣和稳定提供了重要的制度性支持。

### 六、双边贸易协定新发展的评价及前景展望

双边自由贸易与多边自由贸易二者目的的一致性决定了在双边自由贸易体制中解决的问题将来可能走进 WTO 多边贸易体制,因为只有 WTO 才能最终解决全球性自由贸易问题。目前高标准的美韩自贸协定已经生效、TTIP 谈判正在进行中。如果 TTIP,这个通常被认为是在同质性大于差异性的欧、美两大经济体之间进行的谈判,能够先行一步,率先取得成功,则不失为对国际经济贸易自由化作出贡献。

中国在加入 WTO 后,面对双边(区域)贸易协定发展的大潮,适时抓住这个机遇,在遵守 WTO 规则的前提下,自 2002 年起积极拓展双边(区域)贸易,争取获得对自己最为有利的竞争条件。对于发达国家在双边(多边)谈判中提出的如环境条款、劳工核心标准条款等需要具体分析,要看到其对提升中国产业竞争力和经济可持续发展有利的一面。为实现中华民族利益的最大化,必须适时做好准备,才能在日后的世界贸易竞争中处于有利地位。

第九章

## ■第三节　亚洲及太平洋经济合作组织

### 一、亚洲及太平洋经济合作组织概述

亚洲及太平洋经济合作组织（以下简称 APEC）于 1989 年 11 月在澳大利亚堪培拉成立，是一个开放的、外向型的、非排他的、推动贸易自由化的区域性经济合作组织，其宗旨是通过在贸易与投资方面减少贸易壁垒，使得货物、服务和资本在亚太地区内自由流动，保证区域内人民分享经济增长带来的利益和好处，并通过地区内合作扩大全球多边贸易体制。APEC 最初成员是 12 个，现有正式成员 21 个，[1]均为环太平洋的国家和地区，总人口达 26 亿，约占世界人口的 40%；国内生产总值之和超过 19 万亿美元，约占世界的 56%；贸易额约占世界总量的 48%，在全球经济活动中具有举足轻重的地位。随着 20 世纪 90 年代东亚奇迹的产生以及太平洋地区经济的蓬勃发展，APEC 日益受到国际社会的重视，成为继欧共体之后的又一个重要的区域经济一体化集团。

1989 年 APEC 成立时只是一个松散的经济协商论坛，成员之间通过对话建立起磋商机制。1992 年 9 月第 4 次部长会议决定成立常设秘书处。1993 年 1 月，该秘书处在新加坡正式成立。从此，APEC 朝着一个具有固定组织机构的区域性经济合作集团迈进了一步。APEC 每年举行一次由外交部长和主管经贸工作的部长参加的部长会议。[2]从 1993 年开始，在第 5 次部长会议之后，召开了第 1 次各成员领导人非正式会议。1993 年 11 月 APEC 领导人在美国西雅图首次聚会，就 21 世纪的前景、亚太经济合作的优先领域、促进经济合作的手段和机制广泛交换了意见。会议结束，发表了《亚太经济合作组织领导人经济展望声明》，确立了亚太经合组织是一个有着共同目标和合作精神的"大家庭"式的团体。1994 年 11 月，APEC 领导人在印尼茂物（Bogor）第 2 次聚会，就该地区贸易和

---

[1] 1991 年 10 月在"一个中国"和"区别主权国家和地区经济"的原则基础上，中国和中国台北、中国香港正式加入 APEC，目前亚太经合组织 21 个国家和地区是：日本、韩国、中国、中国台北、中国香港、泰国、马来西亚、印尼、新加坡、菲律宾、文莱、澳大利亚、新西兰、美国、加拿大、智利、墨西哥、巴布亚新几内亚、秘鲁、俄罗斯、越南。此外，东南亚国家联盟（ASEAN）、太平洋经济合作理事会（PECC）和南太平洋论坛（SPF）是 APEC 的观察员。APEC 按照全体成员协商一致原则接纳新成员。1997 年温哥华领导人会议宣布 APEC 进入十年巩固期，暂不接纳新成员。

[2] 亚太经济合作论坛始于 1989 年，1989 年 11 月 6～7 日在澳大利亚的堪培拉通过《关于加快 APEC 进程的堪培拉宣言》（The APEC Canberra Declaration on Advancing the Process of APEC）；1991 年 11 月 14 日于韩国的汉城通过了《关于 APEC 组织目标的汉城宣言》（The APEC Seoul Declaration on the Objectives of the Organization）；1992 年 9 月 10 日在泰国曼谷通过了《关于 APEC 机构安排的曼谷宣言》（The APEC Bangkok Declaration on Institutional Arrangements）。

投资自由化原则和进程时间表，技术转让与合作，人力资源的开发、环境、争议解决等问题进行了磋商。会后发表了《茂物宣言》（The APEC Economic Leaders Declaration of Common Resolve），确定了行动目标。1995 年 11 月，APEC 领导人在日本大阪进行了第三次非正式会议，会后一致通过了《亚太经济合作组织经济领导人共同行动宣言》（《大阪宣言》）和大阪行动议程（The Osaka Action Agenda-Implementation of the Bogor Declaration），确立了 APEC 自由贸易体系的总体框架和贸易与投资自由化的基本原则，深化和扩大了乌拉圭回合协议的成果，并将贸易投资的自由化与经济技术合作确定为 APEC 的两大支柱。1996 年 11 月 25 日，APEC 领导人在菲律宾的苏比克湾召开了第 4 次非正式会议，会后通过了落实大阪行动议程的《马尼拉行动计划》（全称为《亚太经合组织经济领导人宣言：从憧憬到行动》）及《亚太经合组织技术合作框架宣言》，进一步深化了"大家庭精神"，为未来 15 到 25 年 APEC 成员在贸易与投资政策措施和规划方面，为发达国家和发展中国家分别于 2010 和 2020 年实现自由和开放的贸易和投资目标制定出单边行动计划和协商一致的集体行动计划。

2001 年 10 月 21 日，APEC 第 9 次领导人非正式会议在中国上海举行。各国领导人以"新世纪、新挑战：参与、合作，促进共同繁荣"为主题，就世界经济形势以及"9·11"事件给经济发展带来的影响、人力资源能力建设和 APEC 未来发展方向等问题达成了广泛的共识。会议通过并发表了《领导人宣言：迎接新世纪的新挑战》、《上海共识》和《数字 APEC 战略》等文件，并就反对恐怖主义问题交换了意见，发表了《亚太经合组织领导人反恐声明》。2005 年 11 月 18 日，APEC 第 13 次领导人非正式会议在韩国釜山举行。会议对实现"茂物目标"进行了中期评估，并制定了实现该目标的"釜山路线图"计划，呼吁各成员在对"上海目标"进行积极评估的基础上，至 2010 年之前将交易成本再削减 5%。2006 年 11 月和 2007 年 9 月在越南首都河内及澳大利亚悉尼分别举行了第 14 和第 15 次领导人非正式会议。会议主题分别是"走向充满活力的大家庭，实现可持续发展与繁荣"及"加强大家庭建设，共创可持续未来"。会议通过了旨在实现茂物目标的《河内行动计划》，签署了《河内宣言》及《悉尼宣言》。《河内宣言》呼吁成员推动多哈回合谈判，稳步实施《河内行动计划》，以实现茂物目标；《悉尼宣言》则重点阐述了各成员就气候变化、多哈回合谈判、区域经济一体化、加强人类安全和 APEC 建设等问题达成的共识。

和其他区域性经济一体化组织相比，APEC 具有以下主要特征：①地域辽阔，人口众多。其面积占地球陆地面积的 1/5，人口占世界人口的 2/5。②组织成员的多样性。APEC 目前虽只有 21 个正式成员，但在意识形态、政治制度、经济制度以及经济发展水平上差异较大，有经济上的超级大国，如美国、

第九章

日本；有市场广阔、富有发展潜力的中国；有经济发展的后起之秀东盟五国及四小龙地区。贫富差距巨大，人均国民生产总值不足1000美元的，如印尼、巴布亚新几内亚、菲律宾，人均超过3万美元的有日本，而超过2万美元的占了整个成员的18%。③成员之间经济上的互补性。21个成员之间在经济上既有竞争，但又相互依存，在人力、资源、市场、技术、资金等方面具有很强的互补性。④APEC建立了自己独特的地区对话模式，协商一致构成了这一模式的重要组成部分。

**二、贸易与投资自由化基本原则**

1995年大阪行动议程为APEC成员在实现贸易和投资自由化与便利化方面提出了以下基本原则：

1. 全面性（Comprehensiveness）。即成员应毫无例外地消除阻碍实现自由与开放的贸易与投资长期目标的一切障碍。

2. 与WTO的一致性（WTO Consistency）。所有关于贸易和投资的自由化与便利化的措施应与WTO保持一致。

3. 可比性（Comparability）。APEC确保其成员采取的单边自由化措施具有全面的可比性，即各成员已采取的自由化与便利措施具有总体上的协调一致性。

4. 非歧视性（Non-discrimination）。APEC成员在双边和多边基础上均实行不歧视原则。亚太地区贸易和投资的自由化结果不但是APEC成员之间贸易壁垒的削减，也是APEC成员与非成员之间贸易壁垒的削减。

5. 透明度（Transparency）。每一成员保证其影响商品、服务和资本在APEC成员间流动的法律规定、行政程序的透明度，以便在亚太地区建立和维持一个开放的、有预见性的贸易和投资环境。

6. 维持现状（Standstill）。各成员自我约束，不使用可能导致增强贸易保护主义效果的措施，确保贸易和投资自由化和便利化的过程的稳定性和渐进性。

7. 自由化时间表（Simultaneous Start, Continuous Process and Differentiated Time Tables）。APEC成员将同时按规定的时间表、不延迟地推进自由化、便利化和经济合作的进程。

8. 灵活性（Flexibility）。考虑到成员经济发展水平的不同以及各国环境的多样性，在投资贸易自由化与便利化进程方面要有一定灵活性。

9. 合作（Cooperation）。APEC成员间积极推动有益于自由化和便利化的经济与技术合作。

以上九项原则为APEC成员之间实现市场相互开放、优势互补提供了保证。

**三、单边承诺与集体行动计划**

APEC成员推进贸易和投资自由化与便利化的行动方式是由单边行动、集体

第九章

行动和定期评估三个方面组成的统一体。所涉及的范围包括：关税、非关税措施、服务、投资、技术标准、海关手续、知识产权、竞争政策、政府采购、取消限制（deregulation）、原产地规则、争议解决、商业人员的流动、执行乌拉圭回合协议、情报收集与分析等15个领域。每一领域都有关于目标、指南、单边行动和集体行动计划的规定。

（一）单边行动计划

作为单边行动计划，每一个成员打算采取的措施和作出的承诺如下：①澳大利亚：至2000年将商品关税率降至0~5%；从1997年7月1日起，开放电讯市场。②文莱：至2020年将82%商品的约束关税降为5%，并将修改商标法和版权法。③加拿大：到2000年，将214种信息技术产品的关税降为零；并取消对外国独资企业尚存的最后障碍。④中国：至2000年，将关税降至15%；审核现存的384种非关税壁垒并逐步削减乃至消除，逐步开放服务贸易市场，在投资领域给予外国投资者以国民待遇。⑤智利：至2010年，除少数商品外，全部商品关税降为零。⑥香港：至2010年全部商品关税降为零；并对电讯和金融领域放松控制。⑦印尼：2003年全部进口商品关税降为5%~10%，并按乌拉圭回合协议中规定的时间提前消除非关税壁垒。⑧日本：至2000年取消214种信息技术产品关税；并宣布了50项放松控制的措施，其中包括对商业人员放宽签证限制的规定。⑨马来西亚：宣布对上千种商品降低关税并放宽对金融和资本市场的限制，放宽对电讯电子和航运业的发展限制。⑩墨西哥：放宽外国在铁路、卫星通信、天然气分配、运输和金融领域投资的限制。⑪新西兰：至2010年，取消全部商品关税，并提前执行WTO的知识产权协议。⑫巴布亚新几内亚：将就参加WTO举行会谈，削减关税和非关税壁垒。⑬菲律宾：至2004年，将农产品以外的商品关税降至5%以下；并放宽对外国投资的限制。⑭新加坡：至2010年，取消全部商品关税，并提前执行WTO的知识产权和投资协议，取消对国营部门雇员养老基金的限制。⑮韩国：增加允许外国投资的企业部门的数目；降低对汽车零件的进口税；放宽对铁路、食品检查和海关手续的控制。⑯我国台湾（地区）：对近千种商品削减关税；放宽对某些商品的进口禁令和配额并放宽外商投资部门。⑰泰国：提前实施削减关税的措施并根据其在WTO所作承诺；开放金融服务市场；批准建立知识产权贸易法庭的提案。⑱美国：至2000年取消214种信息技术产品关税；放松海关手续、出口限制并使政府采购措施合理化。

成员的单边行动计划均从1997年1月1日起同时开始实行，根据APEC贸易与投资自由化、便利化的原则，单边行动计划应在成员之间平等执行，且都应与WTO多边贸易体制的原则保持一致，即在成员之间实行最惠国待遇，任何以国内立法或其他理由为借口否定或削弱这一原则的行动，都有悖于APEC倡导的"大家庭精神"。

在单边、自愿、渐进原则的指导下，APEC 成员尽管经济发展水平差距很大，但在贸易和投资自由化过程中，都采取了积极主动、合作的态度，许多国家和地区提交的单方行动计划都超出了它们在世贸组织中所承担的义务的范围。因此，可以有充分的理由认为，APEC 在推动内部贸易、投资自由化的同时，实际上推动了世界范围内的贸易和投资自由化的进程，为以世界贸易组织为代表的多边贸易体制的发展起到了积极的促进作用。

（二）集体行动计划

APEC 的集体行动计划比较有成效的主要在非关税领域，如服务贸易、投资、标准化、海关通关手续等。

1. 服务贸易。在服务贸易领域，APEC 的目标是逐步减少市场准入的限制并在成员之间逐步实行最惠国待遇和国民待遇。为此，集体行动计划包括：①在电子通讯方面：至 1998 年，实现在国际附加值网络服务贸易（Trade in International Value-Added Network Service）（IVANS）方面的统一；②在交通运输方面：在未来 10 年内，取消在贸易和国际运输方面对纸单证的要求（强制性的和机构性的）；③在能源方面：至 1999 年底，APEC 成员将就相互承认检验报告及试验室鉴定方面达成协议。

2. 投资。在投资领域，APEC 的目标是实现投资领域的自由化，逐步提供最惠国待遇、国民待遇以及增加透明度，并通过技术援助和合作便利投资活动。为此，集体行动计划包括：①不把放松卫生、安全及环保规定作为鼓励外国投资的途径；②尽量减少使用任何会扭曲、限制本地区投资和贸易的所谓业绩规定；③进一步放宽贸易及投资资金转移，如股本、利润、特许权使用费、贷款偿付、清算等方面的限制；④通过协商或各方都能接受的仲裁方式解决投资争端；⑤避免对投资者双重征税；⑥允许参加投资经营的外国技术和管理人员的入境及短期滞留；⑦避免采取没收外资的做法；⑧在向外国投资者提供国民待遇的同时，向外国投资者提供便利。

3. 产品的标准化。在消除产品的技术性贸易壁垒，实现产品标准化方面，APEC 的集体行动计划包括：APEC 成员将积极参加国际标准化组织（International Organization for Standardization）、ISO 国际电子技术委员会（International Electrotechnical Commission，IEC）及医药营养委员会（Codex Alimentarius Commission）的工作。至 2005 年加入《公制条约》（Treaty of the Metre，La Convention Du Metre）及《国际度量衡组织公约》（OIML，La Convention Instituant Une Organisation Internationale de Metrologie legale），实现国内标准和国际标准的统一。发达国家与发展中成员分别在 2000 年与 2005 年建立并参加在自愿部门相互承认检

验结果的网络性安排，并努力在强制性部门建立相互承认检验结果的网络性安排。

4. 通关手续。鉴于 APEC 成员之间海关程序存在的巨大差异，造成亚太地区间贸易活动的拖延和成本增加，阻碍了商品、服务、技术、资金的流动，APEC 的简化和协调成员之间海关手续的集体行动计划，主要包括：①至 1996 年实行统一的商品名称和编码协调制度（The International Convention on the Harmonized Commodity Description and Coding System, Hs Convention）；②至 1998 年，通过关于《简化和协调海关手续的京都公约》（International Convention on the Simplification and Harmonization of Customs Procedures, Kyoto Convention）；③至 2000 年，采纳世贸组织的《海关估价协议》和《与贸易有关的知识产权协议》；④至 2000 年，采用先进的关税分类管理制度；⑤至 2000 年，加入《货物暂准进口公约》（Convention for the Temporary Admission of Goods），为 APEC 成员间对货物的暂进口提供便利。由于 APEC 成员在经济和技术水平发展方面还存在巨大差异，因此在许多重要领域，如知识产权保护、原产地规则、政府采购、竞争政策、争议解决等方面尚未达成集体活动计划。

总之，在贸易和投资自由化与便利化进程中，无论是 APEC 成员的单边行动计划还是集体行动计划，都证明了 APEC 不是一个清谈馆，其自由化和便利化措施已经由组织构想变成了成员单个和集体的实际行动，由此可以看出，亚太经合组织是一个务实的、进取的机构。这些单边和集体的行动计划在执行中通过定期审议和磋商，不断得到修改和完善。

### 四、经济和技术合作

贸易与投资的自由化、便利化和经济与技术合作是 APEC 的两大支柱。经济与技术合作在 APEC 中之所以占据如此重要的地位，是因为 APEC 成员经济、技术发展水平差距很大，区域性经济技术合作不仅有利于减少和消除贫困，缩小经济差距，也为贸易和投资自由化开辟了更为广阔的前景。特别是发展中国家，在开放了市场之后，必须不失时机地培育这个市场，否则无异于"杀鸡取卵"，缺乏商业远见。因此，发展中成员通过与发达成员的经济技术合作在共同的政策和联合行动方面通过协商和交换观点分享人力资源和经验。

经济技术合作主要包括以下领域：人力资源开发、工业科学与技术、中小企业、经济基础设施、能源、交通、电子通讯和情报、旅游、贸易和投资数据、贸易促进、海洋资源保护、渔业、农业技术等。

1. 人力资源开发。人力资源是亚太地区最重要的财富。人力资源开发的集体行动计划主要包括：①执行 APEC 商业自愿者计划（Business Volunteer Program），便利本地区商业专家在商业和私人实体中的自愿派遣以便交换和转让经营和技术技能；②对行政人员、经理、工程师、政府官员及其他工人进行培训

第九章

以提高人员素质和数量供应；③通过有关 APEC 成员之间签订的双边协定，相互承认专业证书，以便利区域内合格人员的流动。

2. 中小企业。在亚太地区，中小企业在经济增长中起着至关重要的作用。由于技术的飞速发展，消费者需求的多样性，如何充分开发中小企业的潜力，调动其积极性，充分发挥其灵活性、适应性强的特点，并在人力资源、情报信息、资金融通和进入市场方面提供帮助和政策指导是十分重要的，为此集体行动计划包括：①进行工业前景研究（an industrial outlook study），对区域内工业相互依存的状况进行全面的以及分部门的研究，使得中小企业政策的制定者和中小企业能对经济环境有一个充分的认识和了解；②为 APEC 中小企业技术交流和培训中心（APEC Centre for Technology Exchange and Training for SMES）制定活动计划，帮助其处理情报网络中心的工作，提供培训机会，并组织以中小企业为目标的活动；③为中小企业研究金融市场，建立风险资本研究会（Venture Capital Workshop），促进中小企业进入风险资本市场。

3. 海洋资源保护。海洋环境对维持亚太地区经济增长的活力起着重要作用，渔业、水产养殖业及其他水制产品和旅游业均依赖于对海洋环境的保护，为此 APEC 集体活动计划包括：①对有关的政策、标准、证书、强制性规定等提出建议；②至 1998 年，对沿海区域的管理、开发，有效的通讯、情报交换和计划机制提出指南；③至 1999 年，对维护海洋资源开发的结构性壁垒进行评估并在 1999 年以前制定出行动计划和确定优先采取的行动。

4. 农业技术。鉴于 APEC 成员需求各异以及发展水平不同，加强农业技术合作对于区域内农业的均衡发展、资源利用与保护以及改善食物的多样性和质量非常重要。为了提高农业生产能力以及有关工业的发展，APEC 采取的集体行动包括：①为促进动植物物种交换，在 1997 年前建立与动植物物种有关的情报信息网络；②为提高生物技术研究和开发，在 1997 年前建立专业数据库；③为促进农业技术培训，在 1998 年前建立培训计划并为电子传播提供情报援助。

五、对亚太经合组织的评价

亚太地区的突出特点是其多样性。地区内各国经济发展不平衡、人口分布与贫富差距较大、文化差异明显、历史影响因素复杂，加上社会经济制度的不同，成员之间既有很强的互补性，又决定了各成员在参与经济合作的目的与要求上各不相同。1994 年 11 月 15 日在印尼茂物通过的《茂物宣言》明确指出，APEC 强烈反对成立一个同全球贸易自由化目标相背离的内向型贸易集团（Inward-Looking Trade Bloc）。APEC 的特点决定了其贸易和投资自由化进程只能以单边、自愿、渐进式为原则，而不搞集体的、强制性的、齐头并进式的开放措施。

从本质上看，APEC 是一个国际的、论坛性质的机构，其基本文件是每年的

第九章

部长会议和领导人非正式会议通过的宣言和行动计划以及领导人的承诺。从严格的法律意义上讲，这些文件和承诺只有道义上的责任，而无法律上的约束力。因此，APEC 和 WTO 不同，它不是一个通过谈判方式建立起具有契约性权利和义务的经济组织，其活动特点是自愿和非约束性。APEC 和欧盟也不同，APEC 不服从于一个超国家的地区体制的规章或强制力的约束。APEC 与北美自由贸易区也不同，没有采用正式的协定方式对组织成员建立起具有法律约束力的区域自由化模式。

总之，APEC 在实践中形成了自己别具一格的亚太特色，这就是非条约约束性的经济合作组织，强调成员以自愿为基础，以开放的地区主义为原则，以单边基础上的集体协商为行动准则，即非正式的、协商一致的亚太模式。尽管由于 APEC 的多样性以及美国和日本在组织内主导权上的争夺给该组织的发展带来了阴影，然而，正如 APEC 贸易和投资委员会主席巴特勒在马尼拉会议上所说，"亚太经合组织不仅有时间表和明确的目标，还有战略计划和一系列的个别和集体行动计划，而所有这些都是通过协商一致取得的"。

从 1989 年 10 月起，APEC 先后成立了 10 个专题工作组和 2 个有关经济和区域贸易自由化的特设工作组。我国参加了上述全部 12 个工作组的工作。1994 年 11 月 15 日，中国对 APEC 的未来提出了五项原则：相互尊重，协商一致；循序渐进，稳步发展；相互开放，不搞排他；广泛合作，互利互惠；缩小差距，共同繁荣。为了参与 APEC 的贸易和投资自由化与便利化进程，中国作出了巨大的努力。中国自 1994 年开始建立社会主义市场经济体制，全面执行了 1995 年中国领导人在大阪宣布的首次自由化措施。中国制定了实施 APEC 贸易和投资自由化与便利化的单边行动计划。

目前，区域内各成员的自由化速度很快且范围不断扩大、程度日益加深，对中国经济改革的压力加大，尽管如此，中国将恪守在 APEC 中的承诺，为推进区域一体化尽自己的努力。

### 六、APEC 的后续变化—TPP 与 RCEP

1998 年，亚洲经济危机以及随后亚太经合组织（APEC）的部门先行自愿自由化失败，一些成员开始探讨部分成员的先行自愿自由化，试图以此推动"茂物宣言"目标的实现和更广泛的亚太地区的自由贸易合作。2002 年 10 月，APEC 墨西哥峰会期间，智利、新西兰、新加坡领导人开始了缔结自由贸易协定的首次谈判。2005 年 7 月 18 日，三国签署了《跨太平洋战略经济伙伴协定》（Trans-Pacific Strategic Economic Partnership Agreement，TPSEPA），同年 8 月文莱也作为创始成员签署了该协议。协议于 2006 年 5 月 28 日生效。由于最初加入协议的国家是 4 个，因此该协议又被称为《P4 协议》。因其成员横跨太平洋两岸，因此也是第一个多国参加的横跨太平洋的跨区域自由贸易协定。《P4 协议》的成员都是小国，因此在诞生之初并未受到太多关注，随着美国"重返亚洲"战略的实施，2008 年 9 月 22 日，美国高调宣布将要全面参与《P4 协议》，P4 大有可为的发展潜力开始受到关注。其后，澳大利亚、秘鲁及越南也分别表达了参加的意愿。2009 年 11 月 14 日在新加坡召开的 APEC 领导人会议上，美国总统奥巴马明确表示美国将参加《P4 协议》谈判。2010 年 3 月 15 日，上述 8 国代表的首轮谈判在澳大利亚墨尔本举行，这是《P4 协议》转变成为《跨太平洋伙伴协定》（Trans-Pacific Partnership Agreement，以下简称 TPP）的第一次正式谈判。与会代表就如何建立一个"面向 21 世纪的新型贸易协议"（new kind of trade a-greement for the 21st century），并"把 TPP 扩大到亚太地区所有国家的目标"进行了讨论。此后，马来西亚、墨西哥、加拿大、日本、韩国等先后加入 TPP 谈判，目前参加谈判的国家已有 13 国。预计在 2014 年底完成谈判。届时，TPP 将成为一个有 8 亿人口和占全球经济约 40% 的市场。

与 APEC 相比，《P4 协议》的亮点在于它的约束性。P4 进程从一开始就确定为是具有约束性的协议；此外，《P4 协议》具有开放性。P4 从一开始就面向 APEC 成员。《P4 协议》第 20.6 条准入（Accession）规定：基于协定成员方的同意，协定向任一 APEC 成员方或其他国家（any APEC Economy or other State）开放准入；与一般自由贸易协定一样，P4 具有渐进性和灵活性。P4 以部门的自由化为导向，在贸易自由化进程中允许产业的保留和例外，也不以一揽子实施为基础；[1] P4 是小国之间经济合作与互补的协议。美国加入谈判之所以成为 P4 协议的转折点就在于，P4 成为美国主导的 TPP 后，和 TTIP 一样，是一个美国式的所谓高标准的区域贸易协定。在美国的主导下，TPP 成为反映美国价值观、以保护美国利益为核心，大国与小国、强国与弱国，在经济利益与政治考量之间进行博弈的战场。[2]

RCEP 是《区域全面经济伙伴关系协定》（Regional Comprehensive Economic Partnership）的缩写。2011 年由东盟十国发起，邀请中国、日本、韩国、澳大利

---

〔1〕 参见 Trans-Pacific Strategic Economic Partnership Agreement，TPSEPA.

〔2〕 关于 P4、TTP 与多哈回合谈判议题内容的比较，参见张晓君、孙南翔："多哈回合谈判困境与跨区域贸易协定的勃兴"，载中国法学会 WTO 法研究会 2013 年年会论文集，第 83 页。相关网址：①多哈回合谈判议题：WTO. Subjects treated under the Doha Development Agenda, available at http：//www.wto.org/english/tratop_e/dda_e/dohasubjects_e.htm；②P4 协定内容：WTO. Main topics Covered by Trans-Pacific Strategic Economic Partnership, available at http：//rtais.wto.org/UI/CRShowRTAID-Card.aspx? rtaid =9；③TPP 协定谈判议题：Office of the United States Trade Representative, Outlines of the Trans-Pacific Partnership Agreement, available at http：//www.ustr.gov/about-us/press-office/fact-sheets/2011/november/outlines-trans-pacific-partnership-agreement.

亚、新西兰和印度参加（简称东盟"10＋6"）。[1]2002 年 APEC 开始酝酿并提出建立亚太自由贸易区的设想，但缺乏具体行动。2008 年因美国次贷危机引发的全球性经济危机导致欧美国家经济低迷，相比之下，亚洲国家之间的经济交往与合作却呈现出勃勃生机。东盟国家意识到维护和增加亚洲经济活力的重要性。2011 年 2 月 26 日，在内比都举行的第 18 次东盟经济部长会议决定在亚洲国家之间达成了一个综合性的自由贸易协议，并产生了建立区域全面经济伙伴关系（RCEP）的草案。在 2011 年东盟峰会上东盟十国领导人正式批准了 RCEP。2012 年 8 月底，东盟十国、中国、日本、韩国、印度、澳大利亚和新西兰的经济部长会议原则上同意 RCEP。2013 年初 RCEP 启动谈判，2013 年 8 月底召开的东盟与 6 国经济部长会议上达成了《RCEP 谈判指导原则和目标》，预计 2015 年底完成谈判。

RCEP 的目的是通过削减关税及非关税壁垒，建立一个 16 国的统一市场。RCEP 的谈判领域包括货物贸易、服务贸易、投资、经济技术合作、知识产权、竞争政策、争端解决机制等 8 个方面。涉及面虽然广泛，但如果以其自由化深度来衡量，RCEP 基本上还是属于一般自由贸易协定。目前在市场准入自由化模式、关税减让模式、原产地规则、海关程序与贸易便利化、争端解决机制等方面各方已达成初步共识。在货物、服务、投资及协议框架等问题上也取得了一定进展。但由于 RCEP 国家之间经济发展水平差距较大，各自都有自己的敏感行业和领域，因此如期达成一致协定并非易事。RCEP 现有 16 个成员方，人口约 27 亿，是世界上最大的消费市场。RCEP 的成功将对促进亚洲的区域经济一体化合作，促进成员国间相互开放市场具有重要意义。

从人们对 TPP 和 RCEP 贸易自由化的期许来看，两者或许不在一个平面上，TPP 是一个 21 世纪的高标准自贸协定，RCEP 还停留在一个相对较低的标准上。但与 WTO 的贸易自由化标准相比，两者在范围的广度和自由化深度上无疑都大大前进了一步。这是值得肯定和赞许的。从 APEC 的角度来看，TPP、亚太自贸区[2]、RCEP 都没有涵盖所有的东盟国家。RCEP 是由东盟国家首次提出，并以东盟为主导反映亚洲发展中国家利益的自由贸易协定；TPP 是以美国为主导的反

---

[1] 这 6 个国家都是之前与东盟已经签署了自由贸易协定的国家。东盟 10 国与这 6 个国家分别签署了 5 份自由协定，其中澳大利亚和新西兰共同与东盟签署了 1 份自贸协定。

[2] 亚太自贸区包括亚太贸易协定成员：中国、孟加拉、印度、老挝、韩国和斯里兰卡。建立亚太自贸区的设想在 2014 年 5 月青岛举行的贸易部长会议上有了重大突破。中国提出了亚太自贸区路线图，同时提出了建设丝绸之路经济带和"21 世纪海上丝绸之路"（简称"一路一带"）的经济战略构想。在 APEC 北京峰会上，正式发布了《亚太自贸区北京路线图》，展示了中国在国际经贸领域的影响力和话语权。

映发达国家利益的自贸协定。由于 TPP、RCEP，以及亚太自贸区的成员并不完全重合，还有一些既不在 TPP 又不在 RCEP 和亚太自贸区的亚洲成员，这在 APEC 成员内部，无形中削弱了亚洲国家在经济一体化过程中的凝聚力。

## ■第四节 欧洲共同体与欧洲联盟的经济贸易法律制度

### 一、欧洲共同体的产生及其法律地位

#### （一）欧洲共同体的产生

欧洲共同体（EC）是由欧洲煤钢共同体、欧洲经济共同体以及欧洲原子能共同体合并形成的欧洲经济一体化组织。它成立之初属于关税同盟，宗旨是建立成员国之间的共同市场，取消影响货物在共同体内流通的关税和非关税障碍，实行共同的农业政策和内部统一的农产品价格，实现货物贸易自由（这个目标已于1968 年 7 月 1 日实现），在此基础上逐步统一欧洲货币，实现资本、服务和人员等生产要素在共同体内自由流通，即"四大自由"。随着欧洲联盟的建立，欧洲共同体已经发展成为在经济、政治、外交、社会福利等更广泛领域实现政策和法律协调的经济同盟组织。如果实现政治一体化，这个区域共同体将变成邦联国家。

1952 年 12 月和 1953 年 2 月，荷兰外交大臣贝因先后提交了两份备忘录，提出了进一步加快欧洲一体化进程，建立欧洲共同市场的计划框架，被称作"贝因计划"。1956 年 3 月 25 日，欧洲煤钢共同体六国外交部长经过充分讨论和谈判协商，在罗马签订了具有历史意义的《欧洲原子能共同体条约》和《欧洲经济共同体条约》（以下简称《罗马条约》）。1958 年 1 月 1 日，这两个条约完成了批准程序，正式生效，欧洲原子能共同体和欧洲经济共同体宣告成立，同时成立了欧洲原子能共同体委员会与部长理事会、欧洲经济共同体委员会与部长理事会。根据与《罗马条约》同时达成的《关于欧洲共同体某些共同机构的公约》，将建立单一的议会和单一的法院，同时服务于三个共同体。

《罗马条约》由 248 条正文、4 份附录和 9 个议定书组成，它是欧洲经济共同体得以建立的法律基础，也是后来的欧共体和欧盟得以形成的法律基础。其基本内容是：①共同市场。[1] 该条约明确规定，在各成员之间取消货物进出口关税和数量限制以及其他具有同样作用的限制措施，取消人员服务和资本自由

---

[1]《罗马条约》及其他基础性文件并没有给"共同市场"以准确定义，它不是经济一体化的一种形式，而是实现欧洲共同体目标（经过创建一个没有内部边界的区域，增强经济与社会整合，促进平衡与持久的经济和社会进步）的重要途径。共同市场建立需做到：取消货物进出口关税和数量限制；建立针对第三国的共同关税和贸易政策，废除成员间人员、服务资本自由流通的障碍；建立保证内部市场不受扭曲的一种制度；共同市场运行的成员国法律趋于一致。

第九章

流通的各种障碍，通过建立共同市场和各成员国经济政策上的逐步接近，以促进共同体内经济活动的协调发展。②共同的经济政策。《罗马条约》第 3 条规定，为实现条约所确定的目标，共同体的活动应包括采取一项以成员国经济政策紧密协调、内部市场和共同目标的确立为基础、与自由竞争的开放市场经济原则相一致的经济政策。③统一货币。货币统一是建立共同市场的必要条件。1964 年共同体委员会建立了成员国"中央银行行长委员会"，1972 年共同体理事会通过了旨在协调成员国之间汇率的"蛇形与隧道制度"，将成员国之间的货币汇价以及成员国货币对美国货币的浮动限制在一定比率，超过界限则各国有义务干预。1978 年共同体理事会在不莱梅会议上决定建立欧洲货币制度，该项制度同年在布鲁塞尔会议上确立，1979 年正式生效，核心是确立"欧洲货币单位"，建立欧洲货币体系，它为后来建立单一欧洲货币——欧元打下了良好的基础。

由于三个共同体根据不同的条约建立，各有自己的执行机关，缺乏协调行动，也产生行政资源浪费和效率低下的问题。从大的方面看，三个共同体的目标是一致的，就是实现高度一体化，促进社会经济发展，所以三个共同体机构的联合势在必行。1965 年 4 月 8 日，六国外长为统一上述三个共同体签订了《欧共体单一理事会和单一委员会成立条约》，即《执行机构合并条约》，1967 年 7 月 1 日起正式生效。从此，三个共同体合并成单一的欧洲共同体（European Community，EC）。根据条约规定，欧洲煤钢共同体的高级管理局与欧洲原子能共同体委员会及欧洲经济共同体委员会合并，产生一个为三个共同体所共有的委员会作为共同的执行机构；欧洲煤钢共同体特别部长理事会和欧洲原子能共同体部长理事会以及欧洲经济共同体部长理事会也予以合并，形成一个为三个共同体所共有的部长理事会。加上已经存在的为三个共同体服务的单一的议会和单一的法院，新的欧洲共同体机构已经产生，它们是欧共体部长理事会、共同体委员会、欧洲议会和欧洲法院。欧共体的建立标志着一个超国家的政治实体已经形成，其成员将让渡相当一部分国家主权交给共同体行使，以便为建立欧洲大市场，为欧洲各国政治和经济合作创造条件。

（二）欧洲共同体的法律地位

欧洲共同体是国家之间通过协议建立起来的地区性国际组织，它具有一般国际组织的共同点，即具有独立的法律人格，具有独立承担民事权利义务的能力。欧共体及其各机构的成员、欧共体官员和其他工作人员、各机构中成员国委派的代表、各国派驻欧共体的使团等享有履行职务必需的特权与外交豁免。

与一般国际组织不同的是，欧共体的法律人格应区分为国内法意义上的法律人格与国际法意义上的法律人格。欧共体的国内法律人格表现为具有民事权利义务主体资格，参与民事诉讼，享有取得和处置动产、不动产的权利，同时它还具有类似于国家的对内主权，可以制定统一的政策和法律，进行行政管理，在一定范围内进行司法审判活动。欧共体的国际法律人格表现为可以以自己的名义承担国际权利和义务，在国际法律诉讼中享有作为当事人的资格。欧共体享有类似于国家的对外主权，可以以自己的名义缔结国际条约，建立外交关系和派驻外交代表。不论从政治上还是从法律上看，欧共体都超出了一般国际组织的性质，成为凌驾于成员国之上的政治实体。

1. 从政治上看，一般的国际组织是为实现某一领域的合作，通过签订条约而建立的联合体。这类联合体虽有监督条约执行的功能，但它只能通过要求成员国履行条约义务间接影响其内部事务，没有直接支配主权国家的权力，成员国在立法、司法、行政方面仍保持独立地位。欧共体有实质不同，它是国家间为实现经济、政治和社会政策一体化（非一般合作）进行的实质联合，虽然成员国保留独立国家地位（主要是政治、外交方面），但它相当一部分主权已让渡给共同体，在经济和社会政策上联合为一体进行活动，对外的各自单独活动已受限制。共同体机构对成员国有直接支配权，成员国立法权从属于共同体立法权，行政权也受共同体法律和政策的约束。

2. 从法律上看，一般的国际条约和国际组织决议不可能产生如同主权国家法律一样的约束作用，国际组织无司法功能，不能以司法上的强制迫使主权国家及其管辖的公民、社会组织执行这些条约和决议。它们的实施需要主权国家批准，经过一定程序转化为国内法，由国内司法机关、行政机关贯彻实施。而欧共体具有类似主权国家一样的立法和司法功能，其立法和司法活动可以直接创设国内法上的权利义务。在立法方面，欧共体成员国缔结的条约、欧共体组织制定的指令、条例、决定具有高于国内法的效力，成员国政府、公民、社会组织都要遵守，都要服从共同体法律构建的国际法律秩序；在司法方面，欧共体法院直接受理成员国政府、公民、社会组织因执行共同体法律产生的诉讼，法院保护当事人依据《罗马条约》贸易自由和竞争规则产生的权利，其判决具有如同国内法院判决一样的强制执行效力。

**二、欧洲一体化的高级形式——欧洲联盟**

进入 20 世纪 80 年代，由于欧共体成员国的增加，使成员之间利益关系复杂化，欧共体以全体意思一致通过决议的方式面临困难，欧洲一体化进程受到阻碍。后来发生的三次具有里程碑意义的制度创新和机构改革把欧洲统一大市场的建设推向新阶段，最终导致欧盟成立以及新的欧洲一体化内容和目标的确立。第一次是 1986 年批准《单一欧洲法》，第二次是 1992 年签订《欧洲联盟条约》，第三次是 1997 年签订《阿姆斯特丹条约》。

1985 年 7 月，欧共体理事会在卢森堡召开理事会议，为制定全面改善共同

第九章

体制度的单一欧洲法展开谈判。1986年2月17日，成员国签署了旨在成立欧洲联盟的《单一欧洲法》，于1987年7月1日生效。《单一欧洲法》并没有建立欧洲联盟，也未能根本改变欧共体机构，但是它修改了三个欧共体条约，引起欧共体机构的重要调整并确立了欧洲经济货币联盟计划，在一定程度上推进了欧洲联盟成立的进程。其主要内容是：①改善共同体表决制度，由"协商一致"部分地改为"限定多数"投票表决制，以加快立法进程，同时扩大欧洲议会和公民参与共同体决策，建立其对部长理事会决策施加影响的程序；②明确规定在1992年以前建立欧共体内部统一大市场，实现商品、资本、人员、服务自由流动，在此之后，开始实施经济货币联盟计划；③加强外交政策方面的合作，采取有效措施促进这一合作。

（一）《欧洲联盟条约》

1992年2月7日，欧共体各成员在荷兰马斯特里赫特签订了《欧洲联盟条约》（亦称《马斯特里赫特条约》），于1993年1月1日正式生效，欧洲联盟宣告成立。欧洲联盟是由三个支柱（Pillar）支撑起来的。第一个支柱是欧洲共同体，欧盟成立后，欧共体作为核心的法律实体继续存在；第二个支柱是共同的外交和安全政策；第三个支柱是成员国之间的内务与司法合作。后两个支柱形成的法律不同于欧共体法，它们仅具有政府间合作法的性质，不具有超国家法的特点。

《欧洲联盟条约》体现了这种制度安排。该条约分为7编共14条，内容是对原来的3个共同体条约作全面修改，增加了关于共同的外交与安全政策条款和关于司法与内务合作条款，阐述了分阶段实现欧洲经货联盟的目标。主要内容是：①经济及货币联盟。条约规定分三个阶段实现经济货币联盟计划：第一阶段在1993年底以前，实现资本流动自由；第二阶段自1994年1月1日起成立欧洲货币组织，作为未来欧洲中央银行的前身，监督成员国经济及货币政策，控制欧洲货币制度运作；第三阶段最迟从1999年1月1日起成立独立于成员国的欧洲中央银行，发行单一欧洲货币，在联盟内流通。②共同的安全和外交政策。条约规定，欧盟成员国实行共同的外交及安全政策，以实现以下目标：维护欧盟共同的价值、利益和独立；加强欧盟成员国的安全；按照《联合国宪章》原则，维护和平、国际安全和国际合作；发展、巩固民主制度和法律权威，尊重人权和基本自由。欧盟采取两种方式实现这些目标：一是在政策制定上成员国彼此合作；二是在成员国有共同重要利益的领域逐步采取共同行动。③确定欧洲联盟公民身份及公民权利自由。④扩大欧盟管辖权。进一步实现在信息交换、环境、公共卫生、文化、货币政策、消费者保护、工业发展与合作等领域的法律协调。⑤在司法与内政事务方面密切合作。

欧洲联盟成立后，各成员很快对《欧洲联盟条约》以及三个共同体条约进行了又一次修改,《欧洲联盟条约》确立的目标和为实现目标应采取的措施更清晰和具体。1996 年欧盟理事会在都灵召开会议,确立了旨在修改《欧洲联盟条约》的议题,组建了工作机构。1997 年 10 月 2 日,欧盟成员国正式签署了旨在修改《欧洲联盟条约》和三个共同体条约的《阿姆斯特丹条约》(全称是《修改欧洲联盟条约、建立欧洲共同体条约和某些相关法令的阿姆斯特丹条约》)。主要内容是:①人员自由流动与安全。条约把旨在实现成员国内人员自由流动,取消内部边界的《申根协定》成果在《欧洲联盟条约》中确定下来,要求成员国努力实施关于政治避难、签证、移民、外部边界的统一规则,加强警察、安全部门的合作,防范在取消内部边界条件下的跨国犯罪活动。②保护公民利益。条约把提高欧盟就业率作为重要目标,要求各成员合作制定相应政策,包括男女同工同酬、环境保护、劳工保护、卫生健康政策、提供就业指导。③协调一致的对外政策。条约要求加强欧盟理事会在欧洲共同的外交与安全政策方面的作用,为此改进理事会决策程序:一是引入"建设性弃权"程序,在理事会以全体一致方式决定重大事项时,允许某一成员实行建设性弃权,该成员国应认可该决定的实施,但在国内无须实施决定;二是在实施共同外交与安全政策时,更多地采用限定多数投票表决制,同时引入"紧急刹车"程序,允许某成员国以国内政策原因反对欧盟作出决定,此时应将该决定交欧盟理事会以全体一致通过的表决程序决定。④调整欧盟机构。引入共同决策制度,使欧洲议会成为真正的合作立法机构,与部长理事会共同行使立法权;扩大欧盟决策中以限定多数票通过事项的范围,提高决策效率;扩大欧盟委员会权力,使之成为欧盟更有效率的提议者、管理者、维护者。

欧盟成立后,其成员国又有扩大。1995 年 1 月 1 日起,奥地利、瑞典、芬兰加入欧盟,其成员扩大到 15 个国家。此外,瑞士、塞浦路斯、马耳他、波兰、匈牙利、罗马尼亚、保加利亚、捷克斯洛伐克、爱沙尼亚、斯洛文尼亚 10 国也于 2004 年 5 月加入。2007 年 1 月,罗马尼亚和保加利亚两国加入欧盟。至此,欧盟共有 27 个成员国。

1998 年 5 月 2 日,欧洲议会通过决议,批准了奥地利、比利时、芬兰、法国、德国、意大利、爱尔兰、荷兰、卢森堡、葡萄牙和西班牙 11 国为欧洲经济货币联盟创始成员国。总人口已达 3 亿的这 11 国在 1999 年 1 月 1 日正式启用欧洲单一货币——欧元,与成员国本币同时流通。2002 年上半年,欧元代替这 11 个国家货币流通。自欧盟的成立至 2002 年欧元的正式流通,标志着欧洲经济一体化和司法一体化已经完成。

为了完成政治一体化进程,使全欧洲像单一国家一样一起行动,欧盟制宪委员会于 2002 年成立,其任务是制定《欧洲宪法条约草案》,在更高的法律层

第九章

面确认和规划欧洲一体化进程，保证欧盟有效运作。2004年10月，欧盟成员国领导人在罗马签署了《欧洲宪法条约草案》，该条约需经成员国全民公决或者国内议会批准后方能生效。2005年，法国以全民公决形式否决了该条约，随后荷兰也否决了该条约。2008年6月13日，爱尔兰全面公决没有通过新的欧盟宪法——《里斯本条约》，欧洲一体化在新领域的进程受挫。

（二）欧洲联盟的机构设置

导致欧盟成立的上述三个国际条约对三个欧共体条约中关于机构的内容都作了修改补充，引起了共同体机构的重大调整。《欧洲联盟条约》生效后，原欧共体理事会已改称欧盟理事会；原欧共体部长理事会已改称欧盟部长理事会；原欧共体委员会已改称欧盟委员会；欧洲议会已改称欧盟议会。但是原来根据三个共同体条约建立的经济共同体仍然存在，它是欧盟这个一体化组织的核心支柱，只不过其职能活动已由新的欧盟机构履行。[1] 欧盟的另外两个支柱是共同的外交与安全政策及司法与内务合作，它们代表欧盟工作的新领域和一体化的方向。欧洲法院无论在名称上还是在性质上都没有改变，欧洲法院的司法权目前仅限于原来三个共同体法律制度和规范的实施，而对于共同的外交与安全政策、司法与内务合作事项尚无司法权。欧盟机构也有类似于国家组织的立法、行政、司法机构，不过其立法权和行政权没有分开，立法权由理事会、委员会、欧洲议会共同承担，以相互制约。

1. 欧盟理事会和部长理事会。欧盟理事会是欧盟最高决策机关和政治机关，负责重大问题决策，其职能是根据委员会提案批准重要法律、法规和决定，授权委员会执行这些法规和决定。欧盟理事会和部长理事会是两个级别不同的决策实体，欧盟理事会由成员国政府首脑和欧盟委员会主席组成，得到各国外长和委员会副主席协助，负责制定欧盟政治、外交、安全方面的总方针、总政策，解决其他机构不能解决的特别重要问题，弥合部长理事会的分歧。欧盟理事会每年至少举行2次会议。

部长理事会由成员国有关的部长级代表组成，其职能是保证成员国各项经济政策的相互协调，在贸易、国际收支、市场与竞争规则、社会立法等广泛领域拥有决策权。部长理事会下设的两个常设机构部长理事会总秘书处和成员国常驻代表委员会负责日常工作。部长理事会每月第一个星期二举行例会，此外可根据需要由主席随时召集。理事会主席由成员国轮值，理事会决策采用"限定多数表决"和"全体一致议决"方式，在前一种方式表决时，理事会成员国

---

[1] 在法律地位上，欧洲联盟是由条约组成的松散联盟，不具有国际法上的主体地位，而欧共体是正式的国际法主体。

因其代表的国家规模不同有加权票。

欧盟部长理事会具有广泛的对外贸易管理权，主要是制定对贸易方面的各项法规，最终决定针对第三国采取贸易措施以及与第三国签订贸易协定。

2. 欧盟委员会。它既是立法机构，也是执行机构，它是欧盟政策、法律的起草者和执行者，是欧盟利益和条约的捍卫者。其职能是参与理事会法律文件起草，提出立法议案和政策议案交理事会决定，理事会非经一致同意不能修改委员会提交的法律草案；制定法规实施细则，使欧盟法律具体化；作为执行者，委员会执行欧盟条约的规定和部长理事会分派的任务，就农业、贸易、竞争等问题可直接作出决定，并掌握欧盟基金；作为欧盟条约捍卫者，委员会监督成员国遵守欧盟条约和各项立法，确保其遵守实施，对任何违反义务者有权调整，作出结论；委员会制定预算案，在对外关系方面代表欧盟。

在对外贸易方面，欧盟委员会负责全面实施欧盟对外贸易法，有权对来自第三国的货物、服务采取贸易限制措施；依据多边国际协议解决与第三国之间的贸易争议；委员会代表也负责和参与同第三国的贸易谈判。

3. 欧洲议会。它是欧盟监督机构，职能是行使质询权，监督委员会和理事会工作，通过对委员不信任案；与理事会协商，共同决定预算；通过与理事会协商程序和共同决定程序行使一定立法权，理事会批准法案前应与欧洲议会协商通过，否则可被判为无效；议会可审查委员会提案。欧洲议会有410名议员，按名额比例在成员国中普选产生，任期5年，议会不按国家而按政治派别组成议员团，议会每月举行一次会议。

4. 欧洲法院。它是欧盟司法机关，职责是通过行使司法管辖权，解释和适用欧共体条约，包括欧共体根据条约制定的二级立法。根据1963年欧洲法院审理的冯根德·路斯诉荷兰海关一案的判决，欧共体法具有直接效力，可直接适用于成员国内部的争议；在斯利塔诉意大利电力公司案中，法院认为共同体法具有高于国内法的效力。

欧洲法院可以作出三种裁决：①初步裁决，指国内法院在审理涉及共同体法案件作出裁决时，请求欧洲法院发表权威意见，1989年设立初审法院负责处理这类案件；②直接诉讼裁决，成员国政府、自然人和法人可以特定理由向欧洲法院起诉，由其作出审理和裁决；③针对初审法院裁决的上诉案件，任何一方不服初审法院裁决可向欧洲法院起诉。

欧洲法院由15名法官组成，由9名总法务官协助，他们由成员国政府任命，任期6年，可连选连任。《欧洲联盟条约》第171条规定，成员国法院有义务执行欧盟法院裁决，如违反义务，欧盟有权征收罚金处罚。欧洲法院受理以下案件：①欧盟委员会指控成员国未履行欧共体条约的义务案；②一成员国指控另一成员国未履行条约的义务案；③委员会指控成员国未执行欧洲法院判决案；④关于欧共体发布的法规，决定有效性的争议案；⑤指控欧共体机构违背欧共体条约而不作为的案件；⑥初步裁决案件；⑦欧共体机构或其雇员在履行职务时给成员国、自然人、法人、非法人团体造成伤害的赔偿案；⑧欧共体机构与雇员间争议案；⑨共同体签订的合同中仲裁条款指定由欧洲法院管辖的案件；⑩成员国之间有关条约争议的协议管辖的案件；⑪与欧共体银行有关的案件；⑫对某些事项秘密裁决案件。

（三）欧盟法的形式和法律效力

在欧盟法的理论中，最重要的分类是把欧盟法分为一级立法和二级立法。一级立法是根本法，它们构成欧盟法律制度的基础，其中涉及共同体和欧盟建立的核心公约是成员国宪法的一部分，它们调整的关系涉及共同体建立、机构体制、法律地位以及重要的对内对外政策；二级立法是从一级立法中派生的，是共同体机构根据一级立法的授权并为实施一级立法的原则、规则、政策目标进行的自主立法。一级立法以建立共同体的三个共同体条约以及《欧洲联盟条约》为核心，是宪法性条约，此外还包括《单一欧洲法令》、《阿姆斯特丹条约》等。

一级立法还包括欧共体与其他国家签订的双边或多边条约协定，如《欧共体与中国的经济贸易协定》（1986 年）、《洛美协定》等；有些协定是欧共体及其全体成员国与其他缔约方签订的，如《建立世界贸易组织协定》，这类协议称"混合协议"。欧盟与其他国家签订的协议是欧盟法的组成部分，其效力高于成员国国内法，也高于欧盟机构制定的法律文件，对欧盟本身及各成员国都有约束力，即欧盟机构和欧盟成员国制定的规范性文件都不能与这些和第三国签订的条约、协议相抵触。

二级立法有条例、指令、决定。①条例（Regulation）是欧盟最重要的法律形式，由欧盟部长理事会和欧盟委员会颁布。它具有普遍适用性、全面约束力和直接适用性。普遍适用性是指条例适用于欧盟境内一般的所有的人，对各成员国有普遍约束；直接适用性是指条例颁布后不需要成员国采取立法、行政措施将其转变为国内法而直接对共同体机构、国家和企业、个人产生约束力。②指令（Directive）是由欧盟部长理事会和欧盟委员会依据欧共体条约授权制定的文件，它不具有全面约束力，仅适用于接受指令的成员国。它规定了成员国关于某些事项应该达到的目标，成员国可以自己决定采取适当的方式和方法实现指令所规定的目标，这意味着指令不能直接适用，它需要成员国采取国内立法和行政措施，制定具体的细则来实施。如果指令生效后，成员国认为其国内法与之相符，就无须制定新的法律。③决定（Decisions）是由欧盟部长理事会和欧盟委员会作出的法律文件，决定针对特定成员国、企业、个人发布，对特定的适用对象有全面约束力和直接适用性。接受决定者应完全执行决定规范的义务，无须经国内法措施辅助而直接适用。

此外，欧共体条约中引申出的一般法律原则、欧洲法院的判决具有解释和补充法律的作用。

欧盟法包括其中的宪法性条约和自主性立法仍属于国际法上的国际条约或地区性国际组织决议范畴，但是欧盟的条约已不同于一般国际组织制定的条约，欧盟机构的立法已不同于一般地区性组织作出的决定。由于欧盟成员将更多的主权让渡给欧盟组织，欧盟法已形成调整成员国经济、外交、金融、社会政策等广泛社会关系领域的完整法律体系。不仅如此，欧盟还发展成居于主权国家之上的独立的立法、执法和司法机构，即在自身的基础上建立起与欧盟法律制度相适应的独立的法律秩序，以保障欧盟法的实施。欧盟法与一般国际法的另一不同点是，欧盟法不仅具有高于成员国国内法的效力（最高效力原则），而且还可以直接适用于成员国的政府、企业和个人（直接效力原则）。一般的国际条约，如联合国系统的国际组织制定的条约或决定通常需要由缔约国在批准之后以一定的方式转化为国内法，才可以直接适用于调整国内关系。

欧盟法以及根据该法建立的欧盟法律秩序的上述特性表明欧盟的"超国家性"（Supranationality）。关于这个问题，欧洲法院作为欧共体条约解释者在范·戈登鲁斯诉荷兰贝拉斯廷根市政府一案[1]中作了清楚的说明。案中的争议涉及《罗马条约》第12条关于成员国不得引入新的进出口关税或捐税的规定是否可以以国内法的方式直接适用，以至于成员国国民可在此基础上主张国内法院必须保护的权利。欧洲法院指出："《欧洲经济共同体条约》的目标是建立一个共同市场，该条约的作用对共同体有利害关系的各方至关重要，这意味着该条约不仅仅是创设缔约国之间相互的权利义务……由此得出的结论是，共同体法构成一个新的国际法律秩序，为了共同体的利益，各成员国限制了他们的主权，尽管是有限的领域。共同体的主体不仅由成员国组成，也包括他们的国民；作为独立于成员国的立法，欧共体法不仅将立法施加于个人，而且其本意就是授予个人某些权利，这些权利属于他们法律上固有权利的组成部分。"第12条的表述包含一项明确的、无条件的禁止，正是这一禁止的性质使之最适于在成员国与其国民的关系中产生直接效力。

### 三、欧共体及欧盟的经济一体化措施

#### （一）关税及国内税措施

《欧洲联盟条约》（以下简称 EC 条约）第 23 条（原《罗马条约》第 9

---

[1] Van Garden loos v. Nederlandse Adminstratie der Belastingen，Case 26/62（1963），ECR 1.

条）规定：共同体以关税同盟为基础，关税同盟延伸至货物的所有交易，包括在成员国之间废除进口税、出口税以及具有同等效果的任何捐税，并在同第三国的关系中采取共同的关税税则。据此共同体采取了一系列关税和国内税措施。

1. 在成员国之间的货物贸易中逐步削减直到取消所有进出口关税，并保证不再增加新的关税。对于欧共体 6 个创始成员国而言，这一目标自共同体成立时起实施，到 1968 年 6 月 30 日经过 10 年过渡期已经实现。以后每有成员加入，这个关税同盟就得到一次扩充和更新。到 1977 年 7 月 1 日，形成了包括丹麦、爱尔兰和英国的关税同盟，在 1986 年、1993 年、1995 年，分别形成了包括希腊、葡萄牙、西班牙、奥地利、芬兰和瑞典的关税同盟。

2. 取消与进出口关税有同等作用的任何捐税。这类捐税的主要特点是它们在货物已经进口通关后征收，它们仅对进口产品的价格产生影响而不对国内类似的产品价格有影响。由于这种捐税使货物增加了价格，在货物流通中产生了与关税的同样效果。根据欧洲法院解释，这些捐税通常与政府提供的服务收费有关，如在签发进口许可证时的收费、对出口艺术品的征税、动植物卫生检疫的收费、对已进口货物征收的加工费和市场费、统计税、货物通关前对货物征收的仓储费，等等。但是以下收费属于取消关税和与关税有同等作用的捐税的例外：①成员国为进口商提供服务而就此收费；②作为成员国国内法制度，对进口产品与国内产品同样征收的捐税；③履行共同体法施加的强制性检验义务而征收的成本费。

3. 建立共同的关税税则，对原产于共同体以外的其他国家的产品进口实行统一的欧共体关税税则。根据理事会第 2913/92 号规则，新的共同体海关法典（The Community Customs Code）于 1994 年 1 月 1 日生效，由各成员国海关管理机构负责实施（共同体没有自己的海关）。海关法典包括海关税则、海关估价和原产地规则。1992 年修订的《欧共体海关税则》对商品分类采用协调编码制度。一般关税的税率分为自主税率和协定税率。自主税率是以最初组成欧共体的四块关税领土（法、意、德及荷、比与卢联合体）1957 年 1 月 1 日各自关税表中适用的商品税率为基础计算的算数平均税率，它是欧共体与第三国进行关税谈判的基础；协定税率是最惠国税率，适用于来自其他 WTO 成员产品或与欧盟建立双边最惠国待遇关系的国家产品进口或向这些国家出口。在 20 世纪 80 年代以前，协定税率也适用于苏联及东欧国家。协定税率在大多数情况下适用，自主税率只在低于协定税率或不存在协定税率的情况下适用。

除了一般关税外还有优惠关税，包括协定优惠关税和自主优惠关税，前者适用于欧盟与第三国建立双边合作协定和自由贸易联盟协定国家；[1] 后者适用于享受欧盟给予的普惠制待遇的发展中国家。共同关税制度的建立具有深远意义，它意味着成员国将本国的关税自主权交由共同体行使，自此成员国不得自行决定或更改关税，其与第三国的关税和贸易政策决策权由共同体统一行使，与第三国的关税谈判也由欧共体代表出面完成。由于成员国统一了关税和贸易政策，外国货物通过任何一个共同体国家的关境进口都适用同样税率，进口商交纳了统一标准的关税后，其货物可以在所有共同体国家间自由流动，不再征收额外费用，这可以有效避免对外国出口商的差别待遇以及共同体内部竞争条件的扭曲。

　　4. 要求缔约国非歧视地适用国内税。EC 条约第 90 条（原《罗马条约》第 95 条）规定，任何成员国对其他成员国产品直接、间接征收的任何国内税不得高于对本国同类产品直接或间接征收的国内税；任何成员国不得对其他成员国产品征收含有间接保护本国其他产品性质的国内税。第 90 条虽指原产于其他成员国的产品，但也适用于原产于成员国以外国家的，经某成员国进口后已在共同体内部自由流动的产品，禁止那些针对为出口而制造的产品实行的歧视。

　　这里的问题是，如果成员国之间的国内税不统一，即使各自在国内税方面都给外国产品国民待遇，也难免造成外国产品从不同的共同体国家进口会有不同的国内赋税。解决这一问题的重要措施是协调成员国的国内税，虽然国内税的征税权仍由成员国保有，但国内财税权的行使不得违反共同体法条款，任何国内税的规定应与共同体法相符合。关于出口退税，第 95 ~ 97 条规定了最终销往国（目的国）征税原则，即对于增值税等间接税，当产品被出口时，产品的原产国可以将已征收的增值税退还；产品被进口后应承担与进口国国内类似产品同样的增值税。这是对成员国之间税法的重要协调。与第 90 条禁止实行国内税收歧视相关的另一条款是第 6 条，它一般性地规定在本条约范围内，并不损及本条约提到的任何特别情况，以国籍为理由的任何歧视应予禁止。

　　为了配合上述措施的实行，欧共体制定了详细的原产地规则，纳入《欧共体关税法典》。欧共体原产地规则在以下情况下适用：①当从其他国家（包括共同体成员国和非成员国）进口产品，需要适用共同关税制度时，需要按原产地规则区分不同国家的产品，实行不同的关税税率或决定是否免税；②根据 EC 条

---

[1]　合作协定（Cooperation Agreements）是指双边经济技术合作协定，欧共体与南亚的印度、巴基斯坦，与东盟、中国都签订过这类协定。欧盟协定（Association Agreements）是指自由贸易区协定，最重要的是 1960 年签订的《欧洲自由贸易联盟条约》、1991 年的《欧洲经济区域协定》以及《洛美协定》。

约第 115 条，当委员会授权成员国针对来自其他国家的产品进口到任何成员国而采取保护措施时，需要运用原产地规则区分是否属于应予限制进口的其他国家产品；③当产品从某一成员国出口到第三国，根据该国法律需提交原产地证书或证明的，应适用欧共体原产地规则。

欧共体原产地规则有三种：①一般的原产地规则。它适用于欧共体与第三国的非优惠贸易关系以及欧共体内部贸易关系，该规则规定：完全在一国获得的或生产的产品（包括在该国领海获得的产品）以该国为产品的原产地；当产品生产涉及两个或两个以上国家时，对该产品进行最后实质性加工或装配的国家为产品原产地，这种加工装配在经济价值上得到证明，并且导致一项新产品的产生或代表产品的一个重要阶段。在实施第二项标准时，欧共体制定了专门条例，就大量具体商品如何满足"实质加工标准"作出描述。[1]②优惠关税制度下的原产地规则。适用于享受欧共体普惠制或其他优惠进口关税的进口产品，在以下情况下可认定为来自受惠国的产品：完全在受惠国生产或取得的产品；该产品在受惠国经过充分转化，达到实质性改变，这里所说的"实质性改变"是指加工装配后的产品发生了税则号的改变。③某些高新技术产品的特殊原产地规则。是针对欧共体境内企业从第三国进口零部件组装的产品而制定，它规定这类产品必须吸收足够的欧共体部件，满足一定的当地含量要求才取得原产地为欧共体的资格。

（二）非关税措施

共同体法与 WTO 货物贸易规则都不允许成员国对货物进出口实行数量限制，不论采取配额、许可证还是其他形式。EC 条约第 30～36 条规定了取消数量限制的一般规则。第 30 条规定，各成员国间对进口的数量限制和具有同等效果的一切措施应予禁止。第 33 条规定了在 1970 年以前 12 年过渡期逐步取消数量限制的计划。第 31 条和第 32 条是"稳定条款"，要求成员国避免采取相对于条约生效时的任何新的数量限制或有同等效果的措施。对于采用配额和许可证这类明显的数量限制容易取消，而"与数量限制有同等效果的措施"较难分辨，EC 条约第 33 条允许委员会发布指令，废除此类措施。据此，委员会于 1969 年发布《关于废除与数量限制有同等效果的措施的指令》。欧洲法院充分行使了对条约的解释权，通过审理一系列案件，澄清了这类措施的各种表现以及适用这一条款的范围。

---

[1] 《关于欧共体给予发展中国家某些产品关税优惠的原产地产品定义法规》附件三列举了二百多种商品清单，《欧洲经济区域协定》附件列出更多的商品清单，具体描述每一种商品满足"实质加工标准"的条件，具有普遍参考意义。

欧洲法院 1974 年判决的一个案件的当事人涉及比利时商人达森维尔，其父将苏格兰威士忌进口到法国，达森维尔又从法国把这种酒进口到比利时，酒瓶上贴有"英国海关原产地证明"的标识。由于法国不需要原产地证明，这批酒很顺利地进入法国，并在共同体流通，但是比利时政府坚持要有原产地标识（指苏格兰标识）才能进口到比利时。达森维尔作为零售商（而不是进口商）很难搞到这种标识，这批货物对比利时的进口遭受阻碍，引起法律争议。[1] 欧洲法院在审理该案时指出："成员国制定的所有的直接或间接、实际或可能阻碍共同体内部贸易的贸易规则都应该被认定为与数量限制有同等效果的措施。"

此外，有些措施并不直接与货物进出口相联系，也可能构成与数量限制有同等效果的措施，即与数量限制有同等效果的措施既包括针对货物进口的边境措施，也包括其他国内措施。欧洲法院曾认定以下措施均属此类：①完全禁止某种产品进口；②广播电视当局行使广告选择权有可能阻止非本国商品刊登广告促销；③要求外国产品进入本国市场必须以在本国设立代理或代表为条件；④限定进口产品使用某种名称、商标和标识，此种限定并非用来表明商品原产地，而仅用来区分本国产品和外国产品；⑤发动广告战，鼓励本国消费者购买本国产品（1982 年欧洲法院判定由爱尔兰工商部任命管理委员会的一家私人公司发起的广告促销行为与 EC 条约第 30 条相抵触）；⑥限制海关岗位开放时间，限制出入境地点。

与 GATT 第 20 条一般例外相似，EC 条约第 36 条规定，第 30 ~ 34 条的各项规定不应妨碍由于公共道德、公共秩序和安全、保护人类生命健康、保护动植物、保护具有艺术、历史或考古价值的国家文物，或保护工商业财产权（指知识产权）方面的理由，对进口货物或过境货物采取的禁止或限制。但此项禁止或限制不应构成武断的歧视或变相限制成员国之间的贸易。在鲍龙斯诉荷兰一案中，法院指出：第 36 条构成对成员国之间所有货物自由流通的阻碍都必须取消的基本规则的豁免，必须从严解释。成员国据此实行的每项进出口限制都必须正当合理，不得构成武断的歧视（包括内外歧视和国别歧视），"只有在客观上正当合理的场合，差别待遇才可适用。在不可比的情况下出现的差别待遇并不能自动得出存在差别待遇的结论，歧视在实质上是由类似情况下的不同待遇或不同情况下的同样待遇构成的"。[2]

（三）人员、服务的自由流动

EC 条约第三编是关于人员、服务的自由流动。第 48 条规定，最迟在过渡

---

[1] Procureur du Roi v. Benoit and Gustave Dassonville, Case 8174 (1975), ECR 837.
[2] Italy v. EEC Commission, Case 13163 (1963), ECR 165.

期届满时，劳动者的自由流动应在共同体范围内得到保证。劳动者的自由流动意味着废止各成员在劳动者之间关于就业、报酬和其他劳动条件方面基于国籍理由的任何歧视。欧共体关于人员自由流动的规定适用于两类人员：一类是工人，即有薪金的受雇佣劳动者；另一类是自雇职业者或称"非工薪收入者"，主要是指工商业主、医师、工程师、建筑师、教师、律师等自由职业者与其他各种雇主。按第48条第4款的规定，关于劳动者就业的规定不适用于国家行政机关的就业，即这方面各成员国可以维护原有的限制。人员自由流动的目的在于建立共同体内部统一的劳动力市场，实现劳动力资源的合理利用和分配，增强共同体的凝聚力，增强各成员国国民的福利。根据共同体这方面的法律，为保证欧共体人员自由流动，成员国公民享有三项基本权利：①移民权利，包括出入境、短期或长期居住权；②市场进入权，即进入成员国就业市场谋职和受雇的权利；③附属权利，主要是社会保障、领取退休金以及工人家庭成员相应的权利。

　　EC条约第48条第3款规定了劳动者，主要是雇佣工人应享有的权利，包括：①可接受已实际提供的工作，只要另一成员国雇主提供工作，也不论是兼职、全职，正式或非正式工作，也不论是否有雇佣合同，有关工人都有权到另一国接受就业。②为就业目的在成员国领域内自由流动，这方面理事会和委员会制定一系列规则指令，保证成员国签发护照、身份证、居住许可证的政策协调，防止歧视和阻碍。③在任何成员国内逗留，以便根据该国关于劳动者就业的法律和法规、行政条例在该国就业。为谋职而在一国居留不限于工人本身，也包括其家庭直接成员，如配偶、子女等，这些人员还应享有东道国给予的国民待遇，如子女受教育权等。④在就业后，可按照委员会制定的实施规则的条件，在该成员国领土内居住。第48条第3款还规定了对人员自由流动的限制，即东道国出于公共政策、公共安全、公共卫生理由，可对工人的自由流动加以限制。第51条规定了工人自由流动的福利保障：①为了取得和保留福利金，累加计算劳动者及其继承人曾工作过的若干国家法律规定应予包括在内的全部就业时间；②不论受益人居住在哪个成员国，都向其支付福利金。

　　自雇工人的自由流动与开业权及提供服务的自由紧密联系，EC条约第52条要求成员国国民在另一成员国领土内开业自由的限制应在过渡期内逐步废止。营业自由的限制包括在另一成员国内设立办事处、分支机构的限制。第59条规定，在过渡期内逐步废止对于没有定居在服务接受国的成员国国民在共同体内自由提供服务的限制。服务包括工业、商业、手工业及自由职业活动。开业及提供服务自由就是使成员国国民在其提供服务和营业的所在国享有该国给予的国民待遇，有权设立公司和各种机构从事各种营业，但是它并不意味着不受任

第九章

何限制，而是要取消违反国民待遇原则的对他国国民在本国开业的限制。

为实现上述目的，EC 条约要求理事会作出关于相互承认文凭、证书和其他正式资格凭证的指令。20 世纪 70 年代以来，欧盟部长理事会已经发布一系列指令，规定各成员国相互承认以下专业领域的文凭、证书和资格证明：医生、兽医、牙医、助产士、护士、药剂师、建筑师、美发师、水运承运人、航空服务人员。1989 年欧共体颁布 89/48 号指令，规定在本指令范围内所有专业人员都享有使其专业资格为其他成员国承认的权利。如果某一专业的教育训练，东道国认为与其他成员国不同，该东道国或者对专业人员进行考核，或者给专业人员不超过 3 年的监督工作期，但是不准要求专业人员重新取得专业资格和重新修课、训练。[1] 另一项重要工作就是要求各成员国取消原有法律、法规、规章中限制外国人在本国提供服务、开业的措施，如移民和出入境方面的限制、在另一成员国使用土地建筑物的限制、对开业自由的限制（包括公司形式或地域限制）、税收限制，等等。这方面理事会在 1962 年制定了《关于开业自由总规划》，还颁布大量指令实施这一计划。

从 1969 年起，共同体劳动者可以在任何成员国内就业，享受同等社会福利，保证不因国籍关系被解雇。到 20 世纪 70 年代以后，成员国医生、律师等职业资格开始逐步得到相互承认，取得在各成员国自由提供服务的权利。虽然自欧共体成立以来，人员、投资和服务贸易自由取得了一些成绩，但是总体上的进展比关税同盟建立更缓慢一些，主要原因是各国在法律上的限制不能很快取消，各国技术标准、语言文化、财政和货币政策上的差异也使之受到影响。直到 1985 年公布《完成内部市场白皮书》及此后《单一欧洲法》产生，建立欧洲统一大市场，实现人员、服务、投资自由才有了真正转机，欧洲一体化进入了新阶段。其特点是以财政货币政策的统一、法律制度上的协调，实质上推动"四大自由"，其中主要是人员、服务和资本的自由流动。这一进程中，成员国把更多的国家主权（财政、货币发行权、立法权）让渡给共同体。自 1990 年 7 月 1 日起，英国、法国、德国、意大利、比利时、荷兰、卢森堡、丹麦 8 国实现资本自由流通，英镑加入欧洲汇率机制。1990 年 6 月 19 日，法国、德国、比利时、荷兰、卢森堡 5 国签订《申根协定》，率先决定自 1992 年 1 月 1 日起，取消相互之间边境检查，人员往来自由，第三国公民也可凭申根签证在五国自由通行。服务贸易方面，保险和银行业开放困难较大，但欧盟成立后，随着经济货币联盟的实现，这方面的市场开放很快有所突破。

第
九
章

---

〔1〕 邵景春：《欧洲联盟的法律与制度》，人民法院出版社 1999 年版，第 255 页。

（四）欧洲一体化的法律保证

欧共体及欧盟的一体化进程是由共同体机构和各成员国采取强有力的立法和司法措施推进和保证的。EC 条约第 5 条规定："各成员国应采取一般或特别的适当措施，以保证本条约和共同体机构所产生的权利义务的执行。各成员国应避免采取可能妨碍实现本条约目的的任何措施。"其中的"任何措施"，既包括成员国政府行为，也包括依据国内法产生的成员国自然人和法人的权利义务。如果在国内法院和欧盟法院的诉讼中，政府行为以及个别人的权利义务被认为与 EC 法相冲突，将被判为无效。共同体一体化因素越多，被提交法院裁决的可接受的国内措施越少。这些司法活动不断地为成员国内措施与 EC 法律相符提供保证。

欧共体还及时采取有效的立法行动，排除影响"四大自由"的障碍。1985年，在欧共体委员会主席德洛尔的倡议下，委员会发表了《完成内部市场白皮书》，阐明了为完成内部统一大市场建设，在 1992 年底前通过近 300 项（后确定为 282 项）立法的建议，以协调统一各成员国与"四大自由"相关的法律，消除影响共同体存在的物质、技术、财政、金融障碍。1986 年，单一欧洲法产生，其中第 18 条要求理事会采取必要的立法行动，使成员国以建立内部市场为目标的法律、条例、行政法规相互接近。第 18 条还被纳入 EC 条约［第 100 条（a）］，成为成员国为实现"四大自由"目标，在国内立法上相互统一的重要法律基础。1992 年欧盟成立后，在诸多领域实现法律政策的协调合作是《欧洲联盟条约》的宗旨和基本内容之一。依据上述规定，欧共体及欧盟在各领域的成员国法律协调工作全面展开，相当一部分（如知识产权保护、产品责任法、竞争规则等）统一法已经完成。

**四、《贸易阻碍条例》**

欧盟作为一个关税同盟，实行统一的对外贸易政策和商业政策。欧盟调整对外贸易关系的规则应由两部分构成：一部分是欧盟内部的自主立法，另一部分是欧盟参加的多边国际协议，主要是 WTO 多边贸易协议。在自主立法方面，《欧共体关税法典》处理与第三国的关税问题；欧共体 3285/94 号条例，规定了保障措施；3281/94 号条例是新的普惠制法规；针对外国不公平的进口竞争，3254/94 号条例规定了关于禁止冒牌商品和盗牌商品进入、自由流通、出口、再出口或临时进口的措施；欧共体还制定了自己的反倾销、反补贴规则和程序，反倾销的规则是 384/96 号条例，反补贴的规则是 2026/97 号条例。上述内容已在本书其他部分论及，此不赘述，以下介绍欧盟主要对外贸易政策工具——《贸易阻碍条例》。

第九章

《贸易阻碍条例》（Trade Barriers Regulation，以下简称 TBR）[1] 的前身是欧共体于 1984 年颁布的《新商业政策文件》（NCPI），该文件对应美国贸易法 301 条款，于 1984 年以理事会条例 2641/84 号颁布，主要内容是授权共同体内私人在出口产品遭受第三国阻碍时，可以针对第三国不正当的贸易做法向共同体申诉，共同体可以据此采取与第三国协商等争议解决行动。TBR 于 GATT 乌拉圭回合谈判结束时颁布，它适应了 WTO 成立后欧盟与美国竞争的全球市场准入战略，即致力于进攻性地积极开启第三国市场，扫除贸易阻碍，而不是消极地保护共同体内部市场，这一战略的重点与美国"301 条款"异曲同工。但是 TBR 又在以下几方面明显不同于 301 条款：①TBR 是建立在 WTO 协议和 WTO 争议解决机制基础上的，服从 WTO 一体化的争议解决，根据 TBR 提出的申诉属于 WTO 争议解决范围，TBR 不允许单方面采取针对第三国的不公平贸易做法的法律行动；②TBR 实施的目的是让贸易伙伴调整其不公平贸易做法，实现欧盟根据贸易协定（主要是 WTO 协议）应享有的权利，而不是强迫贸易伙伴作出新的贸易减让；③除非国际争议解决所允许，TBR 不允许单方面采取针对第三国的贸易报复措施；④TBR 强调欧盟机构之间、欧盟与工商企业之间收集信息方面的联系与合作，邀请企业提供来自第三国贸易阻碍的信息以及提出申诉。

TBR 规定了类似于反倾销案立案调查的程序：

1. 申诉。TBR 规定了三种类型或三个渠道的申诉：①任何共同体的、有代表性的工业企业或行业若遭受外国不公平贸易做法的阻碍（指倾销、补贴），导致该行业在共同体市场遭受不利影响，可以向委员会提出申诉；②共同体的个别企业如果因为第三国违反 WTO 协议，使该企业在第三国的商业遭受贸易阻碍并产生相反贸易效果（如不能销售产品、限制在第三国获得原料、市场份额损失等），并且对共同体经济有不利影响，可以提出申诉，这里的"相反贸易效果"相当于 GATT 的利益损失，而"对共同体经济有不利影响"是实质要件；③共同体的一个或几个成员国可以以上述两方面的理由提出申诉，即第三国不公平贸易做法导致成员国在共同体内的利益或在第三国的利益遭受损害，不公平贸易做法涉及第三国违反 WTO 货物贸易协议、《服务贸易总协定》和 TRIPS，使成员国企业的货物或服务受不公平待遇或未能保护其知识产权。

2. 立案调查。委员会经过审查认为当事人提出的申诉证据充分，被申诉的第三国存在违反 WTO 协议并造成贸易阻碍的事实，贸易阻碍的结果损害了共同体利益，应在提起申诉 45 日内作出采纳申诉的决定，在欧共体正式杂志上发出调查通知，同时组织展开调查。调查采用类似于反倾销调查的问卷形式或现场

[1]　理事会条例 3286/94 号颁布，理事会条例 356/95 号修订。

调查，委员会应在 7 个月内完成调查报告。

3. 启动 WTO 争端解决机制。在结束调查后，委员会将与被控第三国协商解决办法，这属于 WTO 争议解决之外的协商（相当于诉讼中的庭外和解），若达成满意解决方案，委员会停止采取进一步行动，否则正式进入 WTO 争议解决程序。这一过程由委员会代表欧盟参加，申诉人不能发挥作用。

4. 司法审查。对于委员会决定终止调查的案件，申诉人可以向欧洲法院起诉，欧洲法院根据《欧洲联盟条约》第 230 条审查委员会是否存在违反程序和滥用权力的问题，是否存在申诉人起诉中指出的认定事实和适用法律错误。在这一过程中，欧洲法院有权解释 WTO 规则，有权就第三国是否违反 WTO 规则作出最终决定。

至 1999 年，委员会受理 13 件 TBR 案件，其中 5 件已提交 WTO 争端解决，表明 TBR 是私人商业争议与 WTO 争议解决的一个有效连接点；TBR 也是一个务实的工具，发起 TBR 程序的最终目的不是诉诸 WTO 争议解决，而是通过协商达成相互满意的解决，迫使第三国取消贸易阻碍，所以不能简单地把这一程序比喻为私人间接进入 WTO 的争议解决程序。

## ■第五节　北美自由贸易协定

### 一、北美自由贸易协定概述

（一）北美自由贸易协定的产生

1992 年 12 月 17 日，美国总统乔治·布什、加拿大总理布里安·马尔罗尼、墨西哥总统卡洛斯·萨里纳斯在各自国家的首都签署了《北美自由贸易协定》（North American Free Trade Agreement，以下简称 NAFTA），该协定经过三国议会批准，已于 1994 年 1 月 1 日正式生效。协议规定缔约国将在 15 年内逐步削减直至取消所有货物贸易关税，取消货物和服务贸易、对外投资的非关税壁垒，实现商品、服务、直接投资和资本的自由流动。

北美自由贸易区的形成有公认的地缘政治和地缘经济因素的作用。三国社会状况不同，地理和经济、政治联系紧密。美国是仅存的超级大国，也是人口和经济上的大国。加拿大是三国中人口最少的国家，仅为美国的 1/10，墨西哥的 1/3，而经济实力与美国相当，都是发达国家。相反，墨西哥属于发展中国家，经济和综合国力属于弱国和小国，国民生产总值仅为加拿大的一半，美国的 1/10，人口却接近加拿大的 3 倍。美加两国有着世界上最长的相互接壤的边界，长期和平友好相处，都实行资本主义制度，有着共同的民族和法律源流关系，以英国普通法为基础，司法制度健全成熟。但是，加拿大奉行独立的外交和社会政策，努力保持本国意识形态和传统文化特色，两国在某些国际问题和双边关系上也存在分歧。墨西哥也实行资本主义制度，但法律传统属于大陆法系，语言、民俗与美加有很大差异，司法制度不成熟。历史上，美墨两国因领土问题、墨西哥国有化政策导致双边关系紧张，至今墨西哥仍存在非法移民、毒品走私、污染等令美国困扰的难题。

（二）NAFTA 的特点

NAFTA 是具有较高水平的自由贸易安排：

1. NAFTA 包含了一个详细的保障三国投资、服务贸易自由化的规则，把取消贸易障碍，促进成员国之间货物和服务过境流动，在实质上增加投资机会作为协定的目标。NAFTA 投资规则取消了许多重要的实绩要求和投资限制措施，明确了投资待遇标准；其服务贸易规则调整广泛的服务领域，在人员过境服务、陆上运输等部门服务业开放取得明显进展；在贸易纪律的严格性和自由开放程度方面都有所超越类似的地区性或多边自由贸易协定。

2. NAFTA 并不局限于规范产品、服务、投资等贸易纪律，它确立了贸易竞争与环境社会全面协调发展的目标，要在本自由区内建立公平竞争的条件，促进充分有效地保护和实施知识产权。NAFTA 把环境保护放在突出重要的位置，专门制定了《北美环境合作协议》和《北美劳工合作协议》两个 NAFTA 分协议，解决与贸易有关的环境问题和劳工权益问题，在处理与其他协定的关系上，规定有关环境保护的国际公约的效力高于 NAFTA 协议的效力，这些举措都带有前瞻性。

3. NAFTA 要求缔约国分阶段实现某些产品对外统一关税，附件 308 规定了三国进口计算机及其零部件、自动数据处理设备及其零部件对外统一优惠关税；规定了某些半导体元件、集成电路对外统一的零关税，这些规定都带有关税同盟的意义，比传统自由贸易区更进一步。

4. NAFTA 是第一个由发达国家和发展中国家结成的自由贸易集团，它将有力地带动墨西哥经济发展，也为不同经济水平国家相互合作，实现优势互补提供示范。[1]

5. NAFTA 建立了灵活的机构框架和独特的争议解决制度，根据协议设立的三类争议解决制度，即第二十章一般争议解决程序、第十九章反倾销法和反补贴法争议解决程序和第十一章投资争议解决程序以及两个分协议规定的争议解

----

〔1〕　值得注意的是，NAFTA 没有设立专门条款规定给予墨西哥任何差别的、特殊的优惠待遇，墨西哥只是在法律允许的与其他两国同等机会和条件下，在投资、服务贸易上作了较多保留，某些市场开放和纪律约束是在较长的过渡期后实现的。

决机制，适用于解决缔约国之间一般争议以及某些特殊争议，将有效地保证协议的贯彻实施。

北美自由贸易区虽然建立在三国共同利益和政治意愿基础上，却不能无视美国在规则制定过程中的主导作用。NAFTA 实际上是美国推行其全球对外贸易战略的制度"试验田"，其在多边贸易体制中致力于建立和推广的一些制度设想，都率先在 NAFTA 框架内尝试并变成现实，在这一意义上，研究 NAFTA 有助于我们把握多边贸易体制发展的脉搏。

（三）NAFTA 与其他协议的关系

1. NAFTA 与 GATT1994 的关系。NAFTA 是建立在缔约国先前双边贸易协定基础上的，三国也是 WTO 协议及其他与 NAFTA 并存的双边和多边国际协定的成员国。在 NAFTA 生效一年后，WTO 协议也正式生效，这就存在如何处理 NAFTA 与 WTO 协议的关系，在二者发生冲突时，哪个优先适用的问题。

NAFTA 第 103 条规定，缔约国承认他们相互间根据 GATT 和其他已加入的协议的现存权利和义务，如果 NAFTA 与这些国际协议不符，除非另有规定，NAFTA 将在不符的范围内优先适用，这说明通常 NAFTA 的效力是优先的。但是，第 104 条又规定，如果 NAFTA 与保护环境和自然资源的国际公约中的贸易义务不符（协议及其附件中列出了 5 个主要环境保护国际公约和双边协议），在不符的范围内，这些公约优先适用；[1] 如果与《国际能源规划协议》不符，后者优先适用；如果 NAFTA 与一项税收国际协定不符（指避免双重征税和其他双边、多边国际税收协议），该税收协定优先适用。

另外，NAFTA 是一个高度灵活开放的国际协议，它直接并入了许多 GATT 条款，使之成为 NAFTA 的一部分，如 GATT 第 3 条（国民待遇）、第 11 条（一般取消数量限制）、第 20 条（一般例外）都已被并入。有的地方，NAFTA 限制所并入的 GATT 条款的作用，如 NAFTA 第 701 条规定，NAFTA 所并入的 GATT 第 3、11、20 条不适用于第七章卫生及动植物检疫措施。这样，第七章成为自足的规则，一旦发生争议，属于检疫范围的商品出口方不能以进口方违反 GATT 国民待遇、取消数量限制的义务为其辩护，进口国也不能以 GATT 一般例外为自己辩解，只能严格按第七章的规则处理。有的地方又扩大了 GATT 规则的适用范围，NAFTA 第 2101 条规定，本协定所并入的 GATT 第 20 条（一般例外）b 项

---

[1] NAFTA 第 104 条及其附件列举的多边及双边国际环保公约是：《濒危野生动植物种国际贸易公约》（1973 年）、《关于消耗臭氧层物质的蒙特利尔议定书》（1987 年）、《控制危险废物越境转移及其处置巴塞尔公约》（1989 年）、《美、加政府关于危险废弃物跨国流动协议》（1986 年）、《美、墨关于合作保护和维护边境地区环境协议》（1983 年）。第 104 条还规定缔约国可以通过书面协议修改上述协议，包括增加新协议。

为保障人类、动植物生命或健康所必需的措施，包括为此目的必需的环境措施。这样类似美国以保护公海的海豚资源为理由限制墨西哥以拖网捕捞金枪鱼进口就是合法的了。NAFTA 又规定第 20 条 g 项关于为有效保护可能用竭的天然资源的有关措施，其中的天然资源既包括有生命的物质，也包括无生命的物质（如水源、矿藏），成员国可引用这一条，限制某些物资进出口。此外，NAFTA 还援用大量其他国际公约协议，充分利用其规范指引作用确定必要的规则、标准和程序，这在解决投资争议、知识产权保护、与标准有关的措施、卫生及植物卫生检疫措施等规则中都有所体现。

2. NAFTA 与 FTA 的关系。关于 NAFTA 生效后 FTA 是否还要适用的问题，美加两国政府已经为此达成一致意见，NAFTA 实施后，FTA 暂缓实施，如果NAFTA 终止执行或美加其中一方退出该协定，可恢复 FTA 的实施。实际上，FTA 的主要内容已被 NAFTA 吸收，NAFTA 收入了 FTA 第 401 条及其附件关于美加两国分阶段取消关税的规定和具体计划表，并已成为两国在 NAFTA 框架内逐步取消关税的义务。另外，根据 NAFTA 附录 300-B，美墨两国双边贸易协定也在 NAFTA 实施后终止实施。

（四）NAFTA 的基本结构

NAFTA 分为序言和 8 个部分，共 22 章 2206 条，几乎每一章都有附录或附件补充其后，另有 7 个附件是作为整个协议的附件放在协议全部正文后边。协定序言阐述了三国政府关于本协定的政治承诺；第一部分共 2 章，规定本协定的目标和适用范围、与其他协定的关系；第二部分含 6 章，规定货物贸易的基本规则，包括原产地规则、国民待遇、总的市场准入条件和保障措施，以及适用于农产品、能源、纺织品服装、汽车产品的特殊规则；第三部分共 1 章，关于技术贸易壁垒，适用于除动植物卫生检疫措施以外的与技术标准有关的措施；第四部分关于政府采购纪律；第五部分含 6 章，是关于过境投资、服务贸易的基本规则，关于陆上运输、电信、金融服务的特殊服务部门的贸易规则；第六部分关于知识产权保护；第七部分是协定的管理和组织机构、争议解决程序；第八部分为最后条款，规定协定的加入、退出、生效期、协定附件。本书仅介绍其中的几个重点部分。

二、NAFTA 货物贸易规则

（一）关税措施

NAFTA 第 302 条规定："除非另有规定，缔约国对于北美自由贸易区原产地货物不得增加现有关税，不得征收新的关税，每一缔约国应根据附录 302.2 减让表的规定逐步取消关税。"第 302 条及其附录关于逐步取消关税的规定是NAFTA 货物贸易自由化的基石。据此，缔约国将在 NAFTA 生效后 15 年的过渡

第九章

期内，在三国间的贸易中逐步取消所有原产于三国货物的进出口关税。在过渡期内，美加两国根据已经并入 NAFTA 的 FTA 附录 401.1 的安排，自 FTA 生效起10 年内（即到 1998 年为止）取消两国货物贸易的全部关税。美国与墨西哥、加拿大与墨西哥之间则分别依据 NAFTA 附录 302.2 减让表的规定，立即或对于某些种类的货物在 NAFTA 生效起 15 年内（即到 2008 年为止），分阶段取消彼此之间货物贸易的全部关税。

NAFTA 实施后，美国将停止给予墨西哥普惠制待遇，如果自墨西哥进口到美国的货物不能满足 NAFTA 原产地要求，美国将适用正常的最惠国税率。加拿大没有取消给予墨西哥的普惠制待遇，从墨西哥进口到加拿大的货物如不能满足 NAFTA 原产地要求从而享受其优惠，仍可能享有普惠制的优惠。

（二）国民待遇和非关税措施

NAFTA 第 301 条规定："每一缔约国依据 GATT 第 3 条规定，给予来自另一缔约国的进口货物国民待遇，为此目的，GATT 第 3 条及其解释性说明以及缔约国所加入的 GATT 后续协议中任何与第 3 条等同的条款并入本协议，并成为本协议的一部分。"第 301 条第 2 款又规定："国民待遇意味着州和省应给予进口货物不低于它们给予任何本地类似的直接竞争产品或替代产品的优惠待遇。"这意味着，如果加拿大某一省份给予本地产品的待遇优于别的省，那么它也应给予从美国或墨西哥进口的产品同样的优惠待遇。但是，如果一省对来自本国另一省的货物实行歧视，甚至是合法的歧视，它对来自另一缔约国的货物则不得歧视。

NAFTA 国民待遇条款是并入外来的 GATT 条款，理解和解释该条款也应与GATT 的原意相符。GATT 第 3 条国民待遇适用于国内措施，即在国内税方面和执行国内规章方面不得歧视外国进口产品。它不适用于边境措施，边境限制措施已经在 GATT 第 11 条数量限制的一般取消中作了规定。当然，如果一国把对于进口货物征收的国内销售税或货物税放在边境实施，这样的边境措施也应属于国民待遇管辖。

此外，所有三国都保留了某些权利，排除了某些货物贸易，使之不受 NAF-TA 第 301 条国民待遇和第 309 条取消数量限制条款的约束。三国都保留了控制木材出口的权利，以满足本国木材加工业的需要。加拿大和美国在加入 GATT时，根据"祖父条款"保留某些不符措施，这些措施也都列入 NAFTA 附录301.3 例外清单中，如加拿大限制酒类和渔产品进出口，限制从美国进口船舶；美国限制含蒸馏酒精的香水进口（规定第 301 条和第 309 条不适用于对含蒸馏酒精的进口香水征税），并根据《海上商业法》实施某些贸易限制。NAFTA 允许墨西哥在 NAFTA 实施 10 年内保留某些产品进口限制，附录 301.3 列出国民待

第九章

遇保留项目，包括旧汽车、起重机、平土机、自行车等大量工业制成品。更重要的是，GATT 第 20 条一般例外、第 11 条数量限制一般取消已并入 NAFTA 第二部分货物贸易，缔约国可在特定情况下援用这两条豁免其义务。

关于非关税措施，NAFTA 第 309 条规定，除非另有规定，缔约国不得采取或维持对来自另一缔约国的进口货物，或向另一缔约国出口或为出口而销售货物的禁止或限制，除非这种禁止或限制与 GATT 第 11 条及其解释性说明相符。为此目的，GATT 第 11 条及其解释性说明，或缔约国所加入的 GATT 后续协议中任何与第 11 条等同的条款并入本协议，并成为其中的一部分。NAFTA 第八章规定了采取保障措施的双边行动规则，它适用于美墨与加墨之间不包括纺织品服装的货物贸易，美加之间适用 FTA 第 1101 条的规定（已并入 NAFTA 附录 801.1）。第 801 条采取保障措施双边行动的特点是：①双边保障措施只在过渡期实施；②允许采取的保障措施期限是 3 年，对于 C + 类货物可延长 1 年；③能采取的保障措施是中止进一步削减关税，将有关货物的关税恢复到基础税率水平，在保障行动结束时应恢复到应有的 NAFTA 关税水平，并且分阶段减免应如期完成；④实行双边与多边行动相结合。第 802 条规定缔约国保留其根据 GATT 第 19 条或附加的保障措施协议所享有的权利和义务，除非这些权利义务与第 802 条不符。但是，缔约国采取全球保障行动不应针对其他缔约国的进口货物，除非来自某一缔约国的进口货物占有实质上的份额（占缔约国某种货物进口总量前 5 位），或者是造成缔约国国内损害的重要原因。

NAFTA 没有包含独立的反倾销、反补贴纪律，这方面事项依据国内法和 GATT 规则处理。NAFTA 第 1902 条规定，缔约国保留对于来自其他缔约国进口货物适用本国反倾销、反补贴法的权利；保留改变或修改本国反倾销、反补贴法的权利，但是这种修改不得与 GATT 有关规则及本协定的目标相抵触。为此 NAFTA 建立了对反倾销、反补贴事项的审查和争议解决程序。

（三）原产地规则

为了防止非缔约国的货物"免费搭车"，享受北美自由贸易区关税优惠的好处，特别是美国担心日本等贸易对手会把墨西哥作为"出口站台"，以在那里投资建厂的方式对美出口产品。NAFTA 第 401、402 条及其附录规定了严格的原产地规则，海关以此确定某一进口货物是否属于北美自由贸易区货物（这在过渡期间和在此之后都有意义），然后再确定是哪个缔约国生产的货物（在过渡期内有意义），在此基础上决定应适用的关税。NAFTA 实施后，三国出口商对于进出缔约国的货物依据 NAFTA 标志规则打上原产地标志，供海关查验。

根据 NAFTA 原产地规则，以下货物属于北美自由贸易区的货物，或属于原产于缔约国的货物：①完全自北美自由贸易区获得（不包括购得）或生产的货物，包括在缔约国境内开采的矿产、收获的蔬菜等农产品、出生和饲养的动物、捕获或猎获的物产；由缔约国的船舶捕捞加工的鱼类、贝类及其他海洋生物；有合法开采权的缔约国在其水域外的海底大陆架开采的物质、可回收利用的废旧物资；由缔约国政府、公民从外层空间取得的物质。②货物原产于缔约国境内，本身包含一定量的非缔约国原料或部件，并且符合 NAFTA 附录401 规定的北美原产地要求。③货物完全由符合 NAFTA 原产地规则的原料或部件制成，即这些原料或零部件本身是非缔约国的或含有非缔约国成分，但是经过加工有了实质性改变或其含量符合原产地规则的要求。④货物在一个或几个缔约国境内制成，其中一个或更多的原料或部件属于非缔约国产品，未经加工或作必要改变，但是货物整体满足 NAFTA 原产地要求。

上述四类货物中，第二类货物即含有进口成分的北美自由贸易区产品较常见，NAFTA 附录401 规定这类产品如果：①经过加工发生关税税则的改变；②符合一定的地区含量要求；③或分别符合前两项要求，即可视为北美自由贸易区的货物。因此，对于含有非缔约国成分的产品，NAFTA 视不同的货物分别采用"加工标准"、"价值含量标准"以及这种"双重标准"决定货物的原产地。

加工标准是指所有非原产地的原料或部件在加工过程中发生实质性改变，已经变成完全新的不同的产品，这种变化依据《商品名称及协调编码制度》（HS）[1] 的分类，已经从加工前的某一类货物变为加工后的另一类货物。附录401 对于不同的货物要求有不同的税号变化，大部分要求有章的变化，如美国香肠的原产地要求是"从任何其他章，经过税目号 1605，变为税目号 1601"。香肠的税号是 1601（第十六章第一税目项下），如果它是以匈牙利的冻猪肉为原料（税号 0203）加上加勒比的香料（税号 0907 - 0910），再加上美国的面粉在美国制成香肠，就符合了美国原产地要求。对于纺织品和服装，北美原产地要求是"从纱认定"（yarn-forward），即成衣服装必须要用在缔约国生产的符合北美原产地要求的纱制成纺织品，再以此为原料制成服装才符合北美自由贸易区原产地要求，这种严格的原产地要求构成非原产地纺织品服装进入北美的巨大障碍。[2]

---

〔1〕　美国 1989 年采用了协调编码制度，依据本国情况作适当的变通，其税则称《美国协调关税制度》（HISUS）。加墨两国也都采用了协调编码制度。

〔2〕　美国纺织品服装的关税较高，如男牛仔裤最惠国关税为 17.6%，从墨西哥进口美国的优惠关税为 11.6%，但是根据 NAFTA 附件 300B 的附录 2.4 规定，某些成衣如采用美国原料，在美国裁剪，在墨西哥加工完成，可以免税免配额。这促使墨西哥生产商采用美国原料来料加工，放弃使用其他地区原料。

第九章

有些产品如汽车、机械设备、化工产品,采用加工标准无法衡量,NAFTA规定采用"价值含量标准",即要求进口产品应含有一定比例(以百分比表示)的北美自由贸易区产品的价值含量。这个比例一是采用计算成交价格的办法算出,它要求北美原产地产品含量的价值不低于60%,具体公式为:

$$RVC = TV - VNMTV \times 100\%$$

RVC:原产地价值含量(Regional Value-Content)

TV:进口货物 FOB 成交价(Transaction Value)

VNM:生产者用于生产该产品使用的非原产地原料、零部件的价值(The Value of Non-originating Materials)

另一种是用计算净成本的办法算出原产地产品的价值含量,它要求北美原产地的价值含量不低于50%,至2002年,某些汽车产品应达到60%~62%,其公式为:

$$RVC = NC - VNMNC \times 100\%$$

NC:产品的净成本,它是进口产品的总成本(通常为发票价格)减去不可计入成本得出的数额。不可计入成本是指促销、交易成本、售后服务、特许权、运输费保险费、包装费用的总和。

有的产品,其原产地要求既要符合一定的加工标准,又要符合一定的价值含量标准,即双重标准,如加拿大运动鞋的原产地要求是:"从任何税目(除了税目6406.10外)经过税目6405,变为税目6401,另加原产地价值含量不低于55%(以净成本方法算出)。"这样从加拿大出口到美国的运动鞋只有符合税目变化的加工标准和价值含量标准,才能作为加拿大原产地货物享有优惠。

(四)敏感商品贸易和政府采购规则

1. 农产品贸易。NAFTA 设专章(第六章和第七章)规范三国农产品和能源贸易,说明这两类产品贸易的政治敏感性和市场开放难度。最终达成的协议表明三国克服了诸多困难和阻碍,实现了成员间在这些产品贸易上较高的市场准入水平。

NAFTA 第七章规定了农产品贸易问题,同时第三章(市场准入)同样适用于这一产品领域。根据协议及三国农产品专项承诺,除少量允许保留的情况外,三国之间大部分农产品关税都要分阶段削减,最迟在 NAFTA 实施起 15 年内(即到2008年为止),完全取消大部分农产品关税。加拿大、美国已于协议生效时起取消牛肉、羊肉、豆类的进口关税,美国还同时取消了禽肉、花卉、鸡蛋、坚果、谷类、菜籽油进口关税,两国在 2003 年以前取消玉米、水果和大部分蔬菜的进口关税。而墨西哥在 10 年内逐步取消这些产品关税。NAFTA 第 309 条关于取消进出口产品数量限制的规定同样适用于农产品,协议生效后,除非 GATT

第 6 条或 NAFTA 文本允许的例外情况，三国不得维持对各种农产品的数量限制措施，三国应将现行数量限制措施关税化。

加拿大对所谓"供应管理商品"，即奶制品、禽肉、鸡蛋，作出维持现状保留，[1] 维护这三种产品的进口配额。相应地，墨西哥也针对加拿大这三种商品实行数量限制。两国之间还维持现有的对食糖的进口关税，但是加墨之间相互解除了谷物、牛肉、黄油的进口限制。在美墨之间，墨西哥取消了针对美国农产品进口的许可要求，美国也相应地免除根据其《农业调整法》第 22 条实施的对花生、棉花、奶类、食糖进口的配额限制。两国将把这种配额转变为关税配额，但在配额限制内实行零关税。美加之间农产品市场准入实际上由《美加自由贸易协议》（已并入 NAFTA 附件 702.1）控制，加拿大根据 GATT 第 6 条实行的"供应管制商品制度"，维持对禽类、奶制品、鸡蛋的配额限制，相应地美国也针对加拿大产品，实行其《农业调整法》第 22 条的配额限制。

关于农产品支持和出口补贴，NAFTA 没有作出实质性约束，服从于多边体制内的合作解决。

2. 能源。NAFTA 第六章规定了三国之间能源贸易规则。它适用于"现原产于缔约国境内的能源、基本石油化工产品有关的措施，适用于与这类货物相联系的投资和越境服务贸易相关的措施"（第 602 条）。与 FTA 相比，NAFTA 扩大了适用于基本石化产品、与能源相关的投资活动和过境服务贸易，协议列明所含能源产品的税则号，大体上包含石油、天然气、煤炭、放射性矿物及核能、电力的开发和分销以及基本石化产品贸易。第六章主要的能源贸易自由化措施是：

（1）取消进出口限制。关于禁止或限制能源和基本石化产品贸易的有关事项，缔约国将 GATT 条款并入本协议，但不包括 GATT 临时适用议定书。缔约国理解：此项并入的 GATT 条款禁止在任何情况下任何形式的数量限制；禁止实施最低或最高出口价格要求，除非根据反倾销、反补贴指令，实施最低或最高进口价格要求（第 603 条第 12 款）。

（2）允许缔约国维持对能源或基本石化产品的进出口许可证管理（但不包括电力）。这项制度的实施应符合本协议规定（指第 150 条关于垄断与国营企业的规定）。

（3）不得对能源和石化产品征收出口税费，除非所征收的出口税费在非歧视基础上（对出口到所有缔约国的能源都征收），或对国内相同产品也征收（第

---

〔1〕 WTO《农产品协议》只允许实行关税约束，即数量限制关税化，加拿大这一保留亦应折算成相应的关税率。美国维持的配额限制亦应如此。

604 条）。

（4）按比例出口限制条款。第 605 条允许缔约国对向另一缔约国的能源、基本石化产品的出口，依据 GATT 第 11 条第 2 款（a）项或第 20 条（g）、（i）、（j）项实行数量限制，这种限制不应减少进口国在出口国设限以前 3 年可得的同样能源总出口量的一定比例（第 605 条）。但上述比例限制条款不适用墨西哥与其他两个缔约国的贸易。

（5）政府对能源的管制措施应符合本协定第 301 条国民待遇原则和第 603 条（取消进出口的限制）、第 604 条的规定。

（6）国家安全措施。缔约国不得根据 GATT 第 21 条和本协议第 2102 条（国家安全例外），采取或维持从另一缔约国进口或向另一缔约国出口能源、石化产品的措施，除非为向一缔约国提供军事设施或实施重要防务合同所必需；为采取措施应付涉及缔约国武装冲突所必需；为实施有关核不扩散的国家政府和国际协议所必需；为应对扰乱防务目的的核物质供应直接威胁所必需。

NAFTA 能源规定对美加两国从墨西哥获得贸易和石油机会的影响有限，因为墨西哥依据宪法第 27 条禁止和限制外国参与本国能源开发活动，所有石油、矿产资源属于国有。历史上，英美石油公司与墨西哥政府发生严重冲突，因为墨西哥政府曾于 1938 年将所有本土的外国石油公司资产收归国有，并组建国营垄断企业墨西哥石油公司（Pemex）。NAFTA 顺应了墨西哥这种政府管制和限制，第 601 条确认缔约国充分遵守各自国家的宪法。墨西哥在协议中还排除了第 605、607 条的适用，这意味着其保留对能源产品以国家安全理由或按照GATT 允许的范围实行出口的限制，NAFTA 允许国营企业在能源服务贸易的合同谈判中施加"实绩要求"（参见投资部分）；允许政府实行能源进出口许可证管理。墨西哥依据附件 602.3 把涉及能源的投资和服务提供作出保留，即第 6 条不适用于墨西哥的能源（原油、天然气）开发和精炼，不适用于原油、天然气、石化产品的对外贸易、运输、仓储、分销等服务提供。附件 602.3 规定外国只能在墨西哥投资和控制供自用而不是公用服务性的发电、合作发电和独立的电力生产，任何剩余电量只能售予墨西哥国有联邦电力公司（CFE）或出口到另一缔约国；天然气、石化产品出口销售需经墨西哥政府批准。上述规定和措施相当于把墨西哥能源政策引入 NAFTA，NAFTA 维持了墨西哥通过 Pemex 和 CFE两个公司对能源产品开发、经营和销售的垄断。但 NAFTA 政府采购规则的实施有助于美加两国公司在与能源有关的货物和服务供应方面从墨西哥特别是其两个垄断公司获得合同机会。

3. 政府采购。政府采购在北美三国中占有较重要地位，所以 NAFTA 专设第十章规范三国的政府采购问题，它被认为是"对国际政府采购市场自由化的最新贡献"。第十章是在 GATT《政府采购协议》、《美加自由贸易协议》相关部分的规则基础上制定的，不仅吸收了这些协议的实质内容，还以更清楚的用语引入了新规则，集中体现了以美国为首的发达国家开拓各国政府采购市场，建立新的、更严格的国际政府采购规则的思路。它早于 WTO《政府采购协议》实施，却比之有过之而无不及。NAFTA 第十章对墨西哥影响更大一些，与美国、加拿大不同，墨西哥不是 GATT《政府采购协议》的签字国，第十章的实施首次要求墨西哥联邦机构和政府企业的一部分货物和服务的采购合同机会向美、加供应商开放，也将促使墨西哥政府采购制度进行改革。美、加将在建筑工程服务、与能源相关的行业领域从墨西哥的开放中受益，美、加也应允许墨西哥进入其政府采购市场。

国际政府采购规范涉及两方面的核心问题：①确定规范管辖范围，包括主体范围和客体范围。主体范围表明缔约国应把哪些政府实体的公共采购向其他国家开放，允许其他国家供应商参与在国际协议管辖下的公平竞标；客体范围包括这些政府采购实体应把哪些产品或服务采购机会向其他国家开放，允许其参与公平竞标。②保证政府采购机会的公平获得。一方面，它要求缔约国作出与其国力相适应的承诺，将本国适当的政府采购额纳入国际协议管辖，在总量上，国与国之间实现大体互利平衡的市场准入；另一方面，应建立必要的程序和实体法规则，保证外国供应商在具体交易中获得公平市场准入机会。与 GATT《政府采购协议》一样，NAFTA 第 10 条的核心义务是国民待遇、非歧视和透明度原则，但是在管辖范围上有所扩大，并且引入了若干新的程序制度，确保公平竞争和公平市场准入。这些新规则主要有：

（1）管辖范围。NAFTA 所管辖的缔约国政府采购范围更加广泛。虽然在协议生效时，省、州一级的政府采购的谈判正在进行，缔约国已将大部分联邦一级的政府机构和重要的政府企业（Government Enterprise）、公用事业部门的采购纳入管辖范围，[1] 受约束的合同标的包括大部分非军事用品和非建筑业服务。不包括的商品和服务，缔约国以反向列举的方式在承诺清单中排除。建筑业服务以正面列举确定约束范围。更重要的是，协议降低了采购实体受约束的合同起点（门槛价），联邦一级政府货物和非建筑业服务的单个合同约束起点是 5 万美元（美加之间为 2.5 万美元），建筑业为 650 万美元。政府企业采购合同约束起点分别为 25 万美元和 800 万美元。从历史上看，各国政府采购单个合同金额低于 WTO《政府采购协议》规定的 13 万美元起点的占多数。NAFTA 规定的低门槛价将使缔约国大量中小型采购项目供应商获利，这意味着协议所提供的受

---

[1]　美国有 56 个联邦政府机构，加拿大有 100 个联邦政府机构，墨西哥有 22 个联邦机构纳入管辖范围。

国际规则管制的政府采购机会比 WTO 协议更多。

考虑到墨西哥政府采购短期内不能适应国际竞争，第十章规定其在协议实施起 10 年过渡期内享有某些豁免和优惠，主要是允许墨西哥在协议生效第一年免除各类采购实体 50% 的货物和服务约束义务，以后每年减少 5% 的豁免额，直至为零。由地区或是多边金融机构支持的政府采购不受约束。在过渡期内中央政府每年可保留 10 亿美元，政府企业（墨西哥石油公司和联邦电力委员会）可保留 3 亿美元应受约束的采购额。墨西哥对国内总承包工程和主要综合项目保留国内含量要求。

（2）利益取消条款。正常交易中适用的 GATT 或 NAFTA 原产地规则同样适用于政府采购。NAFTA 禁止缔约国以政府采购为目的实施不同于正常交易中应适用的政府采购规则，在服务贸易的政府采购方面，为防止非缔约国"免费搭车"，协议规定了利益取消条款。第 1005 条规定，在履行适当的通知、协商程序后，缔约国可以拒绝给予另一缔约国服务提供者 NAFTA 第十章利益，如果该缔约国确认，来自另一缔约国的服务是由非缔约国的个人控制或其拥有的企业提供，并且该企业在缔约国无实质营业活动，或者这种利益取消符合第 1113 条投资服务贸易规则中相关的利益取消条件，即缔约国与控制或拥有提供服务企业所属的非缔约国无外交关系，或禁止与其进行交往。

（3）禁止补偿要求。在政府采购协议谈判中，某些采购国家为了减缓大型采购项目造成的国际收支不平衡或谋取外国公司的技术援助，促进本国经济发展，常提出"补偿（Offsets）要求"作为采购实体与外国货物、服务供应商签订购买合同的附加条件。补偿形式多种多样，如要求外国供应商购买一定数量的原产于采购实体所在国的商品；或要求外国供应商向采购国提供技术援助，与其合营建厂生产与采购商品有关或无关的商品；等等。美国主张，其对外采购不提出、也反对外国提出这类与合同中标相联系的补偿要求，认为它扭曲了国际贸易。关贸总协定时期的诸边《政府采购协议》没有禁止这类行为，[1] 而 NAFTA 第 1006 条明确规定："缔约国确保其采购实体在货物和服务提供者的资格认定和选择方面，在评标和合同中标方面，不得考虑、寻求或施加补偿要求。"这对一直维持补偿要求的加拿大和墨西哥有重要影响，除承诺清单保留之外，两国将不得维持这类做法。

（4）规范谈判与投标程序。在各种采购方式中，采购实体与未来可能的供应商进行一对一的私下谈判是最有可能造成歧视外国供应商的方式。NAFTA 一方面鼓励缔约国采取公开投标、选择性投标和限制性投标方式确定供应商，规

第
九
章

---

〔1〕 但是新的 WTO《政府采购协议》也明确禁止补偿要求，见本书第八章相关内容。

定了与新的 WTO《政府采购协议》相类似的严格的投标程序；另一方面规定了具体的通知、邀请参加程序，以保证透明度。协议首次限制采用谈判方式确定供应者，规定谈判方式只能在两种情况下使用：①采购实体事先公开发布邀请参加一项采购的通知，表明与被邀请者谈判确定供应者的意图；②采购实体经投标和评标程序，确认没有一个投标者是最有利的。为了防止滥用谈判方式照顾或歧视个别投资者，协议规定采用谈判方式的首要目的是确认不同投资者的强弱，采购实体不得向任何人提供信息，意在帮助某一投标者改善提交的投标，不得在谈判中歧视任何供应商。

（5）投标异议程序。政府采购实体不执行公平的采购程序不仅违反有关的国际协议和国内立法，也可能使有关的供应者遭受重大商业机会损失，建立适当的投标审查机制审查采购实体的采购行为，及时纠正其错误做法，补偿受害方的损失，这样才能维护正当的政府采购秩序。NAFTA 建立了投标异议程序，第 1017 条规定："为完善公平、公正的采购程序，缔约国应采纳和维持适用于本章管辖的政府采购的投标异议程序。"

具体要求有：①缔约国应允许并不得阻止供应者在采购实体就采购条件和合同中标作出决定后，就采购程序的任何方面提出投标异议或寻求其他救济。②缔约国应建立并指定一个与采购结果无关的审查机构迅速调查和审查供应者提出的异议，作出书面调查结果和建议。③缔约国应确保其采购实体就供应者提出的诉求给予及时公平的考虑。④缔约国授权审查机构要求采购实体就采购程序中的任何问题采取补救措施，包括延期合同中标权的授予；终止或重新签订合同；指导采购实体重新评标。⑤缔约国确保采购实体将所有与采购有关的文件，包括往来记录，完好保存至少 3 年，自授予合同中标开始。在 NAFTA 达成之前，美国已建立了投标的行政和司法审查程序，加拿大建立了采购审查局负责此项工作，墨西哥也建立了相应机构。

### 三、投资措施

在对外投资方面，目前还不存在多边的、综合性的、保证投资自由及投资各方权益的国际规则。乌拉圭回合谈判达成了《与贸易有关的投资措施协议》（TRIMs），它仅对各成员有可能导致国际贸易扭曲的投资措施加以限制，不涉及其他国际投资问题。

有关投资方面的国际协调目前主要采取双边协议的形式，并且这种双边协议安排有三个特点：①它是作为资本输出国的发达国家与通常作为资本输入国的发展中国家之间就外国直接投资的待遇和安全保障达成的协议，重点保护单方面的投资，而不是双方权利和义务的平衡，在 FTA 以前，发达国家之间一般不缔结这样的协议。②这类协议强调东道国给予外国投资安全保障和公平待遇，而不在于市场准入方面的承诺或减少投资限制，在市场准入方面各国都以国内法进行限制，有些发展中国家的限制更多一些，双边协议不能解决这类问题。③在很长的历史时期内，包括墨西哥在内的大多数拉美国家奉行"卡尔沃主义"，这成为投资安全的障碍，美国与这些国家难以达成双边协议。NAFTA 在一定程度上克服了现存国际安排的局限，以美国式的双边投资协议为模式加以变通改造，形成了一个综合性的保障投资安全自由的国际规则，主要内容是：

（一）投资及外国投资者

NAFTA 第 1139 条规定了协议调整的外国投资及投资者的范围，其中的投资是指：①企业及一企业的股票；使所有者分得企业收益或红利的股权；在企业解散后使所有者分得企业资产的股权。②3 年期以上的企业债券或投资者关联企业发行的债券，但是不包括国营企业发行的债券，不论其原定偿还期如何。③原定偿还期 3 年以上的对企业贷款或对投资者关联企业的贷款，但是不包括对国营企业的贷款，不论其原定偿还期如何。④预期获得的或用于经济目的或其他商业目的的固定资产、有形或无形的其他财产。⑤源于承诺在缔约国境内从事经济活动的资本或其他资源的收益，诸如根据涉及在缔约国境内一投资者商业存在合同，包括总承包或建筑承包或特许权合同产生的收益；根据其报酬依赖于一个企业的生产、年终收入或盈利的合同产生的收益。但是不包括仅仅产生于一缔约国公民、企业向另一缔约国企业销售货物或服务合同的对金钱的权利要求，以及仅仅产生于与贸易融资等商业交易相联系的贷款增加的金钱权利要求。

以上定义说明 NAFTA 调整的外国投资活动非常广泛，既包括直接投资，也包括间接投资。直接投资的企业包括私人企业和国营企业，间接投资一般限于私人投资，包括控股和非控股资本，甚至包括与投资活动相联系的合同承诺利益。但是墨西哥按照附件 3 的列举，保留其针对某些投资单独履行义务，或拒绝这类投资建立的权利。这些投资活动主要有石油、碳氧化合物、基本石化产品的开发、开采、提炼；对外贸易、运输、仓储、分销；公共服务电力提供；核能及放射性矿物处理；卫星通信和电话服务、邮政服务；铁路运输服务；海商和内陆口岸的控制监管、空港监管。

NAFTA 规定的投资者包括个人、企业、缔约国的政府或国营企业。个人是指具有缔约国国籍的公民或永久居民；企业是依据缔约国法律成立的公司或任何类型的法人。这些企业不一定要由缔约国国民控制，但是由非缔约国投资者控制的企业，如果该企业在依法被设立的缔约国没有实质上的商业活动，或接受投资的缔约国与该投资者所属非缔约国无外交关系，或接受投资的缔约国禁止与该国企业进行商业交往，该非缔约国投资者控制的企业就可以被缔约国取消 NAFTA 第十一章的优惠条件和利益。

第十一章不得解释为阻止缔约国提供服务或履行以下职能,包括法律实施、管教服务、收入保障或保险、社会保障或保险、社会福利、公共教育、公共训练、健康及儿童保护(第1101条第4款);亦不得解释为阻止缔约国采取或维持任何措施。该措施对于确保境内投资活动以对环境考虑敏感的方式进行是适宜的(第1114条)。

(二)投资待遇

关于国民待遇,NAFTA第1102条规定,每一缔约国在投资的建立、取得、扩大、经营、运营或投资的解散、出售方面,给予另一缔约国的投资者及其投资不低于在类似情况下给予其本国投资者及其投资的待遇。这意味着国民待遇既要给予另一缔约国的投资者,也要给予其投资本身。NAFTA禁止缔约国要求本国境内另一缔约国投资者的企业拥有最低的东道国国民股权(对公司总经理、创办人的股权要求除外),禁止缔约国以国籍的理由要求另一缔约国的投资者出售、处理其在缔约国(东道国)境内的投资。第1108条提出最低限度的待遇标准,即缔约国给予另一缔约国投资者符合国际法的待遇,包括公正、公平待遇和充分的安全保障,在国内战争和武装冲突导致投资损失的情况下享有非歧视的待遇。关于征用及国有化措施,第1110条规定,除非为公共目的,在非歧视的基础上并符合本协定规定的法律程序和补偿标准,缔约国不得直接或间接地对本国境内另一缔约国的投资实行国有化或征用。

(三)实绩要求

实绩要求是指东道国对于外国在本国境内投资及其经营活动的附加条件。NAFTA第1106条禁止缔约国对本国境内另一缔约国或非缔约国[1]投资者的投资施加与投资的建立、取得、扩大、经营、运营相联系的下列实绩要求:①规定货物服务的一定出口水平或要求一定国内含量;②要求购买、使用本国生产的或本国人销售的产品或服务或给予本国产品或服务某种优惠;③贸易或外汇平衡要求及国内销售限制;④技术转让要求;⑤专有供应商或全球指定产品要求。NAFTA还禁止把上述前三项实绩要求作为投资者取得投资利益的条件。

但是这项禁止不适用于进口国对取得优惠关税和配额施加的资格和条件(与国内含量有关),不适用于缔约国政府采购或国营企业采购。NAFTA还规定,禁止施加国内含量要求、出口实绩要求,购买本国货要求不应解释为阻止缔约国为保护环境、动植物生命和健康,保护可能用竭的天然资源(包括有生

---

[1] 禁止对非缔约国的投资者及其投资施加实绩要求,说明NAFTA在一定范围内保护第四方的投资,因为允许对境内第四方投资施加实绩要求(与贸易有关的),违反最惠国待遇原则,自由贸易区内的投资措施还不能像货物贸易措施那样享有GATT最惠国待遇豁免。

命与无生命）以及为保证遵守这方面国内法所采取的措施。NAFTA 允许缔约国实施下列实绩要求：本地生产要求；建设或扩建专门设施；实施研究和开发活动；提供服务、训练或雇佣工人。NAFTA 禁止缔约国要求投资者拥有企业的总经理必须是某一特殊国籍，但允许限定多数董事会成员的国籍或居民身份，只要这种限制不损害投资者实施控制的能力。

### （四）资金转移

NAFTA 第 1109 条规定，缔约国应允许本国境内其他缔约国投资者的投资自由地、无迟延地转移。允许投资者以转移日外汇现货市场交易价换取自由可兑换的货物转移其投资。对于涉及破产、不能偿还到期债务、证券发行和交易、刑事违法、货币或其他货币工具的流转报告或确保审判程序中判决需要，缔约国可在平等的、非歧视的诚信基础上通过执行上述事项有关的法律而禁止资金转移。与 GATT 相类似，NAFTA 第 2104 条规定了收支平衡的例外，允许缔约国以国际收支困难或困难威胁的理由，暂停履行协定的义务，包括限制外汇转移。

### （五）保留现存的不符措施

NAFTA 第 1108 条允许缔约国保留现存的[1]与国民待遇、最惠国待遇、实绩要求、经营权要求不符的法律法规和行政措施。但是它没有采取 GATT 和 FTA 模式，把现存的所有与新协议不符的措施概括地作为"祖父条款"予以保留，即所谓"总括祖父条款"（Aggregate Grandfathering）的方式，而采取新的所谓"标定祖父条款"（Target Grandfathering）来保留现存不符措施，以反向列举方式（Negative Lists）要求缔约国把所有联邦水平的予以保留的现存不符措施在主协议附件 1~7 中列明，[2]省或州也要在 NAFTA 实施 2 年后列出保留项目，从而使保留范围明确、具体、透明，便于监督和操作，也给缔约国之间通过市场准入谈判实行对等减让创造了条件。

### 四、NAFTA 服务贸易措施

NAFTA 确立了逐步取消缔约国之间服务贸易障碍的目标，为此目的，缔约国应保证最低限度的服务业市场准入，给予其他缔约国的服务以非歧视待遇。从最后达成的服务贸易规则以及缔约国作出的承诺看，NAFTA 服务贸易自由化安排超出了 GATS 以及美加双边协议所达到的水平，这在服务贸易规则的约束范围、部门服务业开放程度等方面尤为明显。比较而言，墨西哥在服务业市场准

---

〔1〕 现存的不符措施为 1992 年 7 月 1 日以前的措施。

〔2〕 NAFTA 正文专设 7 个附件（附件 1 至附件 7），为三国适用于投资和服务贸易各章的具体承诺和保留清单。附件 1《保留现存不符措施和自由化承诺》、附件 2《未来措施的保留》、附件 3《国家经营活动的保留》、附件 4《最惠国待遇例外》、附件 5《数量限制》、附件 6《杂项承诺》、附件 7《关于其他项目的具体承诺与保留》。

入上动作更大、让步最多，将给美国带来巨大利益。NAFTA 服务贸易规则分为三部分：第一部分由过境服务贸易、电信和金融服务三章组成，是规则的实质部分；第二部分是服务业投资及商业人员暂时入境；第三部分是有关陆上运输服务、职业服务，以及具体保留和例外。

（一）范围

NAFTA 没有采用 GATS 所定义的服务贸易类型，它强调服务贸易是过境提供服务。第 1201 条规定，服务贸易规则适用于缔约国政府所采取的与另一缔约国服务提供者所提供的过境服务贸易有关的措施，包括：①一项服务的生产、分配、交易、出售和提供；②一项服务的购买、使用和支付；③与一项服务提供相联系的输送系统和分销系统的进入和使用；④另一缔约国服务提供者在缔约国境内的商业存在以及作为提供服务条件的担保和其他形式的金融保障的提供。其中的"过境服务提供"是指一项服务的提供自一缔约国境内进入另一缔约国境内，由缔约国境内的个人或另一缔约国国民提供服务给予另一缔约国国民。这个范围实际上已经涵盖了 GATS 阐述的提供服务的所谓"商业存在"模式、"境外消费"和"自然人存在"模式。NAFTA 第 1205 条特别禁止缔约国对过境服务施加本地商业存在限制，规定"缔约国不得要求另一缔约国服务提供者在其境内建立和维持代办处、任何形式的企业或成为其永久居民，以此作为提供过境服务的条件"。这使"过境交付"的模式成立，也给服务提供者以自由选择服务方式的机会。

NAFTA 过境服务贸易规则不适用于金融服务、航空运输服务，不适用于由另一缔约国的投资者在缔约国境内投资开办的分支机构或附属机构所提供的服务，也不适用政府采购或由缔约国政府、国有企业实施的补贴和特许。与投资者的概念相同，服务贸易规则中提供服务的企业是在缔约国境内依法成立的公司、法人及其附属机构，并在缔约国境内从事商业活动，不要求由特殊国籍的国民控制。

（二）国民待遇和最惠国待遇

NAFTA 第 1202 条规定："每一缔约国应给予另一缔约国的服务提供者不低于它在类似情况下给予本国服务提供者的待遇。""州和省给予另一缔约国服务提供者的待遇不得低于它在类似情况下给予本国服务提供者的待遇。"即如果缔约国的某一州或省给予国内服务提供者的待遇优于别的省，它也应给予另一缔约国服务提供者同样的待遇。关于最惠国待遇，第 1203 条规定："每一缔约国给予另一缔约国服务提供者的待遇不得低于它在类似情况下给予任何其他国家服务提供者的待遇。"NAFTA 第 1204 条规定了待遇标准，要求缔约国给予任何另一缔约国的服务提供者依据国民待遇和最惠国待遇条款所应获得的较好的待遇，即如果另一缔约国服务提供者可同时享受这两种待遇，缔约国应给予其中较好者。

另外，缔约国和非缔约国的服务提供者在某一缔约国境内的商业存在，也在 NAFTA 投资规则的管辖之下，享有规则授予的权利和义务。这些规则可以确保缔约国服务提供者享有最大限度的服务贸易和服务业投资的自由。与相应的 GATS 第 2 条和第 17 条对比，NAFTA 第 1202 条和第 1204 条强调给另一缔约国的"服务提供者"国民待遇和最惠国待遇。虽然各自的表述中都没有提"服务"，但这绝不意味着 NAFTA 国民待遇和最惠国待遇原则仅适用于服务提供者而不适用于他们提供的服务，若如此，这两项重要原则就是空洞的，毫无意义的。这两个条款应与第 1201 条结合起来理解，给"服务提供者"的待遇应体现在"与另一缔约国服务提供者所提供的过境服务贸易有关的措施"（这些措施已在前文列举）中，体现在以各种方式提供的服务中。

（三）市场准入及其限制

有关服务贸易市场准入，GATS 采取正面列举（positive lists）的方式，成员国把承诺开放并承担国民待遇义务的服务业部门列入清单，作为具体承诺的义务，未列入的范围不受国民待遇和市场准入义务的约束。NAFTA 采取了反向列举的方式，要求缔约国把与服务贸易规则中国民待遇、最惠国待遇、本地商业存在要求不符的国内措施，限制开放的服务业部门列入附件 1 至附件 7，未列入的范围受协议服务贸易规则约束，如有不符，应在协定实施后改正，而且协定实施后新产生的服务项目将自动受协定的管辖，这说明 NAFTA 服务贸易的市场开放程度更高。

（四）职业服务与商务人员暂时入境

NAFTA 第 1210 条规定，缔约国可以采取和维持关于职业许可证和证明要求的措施，但是应努力确保这些措施的采取应以客观、公平和透明的标准为基础，不应造成超过确保服务质量需要的不必要的负担；不应构成对人员暂时过境服务的不必要的限制。在 NAFTA 实施 2 年内，缔约国对于来自另一缔约国职业服务提供者，在签发许可和执照方面，取消本国公民或永久居民要求。NAFTA 不要求缔约国相互自动承认自另一缔约国境内获得的教育训练、经历、证明、证书，但是要求缔约国给另一缔约国充分的机会，对在其境内取得的这些资格证明应给予承认。NAFTA 第 1601 条规定了商务人员[1]暂时入境原则，即在互惠基础上为人员暂时入境提供方便；建立透明的标准和程序；确保边境安全；保护国内劳工力量及其在本国境内的长期雇佣。第 1603 条规定，缔约国应准许符合卫生、安全、国家安全的商务人员暂时入境。与 GATS 规定一样，这项权利不

第
九
章

---

[1] 商务人员是指商务来访者、商人、投资者、公司内部调动人员、职业服务人员。

涉及公民权、永久居留权的授予，不涉及永久性雇佣问题。

**五、NAFTA 争端解决机制**

NAFTA 建立了必要的机构框架管理协定，解决各类争议。第 2001 条规定，建立自由贸易委员会（以下简称"委员会"），由三国内阁级代表组成，它相当于 GATT 缔约方全体，为最高决策机构。其职责是监督和实施本协定；负责协定的进一步阐述；解决协定的解释和适用方面的争议；监督所有分委员会和工作组的工作。委员会下设 20 个分委员会和专门工作组，分管委员会委托的具体工作。委员会负责设立秘书处，它不是一个中心办事机构，而是由三国各自设立的永久性分委员会组成的机构，受委员会控制，协助委员会工作。NAFTA 主协议规定了三类争议解决程序，这就是第十一章 B 节规定的缔约国与另一缔约国投资者争议解决程序；第十九章反倾销、反补贴税法争议解决程序和第二十章缔约国之间的一般争议解决程序。[1]

（一）NAFTA 一般争议解决程序

1. 范围。NAFTA 参考 FTA 模式，建立了缔约国之间的一般争议解决程序，适用于解决缔约国之间因解释和适用 NAFTA 引起的争议；因违反 NAFTA 义务导致缔约国权利丧失或损害引起的争议（投资争议和反倾销、反补贴事项引起的争议除外）。

由于 NAFTA 义务与 WTO 协议的义务有许多重叠，有的争议既属于 NAFTA 管辖范围，也属于 WTO 的管辖范围。这种情况下，根据 NAFTA 第 2005 条的规定，争议方可以自由选择任何一种争议解决程序，但从属于一定的限制：①如果被请求解决争议方认为，要求解决的争议属于 NAFTA 第 104 条（当 NAFTA 与环境保护的国际公约相抵触，后者优先适用）的范围，或属于第七章 B 节（卫生及动植物卫生检疫措施）、第八章（与标准有关的措施）的范围，并且主张它所采取的措施是 GATT 第 20 条允许的为保护人类、动植物生命健康、保护环境和资源的一般例外措施而请求适用 NAFTA 争议解决程序，另一争议方应接受其要求；②缔约国向另一缔约国发起 WTO 争议解决前，如果该争议也属于 NAFTA 管辖范围，缔约国应通知第三缔约国它提请争议解决的意图，如果第三方也想就同一事实请求争议解决，应告知对方，此时三方应就争议解决机制的选择达成协议，协议不成，应由 NAFTA 管辖。提请第二十章一般争议解决的只能是缔约国的政府。

2. 协商、斡旋、调解、调停。第 2006 条规定，缔约国可在任何时候，对于

---

〔1〕 除主协定规定的三类基本的争议解决程序外，NAFTA 分协定《北美环境合作协定》、《北美劳工合作协定》也建立了独立的争议解决程序，解决与贸易有关的环境问题和劳工问题争议。

它认为实际上或可能影响协定实施的另一缔约国的措施或其他事项，以书面方式请求与另一缔约国协商，有关的争议方应尽一切努力通过协商使争议圆满解决。如果争议方请求协商后 30 日内（如有第三方加入协商在 45 日内；涉及易腐货物为 15 日内或在争议方商定的期限内）不能自行解决争议，任何争议方可以书面请求委员会召开会议。缔约国尽管发起了 GATT 争议解决程序，但受到另一方根据第 2005 条的限制性规定，要求适用第二十章争议解决程序的请求，并且举行了必要的协商，它也可请求召开委员会会议。会议应在接受请求后的 10 日内召开，委员会有权用备选的解决方法，包括斡旋、调解、调停，寻求技术顾问和专家组的建议，力求解决争议。

3. 仲裁小组裁决。如果在委员会召开会议的 30 日内仍没有解决争议，任何争议方可以书面请求委员会建立仲裁小组（Arbitral Panel），并将该请求提交其他争议方和本国分秘书处。委员会收到请求后应建立仲裁小组，仲裁小组由 5 人组成，争议方应先就首席仲裁员人选达成协议，协议不成，由经过抽签决定的争议方选择一个非本国公民为首席仲裁员，其他 4 名小组成员由争议方从备选的名册上各选出双方国家的 2 名仲裁人员组成。仲裁小组人员应有法律和国际贸易方面的经验和专长，有客观性、可靠性和健全的判断力。小组工作秘密进行，必要时可请求技术专家和科学审查部门帮助。除另有规定外，仲裁小组应在其建立后 90 日内作出初步报告（initial report），提交争议方考虑。报告中说明小组事实调查结果、争议方的措施是否与 NAFTA 不符、提出解决的意见和建议。争议方在收到报告后 14 日内提出意见，仲裁小组在初步报告发出后 30 日内发布最后报告。

4. 采取报复措施。NAFTA 第 2018 条规定："争议方收到最后报告后，应就解决争议达成一致，该项解决应一般地与最后报告的决定和建议相符。""在可能的情况下，解决办法是停止实施或取消与协定不符的或引起协定的利益丧失或损害的措施，如不能这样解决，应给予受害方一定的补偿。"如果争议方在收到最后报告 30 日内不能就解决办法达成一致，受害方具有不需要委员会进一步批准的权利，自动中止给予对方协定利益，直到与应达成一致的解决办法相同的效果为止。第 2018 条还允许受害方采用交叉报复手段。

5. 国内实施程序。协议第 2020 条规定，如果缔约国的任何国内司法或行政程序提出了本协议的解释或适用方面的问题，并且任何缔约国认为值得介入这一问题，或者如果某法院或行政机构向某缔约国征求意见，该缔约国应通知其他缔约国和秘书处中的国内分委员会，委员会应尽快努力形成一致的、适当的答复，该法院和行政机构所在的缔约国应将委员会的一致解释提交给他们。如果委员会不能形成一致意见，任何缔约国可将自己的观点提交给法院和行政机构。第 2021 条还规定缔约国不得以另一缔约国的措施与本协议不符为理由，依据国内法提起针对另一缔约国的诉讼。

虽然在协商阶段允许争议方商定时限，但总的来看，NAFTA 一般争议解决程序缩短了时限，有助于提高审查效率。但是，仲裁小组裁决与原 GATT 专家小组裁决一样不具有法律效力，它不影响国内法，也不能由国内法院强制执行。如果争议方不执行最终裁决报告，另一方只能中止给予对方协定利益，其约束作用在很大程度上是道义上的。NAFTA 关于最后报告的执行措辞不够坚决、强硬，仅提出使引起争议的措施"一般地与最后报告的决议和建议相符"，还允许以"补偿"代替"相符"，这是 WTO 争端解决机制所明确反对的。

（二）NAFTA 投资争议解决程序

NAFTA 第十一章 B 节规定了独特的投资争议解决程序，授权缔约国的投资者在东道国违反第十一章 A 节投资规则确立的基本义务，违反其作出的具体承诺时，可以诉诸有约束力的国际仲裁，以补偿损失。NAFTA 第十一章 A 节规定了保障投资自由的基本规则，主要是给予投资者及其投资国民待遇和最惠国待遇；禁止实施某些实绩要求；保障投资者自由转移其投资；国有化及补偿原则。根据这些规则，缔约国作出了重要保留和市场准入承诺，这些规则、保留和承诺错综复杂，难以避免发生争议，建立行之有效的投资争议解决程序十分必要。

在这方面，NAFTA 规定了一套非自足的程序制度，允许争议方采用有关的国际仲裁规则，同时以自身的规则（第十一章 B 节）进行适当补充、改造，形成互补的、完善的仲裁程序。其内容有：

1. 提出仲裁请求。根据 NAFTA 第 1116 条的规定，缔约国的投资者在下列情况下可以将权利要求提请仲裁：①另一缔约国违反了 NAFTA 第十一章 A 节投资规则规定的义务；②另一缔约国违反了 NAFTA 第 1502 条和第 1503 条规定的义务（缔约国应采取行政监督措施和规范控制，保证国家和私人垄断企业、国营企业的活动符合依据本协定承担的义务）；③另一缔约国违反上述义务导致其遭受损失或损害。

除此以外，它还应符合下列条件：①应在知道或理应知道缔约国上述违反协定并造成其损害的 3 年内提请仲裁；②应在提请仲裁前的 90 日将其提请仲裁的意图书面通知有关的缔约国，说明缔约国违反协定的事实根据、请求救济的办法；③应在违反协定的事实发生 6 个月以后提请仲裁；④在仲裁前，受损害的投资者必须先寻求通过与缔约国协商和谈判的方式解决纠纷。在符合上述要求的情况下，只有缔约国的一个投资者，或如果投资者直接或间接地控制另一缔约国的企业，它可以该企业的名义提请仲裁。

2. 仲裁规则的选择。第 1120 条规定，投资者可以依据下列国际规则提请仲裁：①《解决国家与他国国民之间投资争议公约》（以下简称《ICSID 公约》），适用争议双方所在国都是该公约缔约国；②《解决国家与他国国民之间投资争议公约补充简易规则》（以下简称《ICSID 公约简易规则》），适用争议方中有一方是 ICSID 公约缔约国；③《联合国国际贸易法委员会仲裁规则》。争议方所选择的、并由 NAFTA 第 11 章 B 节适当修改、补充的上述规则和程序应成为仲裁所适用的程序规则。

为了使仲裁取得应有的法律效力，第 1122 条规定，缔约国同意依据本协定规定的程序将争议提交仲裁，这一"同意"连同作为争议方的投资者的书面同意提请仲裁，构成《ICSID 公约》、《承认和执行外国仲裁裁决公约》（即《纽约公约》）、《美洲国家公约》（即《关于国际商事仲裁的美洲国家公约》）所要求的"书面同意"或"书面协议"。有了这一条，只要缔约国投资者书面请求仲裁，并且有关的缔约国参加了上述国际公约，就自动受这些公约管辖。NAFTA 还要求提请仲裁的投资者放弃发起或停止依任何缔约国国内法在法院或行政机构履行的争议解决程序。

3. 仲裁庭的组成。除非争议各方另有协议，仲裁地点应在属于《纽约公约》签字国的争议方境内，仲裁庭由 3 名仲裁员组成，争议双方从备选的名册上（共 45 人）各选出 1 名仲裁员，第三名由双方协议指定，协议不成则由解决投资争议国际中心秘书长从备选名单中指定，作为首席仲裁员（适用其他仲裁规则时也如此办理）。仲裁庭根据事实，可以作出与损失相当的金钱赔偿的裁决，但不能施加惩罚性损害赔偿。

4. 仲裁裁决。第 1131 条规定，仲裁庭依照本协定决定应适用的国际法规则，就争议的问题作出裁决。必要时可以请求 NAFTA 自由贸易委员会就协定条款的含义、缔约国的保留作出解释，根据争议方请求指定专家，就事实问题作出书面报告。仲裁裁决为最终裁决，具有法律效力，如果有关的争议方不执行裁决，胜诉方可通过其所在国的政府诉诸第 20 条缔约国之间一般争议解决程序，或依据《ICSID 公约》、《纽约公约》、《美洲国家公约》寻求强制执行仲裁裁决。

NAFTA 允许争议方选择适用不同的国际仲裁规则，但是第十一章 B 节的规则深受《ICSID 公约》的影响，实际上是以该公约为基础补充变通而成的。NAFTA 第十一章 B 节规则又与《ICSID 公约》投资争议解决有实质上的不同：①《ICSID 公约》设立的解决投资争议国际中心不是一个争议解决机构，它仅为国际仲裁解决争议提供便利；而 NAFTA 投资争议解决是在自由贸易委员会管理和监督下的争议解决，有独立的程序和仲裁员名册，属于 NAFTA 体制内的争议解决。②ICSID 管辖的争议主要是投资安全保障方面的；NAFTA 解决的争议涉及各缔约国违反协定义务的问题。③NAFTA 在几个重要问题上补充了 ICSID 规则的不足，主要是增

第九章

加了协商程序，明确了"投资"的含义和应该适用的法律，[1] 将有助于争议解决。存在的问题是，目前只有美国是《ICSID 公约》缔约国，在其他两国加入该公约前将影响其适用。另外，NAFTA 没有规定仲裁裁定的时限，有可能使仲裁审理拖延。

（三）反倾销与反补贴税事项的审查与争议解决

NAFTA 缔约国保留对从其他缔约国进口的货物适用本国反倾销法与反补贴法的权利；保留改变或修改反倾销法与反补贴法的权利。为了使这些措施和做法不至于违反 WTO 有关规则和 NAFTA 的目标，NAFTA 第十九章规定了反倾销、反补贴税事项的审查和争议解决程序。

### 六、环境和劳工保护措施及其争议解决

（一）《北美环境合作协议》

NAFTA 的谈判和最后签订引起美国、加拿大政府和民间组织对与贸易有关的环境问题的广泛关注，甚至大多数经济学家，包括新古典主义经济学家也担忧经济活动的加剧带来环境恶化。他们把 NAFTA 可能造成的环境影响归纳为：①任何活动，包括贸易都具有重要的环境影响，NAFTA 促进墨西哥的经济活动，通常也会导致该国环境恶化，对加拿大、美国也如此；②贸易本身也会消耗资源，NAFTA 实施将使三方之间贸易增长，不论巨大的贸易流量是否会使三国经济得到发展，都会导致环境恶化，表现为能源使用、消耗增加，污染物、废弃物增多，气候变化；③由于墨西哥的环境标准低，将吸引美国、加拿大许多企业投资该国，利用其低环境标准的好处，这些企业将用对环境不利的低环境标准代替其在美国、加拿大执行的高环境标准从事生产，带来不利的环境后果；④来自墨西哥低环境标准生产者的竞争将对美国、加拿大的政府和企业产生巨大压力，人们担心两国也会降低环境标准；⑤鉴于三国地缘与彼此紧密联系，邻国海洋、土地、空气污染将因 NAFTA 实施而加剧，相互间产生过境影响，美国特别担心美墨边境 100 多英里的狭长地带的墨西哥 2000 多家保税区工厂（Maquiladora）的污染工业对美国南部三个州造成的危害。

1990 年 GATT 专家小组对"墨西哥金枪鱼案"作出的裁决使执行较高环境标准的美国受挫，美国的较高环境标准受到 GATT 规则的挑战，引起美国民间特别是环保组织的强烈不满，他们猛烈抨击 GATT 争议解决机构，出资在美

---

[1] 关于法律适用，《ICSID 公约》第 42 条规定，仲裁庭依据争议方一致同意的法律规则解决争议，在缺乏一致的情况下，适用本公约缔约国一方的法律。而根据第十一章 B 节提起仲裁的争议是因违反 NAFTA 投资规则义务引起的，争议方或争议方所在国是 NAFTA 缔约国，仲裁庭应适用 NAFTA 规则是不言自明的。

国主要报纸整版刊登广告宣称："GATT Bureaucracy are Jeopardizing Environment"（GATT 官僚在极力地毁灭环境）。1991 年和 1993 年，以"公共市民"为首的美国 9 个环境组织联合向联邦地区法院起诉，要求美国贸易代表办公室就 NAFTA 草案对未来环境影响作出说明，同时国会表示拒绝授权总统以"快车道"程序通过 NAFTA，除非政府能解决有关的环境问题。正是在多方压力下，克林顿总统表示在保留 NAFTA 主协议的基础上制订环境和劳工合作两个分协议。

《北美环境合作协议》已经与主协议同时生效，其目的是进一步合作解决 NAFTA 的实施可能引起的环境问题，如跨国污染、危险废弃物的过境转移、有害环境的产品加工方法、野生动植物保护；建立相关的机构框架，监督缔约国现存环境法律和措施的实施，解决与贸易有关的环境问题争议，避免产生贸易扭曲和障碍；同时作为三国在环境事务方面进行合作的谈判场所，在发展和完善缔约国环境法律、法规、法律程序、政策和措施方面进行合作，促进这些法律、政策和措施的透明度和公共参与。分协议的具体内容是：

1. 基本义务。

（1）一般承诺。各缔约国应在其境内定期准备并使公众获得环境状况报告，发展和审查环境应急措施，促进环境事务包括环境法律教育以及环境事务方面的科学研究和技术发展，评估环境影响，推动使用有利于实现环境目标的经济模式；缔约国应考虑在其法律中实施理事会在本协议第 10 条第 5 款 b 项中提出的任何建议；[1] 各缔约国应考虑禁止向另一缔约国出口在本国境内已被禁止使用的某种农药和有毒物，当一缔约国在境内采取禁止或严格限制某种农药或有毒物的措施时，它应直接或通过适当的国际组织把此项措施通知另一缔约国（第 2 条）。

（2）保护水平。承认各国有权建立自己的环境保护水平、环境发展政策和重点，有权批准和修改相应的环境法律和法规，缔约国应确保本国的法律和法规能提供高水平的环境保护，并努力地继续完善这些法律和法规（第 3 条）。

（3）政府实施行动。为实现取得高水平环境保护以及遵守各国的环境法律、法规的目标，缔约国应通过适当的政府行为有效地实施其环境法律和法规。[2]

---

[1] 环境分协议第 10 条第 5 款 b 项规定，理事会将在适当情况下提出和发展关于适当限制某些特殊污染物的建议，同时考虑各方生态系统的差异。

[2] 环境分协议第 5 条列举多项应采取的政府行动，包括：任命和培训督察员；通过适当监察机构监控守法和调查违法行为；促成自觉守法保证和守法协议；公开披露违法信息，公布实施程序；推动环境审计；提供传媒和仲裁服务；运用许可、特许和授权制度；以迅速方式发起司法或准司法程序，对违法事件作出处罚和赔偿；提供巡察、扣押、拘留措施，或发布紧急状态令。

第九章

缔约国应确保司法、准司法或行政实施程序依法可以获得，以制裁环境违法者，使受害者获得补救。制裁和补救应考虑违法性质和严重程度、受损失的经济利益、违法者的经济条件及其他相关因素；制裁和补偿措施包括遵守协议、罚款、监禁、颁布禁令、关闭（污染）设施、支付清污费用（第5条）。

（4）私人的法律补救。缔约国应确保利害关系人得以请求缔约国主管当局调查其所指控的环境违法行为，并给予这种请求合法的、适当的考虑。确保利害关系人依据该国法适当地进入行政、准司法和司法程序，实施环境法律和法规。依据该缔约国法，私人补救应包括向该国司法管辖的另一当事人索赔；寻求制裁和补偿，包括金钱赔偿、紧急关闭设施或消除违法损害后果；请求主管当局采取适当措施实施本国环境法，以保护环境；或者在某人遭受该国司法管辖的与该国环境法相抵触的行为而损失、损害或伤害时，寻求禁令救济（第6条）。

2. 机构安排。根据分协议设立环境合作委员会，由理事会、秘书处和一个联合公共咨询委员会组成。理事会由内阁级的缔约国代表或其任命者组成，是委员会控制的机构，有广泛权力，包括：作为讨论与协议有关的环境事务论坛；监督协议实施；考虑和提出各项环境建议；促进缔约国有效实施环境法；与NAFTA自由贸易委员会合作实现NAFTA环境目标；等等。

秘书处由理事会选任的执行干事领导，作为日常工作机构，为理事会、委员会的工作提供行政支持。秘书处的一项重要权力是接受缔约国任何非政府组织和个人关于某缔约国不能有效实施其环境法的意见，经过审查并符合一定条件后，秘书处可以将提交的意见转给有关缔约国答复（第14条第1款）。经理事会批准和指示，该意见和答复可以公布，作为某缔约国不能有效实施环境法的事实记录（factual record）（第15条），它是针对某缔约国持续性不能有效实施环境法而提出争议解决的主要依据。

3. 争议解决和报复。协议规定，任何缔约国可以就另一缔约国是否一直存在持续性不能有效实施其环境法律[1]以书面请求与另一缔约国协商。这一请求应同时递交其他缔约国和秘书处（第22条）。如果在递交请求后60日内进行的协商不能解决此事，任何缔约国可以书面请求理事会召开特别会议，由理事会主持斡旋、调解、和解此类争议或提出建议。如果在理事会召开会议的60日内仍不能解决此事，理事会应在任何争议方请求之下并经2/3投票表决批准，建立一个仲裁小组，考虑所指称的被诉方持续性不能有效实施环境法事件是否

---

[1] 根据分协议解释，"持续性"是在分协议生效后开始的不断反复出现的不能有效实施环境法的作为或不作为过程。

与以下情形有关：①牵连的工作场所、商号、公司或部门在缔约国领土之间交易其生产的产品或提供的服务；②这种产品或服务在被诉的缔约国领土内与另一缔约国当事人生产的产品或提供的服务竞争（第24条）。仲裁报告如认定被诉方存在持续性不能有效地实施本国环境法的事实，各方应协商达成与仲裁最后报告相符的满意的行动计划（第33条）。被诉方拒不执行该行动计划，由委员会征收罚金（不超过上一年度双方贸易额的0.007%）用于改善被诉方的环境，被诉方拒不支付罚金，请求方可以中止给予对方NAFTA利益，中止的利益应与罚金相当。

《北美环境合作协议》的实质是将缔约国环境法律、政策和标准的制定与实施置于分协议安排的国际监督之下，保证缔约国有效实施本国环境法，在贸易增长、扩大的同时维持较高的环境水平，合作防止跨国环境危害。协议注意到实施这种国际监督合作与尊重各国主权之间的平衡，强调各国应遵守其本国环境法律和标准，没有提出三国共同遵守的统一的环境保护法律或标准。协议第37条特别提出一项实施原则，即"本协议不得解释为授权一缔约国的当局在另一缔约国境内承担法律实施活动"。结合第3条的规定，表明协议充分尊重缔约国的法律主权，但是协议也尽可能提供了对三国国内法及国内环境标准实施的可能有效的外部审查机制。环境分协议规定的争议解决机制仅适用于政府之间就协议有关的环境事务引起的争议，虽然规定非政府组织和私人有限地介入争议解决（第14条第1款），一般却禁止个人针对另一缔约国政府的诉讼，即"缔约国不得依据其国内法，以另一缔约国实施了与本协议相抵触的行为为理由授予（私人）诉讼权利（第38条）"。这说明北美自由贸易区不同于欧盟，其协议不能由国内司法机关直接适用。

（二）《北美劳工合作协议》

在20世纪90年代GATT乌拉圭回合谈判和北美自由贸易协议谈判进行期间，与贸易有关的劳工问题在这两个谈判中都成为热门话题，集中起来表现在以下几个方面：①低劳工标准国家因其低劳工成本将吸引高劳工标准国家投资者的投资，造成投资转移效果，其生产的产品比高劳工标准国家相同或类似的产品更具有价格竞争力，投资转移和来自低劳工标准国家进口产品的冲击将引起高劳工标准国家相关的企业调整和就业变动、开工不足及失业问题；②低劳工标准国家在工人工资水平、福利水平、劳工法律实施方面与高劳工标准国家有较大差距，面对来自前者的竞争压力，高劳工标准国家的劳工组织担心本国政府会放松劳工法的实施，降低劳工标准，导致工人待遇下降；③基于上述理由，高劳工标准国家的国内企业界和工会组织指责外国低劳工标准条件下生产的产品是变相倾销（社会倾销），要求政府把外国采取必要的劳工保护作为与其开展自由贸易的条件，或对这些外国产品进口征收反倾销或反补贴税。

在 NAFTA 谈判中，美国、加拿大国内各界反应最强烈的是协议的实施可能引起的进口增加、投资转移及相关的环境和劳工问题，企业界和工会担心墨西哥低劳工标准和劳工成本吸引国内的投资，造成就业减少；相关产品行业面对墨西哥低劳工标准条件下生产的廉价商品进口冲击将开工不足，甚至倒闭；问题还在于，如果承认墨西哥低劳工标准和劳工成本是其固有的、合理的比较优势，墨西哥是否可以进一步降低劳工标准来扩大这一优势；而美国、加拿大作为竞争对手是否也可以相应地放松本国劳工法律实施，事实上降低劳工标准以应付挑战。所以，美国企业界和工会组织要求政府批准 NAFTA 的同时必须解决这种劳工标准差异问题，免受墨西哥获得的不公平的"比较利益"给其造成的就业损失。对于进口大量增加，可以通过 NAFTA 第八章保障措施解决。

1993 年三国签订了《北美劳工合作协议》（以下简称《劳工分协议》），作为主协议的一部分与主协议同时生效。其主要内容是：

1. 目标。根据第 1 条的规定，协议的目的是通过三国政府行为以及由分协议建立起的、适当的国际监督促进缔约国有效实施协议确认的劳工保护原则、本国劳工保护法以及与劳工问题有关的各项承诺，改善工作条件和生活标准，增加就业和提高生产力水平和质量水平；在劳工管理和与劳工有关的活动中加强缔约国之间的互利合作，促进政府、劳工组织与雇主的对话，促进三国劳工法律制度联合研究、相互理解以及信息的公开交流。

虽然协议没有指明，但是从协议的产生背景看，协议的一个重要目的是约束墨西哥，使之保持一定水平的劳工标准和劳工成本，不得人为地降低而吸引投资。第 1 条特别强调协议的一个目标是在可能的最大限度内促进附件 1 规定的各项劳工原则的实施，这些原则是：结社自由；保护劳工建立、加入其组织的权利；集体谈判权利；罢工权利；禁止强迫劳动（强制军事服役、某些民事义务、非私人目的的监狱劳动、紧急情况下必须的工作除外）；儿童与未成年劳工保护；最低的雇佣标准；取消雇佣的歧视；男女同工同酬；防止职业病和伤残；职业伤病的补偿；外来工人（Imigrant Worker）保护（即给外来工人与本国国民相同的工作条件）。这 11 项劳工保护原则被发达国家认为是最基本的，在相关著述中被广泛引用。

2. 主要义务。

（1）保护水平。确认充分尊重缔约国的宪法，以及承认缔约国有权建立自己的国内劳工标准，批准和修改相应的国内劳工法律、法规，每一缔约国应确保其劳工法律和法规规定与其高质量和高生产率的工作场所相一致的高劳工标准，并应继续努力完善这些标准（第2条）。

（2）政府实施行动。缔约国应该通过适当的政府行为在符合第42条要求的情况下，促进遵守和有效地实施本国劳工法。[1] 这些政府行为包括任命和训练督察员；监督守法和调查违法嫌疑，包括通过现场检查的方式进行；寻求自愿守法保证；鼓励建立工人管理委员会，解决工作场所的劳工管理；提供和倡导调停、调解和仲裁服务或以适时的方式发起对违反劳工法律的补救和制裁程序。缔约国应确保其主管当局对于雇主、雇员或其代表或其他利害关系人提出的关于调查被控的违反本国劳工法的请求，依照本国法给予适当考虑（第3条）。

（3）程序保证。缔约国应确保其实施劳工法律的行政、准司法、司法和仲裁程序公正、平等和透明。为此目的，该程序应该符合适当的法律程序；任何听证应向公众开放；当事人有权为各自立场提出支持和辩解的理由、证据；该程序不应有过分复杂、不合理的收费和时间限制或不合理的拖延。缔约国应该规定，上述法律程序中的当事人可以寻求救济，以确保其劳工权益得以实施，这种救济可以适当包括法院指令、遵守协议、罚款、罚金、监禁、禁令或工作场所紧急关闭（第5条第1、5款）。但是第5条第7款规定，本条款不得解释为要求一缔约国建立或者阻止一缔约国建立为实施本国劳工法的区别于一般法律实施体制的专门的司法体制。

3. 机构设立。根据协议第三部分设立劳工合作委员会，由部长理事会和秘书处组成。理事会由缔约国任命的劳工部长组成，在委员会领导下负责监督协议实施；就协议的进一步阐述提出建议；指导秘书处的工作和活动，批准委员会年预算和活动计划；促进劳工事务方面的信息收集、公开和交流（第10条）。理事会将促进缔约国在各项劳工权益保护事项方面进行合作（第11条）。[2] 秘书处由执行干事领导，协助理事会工作。每一缔约国设立国家管理署，是联邦一级机构，作为三国劳工事务合作的联系点，协助劳工合作委员会进行工作。此外，各缔约国还应设立国家咨询委员会和秘书委员会，分别由民间的劳工、商业组织代表和联邦、地方代表组成，就分协议的实施提出咨询意见。

4. 协商、争议解决。

（1）协商程序。缔约国可以就另一缔约国劳工法律、劳工管理、劳工市场

---

[1] 第42条规定，本协议不得解释为授予缔约国主管当局在另一缔约国境内从事劳工法律实施活动的权利。

[2] 这些劳工权益保护事项包括：职业安全和健康维护；童工、缔约国的外来工保护；人力资源开发；劳工统计；工作福利；工人及其家庭的社会计划；提高生产力的计划、方法和经验；劳工管理和集体谈判程序；雇佣标准及实施；工人伤病补偿；工作场所男女平等；工会成立、运作、集体谈判；解决劳工争议立法；工人、管理者、政府合作形式。

第九章

等方面的问题请求与另一缔约国国家管理署进行协商，也可以就分协议范围内的任何事项进行部长级协商。

（2）联合评估程序。如果国家间自行协商未能解决争议，任何一方可请示部长理事会和秘书处，建立专家评估委员会，该委员会以非对抗方式分析双方国家在职业安全和健康、童工、最低工资或其他技术劳工标准（不包括与结社自由、组织集体谈判权、罢工权有关的事务）实施的情况，[1]在规定时间向理事会提交最后评估报告。与此同时，任何一方就另一方持续性不能有效实施最后报告处理的技术劳工标准问题可请求与另一方协商，协商不成可由部长理事会建立专家小组进行斡旋、调解、和解。

（3）实施最后报告。如果部长理事会不能解决争议，任何一方可请求其建立仲裁小组，仲裁小组审查争议事项后作出最后报告，由理事会考虑并公布。如果仲裁报告认定被请求方存在着持续性不能有效实施本国技术劳工标准的情况，争议双方应就仲裁报告的执行制定可操作的行动计划。

（4）罚金、中止协定利益。争议方如果未能实施仲裁小组建议或相互达成的行动计划，经一方请求可重新建立仲裁小组，经仲裁小组认定被请求方未能实施行动计划，由仲裁小组决定处以罚金（不超过上一年度双方贸易额的0.007%），如果被请求方不能支付罚金，请求方可以中止给予对方 NAFTA 利益。

劳工合作协议在执行劳工标准方面要求缔约国履行的合作义务是劝说性或自律性的，目的是通过"棘轮效应"（Ratchet-Effect）约束成员国，保证其劳工标准只能提高而不能降低。它的争议解决突出了以协商为主的合作精神（包括政府间协商和评估委员会介入后的协商），只是在特别情况下才允许诉诸罚款和贸易制裁。劳工分协议同样要求缔约国不得建立及允许本国当事人控告另一缔约国违反分协议的诉讼程序（第43条），与环境分协议不同的是，它没有建立秘书处接受来自民间的申诉程序，更强化了劳工分协议的政府间合作性质。

协议充分考虑到各国劳工标准问题协调的复杂性，尊重缔约国因政治制度、价值观不同造成的劳工法律、标准的差异，在实施劳工合作义务与尊重国家主权之间保持了适当平衡。协议没有建立三国共同的劳工标准要求缔约国履行，也不要求缔约国实施另一缔约国的劳工法。附件1提出的11项指引性劳工原则不是共同的最低保护标准，而是缔约国基于国内法承诺在促进保护劳工权益制

---

〔1〕　协议所定义的"劳工法律"是指与前述11项劳工原则有关的所有法律、法规，它们构成一国"劳工标准"。除前三项标准（即结社自由和组织工会、集体谈判权和罢工权）以外的其他8项劳工标准为技术劳工标准。

度方面有所发展，说明协议要求缔约国执行的劳工标准是本国现行法已经确立的最低标准。特别是协议限制了在贸易体制内解决劳工争议的范围，允许提请解决的争议仅限于执行技术劳工标准引起的争议，不包括执行结社自由、集体谈判权、罢工权引起的争议，更不是所有实施劳工分协议引起的争议。争议解决的目的是改变持续性不能有效实施本国劳工法的状况，而无权要求争议方改变本国劳工法，这显示出对缔约国宪法及法律主权（立法、司法主权）的充分尊重。

【思考题】

1. 简述 WTO 对区域贸易协定的规范。
2. 简述 APEC 的特点。
3. 简述欧盟的特点。
4. 简述 NAFTA 的特点。

第十章

# 我国对外贸易管理法律制度

## ■第一节　我国对外贸易管理法律制度概述

### 一、我国对外贸易管理法律制度的含义及其法律规范

我国对外贸易管理法律制度是指我国对货物进出口、技术进出口和国际服务贸易进行管理的法律制度。它主要体现在我国制定的国内法以及签订或参加的国际条约之中。

#### （一）对外贸易管理的国内法律制度

从1949年开始，我国对外贸易管理制度发生了多次大的变化，直到2001年12月11日成为WTO成员后，我国的外贸管理制度才趋于稳定。

我国从新中国成立之初就开始实行对外贸易的法律管制。限于当时的国际和国内环境，我国对外经济交往范围十分狭窄。在对外贸易立法方面，制定了《对外贸易管理暂行条例》、《进出口贸易许可证制度实施办法》等法规。1979年实行对外开放政策以后，虽然我国对外贸易迅速发展，但也主要通过一些条例或规定对其进行管理。为完善对外贸易管理法律制度，全国人大于1994年5月12日通过了《中华人民共和国对外贸易法》（以下简称1994年《对外贸易法》，同年7月1日生效）。1994年《对外贸易法》的颁布，对于正在蓬勃发展的中国对外贸易具有划时代意义。

我国2001年12月11日成为WTO成员之后，履行加入WTO的有关承诺是我国应承担的国际法义务。而遵守WTO规则、履行我国的入世承诺是通过将有关入世承诺和WTO规则转化为我国国内法实现的。但是，1994年《对外贸易法》与我国的入世承诺和WTO规则存在一定差距，这些差距必须在规定期限内解决。首先，我国在加入WTO前后，已经就与WTO有关的法律和行政法规作了修改或颁布了相应的法律规范。但是，作为对外贸易基本法的1994年《对外贸易法》却没有修改，妨碍了其他法律规范的执行。其次，加入WTO既给我国参与国际竞争、扩大出口、增强发展能力带来了机遇，又给我国运用WTO规则

保护和发展自己提供了有利条件。但是，由于在制定 1994 年《对外贸易法》时我国还没有恢复为 GATT 的缔约方，WTO 更未成立，因此 1994 年《对外贸易法》不可能充分反映 WTO 的要求。为了充分享有和行使 WTO 所赋予的权利，最大限度地充分利用 WTO 规则，维护我国的对外贸易利益，通过我国国内立法的规定建立健全具体的实施机制和程序是必需的。最后，1994 年《对外贸易法》制定后，我国对外贸易形势发生了很大变化，1994 年《对外贸易法》的一些规定已经不能适应对外贸易发展中出现的新情况、新变化和新要求，需要根据变化了的实际情况对 1994 年《对外贸易法》的相关规定进行修改、补充和完善，调整原有的管理手段，增加新的管理措施，应对和规范对外贸易中出现的新情况和新问题，更好地促进对外贸易的发展。[1]

基于上述考虑，全国人大常委会于 2004 年 4 月 6 日发布了修订后的《中华人民共和国对外贸易法》（以下简称 2004 年《对外贸易法》），并自 2004 年 7 月 1 日起施行。2004 年《对外贸易法》主要对 1994 年《对外贸易法》与我国入世承诺和世界贸易组织规则不相符的内容进行了修改，对我国享受世界贸易组织成员权利的实施机制和程序作出规定，并反映了《对外贸易法》自 1994 年颁布以来发生的变化以及出现的新情况。[2]

除 2004 年《对外贸易法》外，我国还颁布了《货物进出口管理条例》、《技术进出口管理条例》以及大量的对外贸易管理方面的其他法规。这些法律规范与《对外贸易法》共同构成了我国对外贸易管理法律制度的完整法律体系。概括而言，我国对外贸易管理制度主要有：对外贸易经营者管理制度、货物进出口管理制度（包括进出口许可证制度、进出口配额制度、进出口关税制度、进出口商品的外汇管理制度、进出口商品检验检疫制度、原产地规则制度、政府采购制度等）、技术进出口管理制度、国际服务贸易管理制度、贸易救济制度（包括反倾销制度、反补贴制度、保障措施制度）等。

（二）对外贸易管理的国际法律制度

除国内法之外，我国作为 WTO 成员，还必须履行 WTO 规定的义务以及中国在加入 WTO 时所作的承诺。中国于 1986 年 7 月 10 日正式提出"恢复在关税与贸易总协定中的缔约国地位"的申请。从申请"恢复在关税与贸易总协定中的缔约国地位"（复关）到申请加入 WTO（入世），历时 15 年，终于在 2001 年 12 月 11 日成为 WTO 成员。中国加入 WTO 时所作承诺体现在《中国加入世界贸

---

〔1〕　参见商务部部长吕福源在 2003 年 12 月 22 日在第十届全国人民代表大会常务委员会第六次会议上所作的《关于〈中华人民共和国对外贸易法（修订草案）〉的说明》。

〔2〕　参见商务部部长吕福源在 2003 年 12 月 22 日在第十届全国人民代表大会常务委员会第六次会议上所作的《关于〈中华人民共和国对外贸易法（修订草案）〉的说明》。

易组织议定书》和《中国加入世界贸易组织工作组报告书》中。[1]中国加入的《WTO 协定》是指经在加入前已生效的法律文件所修改的《WTO 协定》。《议定书》包括《工作组报告书》第 342 段中的承诺，是《WTO 协定》的组成部分。

在加入 WTO 后，我国还与一些 WTO 成员和非 WTO 成员签订了区域贸易协定。这些协定包括：

1. 中国与东盟十国于 2002 年 11 月 4 日签署《中华人民共和国与东南亚国家联盟全面经济合作框架协议》，2003 年 7 月 1 日生效。该协定从总体上确定了货物贸易、服务贸易、投资和经济合作等事项。为落实《框架协议》的规定，中国与东盟在 2004 年 11 月 29 日又签订了《中华人民共和国政府与东南亚国家联盟成员国政府全面经济合作框架协议货物贸易协议》、《中华人民共和国政府与东南亚国家联盟成员国政府全面经济合作框架协议争端解决机制协议》。2007年 1 月 14 日签署了《中华人民共和国政府与东南亚国家联盟成员国政府全面经济合作框架协议服务贸易协议》。2009 年 8 月 15 日签署了《中华人民共和国政府与东南亚国家联盟成员国政府全面经济合作框架协议投资协议》。中国与东盟自由贸易区在 2010 年如期建成，它是我国与外国建成的第一个自由贸易区。

2. 内地在 2003 年 6 月 29 日和 10 月 17 日分别与香港和澳门签署《内地与香港关于建立更紧密经贸关系的安排》、《内地与澳门关于建立更紧密经贸关系的安排》（两者统称 CEPA），2004 年 1 月 1 日生效实施。CEPA 是一个主权国家内部的单独关税区之间在 WTO 框架下进行经济合作的重要尝试，它规定了货物贸易、服务贸易以及贸易投资便利化问题。

3. 中国与智利在 2005 年 11 月 18 日签署《中华人民共和国政府和智利共和国政府自由贸易协定》，2006 年 10 月 1 日开始实施。该协定是我国与拉丁美洲国家签署的第一个自由贸易协定。由于该协定主要规定了货物贸易问题，故两国先后于 2008 年 4 月 13 日和 2012 年 9 月 9 日，签署了《中华人民共和国政府和智利共和国政府自由贸易协定关于服务贸易的补充协定》、《中华人民共和国政府与智利共和国政府自由贸易协定中关于投资的补充协定》。

4. 中国与巴基斯坦在 2006 年 11 月 24 日签署《中华人民共和国政府和巴基斯坦伊斯兰共和国政府自由贸易协定》，2007 年 7 月 1 日起实施。由于该协定主要规定了货物贸易与投资规则，两国又于 2009 年 2 月 21 日签署了《中国－巴基斯坦自由贸易区服务贸易协定》。

5. 中国与新西兰在 2008 年 4 月 7 日签署《中华人民共和国政府和新西兰

---

[1]　关于中国加入世界贸易组织法律文件的说明，参见石广生主编：《中国加入世界贸易组织法律文件导读》，人民出版社 2002 年版，第 5 页。

政府自由贸易协定》，2008 年 10 月 1 日生效实施。这是我国与发达国家签署的第一个自由贸易协定，也是我国对外签署的第一个含有货物贸易、服务贸易、投资、知识产权等内容的综合性自由贸易协定。

6. 中国与新加坡在 2008 年 10 月 23 日签署《中华人民共和国政府和新加坡共和国政府自由贸易协定》，2009 年 1 月 1 日生效实施。协定同样是一份涵盖了货物贸易、服务贸易以及投资规则的综合性自由贸易协定，但没有涉及知识产权规则。

7. 中国与秘鲁在 2009 年 4 月 28 日签署《中华人民共和国政府与秘鲁共和国政府自由贸易协定》，2010 年 3 月 1 日起实施。该协定是我国与拉丁美洲国家签署的第一个综合性自由贸易协定，涵盖了货物贸易、服务贸易、投资、知识产权等事项。

8. 中国与哥斯达黎加在 2010 年 4 月 8 日签署《中华人民共和国政府和哥斯达黎加共和国政府自由贸易协定》，2011 年 8 月 1 日生效实施。该协定涵盖了货物贸易、服务贸易、投资、知识产权等内容，是我国与中美洲国家签署的第一个综合性自由贸易协定。

9. 为加强两岸经济合作，海峡两岸关系协会会长陈云林与台湾海峡交流基金会董事长江丙坤于 2010 年 6 月 29 日签署了《海峡两岸经济合作框架协议》，2010 年 9 月 12 日生效。框架协议的签署标志着两岸经济关系进入了制度化合作的新的发展阶段，它是两岸经贸关系的重要里程碑。2012 年 8 月 9 日和 2013 年 6 月 21 日，海峡两岸关系协会与海峡交流基金会负责人又先后签署了《海峡两岸投资保护和促进协议》（2013 年 2 月 1 日生效）、《海峡两岸服务贸易协议》。

10. 我国与冰岛于 2013 年 4 月 15 日签署了《中华人民共和国政府和冰岛政府自由贸易协定》，2014 年 7 月 1 日生效。该协定是我国与欧洲国家签署的第一个自由贸易协定，不仅涵盖了货物贸易、服务贸易、投资以及知识产权问题，还涉及竞争规则。

11. 我国与瑞士于 2013 年 7 月 6 日签署了《中华人民共和国和瑞士联邦自由贸易协定》，2014 年 7 月 1 日生效。该协定是中国对外达成的水平最高、最为全面的自由贸易协定之一，它不仅涵盖了货物贸易、服务贸易、投资促进、知识产权和竞争规则，还纳入了环境规则。与其他中外自由贸易协定相比，该协定项下的货物贸易零关税比例比较高，其中，瑞士将对中国 99.7% 的出口立即实施零关税，中国将对瑞士 84.2% 的出口最终实施零关税。

此外，我国正在分别与海湾合作委员会（包括沙特阿拉伯、阿联酋、科威特、阿曼、卡塔尔和巴林 6 个成员国）、澳大利亚、挪威、韩国进行自由贸易协定谈判，与韩国和日本正在进行中日韩三边自由贸易协定谈判，与日本、韩国、澳大利亚、新西兰、印度以及东盟 10 国正在进行《区域全面经济伙伴关系协定》（RCEP）谈判。

**二、《对外贸易法》的主要内容**

《对外贸易法》在我国对外贸易法律制度中具有重要作用，它是我国对外贸易法律制度的核心和基本法。2004 年《对外贸易法》并不调整中国所有的对外贸易关系，而只是调整对外贸易管理关系以及与贸易有关的知识产权保护。作为调整对外贸易管理关系的基本法，2004 年《对外贸易法》对我国对外贸易管理关系的法律调整作了原则性规定，它对于我国外贸体制改革以及制定对外贸易管理的其他法规具有重要的指导意义。

2004 年《对外贸易法》共 11 章 70 条，其变化主要体现在以下方面：①扩大了对外贸易经营者范围；②在 1994 年《对外贸易法》八章内容的基础上，增加了与对外贸易有关的知识产权保护、对外贸易调查和对外贸易救济三章新内容。

（一）适用范围

2004 年《对外贸易法》调整对外贸易关系以及与贸易有关的知识产权保护。所调整的对外贸易管理关系包括货物进出口管理关系、技术进出口管理关系以及国际服务贸易管理关系。也就是说，2004 年《对外贸易法》适用于国家对货物进出口、技术进出口和国际服务贸易的管理，而不适用于处于平等地位的对外贸易经营者之间合同关系的调整。

2004 年《对外贸易法》附则对下列情况作出了特别规定：

1. 边境贸易的管理。考虑到为了方便边境地区边民的生产和生活，照顾在边境地区城镇之间进行的双方互通有无的贸易活动，对于边境城镇与接壤国家边境城镇之间的贸易以及边民互市贸易的管理，国家不按《对外贸易法》加以管理，而是采取灵活措施，给予优惠和便利，促进边境地区的繁荣和发展。《对外贸易法》第 68 条规定："国家对边境地区与接壤国家边境地区之间的贸易以及边民互市贸易，采取灵活措施，给予优惠和便利。具体办法由国务院规定。"

值得注意的是，我国虽然在《加入世界贸易组织议定书》第 2 条中承诺《WTO 协定》和议定书的规定适用于中国的全部关税领土，包括边境贸易地区、民族自治地方、经济特区、沿海开放城市、经济技术开发区以及其他在关税、国内税和法规方面已建立特殊制度的地区（统称为"特殊经济区"）。但是，该承诺并不意味着中国承诺不再设立或维持特殊经济区或不再对特殊经济区实行特殊制度。而且，对边境贸易实行优惠制度与 GATT1994 第 24 条第 3 款第 1 项的规定也是一致的，该条规定："本规定的各项规定，不得阻止任何缔约方为便利边境贸易对毗邻国家给予某种利益。"可见，给予边境贸易以优惠是 GATT1994

所允许的。

由于国家可以对边境贸易给予优惠和便利，我国于 1996 年 1 月 3 日另外发布了《国务院关于边境贸易有关问题的通知》，原则性地规范了边境贸易管理形式、边境贸易进出口关税和进口环节税问题、边境小额贸易的进出口管理问题、与边境地区毗邻国家经济技术合作项下的进出口商品的管理等问题。[1] 此外，我国还发布了边境贸易的其他法规，应该说，我国在边境贸易管理方面已经拥有了较为完善的法律体系。

2. 单独关税区的对外贸易管理。我国《对外贸易法》不适用于单独关税区。单独关税区又称单独关境、独立关税区、单独关税领土等，它是指一个国家中的某一部分在贸易上保持单独税率或特别贸易规范的领土。由于单独关税区的这一特性，如同样适用《对外贸易法》或适用对我国大部分地区适用的法律，将使单独关税区丧失其优势，不利于单独关税区对外贸易的发展。此外，《对外贸易法》之所以不适用于单独关税区，也考虑到我国香港特别行政区和澳门特别行政区在 1994 年《对外贸易法》制定时已经以"单独关税区"名义成为 GATT 的缔约方，即使在 WTO 成立后，香港和澳门也以"单独关税区"名义成为 WTO 成员，因此，如果将《对外贸易法》适用于香港和澳门显然是不适合的。在大陆对港澳贸易方面，内地于 2003 年 6 月 29 日和 2003 年 10 月 17 日分别与香港及澳门签署了《内地与香港关于建立更紧密经贸关系的安排》以及《内地与澳门关于建立更紧密经贸关系的安排》（CEPA），以逐步减少或取消双方之间实质上所有货物贸易的关税和非关税壁垒；逐步实现服务贸易的自由化，减少或取消双方之间实质上所有歧视性措施；促进贸易投资便利化。

此外，台湾地区也以"台湾、澎湖、金门、马祖单独关税区"（以下简称中国台北）的名义于 2002 年 1 月 1 日正式成为 WTO 成员，因此，台湾地区作为单独关税区也不适用《对外贸易法》。关于大陆对中国台北的贸易，原外经贸部早在 1986 年就会同海关总署发布了《对台湾地区小额贸易管理办法》。2000 年 12 月 9 日又发布了《对台湾地区贸易管理办法》，对对台贸易（包括货物贸易、技术贸易和服务贸易）的指导原则、管理方式、纠纷解决等进行了规范，它是大陆对台贸易的法律依据。

---

[1] 根据该通知，我国的边境贸易分为两种：①边民互市贸易，系指边境地区边民在边境线 20 公里以内、经政府批准的开放点或指定的集市上，在不超过规定的金额或数量范围内进行的商品交换活动。②边境小额贸易，系指沿陆地边境线经国家批准对外开放的边境县（旗）、边境城市辖区内（以下简称"边境地区"）经批准有边境小额贸易经营权的企业，通过国家指定的陆地边境口岸，与毗邻国家边境地区的企业或其他贸易机构之间进行的贸易活动。边境地区已开展的除边民互市贸易以外的其他各类边境贸易形式，均统一纳入边境小额贸易管理，执行边境小额贸易的有关政策。

3. 特定贸易的管理。除上述两项不适用《对外贸易法》外，2004年《对外贸易法》第67条还规定："与军品、裂变和聚变物质或者衍生此类物质的物质有关的对外贸易管理以及文化产品的进出口管理，法律、行政法规另有规定的，依照其规定。"为此，我国发布了《军品出口管理条例》（1997年颁布，2002年修订）、《核出口管制条例》（1997年颁布，2006年修订）、《核两用品及相关技术出口管制条例》（1998年颁布，2007年修订）、《易制毒化学品进出口管理规定》（2006年）等。

（二）对外贸易主管机构

对外贸易管理权属于国务院，国务院授权商务部[1]统一领导和管理全国的对外贸易以及其他对外经济工作。我国的对外贸易管理分为两级管理，即中央一级和地方一级。

商务部是我国对外贸易的中央一级行政领导机关，负责我国对外贸易的宏观管理。为推动和促进进出口企业实行以口岸为中心的按行业联合经营，原外经贸部从1982年7月起在上海、天津、大连、广州、深圳、海南、青岛、西安、成都、武汉、郑州、福州、南京、南宁、杭州、昆明设立特派员办事处，负责在授权范围内审批、签发进出口商品许可证，协调解决内地与口岸的经济关系，对进出口企业的违法行为或交易予以干涉，对违反进出口商品经营规定和拒绝接受协调的进出口企业进行干预和禁止等。此外，在我国驻各国和各地区的大使馆、公使馆或代办处设立"经济商务参赞处"，受大使馆、公使馆或代办处与商务部的双重领导，负责在平等互利基础上发展我国同驻在国之间的经济贸易往来，检查、监督和归口管理我国在驻在国的对外贸易、吸收外资和引进技术等方面的工作，维护我国合法权益。

各省、自治区、直辖市、计划单列市的对外贸易主管部门是商务部授权负责管理本地区内外经贸事务的地方经贸行政管理机关（如各地商务局等）。地方外经贸主管机关受商务部和同级人民政府的双重领导。

（三）《对外贸易法》的基本原则

2004年《对外贸易法》总则体现了对外贸易的基本原则，它是对外贸易法律主体的基本行为规则和指导，是制定对外贸易其他法律规范的基础。这些基本原则主要包括：

1. 国家实行统一的对外贸易制度原则。WTO要求成员方以统一和透明方式

---

〔1〕 2003年3月10日，十届全国人大一次会议通过国务院机构改革方案，撤销"对外经济贸易委员会"（外经贸部）和"国家经济贸易委员会"（国家经贸委），组建"商务部"，负责主管国内外贸易和国际经济合作。这个改革实现了我国内外贸管理的合一。

实施各自的国内对外贸易法律。《中国加入世界贸易组织议定书》第2条规定了贸易制度的实施要求。根据该要求，《WTO协定》和《中国加入世界贸易组织议定书》适用于中国的全部关税领土，包括边境贸易地区、民族自治地方、经济特区、沿海开放城市、经济技术开发区以及其他在关税、国内税和法规方面已经建立特殊制度的地区。中国应该以统一、公正和合理的方式，适用和实施中央政府有关影响货物贸易、服务贸易、与贸易有关的知识产权（TRIPS）或外汇管制的所有法律、法规及其他措施，以及地方各级政府发布或适用的地方性法规、规章及其他措施。中国地方各级政府的地方性法规、规章及其他措施应该符合在《WTO协定》和《中国加入世界贸易组织议定书》中所承担的义务。

实际上，从新中国成立以来，我国一直实行对外贸易的统一管理制度。1950年通过的《对外贸易管理暂行条例》和《对外贸易管理暂行条例实施细则》就规定，凡经营进出口业务的公私营商号及经营出口的工厂，都必须向所在地区对外贸易管理局申请登记。对外贸易和国内贸易实行统一管理，由中央人民政府贸易部统一领导，具体管理事宜由贸易部对外贸易管理局执行。1994年《对外贸易法》第4条以及2004年《对外贸易法》第4条仍然明确规定："国家实行统一的对外贸易制度。"

统一的对外贸易制度是指我国对外贸易领导权和管理权由国家统一行使，即由国家制定统一的对外贸易方针、政策和法律，设立专门的对外贸易管理机构，采取各种管理措施，对全国的对外贸易发展进行指导、控制和调节。现行统一的对外贸易制度不同于过去高度集中、外贸经营权由国家垄断的制度，国家只在宏观上对对外贸易活动予以统一规范，而不从微观上进行过多的干预和控制。

2. 维护公平、自由的对外贸易秩序原则。公平、自由的对外贸易秩序是实现对外贸易公平、自由的重要前提条件，因此，无论是1994年《对外贸易法》还是2004年《对外贸易法》，一直将这一原则作为对外贸易的基本原则。它要求对外贸易经营者必须依照国家法律规定，与其他对外贸易经营者进行公平、合理的竞争，形成稳定、公平的对外贸易秩序，促进对外贸易的发展。为实现这一原则，《对外贸易法》还专章规定了"对外贸易秩序"，对于违反对外贸易秩序的行为予以惩罚。

3. 国家鼓励发展对外贸易原则。鼓励发展对外贸易是发达国家和发展中国家一贯坚持的原则。对外贸易得到发展后可以带动国内经济的发展与提高。无数国家的经济发展历史都证明了这一点。为了发展对外贸易，《对外贸易法》专章规定了"对外贸易促进"，将促进对外贸易的发展提升到法律责任的高度。

4. 平等互利原则。平等互利原则是指国家不论大小强弱，政治与经济制度如何，在对外贸易中都应处于平等地位，不应以强凌弱，同时还应做到对双方经济发展有益。《对外贸易法》第 5 条规定，中国根据平等互利原则，促进和发展同其他国家和地区的贸易关系，缔结或者参加关税同盟、自由贸易区等区域经济贸易协定，参加区域经济组织。[1]

5. 依国际条约或互惠、对等原则给予对方最惠国待遇、国民待遇等其他待遇的原则。最惠国待遇是指中国根据所缔结或参加的国际条约、协定，给予国际条约、协定的其他缔约方的待遇，不低于其给予任何其他缔约方所享有的待遇。国民待遇是指中国根据所缔结或参加的国际条约、协定，给予国际条约、协定的其他缔约方、参加方的产品、服务或服务提供者及知识产权所有者或持有者的待遇，不低于本国同类产品、服务或者服务提供者以及知识产权所有者或持有者所享有的待遇。最惠国待遇和国民待遇是实现平等互利的重要措施。《对外贸易法》第 6 条要求，我国在对外贸易方面应根据缔结或参加的国际条约、协定，给予其他缔约方、参加方或根据互惠、对等原则给予对方最惠国待遇、国民待遇等其他待遇。

6. 对等采取歧视性措施的原则。对等原则是一个国家保护本国对外贸易利益的重要原则。《对外贸易法》第 7 条规定，任何国家或者地区在贸易方面对中国采取歧视性的禁止、限制或者其他类似措施的，中国可以根据实际情况对该国家或者该地区采取相应的措施。

（四）对外贸易经营者

1994 年《对外贸易法》规定，对外贸易经营者是指从事对外贸易经营活动的法人和其他组织。从事货物进出口与技术进出口的对外贸易经营，必须具备规定条件，并获得商务部及其授权部门的许可。也就是说，依 1994 年《对外贸易法》，中国的自然人不能从事对外贸易活动。即使是法人和其他组织，也只有在符合规定条件并得到许可后，方可从事对外贸易活动。但是，这种外贸经营许可制度不符合我国加入 WTO 时所作的承诺。事实上，为满足向 WTO 以及世界贸易自由化的要求过渡，我国在加入 WTO 之前，在对部分企业实行外贸经营许可制的同时，已经开始对另一部分企业试行外贸经营权登记制，即只要进行这种登记注册便可从事对外贸易经营活动。

2004 年《对外贸易法》考虑到中国加入 WTO 时所作承诺以及近年来的外贸经营权制度改革实践，对 1994 年《对外贸易法》的上述规定作了如下修改：

1. 将对外贸易经营者的范围扩大到自然人。《中国加入世界贸易组织议定

---

[1] 作为 GATT1994 最惠国待遇原则的例外，WTO 允许建立自由贸易区和关税同盟。因此，一些 WTO 成员积极谋求签订自由贸易协定，与其他国家建立自由贸易区或关税同盟。

书》第5条[1]是关于"贸易权"的规定。根据该承诺，如果外国自然人能够在中国从事对外贸易活动，中国的自然人也应当能够从事对外贸易经营活动。特别是在中国的技术贸易领域和国际服务贸易领域、边境贸易领域，自然人从事对外贸易经营活动已经大量存在。[2]因此，2004年《对外贸易法》第8条将对外贸易经营者扩大到自然人，将对外贸易经营者定义为依法办理工商登记或者其他执业手续，从事对外贸易经营活动的法人、其他组织或者个人。

2. 将货物贸易和技术贸易的经营权放开。根据《中国加入世界贸易组织议定书》第5条第1款，[3]中国必须在加入WTO后的3年内（即2004年12月11日前），取消对外贸易经营许可制度。中国根据该承诺修改了1994年《对外贸易法》，将对外贸易经营者的审批制改为登记备案制。2004年《对外贸易法》第9条规定，从事货物进出口或者技术进出口的对外贸易经营者，应当向商务部或者其委托的机构办理备案登记；但是，法律、行政法规和商务部规定不需要备案登记的除外。对外贸易经营者未按照规定办理备案登记的，海关不予办理进出口货物的报关验放手续。

2004年6月25日，商务部发布了《对外贸易经营者备案登记办法》，对对外贸易经营者的备案问题作出了具体规定。根据该办法，对外贸易经营者备案登记工作实行全国联网和属地化管理。商务部委托符合条件的地方对外贸易主管部门（以下简称备案登记机关）负责办理本地区对外贸易经营者备案登记手续；受委托的备案登记机关不得自行委托其他机构进行备案登记。对外贸易经营者在本地区备案登记机关办理备案登记。对外贸易经营者填写并提交《对外贸易经营者备案登记表》，备案登记机关应自收到对外贸易经营者提交的材料之日起5日内办理备案登记手续，在登记表上加盖备案登记印章。对外贸易经营者应凭加盖备案登记印章的登记表在30日内到当地海关、检验检疫、外汇、税务等部门办理开展对外贸易业务所需的有关手续。逾期未办理的，登记表自动失效。

3. 国际服务贸易的经营资格不受承诺约束。由于我国在《中国加入世界贸易组织议定书》中所作承诺只限于"货物贸易"，并不包括国际服务贸易。因此，2004年《对外贸易法》第10条规定："从事国际服务贸易，应当遵守本法和其他有关法律、行政法规的规定。从事对外工程承包或者对外劳务合作的单位，应当具备相应的资质或者资格。具体办法由国务院规定。"上述规定意味

---

〔1〕 石广生主编：《中国加入世界贸易组织法律文件导读》，人民出版社2002年版，第9页。

〔2〕 参见商务部部长吕福源在2003年12月22日在第十届全国人民代表大会常务委员会第六次会议上所作的《关于〈中华人民共和国对外贸易法（修订草案）〉的说明》。

〔3〕 石广生主编：《中国加入世界贸易组织法律文件导读》，人民出版社2002年版，第9页。

着，在某些国际服务贸易领域，我国仍可以实行经营许可制。为规范对外劳务合作经营者资格，商务部会同国家工商总局于 2004 年 7 月 26 日发布了《对外劳务合作经营资格管理办法》，规定在中国境内注册的企业从事对外劳务（含研修生）合作必须取得经营资格。

4. 在国营贸易方面仍然可以授予专营权或者特许权。国营贸易是指国家授予对外贸易经营者在特定贸易领域从事贸易的专营权或者特许权，取得授权的国营贸易企业在授权的特定贸易领域内从事进出口贸易。其特点是："被授予包括法定或宪法权力在内的专有权、特殊权利或特权的政府和非政府企业，包括销售局，在行使这些权利时，它们通过其购买或销售影响进出口的水平或方向。"[1] 国营贸易与政府采购不同。国营贸易企业可以是政府企业，也可以是非政府企业；国营贸易企业的经营范围是特定的贸易领域；国营贸易的目的是转售进出口产品，以谋求营利。而政府采购机构采购的目的是供政府或公共机构使用或消费，而非以营利为目的的转售。此外，国营贸易与指定经营也不同。指定经营是指国家授权特定的外贸经营者从事某些特定货物的进出口。只有指定的经营者才能从事指定货物的对外贸易，未经指定的外贸经营者不得从事指定经营货物的进出口。而国营贸易则是政府授权国营贸易企业在特定贸易领域的经营权利。

根据《中国加入世界贸易组织议定书》第 5 条第 1 款，自加入 WTO 后 3 年内放开外贸经营权的规定不适用于实行国营贸易管理的货物。此外，GATT1994 第 17 条和《服务贸易总协定》第 8 条的规定也允许各缔约方在国际贸易中，建立或维持国营贸易，给予专有权或者特权。鉴于上述要求，2004 年《对外贸易法》第 11 条规定，国家可以对部分货物的进出口实行国营贸易管理。实行国营贸易管理货物的进出口业务只能由经授权的企业经营；但是，国家允许部分数量的国营贸易管理货物的进出口业务由非授权企业经营的除外。实行国营贸易管理的货物和经授权经营企业的目录由商务部会同国务院其他有关部门确定、调整并公布。擅自进出口实行国营贸易管理的货物的，海关不予放行。

（五）货物进出口与技术进出口

货物进出口是指有形货物的进出口。传统的对外贸易就是指有形货物的进出口。但是，随着各国经济的发展，技术进出口成为对外贸易的重要组成部分。

2004 年《对外贸易法》对货物进出口与技术进出口实行如下制度：

1. 国家准许货物与技术的自由进出口。国家原则上准许货物与技术的自由进出口，但是在某些条件下，国家可以限制甚至禁止货物或技术的进出口。

此外，为了收集统计信息，原外经贸部于 1994 年 8 月 13 日发布了《特定商

--------

〔1〕　参见《关于解释 1994 年关税与贸易总协定第 17 条的谅解》。

品进口自动登记管理暂行办法》，对特定商品的进口实行自动进口许可制度。但是，在中国加入 WTO 的谈判中，一些工作组成员担心，上述暂行办法（特别是批准登记的标准）可能成为对进口产品的限制。因此，中国在《中国加入世界贸易组织工作组报告书》第 136 段中承诺，自加入 WTO 时起，中国将使自动许可制符合 WTO《进口许可程序协定》第 2 条的规定。

根据上述承诺，2004 年《对外贸易法》第 14 条和第 15 条规定，国家准许货物与技术的自由进出口。但是，法律、行政法规另有规定的除外。商务部基于监测进出口情况的需要，对部分自由进出口货物实行进出口自动许可并公布其目录。实行自动许可的进出口货物，收货人、发货人在办理海关报关手续前提出自动许可申请的，商务部或者其委托的机构应当予以许可；未办理自动许可手续的，海关不予放行。进出口属于自由进出口的技术，应当向商务部或者其委托的机构办理合同备案登记。

2. 在特定条件下限制或禁止进出口。虽然 1994 年《对外贸易法》分别规定了限制进出口以及禁止进出口的情况，但由于这些规定与 GATT1994 第 11、12、18 条和第 20 条相比不完整，不利于充分保护我国的经济安全和国家利益，因此 2004 年《对外贸易法》第 16 条在 WTO 协定允许的范围内，将限制和禁止进出口的情况合并，并作了补充规定。根据该条规定，国家基于某些原因，可以限制或者禁止有关货物、技术的进口或者出口。

3. 对特定货物可以采取任何必要措施。2004 年《对外贸易法》第 17 条规定："国家对与裂变、聚变物质或者衍生此类物质的物质有关的货物、技术进出口，以及与武器、弹药或者其他军用物资有关的进出口，可以采取任何必要的措施，维护国家安全。在战时或者为维护国际和平与安全，国家在货物、技术进出口方面可以采取任何必要的措施。"

4. 对货物贸易和技术贸易采取不同管理方式。2004 年《对外贸易法》第 19 条规定：①对限制进口或出口的货物，实施配额、许可证等方式管理。其中，对部分进口货物可以实行关税配额管理。②对限制进口或出口的技术，实行许可证管理。实行配额或者许可证管理的货物和技术，必须取得有关部门许可后方可进口或出口。

事实上，国务院已于 2001 年发布了《货物进出口管理条例》（自 2002 年 1 月 1 日起实施），该条例是《对外贸易法》在货物进出口管理方面的细化，是我国管理货物进出口的重要法律依据[1]。为更好地执行《货物进出口管理条例》，

---

[1] 条例共有 8 章 77 条，包括总则、货物进口管理、货物出口管理、国营贸易和指定经营、进出口监测和临时措施、对外贸易促进、法律责任以及附则。

我国还发布了与之相配套的一系列法规。概括而言，货物进出口管理制度是指国家对进出口货物的经营范围和经营方式等进行管理的法律制度。货物进出口管理法律制度主要包括关税管理制度、进出口许可证和配额管理制度、外汇管理制度、进出口商品检验管理制度、原产地规则、贸易救济措施制度、政府采购制度（包括货物采购和服务采购）等。此外，2001 年还发布了《技术进出口管理条例》（自 2002 年 1 月 1 日起实施），这些条例发布的目的是履行我国在加入 WTO 时所作的承诺，同时也是为了弥补 1994 年《对外贸易法》的滞后和不足。

（六）国际服务贸易

在国际服务贸易方面，2004 年《对外贸易法》对 1994 年《对外贸易法》并没有作出修改，对国际服务贸易同样没有规定明确的概念，而只是作了如下原则规定：

1. 促进国际服务贸易的逐步发展并履行承诺。2004 年《对外贸易法》第 24 条规定，我国在国际服务贸易方面根据所缔结或者参加的国际条约、协定中所作的承诺，给予其他缔约方、参加方市场准入和国民待遇。

2. 在特定条件下限制或禁止国际服务贸易原则。2004 年《对外贸易法》第 26 条将限制和禁止的情况合并起来，规定基于某些原因，国家也可以限制或者禁止有关的国际服务贸易。

3. 对特定领域的服务贸易可以采取任何必要措施。2004 年《对外贸易法》第 27 条规定："国家对与军事有关的国际服务贸易，以及与裂变、聚变物质或者衍生此类物质的物质有关的国际服务贸易，可以采取任何必要的措施，维护国家安全。在战时或者为维护国际和平与安全，国家在国际服务贸易方面可以采取任何必要的措施。"

由于服务贸易涉及众多领域，目前我国还没有制定与《货物进出口管理条例》、《技术进出口管理条例》并行的"国际服务贸易条例"，而是针对不同的服务部门单独作出规定。我国在《加入世界贸易组织议定书》中，对服务贸易的市场准入等作出了承诺，我国的国际服务贸易法律规范必须履行这些承诺。

（七）与对外贸易有关的知识产权保护

与贸易有关的知识产权是国际贸易中的一个重要问题，也是 WTO 协定所规范的重要内容之一。2004 年《对外贸易法》根据 WTO 规则，并借鉴发达国家的立法，增加了第五章"与对外贸易有关的知识产权保护"。该章只是对进出口贸易中的侵犯知识产权行为以及滥用知识产权的专有权或优势地位并对贸易产生不利影响的行为进行规范，通过对这些行为采取贸易措施，防止侵权产品进口和知识产权权利人滥用权利，并促进我国知识产权在国外的保护。

第五章规定了如下内容：

1. 保护与贸易有关的知识产权。国家依照有关知识产权的法律、行政法规，保护与对外贸易有关的知识产权。进口货物侵犯知识产权并危害对外贸易秩序的，商务部及其授权部门可以采取在一定期限内禁止侵权人生产、销售的有关货物进口等措施。

2. 防止知识产权人滥用权利。知识产权权利人有阻止被许可人对许可合同中的知识产权的有效性提出质疑、进行强制性一揽子许可、在许可合同中规定排他性返授条件等行为之一，并危害对外贸易公平竞争秩序的，商务部及其授权部门可以采取必要的措施消除危害。

3. 对等原则。其他国家或者地区在知识产权保护方面未给予中国的法人、其他组织或者个人国民待遇，或者不能对来源于中国的货物、技术或者服务提供充分有效的知识产权保护的，商务部可以依照法律、行政法规的规定，并根据中国缔结或者参加的国际条约、协定，对与该国家或者该地区的贸易采取必要的措施。

为加强对知识产权的保护，2003 年 11 月 26 日，国务院发布新的《知识产权海关保护条例》（自 2004 年 3 月 1 日起实施，2010 年 3 月修改）。[1] 为执行该条例，海关总署于 2004 年 5 月 25 日又发布新的《海关关于〈中华人民共和国知识产权海关保护条例〉的实施办法》（自 2004 年 7 月 1 日起施行，2009 年修订）。根据上述规定，对于侵犯知识产权的货物，国家禁止进出口。海关为此所采取的保护措施主要有：要求收发货人申报进出口货物的知识产权状况、扣留侵权嫌疑货物、对货物的侵权状况和收发货人进行调查、没收侵权货物、处置侵权货物、对侵权货物收发货人依法进行处罚等若干环节。

（八）对外贸易秩序

对外贸易秩序是指对外贸易经营者在对外贸易活动中的公平与自由竞争的秩序。在高度集中的外贸体制下，由于国家垄断了对外贸易，竞争机制难以形成。而外贸体制改革以来，外贸经营权逐步放开，越来越多的企业和经济组织具有独立的法人地位，通过对外贸易活动获取更多的经济利益成为每个经济组织最为关心的问题，因而竞争日益加剧，损害国家利益和他方利益的竞争手段被一些企业所用。为维护国家利益，保证对外贸易的正常发展，规范对外贸易秩序是必然的和现实的。特别是外贸经营许可制取消后，维护公平的竞争秩序

---

[1] 2010 年对该条例进行的修改主要是为了执行 WTO 争端解决机构在美国诉中国影响知识产权保护与执行措施案件（DS362, China-Measures Affecting the Protection and Enforcement of Intellectual Property Rights, Complainant: United States, 2007）中做出的裁决。

更加重要。

由于1994年《对外贸易法》在对外贸易秩序方面的规定不够全面，没有包括因垄断等扰乱对外贸易秩序的行为，因此2004年《对外贸易法》予以补充，作出如下规定：[1]

1. 禁止限制竞争行为。在对外贸易经营活动中，不得违反有关反垄断的法律、行政法规的规定实施垄断行为。在对外贸易经营活动中实施垄断行为，危害市场公平竞争的，依照有关反垄断的法律、行政法规的规定处理。有上述违法行为，并危害对外贸易秩序的，商务部可以采取必要的措施消除危害。

2. 禁止不正当竞争行为。在对外贸易经营活动中，不得实施以不正当的低价销售商品、串通投标、发布虚假广告、进行商业贿赂[2]等不正当竞争行为。在对外贸易经营活动中实施不正当竞争行为的，依照有关反不正当竞争的法律、行政法规的规定处理。有上述违法行为并危害对外贸易秩序的，商务部可以采取禁止该经营者有关货物、技术进出口等措施消除危害。

3. 外贸经营禁止性行为。在对外贸易活动中，不得有下列行为：①伪造、变造进出口货物原产地标记，伪造、变造或者买卖进出口货物原产地证书、进出口许可证、进出口配额证明或者其他进出口证明文件；②骗取出口退税；③走私；④逃避法律、行政法规规定的认证、检验、检疫；⑤违反法律、行政法规规定的其他行为。

4. 对外贸易经营者在对外贸易经营活动中，应当遵守国家有关外汇管理的规定。

（九）对外贸易调查

贸易调查是各主要贸易国家保护本国产业和市场秩序的重要法律手段。为了应对针对我国入世承诺而滥用救济措施的行为，最大限度地保护国内产业利益，2004年《对外贸易法》增加了第七章"对外贸易调查"。该章规定，为了维护对外贸易秩序，商务部可以自行或者会同国务院其他有关部门，依照法律、行政法规的规定对下列事项进行调查：①货物进出口、技术进出口、国际服务贸易对国内产业及其竞争力的影响；②有关国家或者地区的贸易壁垒；③为确定是否应当依法采取反倾销、反补贴或者保障措施等对外贸易救济措施，需要调查的事项；④规避对外贸易救济措施的行为；⑤对外贸易中有关国家安全利益的事项；⑥为执行本法第7条、第29条第2款、第30条、第31条、第32条

---

[1]　参见《对外贸易法》第32~36条。

[2]　根据国家工商行政管理局于1996年11月15日发布的《关于禁止商业贿赂行为的暂行规定》，商品贿赂是指经营者为销售或者购买商品而采用财物或者其他手段贿赂对方单位或者个人的行为。

第3款、第33条第3款的规定，需要调查的事项；[1]⑦其他影响对外贸易秩序，需要调查的事项。启动对外贸易调查，由商务部发布公告。调查可以采取书面问卷、召开听证会、实地调查、委托调查等方式进行。商务部根据调查结果，提出调查报告或者作出处理裁定，并发布公告。

贸易壁垒调查是贸易调查的一个重要方面，它是一国就其出口货物、技术和服务在其他国家或地区遭受的不公平待遇进行调查，并根据有关国内法律或缔结的条约或协定采取适当措施。目前，许多国家都建立了本国的贸易壁垒调查机制，例如美国贸易法"301条款"、《欧盟贸易壁垒条例》都赋予本国相应机构调查权。2002年9月23日，原外经贸部发布了中国第一个《对外贸易壁垒调查暂行规则》（自2002年11月1日起施行），在2002年暂行规则的基础上，商务部又发布了新的《对外贸易壁垒调查规则》（自2005年3月1日施行）。据此，中国商务部还从2003年开始每年发布《国别贸易投资环境报告》，[2]2002年还发布了《技术性贸易壁垒调查结果》。[3]

《对外贸易壁垒调查规则》详细规定了贸易壁垒调查的程序以及实体问题的认定。根据该规则，外国（地区）政府采取或者支持的措施或者做法，存在下列情形之一的，视为贸易壁垒：①违反该国（地区）与我国共同缔结或者共同参加的经济贸易条约或者协定，或者未能履行与我国共同缔结或者共同参加的经济贸易条约或者协定规定的义务；②造成下列负面贸易影响之一：对我国产品或者服务进入该国（地区）市场或者第三国（地区）市场造成或者可能造成阻碍或者限制；对我国产品或者服务在该国（地区）市场或者第三国（地区）市场的竞争力造成或者可能造成损害；对该国（地区）或者第三国（地区）的产品或者服务向我国出口造成或者可能造成阻碍或者限制。

商务部贸易救济负责规则的实施。商务部可以应申请人（与被诉贸易壁垒涉及的产品生产或者服务供应有直接关系的企业或者产业或者代表国内企业、国内产业的自然人、法人或者其他组织）的申请立案，进行贸易壁垒调查。商务部认为有必要的，也可以自行立案。贸易壁垒调查应当自立案决定公告之日

---

[1] 第7条："任何国家或者地区在贸易方面对中华人民共和国采取歧视性的禁止、限制或者其他类似措施的，中华人民共和国可以根据实际情况对该国家或者该地区采取相应的措施。"第29~31条是关于知识产权保护的规定。第32、33条是关于禁止限制竞争行为和禁止不正当竞争行为的规定。

[2] 《国别贸易投资环境报告》主要包括以下内容：我国与该贸易伙伴双边贸易、相互投资、经济合作概况；该贸易伙伴贸易管理体制概述；该贸易伙伴在外贸管理中采取的具体贸易措施情况。

[3] 《技术性贸易壁垒调查结果》主要包括以下内容：我国出口受技术性贸易壁垒影响的情况；主要国家实施技术壁垒的状况；出口企业跨越技术壁垒的现状及问题。

起6个月内结束。如果被调查的措施或者做法被认定构成贸易壁垒，商务部视情况采取以下措施：进行双边磋商；启动多边争端解决机制；采取其他适当的措施。到目前为止，我国已经发起两起贸易壁垒调查，一起是针对日本紫菜进口管理措施发起的调查（2004年），另一起是针对美国可再生能源产业的部分扶持政策及补贴措施发起的调查（2011年）。

（十）对外贸易救济

2004年《对外贸易法》第八章规定，国家根据对外贸易调查结果，可以采取以下适当的贸易救济措施，维护国家利益：①采取反倾销措施。②采取反补贴措施。③采取保障措施。④采取中止或终止履行国际义务措施。与中国缔结或者共同参加经济贸易条约、协定的国家或者地区，违反条约、协定的规定，使中国根据该条约、协定享有的利益丧失或者受损，或者阻碍条约、协定目标实现的，中国政府有权要求有关国家或者地区政府采取适当的补救措施，并可以根据有关条约、协定中止或者终止履行相关义务。[1]⑤建立预警应急机制，商务部和国务院其他有关部门应当建立货物进出口、技术进出口和国际服务贸易的预警应急机制，应对对外贸易中的突发和异常情况，维护国家经济安全。⑥采取反规避措施。国家对于规避《对外贸易法》规定的对外贸易救济措施的行为，可以采取必要的反规避措施。[2]

（十一）对外贸易促进

2004年《对外贸易法》第九章规定：①国家制定对外贸易发展战略，建立和完善对外贸易促进机制。②国家根据对外贸易发展的需要，建立和完善为对外贸易服务的金融机构，设立对外贸易发展基金、风险基金。③国家通过进出口信贷、出口信用保险、出口退税及其他促进对外贸易的方式，发展对外贸易。④国家建立对外贸易公共信息服务体系，向对外贸易经营者和其他社会公众提供信息服务。⑤国家采取措施鼓励对外贸易经营者开拓国际市场，采取对外投资、对外工程承包和对外劳务合作等多种形式，发展对外贸易。⑥对外贸易经营者可以依法成立和参加有关协会、商会，有关协会、商会应当遵守法律、行政法规，按照章程对其成员提供与对外贸易有关的生产、营销、信息、培训等方面的服务，发挥协调和自律作用，依法提出有关对外贸易救济措施的申请，维护成员和行业的利益，向政府有关部门反映成员有关对外贸易的建议，开展对外贸易促进活动。⑦中国国际贸易促进组织按照章程开展对外联系，举办展

---

〔1〕《关于争端解决规则与程序的谅解》第22条。
〔2〕《关税与贸易总协定》第20条。

覧，提供信息、咨询服务和其他对外贸易促进活动。⑧国家扶持和促进中小企业开展对外贸易。⑨国家扶持和促进民族自治地方和经济不发达地区发展对外贸易。

## ■第二节　进出口管理的具体法律制度

### 一、关税管理制度

#### （一）关税立法

关税是海关代表国家，依照国家制定的关税政策和法律，对进出境货物和物品征收的一种流转税。它是我国税收的一种，具有强制性、无偿性和固定性。我国在关税方面的法律依据主要有《中华人民共和国海关法》（以下简称《海关法》）中有关关税的规定、《进出口关税条例》和《进出口关税税则》以及国务院或海关总署等行政部门制定的有关行政法规。其中，《海关法》具有最高法律地位，其他两类必须与之相符。

我国第一部海关法是原政务院于1951年4月8日颁布的《暂行海关法》。为使海关工作适应新形势的要求，1987年1月22日，我国通过了《海关法》（同年7月1日起施行），2000年7月8日又通过了《关于修改〈中华人民共和国海关法〉的决定》（2001年1月1日施行）。2001年《海关法》对进出境运输工具、进出境货物、进出境物品、关税、海关事务担保、执法监督等问题作出了详细规定。

《进出口关税条例》依据《海关法》制定，是《海关法》中关税规定的具体化。我国第一部《进出口关税条例》于1985年3月7日由国务院发布（1987年9月12日第一次修订，1992年3月18日第二次修订）。虽然2001年《海关法》第五章专门对"关税"问题作出规定，但《海关法》作为规范海关各方面行为的基本法，不可能对关税问题作出详细规定，因此，《进出口关税条例》必须解决这些具体问题。而1992年《进出口关税条例》依据1987年《海关法》制定，不仅涉及问题有限，内容也比较简单，已经不适应我国对外贸易管理的需要，而且也不符合2001年《海关法》的规定，更没有可能考虑WTO规则的要求，在这种背景下，国务院于2003年11月23日发布了新的《进出口关税条例》，自2004年1月1日起施行。[1]

《进出口关税条例》规定：国务院制定《中华人民共和国进出口税则》、

---

〔1〕 2004年《进出口关税条例》共有6章67条，包括：总则、进出口货物关税税率的设置和适用、进出口货物完税价格的确定、进出口货物关税的征收、进境物品进口税的征收和附则。与1992年《进出口关税条例》相比，该条例详细规定了进出口货物关税税率的设置和国别适用、进出口货物完税价格的确定以及海关估价问题，完善了进出口货物的关税征管等其他制度。

《中华人民共和国进境物品进口税税率表》，规定关税的税目、税则号列和税率，作为条例的组成部分。国务院设立"关税税则委员会"，负责《税则》和《进境物品进口税税率表》的税目、税则号列和税率的调整和解释，报国务院批准后执行。加入 WTO 以前，我国税则税率栏目分为基础税率和年度实施税率两栏，其下又分优惠和普通两种税率。基础税率是我国于 1992 年开始实施的税率，并作为 1992 年之后若干年内中国加入 WTO 关税谈判的基础税率。由于中国已正式加入了 WTO，并承诺了对所有税目的约束税率，基础税率已无保留的必要，故从 2002 年开始，我国实行新的进口税则税率栏目，新的进口税则分设最惠国税率、协定税率、特惠税率和普通税率 4 个栏目，取消原基础税率栏目。[1]而在出口关税方面，我国一直设置一栏出口税率，但可以对出口货物在一定期限内实行暂定税率。我国进出口税则自 1992 年 1 月 1 日起开始采用国际上通用的《商品名称及编码协调制度》（即 HS）目录，HS 通常每 4 年修改一次，我国进出口税则也会随之进行相应修改。

（二）进出口关税税率

我国海关关税按照进出口货物的流向分为进口关税和出口关税。其中，征收进口关税的商品比较多，而征收出口关税的商品比较少。

1. 进口关税税率。1992 年《进出口关税条例》对进口关税设置了两栏税率，即普通税率和优惠税率。同时也规定在特殊情况下可以实行暂定税率。2004 年《进出口关税条例》根据 WTO 协定以及我国对外经济合作的实际情况，对进口关税税率设置了最惠国税率、协定税率、特惠税率、普通税率、关税配额税率等税率，并对进口货物在一定期限内可以实行暂定税率。具体规定是：

（1）最惠国税率。适用于原产于共同适用最惠国待遇条款的 WTO 成员的进口货物；原产于与中国签订含有相互给予最惠国待遇条款的双边贸易协定的国家或者地区的进口货物；原产于中国境内的进口货物。[2]

（2）协定税率和特惠税率。协定税率适用于原产于与中国签订含有关税优惠条款的区域性贸易协定的国家或者地区的进口货物。[3]特惠税率适用于原产于与

---

〔1〕　参见《国务院关税税则委员会关于 2002 年关税实施方案的通知》（2001 年 12 月 21 日），税委会〔2001〕14 号。

〔2〕　参见海关总署 2003 年第 84 号公告，2003 年 12 月 30 日发布。

〔3〕　协定税率主要适用于《曼谷协定》、内地分别与香港和澳门签署的《关于建立更紧密经贸关系的安排》、《海峡两岸经济合作框架协议》以及中国分别与东盟、智利、巴基斯坦、新西兰、新加坡、秘鲁、哥斯达黎加、冰岛、瑞士等贸易协定下的贸易。

中国签订含有特殊关税优惠条款的贸易协定的国家或者地区的进口货物。[1]

（3）普通税率。适用于原产于适用最惠国税率、协定税率和特惠税率国家或地区以外的国家或者地区的进口货物以及原产地不明的进口货物。

（4）关税配额税率。关税配额是指进口国对进口商品在一定时期内总的数额或金额不加限制，而规定一个数量界限，在规定的数量界限以内的进口商品给予减免关税的优惠，超过数量界限部分则征收高额关税或予以罚款，这个数量界限即为关税配额。《进出口关税条例》规定，实行关税配额管理的进口货物，关税配额内的，适用关税配额税率。从1996年起，我国陆续对部分农产品实行关税配额税率。[2]2014年，我国对小麦等8类47个税目的商品继续实施关税配额管理，税目税率维持不变。对配额外进口的一定数量棉花实施滑准税，并适当调整相关公式参数。对尿素、复合肥、磷酸氢二铵三种化肥的配额税率执行1%的税率。[3]

（5）暂定税率。暂定税率是一种临时税率，一般针对当时的特殊情况采用，有效期较短。2014年，我国对燃油料等767项进口商品实施暂定税率。[4]2001年《进出口关税条例》规定，适用最惠国税率的进口货物有暂定税率的，应当适用暂定税率；适用协定税率、特惠税率的进口货物有暂定税率的，应当从低适用税率；适用普通税率的进口货物，不适用暂定税率。根据该规定，我国只对最惠国税率、协定税率、特惠税率规定暂定税率，而对普通税率的货物不适用暂定税率。此外，按照有关法律、行政法规的规定对进口货物采取反倾销、反补贴、保障措施的，其税率的适用按照《反倾销条例》、《反补贴条例》和《保障措施条例》的有关规定执行。任何国家或者地区违反与中国签订或者共同参加的贸易协定及相关协定，对中国在贸易方面采取禁止、限制、加征关税或者其他影响正常贸易的措施的，对原产于该国家或者地区的进口货物可以征收报复性关税，适用报复性关税税率。上述反倾销税、反补贴税、报复性关税等

---

〔1〕 根据我国与有关国家或地区签署的贸易或关税优惠协定、双边换文情况以及国务院有关决定，我国在2014年对原产于埃塞俄比亚、贝宁、布隆迪、厄立特里亚、吉布提、刚果、几内亚、几内亚比绍、科摩罗、利比里亚、马达加斯加、马里、马拉维、毛里塔尼亚、莫桑比克、卢旺达、塞拉利昂、苏丹、坦桑尼亚、多哥、乌干达、赞比亚、莱索托、乍得、中非、阿富汗、孟加拉国、尼泊尔、东帝汶、也门、萨摩亚、安哥拉、塞内加尔、尼日尔、索马里、老挝、缅甸和柬埔寨等38个联合国认定的最不发达国家以及已于2013年2月自最不发达国家名单中毕业但仍处在过渡期内的瓦努阿图和赤道几内亚，共40个国家的部分产品实施特惠税率。

〔2〕 参见《海关总署关于实行关税配额税率商品适用税率等有关问题的通知》（署税〔2000〕231号），2000年4月12日发布。

〔3〕 关于2014年关税实施方案的通知，税委会〔2013〕36号。

〔4〕 关于2014年关税实施方案的通知，税委会〔2013〕36号。

都属于暂定税率的性质。

改革开放初期，我国的进口关税税率较高，而且还对关税作了很多特殊安排（如各种关税优惠政策），再加上部分进口商品的进口关税税率不尽合理，外商来华投资进口设备、加工贸易原材料实行零关税，经济特区等实行特殊的关税安排等，使我国的名义关税很高，而实际关税[1]很低。为恢复我国在 GATT 中的缔约方地位，进一步发挥关税的调节作用，自 1986 年 4 月开始，我国就对进口关税税率进行了多次调整，使进口关税水平大为降低。[2]1992 年，降低 2898 个税目进口商品关税税率，关税算术平均税达到 43.2%。在中国成为 WTO 成员后的第一年，即 2002 年，5332 个税目的税率有不同程度的降低。降税后，进口关税总水平下降到 12%。[3]2003 年，降低了进口税则中 3019 个税目的最惠国税率，调整后的关税算术平均总水平降至 11%。[4]2004 年降低了进口税则中 2414 个税目的最惠国税率，调整后的关税总水平降至 10.4%。[5]2005 年的进口关税总水平降低至 9.9%。[6]2006 年和 2007 年的进口关税总体水平仍保持在 9.9%。2008 年和 2009 年的进口关税总体水平是 9.8%。2010 年 1 月 1 日，在降低了鲜草莓等 6 个税目商品进口关税后，我国加入 WTO 承诺的关税减让义务全部履行完毕。调整后，我国进口关税总水平为 9.8%。其中，农产品平均税率为 15.2%，工业品平均税率为 8.9%。

2. 出口关税税率。国家对出口关税只设置一栏出口税率，但可以对出口货物在一定期限内实行暂定税率。适用出口税率的出口货物有暂定税率的，应当适用暂定税率。例如，我国在 2014 年对生铁等部分出口产品实行暂定税率。[7]

（三）关税的征收方法

各国征收关税的方法有从价关税、从量关税、复合关税、选择征税、滑准征税等。其中，从价征税是大多数国家的常用标准。

我国采用的征税方法也是以从价税为主，辅之以从量征税、复合征税以及滑准税。

我国自 1997 年 7 月 1 日起对啤酒、原油和部分感光胶片试行从量关税，对

---

[1] 指一国对进口商品实际征收的关税率，即当年实际征收的关税额除以当年实际进口额。
[2] 1986 年中国对国内产业实行高度保护，其关税水平列为发展中国家第 6 位最高者。
[3] 参见海关总署 2001 年第 22 号公告，2001 年 12 月 30 日发布。
[4] 参见海关总署 2002 年第 39 号公告，2002 年 12 月 30 日发布。
[5] 参见海关总署 2003 年第 84 号公告，2003 年 12 月 30 日发布。
[6] 参见海关总署公告 2004 年第 46 号《关于 2005 年进出口税则调整问题的公告》，2004 年 12 月 30 日发布。
[7] 关于 2014 年关税实施方案的通知，税委会［2013］36 号。

录像机、摄像机试行复合关税，[1]这是我国首次采用从量和复合征税方式。试行从量关税和复合关税是我国关税制度的一项改革，对于抑制国外低价倾销，防止低报价格，保护民族工业，保证正常进口将起到积极作用。从 1997 年 10 月 1 日起，我国对新闻纸试行滑准关税。[2]2014 年，我国对感光材料等 47 种商品继续实施从量税或复合税，对配额外进口的一定数量棉花实施滑准税。[3]

2001 年《海关法》第 55 条对进出口货物的完税价格作了原则性规定。进出口货物的完税价格由海关以该货物的成交价格为基础审查确定。当成交价格不能确定时，完税价格由海关依法估定。完税价格确定的核心是到岸价格的确定和海关估价的适用。2004 年《进出口关税条例》细化了《海关法》的规定。此外，在 2001 年《海关法》颁布后至 2004 年《进出口关税条例》颁布前，海关总署还专门制定了《海关审定进出口货物完税价格办法》（自 2002 年 1 月 1 日起施行）。根据该规定，进口货物的完税价格由海关以成交价格以及该货物运抵中国境内输入地点起卸前的运输及其相关费用、保险费为基础审查确定。出口货物的完税价格由海关以该货物的成交价格以及该货物运至中国境内输出地点装载前的运输及其相关费用、保险费为基础审查确定。进口货物或出口货物的成交价格不能确定的，海关与纳税义务人进行价格磋商后，估定该货物的完税价格。

（四）保税制度

改革开放后我国设立了多个保税区。为加强对保税区的管理，海关总署先后发布了多项行政法规，例如：《保税区海关监管办法》（1997 年发布），《海关对出口加工区监管的暂行办法》（2000 年发布，2003 年修订），《海关对保税仓库及所存货物的管理规定》（2003 年发布），《海关关于加工贸易保税货物跨关区深加工结转的管理办法》（2004 年发布）等。根据《保税区海关监管办法》，在中国境内设立保税区，必须经国务院批准。在保税区内设立的企业，应当向海关办理注册手续。保税区与境外之间进出的货物，由货物的收货人、发货人或其代理人向海关备案。转口货物和在保税区内储存的货物按照保税货物管理。从保税区进入非保税区的货物，按照进口货物办理手续；从非保税区进入保税区的货物，按照出口货物办理手续。

值得注意的是，为了促进各类保税区的升级发展，国务院在 2013 年 9 月正

〔1〕　参见《海关总署关于试行从量关税、复合关税有关问题的通知》（署税〔1997〕481 号），1997 年 6 月 9 日。

〔2〕　参见《海关总署关于执行从 1997 年第四季度起降低关税税率有关问题的通知》（署税〔1997〕746 号），1997 年 9 月 15 日。

〔3〕　关于 2014 年关税实施方案的通知，税委会〔2013〕36 号。

式批准建立"上海自由贸易（实验）区"，使之成为推进改革和提高开放型经济水平的"试验田"，打造中国经济"升级版"。上海自由贸易试验区的范围包括上海市外高桥保税区、外高桥保税物流园区、洋山保税港区和上海浦东机场综合保税区等4个海关特殊监管区域。国务院于2013年9月27日印发的《中国（上海）自由贸易试验区总体方案》明确规定了上海自由贸易试验区的总体目标，即"经过两至三年的改革试验，加快转变政府职能，积极推进服务业扩大开放和外商投资管理体制改革，大力发展总部经济和新型贸易业态，加快探索资本项目可兑换和金融服务业全面开放，探索建立货物状态分类监管模式，努力形成促进投资和创新的政策支持体系，着力培育国际化和法治化的营商环境，力争建设成为具有国际水准的投资贸易便利、货币兑换自由、监管高效便捷、法制环境规范的自由贸易试验区，为我国扩大开放和深化改革探索新思路和新途径，更好地为全国服务"。[1]在《中国（上海）自由贸易试验区总体方案》获得国务院正式批准后，上海市政府发布了《中国（上海）自由贸易试验区管理办法》，规定了总则、管理机构、投资管理、贸易发展和便利化、金融创新和风险防范、综合管理和服务、附则。

在贸易方面，上海自贸区的主要目标是推进贸易发展方式转变。推动贸易转型升级的具体措施主要包括：培育贸易新型业态和功能，形成以技术、品牌、质量、服务为核心的外贸竞争新优势；鼓励跨国公司建立亚太地区总部，建立整合贸易、物流、结算等功能的营运中心；深化国际贸易结算中心试点，支持试验区内企业发展离岸业务；鼓励企业统筹开展国际国内贸易，实现内外贸一体化发展；探索在试验区内设立国际大宗商品交易和资源配置平台，开展能源产品、基本工业原料和大宗农产品的国际贸易；扩大完善期货保税交割试点，拓展仓单质押融资等功能；加快对外文化贸易基地建设；推动生物医药、软件信息、管理咨询、数据服务等外包业务发展；允许和支持各类融资租赁公司在试验区内设立项目子公司并开展境内外租赁服务；鼓励设立第三方检验鉴定机构，按照国际标准采信其检测结果；试点开展境内外高技术、高附加值的维修业务；培育跨境电子商务服务功能。

在货物进出境监管、进口税收政策方面，《中国（上海）自由贸易试验区管理办法》作出了具体规定。

**二、贸易救济措施制度**

贸易救济措施是指针对国际贸易中存在的不公平贸易行为或者严重损害进口国贸易利益的行为所采取的措施。

[1]　参见《国务院关于印发中国（上海）自由贸易试验区总体方案的通知》，国发〔2013〕38号。

（一）贸易救济立法

1997 年 3 月 25 日，国务院发布了《反倾销和反补贴条例》。1997 年 12 月 10 日，我国首次使用反倾销手段对外国出口商品发起反倾销调查。虽然 1997 年《反倾销和反补贴条例》在总体上与 WTO 规则是一致的，并在我国对外反倾销中起到了非常重要的作用。但是，条例与 WTO 规则仍然存在差距，在一些具体问题上不够明确。《反倾销和反补贴条例》主要规定了反倾销制度，而在反补贴方面，只是规定了补贴的概念和补贴金额的计算原则。补贴造成的损害、反补贴调查和反补贴措施的实施，则适用《反倾销和反补贴条例》中有关反倾销的相应规定。很明显，我国的反补贴规定缺乏可操作性。而且，在 WTO 规则中，反倾销和反补贴分别用两个规则予以规定。在这种情况下，2001 年 10 月 31 日国务院通过了《反倾销条例》和《反补贴条例》，自 2002 年 1 月 1 日起施行。[1]

我国商务部负责反倾销、反补贴和保障措施调查。涉及农产品的反倾销、反补贴、保障措施的产业损害调查，由商务部会同农业部进行。商务部设立"贸易救济调查局"负责审核反倾销、反补贴、保障措施等案件立案审查以及有关国内产业损害等内容。

在 2002 年《反倾销条例》和《反补贴条例》颁布后，商务部、原外经贸部、原国家经贸委、最高人民法院还颁布了一系列行政法规和司法解释。在保障措施方面，1994 年《对外贸易法》虽然原则性地规定了政府主管部门可以采取保障措施，但没有具体规定采取保障措施的详细条件和程序。为履行 WTO 义务，2001 年 10 月 31 日，国务院通过了《保障措施条例》，自 2002 年 1 月 1 日起施行。[2]

由于《反倾销条例》、《反补贴条例》、《保障措施条例》在中国加入 WTO 前期制定，主要针对中国刚刚加入 WTO 时保护国内产业的需要，再加上经验和认识有限，确实有部分条文已经不能适应当今需要。因此，国务院又修改了《反倾销条例》、《反补贴条例》和《保障措施条例》（自 2004 年 6 月 1 日起施行）。2004 年《反倾销条例》、《反补贴条例》和《保障措施条例》的修改主要

---

[1] 2002 年《反倾销条例》共有 59 条，主要规定了总则、倾销与损害、反倾销调查、反倾销措施、反倾销税和价格承诺的期限与复审以及附则。2002 年 1 月 1 日起施行的《反补贴条例》共有 6 章 58 条，主要规定了总则、补贴与损害、反补贴调查、反补贴措施、反补贴税和承诺的期限与复审以及附则。上述条例基本上是 WTO《反倾销协定》和《反补贴协定》的翻版。

[2] 2002 年《保障措施条例》是对 1994 年《对外贸易法》第 29 条的细化，共有 5 章 35 条，包括总则、调查、保障措施、保障措施的期限与复审以及附则等内容。此外，商务部、原外经贸部和原国家经贸委还发布了一系列行政法规和司法解释。

是增加了对公共利益的考虑。

（二）采取贸易救济措施的条件

我国在以下情况下可以采取反倾销措施、反补贴措施、保障措施：①任何国家（地区）对中国的出口产品采取歧视性反倾销措施或反补贴措施的，中国可以根据实际情况对该国家（地区）采取相应的措施；②在符合法定实体条件的情况下也可以采取反倾销措施或反补贴措施、保障措施。我国主要是在后一种情况下采用贸易救济措施。

我国采取反倾销措施、反补贴措施以及保障措施的条件与 WTO 是一致的。

（三）反倾销和反补贴的司法审查

根据 WTO 协定，我国规定了反倾销和反补贴司法复审，而在保障措施方面则没有设置司法复审制度。为依法公正地审理反倾销和反补贴行政案件，最高人民法院根据《行政诉讼法》于 2002 年 11 月 21 日分别发布了《关于审理反倾销行政案件应用法律若干问题的规定》、《关于审理反补贴行政案件应用法律若干问题的决定》，自 2003 年 1 月 1 日起施行。

在反倾销方面，对作出的终裁决定、是否征收反倾销税的决定、追溯征收、退税、对新出口经营者征税的决定、复审决定不服的；在反补贴方面，对作出的终裁决定、是否征收反补贴税的决定、追溯征收的决定以及复审决定不服的，可以依法申请行政复议，也可以依法向人民法院提起诉讼。

1. 原告。与反倾销（反补贴）行政行为具有法律上利害关系的个人或者组织为利害关系人，可以向人民法院提起行政诉讼。利害关系人是指向商务部提出反倾销（反补贴）调查书面申请的申请人，有关出口经营者和进口经营者及其他具有法律上利害关系的自然人、法人或者其他组织。

2. 被告。反倾销（反补贴）行政案件的被告，应当是作出相应被诉反倾销（反补贴）行政行为的国务院主管部门。与被诉反倾销（反补贴）行政行为具有法律上利害关系的其他国务院主管部门，可以作为第三人参加诉讼。

3. 管辖法院。第一审反倾销（反补贴）行政案件的管辖法院是被告所在地高级人民法院指定的中级人民法院、被告所在地高级人民法院。人民法院对被诉反倾销（反补贴）行政行为的事实问题和法律问题的合法性进行审查。

4. 受理案件范围。人民法院依法受理对下列反倾销行政行为提起的行政诉讼：①有关倾销及倾销幅度、损害及损害程度的终裁决定；②有关是否征收反倾销税的决定以及追溯征收、退税、对新出口经营者征税的决定；③有关保留、修改或者取消反倾销税以及价格承诺的复审决定；④依照法律、行政法规规定可以起诉的其他反倾销行政行为。

人民法院依法受理对下列反补贴行政行为提起的行政诉讼：①有关补贴及

补贴金额、损害及损害程度的终裁决定；②有关是否征收反补贴税以及追溯征收的决定；③有关保留、修改或者取消反补贴税以及承诺的复审决定；④依照法律、行政法规规定可以起诉的其他反补贴行政行为。

5. 举证。被告对其作出的被诉反倾销（反补贴）行政行为负举证责任，应当提供作出反倾销（反补贴）行政行为的证据和所依据的规范性文件。原告对其主张的事实有责任提供证据。被告在反倾销（反补贴）行政调查程序中依照法定程序要求原告提供证据，原告无正当理由拒不提供、不如实提供或者以其他方式严重妨碍调查，而在诉讼程序中提供的证据，人民法院不予采纳。

6. 裁决。人民法院审理反倾销（反补贴）行政案件，根据不同情况，分别作出以下判决：①被诉反倾销（反补贴）行政行为证据确凿，适用法律、行政法规正确，符合法定程序的，判决维持。②被诉反倾销（反补贴）行政行为有下列情形之一的，判决撤销或者部分撤销，并可以判决被告重新作出反倾销（反补贴）行政行为：主要证据不足的；适用法律、行政法规错误的；违反法定程序的；超越职权的；滥用职权的。③依照法律或者司法解释规定作出的其他判决。

7. 诉讼程序。人民法院审理反倾销（反补贴）行政案件，可以参照有关涉外民事诉讼程序的规定。

（四）贸易救济措施中的公共利益问题

在采取反倾销或反补贴措施的同时，往往会对上、下游产业以及消费者带来损害。因此，一些国家在决定是否采取反倾销或反补贴措施时，对公共利益问题进行了充分的考虑。但是，各国都没有对公共利益给予定义，而是规定了应该考虑的一系列因素，例如工业用户的利益和消费者的利益。公共利益条款的实质在于通过利益冲突主体之间的相互制衡，使反倾销或反补贴能够在更广阔的利益背景下进行，确保反倾销或反补贴符合本国的最大利益。

WTO《反倾销协定》和《补贴与反补贴协定》并没有直接规定公共利益条款，但《反倾销协定》第 6.12 条要求在反倾销调查中对被调查产品的工业用户和消费者利益给予考虑。该条规定：主管机关应向被调查产品的工业用户，或在该产品通常为零售的情况下，向具有代表性的消费者组织提供机会，使其能够提供与倾销、损害和因果关系的调查有关的信息。也就是说，在反倾销过程中不仅要考虑本国生产商的利益，还要考虑进口国下游用户和消费者的利益。《补贴与反补贴协定》第 12.10 条也有类似规定。鉴于此，一些 WTO 成员已经或正在考虑将公共利益问题纳入反倾销或反补贴立法中。例如，欧共体、加拿大、美国在其反倾销法或反补贴法中已经对公共利益问题作出了较为详细的规定，虽然各有特色，但相同之处就是都没有对"公共利益"予以定义。

1. 《欧盟反倾销条例》[1]要求采取反倾销措施必须要符合共同体利益（Community Interest），即实施反倾销措施必须同时具备存在倾销、存在倾销对欧盟产业造成的损害以及符合共同体利益三个条件。第21条规定，共同体利益是否要求实施反倾销措施，应在评价各方利益整体的基础上作出决定，其中包括国内工业用户和消费者的利益。欧盟公共利益评估主要包括以下方面：竞争结构的评估（包括国内生产者之间的竞争、国内生产者与国外出口商之间的竞争）、对共同体产业影响的评估（包括对共同体产业市场份额的影响、对价格和利润率的影响、对将来的生产和生产能力的影响、对就业的影响、对申诉的共同体产业的影响）、与其他经济主体之间利益的平衡（包括贸易商和进口商、上游供应商、工业用户、消费者、对外政策）。

为了使主管机关在决定反倾销措施是否符合共同体利益时全面考虑各方意见，反倾销调查申请方、进口商及其代表性商会、代表性用户和代表性消费者组织，可以在反倾销调查立案通知中规定的时间内向调查机构提交有关信息。这些信息应向其他当事方公开，对方有权对上述信息作出回应。如果主管机关依据全部信息明确得出结论，认为实施反倾销措施不符合共同体利益，则可以不实施该措施。《欧盟反倾销条例》第7条和第9条还规定，在初步或最终裁定存在倾销并对欧盟产业造成损害的情况下，如决定采取临时或最终反倾销措施，必须以符合共同体利益为前提。如申请人撤诉，反倾销调查程序将予终止，除非终止调查不符合共同体利益。概括而言，在欧盟反倾销法律框架下，对共同体公共利益的考虑将产生两种结果：征收反倾销税、不征收反倾销税，而没有减幅征税的情况。[2]

2. 加拿大反倾销法律《特殊进口措施法》[3]（Special Import Measures Act, SIMA）在1984年就对公共利益问题作出了规定。该法在2000年又完善了反倾销调查中的公共利益程序规定。该法第45条规定，在作出最终损害裁定后，如果有充分理由相信按确定的倾销幅度征收反倾销税不符合公共利益，加拿大国际贸易法院可以自行或依据利害关系人的请求发起公共利益调查。利害关系人除了反倾销调查有关各方，还包括下游用户、消费者协会和竞争政策当局。加拿大国际贸易法院在公共利益调查时主要考虑以下因素：是否可以从与反倾销调查无关的国家获得相同产品；全额征收反倾销税是否将大大降低国内相同产品的竞争市场、是否对以有关产品为投入品的加拿大生产商造成重大损害、是

---

〔1〕 即欧洲理事会条例第384/96号，1995年12月22日。

〔2〕 参见王传丽教授主持的科研项目：《反倾销调查中的公共利益问题研究报告》。

〔3〕 根据该法，加拿大产业由于进口商品的不公平竞争而造成实质性损害时，加拿大政府可对该商品采取反倾销和反补贴措施。

否因限制获得生产或服务中使用的投入品或技术而严重损害产业竞争力、是否将严重限制消费者按竞争性价格选择或获得产品的权利或通过其他方式给消费者造成严重损害等；降低或取消反倾销税是否会给国内相似产品生产中使用的投入品的国内生产商造成重大损害；其他因素。

与欧共体不同，加拿大反倾销程序对公共利益问题的考虑具有如下特点：①公共利益调查是独立程序，并非每一起反倾销案件都涉及公共利益调查。只有在听取各利害关系方意见后认为存在公共利益问题时，才发起公共利益调查。但不管是否开展公共利益调查，工业用户和消费者的意见可以在反倾销调查期间随时提交给调查机关。②公共利益调查与反倾销税率的确定结合在一起，即在考虑公共利益问题后可能裁决减幅征税。[1]

3. 美国反倾销法中有关公共利益原则的规定主要体现在其调查终止与调查中止两个环节上。与欧共体不同的是，美国反倾销法将公共利益的考虑作为中止与终止反倾销措施的前提条件，而不是作为采取反倾销措施的条件。[2]

4. 我国最初的反倾销和反补贴法律并没有关于公共利益的规定，但是在反倾销实践中对公共利益问题是有所考虑的。例如，在"不锈钢冷轧薄板反倾销案"[3]中，立案公告确定的被调查产品范围包括所有型号的不锈钢薄板，但调查中发现有一些特殊型号、规格、用途的不锈钢，我国还不能生产或不能完全生产。最终，原国家经贸委结合我国实际情况，考虑到包括下游产业利益在内的公共利益需求，裁定将四种型号的进口不锈钢排除在反倾销税征税的范围以外。

为了使对公共利益的考虑有明确的法律依据，2004 年 6 月 1 日发布了修改后的《反倾销条例》。《反倾销条例》最实质的变化就是增加了公共利益的规定。该法第 33 条第 1 款规定："商务部认为出口经营者作出的价格承诺能够接受并符合公共利益的，可以决定中止或者终止反倾销调查，不采取临时反倾销措施或者征收反倾销税。中止或者终止反倾销调查的决定由商务部予以公告。"第 37 条规定："终裁决定确定倾销成立，并由此对国内产业造成损害的，可以征收反倾销税。征收反倾销税应当符合公共利益"。此外，2004 年《反补贴条例》在第 38 条中也增加"征收反补贴税应当符合公共利益"的规定，将这一条修改

---

〔1〕 参见王传丽教授主持的科研项目：《反倾销调查中的公共利益问题研究报告》。
〔2〕 参见王传丽教授主持的科研项目：《反倾销调查中的公共利益问题研究报告》。
〔3〕 参见外经贸部公告 1999 年第 5 号：《对来自日本和韩国的不锈钢冷轧薄板反倾销调查正式立案》；外经贸部 2000 年 4 月 13 日公告：《关于对原产于日本和韩国的进口不锈钢冷轧薄板反倾销调查的初步裁定》；外经贸部公告 2000 年第 15 号：《关于对原产于日本和韩国的进口不锈钢冷轧薄板反倾销调查的终局裁定》。

为："在为完成磋商的努力没有取得效果的情况下，终裁决定确定补贴成立，并由此对国内产业造成损害的，可以征收反补贴税。征收反补贴税应当符合公共利益。"2004年《保障措施条例》第19条规定，"终裁决定确定进口产品数量增加，并由此对国内产业造成损害的，可以采取保障措施。实施保障措施应当符合公共利益"。可见，我国在是否接受价格承诺以及是否征收反倾销税或反补贴税或采取保障措施方面，公共利益是一个重要考虑因素。但是，这些法律都没有对公共利益给予定义，也没有规定如何考虑公共利益问题。

（五）反倾销和反补贴中的反规避问题

2004年《反倾销条例》第55条以及2004年《反补贴条例》第54条都规定了以下反规避条款：商务部可以采取适当措施，防止规避反倾销措施（反补贴措施）的行为。但条例都没有具体规定构成规避行为的条件以及可以采取哪些反规避措施。

反倾销（反补贴）规避是指在产品被征收反倾销税（反补贴税）之后，有关当事人通过对产品本身或是其生产和销售方式进行改变等，逃避其本应缴纳的反倾销税（反补贴税），从而达到继续在进口国境内低价销售同类产品目的的行为。

WTO《反倾销协定》并没有规定反规避（anti-circumvention）问题，但是WTO专门有一个部长声明——《关于反规避的决议》。该决议指出："部长们，注意到反倾销措施的规避问题是《关于履行1994年关贸总协定第六条的协议》谈判的一部分，然而谈判各方未达成具体文本；考虑到在该领域尽快适用统一规则的愿望，决定将此问题提交在该协议项下成立的反倾销措施委员会解决。"实际上，该决议授权反倾销委员会研究反规避问题。根据这一授权，反倾销委员会成立了反规避非官方小组，对反规避问题进行讨论。

虽然《反倾销协定》没有明确规定反规避问题，但是，一些国家已经制定了本国反规避立法。美国《1988年综合贸易与竞争法》、1994年《乌拉圭回合协议法》及据此修订的《1930年关税法》规定了反倾销中的反规避问题，针对的规避行为主要包括美国组装规避、外国组装规避、细微改变和后期发展。欧盟1987年制定的1761/87号法令最早规定了反规避问题，但是乌拉圭回合谈判结束后，欧盟多次对该法令进行修改，2004年的461/2004号法令规定的反规避条款主要针对细微改变、转运、销售形式或渠道的变更及进口国或第三国组装等规避行为。

概括而言，规避反倾销或反补贴的行为主要有以下几种：

1. 组装规避。主要是指生产商在其出口产品被进口国征收反倾销税或反补贴税后，利用零部件不属于征税范围的便利，在进口国或第三国建立组装厂，通过零部件加工组装继续其成品销售，从而使得征收反倾销税或反补贴税的目的落空。组装规避根据其设立组装厂的不同，分为进口国组装（Importing Country Assembly）和第三国组装（Third Country Assembly）。①进口国境内组装是指出口商将已被征税产品的零组件出口到进口国，并在进口国组装后进行销售的行为。这种规避主要是利用零组件与制成品在各国海关税则分类上不属于同一税则之内，从而规避反倾销税或反补贴税的征收。②第三国境内组装是指出口商将已被征税产品的制成阶段转移到第三国进行，然后将制成品以第三国产品的身份出口到进口国。这种规避方法的出现主要是因为在正常情况下，进口国当局通常只对来自特定出口国的特定或不特定出口商的产品征收反倾销税或反补贴税。

2. 产品轻度改变（Minor Alteration）。即出口商对已被征税产品进行非功能性改造，如外型等，以使产品有别于那些根据进口国当局反倾销税令的描述而确定的征税对象，而使之归入不征收反倾销税或反补贴税的关税税目，并向征收反倾销税或反补贴税的国家出口，进而规避反倾销税或反补贴税的征收。

3. 产品后期开发（Later-Development）。即出口商使用新的技术对已被征税产品进行功能性改造，使其成为一种在原反倾销或反补贴调查期间并不存在的新产品。这种规避方法的原理与产品轻度改变相同。

### 三、进出口配额制度

我国从 1979 年就已开始对纺织品出口实施被动配额管理，1986 年又对向港澳地区出口的部分商品实行主动配额管理。为便于管理，原外经贸部先后颁布了大量的有关进出口商品配额管理的专门法规。在中国加入 WTO 前发布的《货物进出口管理条例》对进出口配额问题也作出了详细规定。根据该条例规定，进出口经营者进出口需要取得配额的货物时，应凭进出口配额管理部门发放的配额证明，向商务部及其授权部门申领进出口配额许可证，并凭进出口配额许可证向海关办理报关验放手续。因此，配额管理制度是和许可证管理制度结合在一起的。但是，并不是所有需要领取进出口许可证的货物都需要申请进出口配额。

（一）进口配额措施

根据《货物进出口管理条例》，我国对进口配额的管理分为一般配额管理和关税配额管理。

1. 一般配额管理。国家规定有数量限制的限制进口货物，实行配额管理。商务部每年公布下一年度进口配额总量。配额申请人应当向进口配额管理部门提出下一年度进口配额的申请。进口经营者凭进口配额管理部门发放的配额证明，向海关办理报关验放手续。随着我国外贸体制改革的深入，我国一直逐步减少进口配额商品。值得注意的是，我国对原来实行多年的进口配额管理的机电产品以及汽车产品也已经开始实行进口自动许可管理。[1]

2. 关税配额管理。属于关税配额内进口的货物，按照配额内税率缴纳关税；属于关税配额外进口的货物，按照配额外税率缴纳关税。实行关税配额管理的进口货物目录由商务部公布。商务部每年公布下一年度的关税配额总量。关税配额申请人应当向进口配额管理部门提出关税配额的申请。进口经营者凭关税配额证明向海关办理关税配额内货物的报关验放手续。此外，我国还发布了对特定货物的进口关税配额管理办法，例如《化肥进口关税配额管理暂行办法》、《农产品进口关税配额管理暂行办法》等。

（二）出口配额措施

《货物进出口管理条例》和《出口商品配额管理办法》（原外经贸部于2001年12月20日发布）对出口配额管理制度作出了详细规定。

国家规定有数量限制的限制出口货物，实行配额管理。实行配额管理的出口商品目录由商务部公布。出口商品配额总量由商务部确定，并于每年公布下一年度出口配额总量。出口配额可以通过直接分配的方式分配，也可以通过招标等方式分配。地方管理企业向地方外经贸主管部门提出配额申请；中央管理企业直接向商务部申请出口商品配额。出口经营者凭配额证明向海关办理报关验放手续。

值得注意的是，纺织品是我国的传统产业，也是我国重要的出口支柱产业。从2005年1月1日起，我国出口纺织品不再受配额限制。但是，根据中国在《中国加入世界贸易组织工作组报告书》中的承诺，在2008年12月31日前，WTO成员可以对我国出口的纺织品采取纺织品特别保障措施。为了避免我国纺织品出口在国外遭受"特保"、反倾销、绿色壁垒、技术壁垒等，我国从2005年1月1日起，对部分纺织品实行出口暂定税率，出口关税的计征采用从量计征标准。[2]尽管中国采取了上述限制纺织品和服装出口的措施，但是在2005年初，中国纺织品和服装仍然大量出口欧盟和美国。2005年6月11日，中国与欧盟签署了为期3年的《中国商务部与欧盟委员会关于中国部分输欧纺织品和服装的谅解备忘录》。2005年11月8日，中国又与美国签署了为期3年的《中华人民共和国政府与美利坚合众国政府关于纺织品和服装贸易的谅解备忘录》。随着中欧以及中美双边纺织品协定的签署，我国取消了对纺织品征收暂定出口关税。

---

[1]　商务部公告2004年第92号：《汽车产品自动进口许可证签发管理实施细则》；商务部、海关总署公告2004年第94号：《2005年自动进口许可机电产品目录》。

[2]　参见海关总署公告2004年第44号，2004年12月29日发布。

为了执行中国与欧盟以及中国与美国的纺织品双边协定，商务部于 2005 年 9 月 16 日发布了《纺织品出口临时管理办法》，自 2005 年 9 月 22 日起施行。2007 年底和 2008 年底，中欧纺织品协定和中美纺织品协定分别到期不再执行。

### 四、进出口许可证措施

我国自 20 世纪 50 年代开始就实施进出口许可证制度。1959 年，进出口许可证制度实际上被取消，出口计划文件代替了全面的出口许可证，进口订货通知单代替了全面的进口许可证。1979 年，国务院决定恢复对进出口商品的许可证管理制度，并先后颁发了一系列法规。2004 年重新修订《对外贸易法》后，商务部于 2004 年 12 月 10 日发布了《货物出口许可证管理办法》（2008 年 6 月 7 日修订）以及《货物进口许可证管理办法》。

根据《对外贸易法》和《货物进出口管理条例》的规定，我国对进出口货物实行自动进出口许可证管理以及非自动进出口许可证管理。在非自动进出口许可证管理方面，除实行一般许可证管理外，还对部分货物实行配额许可证管理。

我国对进出口商品实行分级发证制度。商务部授权配额许可证事务局统一管理、指导全国各发证机构的进出口许可证签发工作。配额许可证事务局及商务部驻各地特派员办事处和各省、自治区、直辖市、计划单列市以及商务部授权的其他省会城市外经贸主管部门为进出口许可证发证机构，负责授权范围内的发证工作。商务部在上一年发布下一年度《出口许可证管理货物分级发证目录》以及《进口许可证管理货物分级发证目录》。

#### （一）非自动进出口许可证的管理

国家对限制进口或者出口的货物，实行进口许可证或出口许可证管理。商务部每年发布年度《出口许可证管理货物目录》以及《进口许可证管理货物目录》。自实施进出口许可证制度以来，原外经贸部已先后多次对实施进出口许可证管理的商品范围予以调整。

在进口许可证方面，1994 年实行进口许可证管理的商品有 53 种；加入 WTO 后的第一年即 2002 年实行进口许可证管理的商品只有 12 种；[1]2014 年，我国实行进口许可证管理的货物有 2 种（重点旧机电产品和消耗臭氧层物质）。[2]

在出口许可证方面，1992 年，我国实行出口许可证管理的商品有 234 种；[3]加入 WTO 的第一年即 2002 年有 54 种；[4]2014 年我国实行出口许可证管

---

〔1〕 参见外经贸部、海关总署公告：《2002 年进口许可证管理商品目录》，2001 年 12 月 20 日发布。

〔2〕 商务部公告 2013 年第 99 号关于公布《2014 年进口许可证管理货物分级发证目录》的公告。

〔3〕 参见对外经济贸易部：《关于实行出口许可证管理的商品目录》，1991 年 12 月 5 日发布。

〔4〕 参见外经贸部：《2002 年出口许可证管理商品目录》，2001 年 12 月 20 日发布。

理的货物共 48 种。[1]

凡实行进出口配额许可证管理和进出口许可证管理的货物，对外贸易经营者应当在进出口前向指定的发证机构申领进出口许可证，海关凭进出口许可证接受申报和验放。出口配额的有效期为当年 12 月 31 日前，出口许可证的有效期不得超过 6 个月；进口许可证的有效期为 1 年。

（二）自动进出口许可证管理

自动进出口许可证通常适用于不需要严格管理的商品，在进出口商提出申请后，有关机构即自动签发许可证。因此，自动进出口许可证并不属于限制进出口的一种措施。目前，我国已经颁布了自动进口许可方面的管理法规。例如，2004 年 11 月 10 日，商务部与海关总署联合发布了新的《货物自动进口许可管理办法》，自 2005 年 1 月 1 日起实施。

根据上述办法，国家只对属于自由进口的部分货物实行自动进口许可证管理。《自动进口许可证》在公历年度内有效，有效期为 6 个月，《自动进口许可管理货物目录》由商务部公布。收货人可以直接向发证机构书面申请《自动进口许可证》，也可以通过网上申请。进口属于自动进口许可管理的货物，收货人（包括进口商和进口用户）在办理海关报关手续前，应向所在地或相应的发证机构提交自动进口许可证申请，并取得《自动进口许可证》。海关凭加盖自动进口许可证专用章的《自动进口许可证》办理验放手续；银行凭《自动进口许可证》办理售汇和付汇手续。[2]

我国还对机电产品自动进口许可管理、外商投资企业自动进口许可管理、重要工业品自动进口许可管理、汽车产品自动进口许可管理作出了详细规定。值得注意的是，根据我国加入世界贸易组织的承诺，从 2005 年 1 月 1 日起，取消汽车进口的配额许可证管理。为了有效监测汽车产品进口情况，商务部于2004 年 12 月 17 日发布了《汽车产品自动进口许可证签发管理实施细则》，自2005 年 1 月 1 日实施。一般贸易、易货贸易、边境小额贸易、租赁、援助与赠送、捐赠等方式进口列入《货物自动进口许可商品目录》的汽车产品，进口单位在向海关申报前，必须向商务部或其授权的地方、部门机电办申领《自动进口许可证》。

在自动出口许可管理方面，为加强对纺织品出口的统计分析和监测，及时

---

[1] 中华人民共和国商务部、海关总署公告 2013 年第 96 号，《2014 年出口许可证管理货物目录》。

[2] 以下列方式进口自动许可货物的，可以免领《自动进口许可证》：加工贸易项下进口并复出口的（原油、成品油除外）；外商投资企业作为投资进口或者投资额内生产自用的；货样广告品、实验品进口，每批次价值不超过 5000 元人民币的；暂时进口的海关监管货物；国家法律法规规定其他免领《自动进口许可证》的。

向出口经营者发布纺织品出口预警信息，商务部于 2005 年 2 月 6 日发布了《纺织品出口自动许可暂行办法》（自 2005 年 3 月 1 日起施行），对列入《纺织品出口自动许可目录》的纺织品通过《纺织品出口自动许可证》实施出口自动许可管理。[1] 列入《纺织品出口自动许可目录》的商品，出口经营者在办理海关出口报关手续前，须向发证机构提出自动许可申请。出口经营者可通过网上申请《纺织品出口自动许可证》。海关在办理相关纺织品出口手续时，须验核加盖出口自动许可证专用章的《纺织品出口自动许可证》。《纺织品出口自动许可证》有效期为 3 个月。

### 五、进出口货物检验制度

#### （一）出入境检验检疫立法概述

出入境检验检疫制度是指出入境检验检疫机构和其他指定的机构，依照法律、法规或对外贸易合同的规定，对进出口商品进行检验，对进出境动植物以及国境卫生进行检疫，并出具检验检疫证书的制度。

1989 年 2 月 21 日，全国人大常委会通过了《进出口商品检验法》，规定了商品检验的宗旨、商检机构的基本职责、法定检验的内容和标准，以及质量认证、质量许可、认可国内外检验机构等监管制度以及法律责任。1992 年 10 月，原国家商检局发布施行了《进出口商品检验法实施条例》。上述法律的施行，标志着商检工作进入法制化阶段。根据 WTO 规则和我国的承诺，全国人大常委会于 2002 年 4 月 28 日通过了《关于修改〈中华人民共和国进出口商品检验法〉的决定》。2005 年 8 月 31 日，国务院发布了新的《中华人民共和国进出口商品检验法实施条例》。除国务院颁布的《进出口商品检验法》之外，原国家商检局还陆续颁布了一系列法规。这些法律法规是调整我国进出口商品检验关系的重要法律依据。

在动植物检疫方面，1980 年，国务院正式批准成立"国家动植物检疫总所"，负责统一管理全国口岸动植物检疫工作，同年还颁布了《进出口动植物检疫条例》；1983 年，农业部制定了《进出口动植物检疫条例实施细则》，之后又发布了一系列配套规章；1991 年，全国人大常委会通过了《进出境动植物检疫法》，它是新中国颁布的第一部动植物检疫法律，明确了动植物检疫的宗旨、性质和任务；1996 年 12 月，国务院颁布《进出境动植物检疫法实施条例》，细化了动植物检疫法中的原则性规定。上述法规颁布施行后，农业部、原国家动植物检疫局先后又制定了一系列配套规章及规范性文件。

在国境卫生检疫方面，1986 年 12 月 2 日，全国人大常委会颁布了《国境卫

---

[1] 参见商务部令 2005 年第 3 号。

生检疫法》，2007 年 12 月 29 日予以修改；1989 年发布了《国境卫生检疫法施行细则》；1988 年 5 月 4 日，"中华人民共和国卫生检疫总所"成立，1995 年更名为"中华人民共和国卫生检疫局"。

1998 年 3 月，国家进出口商品检验局、国家动植物检疫局和国家卫生检疫局合并，组建"国家出入境检验检疫局"，并于 1998 年 4 月成立。2001 年 4 月 10 日，原国家出入境检验检疫局和原国家质量技术监督局合并，成立"中华人民共和国国家质量监督检验检疫总局"（以下简称"国家质检总局"），负责主管全国出入境卫生检疫、动植物检疫和商品检验。为便于对特殊商品进行检验，我国还设立了特殊性检验机构，专门负责对特定商品进行检验，例如药品检验所、计量局、锅炉和压力容器安全监察局、船舶检验局等。此外，1980 年 6 月，国务院还批准成立了中国进出口商品检验总公司（CCIC）。中国进出口商品检验总公司及其分公司主要根据客户的委托，从事进出口商品检验、进出口商品鉴定业务及其他服务业务。同时，根据国家质检总局的指定，承担法定检验业务。

客观而言，我国在出入境检验检疫方面已经形成了配套的法规体系。但是，相对于 WTO 的要求而言，我国的出入境检验检疫法律法规还很不健全，绝大部分文件没有以立法形式出现，而是以通知、办法、意见等行政文件形式发布，在效力方面存在一定问题。此外，国家质检总局统一负责质量监督、进出口商品检验、进出境动植物检疫以及国境卫生检疫，有利于对我国商品质量以及出入境检验检疫的统一管理，消除分散管理带来的一系列问题。但是，我国目前在商品质量、进出口商品检验、进出境动植物检验以及国境卫生检验方面仍分别执行各自独立的法律，造成执法的混乱。虽然自 2000 年 1 月 1 日起，我国已将《进出口商品检验种类表》、《进出境动植物检疫商品与 HS 目录对照表》、《进口卫生监督检验食品与 HS 目录对照表》合并调整为《出入境检验检疫机构实施检验检疫商品目录》，但是这种统一还远远不能解决上述问题。因此，我国必须将各法合一，以统一执行。

（二）出入境检验检疫机构

国家质量监督检验检疫总局是国务院主管全国质量、计量、出入境商品检验、出入境卫生检疫、出入境动植物检疫和认证认可、标准化等工作，并行使行政执法职能的直属机构。按照国务院授权，国家质检总局管理的"中国国家认证认可监督管理委员会"和"中国国家标准化管理委员会"分别承担认证认可工作以及标准化工作。

我国拥有进出口商品检验权的机构有两类：①各地商检机构。国家质检总局在省、自治区、直辖市以及进出口商品的口岸、集散地设立的进出口商品检验局及其分支机构，管理所负责地区的进出口商品检验工作。商检机构的职责是对进出口商品实施法定检验以及受委托的检验，办理进出口商品鉴定，对进出口商品的质量和检验工作实施监督管理。②经国家质检总局许可的检验机构。经国家商检部门许可的检验机构，可以接受对外贸易关系人或者外国检验机构的委托，办理进出口商品检验鉴定业务。我国对进出口商品检验鉴定业务一直实行经营许可制度。根据国家质检总局、商务部以及国家工商行政管理总局于2003年9月4日发布的《进出口商品检验鉴定机构管理办法》（自2004年1月1日起施行），进出口商品检验鉴定机构可以是中资进出口商品检验鉴定机构、外商投资进出口商品检验鉴定机构。申请设立中资进出口商品检验鉴定机构，应当向所在地直属检验检疫局提出申请，经初审合格的，报送国家质检总局批准，经审核许可的签发《进出口商品检验鉴定机构资格证书》。申请外商投资进出口商品检验鉴定机构还需经过商务部批准。

（三）法定检验检疫制度

法定检验检疫是指对国家指定范围内的商品等实施的强制性检验检疫。根据《进出口商品检验法》，列入目录的进出口商品由商检机构实施检验。列入目录的进口商品未经检验的，不准销售、使用；列入目录的出口商品未经检验合格的，不准出口。实施法定检验旨在加强进出口商品质量管理，增强出口商品在国际市场上的竞争力，维护我国的对外贸易信誉，防止次劣商品进口，维护我国当事人的合法权益，维护我国人民的身体健康。

1. 法定检验检疫范围。在1989年《商检法》颁布以前，我国对所有进出口商品都实施法定检验。但是，随着我国对外贸易量的增加，对所有进出口商品实施强制性检验使得商检机构不堪重负，同时也影响进出口商品的交付，不利于对外贸易的开展。为此，1989年《商检法》只规定对部分进出口商品实施法定检验，法定检验的商品由国家颁布《商检机构实施检验的进出口商品种类表》予以确定。但从2000年2月1日起，[1]《进出口商品检验种类表》、《进出境动植物检疫商品与HS目录对照表》、《进口卫生监督检验食品与HS目录对照表》合并为《出入境检验检疫机构实施检验检疫商品目录》，并开始实施。此后，该目录又经过多次调整。法定检验范围的商品等必须经出入境检验检疫机构实施检验检疫，海关凭出入境检验检疫机构签发的检验检疫证书如《入境货物通关单》或《出境货物通关单》等验放。

2. 免予法定检验检疫的范围。列入必须实施检验的进出口商品目录的进出口商品，由收货人、发货人或者其生产企业提出申请，经国家质检总局审核批准，可以免予检验，并向免验申请人颁发《进出口商品免验证书》。免验证书有

---

〔1〕　参见国家出入境检验检疫局、海关总署2000年第1号公告。

效期为3年。根据国家质检总局发布的《进出口商品免验办法》（自2002年10月1日起施行），对下列进出口商品不予受理免验申请：食品、动植物及其产品；危险品及危险品包装；品质波动大或者散装运输的商品；需出具检验检疫证书或者依据检验检疫证书所列重量、数量、品质等计价结汇的商品。

3. 法定检验检疫的项目。检验检疫机构对进出口商品等实施法定检验时，主要检验列入目录的进出口商品是否符合国家技术规范的强制性要求的合格评定活动。合格评定程序包括：抽样、检验和检查；评估、验证和合格保证；注册、认可和批准以及各项的组合。

4. 法定检验检疫的依据。根据《商检法》，列入目录的进出口商品，检验检疫机构按照国家技术规范的强制性要求进行检验；尚未制定国家技术规范的强制性要求的，应当依法及时制定，未制定之前，可以参照国家商检部门指定的国外有关标准进行检验。

5. 法定检验检疫以外的检验检疫。对法定检验以外的商品，商检局可以抽查检验，进出口合同当事人也可以约定自愿检验。抽查检验重点选择涉及安全、卫生、环境保护、国内外消费者投诉较多、退货数量较大、发生过较大质量事故以及国内外有新的特殊技术要求的目录外的进出口商品。进出口合同当事人可以自行约定法定检验检疫以外的进出口商品、物品等是否需要检验，检验检疫机构可以接受委托，实施检验并出具商检证书。

（四）检验检疫证书

出入境检验检疫证明是贸易当事人交货、结算、计费、计税和索赔的有效凭证。中国出入境检验检疫机构对进出口商品实施检验、对进出境动植物实施检疫以及进行国境卫生检疫，并提供的各种检验鉴定证明，就是为对外贸易当事人提供的具有权威性的必要证件。检验检疫证书是指出入境检验检疫机构出具的证明货物的品质、数量、重量、包装、安全与卫生等状况的文件。在对外贸易业务中，进出口商品检验证书具有以下作用：法定检验进出口商品向海关办理报关必需的证件；海关征收和减免关税的有效凭证；国际货物买卖双方交接货物的依据；买卖双方议付货款的重要凭证；托运方与承运方计算运费的依据；对外索赔的有效凭证。

我国检验检疫机构对进出口商品签发的检验证书主要有以下几种：①品质检验证书。用于证明进出口商品的规格、等级、性能等内容，是卖方和买方交接货物、结算货款、处理索赔和报关的有效凭证。②数（重）量检验证书。用于证明进出口商品的数量或重量，是交接货物、结算货款、处理索赔、报关征税、计算运费的依据。③包装检验证书。用于证明进出口商品的包装是否牢固、完整、清洁、干燥，是否能够保护商品，是交接货物、处理索赔的依据。④兽医检验证书。用于证明动物产品和食品是否符合卫生要求，是通关的依据。⑤卫生（健康）证书。用于证明可供食用的动物产品、食品卫生及人员卫生状况。例如，关于人员健康方面的证书包括《国境口岸交通工具服务行业人员健康证》、《国境口岸食品、饮用水从业人员健康证》、《国际旅行健康证明书》。⑥消毒检验证书：用于证明动物产品及食品经过消毒处理。⑦产地证明书。用于证明进出口商品产地。⑧价值证明书。用于证明进出口商品的真正价值。⑨残损证书。用于证明进出口商品残损、短缺状况。⑩货载衡量证书。用于证明装载进出口商品重量和体积。除上述证书之外，检验检疫机构还出具其他方面的证书，如测温、签封样品、销毁货物、监装等证书。

检验检疫机构对进出口商品检验完毕之后，签发商检证书正本一份，副本若干份，正本具有法律效力。出口商品检验证书的有效期从签发日起算，一般商品为2个月，鲜果和鲜蛋类为2个星期。报验人必须在商检证书的有效期内报运出口，超过期限的，应当重新报验。

（五）进出口商品检验检疫的监督管理

对进出口商品检验工作进行监督管理是检验检疫机构的重要任务之一，其目的是保证进出口商品符合合同及有关法规的要求，防止次劣产品的进出口，保护对外贸易关系人的合法权益，维护国家信誉。我国检验检疫机构对进出口商品的监督管理方式多种多样，主要管理措施有以下几项：

1. 进出口商品的认证管理。认证是指由认证机构证明产品、服务、管理体系符合相关技术规范、相关技术规范的强制性要求或者标准的合格评定活动。进出口商品的认证则是指认证机构证明进出口商品符合相关技术规范、相关技术规范的强制性要求或者标准的合格评定活动。认可是指由认可机构对认证机构、检查机构、实验室以及从事审评、审核等认证活动人员的能力和执业资格，予以承认的合格评定活动。国家认证认可监督管理委员会主管全国认证认可工作。

在认证认可领域，我国在加入 WTO 时所作承诺主要是：对本国产品和进口产品的法规和技术标志的要求实现"四个统一"，即统一产品目录，统一技术规范的强制性要求、标准和合格评定程序，统一标志，统一收费标准。因此，为了实现承诺，国务院于 2003 年 9 月 3 日发布了《认证认可条例》（2003 年 11 月 1 日起施行），适用于产品（包括进出口产品）的认证认可、服务的认证认可以及管理体系的认证认可。同时，该条例还规定了部分产品的强制性认证制度。[1]强制性产品认证制度是各国政府为保护消费者人身和动植物生命安全、

---

[1] 国家质检总局和国家认证认可监督委员会于 2001 年 12 月 3 日联合发布了《强制性产品认证管理规定》（自 2002 年 5 月 1 日起施行）。

保护环境、保护国家安全，依照法律法规实施的一种产品合格评定制度，它要求产品必须符合国家标准和技术规范。强制性产品认证是指通过制定强制性产品认证的产品目录和实施强制性产品认证程序，对列入目录的产品实施强制性监测和审核。此外，经申请，目录中的有些产品可无需办理强制性认证或免于办理强制性认证。凡列入目录的产品，必须经国家指定的认证机构认证合格、取得指定认证机构颁发的认证证书并加施认证标志后，方可出厂销售、进口和在经营性活动中使用。我国强制性产品认证标志的名称为"中国强制认证"（China Compulsory Certification，英文缩写"CCC"，也可简称"3C"标志）。

2. 标准化管理。我国标准化问题由国家质检总局设立的国家标准化委员会负责。从 1949 年中央人民政府批准发布我国第一个国家标准《工程制图》到现在，我国已经制定了国家标准、行业标准、地方标准、企业标准，基本形成了以国家标准为主体，行业标准、地方标准和企业标准相互协调配套的标准体系。标准化从传统的工农业产品向高新技术、信息技术、环境保护和管理、产品安全和卫生、服务等领域发展。

### 六、原产地规则

#### （一）原产地规则立法

早在1986 年 12 月 6 日，海关总署就颁布了《海关关于进口货物原产地的暂行规定》。该进口原产地规则属于非优惠原产地规则，旨在贯彻实施《进出口关税条例》中关于两种关税税率（普通关税和最低关税）运用的规定，并用于进口国别贸易统计。在出口原产地规则方面，鉴于国别歧视性贸易措施针对进口商品实施，各国对进口商品的原产地均以本国法律规定的原产地规则为准进行认定，出口国制定的原产地标准对进口国并无法律约束力，也就是说，进口国的进口原产地规则就是出口国应遵循的出口原产地规则。

尽管如此，1992 年 3 月 8 日，原外经贸部还是颁布了《出口货物原产地规则》，4 月 1 日又颁布了《出口货物原产地规则实施办法》及《含有进口成分出口货物原产地标准主要制造、加工工序清单》。该规则确定了以加工工序为主，辅以增值百分比的标准（增值25% 及以上）作为制定出口原产地规则的基础。该规则的制定旨在减缓与美欧等国的贸易摩擦，即希望进口国在评估对华贸易平衡状况时，将我方认定的中国产品算作从中国进口，我方认定不属于中国的产品，不能算作从中国进口。

然而事实上，我国出口商品无论是享受进口国优惠或非优惠待遇，在进口国适用何种原产地规则，均取决于进口国对该商品按何种贸易措施管理。对于普惠制项下和被动配额项下的我国出口商品，适用的是给惠国制定的普惠制原产地规则或被动配额产品原产地规则。只有当我国出口商品符合对方的原产地规则时，对方才认定其为中国产品，从而给予关税优惠待遇。根据双边贸易协定，我国有关主管部门必须以给惠国制定的进口原产地规则为依据，为这类出口商品签发中国产地证书，否则进口方不予承认。我国出口的加工贸易产品，尽管实际外汇收益有限，但由于其实质性改变的加工基本上在我国关境内完成，按照绝大多数国家的非优惠制原产地规则，无论我国的签证机构是否签发我国的产地证，其产地都会判定为我国。但外国海关对非优惠进口商品的原产地一般接受进口商的申报，必要时才实际查证。

由于上述规则分别规范进口原产地和出口原产地问题，造成标准的不统一，同时其法律地位较低，而随着我国在世界经济和国际贸易中地位的不断提高，我国迫切需要一部进出口统一的、具有更高法律层级的、与国际通行规则相衔接的原产地规则。因此，国务院于2004年9月3日发布了《进出口货物原产地条例》（自2005年1月1日起施行）。[1] 此外，海关总署还在2004年12月6日发布了《关于非优惠原产地规则中实质性改变标准的规定》（自2005年1月1日起实施），适用于非优惠性贸易措施项下确定两个以上国家（地区）参与生产货物的原产地，并确认进出口货物实质性改变的确定标准以税则归类改变为基本标准，税则归类改变不能反映实质性改变的，以从价百分比、制造或者加工工序等为补充标准。

《进出口货物原产地条例》共27条，分别对立法宗旨、适用范围、原产地确定原则、原产地证书签发及核查、违反条例的法律责任等问题作了明确规定。

（二）我国非优惠原产地标准

我国非优惠原产地标准采取完全获得标准和实质改变标准。

1. "完全获得标准"。"完全获得标准"是指完全在一个国家（地区）获得的货物，以该国（地区）为原产地。"完全在一个国家（地区）获得的货物"是指：①在该国（地区）出生并饲养的活的动物；②在该国（地区）野外捕捉、捕捞、搜集的动物；③从该国（地区）的活的动物获得的未经加工的物品；④在该国（地区）收获的植物和植物产品；⑤在该国（地区）采掘的矿物；⑥在该国（地区）获得的除本条第①~⑤项范围之外的其他天然生成的物品；⑦在该国（地区）生产过程中产生的只能弃置或者回收用作材料的废碎料；⑧在该国（地区）收集的不能修复或者修理的物品，或者从该物品中回收的零件或者材料；⑨由合法悬挂该国旗帜的船舶从其领海以外海域获得的海洋捕捞物和其他物品；⑩在合法悬挂该国旗帜的加工船上加工本条第⑨项所列物品获

---

[1] 参见中华人民共和国国务院令第416号。1992年《出口货物原产地规则》以及1986年《海关关于进口货物原产地的暂行规定》同时废止。

得的产品；⑪从该国领海以外享有专有开采权的海床或者海床底土获得的物品；⑫在该国（地区）完全从本条第①～⑪项所列物品中生产的产品。在确定货物是否在一个国家（地区）完全获得时，不考虑下列微小加工或者处理：①为运输、贮存期间保存货物而作的加工或者处理；②为货物便于装卸而作的加工或者处理；③为货物销售而作的包装等加工或者处理。

2. "实质性改变标准"。"实质性改变标准"是指两个以上国家（地区）参与生产的货物，以最后完成实质性改变的国家（地区）为原产地。"实质性改变"的确定以税则归类改变为基本标准，税则归类改变不能反映实质性改变的，以从价百分比、制造或者加工工序等为补充标准。以"制造或者加工工序"和"从价百分比"为标准判定实质性改变的货物在《适用制造或者加工工序及从价百分比标准的货物清单》中具体列明，并按列明的标准判定是否发生实质性改变。未列入《适用制造或者加工工序及从价百分比标准的货物清单》的货物的实质性改变，应当适用税则归类改变标准。

(1) "税则归类改变"，是指在某一国家（地区）对非该国（地区）原产材料进行制造、加工后，所得货物在《中华人民共和国进出口税则》中某一级的税目归类发生了变化。

(2) "从价百分比"，是指在某一国家（地区）对非该国（地区）原产材料进行制造、加工后的增值部分，超过所得货物价值一定的百分比。根据 2005 年 1 月 1 日起实施的《关于非优惠原产地规则中实质性改变标准的规定》，"从价百分比"标准是指在某一国家（地区）对非该国（地区）原产材料进行制造、加工后的增值部分超过了所得货物价值的 30%。用公式表示如下：

$$\frac{工厂交货价-非该国（地区）原产材料价值}{工厂交货价} \times 100\% \geqslant 30\%$$

在上述公式中，"工厂交货价"是指支付给制造厂生产的成品的价格；"非该国（地区）原产材料价值"是指直接用于制造或装配最终产品而进口原料、零部件的价值（含原产地不明的原料、零配件），以其进口"成本、保险费加运费"价格（CIF）计算。

(3) "制造或者加工工序"，是指在某一国家（地区）进行的赋予制造、加工后所得货物基本特征的主要工序。

(三) 反规避措施

如果对货物进行的任何加工或者处理，是为了规避中国关于反倾销、反补贴和保障措施等有关规定的，海关在确定该货物的原产地时可以不考虑这类加工和处理。但是，《反倾销条例》、《反补贴条例》和《保障措施条例》并没有具体规定规避反倾销、规避反补贴以及规避保障措施的具体认定标准。实践中，规避反倾销的主要形式就是改变被采取措施商品的原产地。

（四）出口货物原产地证书和普惠制原产地证书

出口货物原产地证书是指出口国（地区）根据原产地规则和有关要求签发的，明确指出该证中所列货物原产于某一特定国家（地区）的书面文件。

出口货物发货人可以向各地出入境检验检疫机构、中国国际贸易促进委员会及其地方分会，申请领取出口货物原产地证书。出口货物发货人申请领取出口货物原产地证书，应当在签证机构办理注册登记手续，按照规定如实申报出口货物的原产地。签证机构接受出口货物发货人的申请后，审查确定出口货物的原产地，签发出口货物原产地证书。

普惠制产地证书是依据给惠国要求而出具的能证明出口货物原产自受惠国的证明文件，并能使货物在给惠国享受普遍优惠关税待遇。为保证签证符合给惠国有关规定，使我国出口商品在给惠国顺利通关，获得减免关税的优惠待遇，原国家商检局在1982年就颁布实施了《普惠制产地证明书签证管理办法》。此后，原国家商检局于1989年9月1日发布了修改后的《普遍优惠制原产地证明书管理办法》，对普惠制原产地证书的签发作出了详细规定。此外，原国家商检局还在1990年9月28日发布了《关于下发〈中华人民共和国普遍优惠制原产地证明书签证管理办法实施细则〉的通知》。

普惠制产地证书是具有法律效力的官方证明文件。我国普惠制产地证书的签证工作由国家质检总局负责统一管理，由设在各地的进出口商品检验机构负责签发。普惠制产地证书的签发，限于给惠国已公布法令并正式通知对我国实行普惠制待遇的国家所给予关税优惠的商品。这些商品必须符合给惠国的原产地规则。凡申请办理普惠制产地证书的单位，必须预先在当地商检机构办理注册登记手续。申请单位原则上向所在地商检机构申请办理签证。申请单位应于货物装运前向商检机构提出申请。申请单位若需要申请后发证书，必须向商检机构提交货物确已出运的证明文件。

普惠制原产地证书采用联合国贸发会议规定的统一格式《普惠制原产地证明书（FORM A）》（以下简称GSP FORM A）。GSP FORM A产地证书是受惠国的原产品出口到给惠国时享受减、免关税优惠待遇的法律凭证。GSP FORM A产地证书不同于一般产地证书（以下简称C/O）。C/O是享受最惠国待遇的有效证件，GSP FORM A产地证则是享受普惠制减、免税待遇的有效证件。

（五）协定税率和特惠税率下的优惠原产地规则

为了正确确定优惠贸易协定项下进出口货物的原产地，规范海关对优惠贸易协定项下进出口货物原产地管理，海关总署于2009年1月8日发布了《中华人民共和国海关进出口货物优惠原产地管理规定》，自2009年3月1日起施行。该规定专门适用于海关对优惠贸易协定项下进出口货物原产地管理。概括而言，优惠原产地规则相对非优惠原产地规则更为严格，例如，有的规定了直接运输的要求。

### 七、进出口货物外汇管理制度

#### (一) 我国外汇管理立法与改革

1979年改革开放以前，中国一直实行严格的、高度集中的计划经济体制，相应地，对外汇也一直实行比较严格的管制。但是，改革开放后，中国外汇管理体制开始朝着逐步缩小指令性计划、培育市场机制、有序地由高度集中的外汇管理体制向与社会主义市场经济相适应的外汇管理体制转变的方向改革。

1979年3月，国务院批准设立了"国家外汇管理总局"，全面管理外汇工作。1980年12月18日，国务院正式颁布了《外汇管理暂行条例》。根据该条例，我国对外汇管理仍然实行"集中管理、统一经营"的方针。特别是对国有和集体企业的外汇仍然实行计划管理，而对外商投资企业的外汇管理实行宽松政策。随着我国经济体制改革的深入，中国人民银行于1993年12月28日发布了《关于进一步改革外汇管理体制的公告》，从1994年1月1日起，进一步改革我国的外汇管理体制。通过这次改革，中国在1994年顺利地实现了人民币经常项目的有条件可兑换。

1996年，我国的外汇管理体制又进行了一次大的改革。1996年1月29日，国务院发布《外汇管理条例》取代《外汇管理暂行条例》，标志着我国外汇管理法律制度进一步完善和发展。1996年《外汇管理条例》对经常项目外汇、资本项目外汇、金融机构外汇业务、人民币汇率和外汇市场都作了明确的法律规定。经过1996年的改革，中国取消了所有经常性国际支付和转移的限制，达到了《国际货币基金协定》第8条的要求。我国在取消对经常项目的外汇管制后，对资本项目的外汇收支仍有所限制，人民币仍不是完全可以自由兑换的货币。但随着中国经济的发展，逐步放松资本项目的外汇管制并最终实现包括资本项目可兑换在内的人民币自由兑换，是我国外汇体制改革的最终目标。

中国自2001年加入WTO以来，为继续深化外汇体制改革，减少审批、简化手续、规范管理、放宽限制，积极推进贸易投资便利化，采取了一系列措施。这些改革主要是：[1]改革外汇账户管理，扩大企业灵活使用外汇的自主权；简化进出口核销管理，便利企业对外贸易活动；支持跨国公司服务贸易售付汇，

---

〔1〕 参见国家外汇管理局副局长马德伦："迎接经济全球化挑战推动外汇管理体制改革——在'中国经济和世界经济共同发展'国际研讨会上的讲话"，2004年9月10日。

方便企业贸易支付活动；放宽境外投资外汇限制，支持国内企业"走出去"；有选择、分步骤地开放证券投资，拓宽资金流出流入渠道；帮助企业合理调整资产负债结构，支持银行改革发展；积极创新资本项目外汇管理，便利企业投融资活动；进一步放宽个人购汇用汇限制，便利个人外汇收支；支持香港澳门银行试行办理个人人民币业务，便利人员往来。

改革开放以来，我国外汇管理制度发生了根本性变化：从计划与市场共同配置外汇资源，转变为政府宏观调控下市场发挥基础性作用；从官方定价和市场调剂价并存的双重汇率制，转变为以市场供求为基础的、单一的、有管理的浮动汇率制；从分散的外汇调剂市场，发展成为全国统一的银行间外汇市场；从人民币基本不可兑换，逐步过渡为人民币在经常项下完全可兑换、资本项下部分可兑换。

由于近年来我国经济的快速发展和国际经济形势的深刻变化，外汇管理面临一些新情况、新问题，需要从制度上加以解决。这些新情况和新问题是：①外汇管理改革日益深化，经常项目已实现完全可兑换，企业可自行保留经常项目外汇收入，个人的外汇需求基本得到满足，资本项目可兑换程度不断提高，人民币汇率形成机制进一步完善，需要修订条例以巩固改革成果，并为下一步改革留出余地。②我国国际收支形势发生根本性变化，由外汇短缺转为外汇储备增长过快，原条例重在管理外汇流出，需要修订条例以对外汇流入流出实施均衡、规范管理。③在我国经济日益国际化，国际资金流动加快的情况下，需要进一步完善跨境资金流动监测体系，建立健全国际收支应急保障制度，以有效防范风险，提高开放型经济水平。鉴于上述情况，国务院于 2008 年 8 月 5 日发布了新的《外汇管理条例》。

新条例对原条例作了全面修改。修改后的条例共 54 条，进一步便利了贸易投资活动，完善了人民币汇率形成机制及金融机构外汇业务管理制度，建立了国际收支应急保障制度，强化了跨境资金流动监测，健全了外汇监管手段和措施，并相应明确了有关法律责任。具体体现为：①对外汇资金流入流出实施均衡管理。要求经常项目外汇收支应当具有真实、合法的交易基础，取消外汇收入强制调回境内的要求，允许外汇收入按照规定的条件、期限等调回境内或者存放境外；规范资本项目外汇收入结汇管理，要求资本项目外汇及结汇资金应当按照批准的用途使用，增加对外汇资金非法流入、非法结汇、违反结汇资金流向管理等违法行为的处罚规定；明确外汇管理机关有权对资金流入流出进行监督检查及具体管理职权和程序。②完善人民币汇率形成机制及金融机构外汇业务管理。规定人民币汇率实行以市场供求为基础的、有管理的浮动汇率制度；经营结汇、售汇业务的金融机构和符合规定条件的其他机构，按照国务院外汇管理部门的规定在银行间外汇市场进行外汇交易；调整外汇头寸管理方式，对金融机构经营外汇业务实行综合头寸管理。③强化对跨境资金流动的监测，建立国际收支应急保障制度。健全国际收支统计申报制度，完善外汇收支信息收集，加强对跨境资金流动的统计、分析与监测；根据世界贸易组织规则，规定国际收支出现或者可能出现严重失衡，以及国民经济出现或者可能出现严重危机时，国家可以对国际收支采取必要的保障、控制等措施。④健全外汇监管手段和措施。为保障外汇管理机关依法、有效地履行职责，增加规定了外汇管理机关的监管手段和措施，同时规定了外汇管理机关进行监督检查的程序。

（二）经常项目下的结汇、售汇与付汇管理

根据《外汇管理条例》规定，"经常项目"是指国际收支中经常发生的交易项目，包括贸易收支、劳务收支、单方面转移等。因此，货物进出口的外汇管理属于经常项目外汇管理的一部分。《外汇管理条例》总则第 5 条和第二章是对经常项目外汇管理的主要规范。与原条例相比，新条例大大简化了经常项目外汇收支管理的内容和程序。

1. 对境内机构经常项目外汇的管理。"境内机构"是指中国境内的企业事业单位、国家机关、社会团体、部队等，包括外商投资企业。我国对境内机构的经常项目的外汇管理主要集中在外汇收入的管理、进出口用汇的管理以及进出口核销管理。具体管理办法如下：

（1）经常项目外汇收支应当具有真实、合法的交易基础。经营结汇、售汇业务的金融机构应当按照国务院外汇管理部门的规定，对交易单证的真实性及其与外汇收支的一致性进行合理审查。外汇管理机关有权对上述规定事项进行监督检查。

（2）经常项目外汇收入，可以按照国家有关规定保留或者卖给经营结汇、售汇业务的金融机构。为方便境内机构使用外汇，国家外汇管理局对境内机构经常项目外汇账户保留现汇的比例作出如下规定：境内机构上年度经常项目外汇支出占经常项目外汇收入的比例在80%以下的，其经常项目外汇账户保留现汇的比例为50%；境内机构上年度经常项目外汇支出占经常项目外汇收入的比例在80%（含）以上的，其经常项目外汇账户保留现汇的比例为80%；新开立经常项目外汇账户的境内机构，如上年度没有经常项目外汇收入，其开立经常项目外汇账户的初始限额为不超过等值 20 万美元；境内机构开立的捐赠、援助、国际邮政汇兑及国际承包工程等暂收待付项下的经常项目外汇账户，限额可按外汇收入的100%核定。[1]

---

[1] 参见《国家外汇管理局关于放宽境内机构保留经常项目外汇收入有关问题的通知》（汇发［2005］第 58 号），2005 年 8 月 2 日。

（3）经常项目外汇支出，应当按照国务院外汇管理部门关于付汇与购汇的管理规定，凭有效单证以自有外汇支付或者向经营结汇、售汇业务的金融机构购汇支付。

（4）携带、申报外币现钞出入境的限额，由国务院外汇管理部门规定。

2. 个人经常项目外汇管理。在2004年《对外贸易法》赋予个人以对外贸易经营资格后，国家外汇管理局在2004年8月10日发布了《关于个人对外贸易经营有关外汇管理问题的通知》（自2004年9月10日起实施），对个人对外贸易经营者从事对外贸易的有关外汇管理政策进行了全面规范。

个人对外贸易经营者是指依法办理工商登记或者其他执业手续，取得个人工商营业执照或者其他执业证明，并办理备案登记（依法不需要办理备案登记的除外），取得对外贸易经营权，从事对外贸易经营活动的个人。个人对外贸易经营者从事对外货物贸易经营活动，应当在海关办理"中国电子口岸"入网手续后，到工商登记或者取得其他执业资格所在地的外汇局办理"对外付汇进口单位名录"或者出口收汇核销备案登记手续。办理上述手续后，个人对外贸易经营者才能开立个人对外贸易结算账户，办理外汇收付。个人外贸经营者的进口付汇和出口收汇，应比照境内机构办理核销手续。

**八、政府采购制度**

自新中国成立以来，在政府购买方面我国一直实行由国家财政部门分配预算资金，各支出单位自主使用的购买制度。也就是说，国家对财政支出的使用实行限定的控购办法。这一制度与所有制形式单一、商品匮乏的计划经济体制是相适应的。国家通过采用分配预算资金和控购方式，有效地控制了集团购买力，缓解了商品供求矛盾，抑制了通货膨胀，防止了铺张浪费。但是，随着我国经济体制由计划经济向市场经济改革以及政府采购量的迅速增多，这一购买制度与市场经济体制越来越不协调，远远不能适应市场经济条件下加强财政支出管理的客观需要。传统的政府采购体制最大的弊病就是缺乏对国家财政资金使用的有效监管，同时也没有充分发挥政府通过政府采购实现对国民经济的有效调整和对民族工业的保护。因此，必须从根本上改革传统的政府采购体制，使政府采购制度发挥其应有的作用，适应市场经济体制的需要。

为规范政府采购贸易，WTO制定了《政府采购协定》。由于该协定属于诸边贸易协定，我国在加入WTO时没有签署该协定，这意味着我国在政府采购方面的立法可以不受《政府采购协定》的约束。但是，鉴于我国在入世时作出的承诺，我国已经开始与WTO成员就加入《政府采购协定》问题进行谈判。

**（一）政府采购立法**

为探索在市场经济条件下实现对国家财政支出进行有效管理的方法，我国从 1995 年开始，在部分省、市的支出领域进行新的政府采购制度试点，并颁布了一些行政法规。2002 年 6 月 29 日，全国人大常委会通过了《政府采购法》（自 2003 年 1 月 1 日起施行）。该法在总结试点经验的基础上，规定了总则、政府采购当事人、政府采购方式、政府采购程序、政府采购合同、质疑与投诉、监督检查、法律责任和附则共 9 章内容，适用于在中国境内进行的政府采购。对于使用国际组织和外国政府贷款进行的政府采购，贷款方、资金提供方与中方达成的协议对采购的具体条件另有规定的，适用其规定，但不得损害国家利益和社会公共利益。对因严重自然灾害和其他不可抗力事件所实施的紧急采购和涉及国家安全和秘密的采购，也不适用该法。《政府采购法》的颁布意味着我国政府采购法律在全国范围内的统一和完善。

（二）政府采购的基本规定

1. 政府采购的界定。《政府采购法》规定，政府采购是指各级国家机关、事业单位和团体组织，使用财政性资金采购依法制定的集中采购目录以内的或者采购限额标准以上的货物、工程和服务的行为。采购是指以合同方式有偿取得货物、工程和服务的行为，包括购买、租赁、委托、雇用等；货物是指各种形态和种类的物品，包括原材料、燃料、设备、产品等；工程是指建设工程，包括建筑物和构筑物的新建、改建、扩建、装修、拆除、修缮等；服务是指除货物和工程以外的其他政府采购对象。

《政府采购法》对政府采购的上述界定具有以下特点：

（1）政府采购的主体。《政府采购法》从中国的实际情况出发，并参照国际通行做法，将采购单位限定为各级国家机关、事业单位和团体组织。这些机构包括各级国家权力机关、行政机关、审判机关、检察机关、政党组织、政协组织、工青妇组织以及文化、教育、科研、医疗、卫生、体育等事业单位。考虑到我国国有企业和国有控股企业面广量大，其职能和国家机关、事业单位、团体组织不同，为了保证企业经营自主权的落实，该法没有将国有企业和国有控股企业的采购（包括使用财政资金进行的采购）纳入调整范围。军事装备和军用物资的采购涉及国家的安全和机密，其采购过程不可能遵循透明、公开等原则，因此也未将军事采购纳入调整范围，而是在附则中规定军事采购法规由中央军事委员会另行制定。[1]

（2）政府采购资金。《政府采购法》将政府采购资金限定为财政性资金，即

---

[1] 全国人大财政经济委员会副主任委员姚振炎于 2001 年 10 月 22 日在第九届全国人民代表大会常务委员会第二十四次会议上所作：《关于〈中华人民共和国政府采购法（草案）〉的说明》，2001 年 10 月 23 日中国人大新闻。

财政预算内资金和预算外资金。这两类资金来源于税收和政府部门及所属事业单位依法收取的费用以及履行职责获得的其他收入。

（3）政府采购的对象。《政府采购法》根据国际通行做法以及我国政府采购的实践，将采购对象限定为采购单位使用财政性资金采购的货物、工程和服务。但是，并不是上述所有对象都在《政府采购法》的约束范围之内，而是集中采购目录以内以及限额以上的采购对象。集中采购目录以外的或者采购限额标准以下的货物、工程和服务的采购不属于《政府采购法》所规范的政府采购。

2. 政府采购的原则和模式。政府采购应当遵循公开透明原则、公平竞争原则、公正原则和诚实信用原则。例如，政府采购的信息除涉及商业秘密的以外，应当在政府采购监督管理部门指定的媒体上及时向社会公开发布，政府采购的招标投标过程应该透明等。此外，政府采购应当有助于实现国家的经济和社会发展政策目标，包括保护环境、扶持不发达地区和少数民族地区、促进中小企业发展等。

政府采购实行集中采购和分散采购相结合。集中采购是采购单位对纳入集中采购目录的政府采购项目，必须委托集中采购机构进行的代理采购。分散采购是采购单位对未纳入集中采购目录的政府采购项目自行组织的采购，或者委托集中采购机构在委托范围内进行的代理采购。集中采购的范围由省级以上人民政府公布的集中采购目录确定。属于中央预算的政府采购项目，其集中采购目录由国务院确定并公布；属于地方预算的政府采购项目，其集中采购目录由省、自治区、直辖市人民政府或者其授权的机构确定并公布。纳入集中采购目录的政府采购项目，应当实行集中采购。未纳入集中采购目录的，由采购人自行采购。

3. 政府采购的地域限制和采购方式。政府采购应当采购本国货物、工程和服务。但有下列情形之一的除外：需要采购的货物、工程或者服务在中国境内无法获取或者无法以合理的商业条件获取的；为在中国境外使用而进行采购的；其他法律、行政法规另有规定的。

政府采购采用以下方式：公开招标；邀请招标；竞争性谈判；单一来源采购；询价；国务院政府采购监督管理部门认定的其他采购方式。公开招标应作为政府采购的主要采购方式。

4. 政府采购当事人。政府采购当事人是指在政府采购活动中享有权利和承担义务的各类主体，包括采购人、供应商和采购代理机构等。

（1）采购人。采购人是指依法进行政府采购的国家机关、事业单位、团体组织三类机构。采购人采购纳入集中采购目录的政府采购项目，必须委托集中采购机构代理采购；采购未纳入集中采购目录的政府采购项目，可以自行采购，也可以委托集中采购机构在委托的范围内代理采购。

（2）采购代理机构。集中采购机构为采购代理机构。设区的市、自治州以上人民政府根据本级政府采购项目组织集中采购的需要设立集中采购机构。集中采购机构是非营利事业法人，根据采购人的委托办理采购事宜。

（3）供应商。其是指向采购人提供货物、工程或者服务的法人、其他组织或者自然人。采购人可以根据采购项目的特殊要求，规定供应商的特定条件，但不得以不合理的条件对供应商实行差别待遇或者歧视待遇。采购人可以要求参加政府采购的供应商提供有关资质证明文件和业绩情况，并对供应商的资格进行审查。

5. 政府采购合同。关于政府采购合同的法律性质和法律适用，在立法过程中，有少数人主张政府采购合同是行政合同，但大多数人认为政府采购合同应为民事合同（或商事合同）。也有学者认为，政府采购合同是具有特殊性的民事合同，但其一般性大于特殊性。此外，全国人大财经委在2001年10月22日第九届全国人民代表大会常务委员会第二十四次会议上所作的《关于〈中华人民共和国政府采购法（草案）〉的说明》中也明确指出："政府采购本身是一种市场交易行为，在采购合同订立过程中，不涉及行政权权力的行使，购销双方的法律地位是平等的，因此，政府采购合同一般应作为民事合同。同时还应当注意到，政府采购资金属于财政性资金，采购的目的是为了公共事务，政府采购还具有维护公共利益、加强财政支出管理、抑制腐败等功能，因此，政府采购合同又不完全等同于一般的民事合同，需要在明确适用合同法的前提下，对政府采购合同的有关特殊问题作出规定。"鉴于以上原因，《政府采购法》规定，政府采购合同适用合同法。采购人和供应商之间的权利和义务，应当按照平等、自愿的原则以合同方式约定。

采购人可以委托采购代理机构代表其与供应商签订政府采购合同。由采购代理机构以采购人名义签订合同的，应当提交采购人的授权委托书，作为合同附件。政府采购合同应当采用书面形式。政府采购项目的采购合同自签订之日起7个工作日内，采购人应当将合同副本报同级政府采购监督管理部门和有关部门备案。

采购人与中标、成交供应商应当在中标、成交通知书发出之日起30日内，按照采购文件确定的事项签订政府采购合同。中标、成交通知书对采购人和中标、成交供应商均具有法律效力。中标、成交通知书发出后，采购人改变中标、成交结果的，或者中标、成交供应商放弃中标、成交项目的，应当依法承担法律责任。

6. 政府采购当事人基于政府采购合同所发生的民事纠纷。《政府采购法》规定，供应商对政府采购活动事项有疑问的，可以向采购人或采购代理机构提出询问，采购人应当及时作出答复，但答复的内容不得涉及商业秘密。质疑供应商对采购人、采购代理机构的答复不满意或者采购人、采购代理机构未在规定的时间内作出答复的，可以在答复期满后 15 个工作日内向同级政府采购监督管理部门投诉。投诉人对政府采购监督管理部门的投诉处理决定不服或者政府采购监督管理部门逾期未作处理的，可以依法申请行政复议或者向人民法院提起行政诉讼。

### 九、国际服务贸易的管理

#### （一）国际服务贸易的概念和发展

根据 WTO《服务贸易总协定》，国际服务贸易包括以下形式：①跨境支付，指自一成员领土向任何其他成员领土提供服务；②境外消费，指在一成员领土内向任何其他成员的服务消费者提供服务；③商业存在，指一成员的服务提供者通过在任何其他成员领土内的商业存在提供服务；④自然人存在，指一成员的服务提供者通过在任何其他成员领土内的自然人存在提供服务。跨境支付和境外消费属于简单的服务方式。"商业存在"和"自然人存在"则是比较复杂的服务贸易方式。根据乌拉圭回合服务贸易谈判时 GATT 秘书处开列的提交各缔约方参考的服务贸易项目清单，服务贸易涉及 150 多个项目。此外，根据《服务贸易总协定》的 4 条标准归类划分有 12 大类：商业服务、通信服务、建筑及有关工程服务、分销服务、教育服务、环境服务、金融服务、健康与社会服务、与旅游有关的服务、娱乐、文化与体育服务、运输服务以及其他服务。

服务贸易随着第二次世界大战后世界经济结构的调整而迅速发展，尤其是近年来，服务贸易的发展比有形商品贸易的发展更为迅速。国际服务贸易已经成为国际贸易的重要组成部分。但是，从世界服务贸易的整体情况看，工业发达国家在服务贸易中占据明显优势，而发展中国家处于弱势。

#### （二）中国的服务贸易立法

2004 年《对外贸易法》只是对国际服务贸易作了原则性规定，例如，促进国际服务贸易的逐步发展并履行承诺，在特定条件下限制或禁止国际服务贸易，对特定领域的服务贸易可以采取任何必要措施，等等。由于服务贸易涉及众多领域，目前，我国还没有制定与《货物进出口管理条例》、《技术进出口管理条例》并行的国际服务贸易管理条例，而是针对不同的服务部门单独作出规定[1]。我

---

〔1〕 例如，我国发布了《外商投资矿产勘查企业管理办法》、《外商投资建设工程服务企业管理办法》、《外商投资租赁业管理办法》、《外商投资商业领域管理办法》、《外商投资广告企业管理规定》、《设立外商投资会议展览公司暂行规定》、《外商投资电影院暂行规定》、《外资金融机构管理条例》、《外资保险公司管理条例》、《中外合作音像制品分销企业管理办法》、《国际海运条例》、《旅行社管理条例》、《外国律师事务所驻华代表机构管理条例》、《外商投资国际货物运输代理业管理规定》、《外商投资建筑业企业管理规定》、《外商投资建设工程设计企业管理规定》、《外商投资城市规划服务企业管理规定》、《设立外商投资印刷企业暂行规定》、《外商投资图书、报纸、期刊分销企业管理办法》、《外商投资道路运输业管理规定》、《外商投资民用航空业规定》、《设立外商投资进出口商品检验鉴定公司的审批规定》、《外商投资电信企业管理规定》等。

国在《中国加入世界贸易组织议定书》附件9中，对服务贸易的市场准入等作出了分阶段开放的承诺，我国的国际服务贸易法律规范必须履行这些承诺。具体的对外开放领域依照《外商投资产业指导目录》执行，并由开放行业的主管部门制定专门法规。

（三）服务贸易领域市场准入安排

我国从1997年开始发布《外商投资产业指导目录》，并先后进行多次修改。《外商投资产业指导目录》列明了鼓励类、限制类以及禁止类的外商投资产业，其中包括服务产业。

**十、技术进出口管理制度**

（一）我国技术进出口管理立法

早在20世纪60年代初，中国就通过对外经济技术援助和国际科技合作向一些发展中国家出口技术。20世纪80年代以后，通过贸易途径出口的技术越来越多。为规范技术引进行为，国务院于1985年5月24日发布了《技术引进合同管理条例》。1988年1月20日，原外经贸部发布了《技术引进合同管理条例施行细则》，1996年3月22日又发布了《技术引进和设备进口贸易工作管理暂行办法》。为履行我国作为WTO成员的义务，国务院于2001年12月10日发布了《技术进出口管理条例》[1]。2001年12月30日，原外经贸部与原国家经贸委又发布了《禁止进口限制进口技术管理办法》（2009年修订）和《技术进出口合同登记管理办法》（2009年修订），原外经贸部与科学技术部发布了《禁止出口限制出口技术管理办法》（2009年修订），上述法规均从2002年1月1日起施行。后商务部于2008年、2009年分别对上述三部规章予以了修订。

（二）技术进出口管理的基本原则

技术进出口是指从中国境外向中国境内，或者从中国境内向中国境外，通过贸易、投资或者经济技术合作的方式转移技术的行为，具体包括专利权转让、专利申请权转让、专利实施许可、技术秘密转让、技术服务和其他方式的技术转移。从这一概念可以看出，衡量技术进出口的标准以技术进出中国国境为准。

除了《对外贸易法》规定的国家实行统一的对外贸易制度、维护公平和自由的对外贸易秩序、鼓励发展对外贸易、平等互利、依国际条约或互惠或对等原则给予待遇、对等原则外，《技术进出口管理条例》还特别规定了以下原则：①符合国家政策原则。技术进出口应当符合国家的产业政策、科技政策和社会

---

[1]　条例共有5章55条，规定了总则、技术进口管理、技术出口管理、法律责任和附则。

第
十
章

发展政策，有利于促进我国科技进步和对外经济技术合作的发展，有利于维护我国经济技术权益。②以自由进出口为主，限制和禁止进出口为辅的原则。《对外贸易法》第 16 条对限制或者禁止有关技术的进口或者出口的情况作出了详细规定。[1]

（三）技术进口管理制度

1. 对禁止进口技术的管理。商务部会同国务院有关部门制定、调整并公布禁止或者限制进口的技术目录。列入目录的技术，任何企业都不能进口。

2001 年 12 月 30 日，原外经贸部与原国家经贸委发布了《中国禁止进口限制进口技术目录》（第一批），自 2002 年 1 月 1 日起施行。此后，该目录又进行多次调整。

2. 对限制进口技术的许可证管理。我国对限制进口的技术实行许可证管理。进口属于限制进口的技术，技术进口经营者将《中国限制进口技术申请书》报送商务部。获得批准的，由商务部颁发《技术进口许可意向书》。技术进口经营者可以对外签订技术进口合同，并在签订合同后持有关文件到商务部申请《技术进口许可证》。技术进口经许可的，颁发《技术进口许可证》。技术进口合同自《技术进口许可证》颁发之日起生效。

3. 对自由进口技术的合同登记管理。技术进出口合同包括专利权转让合同、专利申请权转让合同、专利实施许可合同、技术秘密许可合同、技术服务合同和含有技术进出口的其他合同。

对属于自由进出口的技术，实行合同登记管理。2001 年 12 月 30 日，原外经贸部与原国家经贸委发布了《技术进出口合同登记管理办法》。2009 年 2 月 1 日又进行了修订。

自由进出口技术合同自依法成立时生效。商务部负责对《政府核准的投资项目目录》和政府投资项目中由国务院或国务院投资主管部门核准或审批的项目下的技术进口合同进行登记管理。各省、自治区、直辖市和计划单列市商务主管部门负责对上述之外的自由进出口技术合同进行登记管理。中央管理企业的自由进出口技术合同，按属地原则到各省、自治区、直辖市和计划单列市商务主管部门办理登记。各省、自治区、直辖市和计划单列市商务主管部门可授权下一级商务主管部门对自由进出口技术合同进行登记管理。技术进出口经营者应在合同生效后 60 天内办理合同登记手续，支付方式为提成的合同除外。支付方式为提成的合同，技术进出口经营者应在首次提成基准金额形成后 60 天内，履行合同登记手续，并在以后每次提成基准金额形成后，办理合同变更手

---

[1] 参见本章第一节。

续。技术进出口经营者在办理登记和变更手续时，应提供提成基准金额的相关证明文件。

国家对自由进出口技术合同实行网上在线登记管理。技术进出口经营者应登陆商务部政府网站上的"技术进出口合同信息管理系统"[1]进行合同登记，并持技术进（出）口合同登记申请书、技术进（出）口合同副本（包括中文译本）和签约双方法律地位的证明文件，到商务主管部门履行登记手续。商务主管部门在收到上述文件起 3 个工作日内，对合同登记内容进行核对，并向技术进出口经营者颁发《技术进口合同登记证》或《技术出口合同登记证》。对申请文件不符合《中华人民共和国技术进出口管理条例》第 18、40 条规定的要求或登记记录与合同内容不一致的，商务主管部门应当在收到申请文件的 3 个工作日内通知技术进出口经营者补正、修改，并在收到补正的申请文件起 3 个工作日内，对合同登记的内容进行核对，颁发《技术进口合同登记证》或《技术出口合同登记证》。经登记的自由进出口技术合同在执行过程中因故中止或解除，技术进出口经营者应当持技术进出口合同登记证等材料及时向商务主管部门备案。

为便于企业引进技术，商务部和国家税务总局还于 2006 年 12 月 18 日联合发布了《中国鼓励引进技术目录》。

（四）技术出口管理制度

1. 对一般技术的出口管制。

（1）对禁止出口技术的管理。商务部公布禁止或者限制出口的技术目录。2001 年 12 月 30 日，原外经贸部和原国家经贸委发布了《禁止出口限制出口技术目录》，2008 年又进行了修改。

（2）对限制出口技术的许可证管理。我国对限制出口的技术也实行许可证管理。技术出口经营者出口限制出口技术及相关产品时，将《中国限制出口技术出口申请书》报送商务部。技术出口申请经批准的，由商务部发给有效期为 1~3 年的《技术出口许可意向书》。申请人根据该意向书对外进行实质性谈判，在意向书有效期内签订技术出口合同。技术出口经营者签订技术出口合同后，持有关文件到商务部申请《技术出口许可证》。商务部对许可出口的技术颁发《技术出口许可证》。限制出口技术的技术出口合同自《技术出口许可证》颁发之日起生效。

（3）对自由出口技术的合同登记管理。对属于自由出口的技术，实行合同登记管理。《技术进出口合同登记管理办法》也适用于自由出口技术的登记。

---

[1]　网址：jsjckqy. fwmys. mofcom. gov. cn.

2. 对特殊技术的出口管制。特殊技术主要是指核技术、核两用品相关技术、监控化学品生产技术、军事技术等，上述技术的出口受到严格限制，并发布了相应法规。根据这些法规，我国对上述技术和产品实行许可制度，指定的专营单位出口时，应当向海关出具出口许可证。

3. 鼓励高新技术产品出口的措施。高新技术产品是指《中国高新技术产品出口目录》所载明的产品。1979年改革开放以来，尽管我国对外贸易迅速发展，并跨入世界贸易大国行列，但是技术含量高、附加值高的产品在出口总额中所占比重仍然很低，与发达国家的40%左右的水平相比存在巨大差距。因此，国务院以及相关部门发布了一系列文件，对高新技术产品的出口给予多方面的扶植。我国对高新技术出口主要采取以下支持措施：海关便捷通关措施、便捷的商检措施、相关人员便捷的出境措施、驻外使（领）馆的协助措施、知识产权保护措施、技术型贸易措施的预警与防范措施、提高检测水平、对高新技术产品出口提供资金支持、出口信用保险措施、出口退税措施。

## 【思考题】

1. 简述我国外贸管理法的发展历程。
2. 2004年《对外贸易法》的主要内容有哪些？
3. 简述我国进口关税管理制度。
4. 简述我国贸易救济措施法律制度。
5. 简述我国进出口配额制度。
6. 简述我国进出口许可证法律制度。
7. 简述我国进出口商品检验制度。
8. 简述我国进出口原产地规则。
9. 简述我国外汇管理制度。
10. 简述我国政府采购制度。
11. 简述我国服务贸易法律制度。
12. 简述我国国际技术贸易法律制度。

## 【必读法规】

1. 《中华人民共和国对外贸易法》
2. 《中华人民共和国货物进出口条例》
3. 《中华人民共和国技术进出口条例》
4. 《中华人民共和国进出口关税条例》

5. 《中华人民共和国外汇管理条例》

6. 《中华人民共和国进出口商品检验法》及其实施条例

7. 《中华人民共和国政府采购法》

8. 《中华人民共和国原产地条例》

9. 《中华人民共和国反倾销条例》

10. 《中华人民共和国反补贴条例》

11. 《中华人民共和国保障措施条例》

第十一章

第
十
一
章

# 美国对外贸易管理制度

## ■第一节 美国对外贸易管理体制

### 一、国会在对外贸易方面的主管地位

美国是联邦制共和政体，实行二元制的立法和行政管理体制，联邦和各州有独立的立法权和行政管理权，有各自独立的法律体系。然而，一个重要的例外就是对外贸易事务由联邦统一管理，国家实行统一的对外贸易政策和法律。美国对外贸易管理的另一个重要特点是国会、总统、独立的行政机构共同决定对外贸易政策、法律、国际协议的制定和实施，其中国会发挥核心的主管作用。国会管理对外贸易的方式是行使广泛的贸易立法权，包括：①制定规范性的对外贸易管理实体法；②批准、颁布非规范性的对外贸易法令；③实行授权立法，授予总统、行政机构对外贸易管理权；④批准国际贸易条约、协议、行政实施法案。近年来，国会在对外贸易管理中的作用日益强化，这同大多数国家国会只批准有关法律，并不更多地介入对外贸易管理的做法形成鲜明的对照。

国会与总统管理对外贸易是依据宪法、法律的授权。《美国宪法》第1条第8款规定，国会有权"规定和征收税费、关税和货物税"以及"管制与外国通商"。第2条第2款规定，美国总统有权经参议院建议和2/3以上多数同意，签订条约，任命大使、公使和领事。美国最高法院的一项判例确认，总统是美国对外事务方面唯一的正式代表。从法律上看，美国国会在对外贸易方面拥有大部分权力，总统所管辖的仅仅是涉及对外贸易谈判的事项。

### 二、总统权力

历史上，国会向总统授予两方面重要权力：一是贸易协议谈判权；二是争端解决谈判权，包括必要时对外国不公平贸易做法行使制裁的权力。这些授权形成总统与国会合理分工制衡、共同管理对外贸易的局面。

贸易协议谈判权属于实体法上的授权，它与程序法上的"快车道"程序

授权相配合来发挥作用。1934 年，美国通过《互惠贸易协定法》，该法第一次授权总统不经过国会批准，在指定期间与 22 个国家进行相互减让关税的谈判，最后签订了关贸总协定。国会授权的同时保持对总统的监督，在 1955 年通过的《贸易协定扩展法》中，要求总统每年向国会提交报告，汇报贸易协定的执行情况；1958 年国会通过立法，要求总统进行对外贸易谈判时必须与工业、农业、劳工界代表协商，收集信息，征求意见。1962 年，国会在修订 1955 年《贸易协定扩展法》后通过《1962 年贸易扩展法》，授权肯尼迪总统在 1962 年 7 月 1 日至 1967 年 6 月 30 日期间与 GATT 缔约方进行贸易谈判，在关税减让等方面给予总统更大的权力。由于肯尼迪政府在谈判结束后越权签署了《反倾销守则》，遭到国会抵制，并在以后很长一段时间内被国会停止了授权。1974 年，为了在 GATT 东京回合谈判中实现美国的政策目标，获取更多利益，国会批准了《1974 年贸易法》，该法授权总统不经国会批准实施目的在于减让和修订关税的协议，在与国会适当协商条件下可以缔结和实施削减非关税壁垒方面的协议。这里的"适当协商条件"就是后来产生重要影响的"快车道"（Fast Track）程序。

"快车道"程序实际上是国会授权总统在一定条件下对向其提交的对外贸易协议法案迅速作出批准与否的表决程序，它最早在批准政府签署的 GATT 东京回合协议文件中被采用，后将这一程序扩大适用于批准政府签署的其他多边和地区性贸易协定。根据《1974 年贸易法》的规定，总统采用"快车道"程序通过法案必须符合以下条件：①在总统谈判期间允许国会进行监督和提出建议；②总统必须与众议院筹款委员会和参议院财政委员会以及其他受谈判协议影响的委员会协商；③在谈判达成的协议实施前 90 日内通知国会，向国会提交协议、协议实施草案、行政执行说明。"快车道"程序允许国会以协商形式提前介入总统起草协议及实施法案的过程，事实上在国会正式批准前已会同总统完成了协议的审定、讨论、消除分歧工作，国会正式批准则采用通过与否的表决方式（不得提出修正案），使协议一般能顺利通过。采用这一程序使政府提交的《东京回合协议实施法》顺利批准，国会称赞这是两个部门成功合作的宪法性实验。以后在《1984 年贸易和关税法》中规定，"快车道"程序适用于总统与外国缔结的任何自由贸易协议，条件是其他国家就协议谈判提出请求；在谈判前 60 日内总统应通知国会，并就谈判内容与参众两院的有关委员会进行协商，允许其监督总统的谈判活动。

《1974 年贸易法》授予总统的另一重要权力是谈判解决与他国贸易争端以及必要时实施报复性贸易制裁的权力。这一授权体现在该法及以后进一步发展的 301 条款中。国会两项授权的目的都是为了打开外国市场，促进贸易自由化和美国产品的市场准入。[1]能否获得"快车道"程序授权成为美国和外国政府决定是否展开贸易谈判的关键因素。国会的授权还形成国会与总统两部门在对外贸易管理中新的相互协调合作和制衡关系，它很好地解决了国会对贸易谈判的介入与政府谈判代表担心谈判成果被国会完全否决的紧张关系，有利于保持对外贸易政策的合理平衡。一方面，总统获得授权后，增强了对外贸易管理的主动性、独立性，有利于在具体工作中灵活贯彻美国对外贸易政策，抑制国会的贸易保护主义倾向。另一方面，总统在许多情况下又不能自作主张，国会以不同方式保持监督和影响总统的决策，主要有：①在谈判期间，要求总统履行与国会相关委员会进行协商的义务；②在立法中规定"落日条款"，限制总统行使谈判权的期限，超过一定期间不能完成谈判，总统则失去了授权；[2]③在贸易立法中规定总统谈判授权范围、谈判所要达到的目标和实质标准，对总统具有重要的约束作用。

### 三、对外贸易管理的其他机构

除国会和总统外，一些行政机构也发挥着特殊的对外贸易管理职能，这些机构主要分为两种类型：一类是独立的行政机构，如国际贸易委员会、商务部、财政部，这些机构依法设立，职权独立，不从属任何部门；另一类是内阁行政部门，如贸易代表办公室、贸易政策委员会等，这些机构是总统的顾问或工作机构，对总统负责。

1. 国际贸易委员会（ITC）。其前身为国会于1916年建立的美国关税委员会，根据《1974年贸易法》改为现名称。国际贸易委员会是独立的行政机构，不从属于任何部门，它依据宪法、法律和行政法规设立和行使职权，具有准司法权力。其主要职责是：①研究美国与外国经贸关系，调查外国进口对于美国国内工业竞争力及美国经济的影响，并向总统、众议院筹款委员会、参议院财政委员会报告；②就美国与外国签订贸易协定的内容条款以及是否给外国关税优惠向总统提出报告和建议；③负责反倾销法、反补贴法，管制不公平进口法律的实施，作为行政裁判机构，受理国内工业界的申诉，展开调查，作出裁决；④建立进出口统计标准，解释美国关税表。国际贸易委员会由6名委员组成，由参议院提名，总统任命。

2. 商务部国际贸易管理局（ITA）。其是管理美国对外贸易的政府行政部门之

---

〔1〕 GATT东京回合谈判以后，美国国会采用"快车道"程序批准的贸易协定有：《美以自由贸易协议》、《美加自由贸易协议》、《北美自由贸易区协议》、《乌拉圭回合协议》及实施立法。

〔2〕 由于GATT乌拉圭回合谈判没能在预定的1990年底结束，经总统布什请求，国会决定延长"快车道"授权至1993年6月。然而这一回合谈判直至1993年12月15日才最后解决所有问题，克林顿总统再次请求延长"快车道"授权，1993年6月，国会参众两院以大多数通过延长授权至1994年底的决定，1993年7月4日，总统签署两院决定，使之生效。

一，下设三个处：①国际经济政策处，负责国际经济、贸易投资问题的调查研究，收集情报资料，制定进出口贸易和投资规划，监督检查贸易协定的执行情况。②贸易管理处，负责反倾销、反补贴方针政策法规的执行，与国际贸易委员会合作进行案件调查，作出裁决；参加贸易协定谈判；管理出口许可证。③贸易发展处，拟定促进出口的计划，为企业出口提供服务，安排重大出口项目。

3. 财政部。它主管海关事务，其中负责国际贸易和投资事务、国际货币事务的助理部长办公室对美国贸易政策有重要影响。

4. 美国贸易代表办公室（USTR）。这是根据《1962年贸易扩展法》设立的内阁级单位，最初只是总统的贸易谈判代表和工作机构，20世纪80年代以后成为总统处理对外贸易事务的顾问和决策机构。其职能是：①作为贸易谈判的首席代表，负责多边贸易协定的谈判和执行；②协调政府各有关对外贸易机构的工作，协调贸易政策的制定和执行；③代表总统参加美国在各国际经济组织中的活动，处理相关事务。美国贸易代表是大使级内阁官员，直接对总统负责。

5. 贸易政策委员会。其职责是向总统提出贸易政策建议，就国际贸易委员会提出的关税建议向总统提供咨询，根据总统的要求执行有关贸易协定。主席由美国贸易代表担任。

6. 贸易政策审查委员会。其职责是协调各机构有关贸易协定的活动，向贸易代表推荐有关贸易的政策和措施，审查批准贸易政策工作委员会的建议。委员会主席由美国副贸易代表担任。

7. 贸易政策工作委员会。其是总统对外贸易决策的具体工作部门，内设许多小组委员会和特别工作小组。委员会主席由美国贸易代表助理担任。

**四、社会团体和私人企业对政府决策的参与**

美国贸易政策和立法有较高透明度，可以吸引民间各界广泛参与贸易政策的讨论，民间对政府决策的影响越来越重要，已成为美国决策体制的一大特色。在20世纪90年代初期北美自由贸易协定谈判期间，正是由于国内环保组织和劳工组织的压力，迫使克林顿政府重视贸易自由化对美国环境和劳工状况可能带来的不利影响，最后采用签订两个分协议的办法解决这一问题。[1]

---

〔1〕 在1991年至1994年北美自由贸易协议谈判期间，美国环境组织"公共市民"、"地球之友"、"山地俱乐部"三次向美国地区及上诉法院起诉，第一次是1991年，要求美国贸易代表办公室准备一份NAFTA环境影响报告；第二次是1992年，要求被告美国贸易代表及克林顿政府准备NAFTA环境影响报告（IES）；第三次是1994年，除上述请求外还要求被告美国贸易代表坎特促成颁布法规，确保乌拉圭回合协议法的实施符合国家环境政策法（NEPA）。这三次诉讼原告没有胜诉，主要理由是：上诉法院认为美国贸易代办公室的行政行为并不是可以依据美国行政程序法（APA）进行司法审查的"最后机构的行为"，因为总统有权决定再谈判或不将NAFTA提交国会批准，总统的行动对环境组织有更直接影响，而总统提交国会批准的行为也不是可以进行司法审查的"最后机构行为"。

民间的参与采取两种方式：一种是通过院外集团的活动向国会游说，对政府施加压力；另一种是通过正式组织反映各方面意见和要求。依据《1974年贸易法》，国会设立"贸易谈判咨询委员会"，后改为"贸易政策和谈判咨询委员会"，由私人企业代表45人组成，是民间咨询机构，其作用是使私人企业了解美国贸易谈判代表的观点，也使政府通过该机构了解民间各界对美国谈判立场的意见和建议。《1988年综合贸易与竞争法》还授权该机构根据总统请求，向国会提交要求延长贸易谈判授权的报告，这一机构在整个乌拉圭回合谈判期间发挥了重要作用。

民间机构对国际贸易法的实施有重要作用。根据美国反倾销法、反补贴法以及保障措施制度，美国主管机构本身可以发起反倾销、反补贴和保障措施立案调查，而更多情况是国内制造商、销售商、工会和行业协会依法向美国贸易救济主管机构申请立案调查，采取贸易救济措施。民间机构也可以针对外国不公平贸易做法向国际贸易委员会申请关于违反337条款的立案调查，向美国贸易代表申请违反301条款的立案调查。

## ■第二节　美国进出口贸易管理法

### 一、立法历史和现状

美国现代史上最早的进口管制法是《1930年关税法》，它构建了美国对外贸易法的基本框架，该法自生效以后经过多次修订补充，不断完善。历史上对《1930年关税法》的更新是《1934年互惠贸易协定法》、《1955年贸易协定扩展法》、《1962年贸易扩展法》、《1974年贸易法》、《1979年贸易协定法》、《1984年关税与贸易法》、《1988年综合贸易与竞争法》、《1994年乌拉圭回合协议法》。其中最重要的是《1988年综合贸易与竞争法》对原法的修改。

这次修订的重要性首先在于它被美国官方称为一次最为彻底的改革，改动的范围广泛，主要有：①授权总统截至1993年5月31日就双边和多边贸易协定进行谈判，适用"快车道"程序批准实施这些协议（包括《乌拉圭回合协议》、《美加自由贸易协议》、《北美自由贸易协议》）；总统有权进行关税减让而无须国会批准，允许减让最大幅度为现行税率的50%，税率在5%以下者可减至为零。②修订第301条款，将违反第301条款的调查和实施制裁的权力移交给美国贸易代表办公室，使之灵活运用。把违反第301条款的所谓不公平贸易做法扩大到双边贸易不平衡、侵犯劳工权益、侵犯知识产权、政府采购、电讯等服务贸易市场准入的广泛领域。③完善反倾销、反补贴法，规定对非市场经济国家认定倾销的办法。针对规避反倾销、反补贴法的行为（如以倾销零部件、原材料的办法逃避对制成品的倾销调查）规定监控措施，扩大了反倾销调查案申诉人的范围。④修改第 337 条，规定对于涉及专利、联邦登记注册的商标、登记的版权和半导体集成电路设计作品的侵权产品进口，申诉人不需证明进口给国内工业造成损害，只要有进口侵权产品的行为就构成违法。⑤规定"保障条款"适用的时限，在紧急情况下，可采取临时性保障措施。⑥决定加入"协调编码制度"，调整关税税则。

这次修改是具有里程碑意义的改革，它标志着美国对外贸易政策的战略转变，从 20 世纪 80 年代以前奉行的单纯的自由放任的贸易政策转向带有明显保护主义倾向的"自由和公平"的贸易政策。其实质是在遵循自由贸易原则，维持现行国际贸易体制前提下，强调更严格地执行美国对外贸易法和与外国缔结的贸易协定，更有力地反击所谓对美不公平贸易做法，迫使外国对美国开放市场。公平与自由贸易政策是美国奉行的一项长期的对外贸易政策。

1994 年，美国政府签署了关贸总协定乌拉圭回合谈判的最后文件，国会随后以"快车道"程序批准了乌拉圭回合协议实施法案，即《1994 年乌拉圭回合协议法》，该法已于 1995 年 1 月 1 日生效。其中，对美国现行贸易法以及相关的其他法律作了修改，使之与多边贸易协议相符合。除专门管制对外贸易的单行法以外，美国《海关法》等其他一些法规中也有管制进出口的规定，这是整个对外贸易管理法的组成部分。

**二、进口管理的主要法律制度**

（一）进口管理的一般性法律制度

美国也采取各国通行的关税和非关税措施管制进口，《1930 年关税法》及其后续立法以及其他有关对外贸易管理的法律规定了美国关税税则、海关监管、海关估价、原产地规则、配额等方面的基本制度。

1. 关税制度。自 1989 年 1 月 1 日起开始实施的《美国协调关税制度》将关税分为两栏：①第一栏为一般税率和特殊税率，一般税率是最惠国税率，适用于其他 WTO 成员或享有最惠国待遇的非 WTO 成员，属于正常贸易关系税率。特殊税率包括：普惠制税率，适用于大多数发展中国家的货物进口；特惠税率，适用于最不发达国家（多数商品为零关税）；协定税率，即根据美国与其他贸易伙伴国自由贸易协定安排规定的优惠税率。目前适用协定税率的自由贸易安排主要有北美自由贸易协定；加勒比海湾计划（CBI），适用于 24 个加勒比地区国家货物进口；安第斯贸易优惠法（ATPA），适用于玻利维亚等四个安第斯国家；美以（色列）自由贸易协定；美约（旦）自由贸易协定；自由联合计划，适用于马绍尔群岛等三国；非洲增长和机会法（AGOA），适用于南撒哈拉非洲国家；美国—加勒比海湾贸易伙伴法。享有上述优惠税率都需要进口人提交出口商出具的书面原产地证书作为主张权利的基础。②第二栏税率是全额或法定最高税率，适用于不享有美国最惠国待遇的国家。关税税率分为从价税、从量税、复合税率。

支付关税的义务由名义上向海关提交进口申报的人或企业负责。当货物已经进口用于仓储时，缴纳关税的责任转移到任何购买该货物和想要以其名义提取的人身上。当货物到达美国时，在海关文件中登记的进口人（即货物所有人、购买人、收货人或由他们指定的报关人）应向口岸海关提交货物进口文件申报进口。在货物到达口岸，海关许可交付或支付估算的关税后，进口货物得以合法进入美国。进口人有责任办理货物查验和放行手续，在多数情况下，报关手续是由运至口岸的承运人指定的人或企业办理，这一实体在海关手续意义上被认定为"所有人"。有些情况下，通过在商品到达前依据海关表格 3461 提出立即放行申请获准后可快速放行，这适用于来自加拿大和墨西哥的货物、新鲜蔬菜、水果或由美国政府代收的货物等。如果货物到达后 5 个工作日内不在指定口岸报关，可被放入政府指定保税仓库，由进口人承担风险和费用。

如果入境后 6 个月内未申报进口，它们可被公开拍卖，易腐物、易贬值物可提前变卖。有关货物的仓储费、关税、国内税或其他留置费用应从变卖货物的所得款项中提取，剩余款项交提单所有人。进口人如对清关时的应税地位有异议应在清关后 90 天内提出，如果海关否决了异议，进口人可提起诉讼。退税是指因特定法律规定而对进口商退还 99% 已征收的关税和国内税，美国法律规定了三类退税：①制造性退税，适用于那些用来制造被出口的进口货物或被销毁的进口货物；②未使用商品的退税，适用于未经加工和从未在美国使用并且被出口的或被销毁的进口商品所征收的关税；③不合格商品退税。

美国海关法要求所有在外国生产的进口商品均应用英文在显著位置标明商品状况所允许的永久性、牢固的原产国名称，以向美国消费者指明商品的制造国家。但艺术品和某些因商品性状（如钉子、纸牌、纽扣等）无法标明者除外，为个人使用和用于进一步加工的货物除外。美国商标法禁止标有虚假原产地证明的货物进口，如发现此类进口货物将由海关查扣或没收，或经海关许可在消除违禁标志、代替以适当标志后放行，或经海关批准复出口，或经海关监管被销毁，且不应对政府产生成本。海关规费是海关处理货物的成本费用以及港口费用，对于价值高于 2000 美元的进口货物，货物处理费为进口货物价值的 0.21%，但每次申报最低为 25 美元，最高为 485 美元；2000 美元以下的进口货物，为 2 ~ 9 美元；港口维护费为货物价值的 0.125%。

《1930 年关税法》第 592 条原则规定，任何人以电子传输、书面或口头申报提供实质性的虚假信息，或以文件、作为或不作为的方式过失、欺诈性地将商品进口或试图进口美国，应被处以罚款。《刑事欺诈法》规定向海关官员提供虚假信息的刑事处罚为 2 年以下监禁或罚金。《1930 年关税法》第 596 条规定以下物品将被查扣或没收：①盗窃或走私物品；②因健康卫生和环境法规定限制或禁止进口物品；③法律要求申领许可证而未申领的货物；④侵犯知识产权商品进口；⑤违反原产地标记要求的货物进口；⑥申报时提供虚假文件货物进口。

2. 配额制度。美国的进口配额分为关税配额和绝对配额：①关税配额规定了特定时间以内可以较低关税进口某种货物的数量，该产品进口的数量没有限制，但是超过配额数量的进口将被征收较高关税。多数情况下来自不友好国家的货物无权享受关税配额优惠。②绝对配额是数量限制性的，即在配额有效期内不得进口超过配额限制数量的产品。有些绝对配额是全球性的，也有国别配额。超过配额进口的货物可存放在自由贸易区或保税仓库等待下一个配额期，或可在海关监管下出口或销毁。美国法律规定国会有权规定进口配额，也可授权总统和行政机构管理和公布进口商品配额，以保护美国工农业，维护国家安全和国际收支平衡。目前一般性商品的配额由海关处管理，配额管制的进口商品主要是根据《农业调整法》第 22 条对农牧渔产品、奶制品进口实行数量限制，根据双边和多边协议对食糖、咖啡、纺织品进口实行数量限制。

3. 政府采购。美国自 1933 年开始实行《购买美国货法》，后经多次修订现仍有效。该法规定凡美国政府所需要的公用物品，应购买美国国内制造的或用美国原料、零部件、半成品制造的产品。对于公共建筑物或公共场所的建筑、改建、翻修，承包人或分包人、材料员、供应商必须使用美国生产的产品、原材料。但是美国已经加入 WTO《政府采购协议》，其与诸边贸易协定的其他成员之间的政府采购安排受协议调整（详见本书关于 WTO《政府采购协议》的相关内容）。

（二）为保护美国国内工农业免受进口损害而限制进口的法律

1. 免责条款（保障条款）。《1974 年贸易法》第 201 条（《美国法典》第 19 卷第 2251 节）规定，因外国进口产品的增加使生产相同或类似产品的国内工业遭受严重损害或损害威胁，有关的企业、团体可向国际贸易委员会申请救济，委员会经调查确认受害企业及损害后果，可以建议总统（后改为美国贸易代表）采取限制进口措施，包括增加或征收关税、实行配额等数量限制、签订有秩序的销售协议。保障条款与 GATT 有关规则一样是针对正常的进口竞争可能给国内工业造成损害所采取的救济措施，与不公平进口竞争无关，此类案件国际贸易委员会每年立案超过 200 件，立案标准又有很大随意性，是限制进口的重要法律手段。

2.《1974 年贸易法》第 406 条（《美国法典》第 19 卷第 2463 节）规定，

如果来自共产主义国家的进口产品增多，引起美国市场扰乱和工业损害，有关企业、团体可请求国际贸易委员会调查，经总统批准可以采取关税和数量限制措施。"406 条款"的性质与保障条款相同，但是对国内工业损害的标准要求低，该条款在很长一段时间内很少被援用，但在 1993 年 10 月，应美国蜂农联合会起诉，国际贸易委员会根据"406 条款"对我国蜂蜜进口实行"市场扰乱"调查，最后，在中方努力下，美国总统决定不采取进口限制措施。

3. 1933 年《农业调整法》第 22 条规定，任何有利害关系的团体、组织可以要求美国农业部长裁定，外国农产品价格支持计划威胁美国农业部门，农业部长应向总统报告，总统可转请国际贸易委员会进行调查，经调查可向总统建议采取限制进口措施，由总统批准实施，限制办法是实行配额和许可证、征收费用。

（三）管制不公平进口的法律

此类法律规定的共同点是约束所谓不公平进口竞争的行为，在美国实行公平自由贸易政策的今天，这些法律有越来越频繁被适用的趋势，已成为美国管制进口的重要法律规则。这类法律主要有：①反倾销、反补贴法。《1930 年关税法》第 773、771 条（《美国法典》第 19 卷第 1677、1671 节）分别规定了反倾销和反补贴规则，规定了倾销、补贴行为的定义，认定倾销补贴的标准，反倾销、反补贴调查程序及制裁措施；《1979 年贸易协定法》修改了《1930 年关税法》，将反倾销、反补贴问题作为单独部分（第七部分）专门规定，并取消《1921 年反倾销法》；《1988 年综合贸易与竞争法》、《乌拉圭回合协议法》又对反倾销、反补贴法作出修改，使之更为完备。②管制侵犯知识产权产品进口。《1930 年关税法》第 337 条款（《美国法典》第 19 卷第 1337 节）规定，外国厂商、进口商如将侵犯美国知识产权的产品进口美国，侵权受害人可向国际贸易委员会申诉，委员会调查确认后发出排除进口令，阻止侵权产品进口，也可向联邦地区法院起诉，请求损害赔偿。③禁止劳改产品进口。《1930 年关税法》第 307 条（《美国法典》第 19 卷第 1307 节）规定，外国通过罪犯或强制劳动或刑罚下的定期劳动生产的产品，海关将禁止进口。禁止劳改产品进口表面上涉及人权保护，而实质上是限制不公平竞争，因为劳改产品生产成本低，美国认为这种低成本又是违反人权所得，故加以禁止。

（四）惩罚性进口限制

此类限制意在报复和压制出口国政府，使得它们在经济上和政治上向美国让步，或停止损害美国利益的活动。具体法律条款有：

1.《1974 年贸易法》第 301 条款（《美国法典》第 19 卷第 2411 节）授权美国总统就外国限制美国产品进口所采取的不公平、不合理、歧视性政策，法律和做法采取报复行动，征收惩罚性关税等。301 条款的立法目的是以制裁相威胁，迫使外国政府与美国实行谈判，承诺对美开放市场；《1988 年综合贸易与竞争法》扩充了第 301 条款的内容，形成普通 301 条款、特殊 301 条款和超级 301 条款。

2. 美国关税法一般不将 MFN 授予敌对国家，包括冷战时期的共产主义国家，这些国家对美国出口适用普通税率，这相当于《1930 年关税法》规定的水平。但是《1974 年贸易法》第四部分改变了这一政策，该法授权美国总统与非市场经济国家签订给予非歧视待遇的贸易协定，经国会批准生效。根据杰克逊—瓦尼克修正案设立的《1974 年贸易法》第 402 条规定，非市场经济国家如不允许该国公民自由移民就不享有美国的最惠国待遇，同时总统有权发布行政命令豁免某些国家适用上述规定，但需经国会批准才能生效。由于国会对总统的豁免授权每年一次，造成对某些国家（包括中国）延长最惠国待遇问题年年审查。多年来，美国在批准延长中国最惠国待遇时与人权问题及其他双边关系问题联系起来，使之政治化。1994 年 5 月 26 日，克林顿总统宣布将每年一度的延长中国最惠国待遇的审查与人权问题脱钩；1998 年克林顿签署法案，将最惠国待遇更名为"正常贸易关系"；1999 年 11 月 15 日，中美达成中国加入 WTO 的双边协议；2000 年 5 月 25 日，美国国会众议院通过了授权给予中国非歧视贸易待遇法案，参议院于 9 月 19 日批准了该法案，美国对华永久正常贸易关系得以确定。

3. 除了依据上述规范性法律条文实施进口限制以外，美国总统和国会还根据对外关系的变化以及外交政策的需要，针对特定国家发布贸易禁令。如 1979 年 11 月，因伊朗扣押美国使馆人员，美国宣布禁止进口伊朗原油；1982 年宣布禁止进口利比亚原油。

（五）依据环保、卫生、技术安全标准实施的进口限制

1. 农产品。牛奶和奶制品应符合食品和药品管理局、农业部的规定，除受制于进出口许可证和配额外，这些产品只能由卫生部食品药品管理局和农业部授权许可的进口商进口。水果、蔬菜、干果的进口必须符合法律规定的质量等级、规格、成熟度要求，由农业部食品安全和检验署颁发检验证明，由农业部动植物卫生检验署依据《植物检疫法》检疫方可进口。牲畜和动物进口必须在自原产国装运前取得农业部颁发的许可证，并附有兽医卫生证书，货物进口后应在检疫口岸经过检疫。肉类和肉制品进口应符合农业部的规定，并在海关放行之前由农业部动植物卫生检验署与食品安全和检验署检验。肉类制品和家禽及其制品进口还应符合《联邦食品、药品和化妆品法》的规定，符合鱼类及野生动植物署的规定。

2. 消费产品、工业设备。家用电器进口首先要符合《能源政策和节能法》规定的能耗标准，并要求标明预期的能源消耗和效率。同时应符合美国保险商试验室的安全标准（UL），任何进口的消费产品如果没有遵守产品安全的有关标准规定、特定的标识或认证要求，将被认定为有实质性的产品危害，不得进口。这些规定由美国消费产品安全委员会负责实施。《联邦有害物质法》对于儿童玩具、含铅涂料、自行车、易燃性织物、美术材料等规定了严格的安全标准。打火机应符合《消费产品安全法》。工业设备必须遵守能源部和联邦贸易委员会的规定。汽车、车辆和车辆设备应符合安全、缓冲及排放要求。

3. 食品、药品、化妆品和医疗设备。此类货物进口由卫生部食品和药品管理局依据《联邦食品、药品和化妆品法》管理，该法禁止进口掺假和伪造品牌的物品，包括残次、不安全、不卫生条件下生产的产品。任何可能致病的载体、昆虫、动植物带菌体不得进口。《联邦杀虫剂、杀真菌剂和灭鼠剂法》、《毒物控制法》、《有害物质法》、《腐蚀性毒药法》、《消费产品安全法》管制进口杀虫剂、有毒物质和有害物质，具体由联邦环保署监管。

4. 纺织品、羊毛和毛革产品。所有进口到美国的纺织品均应依据《纺织纤维产品鉴别法》的规定以印戳、标牌、标记或其他方式标明纤维成分含量、制造商名称及加工制造国家名称。此外《羊毛产品标识法》和《皮革产品标识法》规定了这两类产品特殊的标识要求。

5. 野生动植物及其制品。任何进出口野生动植物必须从美国鱼类及野生动植物局取得许可，并应符合《1972 年海洋哺乳动物保护法》、《美国濒危物种法》、《野生鸟类保护法》，符合《濒危物种国际贸易公约》、《候鸟条约法》、《国际大西洋金枪鱼保护委员会公约》规定的义务。如果野生动植物的捕获、运输或占有是违反外国法律的，该野生动植物就不得进口美国。

6. 淫秽、不道德和煽动性物品、彩票。《1930 年关税法》第 305 条规定任何包含鼓吹或煽动、背叛或颠覆美国、暴力抵制服从美国法律，或威胁伤害和剥夺美国人生命内容的书籍、著述、广告、图片或属于淫秽性质的此类物品，可能引起非法流产的药品，任何彩票都禁止进口。

**三、出口管理法**

（一）出口管理法概况

1949 年，美国国会通过了《出口管制法》（Export Control Act），1969 年修改为《出口管理法》（Export Administration Act，EAA）。这是美国当代比较系统的管制出口的单行法，此法在 1979 年、1985 年、1988 年几次修改，现采用的是 1988 年文本。1984 年，商务部颁布《出口管理条例》（Export Administration Regulation，EAR），是《出口管理法》的实施细则。除这两部法律外，涉及原子能产品、军火、防御物资等特殊产品出口还有专门的法律调整。

美国出口管制的目的有三个方面：①防止可用于军事用途产品和技术落入不友好国家，危害国家安全；②为了执行美国对外政策、履行国际义务，如管制预防犯罪的物品、危险品出口，管制大规模杀伤性武器出口；③防止国内供应短缺引起通货膨胀。管制的出口产品分为两类：一类是民用或军民两用产品和技术；另一类是军事物资和技术。民用或军民两用物资和技术出口由商务部（出口管理办公室和许可证处）和财政部（海关事务处）共同管理，国防部和国务院作为咨询机构有审查权，对于可能用于军事目的的产品出口以及向某些国家的出口，两机构分别从国家安全和外交政策方面考虑进行审查，并有否决权。军事防御物资由国务院军火管制处管理，原子能产品、药品、食品、危险品和废弃物、船舶、天然气等特殊产品出口，分别由原子能管理委员会、食品药品管理局、环保局、交通部海事局、联邦能源管理委员会和能源部管理。涉及技术转让的还需要商务部专利商标处批准。《出口管理法》授权总统"禁止和削减"全部商业性出口。

《出口管理法》规定了严格的法律制裁措施，保证出口管制有效实施。《出口管理法》规定，故意违反本法以及其他出口管理方面的条例、命令、签发的许可证，将处以最高达出口价值5倍的刑事罚金或者对个人罚款25万美元，并处6年监禁，对法人罚款50万美元；明知产品出口到被管制出口的国家或将被这样的国家利用而故意、预谋、意图出口，将对个人处以25万美元罚金，并处12年徒刑，对法人处以100万美元刑事罚金。商务部还将追究被告的民事责任，可处以最高10万美元的民事罚金。在行政处罚方面，商务部有权中止和撤销违法者的出口权以及外国当事人领受美国产品的权利，《出口管理法》明确授权总统中止给予任何违反该法的外国人进口美国产品的权利。

（二）出口管理措施

为了实现美国的政策目标，政府采取出口的国别管制和出口商品的分类管制：①关于国别管制，商务部把外国按照其与美国的关系分为8组，分别实行不同的出口控制标准，8个组分别以英文字母 P、Q、S、T、V、W、Y、Z 为代表，加拿大不属于任何一组，给予特殊待遇；苏联、东欧某些社会主义国家曾被视为对美不友好国家，列为 Y 组，控制大部分商业性出口；越南、古巴、朝鲜属于美国敌对国家，被列为 Z 组，管制全部商业性出口，除普通民品外，战略物资和军用物资不准出口；中国、前南斯拉夫被列为 V 组，出口限制较为宽松。②在商品分类管理方面，《出口管理法》附录中列出200多种管制商品清单，按货物性质、技术水平分为10类，分别用从0～9的代号表示，如"0"代表金属加工机械，"1"代表石化设备，每一种管制商品都冠以一个字母代号和四位数字编号，以说明该商品类别、战略技术水平。出口产品按技术分为三个区，绿区产品对美国安全影响较小，商务部可直接发放出口许可证，不必经国防部等咨询部门审查；中间区产品表示有较高技术水平，商务部必须经国防部等咨询部门审批才能签发出口许可证；属于红区产品是尖端技术产品，这类产品对于像加拿大、欧盟这样的伙伴国也限制出口。

出口许可证制度是美国重要的出口管理制度。许可证分为一般的许可证、一次有效的许可证和多次有效的许可证：①一般许可证适于七类货物和技术出口，从商品类别、价值、出口国别看属于管理最宽松的，一般许可证的发放不需要出口商向商务部申请，不需要逐一审批，只要在报关单上填写该商品的一般许可证编号即可出口。②一次有效的许可证需要出口商专门办理，由商务部出口许可证处审批，每一许可证限于特定种类、数量、价值的商品出口，两年内有效，许可证项下的商品出口完毕后失效。发放此类许可证的关键是出口商列明最终收货人和出口商品的确切资料。③多次有效的许可证包括经销许可证、综合经营许可证、项目许可证、提供服务许可证等，这些许可证授权出口商可向不同的收货人多次出口货物，也不限定出口商品的数量和价值，有效期限长（经销许可证经续展有效期长达 4 年），极大地方便出口商交货，但是这类许可证审批严格、审批时间长，在许可证有效期间，商务部许可证处可能随时进行审计并监督其使用。

美国出口管制的一个重要特点是实行域外管辖，政府不仅管制从美国本土直接出口的产品或技术，也管制从外国再出口原产于美国的产品或技术以及含有美国产品或技术的外国产品；不仅管制美国本土出口商的出口行为，也管制境外的美国政府认为有管辖权的美国关联企业的出口行为，而不论其出口产品是否美国制造。1982 年，一欧洲国家公司向苏联出口某种产品以支持其天然气管线建设，美国政府认为，虽然所出口的产品非美国制造，但是这家欧洲公司是美国公司的下属企业，美国对其出口有管辖权，禁止这项交易。这一政策措施的目的是防止美国重要产品或技术经第三国间接流入对美国不友好的国家。

（三）"冷战"结束后美国出口管理法的变化

美国学者认为，出口管理法是美国对外贸易法中近年来变化较小、较单纯的领域，这种变化的结果可表述为"解除限制"。因为冷战结束后，与西方国家对峙的苏联和东欧社会主义阵营已不存在，主要的国际威胁已消除。放松出口管制也是提高美国出口竞争力的需要。冷战结束后，国际竞争转为经济实力和综合国力的竞争，面对日本、欧盟的竞争压力和亚洲新兴国家经济崛起，美国不得不调整其出口管制策略，放宽出口限制，加强出口促进工作。1995 年 2 月，克林顿政府向国会提交了全面修改现行《出口管理法》的修正案，这个修正案反映了美国新时期出口管理工作的重要变化：一是将出口管制的重点放在防止大规模杀伤性武器和技术扩散威胁；二是改革出口许可证管制范围、审批程序，以提高效率、促进出口。

与美国的变化相呼应的是冷战时期成立的多边出口管制机构——巴黎统筹委员会（以下简称"巴统"）也结束了它的历史使命。"巴统"的正式名称是"多边出口管制协调委员会"，1949 年 11 月在美国提议下秘密成立，它是 17 个西方工业发达国家组成的管制国际贸易的非官方国际机构，宗旨是限制成员国向社会主义国家出口战略物资和高技术。"巴统"活动初期掌握的禁运物资清单有三大类万种商品，被列入禁运对象的国家有 30 多个，成员国向禁运国家出口管制产品除本国政府批准外，还需"巴统"的批准。1990 年，根据国际形势变化，"巴统"大幅度放宽对苏联和东欧国家高技术产品出口限制，以后禁运项目和禁运国家大大减少。1994 年 4 月 1 日，历经 44 年的该组织正式宣告解散。根据有关决定，将成立一个新的更开放的机构取代"巴统"，新机构将在原巴统成员国基础上增加新成员，其中包括前华约国家、俄罗斯和中国，职能是限制向第三世界冲突地区和有可能发生冲突的国家转移常规武器和军民两用技术。同时，原巴统成员国对利比亚、叙利亚、伊朗、伊拉克、古巴、朝鲜的出口限制仍然有效。

### 四、美国贸易法的 301 条款

301 条款原指美国《1974 年贸易法》第三编第一章中第 301 条（《美国法典》第 19 卷第 2411 节），该法授权美国总统采取切实可行的措施，报复并迫使外国政府消除对美贸易的歧视性限制做法，实现美国根据贸易协定应获得的利益。经过《1988 年综合贸易竞争法》"大修"之后，301 条款分为普通 301 条款、特殊 301 条款、超级 301 条款以及通讯 301 条款，不论在程序上还是实质内容上都更加完备。

（一）普通 301 条款

普通 301 条款是指《1988 年综合贸易与竞争法》（以下简称 OTCA）第 1301 节，它反映了《1974 年贸易法》第 301 条款的基本精神。该条规定，如果外国贸易政策法律和措施违反了与美国签订的贸易协定，否定了美国根据贸易协定应享有的权利，或损害美国应享有的贸易利益，或不公平、不合理地、歧视性地加重了美国商业负担，限制美国商业，美国总统被授权采取一切适当可行的行动去实现美国的权利，迫使外国取消限制。

普通 301 条款要保护美国根据贸易协定应享有的权利，贸易协定既包括 WTO 多边贸易协定，也包括美国参加的双边或地区性贸易协定，其享有的权利是广泛的，如根据最惠国待遇和国民待遇原则使本国出口的产品和服务以及对外直接投资在进口国享有公平待遇，依据知识产权协议使本国知识产权得到合理保护，根据争端解决的谅解协议使本国与他国争端合理解决。普通301条款要保护美国根据贸易协定应享有的利益，它要求各国能切实履行其在贸易协定中作出的关税减让，减少非关税贸易壁垒，以及市场准入安排的承诺，使美国商品和服务出口达到应有水平，减少逆差。要保护美国商业，使之免受外国歧视性限制，外国不得对美国出口商、制造商、服务提供者的各类有形产品和无形产品的出口设置不合理障碍。美国的商业是最广泛意义上的，包括农业和各类工业产品制造业、服务业，特别是远距离通讯、信息服务、运输服务等；技术贸易包括知识产权保护、技术许可和转让、计算机软件及各类版权作品的贸易；直接投资原则上要与商品和服务有关。《1984年贸易和关税法》还对所谓"不公平、不合理的歧视性限制"下了定义，"不公平"是指外国贸易政策、做法违背贸易协定义务，损害了美国权利。"不合理"是指外国贸易政策虽不违反国际法规定的权利，但是对美国是不公正的，如外国违反劳工权利进行生产经营，允许强制劳工生产；规定出口目标，由政府协调组织企业产品出口；外国政府容许该国企业实行有系统的不公平竞争。"歧视性"是指外国贸易政策做法否认了应给予美国出口产品、服务、投资的国民待遇和最惠国待遇。

301条款由美国贸易代表办公室下设的301条款委员会负责实施，具体程序如下：

1. 申诉。任何有利害关系的个人、企业、协会团体都可以向美国301条款委员会申诉，USTR也可主动立案。由于美国贸易代表将要代表申诉人与有关国家进行谈判，在正式申诉前当事人应与301条款委员会协商，然后提出正式申诉书。

2. 调查。委员会收到申诉书后应在45天内决定是否发起调查，如决定展开调查则应在《联邦公报》上正式公布申诉文本，以引起关注。调查内容包括外国是否违反贸易协定，是否存在损害美国贸易利益的不公平、不合理的歧视性贸易做法。为减少行政资源浪费，对于政府其他部门受理或立案的调查案件以及采取调查制裁措施可能损害美国经济的案件都不立案调查。同时，美国贸易代表立即向有关国家提出磋商要求，也可寻求WTO的争议解决，但是这不影响美国单方面调查处理。一般情况下自发起调查12个月内完成调查，并作出采取适当行动的决定。

3. 采取行动。如果委员会调查后决定采取行动，USTR应在作出决定30日内采取行动，特殊情况下可推迟实施，但是推迟时间不超过180日。美国依法可采取的报复行动有：①中止、撤销和停止适用根据贸易协定应给予其他国家的关税减让；②在适当时期对外国商品征税或施加其他限制，对外国输入美国的服务征收费用或进行其他限制；③以适当方式限制给予外国服务业许可，限制市场准入的期间和条件，直到拒绝授权。报复行动实施后，总统可根据事态发展随时指示终止实施。实施报复的期间为 4 年，4 年届满时如利害关系人没有提前要求延长，实施就自动终止。

美国贸易法规定以下情况应尽量避免采取报复行动：①WTO 专家小组否认了美国当事人申诉的事实；②虽然存在申诉的事实，但美国贸易代表认为该国家已经采取了令人满意的措施加以解决，如外国同意撤销或终止执行有关的政策法律和措施，或同意立即解决限制美国商业的问题；③USTR 认为案件特殊，如采取报复行动会影响美国经济或国家安全，弊大于利。

事实上，美国真正诉诸报复制裁的情况很少，一般的结果是与外国签订协议，消除不公平贸易行为，或消除对美国商业限制，或给予美国相当的贸易机会作为补偿，这也是最符合美国利益的结果。根据世界银行统计，301 条款调查最终导致放松对美商业限制的占 35%，导致报复的只占 10%，调查结论不明者为 10%，调查毫无结果的占 40%。

（二）特殊 301 条款

特殊 301 条款是指美国 OTCA 第 1302~1307 节，核心是 1303 节的规定，即确定未能给予美国知识产权充分有效保护、未能给予美国有关企业市场准入的重点国家，在短期内迅速调查，决定采取报复措施。具体内容有：

1. 要求 USTR 每年审查一次美国贸易法律在知识产权保护方面的情况，在向国会提交《国家贸易评估报告》后 30 日内，确定那些未能对知识产权提供充分有效保护或者未能给予依赖知识产权保护的美国人公平市场准入的国家，将这些国家分为"重点国家"、"列入重点观察名单国家"、"列入观察名单国家"。其中的重点国家被认为是最严重地损害美国利益、优先考虑立案调查和采取措施的国家。美国确认"重点国家"除了依据《国家贸易评估报告》以外，还可根据美国私人企业部门和美国驻贸易伙伴国的使馆提供的信息，并且同联邦版权登记处、商标专利委员会及其他有关部门协商。美国确定"重点国家"的标准是：①未能充分有效地保护知识产权，未能给予依赖知识产权保护的美国人公平市场准入，其不公平贸易做法极端严重；②外国不公平贸易做法给美国相关产品造成极不利影响；③不能积极地与美国展开谈判，在双边和多边知识产权谈判中没有取得重要进展。

2. 美国贸易代表应在确定"重点国家"之后 30 日内对"重点国家"不公平贸易做法发起调查，同时展开谈判，寻求解决办法，如能达成协议，将该国家从重点名单中除名；如未能达成协议，就在调查结束后决定采取报复措施，即增加关税和实行其他进口限制。对于"重点观察国家"，美国也要与其协商，使之作出改进，原则上也可实行贸易制裁。

（三）超级 301 条款与通讯 301 条款

超级 301 条款是指 OTCA 第 1310 节所谓"贸易自由化优先确定条款"，它是作为普通 301 条款的补充而设立的。超级 301 条款与普通 301 条款实质内容相同，都是针对外国在货物和服务贸易、直接投资方面对美不公平、不合理或歧视性贸易做法发起调查，以制裁和报复相威胁迫使外国政府与美国谈判，消除不公平贸易做法，对美开放市场。

与普通 301 条款不同的是，超级 301 条款的适用不是依据美国当事人的投诉，而是由 301 条款委员会依据《国家贸易评估报告》等信息确定"重点国家"，主动发起调查。USTR 每年 4 月以前向国会提交一份按国别划分的《国家贸易评估报告》（National Trade Estimates Report），内容包括 34 个国家和 2 个地区贸易集团的货物、服务贸易、对外投资及知识产权保护情况，作为美国制定对外贸易政策的依据。另一个不同点是，超级 301 条款是暂时生效的法律条款，1988 年由 OTCA 公布后到 1990 年应该失效，但是 1994 年克林顿总统签署一项行政命令，恢复实施已经失效的超级 301 条款至 1995 年，这说明超级 301 条款是随时可能由总统签署行政命令生效的法律条文。

通讯 301 条款是指 OTCA 第 1377 节，该条款直接调整与外国的远距离通讯服务贸易，要求 USTR 每年审查一次所有重要的、与外国签订的通讯服务贸易协定，确定外国遵守协议的情况，如认定某外国没有遵守协定，美国就把它作为 301 条款管辖的不公平贸易做法。根据国会要求，在作出确认后 30 天由 USTR 实施贸易制裁，制裁首先是对该国电信产品和服务进口实行限制，也可以是其他贸易利益。

（四）301 条款与 WTO 多边贸易体制

301 条款是美国以单方面报复制裁相威胁，利用谈判手段施加压力，迫使外国政府遵守贸易协定，履行开放市场承诺的一种国内法律机制，是与 WTO 多边贸易体制相对立的。WTO 成立后，301 条款调整的领域应纳入多边调整范围，结果是"更多的涉 301 条款案件将不得不通过 GATT 争议解决程序。这一发展符合 301 条款的规定，即当 301 条款调查涉及 GATT 问题时，要求美国发起 GATT（指 WTO）争议解决程序"。[1]但是这一结果并不妨碍美国动用 301 条款制裁外国其他一些 WTO 规则不能涵盖的不公平贸易做法，如根据地区贸易协议的安排产生的权利义务、国际投资方面的权利义务。即使属于 WTO 规则调整范围，美

---

〔1〕 Jeffrey E. Garten，"American Trade Law in a Changing World Economy"，*The International Lawyer*，1995，Spring，p. 35.

国也保留适用 301 条款的权力，监督别国遵守多边协议。301 条款的另一作用是对非 WTO 成员实行制裁。

### 五、美国关税法的 337 条款

美国对外贸易政策发展的重要趋势就是加强管制外国制造出口侵犯美国知识产权产品的不公平贸易做法。这方面的主要法律依据是《1974 年贸易法》的 301 条款和《1930 年关税法》的 337 条款，前者规定了针对外国政府的此类不公平贸易做法的制裁措施；后者规定了针对外国厂商对美出口侵权产品的管制办法。近年来，对违反美国 337 条款的调查、立案增多，引起国际社会的广泛关注。

（一）337 条款的形成及法律适用

337 条款原指《美国 1930 年关税法》第 337 条，它最初主要管制对美倾销产品和垄断商业等不公平贸易行为，以后经过多次修改补充，形成系统的主要管制外国厂商对美输入侵犯美国知识产权产品的法律规则；目前适用的 337 条款是指经 1994 年修订的《1988 年综合贸易与竞争法》第 1337 节。该条款规定，以不公平竞争方式和不公平行为将货物进口美国，由其所有人、进口人、进货人及其代理人在美国销售，造成现存的工业企业实质损害或损害威胁，或阻碍该工业企业的建立，或限制和垄断商业贸易，这种不公平竞争方式和不公平行为属于非法。

构成违反 337 条款的首要条件是存在不公平竞争方式和不公平竞争行为。受 337 条款管制的不公平竞争方式和行为主要有以下三类：①进口和销售侵犯美国知识产权的产品，违法产品包括侵犯美国专利权产品，即未经授权制造、进口销售带有美国专利权的商品，此类 337 条款违反案件占多数；侵犯美国商标权的产品，即进口产品违反保护商标权的制定法（拉海姆法）和普通法，与联邦登记注册的商标、装潢相同或相似，可能引起混淆；侵犯美国版权的产品，这些产品载有受美国版权法保护的信息，如磁带、光盘、磁盘、半导体集成电路芯片及其后续产品。②制造、进口和销售违反美国反不公平竞争法的产品，即进口产品假冒美国商标和装潢，或带有虚假的地理原产地标识，欺骗性的产品说明和描述足以误导他人购买；带美国商标的平行进口商品；侵犯美国商业秘密法的商品。③不公平竞争方式违反联邦反垄断法，非法地限制进出口贸易、垄断商业，非法定价以及价格歧视，如跨国公司转移定价、进口倾销产品和补贴产品。

不公平竞争方式或不公平行为要与产品进口美国或在美国销售相联系，侵权产品如果在国外被制造和销售，没有进口美国就不属于 337 条款管辖。此外，由政府实施的进口，其进口产品享有豁免，可以不受 337 条款违法立案调查。

执法机关对进口侵权产品的行为作扩大解释，在时间上，现在的进口可以立案调查，过去的进口或即将发生的进口也可以立案调查。在"自动指纹识别系统"调查案中，被控侵权的自动指纹识别系统并没有进入美国，国际贸易委员会仍召开旨在采取临时限制措施的听证会，理由是被控侵权产品的进口合同开始执行，进口即将发生。而且是否构成违法也不完全由进口产品的商业价值决定，在"手推车轮组件"调查案中，被控侵权的手推车轮组件只进口一套，被诉人辩称，该组件没有被销售，没有商业价值，不属于违法。国际贸易委员会认为，证据显示进口该组件的目的是供给美国经销商样品，以便获得大量订单，而国内经销商已经向申诉人发出该车轮组件的要约，该组件是否被销售或有商业价值并不重要，这一进口行为本身足以构成美国司法管辖，促使其考虑是否会有损害美国工业的趋势。

337 条款的适用还要求侵权产品进口造成：①美国工业的破坏和实质损害或损害威胁；②阻碍相关的工业企业建立；③限制、垄断美国商业贸易。关于国内工业，337 条款违反的立案要求是申诉人（美国以及外国的公民法人）证明与受保护的美国知识产权有关的国内工业存在或正在建立，仅有受美国法律保护的知识产权而没有在美国实施该权利，即没有与受保护知识产权相关的工业开发活动存在，就不能立案调查。国内工业存在或正在建立是指：已对建厂和设备作了重要投资；投入重要资本或劳务；在知识产权产品开发、设计、研究、取得许可等方面作了重要投资。在个案中，国内工业可以是相关产品的工业生产开发，也可以是一定水平的商业经营活动。实质损害通常考虑被控侵权产品在生产国国内所占份额和出口潜力，以及在美国市场的销售量。损害后果与侵权产品之间的联系可参考的因素是受害方因进口产品竞争引起顾客损失，销售额下降；减价或廉价销售引起的利润损失；国内生产下降，雇工减少。进口产品的市场渗透力阻碍相关工业建立是指受害方已经开始制造相关产品，侵权产品的进口威胁其稳定开工，或受害方即将开始生产，因侵权产品进口而使其经营受挫。

过去，所有违反 337 条款案件都要求申诉人证明侵权方的不公平进口行为至少造成前述三种损害中的一种损害，并且这种损害与不公平进口有直接的联系。为了强化 337 条款管制侵权产品进口的作用，《1988 年综合贸易与竞争法》对此作了重要修改，规定严格的损害后果要求仅适用于普通商标、商业秘密及其他非登记注册的知识产权侵权产品进口；对于涉及专利、联邦登记注册的商标、登记的版权和半导体集成电路设计作品的侵权产品进口，申诉人不需证明进口给国内工业造成损害，只要有进口侵权产品的行为就构成违法，执法机关就可立案调查，这大大减轻了申诉人证明负担，增强了 337 条款的保护作用。

（二）违反"337 条款"的法律救济

美国和外国的侵权受害人可通过两种途径取得违反 337 条款的法律救济：一种办法是向联邦国际贸易委员会申诉，由其展开调查，作出裁决，发出排除进口令，这是准司法性的行政救济，其效果是指向将来，防止未来可能产生的损失，被诉人对已经造成的损失不必负责；另一种办法是向联邦地区法院起诉，请求损害赔偿，是司法救济，属于事后补救，赔偿已经造成的损失。在 1994 年修改 337 条款以前，申诉人可同时采取两种救济办法，而国际贸易委员会（以下简称委员会）调查程序对当事人更有利。委员会的行政调查程序为：

1. 调查发起、初审。《联邦条例法典》规定，委员会根据申请人书面申诉发起调查，任何与进口的侵权产品有利害关系的个人、合伙、协会组织、公司，包括美国和外国的，都可作为申诉人向委员会提出书面申诉。在特殊情况下，委员会也可主动发起调查。委员会收到申诉书后，在 30 日内，根据申请内容决定是否发起调查，是否发出临时排除进口令，如果委员会认为申诉理由成立，则在《联邦公报》上公布发起调查的通告，否则通知申诉人撤诉。

2. 调查开始。委员会决定发起调查后，将申诉书副本寄送所有被诉人、被诉人所在国家的政府和相关的联邦机构，被诉人应在 20 日内针对每一项指控作出书面答复，由委员会转交申诉人和相关人，同时委员会任命主审行政法官展开调查。此间应召开各方参加的听证会，如果被诉人不答复，也不到场参与审理，委员会可认定申诉事实成立，作出缺席裁决，调查自发布通知之日起 12 个月内结束，复杂案件 18 个月内结束。

3. 临时措施。调查开始后不迟于 90 日内，申诉人可以在交付保证金条件下，申请委员会发出临时排除进口令，这适用于需要证明国内工业损害的侵权案件，其适用标准等同于联邦法院发出临时限制令和禁令的标准。

4. 初裁。主审官根据听证会记录和相关证据事实作出初裁决定，说明引起争议的事实和法律意见，初裁自调查开始起 9 个月内完成，复杂案件 14 个月内完成，初裁被提交委员会 45 日后成为委员会的决定，除非这一期间当事人要求委员会审查。争议方在调查期间可以达成和解协议或知识产权许可协议，经主审官审查后终结调查，将协议作为初审决定提交委员会。

5. 委员会审查。争议方在收到初裁决定 10 日内，关于临时措施和基于当事方协议的初裁决定 5 日内，可以请求委员会审查，委员会审查后作出维持、撤销、修改初裁结果的决定或要求主审官继续调查。

6. 终裁。初裁决定经委员会认可而成为委员会决定后，调查结束。委员会决定送达当事人、总统和有关联邦机构，并在《联邦公报》上发布。如总统不在 60 日内否决该决定或在此间发出批准通知，委员会决定就在提交总统 60 日以后或自总统批准之日起生效。此后 60 日内当事人可向联邦巡回上诉法院上诉。

如果终裁生效并且认定被诉人违反了 337 条款，委员会采取的制裁措施是发出排除进口令，授权海关在所有口岸禁止侵权产品进口，委员会作出制裁决定要考虑这种救济措施对公共健康福利、美国经济的竞争环境、国内相同或类似的竞争产品以及对美国消费者产生的影响。排除进口令分为一般的排除进口令（General Exclusion Order）和限制性排除进口令（Limited Exclusion Order），前者对物不对人，禁止所有相同的侵权产品进口，不论其制造者和出口人是否为被诉人；后者仅阻止违反 337 条款的被诉人的产品进口。根据"真空喷漆泵"一案确立的判例原则，一般排除进口令的适用受严格限制，申诉人请求此种救济时必须证明：未授权的使用申诉人专利或其他知识产权的情况普遍存在；除被诉人以外的其他外国厂商也企图对美进口侵权产品的商业条件存在。排除进口令生效后必须执行；被诉人规避该项法令，继续进口和销售侵权产品，海关将没收进口货物，并处以最多每一违法日 10 万美元或相当于进口货物总值两倍的民事罚金。

排除进口令的解除有三种方式：第一种是在适当时机，委员会认为导致排除进口令实施的条件不存在，可以主动停止实施；第二种是被诉人改装侵权产品使之不构成侵权，然后提请委员会撤销排除进口令，运用这种方式被诉人举证困难，不易成功；第三种办法是原申诉人或其他美国进口商以被诉人的行为不再违反 337 条款为由，建议委员会停止排除进口令的实施，这种做法较常用。

与排除进口令配合使用的另一救济措施是委员会发出制止令（Cease and Desist Order），它阻止正在进行的进口以及在货物已经进口美国销售，排除进口令证明无效的情况下使用，并且主要对国内从事不公平竞争行为的进口人、进口产品经销商适用，实施方式是禁止其销售侵权的进口产品或违法产品，如继续销售将同样被处以民事罚金。

（三）"337 条款"的修改

美国单方面适用 337 条款限制进口，引起贸易伙伴不满。1987 年 4 月 29 日，欧共体通知 GATT 全体缔约方，请求就 337 条款的适用与美国进行协商，协商未果，欧共体提请专家小组裁决，专家小组最后裁决，美国未能给 337 条款调查案中被控侵权的进口方国民待遇，并提出六个方面违反国民待遇的表现。主要是对进口产品侵权，被害人可同时向委员会和法院起诉，而国内产品侵权受害者只能向法院起诉；委员会审理规定 1 年时限，国内法院审理无此时限；委员会调查不允许反诉，而法院审理可反诉；国际贸易委员会可以对所有被控侵权产品发出排除进口令，不论是否属于案件当事人的，而法院只能对被告货物发出排除进口令。美国鉴于其在乌拉圭回合谈判中所持的强化 GATT 争议解决的立场，没有阻止专家小组报告的批准，而是接受了这一裁决，决定待乌拉圭回合谈判结束时，根据 TRIPS 协议的内容，修改 337 条款。

1994 年，美国《乌拉圭回合协议法》正式实施。该法参考 GATT 专家小组裁决，从以下几个方面改动了 337 条款：①原法允许被控侵权的进口产品的受害方向委员会和联邦地区法院同时申诉和起诉，加重了被控方的负担，新法仍允许受害方采取双重救济措施，但是要求申诉人向委员会请求发起调查 30 日内，经被诉人请求，地区法院中止案件审理，待委员会作出最后裁决后再行审理，并允许法院利用委员会记录；②委员会审理规定了 1 年时限，而涉及国内货物的侵权案无此时限，新法取消了 1 年时限，规定调查和终裁应在"可行的最早时间内"完成，要求委员会在发起调查后 45 日内确定终裁决定的期限；③委员会调查不允许被诉人反诉，新法维持这一做法，但是规定被诉人如果向委员会提出反诉，该反诉将被迅速移送对同案有管辖权的地区法院审理，地区法院仅对源于本诉的同一事件的反诉有管辖权；④关于一般性排除进口令，新法坚持"真空喷漆泵"一案确立的两项适用标准，同时强调只有在两种条件都具备，查证侵权产品来源困难的情况下才可适用；⑤新法授权委员会在争议方就 337 条款违反问题达成诉诸仲裁协议时终结案件调查。

**【思考题】**

1. 简述美国的对外贸易管理体制。
2. 美国的进出口贸易管理法有哪些？
3. 简述美国的进口管理制度。
4. 简述美国的出口管理制度。
5. 简述美国贸易法 301 条款。
6. 简述美国关税法 337 条款。

# 参考文献

## 一、中文参考文献

1. 商务部条法司、上海 WTO 事务咨询中心编译：《中国——影响知识产权保护和实施措施案（DS362 号）》，上海人民出版社 2013 年版。

2. 商务部条法司、上海 WTO 事务咨询中心编译：《美国——影响中国禽肉进口的某些措施案（DS392 号）》，上海人民出版社 2012 年版。

3. 商务部条法司、上海 WTO 事务咨询中心编译：《美国——对部分中国产品征收最终反倾销反补贴税案（DS379 号）》，上海人民出版社 2011 年版。

4. 李成刚主编：《世贸组织规则博弈——中国参与 WTO 争端解决的十年法律实践》，商务印书馆 2011 年版。

5. 顾春芳主编：《全球贸易摩擦研究报告》（2001～2013 系列），机械工业出版社。

6. 龚柏华主编：《WTO 案例集》（2001～2013 系列），上海人民出版社。

7. 朱榄叶编著：《世界贸易组织国际贸易纠纷案评析》（2000～2013 系列），法律出版社。

8. 杨良宜：《海上货物保险》，法律出版社 2010 年版。

9. 杨良宜：《合约的解释》，法律出版社 2007 年版。

10. 张玉卿编著：《国际货物买卖统一法——联合国国际货物销售合同公约释义》，中国商务出版社 2009 年版。

11. 张玉卿主编：《国际统一私法协会国际商事合同通则 2010》，中国商务出版社 2012 年版。

12. 最高人民法院编选组编：《买卖合同司法解释适用手册》，人民法院出版社 2012 年版。

13. 最高人民法院编写组编：《买卖合同司法解释适用解答》，人民法院出版社 2012 年版。

14. 郭寿康、韩立余编著：《国际贸易法》，中国人民大学出版社 2009 年版。

15. 韩立余主编：《国际贸易法案例分析》，中国人民大学出版社 2009 年版。

16. 陈治东：《国际贸易法》，高等教育出版社 2009 年版。

17. 党伟编著：《国际贸易法实务》，清华大学出版社 2009 年版。

18. 刘瑛：《联合国国际货物销售合同公约解释问题研究》，法律出版社 2009 年版。

19. 高永富、陈晶莹主编：《国际贸易法论丛》第 3 卷，北京大学出版社 2008 年版。

20. 张荣芳：《经济全球化与国际贸易法专题研究》，中国检察出版社 2008 年版。

21. 林武坛、章博主编：《国际贸易私法学》，东南大学出版社 2008 年版。

22. 梁焕磊编著：《国际货物买卖合同条款解析与应用》，中国纺织出版社 2008 年版。

23. 纪荣泰主编：《国际贸易法》，南海出版公司 2007 年版。

24. 董有德主编：《国际贸易法》，上海大学出版社 2007 年版。

25. 许军柯：《国际贸易法专题研究》，中国法制出版社 2007 年版。

26. 陈宪民主编：《国际贸易法专论》，北京大学出版社 2007 年版。

27. 陈立虎主编：《当代国际贸易法》，法律出版社 2007 年版。

28. 高永富、陈晶莹主编：《国际贸易法论丛》第 2 卷，北京大学出版社 2007 年版。

29. 高永富、余先予、陈晶莹主编：《国际贸易法学》，北京大学出版社 2007 年版。

30. 丁伟主编：《国际贸易法》，中国政法大学出版社 2006 年版。

31. 高永富、陈晶莹主编：《国际贸易法论丛》第 1 卷，北京大学出版社 2006 年版。

32. 刘彤编：《国际货物买卖法》，对外经济贸易大学出版社 2006 年版。

33. 吴晓明：《国际贸易法》，东北大学出版社 2006 年版。

34. 张艳编著：《国际贸易法律实务》，北京大学出版社 2006 年版。

35. 王追林编著：《国际贸易法律与实务》，武汉大学出版社 2006 年版。

36. 郭瑜：《国际贸易法》，北京大学出版社 2006 年版。

37. 吕红军主编：《国际贸易法律实务》，中国财政经济出版社 2005 年版。

38. 左海聪：《国际贸易法》，法律出版社 2004 年版。

39. 曹俊、岳彩申主编：《国际贸易法》，四川人民出版社 2004 年版。

40. 王贵国：《国际贸易法》，北京大学出版社 2004 年版。

41. 黄东黎：《国际贸易法学》，法律出版社 2004 年版。

42. 千省利主编：《国际贸易法学》，中国财政经济出版社 2003 年版。

43. 杨树明、邓瑞平主编：《国际贸易法学》，法律出版社 2003 年版。

44. 谢海霞编著：《国际贸易法案例评析》，汉语大辞典出版社 2003 年版。

45. 陈笑影主编:《国际贸易法》,立信会计出版社 2003 年版。

46. 李巍:《联合国国际货物销售合同公约评释》,法律出版社 2002 年版。

47. 沈木珠:《国际贸易法研究》,法律出版社 2002 年版。

48. 陈晶莹主编:《国际贸易法案例详解》,对外经济贸易大学出版社 2002 年版。

49. 翁国民编著:《国际贸易法导读》,浙江大学出版社 2001 年版。

50. 赵少群:《国际贸易法概论》,贵州人民出版社 2001 年版。

51. 赵承璧:《国际货物买卖合同》,对外经济贸易大学出版社 2001 年版。

52. 何力编著:《国际贸易法》,复旦大学出版社 2000 年版。

53. 何茂春:《对外贸易法比较研究》,中国社会科学出版社 2000 年版。

54. 刘笋主编:《国际贸易法学》,中国法制出版社 2000 年版。

55. 单文华主编:《国际贸易法学》,北京大学出版社 2000 年版。

56. 朱建林主编:《国际贸易纠纷典型案例评析与索赔指南》,人民法院出版社 2000 年版。

57. 罗玲聪编著:《国际货物贸易法律与实务》,人民法院出版社 2000 年版。

58. 蔡四青编著:《国际贸易法》,云南大学出版社 2000 年版。

59. 陈晶莹、邓瑞平主编:《2000 年国际贸易术语解释通则释解与应用》,对外经济贸易大学出版社 2000 年版。

60. 赵维田:《世贸组织(WTO)的法律制度》,吉林人民出版社 2000 年版。

61. 杨良宜:《国际货物买卖》,中国政法大学出版社 1999 年版。

62. 郭瑜:《国际货物买卖法》,人民法院出版社 1999 年版。

63. 侯淑波编著:《国际贸易法》,大连海事大学出版社 1999 年版。

64. 罗丙志:《国际贸易政府管理一般理论分析及对中国对外贸易政府管理的现实研究》,立信会计出版社 1999 年版。

65. 张玉卿:《联合国国际货物销售合同公约释义》,中国对外经济贸易出版社 1998 年版。

66. 赵承璧:《国际贸易统一法》,法律出版社 1998 年版。

67. 冯大同、焦津洪编著:《国际货物买卖法》,台北五南图书出版公司 1997 年版。

68. 朱京安:《国际货物买卖的法律调整》,中国统计出版社 1997 年版。

69. 黎孝先:《国际贸易实务》,对外经济贸易大学出版社 1997 年版。

70. 朱立南:《国际贸易政策学》,中国人民大学出版社 1996 年版。

71. 赵维田:《最惠国与多边贸易体制》,中国社会科学出版社 1996 年版。

72. 钟建华:《国际货物买卖合同中的法律问题》,人民法院出版社 1995 年版。

73. 黎孝先:《国际货物买卖合同》,香港中流出版公司 1995 年版。

74. 冯大同：《国际货物买卖法》，对外贸易教育出版社 1993 年版。

75. 钱益明编著：《国际货物买卖法律》，商务印书馆 1992 年版。

76. 薛荣久：《国际贸易政策与措施概念》，求实出版社 1989 年版。

77. 余劲松：《跨国公司的法律问题研究》，中国政法大学出版社 1989 年版。

78. 姚梅镇主编：《国际经济法概论》，武汉大学出版社 1989 年版。

79. 姜凤纹：《国际货物买卖中的统一法律问题》，法律出版社 1988 年版。

80. 赵捷谦：《国际贸易理论与实际》，亚南出版社 1984 版。

81. 王念祖：《发展经济与跨国公司》，中国对外经济贸易出版社 1983 年版。

82. 沈达明、冯大同、赵宏勋编：《国际商法》（上、下册），对外贸易出版社 1982 年版。

83. 江平：《西方民商法概要》，法律出版社 1984 年版。

84. 尹力：《国际商事调解法律问题研究》，武汉大学出版社 2007 年版。

85. 林一飞编著：《中国国际商事仲裁裁决的执行》，对外经济贸易大学出版社 2006 年版。

86. 赵秀文主编：《国际商事仲裁案例解析》，中国人民大学出版社 2006 年版。

87. 赵秀文编著：《国际商事仲裁法》，中国人民大学出版社 2004 年版。

88. 谢石松主编：《商事仲裁法学》，高等教育出版社 2003 年版。

89. 杨树明：《国际商事仲裁法》，重庆大学出版社 2002 年版。

90. 王生长：《仲裁与调解相结合的理论与实践》，法律出版社 2001 年版。

91. 于喜富：《国际商事仲裁的司法监督与协助——兼论中国的立法与司法实践》，知识产权出版社 2006 年版。

92. 李旺主编：《涉外民商事案件管辖权制度研究》，知识产权出版社 2004 年版。

93. 徐卉：《涉外民商事诉讼管辖权冲突研究》，中国政法大学出版社 2001 年版。

94. 肖勇平：《肖永平论冲突法》，武汉大学出版社 2002 年版。

95. 李旺：《国际民事诉讼法》，清华大学出版社 2003 年版。

96. 屈广清、欧福永主编：《国际民商事诉讼程序导论》，人民法院出版社 2004 年版。

97. 李双元、谢石松：《国际民事诉讼法概论》，武汉大学出版社 2001 年版。

98. ［美］约翰·H. 杰克逊著，张玉卿、李成刚、杨国华等译：《GATT/WTO 法理与实践》，新华出版社 2002 年版。

99. ［美］巴顿等著，廖诗评译：《贸易体制的演进——GATT 与 WTO 体制中的政治学、法学和经济学》，北京大学出版社 2013 年版。

100. ［英］伯纳德·霍克曼、迈克尔·考斯泰基著，刘平、洪晓东、许明德等译：《世界贸易体制的政治经济学——从关贸总协定到世界贸易组织》，法律出版社 1999 年版。

101. ［德］彼得·施莱希特里姆著，李慧妮译：《联合国国际货物销售合同公约评释》，北京大学出版社 2006 年版。

102. ［英］麦克·布瑞奇著，林一飞等译：《国际货物销售法律与实务》，法律出版社 2004 年版。

103. ［美］理查德·谢弗等著，邹建华译：《国际商法》，人民邮电出版社 2003 年版。

104. ［英］施米托夫著，赵秀文译：《国际贸易法文选》，中国大百科全书出版社 1993 年版。

105. ［美］保罗·A. 萨谬尔森、威廉·D. 诺德豪斯著，高鸿业等译：《经济学》（上下册），中国发展出版社 1992 年版。

106. ［美］曼昆著，梁小民译：《经济学原理》，生活·读书·新知三联书店、北京大学出版社 1999 年版。

107. ［美］理查德·A. 波斯纳著，苏力译：《法理学问题》，中国政法大学出版社 2002 年版。

108. ［美］理查德·A. 波斯纳著，蒋兆康译：《法律的经济分析》，中国大百科出版社 2002 年版。

109. ［英］斯蒂格利茨著，郑秉文译：《政府为什么干预经济：政府在市场经济中的角色》，中国物资出版社 1998 年版。

110. ［英］詹姆斯·E. 米德著，欧晓理、罗青译：《混合经济》，上海三联书店 1989 年版。

111. ［英］亚当·斯密著，郭大力、王亚南译：《国民财富的性质和原因的研究》，商务印书馆 1972 年版。

112. ［英］大卫·李嘉图著，郭大力、王亚南译：《政治经济学及赋税原理》，商务印书馆 1962 年版。

113. ［英］弗里德里希·奥古斯特·哈耶克著，王明毅等译：《通往奴役之路》，中国社会科学出版社 1997 年版。

114. ［英］弗里德里希·奥古斯特·哈耶克著，杨玉生等译：《自由宪章》，中国社会科学出版社 1998 年版。

115. ［英］施米托夫著，对外经济贸易大学对外贸易系译：《出口贸易——国际贸易的法律与实务》，对外贸易教育出版社 1985 年版。

116. ［英］凯恩斯著，高鸿业译：《就业、利息和货币通论》，商务印书馆 1999 年版。

117. ［英］戴维·M. 萨逊著，郭国汀等译：《CIF 和 FOB 合同》，复旦大学出版社 2001 年版。

118. ［比利时］亨利·皮朗著，郭方译：《中世纪欧洲社会经济史》，上海人民出版社 1987 年版。

119. ［日］小岛清著，周宝廉译：《对外贸易论》，南开大学出版社 1987 年版。

120. ［德］威廉·冯·洪堡著，林荣远、冯兴元译：《论国家的作用》，中国社会科学出版社 1998 年版。

121. ［英］詹宁斯·瓦茨修订，王铁崖等译：《奥本海国际法》，中国大百科全书出版社 1995 年版。

122. ［英］梅因著，沈景一译：《古代法》，商务印书馆 1959 年版。

123. ［法］弗里德里克·巴斯夏著，许明龙等译：《和谐经济论》，中国社会科学出版社 1995 年版。

124. ［奥］路德维希·冯·米瑟斯著，韩光明等译：《自由与繁荣的国度》，中国社会科学出版社 1995 年版。

125. ［英］克赖格尔著：《政治经济学的重建》，伦敦麦克米伦出版社 1975 年版。

## 二、英文参考文献

1. James E. Byrne with Vincent M. Maulella SOH Chee Seng, Alexander ZELENOV, *UCP600: An Analytical Commentary*, Institute of International Banking Law & Practice, 2010.

2. Roy Goode, *Commercial Law*, Penguin Books, 1995.

3. John H. Jackson, The Jurisprudence *of GATT @ The WTO-Insights on the Treaty Law and Economic Relations*, Cambridge University Press, 2000.

4. John H. Jackson, *The World Trading System: The Law and Policy of Economic Relations*, 2nd edn., The MIT press, Cambridge, Massachusetts, London: England Press, 2002.

5. Peter Van den Bossche, Werner Zdouc, *The Law and Policy of the World Trade Organization*, 3rd edn., Cambridge University Press, 2013.

6. WTO, *Analytical Index: Guide to GATT Law and Practice*, Geneva, 1995.

7. Zeller Bruno, *CISG and Unification of International Trade Law*, Routledge Cavendish, 2007.

8. Indira Carr, *Interantional Trade Law*, Routledge Cavendish, 2005.

9. Michael Pryles, Jeff Waincymer, Martin Davies, *Interantional Trade Law*, Sndney, Lawbook Co., 2004.

10. Bernardette Griffin, *The Law of International Trade: London*, Butterworths, 2003.

11. Paul Todd, *Cases and Materials on International Trade Law*, London: Sweet &

Maxwell, 2002.

12. Raj Bhala, *International Trade Law: Theory and Practice*, New York: Lexis Pub. , 2002.

13. Lan Fletcher, *Foundations and Perspectives of International Trade Law*, London: Sweet & Maxwell, 2001.

14. Alan C. Swan, John F. Murphy, *Cases and Materials on The Regulation of International Business and Economic Relations*, 2nd edn. , Matthew Bender, 1999.

15. Ralph H. Folsom, Michael W. Gordon, John A. Spanogle Jr. , Peter L. Fitzgerald, *International Business Transactions*, 8th edn. , Thomson West, 2005.

16. Larry A. Dimatteo, *The Law of International Business Transactions*, South-Western College, 2002.

17. Ronald A. Brand, *Fundamentals of International Business Transactions*, Boston: Kluwer Law International, 2000.

参考文献